Rebscher/Kaufmann (Hrsg.)
Effizienzmanagement in Gesundheitssystemen

Effizienzmanagement in Gesundheitssystemen

herausgegeben von

Prof. Dr. h.c. Herbert Rebscher
Stefan Kaufmann

mit Beiträgen von

Dr. rer. pol. Bernhard Amshoff
Prof. Dr. Bernd Brüggenjürgen
Prof. Dr. Stephan Burger
Markus Caminada
Dr. Carlo Conti
Fabio Mario Conti
Ulrike Elsner
Viola Gent
Dr. jur. Lothar Güntert
Dr. Jan Helfrich
Prof. Dr. Christoph U. Herborn
Dr. jur. Rainer Hess
Stefan Kaufmann
Dr. Rolf Koschorrek, MdB
Michael Krupp
Dr. rer. pol. Thomas Lucht
Dr. Bent Lüngen
Dr. Niels Maderlechner
Manfred Manser
Hans-Jürgen Müller
Dr. Karsten Neumann
Verena Nold Rebetez
Dr. Willy Oggier
Dr. Michael Ollmann
Dr. Markus Peterseim
Giovanni Rabito
Prof. Dr. h.c. Herbert Rebscher
Gianni Roberto Rossi
Dr. Florian Schaudel
Felix Schneuwly
Dipl.-Kffr. Barbara Schulte
Dr. Nikolaus Schumacher
Rolf Stuppardt
Prof. Dr. Volker Ulrich
Dr. Hans-Jürgen Wildau
Manfred Zach
Dr. Christian Zischek

Bibliografische Information der Deutschen Nationalbibliothek

Die Deutsche Nationalbibliothek verzeichnet diese Publikation in der Deutschen Nationalbibliografie; detaillierte bibliografische Daten sind im Internet über http://dnb.d-nb.de abrufbar.

Bei der Herstellung des Werkes haben wir uns zukunftsbewusst für umweltverträgliche und wiederverwertbare Materialien entschieden.
Der Inhalt ist auf elementar chlorfreiem Papier gedruckt.

ISBN 978-3-86216-098-3

© 2012 medhochzwei Verlag GmbH, Heidelberg

www.medhochzwei-verlag.de

Dieses Werk, einschließlich aller seiner Teile, ist urheberrechtlich geschützt. Jede Verwertung außerhalb der engen Grenzen des Urheberrechtsgesetzes ist ohne Zustimmung des Verlages unzulässig und strafbar. Dies gilt insbesondere für Vervielfältigungen, Übersetzungen, Mikroverfilmungen und die Einspeicherung und Verarbeitung in elektronischen Systemen.

Satz: preXtension GbR, Grafrath
Druck: Westermann Druck Zwickau GmbH

Inhaltsübersicht

Vorwort	IX
Effizienzmanagement in Gesundheitssystemen – Eine Einführung (Rebscher)	1
Methodische und ökonomische Grundlagen	21
1 Der Effizienzbegriff im gesundheitsökonomischen Diskurs – methodische Bemerkungen (Ulrich)	23
2 Was sind relevante Zielkriterien für die Effizienzmessung im Versorgungsprozess? (Fallbeispiel Schweiz) (Oggier)	41
Politische und aufsichtsrechtliche Erwartungen	63
3 Was erwartet die Politik von einer „effizienten" Versorgung (D) (Koschorrek)	65
4 Was erwartet die Politik von einer „effizienten" Versorgung? (CH) (Conti)	79
5 Wie können Prüfroutinen der Aufsichtsbehörden Effizienz fördern? (Zach/Güntert)	93
Patientenerwartungen und Informationsbedürfnisse	105
6 Versorgungseffizienz und Patientensicherheit (Müller)	107
7 Effizienzsteigerungen durch Wahlfreiheit auf der Basis gemessener Kunden- bzw. Patientenzufriedenheit (Schneuwly)	125

Inhaltsübersicht

Status quo der Effizienzmessung – Wirtschaftlichkeitsprüfroutinen .. 139

    8   Überblick über die heutigen Methoden der Effizienz-
        messung und -prüfung in Deutschland
        (Elsner) 141

    9   Überblick über die heutigen Methoden der Effizienz-
        messung und -prüfung (CH)
        (Kaufmann) 159

Entwicklungsszenarien Versorgungseffizienz in den Sektoren 171

    ambulante Versorgung

    10   Effizienzbeurteilung (Wirtschaftlichkeitsprüfung) in der
        ambulanten medizinischen Versorgung (D)
        (Hess) 173

    11   Effizienzbeurteilung (Wirtschaftlichkeitsprüfung) in der
        ambulanten medizinischen Versorgung (CH)
        (Caminada) 193

    stationäre Versorgung

    12   Zugänge zur Effizienzbeurteilung im stationären Sektor
        aus Sicht eines Universitätsklinikums
        (Schulte) 207

    13   Zugänge zur Effizienzbeurteilung im stationären Sektor
        aus Sicht der Schweizer Krankenversicherer
        (Nold Rebetez) 221

    Rehabilitation

    14   Organisationsmodelle der akutnahen Rehabilitation am
        Beispiel der Clinica Hildebrand (CRB) und dem Neuro-
        centro della Svizzera Italiana (NSI)
        (Rossi/Rabito) 229

    15   Effiziente Steuerung der Versorgungskette aus Sicht der
        Rehabilitation am Beispiel der Clinica Hildebrand (CRB)
        und dem Neurocentro della Svizzera Italiana (NSI)
        (Conti) 251

**Sektorübergreifende Versorgungseffizienz – methodische und prakti-
sche Ansätze** 261

    16   Sektorenübergreifendes Performance Measurement zur
        Beurteilung der Versorgungseffizienz
        (Lucht/Amshoff) 263

17	Matching-Verfahren zur Evaluation komplexer Versorgungszusammenhänge – das Propensity Score Matching Modell *(Rebscher)*	293
18	Die Erfolgsbewertung von Versorgungskonzepten unter ökonomischen und qualitativen Gesichtspunkten am Beispiel der Integrierten Versorgung von Prostatakrebs-Patienten in der Martini-Klinik am UKE GmbH in Kooperation mit der DAK-Gesundheit *(Gent/Helfrich/Herborn/Brüggenjürgen)*	305

Praxisbeispiele Versorgungseffizienz 323

19	Ansätze zur Effizienzbewertung: netCare Versorgungsmodell *(Manser)*	325
20	„Make or buy" – Effizienzkriterien für unternehmensstrategische Entscheidungen im Versorgungsmanagement *(Burger/Schumacher)*	335
21	Effizienzpotenziale telemedizinischer Anwendungsprozesse aus Sicht des Herstellers *(Wildau)*	353

Effizienzsuche in der Praxis der Unternehmensberatung 371

22	Effizienz in Krankenkassen als soziale Herausforderung *(Ollmann/Schaudel)*	373
23	Effizienz durch Prävention und in der Prävention – ein Beitrag zur Steigerung der Qualität und Senkung der Kosten? *(Neumann)*	387
24	Effizienz im Gesundheitswesen – Herausforderungen einer sektorübergreifenden Betrachtungsweise *(Krupp/Peterseim/Zischek)*	407
25	Alle Möglichkeiten nutzen – Effizienzsteigerungsprogramme für Krankenkassen *(Lüngen/Maderlechner)*	417

Zwischenfazit der Effizienzsuche 437

26	Auf dem Wege zu mehr Effizienz? Fazit bisheriger Effizienzorientierung in der Versorgungspraxis *(Stuppardt)*	439

Vorwort

Ich freue mich sehr, dass die nunmehr 8. Konsultation der Deutsch-Schweizerischen Gesellschaft für Gesundheitspolitik in diesem Jahr in der wunderbaren Umgebung Locarnos am Lago Maggiore stattfinden konnte und trotz der Schönheit der Umgebung in einer dichten, intensiven und systematischen Arbeitsatmosphäre stattfand.

Die diesjährige Konsultation war dem Leitthema „Effizienzmanagement in Gesundheitssystemen" gewidmet. Damit wurde der Schlusspunkt einer dreigliedrigen Programmabfolge gesetzt. Sie wurde eröffnet mit den definitorischen Fragen und den methodischen Bestimmungen des Leistungsrahmens eines Gesundheitssystems unter dem Thema „Innovationsmanagement". (Dazu Band 2 unserer Schriftenreihe „Innovationsmanagement in Gesundheitssystemen".) Im nächsten Schritt haben wir uns dem Begriff der Qualität, seinen Rahmenbedingungen, relevanten Qualitätsindikatoren und deren Messproblemen gewidmet. (Dazu Band 3 der Schriftenreihe „Qualitätsmanagement in Gesundheitssystemen".) Und nun folgt quasi als „Konklusio", die Analyse der Bestimmungsgründe für eine wirtschaftlich „effiziente" Erbringung qualitätsgesicherter und wirksamer Medizin.

Für uns alle war dieses strukturierte Vorgehen und die analytisch tiefgehende Diskussion zentraler Fragen unserer beider Gesundheitssysteme überaus ertragreich. Zeigt sich doch, in welchem Maße die Praxis der Leistungserbringung und der Versicherer ihre Entscheidungen auf vorläufiges Wissen gründen muss. Oft stehen auch nur auf Teilsegmente bezogene oder sektorenbezogene Analysetools zur Verfügung. Gleichwohl müssen Vertragskonzepte entwickelt und administriert werden. Hier gilt die philosophische Weisheit, dass „die Notwendigkeit zu entscheiden eben weiter reicht, als die Möglichkeit zu erkennen". (I. Kant)

Die Referate der Konsultationen und die ergänzenden Beiträge zu dieser systematischen Publikation zeigen eindrucksvoll die Grenzen unserer heutigen institutionellen und methodischen Rahmenbedingungen von Wirtschaftlichkeitsmessung, -beurteilung und -prüfung im Versorgungsalltag unserer Systeme auf. Sie zeigen aber auch, wie methodisch anspruchsvoll die Beurteilung der Effizienz

Vorwort

komplexer Versorgungsabläufe ist und welche modernen Analysetools dafür allerdings entwickelt werden und partiell auch im Versorgungsalltag Eingang gefunden haben.

Kurz und gut: Ich hoffe, dass auch diese Publikation auf ebenso großes Interesse bei Versicherungen, Leistungserbringern, Wissenschaft und Gesundheitspolitik stößt wie unsere bisherigen Veröffentlichungen. Sie zeigen, dass der grenzüberschreitende Austausch von Erfahrungen am konkreten Gegenstand relevanter Versorgungsprobleme überaus nützlich ist und für die Versorgungspraxis in beiden Ländern relevante Ergebnisse liefern kann. Das ist der Kern der Arbeit der Deutsch-Schweizerischen Gesellschaft für Gesundheitspolitik seit ihrer Gründung im Jahre 2003.

Die Konsultationen werden wie immer wissenschaftlich vorbereitet und geleitet von unserem Hauptgeschäftsführer Prof Dr. h.c. Herbert Rebscher. Die Publikationen herausgegeben von Herbert Rebscher und Stefan Kaufmann (Geschäftsleitung der EGK, Schweiz). Ihnen sei an dieser Stelle wie immer herzlich für ihre intensive Arbeit gedankt. Ich danke natürlich auch ganz herzlich allen Referenten der Konsultation und den Autoren des vorliegenden Bandes für ihre wertvollen Beiträge.

Und danken möchte ich an dieser Stelle auch Antje Reinschmidt, die nun seit Jahren in sorgfältiger Arbeit und mit überaus großem Geschick im Umgang mit den Autoren, der Aufbereitung des Materials und der Verlagsabstimmung, diese Publikation erst möglich macht.

Ueli Müller, Schweiz

Präsident der Deutsch-Schweizerischen Gesellschaft
für Gesundheitspolitik   Bern, im Oktober 2012

Effizienzmanagement in Gesundheitssystemen – Eine Einführung

Herbert Rebscher

		Rn.
1	Effizienz – was ist das und wie messen wir sie?	1 – 28
2	Methodische und ökonomische Grundlagen	29, 30
3	Politische und aufsichtsrechtliche Erwartungen	31 – 34
4	Patientenerwartungen und Informationsbedürfnisse	35, 36
5	Status quo der Effizienzmessung – Wirtschaftlichkeitsprüfroutinen	37, 38
6	Entwicklungsszenarien – Versorgungseffizienz in den Sektoren	39 – 46
7	Sektorübergreifende Versorgungseffizienz – methodische und praktische Ansätze	47 – 49
8	Praxisbeispiele Versorgungseffizienz	50 – 53
9	Effizienzkriterien in der Praxis von Unternehmensberatungen im Gesundheitswesen	54 – 59
10	Zwischenfazit der Effizienzsuche	60

Autor

Prof. Dr. h.c. Herbert Rebscher

Jahrgang 1954; Studium Wirtschafts- und Organisationswissenschaft, München; Vorsitzender des Vorstandes der DAK-Gesundheit; seit 1996 Vorsitzender des Vorstandes des Verbandes der Angestelltenkrankenkassen; Professor für Gesundheitsökonomie und Gesundheitspolitik an der Rechts- und Wirtschaftswissenschaftlichen Fakultät der Universität Bayreuth; Hauptgeschäftsführer der Deutsch-Schweizerischen Gesellschaft für Gesundheitspolitik.

1 Effizienz – was ist das und wie messen wir sie?

Effizienz – dieser Begriff wird von allen gesundheitspolitischen Akteuren in zunehmender Frequenz bemüht, dabei jedoch selten präzise definiert. Dies lässt befürchten, dass nicht alle Beteiligten immer das Gleiche unter „Effizienz im Gesundheitswesen" verstehen.

Dabei verwenden wir den Begriff in unserem beruflichen Alltag ständig und die Literatur bietet eine Fülle von Definitionen, Analysetools und Praxistests. Es ist also doch ganz einfach? Schon im ersten Semester BWL lernen wir: Effizient oder wirtschaftlich[1] ist eine Leistung dann, wenn sie zu minimalen Kosten erbracht wird oder wenn sie für ein bestimmtes Budget maximal ausfällt. Wir fühlen uns also sicher in der Begriffsverwendung und gehen entsprechend robust mit ihm um.

Doch was wie ein reiner Rechenvorgang aussieht, entpuppt sich schnell als anspruchsvolles Analyseobjekt: Wir unterstellen bei dieser Begriffsverwendung von Effizienz implizit doch einiges, z. B.:

- **die Eindeutigkeit eines definierten Produktes und seiner Alternativen,**
- **die identische Qualität der Alternativen,**
- **den vergleichbaren Anwendernutzen**

Das alles subsumieren wir unter dem Begriff der Homogenität der Güter. Schon beim Kauf eines Hammers im Baumarkt zeigt sich, dass diese Differenzierung keinesfalls trivial ist.

Zwischen der Handwerker-Qualität und dem Billigartikel liegen trotz optischer und funktionaler Vergleichbarkeit Welten. Qualität und Anwendernutzen zeigen sich beim Gebrauch schnell.

Was ist nun „effizient"? Der Kauf des Edelstahl-Qualitätsproduktes für 50 EUR oder der Kauf des Mitnahmeartikels kurz vor der Kasse für 2,99 EUR? Es kommt eben darauf an.

Manchmal ist man an Mark Twain erinnert.

> „Nicht das, was man nicht weiß, bringt einen in Schwierigkeiten. Probleme bereiten jene Dinge, derer man sich irrtümlicherweise ganz sicher ist."

Oder anders ausgedrückt und schon im Swedish Journal of Economics 1974 nachlesbar: „Efficiency is a word easy to use, but very difficult to give a precise operational meaning."[2]

Warum ist das also so schwierig? Nun, weil die Wirtschaftlichkeit oder Effizienz einer Leistung nicht nur von der erbrachten Gütermenge (Output) abhängt, son-

---
1 Beide Begriffe werden in folgenden Synonymen verwendet.
2 Forsund, Hjalmarsson, Swedish Journal of Economics, 1974, S. 141 ff.

dern auch vom erwarteten und definierten Qualitätsniveau. Und weil deshalb echte Wirtschaftlichkeitsanalysen neben der Aufwand- und Kostenbetrachtung immer auch den Ertrag, den Erlös oder das Ergebnis (Outcome, Nutzen) einbeziehen müssen.[3]

7 Nun gibt es in der Literatur eine Menge anschaulicher und vergnüglicher Illustrationen des Begriffes der Effizienz, insbesondere seiner Abgrenzung vom Begriff der Effektivität. Ein Beispiel: Bei einem Empfang stehen vor jedem Gast ein Glas Wasser und ein Glas teurer Champagner. Durch die Unachtsamkeit eines Gastes gerät die Tischdekoration in Flammen. Einige reaktionsschnelle Gäste greifen zu einem Glas und löschen erfolgreich. Das Löschen mit dem Champagner war dabei genauso effektiv wie das Löschen mit Wasser. Aber effizient wäre allein, mit dem Wasser zu löschen und mit dem Champagner auf die gelungene Aktion anzustoßen.

8 Was hier banal und erheiternd klingt, ist in realen Alltagssituationen nicht so einfach zu erkennen: Wenn es gegebene und nicht gestaltbare Nebenbedingungen einer Zielerreichung gibt, z. B. „Sitzungsbeginn 09:00 Uhr in München", ist nur ein Flug der mindestens um 08:00 Uhr dort landet effektiv, und eben nicht – und zwar unabhängig vom Preis – der „Billigflieger", der erst um 11:00 Uhr München erreicht. Die Effektivität, also die Zielerreichung unter definierten Bedingungen (hier der Zeit), ist die notwendige Bedingung, um die Alternativen bezüglich der effizienten Zielerreichung überhaupt zu vergleichen.

9 Aktuell ist dieser Grundsatz auch in das Methodenpapier zur Kosten-Nutzenanalyse[4] eingeflossen, auch danach werden die Kosten einer Intervention erst nach Feststellung eines definierten Nutzens – also in einem zweiten Schritt – überhaupt näher betrachtet. Es macht eben keinen Sinn, eine nicht effektive Leistung überhaupt weitergehend zu bewerten. Die geläufige Interpretation, Effektivität sei „die richtigen Dinge tun" und Effizienz sei „die Dinge richtig tun", wird diesem Zusammenhang zwar nicht vollends aber immerhin der Tendenz nach gerecht. Sie basieren auf Peter Druckers Artikel in der Harvard Business Review[5] aus dem Jahre 1963. Präziser müsste es heißen:

„Effizienz ist, die richtigen Dinge richtig zu tun."

10 Diesem Ansatz entsprechend hat die Deutsch-Schweizerische Gesellschaft für Gesundheitspolitik in ihren Konsultationen quasi in einem Dreiklang versucht, die Begrifflichkeit in ihrer differenzierten Form aufzuarbeiten. In einem ersten Schritt: die Leistungsdefinition und deren Nebenbedingungen. (Dies wurde in

---

[3] Eisenring, Hess: Wirtschaftlichkeit u. Qualität in der Arztpraxis, Schweizerisches Gesundheitsobservatorium, 2004.
[4] IQWiG, Allgemeine Methoden zur Bewertung von Verhältnissen zwischen Nutzen und Kosten, Version 1.0 vom 12.10.2009, S. 14.
[5] Drucker, P.F., Managing for Business Effektiveness, in: Harvard Business Review, Mai-Juni 1963, S. 53-60.

Band 2 der Schriftenreihe „Innovationsmanagement" eingehend diskutiert.) Zweitens: die Kriterien für die Qualitätsbestimmungen des Produktes oder der Dienstleistung. (Dies wurde in Band 3 der Schriftenreihe unter dem Titel „Qualitätsmanagement" entwickelt.) Um sich nun schließlich auf Basis dieser erfolgten Präzisierung des definierten Ergebnisses und den Kriterien für gute Qualität in der vorliegenden Publikation dem Thema Effizienz in seiner komplexen und differenzierten Form zuzuwenden.

Der Effizienzbegriff lebt vom Vergleich, er braucht deshalb Alternativen. In einer eindimensionalen Welt fragt niemand nach Effizienz. Der Ansatz des Effizienzvergleichs wird in vielfältigen Zusammenhängen gewählt: zwischen Gesundheitssystemen und deren Outcomes, beispielsweise in OECD-Vergleichen. Oft wird dabei der Aufwand, z. B. gemessen am Anteil des Bruttoinlandprodukts, für ein definiertes Outcome, z. B. der Lebenserwartung in den betrachteten Ländern, untersucht. Weitere Beispiele sind nationale Vergleiche, z. B. die Ausgabenentwicklungen zwischen privaten und gesetzlichen Krankenkassen, die Beitragssätze der Krankenkassen untereinander, die Allokationseffizienz bei bestimmten Versorgungskonzepten, sektorale „Effizienzen", z. B. bei Krankenhausvergleichen, die Wirtschaftlichkeitsprüfungen in den Sektoren des Gesundheitswesens und die Effizienznachweise, z. B. in klinischen Studien.

Ob es sich bei solchen Vergleichen wirklich um Effizienzunterschiede oder um Unterschiede aufgrund rechtlicher, institutioneller, prozessualer oder definitorischer Zuordnungen und Verantwortlichkeiten der jeweils beobachteten Akteure handelt, bedarf einer sorgfältigen Analyse. Eine grobe Sichtung der Literatur zeigt allerdings, dass dies in der Regel nicht oder zu wenig geleistet wird, sondern stattdessen – aus welcher Interessenlage auch immer – oft eine oberflächliche und damit im Ergebnis falsche Begriffsverwendung die Erkenntnis beeinflusst.

Zwei Beispiele zur Illustration: Einen Vergleich der Krankenhausausgaben der Krankenversicherungsträger der Schweiz mit denen der Bundesrepublik Deutschland aus den Ausgabestatistiken der Kassen abzuleiten und auf Effizienzen oder Effizienzreserven zu schließen, ohne die spezifischen Regelungen zur dualen Finanzierung in Deutschland und der Schweiz differenziert zu beachten, muss zu einer grandios falschen Interpretation der Ergebnisse führen.

Ein zweites Beispiel: Die oft als zentrale Bestimmungsgröße der Ausgabendynamik beider Gesundheitssysteme (generalisierend aller Gesundheitssysteme) genannten Faktoren: technischer Fortschritt, demografische Entwicklung, Einnahmeschwäche, Verfügbarkeit der Ressourcen können zwar als Treiber für aufwachsende Gesundheitsausgaben identifiziert werden. Sie sind jedoch kein Hinweis auf Effizienz oder Ineffizienz des Systems, sondern entweder „Bedarfskriterien" bzw. „Finanzierungsrestriktionen", unabhängig von der Frage des effizienten Mitteleinsatzes. Effizienz in diesem Zusammenhang wäre die mühsame Suche danach, die „objektive Dynamik" vom Vermeidbaren, Unwirksamen, Unnötigen zu unterscheiden.

14 Zentrale Fragestellung bei jeder Effizienzbeurteilung in Gesundheitssystemen ist jedoch die Regelhaftigkeit komplexer Versorgungsprozesse. Komplexe Versorgungszusammenhänge sind dadurch definiert, dass in einem gestuften Versorgungszusammenhang in der Regel mehrere Akteure in teils paralleler und teils vor-/nachgehender Reihung funktional höchst differenzierte Arbeitspakete verantworten, die sich zudem oft wechselseitig bedingen.

15 Nun vermuten wir weithin Ineffizienzen in den Gesundheitssystemen der jeweils betrachteten Volkswirtschaften. In einer ersten Annäherung lassen sich die Gründe dafür abschichten und eine erste Systematisierung entwickeln. Die nachfolgende Übersicht versucht eine erste Systematisierung dieser Art.

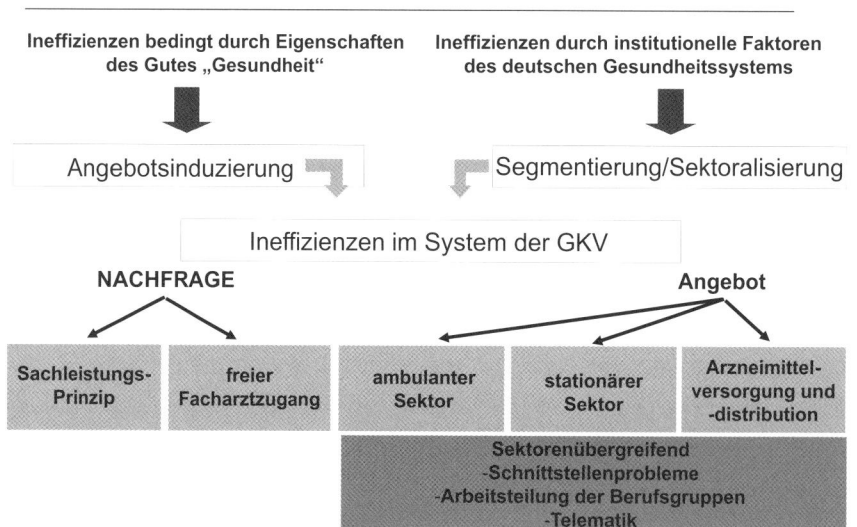

Abb. 1: (vermutete) Ineffizienzen im Gesundheitsbereich
   Quelle: Rürup

16 In der konkreten Ausgestaltung unserer entwickelten Gesundheitssysteme, insbesondere ihres jeweiligen rechtlichen Rahmens wird allerdings deutlich, dass in der konkreten Anwendung des Effizienz- oder Wirtschaftlichkeitsbegriffes eine durchaus problematische Verengung eintritt. Dies besonders augenfällig dort, wo etablierte Wirtschaftlichkeitsprüfungen für die Beteiligten sanktionsbewährt ausgestaltet sind, ohne dass der Gegenstand der Prüfung selbst im Kern ein Effizienz- oder Wirtschaftlichkeitskriterium in diesem Sinne darstellt, sondern maxi

mal den Charakter einer Durchschnittsbetrachtung oder Benchmarkanalyse erreicht.[6]

So werden zum Beispiel im Rahmen des Verordnungsverhaltens niedergelassener Ärzte Wirtschaftlichkeitsprüfungen bezüglich des an der jeweiligen Fachgruppe gemessenen Durchschnittsverordnungsverhaltens abgeleitet und nach jeweils definierten Eskalationsschritten bis hin zu Regressverfahren geführt. Dabei werden die mittel- und langfristigen Ergebnisse des therapeutischen Handelns, z. B. die Lebensqualität, die Reduktion der Krankenhauseinweisungen, vermeidbare Eskalationen etc., nicht oder nur partiell berücksichtigt.

So ist auch der beliebte Vergleich zwischen Krankenhäusern bezüglich ihres DRG-Rankings hinsichtlich der Varianz jedes Klassifikationssystems, also auch im nach Co-Morbiditäten und Schweregraden adjustierten DRG-System, kein valider Hinweis für die Effizienz zwischen Kliniken. Diese könnte erst nach einer methodisch durchaus aufwendigen Risikoadjustierung und systematischen Qualitätssicherung näherungsweise erfolgen.

Auf Versicherungsseite sind Kassenbeiträge und/oder Prämien überhaupt keine Hinweise für die Organisationseffizienz, sondern in hohem Maße Abbild einer spezifischen Risikostruktur/-mischung, die auch durch elaborierte Konzepte des Risikostrukturausgleiches maximal gemindert, nicht jedoch in eine idealtypische Form von risikoäquivalenter Zuweisung überführt werden kann.

Schließlich ist die Bewertung von selektiven Vertragskonzepten (z. B. Strukturverträge, Managed-Care-Ansätze, Versorgungsmanagement, Integrierte Versorgung, Hausarztzentrierte Versorgung) ohne komplexe Methoden zur Bewertung der jeweiligen Versorgungsergebnisse nicht vorschnell mit dem Effizienzsiegel zu versehen.

Konkret heißt das:

> Es geht selten um einen eindimensionalen Produktionszusammenhang bei der Lösung episodenhafter gut definierter gesundheitlicher Probleme. Sondern es geht um additive, parallele und sich verschränkende Produktionszusammenhänge, bei denen die Outcomes an vorgelagerten Versorgungsstufen den Input und den Produktionsprozess der nachfolgenden Versorgungsstufen massiv verändern. Deshalb wird bei der Beurteilung der Effizienz die Interaktion in und zwischen den Versorgungsstufen ein entscheidender Parameter für die Gesamteffizienz des Versorgungsprozesses sein.

Veranschaulicht heißt das: Auch der brillant durchgeführte operative Eingriff kann, z. B. durch ein partielles Versagen oder Vorenthalten von Leistungen nachgelagerter Stufen, seinen patientenbezogenen Outcome nicht belegen. Umgekehrt wirken qualitative Mängel, z. B. bei einem operativen Eingriff, auf alle weiteren nachgelagerten Versorgungsstufen ein und beeinträchtigen die dort erzielbaren Ergebnisse.

---

6 Vgl. auch: Manonguian, u. a., Qualität und Effizienz der Gesundheitsversorgung im Internationalen Vergleich.

23 Folgende Grafik illustriert diesen Zusammenhang: Er ist der Grund für das aufwachsende analytische Bemühen um sektorübergreifende Analyseinstrumente zur Beurteilung effizienter Strukturen.

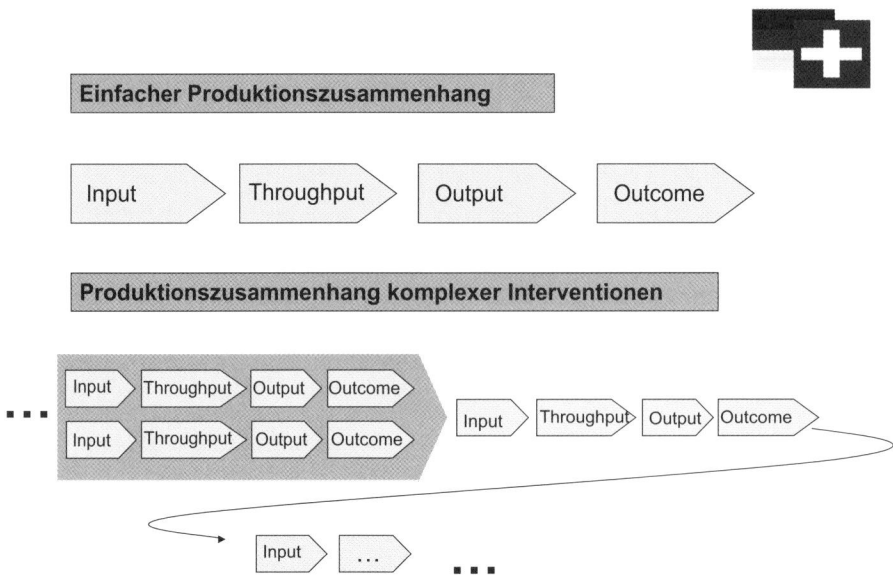

Abb. 2: Interdependenzen komplexer Interventionen
Quelle: Eigene Darstellung

24 Eine wesentliche Einschränkung: Wer Effizienz und Wirtschaftlichkeit messen will, muss Messpunkte und Messkriterien definieren. Dies ist selbst ein normativer und wertender Akt und verzerrt seinerseits die Anreize für die handelnden Akteure. Je komplexer die Versorgungszusammenhänge angelegt sind, umso stärker wirkt die Begrenztheit der selektiven Auswahl von definierten Messkriterien. Der renomierte Schweizer Ökonom B. S. Frey bringt diesen Zusammenhang in einem lesenswerten Aufsatz unter dem Titel „Evaluierungen, Evaluierungen…Evaluitis" auf den Punkt. Er beschreibt die anreizverzerrende Wirkung von Evaluationen, insbesondere durch die ausschließliche Konzentration der Beteiligten auf das, was der Evaluator als Messpunkt vorgibt[7].

25 Aus dem bisher formulierten Zusammenhang wird die Problematik der Effizienzmessung im Gesundheitswesen deutlich. Der Forschungszweig, der diese komplexen Zusammenhänge in den Fokus nimmt, ist die Versorgungsforschung im engeren Sinne als Outcome-Forschung.

---

[7] Frey, B.S., Evaluierungen, Evaluierungen…Evaluitis, in:Perspektiven der Wirtschaftspolitik, 2007, S. 207-220.

Die Outcome-Forschung ist an der Bewertung des Outputs, des Ergebnisses für relevante patientendefinierte Nutzenkategorien interessiert. Das können kurzfristige Ziele, zum Beispiel die Wiederherstellung der Arbeitsfähigkeit nach operativen Eingriffen und langfristige Ziele, wie Lebenserwartung und Lebensqualitätskriterien sein. Hier ist auch die Frage relevant, inwieweit verschiedene durchaus wirksame einzelne Methoden bezüglich patientenrelevanter Endpunkte Vor- und Nachteile aufweisen, beziehungsweise wie sich diese im langfristigen Verlauf darstellen. Auch die Frage nach der Effizienz, der Wirtschaftlichkeit im kurz-, mittel- und langfristigen Horizont, gehört in diese Kategorie.

Deshalb definiert die Bundesärztekammer: „Versorgungsforschung ist ein grundlagen- und anwendungsorientiertes fachübergreifendes Forschungsgebiet, das

1. die Inputs, Prozesse und Ergebnisse von Kranken- und Gesundheitsversorgung, einschließlich der auf sie einwirkenden Rahmenbedingungen mit quantitativen und qualitativen, deskriptiven, analytischen und evaluativen wissenschaftlichen Methoden beschreibt,
2. Bedingungszusammenhänge soweit wie möglich kausal erklärt sowie
3. zur Neuentwicklung theoretisch und empirisch fundierter oder zur Verbesserung vorhandener Versorgungskonzepte beiträgt,
4. die Umsetzung dieser Konzepte begleitend oder ex post erforscht und
5. die Wirkungen von Versorgungsstrukturen und -prozessen oder definierten Versorgungskonzepten unter Alltagsbedingungen mit validen Methoden evaluiert".[8]

Daraus entstehen Mindestbedingungen für einen ökonomisch verantwortlichen Umgang mit dem Effizienzbegriff in der Beurteilung real existierender Versorgungszusammenhänge. Diese zu beachten, ist das Mindestmaß für eine seriöse Begriffsverwendung. Folgende Kriterien sind dabei zwingend:

- Die Reduktion der Komplexität führt systematisch zu einer Reduktion der Aussagegüte in Bezug auf komplexe Systemfragen.
- Für normative Zielfunktionen gibt es keine analytische Herleitung rsp. wissenschaftliche Aussagen.
- Keine Aussagen zur „Effizienz" ohne eindeutige Zielfunktion incl. deren Nebenbedingungen.
- Keine Aussagen zur „Effizienz" ohne explizite Analyse alternativer Instrumente (oder Nennung der nicht näher analysierten Instrumente).
- Keine Aussagen zur „Effizienz" ohne zeitpunktbezogene und definierte Messpunkte.
- Komplexe Interventionen verlangen komplexe Analysemethoden zur Beurteilung von Effizienz.
- Evaluationen sind selbst Quelle für verzerrte Anreize. Sie richten die Konzentration auf die Kriterien, die gemessen werden.
- Politik/Versorgungspraxis muss mit vorläufigem und unfertigen Wissen arbeiten: Das wird so bleiben. Man muss sich dessen aber bewusst sein.

---

8 www.bundesaerztekammer.de, Definition Versorgungsforschung.

2 Methodische und ökonomische Grundlagen

29 Die methodischen und ökonomischen Grundlagen der Effizienzkonzepte der Gesundheitssysteme werden von Volker Ulrich und Willy Oggier entwickelt und diskutiert. Ulrich analysiert die Definition und Abgrenzung mehrerer Effizienz- und Effektivitätskonzepte im Gesundheitswesen und diskutiert die diesen Konzepten zugrunde liegenden Wohlfahrtsmaße, auch in Bezug auf ihre normativen Werturteile. Anhand einer Systematisierung des Leistungserstellungsprozesses wendet sich dieser Beitrag den unterschiedlichen Effizienzmaßen zu und zeigt eindrucksvoll auf, wie vorsichtig man bei der Interpretation gewonnener Ergebnisse vorgehen muss.

> „Wenn man sich auf eine Betrachtung der Effizienz fokussiert, unterstellt man implizit das Vorliegen einer definierten Effektivität. Aus ethischer Perspektive ist ein effizienter Umgang mit den vorhandenen Ressourcen unter Knappheitsbedingungen ein Gebot der Gerechtigkeit und verlangt, mit begrenzten finanziellen Ressourcen einen optimalen Nutzen für die Gesundheit zu erzielen." (Volker Ulrich)

30 Willy Oggier entwickelt aus der Betrachtung zentraler Ziele des Schweizer Gesundheitssystems relevante Zielkriterien für die Effizienzmessung im Versorgungsprozess. Er nennt insbesondere die Rahmenbedingungen, die in einem entwickelten Gesundheitssystem erfüllt sein müssen, um Effizienzkriterien im engeren Sinne überhaupt gesellschaftlich akzeptierbar zu machen.

> „Ein wirtschaftlicher Einsatz der verfügbaren Mittel ist Voraussetzung für die dauerhafte Finanzierbarkeit und damit die Erhaltung und Steigerung der Leistungsfähigkeit des Gesundheitswesens. Wirtschaftlichkeitsüberlegungen können sich nicht auf einzelne Einrichtungen und Leistungen des Gesundheitswesens beschränken. Der Zusammenhang zwischen definierten Aufgaben und erbrachten Leistungen, dafür aufgewendeten Mitteln und tatsächlich erreichten Wirkungen muss für die verschiedenen Teilbereiche und Einrichtungen des Gesundheitswesens sowie möglichst für das schweizerische Gesundheitswesen insgesamt untersucht und beurteilt werden." (Willy Oggier)

3 Politische und aufsichtsrechtliche Erwartungen

31 Die Gesundheitspolitik in Deutschland und der Schweiz ist seit Jahrzehnten geprägt von einer dichten Abfolge von Interventionen und Regulierungen mit dem Ziel, Wirksamkeit, Qualität und Effizienz zu erhöhen. Dazu gibt es grundsätzlich politische Alternativen; politische Kunst ist es, die Alternativen entlang eines ordnungspolitischen Konzeptes zu ordnen und eine in sich stimmige Konfiguration von Zielen, Mitteln und den entsprechenden Anreize für die Akteure zu setzen. Rolf Koschorrek zeichnet die deutschen politischen Erwartungen an eine effiziente Versorgung nach und differenziert folgerichtig die Zielbündel Qualität und deren Evaluierungsindikatoren für Qualität und Effizienz. Er zeigt auf, dass viele Reformen in der Gesundheitspolitik einen längerfristigen Entwicklungspfad benötigen, als eine 4-jährige Legislaturperiode des Parlaments.

Politische und aufsichtsrechtliche Erwartungen

> „Qualität und Effizienz stehen nicht nur in Deutschland im Mittelpunkt der gesundheitspolitischen Diskussion. Um das Effizienzmanagement konstant voranzutreiben, bedarf es langfristiger Reformen, die über die Legislaturperiode von 4 Jahren hinausgehen. Diese verlangen sinnvollerweise die Zustimmung der großen Parteien im Parlament, auch wenn diese aktuell nicht an der Regierung beteiligt sind. Ein Beispiel hierfür ist das GKV-Modernisierungsgesetz im Jahr 2003, das in der Regierungszeit von Rot-Grün mit Zustimmung der Union beschlossen wurde." (Rolf Koschorrek)

Carlo Conti beschäftigt sich aus Schweizer Perspektive mit den Erwartungen der Politik. Nach einem Überblick über die Qualitäts- und Kostensituation und die föderale Struktur im schweizerischen Gesundheitswesen geht er differenziert auf die Neugestaltung der Rahmenbedingungen für eine effiziente Gesundheitsversorgung ein. Er betont insbesondere die Rolle der Qualitätsmessung, der damit verbundenen Datenlage im Schweizer Gesundheitssystem und die Rolle der politischen Instanzen, insbesondere der kantonal verantwortlichen Regulatoren. 32

> „In ihrer Rolle als Regulatoren monitorisieren die Kantone die Gesundheitsversorgung und stellen an die Leistungserbringer kantonsspezifische Qualitätsanforderungen. Das Erreichen und die langfristige Einhaltung dieser Anforderungen in diesem regulierten Markt der Gesundheitsversorgung müssen sie in ihrer regulatorischen Funktion über die Setzung von Anreizen steuern. Die Qualitätsförderung als Aufgabe der Politik wird in den kommenden Jahren weiter an Bedeutung zunehmen, und das Festlegen von Mindeststandards und das Schaffen von Anreizen zur internen Qualitätsentwicklung werden die prävalenten Instrumente bleiben." (Carlo Conti)

Die Träger der Sozialversicherung, wie auch private Versicherungsträger oder Banken unterliegen einem ausdifferenzierten Aufsichtssystems, das für bundesweit tätige Kassen eine Bundesbehörde (das BVA) und für landesweit agierende Kassen die für die Sozialversicherung zuständigen obersten Landesbehörden sind. Die Prüfung der Wirtschaftlichkeitsgrundsätze ist dabei ein zentrales Ziel. 33

Manfred Zach und Lothar Güntert diskutieren dieses Konzept auch vor dem Hintergrund vermehrter kassenindividueller Vertragsfreiheiten, stellen die Prüfungsformen und Prüfungsabläufe im Einzelnen vor und zeigen auch deren Grenzen auf.

> „Systematische, über vereinzelte Spin-Offs hinausgehende Effizienzpotenziale ließen sich nur durch tief gestaffelte, strukturell wie prozessual ausgerichtete Unternehmensanalysen gewinnen, die anhand von Finanz-, Wirtschaftlichkeits- und Leistungskennzahlen (Benchmarks) den Leistungsstand einer Einrichtung in Relation zu ihren besten Wettbewerbern setzt. Eine solche Beratungstätigkeit, die von manchen Prüfdiensten durchaus geleistet werden könnte, würde jedoch die Grenze der § 87 SGB IV, § 274 SGB V eindeutig überschreiten." (Manfred Zach/Lothar Güntert)

Das Schweizer Bundesamt für Gesundheit und die für die Durchführung verantwortlichen kantonalen Behörden haben eine etwas anders gelagerte Funktion. Jedoch ist die Zielstellung durchaus vergleichbar, denn auch das Schweizer BAG führt die Aufsicht über die Schweizer Krankenkassen. Darüber hinaus definiert 34 das Amt, welche Leistungen zulasten der obligatorischen Krankenversicherung erbracht werden.

4 Patientenerwartungen und Informationsbedürfnisse

35 Hans-Jürgen Müller beschäftigt sich mit den Effizienzzielen in der Versorgung und den individuellen Patientenerwartungen an die Qualität und Sicherheit der Versorgung. Für den Patienten steht die Wirksamkeit einer Leistung und die Humanität und Qualität der Leistungserbringung im Mittelpunkt seiner Erwartungen. Die durch vielfältige Entwicklungsprozesse starke Fokussierung auf Effizienz kann, dort wo fehlsteuernd angelegt, aus einer Patientenperspektive problematische Strukturen und Prozesse schaffen. Mit diesem Aspekt steht die Frage der Qualität, der Patientensicherheit und der Informationsbedürfnisse des Patienten im Vordergrund der Analyse dieses Beitrages.

> „Das Fundament des Leistungsversprechens ist der § 70 SGB V: „Qualität, Humanität und Wirtschaftlichkeit". ... Aufgabe ist es, die Effizienzziele der Versorgung mit den individuellen Patientenerwartungen an die Qualität und Sicherheit in Übereinstimmung zu bringen. Transparenz zwischen den verschiedenen Akteuren im Gesundheitswesen – das ist der Schlüssel für die Qualität der Versorgung." (Hans-Jürgen Müller)

36 Wahlakte der betroffenen Versicherungskunden oder Patienten von medizinischen Einrichtungen aufgrund von Effizienzmaßen bedürfen entsprechender informatorischer Unterstützung. Es entstehen deshalb eine Vielzahl von Informationsportalen, von unabhängigen Dienstleistern, von Krankenkassen oder auch von Leistungserbringer-Gruppen. Ein Beispiel dafür bietet die Schweizer Entwicklung, die Felix Schneuwly vorstellt.

> „Ohne Wahlfreiheit macht der Konsument seinen Anbieter (Kasse, Arzt, Spital etc.) zum trägen Monopolisten, welcher sich weder um Effektivität noch um Effizienz bemüht, weil er nicht befürchten muss, unzufriedenen Kunden zu verlieren. Der Internetvergleichsdienst comparis.ch erleichtert den Konsumenten das Vergleichen von Angeboten und den Zugang zu den von ihnen bevorzugten Anbietern." (Felix Schneuwly)

5 Status quo der Effizienzmessung – Wirtschaftlichkeitsprüfroutinen

37 Der Status quo der Effizienzmessung und der entwickelten Wirtschaftlichkeitsprüfroutinen in den beiden Gesundheitssystemen ist ein hoch entwickeltes Instrumentarium, das über Jahrzehnte funktional und rechtlich ausdifferenziert wurde. Einen Überblick über die heutigen Methoden der Effizienzmessung und -prüfung in Deutschland bietet Ulrike Elsner, die die Effizienzbewertung vor der Leistungserbringung bzw. vor der Aufnahme in den Leistungskatalog und die Wirtschaftlichkeitsprüfung im Nachgang der Leistungserbringung im Überblick darstellt.

> „Die Gemeinsame Selbstverwaltung von Leistungserbringern und Krankenkassen in Deutschland prüft neue Leistungen und Methoden vor Aufnahme in den Leistungskatalog. Im Mittelpunkt steht hier vor allem der medizinische Nutzen. Wissenschaftliche Kosten-Nutzen-Bewertungen als Ausdruck der Wirtschaftlichkeit werden nicht zuletzt mangels konsentierter Methodik für die Entscheidungsfindung bisher nur selten herangezogen." (Ulrike Elsner)

Stefan Kaufmann entwickelt die Effizienzprüfungssystematik im Schweizer Gesundheitssystem anhand der sogenannten WZW-Kriterien: Wirksamkeit, Zweckmäßigkeit und Wirtschaftlichkeit. Er skizziert die funktionale Abfolge der Prüfroutinen in der Schweiz und bettet seine Argumentation ein in schweizerische Reformprozesse der Vergütungs- und Honorierungssysteme. Die Aufbereitung der dafür notwendigen Prozessdaten und deren Aggregation auf Bundesebene stellen eine Herausforderung dar.

> „Wir benötigen stärker datenbasierte Fakten, um die Wirkungsweise unserer Gesundheitssysteme zu verstehen und zielgerichtete Verbesserungsmaßnahmen einzuleiten. Dazu braucht es zwingend mehr systematisch erfasste Daten, die sich auf Bundesebene auswerten lassen. … Damit auf der Mikroebene die gewünschte Effizienz erzielt wird, braucht es auf der Makroebene die richtigen Rahmenbedingungen mit den richtigen Anreizstrukturen." (Stefan Kaufmann)

6 Entwicklungsszenarien – Versorgungseffizienz in den Sektoren

Die Entwicklungsszenarien für die Wirtschaftlichkeitsprüfroutinen und der Versorgungseffizienz in den Teilsektoren der Gesundheitssysteme werden im Folgenden für den ambulanten, stationären und rehabilitativen Sektor im Einzelnen analysiert.

In der ambulant-medizinischen Versorgung können wir dabei wohl auf die elaborierteste und rechtlich über Jahrzehnte entwickeltste und ausdifferenzierteste Prüfsystematik verweisen. Rainer Hess zeichnet diese Systematik detailliert nach und führt in die kritische Bewertung der einzelnen Aspekte ein.

> „Dabei lässt sich die Effizienz der medizinischen Versorgung nicht isoliert für eine Methode, eine Maßnahme, ein Produkt, eine Leistung, einen Vertrag, eine Versorgungseinrichtung oder ein Versorgungsvertrag bewerten. Notwendig ist vielmehr immer eine vergleichende Bewertung, da ohne Vergleichsmaßstab keine Kosten-Nutzenrelation hergestellt und ohne eine solche auch kein messbares Ergebnis erzielt werden kann." (Rainer Hess)

Markus Caminada entwickelt die Systematik der Schweizer Wirtschaftlichkeitsprüfung im ambulanten Bereich und zeigt die unterschiedlichen Phasen der Durchführung von Wirtschaftlichkeitsprüfungen auf. Obwohl die Prüfroutinen auch mit rechtlich zwingenden Konsequenzen bewertet sind, steht für ihn die präventive Wirkung im Vordergrund.

Effizienzmanagement in Gesundheitssystemen – Eine Einführung

> „Die statistischen Wirtschaftlichkeitsprüfungen sollen in erster Linie präventiv wirken und das wirtschaftliche Verhalten der frei praktizierenden Ärzte fördern. Die Höhe der direkten Rückflüsse zu Gunsten der Prämienzahlenden ist dabei nicht entscheidend, sondern diejenigen Leistungen, welche aufgrund der Durchführung der Wirtschaftlichkeitsprüfungen vermieden werden können." (Markus Caminada)

42 Für den Bereich der stationären Versorgung stellt Barbara Schulte in einer ersten Skizze die Perspektive eines Universitätsklinikums dar. Gerade Kliniken der Schwerpunktversorgung und Universitätskliniken stehen aufgrund der Komplexität ihres Patientengutes nach Einführung der DRGs als Vergütungsmodell vor besonderen Herausforderungen hinsichtlich Dokumentation und Prozesseffizienz.

Der Effizienzvergleich zwischen Krankenhäusern wird in erheblichen Maße von der Abbildungsgüte des Vergütungssystems (hier des DRG-Systems) geprägt, was gerade für Einrichtungen der Schwerpunktversorgung (Universitätskliniken) eine entscheidende Beurteilungsperspektive darstellt.

> „Das auf Fallpauschalen basierende DRG System bietet in diesem Kontext einen Zugang zur explizit ökonomischen Effizienzbeurteilung. Bemerkenswert ist in diesem Kontext ebenfalls, dass das DRG-System nicht nur die Möglichkeit zur Effizienzmessung bietet, sondern gleichzeitig auch immanent zur Effizienz im stationären Bereich beiträgt. Die rein ökonomische Effizienzbeurteilung muss vor dem Hintergrund des Heil- und Behandlungsauftrages der Krankenhäuser notwendigerweise eine Ergänzung um medizinische Qualitätsindikatoren erfahren." (Barbara Schulte)

43 Die Sicht der Krankenversicherer bei der Effizienzbeurteilung im stationären Sektor wird von Verena Nold Rebetez dargestellt. Gerade in der Schweiz ist diese Thematik im momentanen Übergangsstadium zu einer DRG-Vergütung eine besondere Herausforderung, da die dadurch notwendigen Instrumente, Strukturen und Datenpakete und Qualitätsindikatoren erst verhandelt, entwickelt und in die Praxis implementiert werden müssen.

> „Die ersten Effizienzvergleiche im stationären Sektor haben auch aufgezeigt, dass es sehr große Effizienzunterschiede gibt. Diese Effizienzvergleiche können zu einem Kostendruck bei unwirtschaftlichen Spitälern führen. Damit dieser Kostendruck nicht zu einer Verschlechterung der Qualität führt, muss die Qualität in den Spitälern gemessen werden. Es braucht somit nicht nur einen Benchmark für die Kosten, sondern auch einen Benchmark für die Qualität." (Verena Nold Rebetez)

44 Im Sektor der Rehabilitation wird ein interessantes Versorgungsmodell einer stationären Rehabilitationsklinik und einem Zentrum für Neurologie vorgestellt, das die Abläufe zwischen akut-medizinischer Versorgung und neurologischer Rehabilitation über mehrere Versorgungsstufen in einen integrierten und kooperativ angelegten Versorgungsprozess hin überführt.

45 Gianni Rossi und Giovanni Rabito stellen diesen Ansatz, insbesondere aus der Perspektive der Prozessabläufe und der Kooperationsstrukturen der Beteiligten dar. Sie entwickeln auch die theoretischen Grundlagen der Integrationsmodelle.

> „Mit dem vorgestellten Organisationsmodell wird ein Kulturwandel angeregt und herbeigewünscht, welcher sich maßgeblich auf die Patientenbetreuung im Akutspital (funktionaler Ansatz) auswirkt und den gegenseitigen Wissenstransfer zwischen den beiden Versorgungskulturen, d. h. dem akut-somatischen Spital und der Rehabilitation, erleichtert." (Gianni Rossi/Giovanni Rabito)

Fabio Conti stellt die rehabilitationsmedizinische Perspektive dieses Konzepts in den Mittelpunkt seiner Ausführungen und hebt dabei besonders die Zusammenarbeit der beteiligten Ärzte/Ärztinnen und des gesamten therapeutischen Teams hervor.

> „Die Schaffung einer gemeinsamen Kultur des Umganges mit den Patienten zwischen Akutbereich und Rehabilitation ist ein komplexer Prozess. Er lässt sich durch die regelmäßige Präsenz der im Ärzteteam des neurologischen Zentrums gut integrierten Rehabilitationsspezialisten realisieren. Durch die Schaffung eines gemeinsamen Rehabilitationsteams im Akutspital mit Anwendung eines gut abgestimmten fachlichen Vorgehens mit dem weiterbetreuenden Team in der Rehabilitationsklinik lässt sich das therapeutische Programm effizient verwirklichen." (Fabio Mario Conti)

7 Sektorübergreifende Versorgungseffizienz – methodische und praktische Ansätze

Zur Beurteilung und Bewertung sektorübergreifender Versorgungseffizienz bedarf es komplexer analytischer Methoden zur Abbildung des betrachteten Versorgungszusammenhanges. Diese werden in den letzten Jahren zunehmend entwickelt. Es bedarf prozessbasierter Modellierungen des Versorgungssystems und entsprechender Mess- und Beurteilungsinstrumentarien. Unter Rekurs auf die betriebswirtschaftliche Performance-Measurement-Konzeption entwickeln Thomas Lucht und Bernhard Amshoff auf Basis der praxiserprobten Methodik der Data Envelopment Analysis ein Modell übergreifender Effizienzbewertung.

> „Die Data Envelopment Analysis allein wird die Gründe des Erfolgs einer Versorgung selbst nicht umfassend abbilden können. Dies liegt vor allem daran, dass sie ebenso wie andere Instrumente davon abhängig ist, *welche* inhaltlichen Ursache-Wirkungs-Zusammenhänge zwischen einfließenden Input- und Output-, respektive Outcome-Größen angenommen werden. Dennoch besitzt die Data Envelopment Analysis für die Praxis zwei entscheidende Vorteile: Einerseits motiviert diese Methodik Verantwortliche, sich mit der Frage der Versorgungseffizienz intensiver auseinander zu setzen. Andererseits fördert sie, wenn man sich über die innerhalb des Versorgungssystems akzeptierten Größen verständigt hat, die Transparenz durch die Fokussierung auf eine vorher nicht vorhandene Spitzenkennziffer." (Thomas Lucht/Bernhard Amshoff)

Es geht bei der Beurteilung von Versorgungseffizienz komplexer, d. h. zusammenwirkender, voneinander abhängiger und aufeinander rückwirkender Versorgungsprozesse, immer um die Frage der Kausalität von Interventionen auf das beobachtete Ergebnis. Einen Ansatz, dies für die Versorgungspraxis aus den Prozessdaten der Krankenversicherer heraus zu entwickeln, stellt Herbert Rebscher vor.

Matching-Verfahren, d. h. die nachgehende Bildung von Kontrollgruppen durch statistisch homogene Zwillinge, können dieses Dilemma für die Versorgungspraxis überwinden.

> „Neben der Komplexität in mehrstufigen Versorgungsprozessen liegt die zweite Herausforderung für das Forschungsdesign entsprechender Analysetools in der Bildung geeigneter Kontrollgruppen. Es wird deshalb verstärkt nach Ersatzmethoden geforscht, um die Schätzung von kausalen Effekten populationsorientierter Interventionen möglichst verzerrungsfrei zu ermöglichen." (Herbert Rebscher)

49 Ein Praxisbeispiel für die Erfolgsbewertung von Versorgungskonzepten mittels des Propensity-Score-Matching-Modellls stellt Viola Gent u. a. am Beispiel der Integrierten Versorgung von Prostata-Patienten vor. Hierbei zeigt sich, dass theoretisch gut fundierte Modelle durchaus zur Beurteilung der Versorgungseffizienz unter Alltagsbedingungen taugen. Sie bedürfen jedoch einer indikations- und versorgungsspezifischen Justierung der Modelle und eine entsprechende Erfahrung der Anwender im Design der Analyse.

> „Um den Erfolg und damit die Effizienz komplexer Versorgungssysteme weitestgehend abbilden zu können, sind mehrstufige Prozesse, die Benutzung verschiedener Methoden, neue Formen der Verknüpfung und eine differenzierte, transparente und neutrale Berichterstattung notwendig. Eine vorangehende Systematisierung der Bewertungsebenen ist notwendig." (Viola Gent/Jan Helfrich/Christoph U. Herborn/Bernd Brüggenjürgen)

8 Praxisbeispiele Versorgungseffizienz

50 Nach diesen theoretisch und methodisch doch anspruchsvollen Konzepten des Effizienzvergleichs bei komplexen Interventionen und Versorgungskonzepten stehen nun realisierte Praxisbeispiele für Versorgungseffizienz im Vordergrund.

51 Zunächst skizziert Manfred Manser das schweizerische Konzept des netCare-Versorgungsmodells, das die Rolle des Apothekers in der Grundversorgung der Patienten auf eine neue, breitere Basis stellt. Es fokussiert auf eine erweiterte Beratungsleistung des Apothekers, die auch technisch unterstützt wird und bei komplexen Gesundheitsfragen eine Erstabklärung, eine sogenannte „Triagierung" möglich macht. Dieses von Ärzten und Apothekern erarbeitete Konzept wird vom Schweizer Zentrum für Telemedizin MEDGATE, dem schweizerischen Apothekerverband pharmaSuisse und vom Kranken- und Unfallversicherungsträger Helsana durchgeführt.

> „Das Projekt netCare leistet einen wichtigen Beitrag zum Aufbau einer integrierten Versorgungsstruktur. Das Projekt versucht, den Einfluss der „pharmazeutischen Triagierung" zu quantifizieren. Es gilt zu zeigen, dass in der Apotheke eine kostengünstige, optimierte Behandlung und Betreuung möglich ist." (Manfred Manser)

52 Stephan Burger und Nikolaus Schumacher widmen sich den unternehmensstrategischen Entscheidungen zum Sourcing (In-/Outsourcingentscheidungen) von

Krankenkassen und untersuchen die dazu vorliegenden theoretischen und empirischen Befunde. Insbesondere die Aufgaben der Krankenkassen im Versorgungsmanagement stellen die Frage nach der Kernkompetenz der Krankenkassen in diesem Zusammenhang.

> „Kernkompetenzen sind eine Kombination aus sich gegenseitig ergänzenden und unterstützenden Fähigkeiten und Wissensbeständen, die die Kassen in die Lage versetzen, Schlüsselprozesse der Wertschöpfung auf hohem Niveau zu beherrschen und Kunden einen überlegenen Mehrwert zu bieten. Sie entstehen durch die Akkumulation von Wissen, durch Erfahrung und Lernprozesse und sind daher schwierig zu imitieren." (Stephan Burger/Nikolaus Schumacher)

Die Effizienzpotenziale telemedizinischer Anwendungsprozesse werden von Hans-Jürgen Wildau aus Sicht eines Herstellers telemedizinischer Technologien am Beispiel der Herzschrittmacher und ICD-Therapie vorgestellt. Das gesamte Setting eines telemedizinischen Ansatzes wird diskutiert und der Nutzen für die Behandlung konkreter Patienten belegt.

> „Die klinischen Daten aus fünf randomisierten kontrollierten Studien belegen den Nutzen des Home Monitoring® für den Patienten hinsichtlich der Früherkennung von Ereignissen, der Reduktion der erforderlichen Nachsorgen in der Klinik bis hin zum Trend von verringerten Krankenhausaufenthalten. Daraus ergeben sich auch Effizienzpotenziale für die medizinischen Einrichtungen und die Kostenträger." (Hans-Jürgen Wildau)

9 Effizienzkriterien in der Praxis von Unternehmensberatungen im Gesundheitswesen

Für das Selbstverständnis und die Praxis der Unternehmensberatungen im Gesundheitswesen ist die Suche nach größtmöglicher Effizienz von Organisationen, Prozessen und Versorgungskonzepten sowie die konkrete Leistungssteuerung quasi der Grundkonsens jeder Auftragsvergabe.

Im Nachfolgenden erläutern vier große und etablierte Unternehmensberatungen, nämlich McKinsey & Company, Roland Berger Strategy Consultans, The Boston Consulting Group (BCG) und B-LUE, ihren Effizienzansatz an konkreten Projekten und stellen diesen zur Diskussion.

Michael Ollmann und Florian Schaudel (McKinsey) diskutieren das Effizienzbemühen von Krankenkassen im Rahmen ihrer sozialpolitisch definierten sozialen Verantwortung und beschreiben Effizienz auch als Unternehmenskultur sozialer Organisationen.

> „Der Aufbau einer als richtig erkannten Unternehmenskultur ist ein langfristiges Unterfangen. Dazu bedarf es neben klassischen Projektmanagements und stringenter Umsetzung gerade in Krankenkassen mit ihrem gesellschaftlichen Auftrag auch eines starken sozialen Verantwortungsbewusstseins. Führungskräfte stehen in der Pflicht, ihre Mitarbeiter kontinuierlich für das Thema zu sensibilisieren und die langfristig angestrebte Kultur selbst vorzuleben." (Michael Ollmann/Florian Schaudel)

57 Karsten Neumann (Roland Berger) zeigt am Beispiel der Prävention auf, dass Effizienz durch Prävention und Effizienz in der Prävention einen Beitrag zur Steigerung der Qualität und der Kostensenkung sein kann und diskutiert entsprechende Strategien.

> „Der Einwand, dass Prävention höhere Gesamtkosten erzeugt, wäre richtig, wenn es das Ziel des Gesundheitswesens wäre, möglichst geringe Gesamtkosten über die Lebenszeit zu erzeugen. Dieses Ziel ist jedoch offensichtlich absurd und mit den Werten unserer Gesellschaft nicht vereinbar." (Karsten Neumann)

58 Mit den Herausforderungen einer sektorübergreifenden Betrachtungsweise bei der Beurteilung von Effizienz und der Messmethodik von Effizienz beschäftigt sich der Beitrag von Michael Krupp u. a. (BCG). Die Autoren knüpfen an die schon vorgestellten Matching-Konzepte an und untersuchen insbesondere auch für die ambulante Betreuung psychiatrischer Patienten und für das ambulante Operieren Konzepte übergreifender Effizienzmessung.

> „Auf längere Sicht werden weitere Anwendungsfelder für die Leistungsdatenanalytik an Relevanz gewinnen. Die für die Analytik aufbereiteten Daten können bei entsprechend intelligenter Verknüpfung genutzt werden, um die Wirkung zukünftig geplanter Versorgungsmodelle virtuell zu simulieren. Dadurch wird es möglich sein, bereits vor einer Pilotierung in der Realität durch Feinsteuerung und Schärfen von Versorgungsrichtlinien Modelle zu optimieren…" (Michael Krupp/Markus Peterseim/Christian Zischek)

59 Zehn Hebel für die Effizienzsteigerung bei Krankenkassen stellen Bent Lüngen und Nils Maderlechner (B-LUE) in ihrem Beitrag vor und verdeutlichen diese an konkreten Beispielen im Versorgungsablauf. Sie diskutieren den Zusammenhang von unternehmenspolitischen Grundentscheidungen zur Strategie und dadurch bestimmbare Outputniveaus hinsichtlich Betreuungsdichte, Versorgungsangebote etc. Die Fragen, welche Hebel tatsächlich gezogen werden müssen im unternehmerischen Konzept der jeweiligen Krankenkasse, werden diskutiert.

> „Fast alle Effizienzsteigerungsprogramme haben größere organisatorische Auswirkungen. Mit dem Konzeptentwurf und der Top-down Vorgabe von neuen Arbeitsweisen ist es daher nicht getan. Um die Potenziale wirklich realisieren zu können sind neben einem dezidierten Umsetzungsmanagement und wirksamen Steuerungsmaßnahmen insbesondere die Mitarbeiter in geeigneter Form (Stichwort Change Management) einzubinden." (Bent Lüngen/Niels Maderlechner)

10 Zwischenfazit der Effizienzsuche

60 Wie sieht nun das Zwischenfazit bei den Suchprozessen zu mehr Versorgungs- und Organisationseffizienz aus? Rolf Stuppardt versucht ein erstes empirisch gestütztes Fazit der bisherigen Effizienzorientierung in der Versorgungspraxis. Nach Analyse einer Vielzahl verschiedener Versorgungskonzepte und neuer rechtlicher und praktischer Möglichkeiten (DMP, Integrierte Versorgung, Hausarztzentrierte Versorgung, Strukturierte Versorgung) kommt er zu einem vor-

sichtigen Urteil über den Nachweis von Effizienz in der Neustrukturierung in der Versorgungslandschaft.

> „Gemessen an den seit Jahren vielfach abgeleiteten und plausiblen Effizienzhypothesen für die medizinische und gesundheitliche Versorgungssituation in Deutschland ist die Evaluationsbasis maßgeblicher Programme quantitativ z.T. weit entwickelt. Den Nachweis umfassender Effizienzgewinne – und damit auch qualitative, substantielle Antworten – bleiben sie aber weitgehend schuldig. ... Dennoch nimmt die Effizienzorientierung spürbar zu, wie das an verschiedenen Beispielen der Ermittlung von Kosteneffizienz belegt werden kann." (Rolf Stuppardt)

Methodische und ökonomische Grundlagen

Beitrag 1

Der Effizienzbegriff im gesundheitsökonomischen Diskurs – methodische Bemerkungen

Volker Ulrich

		Rn.
1	Einleitung	1 – 10
2	Effizienzbegriff	11 – 31
3	Ausmaß von Effizienzreserven in Gesundheitssystemen	32 – 37
4	Perspektiven für mehr Wettbewerb und Effizienz	38 – 43
5	Ausblick: Effizienzpotenziale außerhalb des Gesundheitssystems	44

Literatur

Autor

Prof. Dr. Volker Ulrich

Jahrgang 1958, 1988 Promotion und 1995 Habilitation an der Universität Mannheim, 1997-2002 Lehrstuhlinhaber an der Ernst-Moritz-Arndt-Universität-Greifswald, Forschungsaufenthalte an der University of Arizona in Tucson (Center on Aging) und der University of California, Berkeley (School of Public Health), seit 2002 Lehrstuhlinhaber an der Universität Bayreuth, Vorsitzender Deutsche Gesellschaft für Gesundheitsökonomie (DGGÖ) im Turnus 2010-2011.

> **Abstract:** Der Beitrag analysiert Definition und Abgrenzung mehrerer Effizienz- und Effektivitätskonzepte. Diese Konzepte dienen zur Bewertung, wie wirtschaftlich bzw. zielwirksam die eingesetzten Mittel für Gesundheitsleistungen in verschiedene Output- bzw. Outcome-Kategorien transformiert werden. Effizienz und Effektivität sind somit zunächst Zweck-Mittel-Relationen, d. h. Quotienten von Output zu Input. Bei der Effizienz geht es um Wirtschaftlichkeit: Wie wirtschaftlich werden die eingesetzten Mittel in verschiedene Output-Kategorien transformiert? Die Effektivität informiert im Sinne der Zielwirksamkeit dagegen darüber, welche positiven Morbiditäts- und Mortalitätsveränderungen stattgefunden haben, beispielsweise welche Steigerung der Lebenserwartung oder der Lebensqualität durch den Anstieg der Gesundheitsausgaben erzielt wurde. Eine sinnvolle Interpretation dieser Maße setzt grundsätzlich eine Ursache-Wirkungs-Beziehung voraus. Zwar leistet das Gesundheitssystem einen Beitrag zur Erreichung von Gesundheitszielen, eine direkte kausale Beziehung liegt auf aggregierter Ebene aber kaum vor. Dafür gibt es zu viele relevante Einflussfaktoren außerhalb des engeren Gesundheitsbereichs, etwa die Umweltbedingungen, die Arbeitsplatzverhältnisse, der Lebensstil, präventive Maßnahmen oder auch das Bildungssystem.

1 Einleitung

Auf 287 Mrd. EUR belaufen sich die Ausgaben für Gesundheitsleistungen (Behandlung, Pflege und Rehabilitation) in Deutschland im Jahr 2010; das entspricht einem Anteil von 11,6 % am Bruttoinlandsprodukt (so genannte Gesundheitsquote).[1] Rein statistisch wurden pro Einwohner damit rund 3500 EUR ausgegeben. In der Schweiz belaufen sich die Gesundheitsausgaben auf rund 52 Mrd. EUR das entspricht einer Gesundheitsquote von 11,4 %. Die Ausgaben pro Einwohner belaufen sich umgerechnet auf etwa 4100 EUR. Damit nehmen Deutschland und die Schweiz bei den Gesundheitsausgaben nach wie vor einen internationalen Spitzenplatz hinter den USA, den Niederlanden und Frankreich ein.[2]

Die Höhe der Gesundheitsausgaben als finanzieller Input in das Gesundheitssystem informiert jedoch nicht darüber, welche Ergebnisse und Resultate, d. h. insbesondere auch welche Qualitäten mit den Ausgaben erzielt werden. Vielfach werden daher Befürchtungen geäußert, dass trotz des hohen finanziellen Aufwands zu wenig Qualität und damit ein zu geringes Ergebnis erreicht wird; damit wären die Effizienz und oder die Effektivität des Gesundheitssystems zu niedrig.

In seinem jüngsten Sondergutachten sieht der Sachverständigenrat zur Begutachtung der Entwicklung im Gesundheitswesen eine mögliche Ursache für Ineffizienzen u. a. darin, dass sich in Deutschland Strukturen entwickelt haben, in denen verschiedene Leistungsbereiche des Gesundheitswesens nebeneinander statt miteinander arbeiten. Die ambulante Versorgung durch den niedergelassenen Arzt, die stationäre Versorgung im Krankenhaus und die Rehabilitation in spezialisierten Einrichtungen sind kaum bzw. zumindest zu wenig miteinander verzahnt.[3]

---
1 Vgl. Statistisches Bundesamt: Die Gesundheitsberichterstattung des Bundes. 2012.
2 Vgl. OECD: Health Data. 2011.
3 Vgl. Sachverständigenrat zur Begutachtung der Entwicklung im Gesundheitswesen: Wettbewerb an der Schnittstelle zwischen ambulanter und stationärer Gesundheitsversorgung. 2012.

Der Effizienzbegriff im gesundheitsökonomischen Diskurs

4   Dadurch kommt es zum Beispiel zu Doppeluntersuchungen oder die Behandlung erfolgt im Einzelfall zu wenig koordiniert. Hinzu kommt ein oft mangelndes Kostenbewusstsein bei den Leistungserbringern aber auch bei den Versicherten und Patienten.

5   Wenn man versucht, eine methodische Basis für den Effizienzbegriff durch Verknüpfung der beiden Begriffe Gesundheit und Ökonomik herzustellen, stößt man auf folgende Aussagen:[4]

- Gesundheit ist das höchste Gut, und um die Gesundheit zu erhalten, ist nichts zu teuer
- Das Gesundheitswesen ist in einer Krise: Wenn die Kosten weiter im bisherigen Tempo steigen, können wir uns die Gesundheit bald nicht mehr leisten.

6   Beide Aussagen stimmen darin überein, dass sie die Gesundheit als unbezahlbar ansehen. Allerdings kommt dem Wort unbezahlbar eine unterschiedliche Bedeutung zu. Die erste Aussage misst der Gesundheit eine hohe Wertschätzung bei, die zweite Aussage versteht unter unbezahlbar eher die Variante zu teuer und steht im Fokus ökonomischer Betrachtungsweisen.

7   In diesem Kontext verlangt das ökonomische Prinzip ganz allgemein, dass ein gegebenes Ziel mit möglichst geringem Aufwand erreicht werden sollte (Minimalprinzip) oder dass mit gegebenen Mitteln ein möglichst großer Output erzielt werden sollte (Maximalprinzip). Eine isolierte Betrachtung der Ausgaben ohne eine Information über die Ergebnis-Seite reicht daher für Aussagen über die Effizienz bzw. Effektivität nicht aus.[5] Aber auch wenn Daten über Inputs und Outcomes vorliegen besteht im Gesundheitswesen noch die Unsicherheit, in welchem Ausmaß die Ausgaben zur Ergebniserreichung beigetragen haben, d. h. der Zusammenhang zwischen Input und Outcome lässt sich nicht ohne Weiteres kausal interpretieren. Für Erfolge hinsichtlich der Verringerung von Morbidität und Mortalität dürften in vielen Fällen Faktoren außerhalb des engeren Gesundheitsbereichs verantwortlich zeichnen, beispielsweise die Umweltbedingungen, die Arbeitsplatzbedingungen, der Lebensstil oder das Bildungssystem.

8   Wenn die Bedürfnisse nach dem Gut Gesundheit ansteigen, kann es somit trotz eines hohen Grades an Wirtschaftlichkeit zu einer Ausgabenexpansion kommen. Auf der aggregierten Ebene zeigen OECD-Daten, dass in nahezu allen betrachteten Ländern die Gesundheitsausgaben pro Kopf im Zeitraum zwischen 1993 und 2008 stärker angestiegen sind als das Bruttoinlandsprodukt pro Kopf (vgl. Abb. 1). Der überproportionale Anstieg der Gesundheitsausgaben pro Kopf auf der aggregierten Ebene könnte im Ländervergleich darauf hindeuten, dass die

---

4   Vgl. Breyer/Zweifel/Kifmann: Gesundheitsökonomik. 2005, S. 1.
5   In der Gesundheitsökonomie bezeichnet Outcome das Ergebnis, das durch eine medizinische Therapie erzielt wird. Solche Endpunkte sind z. B. die Komplikationsrate und die Fünf-Jahres-Überlebensrate, die beide Aussagen zur Mortalität und Morbidität ermöglichen.

Wirtschaftskraft bzw. die Zahlungsfähigkeit eines Landes eine zentrale Determinante für die Höhe der Gesundheitsausgaben darstellt und Gesundheit damit die Eigenschaft eines superioren Gutes besitzt. Da die Gesundheitswirtschaft in vielen Ländern einen zentralen Motor für das Wirtschaftswachstum und die Entstehung neuer Arbeitsplätze darstellt, gehen von solchen Informationen auch konkrete wirtschaftspolitische Implikationen aus.

Im eigentlichen mikroökonomischen Kontext lässt sich eine Elastizität größer als Eins, d. h. die erwähnte Superioritätseigenschaft, sicherlich schwieriger erklären, da einkommensstarke Personen tendenziell auch gesünder sind (Korrelation Einkommen und Bildung) und zudem eine überproportionale Ausdehnung der Leistungen nur in Ausnahmefällen sinnvoll möglich erscheint.

Umgekehrt folgt aber auch aus einem Schrumpfungsprozess des Gesundheitssektors noch lange nicht, dass effizient produziert wird. Auch hier reicht der alleinige Blick auf die Ausgabenseite nicht aus.

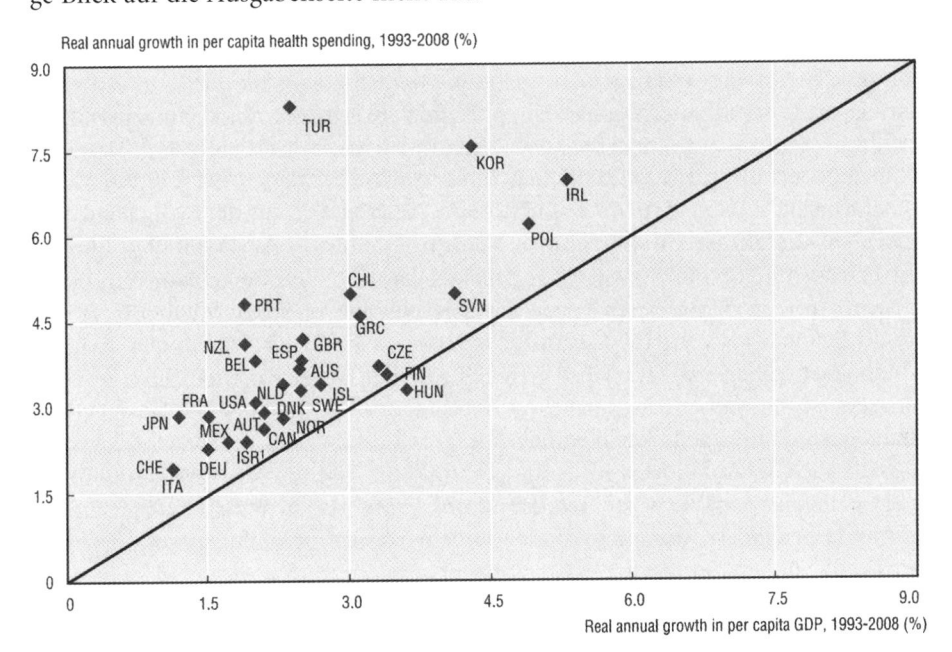

Abb. 1: Gesundheit als superiores Gut
Quelle: OECD: Value for Money in Health Spending, 2010, S. 27.

2 Effizienzbegriff

Können Gesundheitsausgaben überhaupt über Gesundheitsziele bzw. über die Aufgabenerfüllung im Gesundheitswesen informieren? Der Gedanke erscheint nicht ganz abwegig, wird doch auch das Bruttoinlandsprodukt (BIP) eines Landes mitunter in diesem Sinne interpretiert. Steigt das BIP, wird dies üblicherweise, wenn auch nicht unumstritten, als Steigerung der Wohlfahrt interpretiert. Wenn eine Firma einen Schokoladenriegel auf den Markt bringt, die Werbetrommel für das neue Produkt rührt und einen entsprechenden Umsatz erzielt, steigt das BIP gleich dreifach, nämlich durch die Herstellung, die Werbung und durch den Konsum des Produkts.

12   Stellt sich später heraus, dass ein Inhaltsstoff Allergien auslöst, steigt das BIP sogar weiter, denn auch die erforderlichen Medikamente und Arztbesuche erhöhen die Wertschöpfung, welche durch das BIP erfasst wird. Die traditionelle Wohlstandsmessung anhand des BIP kann nämlich nicht differenzieren zwischen sinnvollen, sinnlosen und schädlichen Ausgaben bzw. Umsätzen. Trotz dieser berechtigten Einwände bildet das BIP nach wie vor einen zentralen Maßstab für wirtschaftlichen Erfolg im Sinne eines materiellen Wohlstands. In den letzten Jahrzehnten sind allerdings Alternativen der Wohlfahrtsmessung entstanden, welche die Defizite des BIP zu vermeiden suchen.[6]

13   Akzeptiert man dennoch das BIP als Wohlstandsindikator liegt es nahe, eine Zunahme der Gesundheitsausgaben auch als Wohlstandsmehrung zu interpretieren, da die Gesundheitsausgaben einen Teil des BIP bilden. Diese Interpretation ist allerdings noch aus einem zweiten Punkt umstritten, da sich BIP und Gesundheitsausgaben in einem wesentlichen Punkt unterscheiden. Dieser Unterschied besteht darin, dass in das BIP mehrheitlich Güter und Leistungen eingehen, die über den Kaufakt eine Bewertung zu Marktpreisen erfahren. Da die Nachfrager ein bestimmtes Produkt aus freien Stücken kaufen, kann man von der Inanspruchnahme in den meisten Fällen auf eine positive Wirkung für den Nachfrager schließen. Das trifft für Gesundheitsausgaben in dieser Form nicht zu. Gesundheitsausgaben sind zunächst finanzielle Mittel, die in die medizinische Leistungserstellung fließen, sie spiegeln jedoch nicht das Ergebnis der Leistungserstellung im Gesundheitswesen wider, d. h. eine Verbesserung bei Morbidität und Mortalität. Nur weil das Ergebnis der gesundheitlichen Leistungserstellung nicht exakt gemessen bzw. bewertet werden kann, verwendet man als Ersatzgröße die zugrunde liegenden Ausgaben. Diese Vorgehensweise ist nicht nur im Gesundheitswesen üblich, sondern betrifft üblicherweise auch den gesamten Staatssektor. Auch hier gibt es keine Marktbewertung für viele öffentliche Leistungen, und somit werden staatliche Leistungen überwiegend zu ihren Herstellungskosten bewertet, d. h. anhand der anfallenden Personal- und Sachausgaben. Da das BIP auch den staatlichen Sektor umfasst, ist der Begriff Bruttoinlandsprodukt zu Marktpreisen in diesem Zusammenhang eher irreführend. Mit dem Staatssektor,

---

6   Aus diesem Grund wurden in der jüngeren Vergangenheit alternative Wohlfahrtsmaße entwickelt, beispielsweise der Human Development Index, der Happy Planet Index oder der Ökologische Fußabdruck. Vgl. hierzu Fleurbaey: Beyond GDP. 2009; Sachverständigenrat zur Begutachtung der gesamtwirtschaftlichen Entwicklung: Wirtschaftsleistung, Lebensqualität und Nachhaltigkeit. 2010.

der in vielen Ländern um oder sogar über 40 % ausmacht, enthält das BIP damit eine wichtige Komponente, die gerade nicht zu Marktpreisen bewertet wird.

Abb. 2 verdeutlicht diese Zusammenhänge und zerlegt dabei den Leistungserstellungsprozess gedanklich in fünf Stufen. Unter dem Aspekt der gesundheitlichen Leistungserstellung rangieren die Ausgaben auf der untersten Mittelebene und bilden die monetären Inputs, die in das Gesundheitssystem fließen. Für sich alleine genommen lässt die Ausgabenbetrachtung noch keine Schlüsse auf entsprechende Wohlfahrtswirkungen zu. Abb. 2 zeigt, dass zwischen den Ausgaben und den wohlfahrtsrelevanten Resultaten (Verringerung von Morbidität und Mortalität) mehrere Ebenen liegen. Ausgaben dienen dem Kauf von Vorleistungen, der Ausbildung von Ärzten und Pflegekräften oder dem Bau von Krankenhäusern. Diese personellen und sachlichen Kapazitäten sind in der Sprache des Ökonomen die eigentlichen Produktionsfaktoren, mit deren Hilfe die Leistungen des Gesundheitswesens erstellt werden. Dies ist die Ebene des Angebots: angeboten werden diagnostische Untersuchungen, Impfungen sowie ambulante oder stationäre Behandlungsleistungen. Mit der Nutzung dieser Leistungen gelangt man auf die Ebene der Inanspruchnahme. Sie informiert über die Anzahl an Impfungen, die Zahl der Besuche beim Allgemein- oder Facharzt oder die Zahl der Kliniktage.

Unter Wohlfahrtsaspekten interessiert allerdings nicht eine möglichst hohe Inanspruchnahme, sondern die entsprechenden Morbiditäts- und Mortalitätseffekte. Auf der Ebene der Wirkungen schlagen sich die individuellen Wohlfahrtseffekte nieder, bspw. in Form von verringerten Sterberaten, höheren Wirksamkeiten, geringeren Nebenwirkungen oder kürzeren Genesungszeiten.[7] Die Wirkungen betreffen sowohl die Länge des Lebens als auch die Lebensqualität. Sie werden vornehmlich beim Patienten anfallen, können aber auch einen Nutzen für den Anwender darstellen oder sogar einen Systemvorteil bedeuten (etwa in der Medizintechnik). Neben dem eigentlichen Gesundheitsbereich können Resultate und Wirkungen auch außerhalb des Gesundheitswesens anfallen, etwa bei der Renten- und Pflegeversicherung, so dass idealerweise eine indikationsübergreifende Betrachtungsweise vorliegt.

In der gesundheitsökonomischen Evaluation ist das qualitätskorrigierte Lebensjahr (Quality Adjusted Life Year oder QALY) eine – auch international – häufig genutzte Größe. Ein QALY ist eine Kennzahl für die Bewertung eines Lebensjahres in Relation zur Gesundheit. Es verbindet die Lebenslänge mit der Qualität, in der die Lebensjahre verbracht werden. Ein QALY von Eins bedeutet ein Jahr in vollkommener Gesundheit, während ein QALY von Null einem Versterben entspricht. Da das QALY nicht den gesamten Nutzen einer Person erfasst, sondern nur den Nutzen, der sich aus der gesundheitsbezogenen Lebensqualität ergibt, ist

---

[7] Vgl. Wille: und Effektivität im Gesundheitswesen. In: Klinische Chemie, 17. Jg., Heft 5.1986, S. 303-315; Sachverständigenrat zur Begutachtung der Entwicklung im Gesundheitswesen: Gesundheitsversorgung und Krankenversicherung 2000. 1994.

dieses Konzept zunächst nicht mit einer welfaristischen Position vereinbar. Rechtfertigen lässt sich die Verwendung von QALYs aber mit einer extra-welfaristischen Position. Mit dem QALY strebt man letztlich nur eine optimale Mittelverwendung innerhalb des Gesundheitswesens an.

Zielebene	Ausgaben-Ziele	Indikatortyp	Beispiel
Wirkungsebene	Konkretisierte, operationale Wirkungsziele	Resultat- und Wirkungsindikatoren (Outcomes bei Patient, Anwender, System)	Morbiditätsindizes, Lebenserwartung, Lebensqualität, Zeit der Rekonvaleszenz, Vermeidung Frühverrentung
Ebene der Inanspruchnahme	Konkretisierte, operationale Ausbringungsziele	Nutzungsindikatoren	Anzahl der in Anspruch genommen Impfungen, DDDs (Tagesdosen), diagnostischen Untersuchungen sowie ambulanten und stationären Behandlungen
Angebotsebene	Fertiggestelltes konsumierbares Produkt, verfügbares und erreichbares Angebot	Angebots- bzw. Leistungsindikatoren	Angebot an Impfungen, Arzneimitteln, diagnostischen Untersuchungen sowie ambulanten und stationären Behandlungen
Ausstattungsebene	Personelle und sachliche Kapazitäten	Physische Input- oder Ausstattungsindikatoren	Ärzte, Pflegekräfte, Krankenhäuser, Diagnostika, Arzneimittel
Ausgaben- bzw. Finanzierungsebene	Ausgaben	Monetäre Inputindikatoren	Gesundheitsausgaben nach − Ausgabenträger − Ausgabenarten − Leistungsarten

Abb. 2: Der Leistungserstellungsprozess im Gesundheitswesen
Quelle: Eigene Darstellung in Anlehnung an Wille 1986.

Allein die durch QALYs gemessene gesundheitsbezogene Verbesserung der Lebensqualität ist für die meisten kollektiven Entscheidungen über Maßnahmen des Gesundheitswesens von Bedeutung.[8] Zwar scheint die Vergleichsgrundlage einfach und transparent zu sein, sie blendet aber Kriterien wie die Dringlichkeit der Behandlung und die Schwere der Gesundheitsstörung aus. Dennoch bildet das QALY letztlich eine Annäherung an eine einheitliche Bewertung von Gesundheitsleistungen und damit an die gewünschte effiziente Ressourcenverwendung in diesem Sektor.

17

Dennoch gilt es zu betonen, dass aus ethischer und gerechtigkeitstheoretischer Sicht ernsthafte Gründe vorgetragen werden, nicht das QALY-Prinzip einer patientengruppenübergreifenden Nutzenmaximierung zu verfolgen. Diese Auffassung wird momentan auch vom Gemeinsamen Bundesausschuss und dort insbesondere von den Patientenvertretern geteilt. Verfolgt man diese Position, hat bei der Wiederherstellung der Gesundheit beispielsweise die Wiedererlangung der Arbeitsfähigkeit keine Rolle zu spielen, weil dies einen ökonomischen Effekt produziert, der ältere Menschen im Ruhestand systematisch benachteiligt. Das QALY-Konzept setzt alte Menschen im Vergleich zu Kindern schon deshalb in einen Nachteil, weil Kinder die weitaus größere Restlebenserwartung haben, ihre QALYs also naturgegeben größer ausfallen müssen. Diese Kritik verkennt aber letztlich die ökonomischen Realitäten: Auch die Rentner von heute leben von der Produktivität der Erwerbsbevölkerung und die Kinder von heute bilden im Umlageverfahren die Alterssicherung der künftigen Rentner.

18

Die bisherigen Überlegungen zur gesundheitlichen Leistungserstellung lassen sich in ein allgemeines Produktionsschema einbetten (vgl. Abb. 3). Dieses Schema gestattet die Abgrenzung mehrerer Effizienz- und Effektivitätskonzepte, welche zur Bewertung herangezogen werden können, wie wirtschaftlich bzw. zielwirksam die eingesetzten Mittel in verschiedene Output- bzw. Outcome-Kategorien transformiert werden. Ein Blick auf Abb. 3 zeigt, warum die reine Ausgabenanalyse keinen Hinweis auf Ineffizienzen oder Ineffektivitäten liefern kann. Die Ausgaben tauchen bei den einzelnen Maßen lediglich im Nenner auf, während zur Ermittlung von Effizienz und Effektivität auch der Zähler bestimmt sein muss. Bei der Ermittlung von Effizienz und Effektivität geht es also um die Berechnung von Verhältnissen.

19

---

8   Vgl. Deutscher Ethikrat: Nutzen und Kosten im Gesundheitswesen. 2011.

Der Effizienzbegriff im gesundheitsökonomischen Diskurs

Inputebenen   **Outputebenen**

Ausgaben   Produktions-   Angebot   Nutzung   Ergebnisse
faktoren

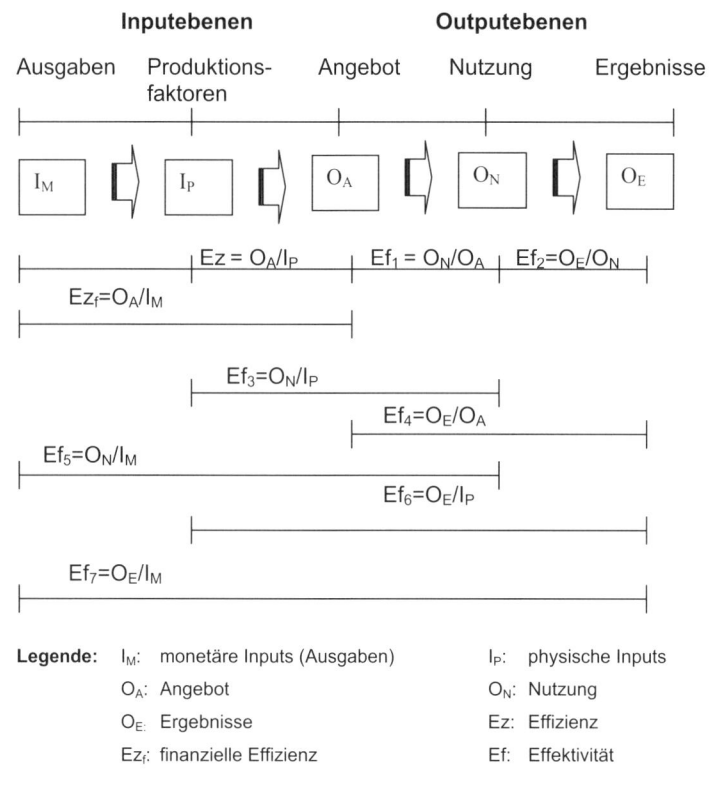

I_M I_P O_A O_N O_E

$Ez = O_A/I_P$ $Ef_1 = O_N/O_A$ $Ef_2 = O_E/O_N$

$Ez_f = O_A/I_M$

$Ef_3 = O_N/I_P$

$Ef_4 = O_E/O_A$

$Ef_5 = O_N/I_M$

$Ef_6 = O_E/I_P$

$Ef_7 = O_E/I_M$

Legende: I_M: monetäre Inputs (Ausgaben) I_P: physische Inputs
          O_A: Angebot O_N: Nutzung
          O_E: Ergebnisse Ez: Effizienz
          Ez_f: finanzielle Effizienz Ef: Effektivität

Abb. 3: Input- und Outputebenen
Quelle: Eigene Darstellung.

20 Die Effizienz ist nach diesem Konzept ein Quotient von Output zu Input, wobei die Zählergröße von der Ebene des Angebots (O_A) stammt. Zum Effizienzkonzept rechnet auch das klassische ökonomische Produktivitätsmaß, das darüber informiert, wie wirtschaftlich die Produktionsfaktoren zur Herstellung eines bestimmten Angebots eingesetzt werden:

$$\text{Effizienz} = \frac{\text{Angebot (an Betten, Leistungen, Diagnostik)}}{\text{Produktionsfaktoren}}$$

21 Auch die Effektivität ist wie die Effizienz ein Quotient von Output zu Input, wobei als Zählergröße ein anderes Output-Konzept verwendet wird, in wird nun ein Wirkungsmaß für den Outcome verwendet wird. Die verwendete Zählergröße stammt also insbesondere von der Wirkungen (O_E), z. B. Outcome (O_E) zu Ausgaben (I_M):

$$\text{Effektivität} = \frac{(\text{Steigerung der Lebenserwartung})}{\text{Gesundheitsausgaben}}$$

Dieser Effektivitätsbegriff informiert im Sinne der Zielwirksamkeit darüber, welche Steigerung der Lebenserwartung durch den Anstieg der Gesundheitsausgaben Pro-Kopf erzielt wurde.

Bei der Effizienz steht der optimale Einsatz knapper Ressourcen im Mittelpunkt. Alle Output-Input-Maße bis zur Ebene des Angebotes zählen zu den Effizienzkriterien. Unter das Effizienzkonzept fällt insbesondere die erwähnte klassische Produktivitätsdefinition. Durch die Bezugnahme auf die eingesetzten Mengen grenzt sich die Produktivität von der finanziellen Effizienz ab. Bei der finanziellen Effizienz werden die produzierten Güter und Leistungen zu den dafür erforderlichen Ausgaben in Beziehung gesetzt. Die Effektivität weist im Unterschied zur Effizienz als Zählergröße zumindest einen Outputindikator der beiden höchsten Zielebenen auf, d. h. der Nutzungs- (O_N) bzw. besser der Ergebnisebene (O_E). Bei der Effektivität steht demnach die Zielerreichung im Mittelpunkt des Interesses. Zwischen Medizinern und Ökonomen umstritten ist die jeweilige Nennergröße der Effektivität. Der Mediziner interessiert sich vornehmlich für einen Soll-Ist-Vergleich der Zielerreichung.

Medizinische Effektivitätsmaße vergleichen insbesondere die Größen Wirkung, Inanspruchnahme und Angebot. Die Angebotsebene (O_A) stellt hier die niedrigste Ebene dar, die als Nennergröße für die Effektivität Verwendung findet (Effektivitätsmaße Ef_1, Ef_2 und Ef_4 in Abb. 3). Unter ökonomischen Aspekten sind dagegen auch die eingesetzten finanziellen Mittel von Interesse, d. h. der Nenner enthält vornehmlich die monetären oder physischen Inputmaße, wodurch ein stärkerer Bezug der Zielerreichung zu den eingesetzten Mitteln erreicht wird (Maße Ef_3 und Ef_5 bis Ef_7). Insbesondere das obige Effektivitätsmaß Ef_7, das die erzielten Ergebnisse zu den Ausgaben in Beziehung setzt, ist aus ökonomischer Perspektive von Interesse. Abschließend bleibt zu betonen, dass eine sinnvolle Interpretation dieser Maße voraussetzt, dass letztlich eine Kausalität zwischen Inputs und Outputs vorliegt.[9] Mit Blick auf die Leistungserstellung im Gesundheitswesen dürfte aber eher eine systemische Beziehung vorliegen. Natürlich leistet das Gesundheitssystem viel, eine kausale Beziehung im Sinne einer Produktions- bzw. Kostenfunktion liegt auf aggregierter Ebene aber kaum vor. Dafür gibt es zu viele relevante Einflussfaktoren außerhalb des engeren Gesundheitsbereichs, etwa die Umweltbedingungen, die Arbeitsplatzverhältnisse, der Lebensstil präventive Maßnahmen oder auch das Bildungssystem. Sicherlich führen Ineffizienzen auf einzelnen Stufen zur Nichterreichung des Kriteriums auf der nächsthöheren Ebene. Der Umkehrschluss gilt allerdings zunächst nicht. Ein effizientes Handeln garantiert noch keine Effektivität, da Gesundheitsleistungen sehr effizient angeboten werden können, ohne dass sie mit einer Verbesserung von Morbidität und Mortalität einhergehen. Wenn man sich auf eine Betrachtung der Effi-

---

9 Vgl. Or: Exploring the Effect of Health Care on Mortality Across OECD Countries. In: Occasional Paper, 46. 2000; Oliveira/de la Maisonneuve: The Drivers of Public Expenditures on Health and Long Term Care. In: OECD Economic Studies, 43/2. 2006.

zienz fokussiert, unterstellt man implizit das Vorliegen einer definierten Effektivität. Aus ethischer Perspektive ist ein effizienter Umgang mit den vorhandenen Ressourcen unter Knappheitsbedingungen ein Gebot der Gerechtigkeit und verlangt, mit begrenzten finanziellen Ressourcen einen optimalen Nutzen für die Gesundheit zu erzielen.

Tab. 1: Teures Mittelmaß?
Quelle: Eigene Darstellung nach OECD: Health Data, 2011.

Land	Gesundheitsausgaben (in % des BIP, 2007)	Lebenserwartung (in Jahren, 2007)	Übergewichtige (in%)
USA	16,0	78,1	34,0
Großbritannien	8,4	79,5	24,0
Deutschland	10,4	80,0	14,0
Frankreich	11,0	81,0	11,0
Schweiz	10,8	81,9	8,0
Japan	8,1	82,6	3,0

Quelle: Eigene Darstellung nach OECD: Health Data, 2011.

25 Im Gesundheitswesen gelten Lebenserwartung und Lebensqualität als geeignete Outcome-, Gesundheitsausgaben als Input-Indikatoren (vgl. Tabelle 1). Während es sich bei der Lebenserwartung und den Gesundheitsausgaben um objektiv messbare Indikatoren handelt, kann die Erfassung der Lebensqualität nicht auf die Erhebung individueller Wahrnehmungen und Beurteilungen verzichten, weshalb internationale Vergleiche meist die Lebenserwartung als alleinigen Outcome-Indikator heranziehen.[10]

26 Zwar unterliegt die Lebenserwartung auch Einflussfaktoren außerhalb des Gesundheitswesens, dennoch vermag ein internationaler Vergleich erste Hinweise auf dessen Leistungsfähigkeit zu liefern – liegt doch der Erklärungsanteil des Gesundheitswesens im engeren Sinne an der Veränderung der Lebenserwartung gemäß nationaler und internationaler Studien zwischen 10 % und 40 % (vgl. Sachverständigenrat für die Konzertierte Aktion im Gesundheitswesen, 2001).

27 Unter Outcome-Aspekten besitzt der Zugewinn an Lebenserwartung über einen gewissen Zeitraum eine höhere Aussagefähigkeit als die jeweiligen absoluten Werte im Endjahr dieses Zeitraums. Ein im Vergleich zu anderen Ländern niedriger absoluter Wert kann mit einer überproportionalen durchschnittlichen Wachstumsrate einhergehen und vice versa (vgl. Sachverständigenrat für die Konzertierte Aktion im Gesundheitswesen 2001). Nach dem Zweiten Weltkrieg herrschten unterschiedliche Ausgangsbedingungen in den einzelnen Ländern.

---

10 Vgl. Sachverständigenrat für die Konzertierte Aktion im Gesundheitswesen: 2001, Ziffern 13, 15, 27.

Deutschland befand sich in einer vergleichsweise ungünstigen Position, weil der Krieg unter anderem die medizinische Infrastruktur weitgehend zerstört und die Ernährungssituation sehr ungünstig war.

Tabelle 1 könnte dennoch herangezogen werden um eine erste, wenn auch sehr hoch aggregierte und wenig differenzierte Analyse über die Effektivität von Gesundheitssystemen durchzuführen. Die Gesundheitsquoten informieren über die Inputseite, während die Lebenserwartung oder der Anteil der Übergewichtigen als Outcome-Maß verwendet werden können.

Welche gesundheitlichen Outcomes die jeweiligen Länder mit den Pro-Kopf-Gesundheitsausgaben erzielen, hängt letztlich von Effizienz und Effektivität der nationalen Gesundheitsversorgung sowie von exogenen Einflussfaktoren ab, denen die jeweilige Bevölkerung ausgesetzt ist. Länder mit hohen Pro-Kopf-Gesundheitsausgaben nehmen deshalb nicht zwangsläufig auch auf der Outcome-Ebene Spitzenpositionen ein. So liegt die USA bezüglich ihrer Pro-Kopf-Gesundheitsausgaben an erster, hinsichtlich der Lebenserwartung oder des Anteils Übergewichtiger jedoch an letzter Stelle in Tabelle 1. Nach diesen Zahlen hat Deutschland ein teures Gesundheitssystem, während die Lebenserwartung eher auf einem durchschnittlichen Niveau verharrt und der Anteil Übergewichtiger zur Spitzengruppe im OECD-Vergleich rechnet.[11]

Würde man dagegen nicht auf das Niveau, sondern auf den Zugewinn an Lebenserwartung abstellen, ergibt sich ein anderes Bild. Im Hinblick auf die durchschnittliche Wachstumsrate der Lebenserwartung erzielt Deutschland überdurchschnittliche Werte und liegt für Männer und Frauen jeweils an vierter Stelle. Dies deutet zumindest nicht auf eine unterdurchschnittliche Leistungsfähigkeit der deutschen Gesundheitsversorgung hin.[12]

Auch wenn man die oben erwähnte Kausalität unterstellen würde, blieben auf dieser Ebene aber immer wichtige Einflussgrößen, die ebenfalls zu berücksichtigen wären: Der Leistungskatalog dürfte sich in den betrachteten Ländern unterscheiden, die Verfügbarkeit von Leistungen in den aufgeführten Ländern variiert, es fehlen detaillierte Informationen über die zugrunde liegenden sektoralen Finanzierungsströme und auch die unterschiedlichen Professionalisierungsgrade beim Leistungsangebot bleiben ausgeklammert.

3 Ausmaß von Effizienzreserven in Gesundheitssystemen

Mit Blick auf die Effizienzreserven in Gesundheitssystemen stellt sich die Frage, ob die Probleme tendenziell bei der Effizienz (Maße Ez, Ez_f) liegen oder doch eher auf der Ebene der Effektivität (Maße Ef_1 bis Ef_7) zu suchen sind? Umgesetzt in die Sprache der Input-Output-Analyse heißt dies: Setzen wir die Mittel falsch

---

11 Frankfurter Allgemeine Sonntagszeitung: Die Dicken sind unter uns. 27.11.11, S. 42.
12 Vgl. Wille/Ulrich: 2009, S. 40.

ein? Das könnte auf die nach wie vor bestehende sektorale Trennung oder auf die Probleme an den Schnittstellen zurückzuführen sein (beispielsweise indem zu viele Leistungen stationär erbracht werden, die Vernetzung zu gering ausfällt oder zu viel gemeinsam und einheitlich verhandelt wird).

33 Die Effektivitäts-Frage würde demgegenüber lauten: Erreichen wir mit den eingesetzten Mitteln zu wenig? Warum ist das Niveau der Lebenserwartung im internationalen Vergleich eher durchschnittlich? Sollen wir zusätzliches Geld weiterhin im eigentlichen Gesundheitssystem ausgeben oder eher im Bildungsbereich, um langfristig positive Gesundheitseffekte zu erzielen?

34 Die OECD unternimmt seit Jahren Versuche, Ländervergleiche hinsichtlich der Effizienz der jeweiligen Gesundheitssysteme durchzuführen[13] Methodische Basis der OECD-Vergleiche ist derjenige Gesundheitsoutcome, der jene Gewinne beim Gesundheitszustand erfasst, die den jeweiligen Gesundheitsausgaben zugerechnet werden können. Unter diesem Gesichtspunkt ist ein Land effizienter als ein anderes Land, wenn es eine höhere Lebenserwartung erreicht für ein gegebenes Niveau der Gesundheitsausgaben, bei Kontrolle weiterer Störgrößen.

35 In diesen Analysen weist die OECD einen beachtlichen Spielraum für Effizienzgewinne in den einzelnen Ländern aus. So könnte beispielsweise die Lebenserwartung im Durchschnitt um zwei Jahre steigen, wenn die einzelnen Länder das Effizienz-Niveau der besten Länder erreichen würden. Dagegen würde ein Anstieg der Gesundheitsausgaben um 10 % die Lebenserwartung lediglich um vier Monate erhöhen (bei einer unterstellten gegebenen Ausgangseffizienz).[14]

36 Weiterhin zeigen die OECD-Daten, dass die Gesamteffizienz eines Gesundheitssystems (Bspw. Zugewinne beim Gesundheitszustand) nur wenig korreliert mit den Effizienzindikatoren für einzelne Sektoren (bspw. Verweildauern oder Belegungsraten im stationären Bereich). Die jeweiligen medizinischen Angebote können in einem Sektor sehr effizient hergestellt werden und besitzen dennoch nur einen limitierten Einfluss auf die Effizienz des en Gesamtsystems. Eine hohe Effizienz in einem Sektor wird möglicherweise konterkariert durch Ineffizienzen in anderen Leistungsbereichen oder durch Schnittstellen- und Koordinierungsprobleme. Die Gesamteffizienz eines Gesundheitssystems ist dagegen stärker korreliert mit den jeweiligen Qualitätsindikatoren. Länder mit hoher Produktionseffizienz sind somit auch überwiegend Länder mit einer qualitativ hochwertigen Versorgung, auch wenn es bislang noch wenig flächendeckende Qualitätsindikatoren gibt.[15]

---

13 Vgl. OECD: Health Care Systems Efficiency. 2010; OECD: Value for Money in Health Spending. 2010.
14 Vgl. OECD: Health Care Systems Efficiency. 2010.
15 Vgl. Sachverständigenrat zur Begutachtung der Entwicklung im Gesundheitswesen, Sondergutachten, 2012.

Die Effizienz hängt weiterhin mit den institutionellen Rahmenbedingungen in den einzelnen Gesundheitssystemen zusammen.[16] Es lassen sich Ländercluster identifizieren, die ähnliche Rahmenbedingungen aufweisen, wobei interessanterweise Effizienzunterschiede innerhalb der Cluster größer sind als zwischen den Clustern. Dies legt den Schluss nahe, dass kein einzelnes Gesundheitssystem per se eine systematisch höhere Performanz besitzt. Entscheidend ist demnach weniger der Systemtyp als vielmehr die Art und Weise, wie das System gemanagt wird.

4   Perspektiven für mehr Wettbewerb und Effizienz

Grundsätzlich lassen sich zwei Gruppen von möglichen Ursachen für die Ausgaben- und Finanzierungsprobleme im Gesundheitswesen unterscheiden. In die erste Gruppe fallen die Ineffizienzen des heutigen Organisationssystems, die sich in einer Über-, Unter- und Fehlversorgung niederschlagen und Auswirkungen auf die Beiträge oder die Versorgungsqualität besitzen. Im Mittelpunkt der Analysen stehen insbesondere die Prozesse, nach denen sämtliche Leistungen des deutschen Gesundheitswesens produziert und an die Patienten verteilt werden. Die allgemeine Ursache der Ineffizienz liegt in den vorherrschenden institutionellen Grundbedingungen, von denen Verhaltensanreize für alle Akteure ausgehen. Die zweite Gruppe möglicher Ursachen für Finanzierungsprobleme wird von den langfristigen strukturellen Veränderungen bei der Entwicklung der Leistungsausgaben gebildet. Hier sind insbesondere die demografische Entwicklung und die Wechselwirkungen mit dem medizinisch-technischen Fortschritt zu nennen[17].

In diesem Kontext werden die Effizienzdefizite des korporatistischen Handelns betont: Das gemeinsame Handeln der Krankenkassen schränkt den individuellen Handlungsspielraum jeder einzelnen Kasse stark ein und impliziert zudem fehlende Differenzierungsmöglichkeiten. Die Krankenkassen treten nach wie vor auf dem Versicherungsmarkt mit einem weitgehend ähnlichen Angebot im Leistungsumfang und in der Qualität auf, sodass die Versicherten wenige Chancen haben, sich für individuelle Angebote zu entscheiden.[18]

Würde es den Krankenkassen freistehen, auf dem Leistungsmarkt individuell ausgehandelte Verträge mit Ärzten und Krankenhäusern zu schließen, dann hat eine Kasse die Möglichkeit, mit den entsprechend ausgehandelten Konditionen auf dem Versicherungsmarkt individuelle Versicherungsangebote zu machen. Der Patient steuert damit durch die Wahl des Versicherungsangebots einer Kasse

---

16   Vgl. Paris et al.: Health Systems Institutional Characteristics. In: OECD Health Working Paper, No. 50. 2010; Joumard et al.: Health Status Determinants. In: OECD Economics Department Working Papers, No. 627. 2010.
17   Vgl. Henke/Reimers: Zum Einfluss von Demografie und medizinisch-technischem Fortschritt auf die Gesundheitsausgaben. In: Ulrich/Ried (Hrsg.): Effizienz, Qualität und Nachhaltigkeit im Gesundheitswesen. 2007.
18   Vgl. Monopolkommission: Hauptgutachten XVIII. 2009.

indirekt die Leistungsverträge. Die Krankenkassen haben einen Anreiz, solche Konditionen zu erzielen, mit denen sie auf dem Versicherungsmarkt Versicherte gewinnen können, und die Leistungserbringer haben einen Anreiz, dem Patienten auf dem Behandlungsmarkt eine hochwertige Versorgung zukommen zu lassen, da sie dies im Wettbewerb um lukrative Verträge auf dem Leistungsmarkt für sich nutzen können.

41 Hinter diesen Wettbewerbskonzepten stehen letztlich sehr unterschiedliche Vorstellungen über die Bewertung der Lage der einzelnen Akteure im Gesundheitswesen und des daraus resultierenden Steuerungsbedarfs.[19] Insbesondere die Bedeutung der asymmetrischen Informationsverteilung zwischen Patient und Leistungserbringer wird unterschiedlich eingeschätzt. Während die Vertreter des Konzeptes der direkten Marktbeziehung davon ausgehen, dass Leistungserbringer und Patient im Regelfall auf Augenhöhe miteinander agieren und sich vertraglich binden können, erachten die Vertreter des Konzeptes des Vertragswettbewerbs die Beziehung als stark durch Asymmetrie geprägt. So wird darauf verwiesen, dass die Patienten kaum über geeignete Qualitätsinformationen zum Leistungsangebot verfügen und in der Regel auch nicht in der Lage sind, entsprechende Informationen adäquat zu interpretieren. Soll der Wettbewerb der Leistungserbringer auch mit Blick auf die Qualität der Versorgung funktional sein, wird es daher als erforderlich angesehen, dass dem Patienten mit der Krankenkasse ein ergänzender Sachwalter zur Seite gestellt wird.

42 Die zweite Gruppe von Ineffizienzen hängt mit den langfristigen strukturellen Veränderungen der Entwicklung der Leistungsausgaben zusammen, hervorgerufen durch die Wechselwirkungen zwischen demografischer Entwicklung und den Möglichkeiten des medizinisch-technischen Fortschritts.[20]

43 Der wesentliche Kostentreiber ist neben dem medizinisch-technischen Fortschritt das (Volks-)Einkommen. Wir geben auch deshalb mehr für Gesundheit aus, weil der Wohlstand zugenommen hat und ein Teil dieses zusätzlichen Einkommens nicht mehr für klassische Güter und Leistungen ausgegeben wird, sondern für Gesundheitsleistungen. Das sieht man auch an den Ausgaben für Wellness-Produkte oder Nahrungsergänzungsmittel. Der medizinisch-technische Fortschritt und die demografische Entwicklung befeuern diese Entwicklung zusätzlich. Der reine demografische Effekt spielt dabei interessanterweise nur eine untergeordnete Rolle. Die Menschen werden zwar immer älter, sie bleiben aber auch länger gesund. Die Kosten nehmen jedoch kurz vor dem Tod stark zu. Im letzten Jahr vor dem Tod steigen die Kosten auf das 15-fache der Durchschnittsausgaben von Überlebenden[21]. Diese sogenannten Sterbekosten fallen im ganz

---

19 Vgl. Rat der Evangelischen Kirche: Und unsern kranken Nachbarn auch! 2011.
20 Vgl. Monopolkommission: Hauptgutachten XVIII. 2009; Felder: Gesundheitsausgaben und demografischer Wandel, In: Bundesgesundheitsblatt, 55. 2012, S. 614-623.
21 Vgl. Felder: Gesundheitsausgaben und demografischer Wandel. In: Bundesgesundheitsblatt, 55. 2012, S. 614-623.

hohen Alter aber wieder niedriger aus, so dass die Gesundheitsausgaben insgesamt sogar etwas sinken, wenn die Bevölkerung altert. Diese Entwicklung wird dazu führen, dass über den Umfang des solidarisch finanzierten Leistungskatalogs stärker als bisher nachgedacht werden muss, bzw. ganz allgemein über das Verhältnis von solidarischer Grundversorgung und privater Zusatzversicherung.

5 Ausblick: Effizienzpotenziale außerhalb des Gesundheitssystems

Neben den Effizienzbetrachtungen innerhalb sollten auch die Effizienzpotenziale außerhalb der Gesundheitssysteme beachtet werden. In allen OECD-Ländern besteht eine signifikante Verteilung der Krankheitslast nach sozialem Status und damit ein schichtenspezifisches Auftreten von Krankheitsbildern. Die so genannten bildungsfernen Schichten und Personen mit geringem Einkommen haben ein vergleichsweise höheres Gesundheitsrisiko. Große Effizienzpotenziale dürften daher auch in einer konsequenten Bildungspolitik und einer strukturellen Armutsbekämpfung liegen. Dies spricht für auch für eine konsequente Verhältnisprävention, d. h. eine gesundheitsorientierte Gestaltung der Arbeits- und Lebenswelt. Die Forderung nach einer stärkeren Verhaltensprävention des Einzelnen kann ebenfalls dazu beitragen Effizienzpotenziale zu heben, dazu erscheint aber auch eine stärker zielgruppenspezifische Gesundheitsförderung erforderlich.

Literatur

Berner, F.: Der hybride Sozialstaat: Die Neuordnung von öffentlich und privat in der sozialen Sicherung. Campus, Frankfurt/M 2009.
Deutscher Ethikrat: Nutzen und Kosten im Gesundheitswesen – Zur normativen Funktion ihrer Bewertung, Stellungnahme. Berlin 2011.
Felder, S.: Gesundheitsausgaben und demografischer Wandel. In: Bundesgesundheitsblatt, 55. 2012, S. 614-623.
Fleurbaey, M.: Beyond GDP: The Quest for a Measure of Social Welfare. In: Journal of Economic Literature, 47(4). 2009, S. 1029-1075.
Henke, K. D./Reimers, L.: Zum Einfluss von Demografie und medizinisch-technischem Fortschritt auf die Gesundheitsausgaben. In: Ulrich, V./Ried, W. (Hrsg.): Effizienz, Qualität und Nachhaltigkeit im Gesundheitswesen. Nomos, Baden-Baden 2007, S. 734-754.
Joumard, I./André, C./Nicq, C.: Health Status Determinants: Lifestyle, Environment, Health Care Resources and Efficiency. In: OECD Economics Department Working Papers, No. 627. Paris 2010.
Monopolkommission: Hauptgutachten XVIII: Mehr Wettbewerb, wenig Ausnahmen. Bonn 2009.
OECD: Health Care Systems: Efficiency and Policy Settings. Paris 2010.
OECD: Value for Money in Health Spending. Paris 2010.
OECD: OECD Health Data. Paris 2011.
Oliveira, M. J./de la Maisonneuve, C.: The Drivers of Public Expenditures on Health and Long Term Care. In: OECD Economic Studies, 43/2. Paris 2006.
Or, Z.: Exploring the Effect of Health Care on Mortality Across OECD Countries. OECD Labour Market and Social Policy. In: Occasional Paper, 46. Paris 2000.

Paris, V./Vevaux, M./Wie, L.: Health systems Institutional Characteristics: A Survey of 29 OECD Countries. In: OECD Health Working Paper, No. 50. Paris 2010.

Rat der Evangelischen Kirche: Und unsern kranken Nachbarn auch! Aktuelle Herausforderungen der Gesundheitspolitik. Eine Denkschrift des Rates der Evangelischen Kirche in Deutschland (EKD). Gütersloh 2011.

Sachverständigenrat zur Begutachtung der Entwicklung im Gesundheitswesen: Gesundheitsversorgung und Krankenversicherung 2000, Eigenverantwortung, Subsidiarität und Solidarität bei sich ändernden Rahmenbedingungen. Sachstandsbericht. Nomos, Baden-Baden 1994.

Sachverständigenrat zur Begutachtung der gesamtwirtschaftlichen Entwicklung: Wirtschaftsleistung, Lebensqualität und Nachhaltigkeit: Ein umfassendes Indikatorensystem. Expertise im Auftrag des Deutsch-Französischen Ministerrates in Zusammenarbeit mit dem Conseil d'Analyse Economique. Wiesbaden 2010.

Statistisches Bundesamt: Die Gesundheitsberichterstattung des Bundes. Wiesbaden 2012. Online: www.gbe-bund.de, Suchbegriff „Gesundheitsausgaben" (abgerufen am 22.7.2012).

Wille, E.: Effizienz und Effektivität im Gesundheitswesen. In: Klinische Chemie, 17. Jg., Heft 5. 1986, S. 303-315.

Beitrag 2

Was sind relevante Zielkriterien für die Effizienzmessung im Versorgungsprozess? (Fallbeispiel Schweiz)

Willy Oggier

		Rn.
1	**Zielsetzungen des Krankenversicherungsgesetzes (KVG)**	1 – 13
1.1	Wirksamkeit, Zweckmäßigkeit und Wirtschaftlichkeit gemäß KVG	7 – 11
1.2	Fazit	12, 13
2	**Konturen eines Soll-Zustands**	14 – 52
2.1	Makroökonomische Aspekte	15 – 18
2.2	Mikroökonomische Aspekte	19 – 24
2.3	Wirksamkeit als Ausschlusskriterium	25 – 31
2.4	Zweckmäßigkeit als Ausschlusskriterium	32, 33
2.5	Wirtschaftlichkeit als Ausschlusskriterium	34 – 41
2.6	Konklusion	42 – 52
3	**Reformpostulate**	53 – 60

Literatur

Autor

Dr. Willy Oggier

Jahrgang 1965; Studium Volkswirtschaftslehre Hochschule St. Gallen; Promotion zum Dr. oec. HSG; u. a. Forschungsgruppe für Management im Gesundheitswesen an der Hochschule St. Gallen, Spezialgebiet Gesundheitsökonomie; nach einigen Jahren Tätigkeit an der Hochschule St. Gallen, seit 1996 Selbstständigkeit; Inhaber der Firma Willy Oggier Gesundheitsökonomische Beratungen AG – gehört heute zu den führenden Gesundheitsökonomen der Schweiz; verschiedene Lehraufträge, u. a. Universitäten Basel, Bern, Zürich

Abstract: Wirtschaftlichkeit kann nie losgelöst von Wirksamkeit und Zweckmässigkeit beurteilt werden. Die Annahme, dass Qualität im Gesundheitswesen normal verteilt ist, widerspricht nämlich dem in der Medizin vorherrschenden Zuweisungsprinzip. Gerichte, welche Preisauseinandersetzungen zu beurteilen haben, werden daher nicht darum herum kommen, vermehrt eine Güterabwägung zwischen Wirksamkeit, Zweckmässigkeit und Wirtschaftlichkeit vorzunehmen. Die bisherige Wirtschaftlichkeits-Fokussierung ist nicht zielführend. Der Artikel entwickelt daher eine Vorgehens-Methodik anhand der verfügbaren schweizerischen Daten.

Um Fragen der Wirksamkeit, Zweckmässigkeit und Wirtschaftlichkeit (WZW) im Rahmen einer sozialen Krankenversicherung angehen zu können, gilt es zuerst die gesetzgeberischen Zielsetzungen sowie die Beziehung zwischen den drei Dimensionen WZW näher zu analysieren.

1 Zielsetzungen des Krankenversicherungsgesetzes (KVG)

In seiner Botschaft an das eidgenössische Parlament vom 6. November 1991 umschreibt der Bundesrat vier Zielsetzungen des neuen Gesetzes:[1]

- Verstärkung der Solidarität
- Kosteneindämmung
- Erweiterung des Leistungskatalogs
- keine fundamentalen Änderungen bei der Finanzierung

Der Zerfall der Solidarität zwischen Gesunden und Kranken wurde als eines der Hauptprobleme des damals gültigen Rechts bezeichnet. Außerdem trage dieses der Solidarität zwischen Reichen und Armen nicht genügend Rechnung. Deshalb schlug der Bundesrat im Rahmen des Versicherungsobligatoriums die Einführung der vollen Freizügigkeit der Versicherten und die Erleichterung der über einem gewissen Einkommensanteil liegenden Prämienlast vor.

Die Eindämmung der Kostensteigerung im Gesundheitswesen wurde als eines der Hauptziele der Revision bezeichnet. Was der Bundesrat darunter verstand, umschrieb er auf folgende Art:[2] „Das Ziel der in dieser Vorlage vorgeschlagenen Kostendämpfungsmaßnahmen wäre dann vollständig erreicht, wenn sich die jährliche Zunahme der Gesundheitsausgaben pro Kopf der Bevölkerung der allgemeinen Lohn- und Preisentwicklung anpasst. Dieses Idealziel wird mittelfristig kaum zu erreichen sein. Hingegen muss es uns gelingen, ein noch stärkeres Auseinanderklaffen von Gesundheitsausgaben und Löhnen zu stoppen, das heißt die Zunahme der Gesundheitsausgaben näher an die Lohnentwicklung heranzubringen. Die Kostendämpfungsmaßnahmen werden nach der Einführung des Gesetzes allerdings nicht sofort greifen. Die einzelnen Instrumente entfalten erst im

---

[1] Botschaft des Bundesrates über die Revision der Krankenversicherung vom 6. November 1991, S. 31 ff.
[2] Botschaft des Bundesrates über die Revision der Krankenversicherung vom 6. November 1991, S. 34.

gegenseitigen Zusammenspiel ihre volle Wirkung. Zum Gelingen der Reform beitragen müssen alle Partner im Gesundheitswesen."

4   Bezüglich der Ausweitung des Leistungskatalogs äußerte sich die Landesregierung wie folgt:[3] „Tatsächlich kann man sich fragen, ob es nicht paradox ist, in ein und demselben Gesetz eine Ausdehnung der Leistungen einerseits und die Schaffung von verschiedenen Instrumenten zur Eindämmung der Kosten andererseits vorzusehen. Diese Bedenken sind zwar verständlich, aber unzutreffend. Die Ausdehnung der Leistungen ist unerlässlich. Damit besteht die Möglichkeit, zum Teil weit zurückliegenden – unbestrittenen – Forderungen Rechnung zu tragen […] und bestimmte stoßende Lücken zu beseitigen (z. B. durch Einführung der zeitlich unbeschränkten Übernahme von Spitalpflegeleistungen sowie die Vergütung bestimmter Zahnbehandlungen)."

5   Gemäß der Dokumentation zum neuen Krankenversicherungsgesetz vom 5. September 1994 wird der Zielsetzung der Verstärkung der Solidarität bei den Krankenversicherungen u. a. auf folgende Weise Rechnung zu tragen versucht:[4]

- Durch die obligatorische Krankenpflegeversicherung erhalten alle Versicherten den Zugang zu einer umfassenden, den Anforderungen der Zeit entsprechenden medizinischen Versorgung.
- Alle Krankenversicherer haben im Rahmen der Grundversicherung das gleiche Leistungspaket anzubieten. Damit können die Versicherten klare Preisvergleiche ziehen und dank der vollen Freizügigkeit zu dem Versicherer wechseln, der die gleichen Leistungen zu günstigeren Prämien anbietet. Kollektivversicherungen dürfen gegenüber Einzelversicherungen nicht günstiger sein.
- Es wurde ein auf 10 Jahre befristeter Risikoausgleich unter den Krankenversicherern eingeführt. Dessen Zielsetzung, Mechanismus und die ersten Erfahrungen im Rahmen des Dringlichkeitsrechts wurden so umschrieben:[5]
    - Der Zweck des Risikoausgleichs besteht darin, Unterschiede in den Versichertenbeständen auszugleichen, welche zu großen Prämienunterschieden führen. Es soll eine Solidarität unter den Versicherern hergestellt werden.
    - Versicherer mit einer geringen Anzahl betagter Versicherter und Frauen haben über eine Ausgleichsstelle Beiträge an Versicherer mit vielen Betagten und Frauen zu bezahlen. Versicherer, welche solche Beiträge erhalten, können die Prämien ihrer Versicherten ermäßigen; ihre Stellung im Wettbewerb soll gestärkt werden.

---

3   Botschaft des Bundesrates über die Revision der Krankenversicherung vom 6. November 1991, S. 39 f.
4   Eidgenössisches Departement des Innern und Bundesamt für Sozialversicherung (Hrsg.): Dokumentation zum Krankenversicherungsgesetz. 1994, S. 62 f.
5   Eidgenössisches Departement des Innern und Bundesamt für Sozialversicherung (Hrsg.): Dokumentation zum Krankenversicherungsgesetz. 1994, S. 80 f.

– Unter dem alten Regime war die Freizügigkeit sehr stark eingeschränkt. Dies hat zur Sammlung schlechter Risiken in bestimmten Kassen geführt. Mit dem Risikoausgleich sollen diese nun einen Beitrag von den Kassen mit guten Risiken erhalten. Als gute Risiken werden jüngere Männer bezeichnet.

Der Risikoausgleich hat sich in den Augen des Parlaments mindestens insofern bewährt, als er diesen um weitere fünf Jahre verlängert und eine weitere Verbesserung im Rahmen der im Dezember 2007 abgeschlossenen KVG-Revision verabschiedet hat. Unter Gesundheitsökonomen herrscht dagegen weitgehend Einigkeit, dass selbst der in der Zwischenzeit um Spital- und Pflegeheim-Aufenthalt ergänzte Risikoausgleich nicht ausreichend ist, um insbesondere die weitgehend ambulant behandelten Chronischkranken angemessen zu berücksichtigen. Dies dürfte – wie noch zu zeigen sein wird – auch die Vergleichbarkeit im Rahmen von Wirtschaftlichkeitsverfahren erschweren.

1.1 Wirksamkeit, Zweckmäßigkeit und Wirtschaftlichkeit gemäß KVG

Das eidgenössische Krankenversicherungsgesetz (KVG) sieht in Artikel 32 vor, dass die obligatorische Krankenversicherung Leistungen nur zu bezahlen hat, wenn diese wirksam, zweckmäßig und wirtschaftlich sind. Die Wirksamkeit muss nach wissenschaftlichen Methoden nachgewiesen sein. Die Wirksamkeit, die Zweckmäßigkeit und die Wirtschaftlichkeit der Leistungen werden periodisch überprüft.

Grundsätzlich werden gemäß KVG alle medizinischen Leistungen von den Krankenversicherern vergütet, welche von einem Arzt oder einem Chiropraktor sowie von Personen ausgeführt werden, die im ärztlichen Auftrag oder auf ärztliche Anordnung hin tätig werden. Diese sogenannten allgemeinen ärztlichen Leistungen sind in keiner Liste aufgeführt und können daher auch nicht gestrichen werden. Das Eidgenössische Departement des Innern hat jedoch die Kompetenz, die Leistungen zu bezeichnen, welche von der obligatorischen Krankenversicherung nicht oder nur unter bestimmten Bedingungen übernommen werden. Darunter fallen auch neue oder umstrittene Leistungen, deren Wirksamkeit, Zweckmäßigkeit und Wirtschaftlichkeit sich in Abklärung befinden.

Das KVG geht grundsätzlich davon aus, dass die von Ärzten erbrachten Leistungen in der Regel die Anforderungen der Wirksamkeit, Zweckmäßigkeit und Wirtschaftlichkeit erfüllen (sogenanntes Vertrauensprinzip). Ganz andere Voraussetzungen gelten dagegen überall dort, wo eine sogenannte Positivliste zum Tragen kommt. Dort werden von den Krankenversicherern nur jene Leistungen bezahlt, welche auf der Positivliste stehen. Positivlisten sind die Liste für Mittel und Gegenstände, die Analysenliste und die Spezialitätenliste für Arzneimittel.

Das Prinzip der Positivliste mit einer abschließenden Aufzählung kommt im Weiteren auch für die Leistungen der medizinischen Prävention, bei Mutterschaft, für die zahnärztlichen Behandlungen sowie für die Leistungen der nichtärztlichen Leistungserbringer zur Anwendung. Zu letzteren gehören etwa die Bereiche der Physio- und Ergotherapie, der Spitex, der Ernährungs- oder Diabetesberatung, der Logopädie und die Leistungen im Pflegeheim.

10 Was wirksam, zweckmäßig und wirtschaftlich heißt, darüber streiten sich die Akteure im schweizerischen Gesundheitswesen. Aus der Sicht der Krankenversicherer lassen sich die drei Begriffe auf folgende Art beschreiben:[6]

- Wirksam heißt: Der erwünschte diagnostische oder therapeutische Effekt kann mit der Leistung erreicht werden.
- Zweckmäßig heißt: Der erzielte Nutzen überwiegt dabei gegenüber unerwünschten Nebenwirkungen bzw. das Verhältnis Nutzen/Nebenwirkungen ist mindestens gleich gut oder besser als bei anderen in Frage kommenden Leistungen.
- Wirtschaftlich[7] heißt: Der angestrebte Erfolg wird zu möglichst günstigen Kosten erreicht. Und es heißt auch: Eine neue Leistung darf nur dann mehr kosten als eine bereits anerkannte, wenn sie entsprechend mehr Nutzen bringt.

11 Doch diese Definitionen helfen in vielen Fällen nicht weiter. Auf die Anwendung im konkreten Einzelfall kommt es an. An sich kann nämlich auch die Leistungserbringer-Seite mit diesen Definitionen leben. Nur: in der Interpretation der einzelnen Begriffe bestehen vielfach große Unterschiede. Während die Krankenversicherer in erster Linie auf das Kriterium der Wirtschaftlichkeit abstellen, betonen Vertreter der Leistungserbringer, insbesondere aus der Pharma in der Regel eher die Zweckmäßigkeit und die Wirksamkeit. In diesem Zusammenhang wird – je nach Standpunkt und wohl auch Interessenlage – einmal eher die Wirksamkeit, ein anderes Mal eher die Zweckmäßigkeit hervorgehoben.

1.2 Fazit

12 Die bisher gemachten Ausführungen weisen auf verschiedene Aspekte hin:

- Der Bundesrat beabsichtigte mit seiner Botschaft zum Krankenversicherungsgesetz vom 6. November 1991 nicht in erster Linie einen Beitrag zur Kosteneindämmung, sondern vor allem zur Verstärkung der Solidarität zu leisten.
- Für die Durchführung von Wirtschaftlichkeits- oder Kostenminimierungs-Analysen, wie sie in europäischen Sozialversicherungssystemen angesichts der

---

[6] KSK aktuell, Nr. 9, 1999.
[7] Zum Wirtschaftlichkeitsbegriff aus rechtlicher Sicht vgl. Saxer: Die Tarifgestaltungsgrundsätze des KVG und ihre Umsetzung. 2010, insbesondere S. 13 ff.

knapper werdenden Ressourcen vermehrt diskutiert werden, unerlässlich ist die vorgängige Definition des beabsichtigten Ziels, bzw. der Wirksamkeit oder des Nutzens. Eine Wirtschaftlichkeitsdiskussion lässt sich sonst gar nicht führen.

- Besondere Bedeutung bei der Beurteilung der Wirtschaftlichkeit kommt dabei auch der angemessenen Risikostratifizierung der zu vergleichenden Leistungen zu. In der schweizerischen Gesundheitsökonomie besteht weitgehende Einigkeit darüber, dass die vorherrschende Regelung und die vom Parlament beschlossene Verbesserung des Risikoausgleichs unter den Krankenversicherern im Rahmen einer Einheitsprämie gerade im Fall der hohen Kosten verursachenden Chronischkranken, welche ärztlich und therapeutisch gut eingestellt weitgehend ambulant betreut werden können, nicht zu befriedigen vermögen.
- Diese Fragestellung dürfte künftig noch an Bedeutung gewinnen, ist doch per 1. Januar 2012 in Analogie zum ambulanten Bereich auch für stationäre Spitalleistungen eine gesamtschweizerisch einheitliche Tarifstruktur eingeführt worden. Damit dürfte von Seiten der Krankenversicherer vermehrt der Versuch unternommen werden, über Benchmarkings Preis-Leistungs-Vergleiche anzustellen. In diesem Zusammenhang dürften die oben angestellten Überlegungen zur Risikostratifizierung weitere Relevanz erlangen.
- Denn nicht nur bei der spezialärztlichen Versorgung, sondern insbesondere auch im stationären Spitalsektor dürfte Vieles dafür sprechen, dass die Einweisung von Patienten in Kliniken durch die Zuweiser nicht nach dem Zufallsprinzip erfolgt. Neben versicherungstechnischen Aspekten dürften die Zusammenarbeit mit den entsprechenden Zuweisern und die Qualität der beobachteten Leistungen wichtige Rollen spielen. Trifft dies zu, verdient die Frage der Risikostratifizierung aber noch stärkere Bedeutung, weil auch die Annahme einer zufallsbedingten Verteilung der schweren Fälle über alle Spitäler bzw. Spezialärzte sich als nicht statthaft erweist.

Es soll daher im Folgenden versucht werden, eine Art Soll-Raster zu entwickeln, anhand dessen sich Wirtschaftlichkeitsvergleiche im Rahmen der sozialen Krankenversicherung zu orientieren haben. 13

2 Konturen eines Soll-Zustands

Zur Entwicklung einer Art Soll-Zustand werden im Folgenden zuerst einige makroökonomische und im Anschluss daran einige mikroökonomische Aspekte dargestellt, welche im Rahmen der WZW-Diskussion generell von Bedeutung sein dürften. 14

2.1 Makroökonomische Aspekte

15 Ökonomischen Theorien wird vielfach der Vorwurf gemacht, sie würden sich einzig um Effektivitäts- und Effizienzaspekte kümmern und dabei die Patientinnen und Patienten vergessen. Dieser Vorwurf ist in dieser Radikalität falsch. Denn in Anlehnung an das Fünfeck der wirtschaftspolitischen Zielsetzungen wurde bereits in den achtziger Jahren in der schweizerischen Gesundheitsökonomie das Magische Fünfeck gesundheitspolitischer Zielsetzungen thematisiert. Dieses kann auf folgende Art dargestellt werden:[8]

- Chancengleichheit: Alle Einwohnerinnen und Einwohner sollen einen chancengleichen Zugang zu den Angeboten des Gesundheitswesens haben, d. h. eine entsprechende Verteilung, Nutzung und Erreichbarkeit von Gesundheitsleistungen müssen sichergestellt sein.
- Leistungsfähigkeit: Sie erweist sich darin, wie schnell und wirksam Krankheitsursachen und Risikofaktoren erkannt und bekämpft werden, in welchem Umfang Krankheiten frühzeitig diagnostiziert und behandelt, mit welchem Erfolg körperlich und geistig Behinderte wieder in das soziale und berufliche Leben eingegliedert und wie wirksam Pflegebedürftige versorgt werden können. Einer einseitigen Förderung der Spitzenmedizin und -technologie stehen stark benachteiligte Gebiete wie Sozial- und Präventivmedizin, Geriatrie und wohl auch Mental Health gegenüber.
- Bedarfsgerechtigkeit: Umfang und Art medizinischer Leistungen sind stärker als bisher am Bedarf auszurichten, wobei der Bedarf nicht mit der Inanspruchnahme und dem Angebot von Gesundheitsleistungen identisch sein muss. Eines der größten Probleme der Gesundheitspolitik und -planung ist die Feststellung des Bedarfs, weil die Anbieter von Gesundheitsgütern gleichzeitig die Nachfrage nach ihren Leistungen selbst stark beeinflussen können. Außer vom Angebot wird der Bedarf insbesondere von Veränderungen der Morbidität, des Krankheitsbegriffs, der Risikofaktoren, des Gesundheitsverhaltens, des Bildungsstands, der Bevölkerungsstruktur und -entwicklung sowie vom medizinischen und technischen Fortschritt beeinflusst.
- Wirtschaftlichkeit: Ein wirtschaftlicher Einsatz der verfügbaren Mittel ist Voraussetzung für die dauerhafte Finanzierbarkeit und damit die Erhaltung und Steigerung der Leistungsfähigkeit des Gesundheitswesens. Wirtschaftlichkeitsüberlegungen können sich nicht auf einzelne Einrichtungen und Leistungen des Gesundheitswesens beschränken. Der Zusammenhang zwischen definierten Aufgaben und erbrachten Leistungen, dafür aufgewendeten Mitteln und tatsächlich erreichten Wirkungen muss für die verschiedenen Teilbereiche und Einrichtungen des Gesundheitswesens sowie möglichst für das schweizerische Gesundheitswesen insgesamt untersucht und beurteilt werden.

---

8   Vgl. Der Monat, Nr. 6, Juni 1984.

- Finanzierbarkeit: Das Gesundheitswesen muss finanzierbar bleiben. Damit sind die Probleme der Preisbildung und Tarifpolitik, die das Verhältnis der Krankenversicherung zu den Anbietergruppen betreffen, und die Frage der „Ausbeutung" der Krankenversicherung durch die Versicherten angesprochen.

Die formulierten Zielsetzungen ergänzen sich teilweise, weisen aber auch Trade-Offs auf. Letzteres bedeutet, dass eine stärkere Realisierung eines bestimmten Ziels ein anderes der formulierten fünf Zielsetzungen gefährden kann.

Bei der Chancengleichheit und bei der Leistungsfähigkeit eines Systems etwa stellen sich mit Blick auf die Qualität aus versorgungspolitischer Sicht folgende Fragen:[9]

- Wie wird mit kostenintensiven Fällen umgegangen?
- Wie wird mit älteren Menschen umgegangen?
- Wie wird mit Patientinnen und Patienten aus sozial schwächeren Schichten umgegangen?

Während von der ersten Frage insbesondere Personen mit starken, meist chronischen gesundheitlichen Einschränkungen oder Behinderungen betroffen sein dürften, sind von der letzten Fragestellung eher die Patientinnen und Patienten mit unterdurchschnittlichem Einkommen, niedrigem Bildungsniveau und/oder geringer Sprachkompetenz angesprochen. Problematisch erscheint aus Gründen der Versorgungssicherheit insbesondere der Umstand, dass diese Personengruppen sich selbst kaum ausreichend Gehör verschaffen können. Gefordert sind daher auch die behandelnden Leistungserbringer.

2.2 Mikroökonomische Aspekte

Im Rahmen mikroökonomischer Aspekte herrscht heute nach wie vor die Einzelkostenbetrachtung vor, obwohl Gesamtkosten-Dimensionen in den vorhandenen gesundheitsökonomischen Instrumenten vom Ansatz her mindestens teilweise berücksichtigt worden sind. In den mikroökonomischen Ansätzen werden einzelne therapeutische oder diagnostische Maßnahmen auf ihre Tauglichkeit hin überprüft. Ziele gesundheitsökonomischer Studien sind etwa die Beurteilung[10]

- von Verhaltensweisen, welche die Gesundheit schädigen können (z. B. Kosten des Stress am Arbeitsplatz)
- der gesundheitlichen Beeinträchtigung (z. B. Kosten von Depressionen)

---

9 Kühn: „Wettbewerb bringt Qualität" – aber welche? In: Der Artikulator, Nr. 52/1995, S. 8 ff.
10 Vgl. dazu auch Domenighetti: Sind gesundheitsökonomische Analysen von praktischem Nutzen? In: Managed Care, Nr. 6/2000, S. 39-41.

- von medizinisch-therapeutischen Maßnahmen (z. B. Kosten eines durch Krisen-Interventionen gewonnenen Lebensjahres).

20 Im Rahmen der mikroökonomischen Analyse-Instrumente gibt es also sowohl deskriptive Studien als auch Evaluationsstudien.

21 Mikroökonomische Arbeiten sind erheblichen methodischen Problemen ausgesetzt. Sowohl im Bereich der Kosten- als auch allfälliger Nutzen-Überlegungen ist in der Regel von bestimmten Annahmen auszugehen. Die Annahmen erfolgen teilweise willkürlich. Die Ergebnisse sind daher oft auch nicht miteinander vergleichbar und teilweise stark vom finanzierenden Auftraggeber abhängig.

22 Hinzu kommt, dass bestimmte Kosten wie Trauer, Angst, Stress gar nicht oder nur schwierig ökonomisch quantifizierbar sind. Dadurch erschwert sich auch die Formulierung möglicher Nutzengewinne durch die Vermeidung solcher Kosten. Darüber hinaus sind oft längere Zeiträume notwendig, bis eingeleitete Maßnahmen zu wirken beginnen. Dies macht die Erstellung solcher Analysen schwieriger und teurer. Damit einher geht auch die Gefahr, dass in stark von ökonomischen Faktoren geprägten Diskussionen die davon betroffenen Patientinnen und Patienten, welche möglicherweise auch noch zu den sozial Schwächeren gehören, benachteiligt werden.

23 Nichtsdestotrotz kommen im Gesundheitswesen tätige Personen nicht darum herum, sich diesen Fragen zu stellen. Im Zentrum dieser Überlegungen und Arbeiten sollte die Ergebnisqualität stehen. So lassen sich Nutzen und Kosten für die Patientinnen und Patienten wohl am vielversprechendsten vergleichen.

24 Die gesundheitsökonomische Analyse sollte nur eine unter verschiedenen Entscheidungsfaktoren sein. Sie kann helfen, Entscheidungen zu fällen und eine Wahl zu treffen, sofern die angewandte Methode für den konkret zu beurteilenden Fall die richtige ist und auch korrekt durchgeführt worden ist. Daneben sind aber auch andere Faktoren wie Chancengleichheit, Wirksamkeit, Finanzierbarkeit und Bedarfsgerechtigkeit angemessen zu berücksichtigen.

2.3 Wirksamkeit als Ausschlusskriterium

25 Im Zusammenhang mit den in sämtlichen westeuropäischen Staaten feststellbaren Diskussionen über das Verhältnis von Wirksamkeit, Zweckmäßigkeit und Wirtschaftlichkeit kommt relativ oft die Frage der Priorisierung von Gesundheitsleistungen auf das Tapet. Priorisierung sollte dabei unter dem Wirksamkeits-Begriff als Ordnen medizinischer Leistungen nach ihrer Wichtigkeit betrachtet werden. Es geht demnach darum, innerhalb von Versorgungsprioritäten jene Interventionen als relativ unwichtig einzustufen, die nur eine „geringe" Wirksamkeit aufweisen. Begrifflich bestimmt sich Wirksamkeit als die Summe der positiven intendierten Kausaleffekte einer Behandlung, also durch jene Interventionsfolgen, um derentwegen die Behandlung überhaupt durchgeführt wird.

Es geht also um die Verbesserung der Lebensqualität in verschiedener Hinsicht (z. B. Schmerzlinderung) oder um die Lebensverlängerung. Auch wenn nicht unbedingt jeder Patient diese Veränderungen für sich als nützlich bewertet (subjektiver Nutzen), muss in einer statistischen Therapieevaluation mit einem intersubjektiven klinischen Nutzenbegriff gearbeitet werden, der mit der Wirksamkeit einer medizinischen Maßnahme zusammenfällt. In einer solchen Betrachtungsweise sind marginaler Nutzen und marginale Wirksamkeit als Synonima zu betrachten.[11]

In der jüngeren deutschen Literatur wird u. a. darauf aufmerksam gemacht, dass zwischen den Begriffen „Wirksamkeit", „Nutzen" und „Notwendigkeit" unterschieden wird. Wirksamkeit heißt nämlich nicht immer Nutzen, aber es gibt keinen Nutzen ohne Wirksamkeit. Und Nutzen heißt nicht immer Notwendigkeit, aber es gibt keine Notwendigkeit ohne Nutzen. Der Kern von Wirksamkeitsbelegen besteht im Nachweis einer kausalen Beziehung zwischen einer Intervention und einem definierten Ergebnis. Zu jeder Wirksamkeit muss definiert werden, auf was sich die Wirksamkeit bezieht. Zu jedem Nutzen ist die Bezugsebene zu nennen, beispielsweise Patient, Kostenträger, Gesellschaft, Wissenschaft, Ärzte, Pflegende, Forscher, Angehörige, Industrie oder Politiker. Auch der Nutzen aus Patientensicht bedarf einer näheren Definition, da er sich auf unterschiedliche Endpunkte beziehen kann, z. B. Verringerung von Morbidität und Mortalität, geringere Belastung durch vereinfachte Therapiemortalitäten oder durch verminderte Kontakthäufigkeit mit dem medizinischen Versorgungssystem, Verbesserung der Lebensqualität trotz einer bestehenden Erkrankung, Verringerung eines Risikos für bestimmte Erkrankungen usw. Ganz anders wäre der Nutzen aus der Sicht von Kostenträgern zu betrachten, der sich beispielsweise auf geringere aktuelle Behandlungskosten beziehen könnte, auf die Nachhaltigkeit der Therapie und damit auf Einsparungen im System, auf einen geringeren Verwaltungsaufwand durch Standardisierungen oder auch auf die Zufriedenheit des Patienten als möglichen Wettbewerbsvorteil. Der Nutzen ist damit aber auch sehr werteabhängig. Eine Art „objektiver Nutzen" kann kaum definiert werden. Um eine medizinische Maßnahme als notwendig zu erachten, müssen verschiedene Bedingungen erfüllt sein. Ein Nutzen muss (qualitativ) gesichert nachgewiesen sein. Es muss ein hinreichendes (quantitatives) Ausmaß des Nutzens sowohl beim einzelnen Individuum als auch in Gruppen bestehen. Für die entsprechende Maßnahme muss eine Ausschließlichkeit bestehen. Notwendigkeit ist allerdings alles andere als selbsterklärend. Es macht nämlich einen Unterschied, ob etwas notwendig ist zum Überleben, zur Heilung einer Krankheit, zur Verringerung eines Risikos, zur Wiederherstellung der Arbeitsfähigkeit, zur Vermeidung von Schmerzen oder zum Erhalt des Wohlgefühls. Mit der Reihung der Begriffe „Wirksamkeit", „Nutzen" und Notwendigkeit" ergibt sich somit eine zunehmende Unschärfe in der Definition, als Folge davon eine zunehmende Eignung für

---

11 Friedrich/Buyx/Schöne-Seifert: Marginale Wirksamkeit als Ausschlusskriterium. In: Deutsches Ärzteblatt, Nr. 31/32. 2009, S. 1562 ff.

„politische Aussagen", eine abnehmende Beliebtheit im wissenschaftlichen Diskurs, eine zunehmende Bedeutung in der Sozialgesetzgebung, eine zunehmende Kontextabhängigkeit und eine zunehmende Werteabhängigkeit.[12]

27 Medizinische Maßnahmen können im Rahmen von Wirksamkeitsberechnungen in zwei Dimensionen marginal wirksam sein:[13]

- Gibt es Behandlungen, deren erwartbarer medizinischer Nutzen nur bei einer sehr geringen Anzahl von Patienten einzutreten verspricht (sehr hohe Number needed to treat)? In diesem Fall hat der Patient eine geringe Chance, dass der erhoffte medizinische Nutzen eintritt. Dieser selbst kann dabei durchaus groß sein. Im Extremfall besteht er aus einer vollständigen Heilung von einer sonst rasch tödlich endenden Krankheit (sogenannte marginale Ansprechrate).
- Gibt es Behandlungen, deren erwartbarer medizinischer Nutzen als solcher von geringem Nutzen ist? Dabei kann es sich beispielsweise um eine Lebensverlängerung um wenige Tage oder Wochen oder eine sehr kleine Verbesserung der gesundheitsbezogenen Lebensqualität handeln (sogenanntes marginales Wirksamkeitspotenzial).

28 Die marginale Ansprechrate scheint als Priorisierungskriterium kaum tauglich. Beim marginalen Wirksamkeitspotenzial stehen zwei Faktoren im Vordergrund: die Verlängerung des Lebens und die Verbesserung der Lebensqualität.

29 Das Deutsche Institut für Qualität und Wirtschaftlichkeit im Gesundheitswesen (IQWiQ) definiert drei patientenrelevante Zielgrößen der Nutzenbewertung: Mortalität, Morbidität und gesundheitsbezogene Lebensqualität (gLQ). Die beiden Zielparameter Verlängerung des Lebens und Verbesserung der Lebensqualität sollten nicht wie bei den vor allem in den Kosten-Nutzen-Betrachtungen vorkommenden, aus dem angelsächsischen Raum stammenden QALY (quality adjusted live years)-Kalkulationen verwendet werden, da sie in einer pluralistischen Welt sehr unterschiedlich bewertet werden. Möglicherweise sind sie in ihren Werten nicht nur intertemporal nicht vergleichbar, sondern entwickeln sich im Zeitverlauf auch unterschiedlich. Ferner gilt es zu betonen, dass für die Marginalität von Wirksamkeitspotenzialen auch die Ausgangssituation von Bedeutung ist, auf der sie einsetzen würden. Je schlechter eine Ausgangssituation ist, desto stärker dürfte eine Wirkung also ins Gewicht fallen.

30 Das Kriterium der marginalen Wirksamkeit als Posteriorisierungskriterium basiert also auf Schwellen. Diese können sich anhand der in der Nutzenbewertung eingeführten patientenrelevanten Zielgrößen bestimmen, denen eine gewisse

---

12 Köbberling: Wirksamkeit, Nutzen und Notwendigkeit – Versuch einer wissenschaftlichen Definition. In: Zeitschrift für Evidenz, Fortbildung und Qualität im Gesundheitswesen, Nr. 5/2009, S. 249 ff.
13 Friedrich/Buyx/Schöne-Seifert: Marginale Wirksamkeit als Ausschlusskriterium. In: Deutsches Ärzteblatt, Nr. 31/32. 2009, S. 1562 ff.

Plausibilität und Akzeptanz unterstellt werden darf. Zudem müssen bei marginaler Wirksamkeit nur Schwellen der einzelnen Zielgrößen gefunden werden, ohne dass diese dann noch, wie bei der Kosten-Nutzen-Bewertung, in einem aufwändigen Algorithmus zum Nutzen oder zum Kosten-Nutzen verrechnet werden muss. Wenn dagegen nur die Wirksamkeit betrachtet wird, muss nicht überindividuell oder überkategorial aggregiert werden. Denn es erfolgen keinerlei konkrete Verrechnungen von Interessen einer Patientengruppe gegen die Interessen anderer potenzieller oder aktueller Patienten. Bei einer Kosten-Nutzen-Berechnung könnten marginale Behandlungserfolge im Vergleich sehr kostengünstig sein und daher bevorzugt werden, während außergewöhnliche Heilerfolge als zu teuer posteriorisiert werden könnten.[14]

Die marginale Wirksamkeit ist somit auf der ersten Entscheidungsstufe ein kostenblindes Kriterium. Der Preis hat somit – anders als die Wirksamkeit – keinen Einfluss auf die Bewertung. Daher entscheidet sich seine Tauglichkeit zur Kostenersparnis erst in einem zweiten Schritt, in dem die Gesamtheit aller nicht erstatteten Maßnahmen taxiert wird, um das Einsparvolumen zu bestimmen.

2.4 Zweckmäßigkeit als Ausschlusskriterium

Wie oben dargestellt, wird insbesondere von Kassenseite her Zweckmäßigkeit so interpretiert, dass der erzielte Nutzen gegenüber unerwünschten Nebenwirkungen überwiegt bzw. das Verhältnis Nutzen/Nebenwirkungen mindestens gleich gut oder besser als bei anderen in Frage kommenden Leistungen ist.

Im Rahmen der Botschaft des Bundesrates über die Revision der Krankenversicherung vom 6. November 1991 erfolgte folgende Definition: „So müssen die Leistungen nicht nur wirksam (d. h. im allgemeinen die angestrebte Wirkung erzielen), sondern auch zweckmäßig (d. h. im Einzelfall die angestrebte Wirkung in angemessener Form hervorrufen) und wirtschaftlich (d. h. ein angemessenes Kosten-/Nutzenverhältnis aufweisen, was nicht bedeutet, dass kostspielige Maßnahmen von der Leistungspflicht ausgenommen sind)."[15]

2.5 Wirtschaftlichkeit als Ausschlusskriterium

Eine Maßnahme kann dann als effizient beschrieben werden, wenn der mit ihrer Realisierung zu erwartende zusätzliche Wert ihre zusätzlichen (Opportunitäts-)Kosten übersteigt. Es gibt Situationen, in denen das ökonomische Kriterium der Effizienz erfüllt sein kann, ohne dass diese in irgendeiner überzeugenden Weise erstrebenswert wäre. Die Bedeutung des Kriteriums der Effizienz ist zudem ab-

---
14 Friedrich/Buyx/Schöne-Seifert Bettina: Marginale Wirksamkeit als Ausschlusskriterium. In: Deutsches Ärzteblatt, Nr. 31/32. 2009, S. 1564.
15 Botschaft des Bundesrates über die Revision der Krankenversicherung vom 6. November 1991, S. 66 f.

hängig von der Wahl des Zielkriteriums (dem Effektivitätsmaß). Mit anderen Worten: **das Ziel der Effizienz ist immer ein sekundäres, instrumentelles Ziel, das erst nach Definition des primären Ziels, des Effektivitätskriteriums, sinnvoll analysiert werden kann.**[16]

35 Im Rahmen eines Referats vor Spital-Kaderleuten in Adelboden wies der damalige Preisüberwacher Werner Marti in seinem Referat „Die Wirtschaftlichkeitsprüfung bei Spitaltarifen" vom 19. April 2002 darauf hin, dass die zulässigen Tarifprüfmethoden in Art. 13 des Preisüberwachungsgesetzes (PüG) aufgezählt sind. Kosten- und Vergleichsmethode, respektive Wirtschaftlichkeitsprüfung stehen hier gleichwertig nebeneinander. Die beiden Prüfmethoden werden demnach aber nicht zwingend gleichzeitig angewendet. Marti vertrat den Standpunkt, dass es im Prinzip zulässig wäre, bei Tarifprüfungen nur mit der Wirtschaftlichkeitsmethode zu arbeiten, was aber bei den stationären Spitaltarifen wegen der spezialgesetzlichen Bestimmungen im KVG ausgeschlossen sei.

36 Die Ermittlung stationärer Spitaltarife läuft nach Marti bei der Preisüberwachung immer zweistufig ab. In einem ersten Schritt werden immer die standardisierten betriebswirtschaftlichen Kosten gemäss Art. 49 Abs. 1 KVG und gemäss der aktuellen Rechtspraxis ermittelt. Nach dieser Berechnung erfolgt in einem zweiten Schritt immer eine Prüfung dieser Kosten auf Wirtschaftlichkeit. Führt letztere zum Befund, dass ein Spital wirtschaftlich arbeitet, so wird ein reiner Kostentarif empfohlen, d. h. der Tarif kann anhand der standardisierten betriebswirtschaftlichen Kosten berechnet werden. Ergibt die Wirtschaftlichkeitsprüfung dagegen, dass ein Spital zu wenig wirtschaftlich arbeitet, werden die standardisierten betriebswirtschaftlichen Kosten von der Preisüberwachung nach unten korrigiert.

37 Ausgangspunkt jeder Wirtschaftlichkeitsprüfung ist für die Preisüberwachung das Auffinden geeigneter Vergleichsspitäler. Dabei wird auf die Krankenhaustypologie des Bundesamtes für Statistik zurückgegriffen. Sind einmal in den Augen der Preisüberwachung geeignete Vergleichsspitäler gefunden, folgt die eigentliche Wirtschaftlichkeitsprüfung. Folgende Tests stehen dabei im Vordergrund:

- ein interkantonaler Fallkostenvergleich,
- ein intrakantonaler Fallkostenvergleich,
- die Prüfung der Kostenentwicklung.

38 Der intrakantonale Fallkostenvergleich kommt in grösseren Kantonen zur Anwendung, welche über mehr als ein Spital in derselben Versorgungsstufe verfügen. Die Prüfung der Kostenentwicklung ist ein weiterer Test. Dabei werden die standardisierten betriebswirtschaftlichen Fallkosten im Zeitablauf untersucht. Im Zusammenspiel liefern diese Tests nach Auffassung des damaligen Preisüberwachers ein differenziertes Bild über allfällige Wirtschaftlichkeitsprobleme eines

---

16 Schlander: Gesundheitsökonomie: Der Effizienz auf der Spur. In: Zeitschrift für Evidenz, Fortbildung und Qualität im Gesundheitswesen, Nr. 2/2009, S. 117 ff.

Spitals. Sind solche Probleme unzweifelhaft diagnostiziert, werden die gemäss Kostenmethode ermittelten Kosten von der Preisüberwachung nach unten korrigiert. Verschiedene Korrekturen sind dabei denkbar. In ihren Empfehlungen operiert die Preisüberwachung mit effektiven Fallkosten von wirtschaftlich arbeitenden Spitälern und kleinen Spitalgruppen einer vergleichbaren oder höheren Versorgungsstufe. Die zu bereinigenden Fallkosten des zu prüfenden Spitals werden in der Regel normativ 5 Prozent über denjenigen gut arbeitender intrakantonaler Vergleichsspitäler derselben Versorgungsstufe angesetzt. Lassen sich nur ausserkantonale Vergleichsspitäler derselben Versorgungsstufe finden, die gut arbeiten, werden die Fallkosten des zu teuer arbeitenden Spitals in der Regel normativ 10 Prozent über denjenigen der Vergleichsspitäler fixiert. In Fällen, welche sich insbesondere durch eine zu rasche Fallkostenentwicklung auszeichnen und bei welchen gleichzeitig keine geeigneten Referenzspitäler verfügbar sind, wurde zur Korrektur vereinzelt von der Preisüberwachung auch mit Fallkosten aus einem früheren Jahr operiert, welche auch für das aktuelle Jahr für anrechenbar erklärt worden sind.

39 Ausgangspunkt der Preisüberwachung sind demnach effektive Kosten, nicht Budgets.

40 Die Preisüberwachung macht gemäss den Aussagen des damaligen Preisüberwachers immer eine Vorprüfung anhand folgender Fragen: Wie gross ist die Bedeutung des Tarifs? Besteht Einigkeit zwischen Versicherern und Leistungserbringern? Gibt es Erhöhungen?

41 **Die Preisüberwachung muss wegen ihrer gesetzlichen Grundlage darauf verzichten, die Qualitätskomponente zu beurteilen. Sie geht davon aus, dass die Leistungserbringer ihren gesetzlichen Auftrag gemäss KVG erfüllen.**[17]

2.6 Konklusion

42 Aus gesundheitsökonomischer Sicht können an dieser Ausgangslage mindestens folgende Kritikpunkte formuliert werden:

- Gemäss Preisüberwachungsgesetz hat die Eidgenössische Preisüberwachung einzig die Dimension der Wirtschaftlichkeit zu überprüfen. Aus gesundheitsökonomischer Sicht sollte daher zwingend postuliert werden, dass die letzte instanzliche Behörde, also beispielsweise das Bundesverwaltungsgericht, insbesondere bei einer mehr oder weniger automatischen Übernahme der Position der Eidgenössischen Preisüberwachung in Sachen Wirtschaftlichkeit die Kriterien Wirksamkeit und Zweckmässigkeit näher überprüft.[18]

---

17 Zur Rolle der Preisüberwachung bei Tarifverträgen vgl. auch Saxer: Die Tarifgestaltungsgrundsätze des KVG und ihre Umsetzung. 2010, S. 14.
18 Aus rechtlicher Sicht analog argumentiert Saxer: Die Tarifgestaltungsgrundsätze des KVG und ihre Umsetzung. 2010, S. 19.

- Denn wenn das Bundesverwaltungsgericht der Meinung der Kantonsregierungen in der Sache der tariflichen Festlegungen wegen ihrer Mehrfachrollen in der Regel weniger Gewicht beimisst als der Eidgenössischen Preisüberwachung, müsste das Gericht auch in Sachen Qualität und Zulassung der Leistungserbringer vermehrt Wirksamkeits-Überprüfungen vornehmen. Denn auch hier befinden sich die Kantonsregierungen in Mehrfachrollen. Sie betreiben in ihrer Funktion als Spitaleigentümer in vielen Kantonen Spitäler und Polikliniken. Sie subventionieren diese teilweise nach wie vor und sie legen die Tarife bei Streitigkeiten zwischeninstanzlich fest.
- Der Kostenbegriff wird nicht risikoadjustiert bewertet. Die Morbidität der behandelten Patienten spielt – wenn überhaupt – bei Wirtschaftlichkeitsvergleichen nur sehr rudimentär eine Rolle.
- Auch den Krankenversicherern müssten in einer solchen Situation ihre Mehrfachrollen entgegengehalten werden. Sie sind (Mit-) Finanzierer der ambulanten Leistungen. Sie dürften angesichts der vorherrschenden finanziellen Anreize (namentlich beim Risikoausgleich) gar nicht an einem echten morbiditätsorientierten Wirtschaftlichkeitsvergleich interessiert sein. Ihr Augenmerk gilt insbesondere der Jagd nach sogenannt guten Risiken. Im Rahmen von Managed-Care-Modellen sind Krankenversicherer im Rahmen selektiver Verträge auch Vertragspartner (kein Vertragszwang) und teilweise Eigentümer von Managed-Care-Organisationen.
- Der von der Eidgenössischen Preisüberwachung angewendete Kostenbegriff im Spitalbereich lässt keine Unternehmensgewinne zu. Er basiert rein auf Ist-Kosten. Damit dürfte aus gesundheitsökonomischer Sicht aber der wichtigste Motor für Effizienzsuche und Innovationen in der Sozialversicherung fehlen.

43 Angesichts dieser Ausgangslage ergibt sich aus gesundheitsökonomischer Sicht die Erfordernis, dass das Bundesverwaltungsgericht eine Systematik entwickeln muss, wie die Morbidität und die Veränderung der Morbidität im Rahmen der Tarifentscheide berücksichtigt werden können. In diesem Punkt geht es nicht nur um eine Qualitäts-, sondern auch um eine Mengen-Komponente, dürfte doch davon auszugehen sein, dass bei steigender Morbidität auch mehr Leistungen durch die Leistungserbringer auszuführen sein müssen.

44 Für eine solche Überprüfung braucht es keine zusätzlichen gesetzlichen Grundlagen. Denn gesundheitsökonomisch betrachtet sind die dafür notwendigen Begrifflichkeiten in Art. 32 Abs. 1 KVG enthalten.

45 Einen möglichen Weg zur Berücksichtigung der Morbidität haben Prof. Fritz Beske et al. für Deutschland anhand eines Modells aufgezeigt, das auch den ambulanten Bereich umfasst.[19]

46 Im stationären Bereich dürfte davon auszugehen sein, dass die leistungsorientierte Spitalfinanzierung auf gesamtschweizerisch einheitlichen Tarifstrukturen in einigen Jahren bereits wertvolle Hinweise geben kann.

---

19 Beske/Katalinic/Peters/Pritzkuleit: Morbiditätsprognose 2050. 2009.

Als erstes positives Beispiel in diese Richtung ist der im Dezember 2009 in die Vernehmlassung geschickte Versorgungsbericht der Gesundheitsdirektion des Kantons Zürich zu bezeichnen, welcher den Bedarf an stationären Leistungen in den Bereichen Somatik und Rehabilitation für die Bevölkerung des Kantons Zürich bis ins Jahr 2020 zu prognostizieren versucht. Neben umfangreichen epidemiologischen und ökonomischen Überlegungen sind darin korrekterweise auch Experten-Gutachten zum Einfluss der medizin-technischen Entwicklung im Planungshorizont einbezogen worden.[20] 47

Erst wenn die Wirksamkeit und Zweckmässigkeit geklärt sind, kann daran gegangen werden, die Wirtschaftlichkeit zu prüfen. Hier gilt es darauf zu verweisen, dass ein Unternehmensgewinn – neben einem angemessenen Unternehmerlohn – gesundheitsökonomisch betrachtet in einer Sozialversicherung kein Gegensatz, sondern vielmehr ein wichtiger Anreiz bilden kann, um effiziente Ressourcenallokationen und Innovationen zu fördern. 48

In diesem Fall stellt sich die Frage, wie viele Leistungserbringer in einer Sozialversicherung Gewinne machen sollen bzw. dürfen. Darauf kann keine numerisch abschliessende Antwort gegeben werden. Es gibt jedoch eine methodisch korrekte Vorgehensweise. Denn die Antwort hängt in hohem Mass von der Situation in den konkret zu betrachtenden „Märkten" ab. Besteht ein Überangebot, sollten vor allem bei vergleichbarer Wirksamkeit hoch effiziente Leistungserbringer Gewinne machen können. Besteht dagegen Unterversorgung, müsste idealtypisch jeder wirksame und zweckmässige Leistungserbringer Aussicht auf Gewinn haben, wenn er seine Leistungen einigermassen effizient ausführt. Damit bekommen weitere Leistungserbringer einen Anreiz, in diesem von Unterversorgung geprägten Umfeld tätig zu werden. Funktioniert dieser Anpassungsprozess, dann reduzieren sich auch die Gewinnaussichten mit zunehmendem Abbau der vorhandenen Unterversorgung. 49

Um die Über- bzw. Unterversorgungs-Situation feststellen zu können, bedarf es der Abschätzung des entsprechenden Bedarfs und der Erfassung der Ist-Situation beim Angebot. Der Bedarf kann idealerweise nur morbiditätsorientiert geschätzt werden. 50

In einem solchen Modell könnte letztlich auch das besser fingiert werden, was die Eidgenössische Preisüberwachung unter der Vergleichsmarktmethode anstrebt. Es handelt sich im oben skizzierten Vorgehens-Modell zwar nicht um das Ergebnis eines wirksamen Wettbewerbs, aber immerhin um einen fingierten Wettbewerb. 51

Aus dem Ausgeführten ergibt sich, dass die bisher feststellbare Praxis des Bundesverwaltungsgerichts, bei Tariffestsetzungsverfahren fast ausschliesslich die Kostenseite detaillierter zu betrachten, aus gesundheitsökonomischer Sicht nicht 52

---

20 Gesundheitsdirektion des Kantons Zürich (Hrsg.): Zürcher Spitalplanung 2012, Teil 1. 2009.

haltbar ist. Denn sie läuft Gefahr, Äpfel mit Birnen zu vergleichen. Es bedarf zwingend der Ergänzung durch die Überprüfung der Wirksamkeit und Zweckmässigkeit. Eine solche Überprüfung bedarf eines morbiditätsorientierten Modells, das intertemporal vergleichbar bleibt und damit Veränderungen auch perspektivistisch und retrospektiv aufzuzeigen vermag. Bzgl. der Wirtschaftlichkeitsbemessung kann in Ergänzung zur bisherigen Praxis der Eidgenössischen Preisüberwachung – ausgehend vom festgestellten Bedarf – auch eine Marktsimulation bzgl. des Bedarfs an ärztlichem, pflegerischem und therapeutischem Personal bzw. der eingesetzten/verordneten Medikamente und anderer Sachmittel unter Berücksichtigung der epidemiologischen, medizin-technischen, sozialen und ökonomischen Entwicklungen vorgenommen werden. Die resultierenden Unter- bzw. Überversorgungssituationen müssen in der Folge auch Auswirkungen auf die Beurteilung der Wirtschaftlichkeit haben. Dieser Dimension dürfte auch angesichts der vorab in ländlichen Gebieten befürchteten ärztlichen Unterversorgungssituation in 10-15 Jahren noch erhöhte Bedeutung zukommen.

3 Reformpostulate

53 Ausgehend von dieser Ausgangslage und dem oben Ausgeführten lassen sich mindestens folgende grundlegenden Reformpostulate ableiten:

Vorschlag 1: Abkehr von der Annahme, dass die Qualität der medizinischen Leistungserbringung mehr oder weniger gleich verteilt sei, und daher in erster Linie die Wirtschaftlichkeit im Rahmen von Tariffestsetzungsverfahren geprüft werden soll sowie angemessener Einbezug der Faktoren Wirksamkeit und Zweckmässigkeit unter Berücksichtigung der Morbidität und der Morbiditätsentwicklung

54 Die letztinstanzlichen Behörden (früher der Bundesrat, jetzt das Bundesverwaltungsgericht) gehen in der Regel von der Annahme aus, dass die Qualität der Leistungserbringung überall ungefähr gleich verteilt sei und man sich daher weitgehend auf die Analyse der Wirtschaftlichkeit beschränken könne. Genau diese Sichtweise ist mit hoher Wahrscheinlichkeit in der Medizin als falsch zu bezeichnen. Denn eine Vielzahl von Arzt- und Spitalbehandlungen erfolgt auf Zuweisungen hin bzw. erfolgen aus sich daraus ergebenden weiteren Empfehlungen. Damit ist aber die Annahme des Zufallsprinzips und damit auch der statistischen Normalverteilung grundsätzlich nicht mehr als wahrscheinliche Variante aufrecht zu erhalten. Die Risikostruktur der Patienten sollte daher in die Überlegungen einbezogen werden. Sonst laufen die Behörden Gefahr, den Willen des Gesetzgebers bzgl. der Wirksamkeit und Zweckmäßigkeit nicht berücksichtigt zu haben. Dabei ist die Morbidität nicht nur in einer Momentaufnahme, sondern auch im Zeitverlauf zu berücksichtigen. In einer älter werdenden Gesellschaft ist dies nicht zuletzt auch zwingende Voraussetzung, um den zu erwartenden wachsenden Herausforderungen der Multimorbidität wenigstens einigermaßen Rechnung zu tragen.

Tabellarisch lässt sich damit im Sinn eines Vorschlags folgende Systematik darstellen:

Tab. 1: Methodik der Prüfung der WZW-Kriterien für Tariffestsetzungsentscheide
Quelle: Eigene Darstellung

Prüf-Kriterium	Methodik
Wirksamkeit	Datengrundlage Ist: • Stationär: Swiss DRGs und andere leistungsorientierte Systeme auf einer gesamtschweizerisch einheitlichen Tarifstruktur (evt. kurz- bis mittelfristig auch in Anlehnung an deutsche Daten) • Ambulant: Tarmed und andere auf einer gesamtschweizerisch einheitlichen Tarifstruktur basierende Abgeltungssysteme Datengrundlage Soll: • Stationär: Versorgungsberichte im Rahmen der kantonalen Spitalplanungen mit mehrjährigem Horizont unter Berücksichtigung epidemiologischer, medizin-technischer, sozialer und ökonomischer Entwicklungen • Ambulant/stationär: Morbiditätsanalysen basierend auf Wirkstoffgruppen (evt. kurzfristig auch in Anlehnung an deutsche Daten) unter Berücksichtigung epidemiologischer, medizin-technischer, sozialer und ökonomischer Entwicklungen Feststellung der Soll-/Ist-Differenzen (Unterversorgung, Gleichgewicht, Überversorgung)
Zweckmässigkeit	Analyse im Rahmen eines Modells des fingierten Wettbewerbs unter Berücksichtigung des Ist-Bedarfs, des künftigen Bedarfs und bzgl. der Soll-Ist-Differenzen bzgl. des Planungshorizonts • Morbiditätsorientierter Vergleich der Leistungen bzgl. der Qualität (Outcome; Effekte von Wirkungen und Nebenwirkungen)
Wirtschaftlichkeit	Analyse im Rahmen eines Modells des fingierten Wettbewerbs unter Berücksichtigung des Ist-Bedarfs, des künftigen Bedarfs und bzgl. der Soll-Ist-Differenzen bzgl. des Planungshorizonts • Morbiditätsorientierter Vergleich der Leistungen bzgl. des Preises
Gesamt-Bewertung	Güterabwägung zwischen den WZW-Kriterien unter Berücksichtigung der Ist-Situation und der prognostizierten Entwicklung gemäss Versorgungsplanung

Vorschlag 2: Morbiditätsorientierte Verbesserung des Risikoausgleichs

Krankenversicherer mit vielen Chronischkranken haben heute finanziell betrachtet einen Anreiz, Wirtschaftlichkeitsverfahren gegen solche Ärzte in die Wege zu leiten, welche wegen dieser Krankheit(en) für die Patientenbetreuung hohe Kosten auslösen (müssen), und Kostenübernahmen bei solchen Versicherten vermehrt in Frage zu stellen. Es besteht kaum ein Interesse, integrierte Versorgungskonzepte zu fördern. Denn würden Krankenversicherer dies tun, könnten solche

Angebote Chronischkranke – möglicherweise unterstützt durch Selbsthilfegruppen, Patientenorganisationen und Ärzte – motivieren, zu solchen Versicherern mit guten integrierten Versorgungsangeboten zu wechseln. Damit verschlechtert sich aber die Marktposition des Versicherers, weil er die Prämien wegen der schlechteren Risikostruktur nach oben anpassen muss.

57 Andere Länder haben dies erkannt: Die Niederlande und Deutschland haben den morbiditätsorientierten Risikoausgleich eingeführt. Er basiert auf Wirkstoffgruppen. Das System kann zwar nie perfekt sein, aber es verändert die relativen Anreize. Und datenschutzmässig wäre ein solches System auch in der Schweiz nicht problematisch, weil die Kassen im ambulanten Bereich diese Daten bereits heute auf der ambulanten Rechnungsstellung vorfinden.

58 Die morbiditätsorientierte Verbesserung des Risikoausgleichs ist zwingend und bildet die Voraussetzung für die Realisierung der weiteren unten dargestellten Massnahmen.

Vorschlag 3: Einführung einer monistischen Finanzierung im Rahmen der sozialen Krankenversicherung

59 Um die erhofften positiven Folgen medizinischer, technischer und pharmakologischer Entwicklungen möglichst vollständig und effizient für die schweizerische Volkswirtschaft zur Geltung zu bringen, sollten Verzerrungen im Finanzierungssystem der sozialen Sicherung weitgehend vermieden werden. Solche Verzerrungen treten u. a. dadurch auf, dass Arbeitsausfallentschädigungen, Invaliditätsrenten und Todesfallkapitalien durch andere Finanzierer oder die Betroffenen selbst übernommen werden müssen. Ökonomisch gesehen sollte aber der Finanzierer bestimmter (neuer) Heilverfahren auch die Resultate des Behandlungserfolgs wie beispielsweise früherer Spitalaustritt, frühere Rückkehr an den Arbeitsplatz oder Vermeidung einer Invaliditätsrente ernten können. Einer monistischen Finanzierung (also einer Finanzierung durch einen einzigen Finanzierer) der gesamten Behandlungskette kommt deshalb besondere Bedeutung zu.

Vorschlag 4: Zusammenlegung von Kranken-, Unfall- und Invalidenversicherung in einer integralen Grundversicherung mit Wettbewerb unter den Krankenversicherern

60 Diese monistische Finanzierung darf sich aber nicht nur auf den kurativen Teil oder ausschließlich auf die direkten (Heilungs-) Kosten beschränken. Sollen volkswirtschaftliche Bedeutung und solidarisch finanzierte Sicherungssysteme vermehrt gleichgerichtete ökonomische Signale aussenden, sind sowohl geriatrische Angebote als auch Arbeitsausfallentschädigungen durch den gleichen monistischen Finanzierer zu übernehmen. Eine solche Maßnahme könnte auch beim monistischen Finanzierer zu einer verstärkten Förderung neuer medizintechnischer und pharmakogenetischer Verfahren führen, die wirksam, zweckmäßig und wirtschaftlich sind.

Literatur

Beske, F./Katalinic, A./Peters, E./Pritzkuleit, R.: Morbiditätsprognose 2050: Ausgewählte Krankheiten für Deutschland, Brandenburg und Schleswig-Holstein. Band 114 der Schriftenreihe des Fritz Beske Instituts für Gesundheits-System-Forschung. Kiel August 2009.

Botschaft des Bundesrates über die Revision der Krankenversicherung vom 6. November 1991.

Domenighetti, G.: Sind gesundheitsökonomische Analysen von praktischem Nutzen? In: Managed Care, Nr. 6/2000, S. 39-41.

Eidgenössisches Departement des Innern und Bundesamt für Sozialversicherung (Hrsg.): Dokumentation zum Krankenversicherungsgesetz. Bern 5. September 1994.

Friedrich, D. R./Buyx, A. M./Schöne-Seifert, B.: Marginale Wirksamkeit als Ausschlusskriterium. In: Deutsches Ärzteblatt, Nr. 31/32. 3. August 2009.

Gesundheitsdirektion des Kantons Zürich (Hrsg.): Zürcher Spitalplanung 2012, Teil 1: Versorgungsbericht, Vernehmlassungsversion. Zürich Dezember 2009.

Köbberling, J.: Wirksamkeit, Nutzen und Notwendigkeit – Versuch einer wissenschaftlichen Definition. In: Zeitschrift für Evidenz, Fortbildung und Qualität im Gesundheitswesen, Nr. 5/2009.

Kühn, H.: „Wettbewerb bringt Qualität" – aber welche? In: Der Artikulator, Nr. 52/1995.

Saxer, U./Oggier, W.: Recht und Ökonomie der KVG-Tarifgestaltung. Schulthess-Verlag, Zürich/Basel/Genf 2010.

Saxer, U.: Die Tarifgestaltungsgrundsätze des KVG und ihre Umsetzung, unter besonderer Berücksichtigung von Art. 59c KVV, Rechtsgutachten erstattet der Ärztekasse. Zürich Januar 2010.

Schlander, M.: Gesundheitsökonomie: Der Effizienz auf der Spur. In: Zeitschrift für Evidenz, Fortbildung und Qualität im Gesundheitswesen, Nr. 2/2009.

Politische und aufsichtsrechtliche Erwartungen

Beitrag 3

Was erwartet die Politik von einer „effizienten" Versorgung (D)

Rolf Koschorrek

		Rn.
1	Einleitung	1 – 4
2	Qualität	5 – 17
2.1	Evaluierungsindikatoren von Qualität	8 – 11
2.1.1	Strukturelle Indikatoren	9
2.1.2	Prozessindikatoren	10
2.1.3	Ergebnisindikatoren	11
2.2	Evaluierung von Effizienz	12
2.3	Staatsmedizin	13
2.4	Qualität und Effizienz im politischen Kontext	14 – 17
3	Gesundheitssysteme im internationalen Vergleich	18 – 23
4	Herausforderungen der Zukunft für das deutsche Gesundheitssystem	24
5	Effizienzpotential durch Entbürokratisierung und Datentransfer	25, 26
6	Neue Technologien	27 – 32
6.1	Neue Technologien am Beispiel Finnlands	32
7	Mehr Wettbewerb durch Markttransparenz	33 – 37
8	Priorisierung	38 – 45
9	Total Quality Management	46 – 49
10	Fazit	50, 51

Literatur

Autor

Dr. Rolf Koschorrek, MdB

Jahrgang 1956, Zahnarzt und seit 2005 als direkt gewählter Abgeordneter der CDU im Deutschen Bundestag, ist u. a. Obmann der CDU/CSU-Fraktion im Gesundheitsausschuss des Deutschen Bundestags und stellvertretendes Mitglied im Verteidigungsausschuss, Vorsitzender der Gesundheitskommission der CDU/CSU-Mittelstandsvereinigung, von 2009 bis 2011 Vizepräsident und seit Anfang 2012 Präsident des Bundesverbandes Freier Berufe.

> **Abstract:** Der Gesundheits- und der Pflegebereich steht unter einem hohen finanziellen und personellen Druck. In dieser Situation muss sich die Gesundheitspolitik der Aufgabe stellen, dass wir unser international anerkanntes Gesundheitssystem über den Tag hinaus unter Erhalt des gewohnt hohen Niveaus für die älter werdende Gesellschaft „fit" machen müssen.
>
> Als Politiker der christlich-liberalen Koalition stehen wir den technischen und strukturellen Innovationen positiv gegenüber. Zusammen mit einer Vielzahl meiner Kollegen in der Union bin ich davon überzeugt, dass wir darauf angewiesen sind, Innovationen, wo und soweit immer möglich, zu nutzen, um die Effizienz in der medizinischen Versorgung zu steigern und das hohe Niveau unserer Gesundheitsversorgung für die älter werdende Gesellschaft in den kommenden Jahrzehnten aufrecht zu erhalten.

1 Einleitung

Es drängt sich immer wieder die Frage nach einem ultimativen Gesundheitssystem auf, welches als Maßstab zum Vergleich herangezogen werden könnte. Dies ist allerdings unter Berücksichtigung einer ganzen Reihe von Faktoren, die einen Staat beeinflussen, wie Demographie, Geographie, Wirtschaft und Politik, ein komplexer Sachverhalt.

In Deutschland wird die gesundheitspolitische Diskussion rund um Effizienz besonders vor dem Hintergrund der Kostenstrukturen geführt. Auf der einen Seite sehen wir neue Anreizregulierungen, welche durch Reformen initiiert sind, auf der anderen Seite will man durch Kostendämpfungsmaßnahmen das Format des heutigen Gesundheitswesens in Zukunft aufrechterhalten.

In unserem heutigen Gesundheitswesen verbirgt sich jedoch noch ein großes Potenzial, welches durch Reformen abgerufen werden muss. Die zukünftigen Herausforderungen, auf welche ich später noch detailliert eingehen werde, verlangen nach der vollständigen Ausschöpfung dieses Potenzials.[1]

Die Kernfragen, die wir uns als Politik stellen müssen, sind:

- Wo stehen wir im internationalen Vergleich? Was machen andere Systeme besser? Können wir was lernen?
- Wo finden wir Effizienzreserven in unserem System?
- Wie können wir dieses Potenzial nutzen?

2 Qualität

Zuerst stellt sich die Frage, was unter der Qualität der Gesundheitsversorgung zu verstehen ist. Qualität ist eine sehr komplexe multidimensionale Größe. Sie kann sich in guter Prävention, Diagnostik, Therapie oder Rehabilitation äußern. Es gilt, die Qualität in Bezug auf die drei Bereiche der Verbesserung, des Erhalts und

---

1 Manouguian/Stöver/Verheyen/Vöpel: Qualität und Effizienz der Gesundheitsversorgung im internationalen Vergleich. 2010.

der Wiederherstellung von Gesundheit zu evaluieren. Des Weiteren lässt sich fragen, wessen Gesundheit verbessert, erhalten oder wiederhergestellt werden soll. Sind Teile der Gesellschaft von der Gesundheitsversorgung ausgeschlossen, weil für sie formell oder informell kein Zugang zu medizinischen Leistungen besteht? Die Versorgungs-Qualität eines Gesundheitssystems kann exzellent sein, erreicht das System jedoch nur einen Bruchteil der Bevölkerung, so ist das System im Ganzen sehr kritisch zu betrachten.

6   Ebenso spielen die Indikatoren von Qualität eine ausschlaggebende Rolle. Ist die Qualität in der Versorgung von einer Bronchitis mit der eines Mamma-Karzinoms auf eine Ebene zu stellen?

7   Qualität zeigt sich an:
- Zugang
- Verhältnismäßigkeit
- Akzeptanz
- Rechtzeitigkeit
- Kontinuität der Gesundheitsversorgung[2]

2.1 Evaluierungsindikatoren von Qualität

8   Es gibt drei Typen von Evaluierungsindikatoren, die Berücksichtigung in der Qualitätsmessung finden.

2.1.1 Strukturelle Indikatoren

9   Strukturelle Indikatoren beinhalten die generelle Bereitstellung von Ressourcen für die Gesundheitsversorgung, wie z. B. die Ausstattung mit Medizintechnik, die Ärztedichte, die Qualifikation des Gesundheitspersonals oder die Versorgung mit Krankenhausbetten.

2.1.2 Prozessindikatoren

10 Prozessindikatoren betreffen die Wartezeit, die Behandlungsdauer oder die durchgeführten Impfungen etc. Die Prozessindikatoren geben somit Auskunft über die tatsächlich geleistete und in Anspruch genommene Versorgung.

2.1.3 Ergebnisindikatoren

11 Ergebnisindikatoren messen den tatsächlichen Erfolg der Gesundheitsversorgung in Prävention, Therapie etc. Hier müssen die Effekte der Gesundheitsversorgung

---

2   Manouguian/Stöver/Verheyen/Vöpel: Qualität und Effizienz der Gesundheitsversorgung im internationalen Vergleich. 2010.

aber von anderen beeinflussenden Faktoren wie z. B. Lebensstil und Alter oder auch genetische Disposition isoliert werden.[3]

2.2 Evaluierung von Effizienz

Zwei Kriterien werden für die Beurteilung der Effizienz der Gesundheitsversorgung berücksichtigt. Für die sogenannte Inputeffizienz gilt es, bei gegebenem Output den Input zu minimieren, während es für die Outputeffizienz gilt, bei gegebenem Input den Output zu maximieren. Beide Kriterien sind in Bezug auf die Effizienz der Gesundheitsversorgung von Relevanz und müssen Berücksichtigung von Seiten der Politik erhalten.[3]

2.3 Staatsmedizin

In Gesundheitssystemen, die straff reguliert werden, ist die Qualität und der Umfang der Gesundheitsleistungen nicht wie in privaten Märkten durch frei finanzierte Nachfrage bestimmt sondern in weiten Teilen politisch festgesetzt. Hier stellt sich die Frage, wie eine exogen bestimmte Gesundheitsversorgung zu möglichst geringen Kosten bereitgestellt werden kann. Aufgrund der oft latenten Finanzierungsprobleme in öffentlich finanzierten Gesundheitssystemen kehrt sich die Perspektive immer häufiger um. Dann stellt sich die Frage, wie bei vertretbar erachteten Kosten die Qualität und der Umfang der Gesundheitsleistungen maximiert werden können.

2.4 Qualität und Effizienz im politischen Kontext

Qualität und Effizienz stehen nicht nur in Deutschland im Mittelpunkt der gesundheitspolitischen Diskussion.

Um das Effizienzmanagement konstant voranzutreiben, bedarf es langfristiger Reformen, die über die Legislaturperiode von vier Jahren hinausgehen. Diese verlangen sinnvollerweise die Zustimmung der großen Parteien im Parlament, auch wenn diese aktuell nicht an der Regierung beteiligt sind. Ein Beispiel hierfür ist das GKV-Modernisierungsgesetz im Jahr 2003, das in der Regierungszeit von Rot-Grün mit Zustimmung der Union beschlossen wurde.

Eine „Flux"-Strategie, die für das Gesundheitswesen eine komplett-politische Neuausrichtung mit jedem Regierungswechsel bedeutet, ist zum Scheitern verurteilt. Zugleich ist es unmöglich, zu verhindern, dass jede Regierung während ihrer Regierungszeit ihren jeweiligen politischen Zielen entsprechende Veränderungen und Reformen in das Gesundheitssystem vornimmt. Zugleich ist es

---

[3] Manouguian/Stöver/Verheyen/Vöpel: Qualität und Effizienz der Gesundheitsversorgung im internationalen Vergleich. 2010.

durchaus möglich, dass eine neue Regierung zumindest einzelne Regelungen und Gesetze ihrer Vorgängerregierung rückgängig machen und durch neue eigene Maßnahmen ersetzen kann. Zudem sind die Gestaltungsmöglichkeiten und die Effektivität des Systems durch die relativ große Anzahl von Akteuren, die Einfluss auf das System haben, begrenzt. Wir alle wissen, wer Veränderungen will und realisiert, kann sich naturgemäß damit nicht nur Freunde machen, sondern stößt so gut wie zwangsläufig hier oder dort auf Ablehnung und Widerstand.

17 Unser Ansatz ist es, dass wir alle Veränderungen im System soweit als möglich mit den beteiligten Leistungserbringern erreichen wollen, indem wir sie in die notwendige Neuregelung und Umstrukturierung einbinden, statt sie nur zu reglementieren. Die Realität lehrt uns: Veränderungen im Gesundheitssystem sind bei uns nur in kleinen aber kontinuierlichen Schritten möglich. Die Politik muss sich der Verantwortung bewusst sein, die sie insbesondere bei einem so kostbaren Gut wie die Gesundheit der Bevölkerung trägt.

3 Gesundheitssysteme im internationalen Vergleich

18 In Deutschland beliefen sich die Gesamtausgaben für Gesundheit im Jahr 2009 auf 11,6 % des BIP, was den hohen wirtschaftlichen Stellenwert des Gesundheitssektors darstellt. Der OECD Durchschnitt war mit 9,5 % ganze 2,1 % niedriger. Einzig die Länder USA (17,4 %), die Niederlande (12 %) und Frankreich (11,8 %) hatten einen höheren Anteil der Gesundheitsausgaben an der Wirtschaftsleistung.

19 Bei den Pro-Kopf-Gesundheitsausgaben 2009 rangierte Deutschland mit 4218 USD nur an neunter Position. Die höchsten Pro-Kopf-Gesundheitsausgaben waren in den Vereinigten Staaten, gefolgt von Norwegen und der Schweiz zu verzeichnen.

20 Im Jahr 2009 kamen in Deutschland auf 1000 Einwohner 3,6 Ärzte, verglichen mit 3,1 Ärzten je 1000 Einwohner im OECD-Durchschnitt.

21 Mit elf praktizierenden Krankenpflegerinnen und -pflegern je 1000 Einwohner lag Deutschland auch hier leicht über dem OECD-Durchschnitt von 8,4.[4]

22 Die Meinung der Ärzte als tragendem Pfeiler unseres Systems hat der amerikanische Commonwealth Fund in den Jahren 2006 und 2009 ermittelt. Die Umfrageergebnisse zu Themen der täglichen Arbeit als Arzt und über das System insgesamt wurden im April dieses Jahres im Ärzteblatt publiziert. Danach ist die Stimmung der deutschen Ärzte zu unserem Gesundheitssystem erschreckend negativ. 31 % aller Befragten halten es für derartig mangelhaft, dass es komplett reformiert werden müsse. Insbesondere der Zeitaufwand für administrative Tätigkei-

---

4 OECD : OECD-Gesundheitsdaten 2012. Deutschland im Vergleich. http://www.oecd.org/dataoecd/15/1/39001235.pdf.

ten wurde höher angesetzt als in Australien, Neuseeland, Frankreich, Schweden und weiteren Vergleichsländern.[5]

Wenn wir davon ausgehen, dass in dem Motivationsgrad der Ärzte ein Grundpotenzial unseres Gesundheitssystems steckt und wir unsere Aufgaben mit frustrierten Ärzten kaum werden lösen können, so ist es besonders wichtig auf diesem Gebiet für Verbesserungen zu sorgen.

4 Herausforderungen der Zukunft für das deutsche Gesundheitssystem

Das deutsche Gesundheitssystem wird sich sogenannten Megatrends in der ersten Hälfte des 21. Jahrhunderts ausgesetzt sehen: Demographiewandel, Medizinischer Fortschritt, Globalisierung und Zuwachs an altersbedingter Morbidität. Wir wissen schon heute, dass die häufigsten und bekanntesten Leiden der älter werdenden Menschen wie Krebs, Herz-Kreislauferkrankungen und Stoffwechsel- und Demenzerkrankungen weiter zunehmen werden.

5 Effizienzpotential durch Entbürokratisierung und Datentransfer

Es ist nicht allein die zu Beginn dieses Jahres veröffentlichte Bürokratie-Studie der Unternehmensberatung A. T. Kearney, die die deutliche Resourcenverschwendung durch eine Überbürokratisierung im Gesundheitswesen aufzeigt. Um ein nachhaltiges und kosteneffizientes Gesundheitssystem aufzubauen, ist es notwendig Entbürokratisierungsstrukturen einzuleiten, denn die Überbürokratisierung hat nicht nur Einfluss auf die Kostenstruktur, sondern ebenso auf die besorgniserregende Stimmung im Gesundheitswesen.

Weitere Mängel zeigt der lückenhafte und unzureichende Datentransfer von Patienteninformationen, der einen hohen Effizienzverlust zur Folge hat. Ein erfolgreicher Datentransfer schließt unnötige Doppelungen, z. B. bei Tests oder bei Röntgenaufnahmen, aus. Deutschland wird es sich nicht länger leisten können, auf diese Möglichkeiten der Effizienzsteigerung zu verzichten.

6 Neue Technologien

Des Weiteren nutzt das deutsche Gesundheitswesen noch nicht in ausreichendem Umfang die Potenziale der neuartigen digitalen Kommunikationsmöglichkeiten. Deutschland darf nicht den Anschluss in der Nutzung neuer Technologi-

---

5 Koch/Miksch/Schürmann/Joos: Das deutsche Gesundheitswesen im internationalen Vergleich: Die Perspektive der Hausärzte, Deutsches Ärzteblatt. http://www.aerzteblatt.de/archiv/84474.

28 „Deutschland braucht eine Telematikinfrastruktur, die die technischen Voraussetzungen dafür schafft, dass medizinische Daten im Bedarfsfall sicher und unproblematisch ausgetauscht werden können. Die Arzt-Patientenbeziehung ist ein besonders sensibles Verhältnis und daher ausdrücklich zu schützen. Datensicherheit und informationelle Selbstbestimmung der Patientinnen und Patienten sowie der Versicherten haben für uns auch bei Einführung einer elektronischen Gesundheitskarte höchste Priorität."[6]

29 Auch die viel diskutierte Gesundheitskarte wird im Koalitionsvertrag mit dem Ziel einer effektiven Nutzung thematisiert:

30 „Vor einer weitergehenden Umsetzung werden wir eine Bestandsaufnahme vornehmen, bei der Geschäftsmodell und Organisationsstrukturen der Gematik und ihr Zusammenwirken mit der Selbstverwaltung und dem Bundesministerium für Gesundheit, sowie die bisherigen Erfahrungen in den Testregionen überprüft und bewertet werden. Danach werden wir entscheiden, ob eine Weiterarbeit auf Grundlage der Strukturen möglich und sinnvoll ist."[6]

31 Hinzukommt als weiteres wichtiges Thema, das ich in einem engen Zusammenhang mit dem Aufbau einer telematischen Infrastruktur sehe, die Gesundheitsforschung. Basis der Qualität in der Gesundheitsversorgung ist eine möglichst gute Kenntnis der Versorgungssituation, denn nur auf Basis valider Daten lassen sich zukunftsfeste Systeme entwickeln, lässt sich Qualität definieren und umsetzen und der Bedarf unserer Bevölkerung nachhaltig planen. Hier aber haben wir in Deutschland noch Nachholbedarf. Der Ausbau der Versorgungsforschung wird deshalb jetzt systematisch als eine Querschnittsaufgabe von BMG, BMBF und BMWi vorangebracht.

6.1 Neue Technologien am Beispiel Finnlands

32 Im Jahr 2002 beschloss die finnische Regierung, die Zukunft des Gesundheitssystems zu sichern und durch digitalen Datentransfer für ein besseres kostengünstigeres Gesundheitswesen zu sorgen. Für Allgemeinärzte wurde ein neuer Kommunikationsdienst bereitgestellt, über den sie den Rat von medizinischen Spezialisten einholen können. Diese unterstützen den Arzt auch bei der Entscheidung, ob in einem vorliegenden Fall oder für einen bestimmten Patienten eine Überweisung zum Facharzt erforderlich ist oder nicht.

---

6 Koalitionsvertrag zwischen CDU, CSU und FDP, WACHSTUM. BILDUNG. ZUSAMMENHALT. 17. Legislaturperiode, 2009.

7 Mehr Wettbewerb durch Markttransparenz

Eine erhöhte Markttransparenz und damit verbundene ausreichende Informationen der Krankenversicherungen über die Versorgungsleistungen und ihre Qualität, reichen als Voraussetzung für eine aufgeklärte Entscheidung der Versicherten über die Wahl des Versicherers bzw. die Auswahl von Leistungserbringern allein nicht aus.

Es ist vielmehr der Vertragswettbewerb, der die Transparenz des Gesundheitswesens verbessert und für eine gesteigerte Effizienz sorgt. Der Grund liegt in der Tatsache, dass die Leistungsanbieter ein nachhaltiges Interesse daran haben, mit einem hohen Qualitätsniveau um Verträge mit Krankenkassen sowie um Patienten zu werben. Es sind ebenso die Krankenkassen, die ein großes Interesse entwickeln, mit attraktiven Versorgungsangeboten für ihre Versicherten ihre jeweilige Position in einem wettbewerbsintensiven Markt zu sichern bzw. zu verbessern. Dabei spreche ich mich ausdrücklich für die Vertragsfreiheit zwischen Versicherten und Leistungsanbieter aus. Teil dieser Vertragsfreiheit muss eine angemessene Honorierung über alle Bereiche sein.

Diese Strukturen können Verbraucherorganisationen dazu motivieren wie bei anderen Produkten und Dienstleistungen auch den Preis und die Qualität von Gesundheitsleistungen regelmäßig zu überprüfen und die Öffentlichkeit über ihre Ergebnisse zu informieren.

Des Weiteren erscheint es sinnvoll, langfristig die Einschränkungen durch Werbeverbote in Frage zu stellen, denn nur wenn man den „Playern" die Möglichkeit gibt, Qualitätsunterschiede sichtbar zu machen, wird man die Anreize für eine gute Qualität erhöhen. Erforderlich sind allerdings Regelungen, die die Kassen und Leistungsanbieter zu umfassenden Informationen über das Leistungsangebot und dessen Qualität ermächtigen und verpflichten.[7] Alle Leistungsanbieter sollten nach diesem Modell aufgrund bundeseinheitlich festgelegter Basisindikatoren für die Qualität der Versorgung eine Darlegungs- und Transparenzpflicht haben und zur Veröffentlichung dieses Basisindikatorenbündels verpflichtet sein.[8]

Über diese Basisindikatoren hinaus haben Krankenkassen und Leistungserbringer die Möglichkeit, vertraglich weitere Qualitätsindikatoren zu vereinbaren und mit den Ergebnissen zu werben. Genauso können qualitätsbewusste Leistungsanbieter aus eigenem Antrieb Qualitätsindikatoren entwickeln und gegenüber Krankenkassen und Versicherten damit werben.[7]

---

7 Greß/Maas/Wasem: Effektivitäts-, Effizienz- und Qualitätsreserven im deutschen Gesundheitssystem. 2008.
8 McGlynn: Introduction and Overview of the Conceptual Framework for a National Quality Measurement and Reporting System. In: Medical Care 41 (Suppl. 1). 2003, S. I 1- I 7.

8 Priorisierung

38 Das deutsche Gesundheitssystem hat den grundlegenden Anspruch, sich am Solidargedanken und am Subsidiaritätsprinzip zu orientieren. Nur wird dies aufgrund der bekannten demographischen Entwicklung in 20 Jahren aller Voraussicht nach nicht mehr praktikabel sein. Die finanziellen Ressourcen sind endlich und werden es kaum erlauben, dass der technologische Fortschritt in Zukunft der Bevölkerung umfassend zur Verfügung steht. Wir stehen dem demographischen Wandel und einem medizinisch-technischen Fortschritt gegenüber, die gepaart steigende Gesundheitskosten verursachen und dies noch stärker in der Zukunft tun werden. Daher wird es notwendig sein, Priorisierungspläne zu erstellen.

39 Die Fakten zeigen uns leider andere Entwicklungen als wir uns dies wünschen. Durch den demographischen Wandel haben wir deutlich weniger Erwerbstätige. Sorgen heute noch drei Erwerbstätige für eine Person im Rentenalter, wird im Jahr 2060 das Verhältnis 1:1 sein, die Lebenserwartung beträgt dann um die 90 Jahre. Die Basis, die zur Finanzierung beiträgt verringert sich beachtlich. „Brachten 2008 noch 51 Mio. GKV-Mitglieder 160 Mrd. EUR auf, so werden es 2060 rund 11 Mio. Mitglieder weniger sein, die dann aber rund 470 Mrd. EUR finanzieren müssten. So wird sich etwa bis 2060 die Zahl der Demenz-Patienten auf 2,2 Mio. verdoppeln, ebenso die Zahl der Pflegebedürftigen (von 2,25 auf 4,5 Mio.). Nicht zu vergessen ist der medizinische Fortschritt, denn besonders dieser treibt die Kostenspirale in die Höhe."[9]

40 Der renommierte Kieler Gesundheitswissenschaftler Prof. Fritz Beske beklagt seit längerem, dass nicht realistisch thematisiert wird, wie sich die Anforderungen an unser Gesundheitssystem verändern werden. Um ein stabiles Gesundheitssystem finanziell zu tragen, muss man sich über Priorisierungen und Effizienzsteigerung dringender denn je Gedanken machen.

41 Beske: „Wer Priorisierung und Rationierung ablehnt, muss sich mit diesen Fakten auseinandersetzen."[9]

42 Um die momentane ungerechte „implizite Rationierung" der medizinischen Leistungen zu verhindern, müssen wir Seitens der Politik die Auseinandersetzung mit dem Thema Priorisierung voranbringen. Die Politik wird nicht in der Position sein, zu entscheiden, ob die Hüft-OP mit 85 finanziert wird oder nicht. Aber es ist unsere Aufgabe, die Denkanstöße mit Blick auf die Möglichkeiten von Priorisierung wahrzunehmen.

43 Nach derzeitigem Status quo bestimmt der Leistungsbedarf der Versicherten das Finanzvolumen der gesetzlichen Krankenversicherungen. In der Zukunft wird sich das Blatt allerdings wenden und das zur Verfügung stehende Finanzvolumen wird ihren Leistungsumfang vorgeben. Wir müssen heute die Grundlagen dafür

---

9 Sucker-Sket: DAZ. 2011. www.deutsche-apotheker-zeitung.de/politik/news/2011/09/07/beske-offen-ueber-priorisierung-und-rationierung-diskutieren.html.

legen, dass auch in 10, 20 Jahren jeder Bürger die Gewissheit haben kann, dass er bei einer ernsthaften Erkrankung eine zeitnahe, qualitativ hohe medizinische Versorgung erhält. Zugleich müssen auch jene Strukturen angelegt werden, die den Versicherten aufzeigen, in welchen Bereichen sie für ihre medizinische Versorgung selbst Sorge tragen müssen.[10]

Meine Partei, die CDU, setzt sich für die Stärkung von Eigenverantwortung, Qualität und Effektivität ein, um den durchaus schwierigen Spagat zwischen wachsender Nachfrage nach qualifizierten Gesundheitsleistungen und dauerhafter Finanzierbarkeit zu meistern. Der Versicherte muss und soll stärker in den Mittelpunkt des Gesundheitswesens treten. Um in diesem System eigenverantwortlich Entscheidungen treffen zu können, braucht er Transparenz und Motivation. Dazu zählen auch finanzielle Anreize, wie zum Beispiel Vorteile bei nachweisbar gesundheitsförderndem Verhalten.

Solidarität ist das Grundgesetz gegenseitiger Verantwortung. Die Stärkung von Freiheit und Verantwortung hat nichts mit Entsolidarisierung zu tun. Denn es ist nicht der Staat, der Solidarität garantiert, vielmehr ist jeder Einzelne gefordert, auf der Basis seiner Möglichkeiten seinen persönlichen Beitrag für den Erhalt und die Wiederherstellung seiner Gesundheit zu leisten. Um die Motivation zur Eigenverantwortung zu steigern, muss man sicherlich auch die Möglichkeiten eines Systems von Grund- und Zusatzversorgung berücksichtigen.

9 Total Quality Management

Lassen Sie mich neben der Priorisierung auf das Total Quality Management (TQM) eingehen.

Die statistischen Qualitätskontrollen, die sich in Japan gegen Ende des zweiten Weltkrieges entwickelt haben, sind inzwischen weltweit verbreitete Standards in Industrieunternehmen und in den letzten Jahren hat das Konzept in einigen Ländern den Weg ins Gesundheitswesen gefunden. Insbesondere in den privatisierten Komponenten tritt der Name TQM immer häufiger auf und das Verfahren wir vielfach als ein „optimaler" strategischer Rahmen angesehen, unter welchem unser Gesundheitssystem organisiert werden könnte.[11]

Total Quality Management konzentriert sich auf die Optimierung der Qualität aus Patientensicht anstelle einer sporadischen Qualitätsmaximierung. Die statistischen Qualitätskontrollen im Rahmen von TQM sollten in unserem Gesundheitswesen durchaus mehr Beachtung finden. Wir können uns in Zukunft unter Anbetracht des demographischen Wandels die Verschwendung von Ressourcen einfach nicht mehr leisten.

---

10 IGSF: Paradigmenwechsel in der Gesetzlichen Krankenversicherung. 2010.
11 Etienne: Total Quality Management (TQM) findet auch im Gesundheitswesen Anwendung. www.innopool.ch/pdf/Q-Et-01-TQM-GW.pdf (abgerufen am 18.6.2012).

49 Es ist unbestritten, dass eine hohe Qualität der medizinischen Versorgung viele Vorteile bietet. Sie erhöht die Sicherheit von Arzt und Patient, vermeidet Komplikationen, erhöht Lebensqualität und Lebenserwartung. Ich sehe die Behauptung, Qualität spare Geld, trotzdem kritisch. Zunächst fordert Qualität erst einmal Investitionen in die Aus- und Weiterbildung von Fachkräften, innovative Arzneimittel und moderne Technik und weitere Voraussetzungen. Insbesondere bei der Technik ist es unbestritten, dass sie Kosten sparen kann. Jedoch ist eine Gesamtrechnung nur schwer zu erstellen, da die Aufrechnung von Kosten auf der einen und Einsparungen auf der anderen Seite sehr komplex sind. In erster Instanz erfordert Qualität allerdings Investitionen, die in Deutschland von Bund und Ländern nur noch eingeschränkt vorgenommen werden können. Deshalb müssen wir vor allem im Investitionsmix effektiver werden.

10 Fazit

50 Die Situation, die wir zu meistern haben, ist bekannt: Obwohl die demographische Entwicklung seit den 1970er Jahren absehbar ist, wurde sie lange ignoriert. Die Auswirkungen der demographischen Veränderungen kommen jetzt bereits deutlich erkennbar vor allem in den abgelegenen ländlichen Regionen an. Nur durch eine volle Ausschöpfung unserer personellen, technologischen und finanziellen Potenziale werden wir in Zukunft gewährleisten können, unsere heutigen Standards aufrechtzuerhalten bzw. zu verbessern.

51 Mir ist es wichtig, dass wir die demographische Entwicklung auch als Chance verstehen, um die Dinge positiv voranzubringen und die auch heute noch weit verbreitete Skepsis gegenüber Themen wie Innovationen und Priorisierung zu reduzieren. Im Koalitionsvertrag werden die Aspekte des Wettbewerbs und der Vielfalt im Gesundheitswesen ausdrücklich als Mittel zur Effizienzsicherung dargelegt.

Literatur

Etienne, M.: Total Quality Management (TQM) findet auch im Gesundheitswesen Anwendung. Online: www.innopool.ch/pdf/Q-Et-01-TQM-GW.pdf (abgerufen am 18.6.2012).
Greß, S./Maas, S./Wasem, J.: Effektivitäts-, Effizienz- und Qualitätsreserven im deutschen Gesundheitssystem. Hans Böckler Stiftung 2008.
IGSF: Paradigmenwechsel in der Gesetzlichen Krankenversicherung. Kiel 2010.
Koalitionsvertrag zwischen CDU, CSU und FDP. WACHSTUM. BILDUNG. ZUSAMMENHALT. 17. Legislaturperiode, 2009.
Koch, K./Miksch, A./Schürmann, C./Joos, S.: Das deutsche Gesundheitswesen im internationalen Vergleich: Die Perspektive der Hausärzte. Deutsches Ärzteblatt. Online: http://www.aerzteblatt.de/archiv/84474 (abgerufen am 17.6.2012).
Manouguian, M./Stöver, J./Verheyen, F./Vöpel, H.: Qualität und Effizienz der Gesundheitsversorgung im internationalen Vergleich. Hamburgisches Weltwirtschaftsinstitut, Hamburg 2010.

McGlynn, E.: Introduction and Overview of the Conceptual Framework for a National Quality Measurement and Reporting System. In: Medical Care 41 (Suppl. 1). 2003, S. I 1- I 7.
OECD: OECD-Gesundheitsdaten 2012: Deutschland im Vergleich. Online: http://www.oecd.org/dataoecd/15/1/39001235.pdf (abgerufen am 17.6.2012).
Sucker-Sket, K.: DAZ. 2011. Online: www.deutsche-apotheker-zeitung.de/politik/news/2011/09/07/beske-offen-ueber-priorisierung-und-rationierung-diskutieren.html (abgerufen am 15.6.2012).

Beitrag 4

Was erwartet die Politik von einer „effizienten" Versorgung? (CH)

Dr. Carlo Conti

		Rn.
1	Einleitung	1 – 6
2	**Ausgangslage**	7 – 17
2.1	Qualität- und Kostensituation	7 – 11
2.2	Föderalistische Struktur des schweizerischen Gesundheitswesens	12 – 14
2.3	Datenlage	15 – 17
3	**Neugestaltung von Rahmenbedingungen**	18 – 40
3.1	Qualitätsverbesserungen	24 – 30
3.1.1	Integrierte Versorgung	24 – 27
3.1.2	Spezialisierung	28 – 30
3.2	Kompetenzen und Koordination	31 – 33
3.2.1	Präventionsgesetz	31 – 33
3.3	Datenlage	34 – 40
3.3.1	Indikations- und Ergebnismonitoring in der Orthopädie	34 – 38
3.3.2	Statistik der ambulanten Gesundheitsversorgung	39, 40
4	**Zusammenfassung der politischen Agenda**	41 – 53
4.1	Gesundheitsversorgungsräume mit integrierter Versorgung	43 – 45
4.2	Qualitätsvorgaben	46 – 49
4.3	Einheitliche Finanzierung spitalambulanter und stationärer Behandlungen	50 – 53

Literatur

Autor

Dr. Carlo Conti

Jahrgang 1954, Vizepräsident des Regierungsrats des Kantons Basel-Stadt (Vorsteher Gesundheitsdepartement), Präsident der Schweizerischen Konferenz der kantonalen Gesundheitsdirektorinnen und -direktoren (GDK), Mitglied des Verwaltungsrats der SwissDRG AG.

> **Abstract:** Die Anforderungen an Effizienz im regulierten Markt des Gesundheitswesens unterscheiden sich stark von denjenigen in nicht regulierten Märkten. Auf Ebene der Politik muss sowohl die Effizienz über das Gesamtsystem sowie die Effizienz in den einzelnen Betrieben über die Gestaltung von Rahmenbedingungen gewährleistet werden; dies mit kurz-, mittel- und langfristiger Perspektive und in Koordination und Kooperation aller Ebenen des föderalistisch organisierten schweizerischen Gesundheitswesens. Eine qualitativ hochstehende Gesundheitsversorgung hat dabei höchste Priorität.

1 Einleitung

Die stetig steigenden Gesundheitskosten sind in aller Munde. Insbesondere die demografische Entwicklung wird als Kostentreiber angesehen. Diese Problematik betrifft nicht nur die Schweiz, sondern sie ist international vorhanden und wird breit diskutiert.

Vor diesem Hintergrund wird der effiziente Einsatz der vorhandenen Mittel immer wichtiger. Der Politik stellt sich dabei die Aufgabe, die Effizienz über das Gesamtsystem sowie die Effizienz in den einzelnen Betrieben über die Gestaltung von Rahmenbedingungen zu gewährleisten. Sie macht dies durch das Setzen von Anreizen im Bereich von Finanzierungsmechanismen und Qualitätsvorgaben sowie über die Versorgungsplanung. Zu beachten sind dabei immer die kurz-, die mittel- und die langfristige Perspektive sowie die Aktivitäten aller Akteure. Im föderalistisch organisierten schweizerischen Gesundheitswesen sind Koordination und Kooperation aller Ebenen ausschlaggebend für das Erreichen des Ziels.

Effizienz wird im Gesundheitswesen in erster Linie über eine qualitativ hochstehende Gesundheitsversorgung erreicht. Die Gesundheitsversorgung soll optimal sein und nicht maximal. Die Verneinung des Maximalen verdeutlicht den zweiten wichtigen Punkt: Überversorgung und Verschwendung sind zu vermeiden, um die Finanzierbarkeit in der Zukunft zu sichern.

Der Erhalt des Lebens bei hoher Lebensqualität ist oberstes Ziel einer Gesellschaft; dies auf Bevölkerungsebene sowie auf Individualebene. Eine gesunde Bevölkerung mit hoher Lebenserwartung stellt den volkswirtschaftlichen Erfolg der Gesellschaft sicher, während die gute Gesundheit eines Individuums ihm selbst und seiner persönlichen Umgebung Nutzen stiftet. Der Gesundheitszustand fungiert dabei als Hauptkriterium für eine hohe Lebensqualität. Die Politik strebt deshalb im Sinne der Bevölkerung eine hohe Qualität in der Gesundheitsversorgung an.

Die finanzielle Belastung der Bevölkerung darf dabei nicht aus den Augen gelassen werden. Die Prämien in Relation zum BIP pro Kopf sind von 3,9 %[1, 2] im

---

[1] www.bag.admin.ch: Suchbegriff „Durchschnittsprämien pro Versicherten pro Jahr in Franken, alle Versicherten".
[2] www.bfs.admin.ch: Suchbegriff „Bruttoinlandprodukt pro Einwohner".

Jahr 2003 auf 4,1 %[3, 4] im Jahr 2010 angestiegen. Parallel sind die Ausgaben für Prämienverbilligungen für finanziell schwächer Gestellte von CHF 3,1 Mrd. im Jahr 2003 auf CHF 4,0 Mrd. im Jahr 2010 angestiegen.[5] Zu starkes Wachstum der Gesundheitskosten gegenüber dem BIP würde für die Bevölkerung eine Belastung darstellen. Eine fortwährende Qualitätssteigerung bei gemässigtem Kostenwachstum ist in Anbetracht dieses Spannungsfelds das Ziel.

6   In einer übergreifenden Strategie müssen deshalb die Teilziele zur Erreichung des Ziels „guter Gesundheitszustand der Bevölkerung" konkretisiert und festgelegt werden. Auf nächster Ebene müssen diese Teilziele über die Steuerung der Betriebe umgesetzt werden.

2   Ausgangslage

2.1   Qualität- und Kostensituation

7   Wie sieht die Bevölkerung die Qualität der Versorgung? In einer Befragung von 1200 Stimmbürgern im Jahre 2011 gaben 77 % der Befragten an, die Qualität des schweizerischen Gesundheitswesens sei gut bis sehr gut, nur 3 % schätzten sie als eher schlecht bis sehr schlecht ein.[6] In einer weiteren Befragung,[7] die auf erwachsene Einwohner mit Erkrankungen fokussierte, wurde nach den Erfahrungen innerhalb des letzten Jahres gefragt. 68 % gaben dabei an, die Qualität der medizinischen Versorgung als ausgezeichnet oder sehr gut empfunden zu haben, und 27 % als gut. Bei ihrem letzten Krankheitsfall zum Beispiel erhielten 79 % am gleichen oder nächsten Tag einen Termin bei einem medizinischen Leistungserbringer. Dies ist im internationalen Vergleich eine hohe Quote.

8   Wie steht das schweizerische Gesundheitssystem im internationalen Vergleich da? Der zweite Bericht der OECD und der WHO über das schweizerische Gesundheitssystem 2011[8] beurteilt das schweizerische Gesundheitssystem als eines der besten der OECD-Länder. Es präsentiert sich als leistungsfähig und patientenorientiert, was sich in einer hohen Lebenserwartung und in hoher Patientenzufriedenheit widerspiegelt. Die Bevölkerung hat einfachen Zugang zu grundlegenden medizinischen Leistungen und zu Arzneimitteln. Sie kann aus einer grossen Anzahl Leistungserbringer und Versicherer wählen. Geringe Ungleichheiten

---

3   Bundesamt für Gesundheit [BAG]: Statistik der obligatorischen Krankenversicherung 2010. 2012.
4   www.bfs.admin.ch: Suchbegriff „Bruttoinlandprodukt pro Einwohner".
5   www.sozinventar.bfs.admin.ch: Suchbegriff „Finanzstatistik der bedarfsabhängigen Sozialleistungen".
6   Lieberherr/Marquis/Storni/Wiedenmayer: Gesundheit und Gesundheitsverhalten in der Schweiz 2007: Schweizerische Gesundheitsbefragung. 2010.
7   Schoen/Osborn/Squires/Doty/Pierson/Applebaum: New 2011 Survey of Patients with Complex Care Needs in 11 Countries Finds That Care Is Often Poorly Coordinated. 2011.
8   OECD/WHO: OECD Reviews of Health Systems: Switzerland. 2011.

bezüglich des Gesundheitszustands der Bevölkerung werden der Schweiz von der Studie „Health Care Systems – Efficiency and Institutions" attestiert.[9]

Indikatoren der OECD[10] zeichnen ebenfalls ein vorwiegend positives Bild von der Gesundheit und dem Gesundheitssystem der Schweiz: So sind die Schlaganfallsterblichkeitsrate, die allgemeine Krebssterblichkeitsrate sowie die Übergewichts- und Adipositasraten des Jahres 2009 im internationalen Vergleich sehr tief. Bezüglich Sterblichkeitsrate von Brust-, Prostata- und Lungenkrebs liegt die Schweiz demgegenüber im Mittelfeld.

Die Kosten des Gesundheitswesens in Relation zum BIP machten 2009 11,4 % aus. Dieser hohe Anteil wird von kaum einem Land übertroffen.[11] Auch wenn die Gesundheitskosten pro Einwohner betrachtet werden, zeigt sich die Schweiz als eines der teuersten Länder. Sie betrugen 2009 CHF 7833.–.[12] Der Out-of-Pocket-Anteil an diesen Kosten ist im internationalen Vergleich ebenfalls sehr hoch.[9]

Auffällig an der Kostenstruktur sind die durchschnittlichen Ärztekonsultationsraten. Diese sind erstaunlicherweise trotz Einzelleistungstarifsystem im internationalen Vergleich tief.[10] Als Besonderheit identifiziert hat der OECD/WHO- Bericht[11] die relativ hohe durchschnittliche Liegedauer und den geringen Anteil an eintägigen Spitalaufenthalten an der Gesamtzahl der Fälle. Des Weiteren hat sich der Anteil Generika am Arzneimittelmarkt zwar erhöht, liegt aber immer noch unter demjenigen vieler Länder. Als weiterer möglicher Kostentreiber wird die hohe Spitaldichte gesehen sowie das Erweitern des Leistungskatalogs ohne vorgängiges Prüfen auf Kostenwirksamkeit. Das Unterlassen von Kostenwirksamkeitsanalysen und Qualitätsmessungen stellt denn auch einen Hauptkritikpunkt dar. Auch bei der Festsetzung von Arzneimittelpreisen fehlen formalisierte Verfahren wie zum Beispiel Wirtschaftlichkeitsprüfungen.

2.2 Föderalistische Struktur des schweizerischen Gesundheitswesens

Im schweizerischen Gesundheitswesen sind die Zuständigkeiten für strategische Aufgaben sowie für die Umsetzung sowohl auf den Bund als auch auf die Kantone verteilt.

Diese föderalistische Struktur führt zu einer diffusen gesamtschweizerischen Gesundheitspolitik und erschwert bzw. verzögert die Umsetzung sinnvoller Massnahmen. Insbesondere im Bereich der Präventions- und Gesundheitsförderungspolitik fehlt bisher ein national koordiniertes Vorgehen.

---

9   Joumard/André/Nicq: Health Care Systems: Efficiency and Institutions. 2010.
10 OECD: Health at a Glance 2011: OECD Indicators. 2011.
11 OECD/WHO: OECD Reviews of Health Systems: Switzerland. 2011.
12 www.bfs.admin.ch: Suchbegriff „Gesundheitskosten nach Alter und Geschlecht".

14 Der OECD/WHO- Bericht[13] sieht weitere Defizite: Es mangelt der Schweiz an einer nationalen Gesundheitspersonalplanung, der Bedarf an Gesundheitspersonal wird über Import gedeckt, und der Anteil Allgemeinärzte und Pflegepersonal am Gesundheitspersonal sinkt je länger desto stärker unter den Bedarf. Demgegenüber führt die föderalistische Struktur zu einer an die lokalen Bedingungen angepassten Gesundheitsversorgung, und der hohe politische Partizipationsgrad bringt eine breite Abstützung der Gesundheitspolitik in der Bevölkerung mit sich.

2.3 Datenlage

15 Gesamtschweizerisch werden nur wenige, oft heterogene Gesundheitsdaten wie Daten über Gesundheitszustand, Krankheitsverlauf, Behandlungserfolg, Qualität von Leistungserbringern, Gesundheitsverhalten usw. erhoben. Politik und Leistungserbringer sind in der Folge nur bedingt in der Lage, Handlungsbedarf auszumachen und sinnvolle Massnahmen zu planen und zu ergreifen. Dies geht aus dem OECD/WHO- Bericht hervor. Insbesondere Informationen über die Verteilung von Gesundheitsrisiken, gesundheitlichen Ergebnissen und vermeidbarer Mortalität in der Bevölkerung wären erforderlich, um Unterschiede in den sozioökonomischen und geografischen Profilen der Bevölkerung zu beleuchten.

16 Hingewiesen wird in diesem Bericht auch auf den Mangel an Informationen über die Qualität von Leistungserbringern, welcher dazu führt, dass Patienten die Leistungserbringer nicht aufgrund von Qualitätsmerkmalen in Wettbewerb setzen können. Besonders im ambulanten und im nicht-akutsomatischen stationären Bereich fehlen Qualitätsindikatoren.

17 Obwohl im Bundesgesetz über die Krankenversicherung (KVG)[14] für eine Kostenübernahme von Leistungen durch die obligatorische Krankenversicherung Wirksamkeit, Zweckmässigkeit und Wirtschaftlichkeit verlangt wird, „wird die Kosteneffektivität [einer neuen Behandlungsmethode] nicht systematisch nach einer klar definierten und exakten Methodik bewertet, und mangelt es dem Entscheidfindungsprozess an Transparenz."[13]

3 Neugestaltung von Rahmenbedingungen

18 Die OECD hat in ihrer Studie „Health Care Systems – Efficiency and Institutions"[15] das Gesundheitssystem der Schweiz bezüglich Effizienz als eines der besten der untersuchten OECD-Länder bewertet. In Anbetracht der Entwicklung der Kosten und der Verschiebungen in den Häufigkeiten von Krankheitsbildern bleibt dennoch die Notwendigkeit für Effizienzsteigerungen. Die Neugestaltung

---

13 OECD/WHO: OECD Reviews of Health Systems: Switzerland. 2011.
14 Bundesgesetz über die Krankenversicherung (KVG) vom 18. März 1994 (SR 832.10).
15 Joumard/André/Nicq: Health Care Systems: Efficiency and Institutions. 2010.

der Rahmenbedingungen zur Erreichung dieses Ziels stellt die Aufgabe der Politik dar.

Befragte Stimmberechtigte gaben mit einer grossen Mehrheit (91 %) an, dass für sie die Qualität der Leistungen wichtiger ist als die Kosten.[16] Diese Aussage liefert den Ausgangspunkt und die Grenzen für weitere Bemühungen der Politik zur Steigerung der Qualität und der Effizienz insgesamt.

Nützliche Hinweise für die Selektion der richtigen Massnahmen gibt die Aussensicht, der OECD/WHO- Bericht:[17] Er empfiehlt als Hauptmassnahme die Verbesserung der Datenlage, da diese die Basis für weitere Massnahmen darstellt. Auf Basis dieser Daten sollen Massnahmen getroffen werden, wie das Erarbeiten einer nationalen Beschäftigungspolitik zur langfristigen Abdeckung des Bedarfs an Allgemeinmedizinern und Pflegefachleuten. Bestandteile dieser Beschäftigungspolitik wären die Unterstützung von Bildungsinstitutionen, eine baldige TARMED-Revision zur Erhöhung des relativen Einkommensniveaus für Leistungen der Grundversorger und anderer Fachbereiche, in denen Mangel herrscht, die Entwicklung von politischen Massnahmen, um die Anwerbung und Verweildauer (insbesondere in entlegenen und bergigen Regionen) sowie die berufliche Wiedereingliederung zu verbessern, die Unterstützung berufsübergreifender Ansätze und kontinuierlicher beruflicher Fortbildung (zum Beispiel im Kontext der integrierten Versorgung und Disease-Management-Modelle) und die Gründung eines nationalen Kompetenzzentrums, das eine evidenzbasierte politische Beratung im Bereich der öffentlichen Gesundheit erbringen kann.

Als weitere wichtige Massnahme kann die Erarbeitung eines übergreifenden Rahmengesetzes für Gesundheit auf Bundesebene genannt werden. Darin sollen, unter Berücksichtigung der lokalen – kantonalen – Bedürfnisse, eine gemeinsame Vision und konkrete Ziele für das Gesundheitssystem definiert werden. Die Zuständigkeiten der Kantone und des Bundes sollen dabei klar voneinander abgegrenzt werden. Die Koordination zwischen den Kantonen und zwischen den Kantonen und dem Bund soll im Bereich Gesundheitsversorgung gestärkt und institutionalisiert werden. Insbesondere der Prävention soll über eine bessere Abstimmung der Aktivitäten auf kantonaler und nationaler Ebene und über einen grösseren Mitteleinsatz mehr Gewicht verliehen werden.

Zur Erhöhung von Qualität und Wirtschaftlichkeit halten die Autoren die Schweiz zur Prüfung eines Wechsels zu einem monistischen Finanzierungssystem, zu einer weiteren Verlagerung vom stationären zum ambulanten Bereich und zur Förderung integrierter Versorgungsstrukturen durch Qualitätsnachweise an. Ferner empfehlen sie, den Einsatz kostenwirksamer medizinischer Güter und Leistungen zu fördern, eine Reduktion der durch Einzelleistungstarife ausgelös-

---

16 Gfs.bern: Seltene Krankheiten gehören vergütet. Schlussbericht zum Gesundheitsmonitor 2011. 2011.
17 OECD/WHO: OECD Reviews of Health Systems: Switzerland. 2011.

ten Anreize zur Überversorgung durch eine Kombination mit anderen Vergütungsarten einzuleiten und für Leistungserbringer Anreize zu schaffen, Präventionsarbeit zu leisten. Angeregt wird auch, bei der Umsetzung von SwissDRG (Fallpauschalensystem) für grössere Autonomie der Kantonsspitäler zu sorgen und DRG-Zahlungen zur Sicherstellung von Grundleistungen (wie Unfall- und Notfalldienste) zu ergänzen.

23 Der Wettbewerb zwischen den Krankenversicherern soll weg von der Risikoselektion hin zu einem wertbasierten Wettbewerb bewegt werden. Die Vertragsfreiheit zwischen Versicherern und Leistungserbringern sollte zu diesem Zweck etappiert eingeführt und der Risikoausgleichsmechanismus über morbiditätsrelevante Risikofaktoren weiter verfeinert werden. Im Folgenden werden einzelne Aktivitäten zur Erfüllung einiger dieser Forderungen vorgestellt.

3.1 Qualitätsverbesserungen

3.1.1 Integrierte Versorgung

24 Der Zusammenschluss verschiedener Leistungserbringer zu integrierten Versorgungsnetzen bringt den behandelten Patienten deutliche Vorteile. Die koordinierte Betreuung der Patienten über den gesamten Behandlungspfad sorgt für eine qualitativ gute, bedarfsgerechte medizinische Versorgung. Ein Konzept für die umfassende Grundversorgung eines Patienten stellt zum Beispiel das Medical Home, das „medizinische zu Hause",[18] dar. „Die Verantwortung für die Patientenversorgung wird im [vom Hausarzt geleiteten Team] übernommen, wobei der Patient ein wichtiges Teammitglied ist."[18] „Ein medizinisches zu Hause legt Wert auf durch klinische Informationssysteme unterstützte verbesserte Betreuungsmöglichkeiten, wie Kommunikations- und Konsultationsmöglichkeiten auch ausserhalb der planmässigen Bürozeiten."[18]

25 Insbesondere Personen in mittelmässigem oder schlechtem Gesundheitszustand, mit chronischer oder schwerer Erkrankung, Verletzung oder Behinderung profitieren von Versorgungsnetzen. Der 2011 Commonwealth Fund International Health Policy Survey[19] machte deutlich, dass erwachsene Schweizer Patienten mit Erkrankungen, die keinem Medical Home angeschlossen sind, 50 % häufiger von Koordinationslücken betroffen sind als erwachsene Schweizer Patienten mit Erkrankungen mit einem Medical Home. So sind häufiger Untersuchungsergebnisse oder medizinische Unterlagen nicht bereit am Konsultationstermin, Ärzte ordnen unnötigerweise bereits gemachte Untersuchungen erneut an, die verschiedenen Leistungserbringer tauschen wichtige Informationen nicht aus, Spezi-

---

18 www.hausarztmedizin.uzh.ch: Suchbegriff „medizinisches zu Hause".
19 Schoen/Osborn/Squires/Doty/Pierson/Applebaum: New 2011 Survey of Patients with Complex Care Needs in 11 Countries Finds That Care Is Often Poorly Coordinated. In: Health Affairs, 30(12). 2011.

alisten haben keine Informationen über die Krankengeschichte, der Hausarzt wird vom Spezialisten nicht über die Behandlung informiert.

Insbesondere für chronisch Kranke ist die Einbettung in ein Versorgungsnetz aus diesen Gründen ein Gewinn an Qualität und Sicherheit. Die bessere Koordination lässt zudem auf Kosteneinsparungen hoffen. Ganz in diesem Sinne wurde im OECD/WHO-Bericht[20] der Schweiz die Förderung integrierter Versorgungsstrukturen durch Qualitätsnachweise empfohlen.

Tatsächlich hatte der Bundesrat bereits am 15. September 2004 dem Parlament die Zustimmung zur Änderung des Bundesgesetzes über die Krankenversicherung (Managed Care) beantragt, mit der die Förderung von Versorgungsnetzen angestrebt wurde. Nach mehrjährigen Beratungen des Parlaments wurde am 30. September 2011 eine überarbeitete Vorlage von beiden Räten angenommen, und kurz darauf wurde gegen diese das Referendum ergriffen. In der darauf folgenden Volksabstimmung vom 17. Juni 2012 hat sich das Stimmvolk aus diversen unterschiedlichen Gründen mit einer Mehrheit von 76 % gegen die Vorlage ausgesprochen.

3.1.2 Spezialisierung

Die Schweiz weist mit ihrer tiefen Einwohnerzahl und ihrer grossen Zahl an Spitälern tiefe Fallzahlen (case-loads) pro Spital auf. Die Verteilung von wenigen gleichartigen Fällen auf verschiedene Spitäler bringt den Nachteil mit sich, dass Spitäler ihre Prozesse nur begrenzt optimieren können. Die Qualität der Behandlungen kann in diesen Spitälern mangels Erfahrung des Personals und mangels Ausrichtung der Prozesse und Einrichtungen auf bestimmte Fälle nicht die gleiche Höhe erreichen wie in einer spezialisierten Einrichtung.

Durch die Abweichung von der Praxis der kantonalen Versorgungsplanung mittels Planung in Gesundheitsversorgungsräumen[21] lassen sich die Fallzahlen in einzelnen Spitälern erhöhen. Dadurch kann eine Spezialisierung herbeigeführt werden, Überkapazitäten also vermieden oder abgebaut und Prozesse hinsichtlich Qualität und Aufwand verbessert werden.

Im Bereich der hochspezialisierten Medizin (Spitzenmedizin; HSM) verpflichtet das Krankenversicherungsgesetz die Kantone, eine Konzentration beziehungsweise Koordination des Angebots herbeizuführen. In Form der Interkantonalen Vereinbarung zur Hochspezialisierten Medizin (IVHSM) haben sich die Kantone 2009 zur gemeinsamen Planung und Zuteilung der HSM verpflichtet. Von der gemeinsamen Planung erfasst werden diejenigen medizinischen Bereiche und Leistungen, die durch ihre Seltenheit, ihr markantes Innovationspotenzial, den

---

20 OECD/WHO: OECD Reviews of Health Systems: Switzerland. 2011.
21 Siehe auch: Conti: Versorgungsregionen versus föderale Verantwortung durch Kantone – Chancen, Grenzen. In: Rebscher/Kaufmann (Hrsg.): Innovationsmanagement in Gesundheitssystemen. 2010.

grossen personellen oder technischen Aufwand oder komplexe Behandlungsverfahren und nicht zuletzt durch hohe Behandlungskosten gekennzeichnet sind. Auf diese Weise wird sichergestellt, dass die nötige Mindestfallzahl zur Erhaltung der hohen Qualität der HSM gegeben ist.

3.2 Kompetenzen und Koordination

3.2.1 Präventionsgesetz

31 Mit der Einführung des Bundesgesetzes über Prävention und Gesundheitsförderung (Präventionsgesetz) soll die Kompetenzaufteilung zwischen Bund und Kantonen geklärt werden, und dadurch eine verbesserte Steuerung und Koordination von Präventions-, Gesundheitsförderungs- und Früherkennungsmassnahmen auf den Ebenen Bund, Kantone und Dritte erreicht werden.

32 In diesem Rahmen sollen auch die Datenerhebungen harmonisiert und die Datenlage verbessert werden. Zuständig für die Durchführung von Massnahmen bleiben gemäss Gesetzesentwurf primär die Kantone. Der Bund ist subsidiär dann zuständig, wenn gesamtschweizerisch einheitliches Handeln notwendig oder sinnvoll ist.

33 Die Schlussabstimmung über das Gesetz ist noch nicht erfolgt. Bei einer Annahme würde es im Laufe des Jahres 2014 in Kraft treten.

3.3 Datenlage

3.3.1 Indikations- und Ergebnismonitoring in der Orthopädie

34 Die Orthopädie hat bezüglich Effizienz in der Medizin schon oft Pionierarbeit geleistet. Die ersten medizinischen Register ermöglichten die Bestimmung der Wirksamkeit von Endoprothesen, was in den letzten Jahrzehnten eine stetige Verbesserung des Eingriffes und der Produkte bewirkte und somit die Effizienz erhöhte.

35 Die Schweizerische Gesellschaft für Orthopädie und Traumatologie (SGOT) hat einen Fragebogen zur Lebensqualität entwickelt, welcher vor und nach einem orthopädischen Eingriff erhoben wird. Er gibt Aufschluss über die Wirksamkeit des Eingriffes, d. h. über Veränderungen bezüglich Schmerzen, Schlaf, Alltags- und Berufstätigkeiten. Mit dem digitalen Fragebogen und der fortwährenden Echtzeitauswertung können die Angemessenheit einer Indikation und das Ergebnis eines Eingriffes bestimmt werden.

36 In Zusammenarbeit mit dem Gesundheitsdepartement Basel-Stadt wird der SGOT-Fragebogen in Spitälern in Basel-Stadt für stationäre orthopädische Eingriffe obligatorisch gemacht. Für die Orthopäden in den übrigen Kantonen ist

die Verwendung fakultativ. Das Gesundheitsdepartement hat Zugriff auf anonymisierte Auswertungen und kann so, durch das Instrument der Vergabe der Leistungsaufträge, die Versorgung regulieren.

Trotz des Mehraufwandes, welchen der Orthopäde und sein Team durch das Ausfüllen des Fragebogens erfahren, wird erwartet, dass das Projekt auf eine grosse Akzeptanz stossen wird. Einerseits entsteht mit kleinem Aufwand ein grosser Mehrwert für die Patienten. Weniger wirksame Behandlungen bzw. nicht angemessene Indikationen können ausgeschieden werden, und die Orthopädin hat die Möglichkeit, die Indikations- und Ergebnisqualität ihrer Eingriffe stetig und zeitnah zu monitorisieren. Anderseits sind Entwicklung, Verwaltung und Datenanalyse durch die SGOT organisiert, und die daraus entstehenden Empfehlungen werden von den Mitgliedern mitgestaltet.

Die Behörden ihrerseits haben die Möglichkeit, die Versorgung evidenzbasiert zu steuern, d. h. die Ressourcen gezielt dahin zu leiten, wo die wirksamste Versorgung mit der besten Qualität stattfindet. Dies ist ein weiterer Schritt in Richtung Effizienzsteigerung in der Medizin und basiert auf einem rationalen, transparenten und partizipativen Prozess.

3.3.2 Statistik der ambulanten Gesundheitsversorgung

Zur Verbesserung der Datenlage als Basis für das Eruieren, Planen und Ergreifen von sinnvollen weiteren Massnahmen durch Politik und Leistungserbringer soll in den nächsten Jahren mit der Erfassung von Daten über den ambulanten Sektor begonnen werden.

Die Erhebungen im ambulanten Sektor sollen analog den Erhebungen im stationären Sektor ausgestaltet werden und so über alle Kantone einheitlich definierte Daten liefern. Anschub für das neue Vorhaben boten nicht zuletzt die Empfehlungen des OECD/WHO-Berichts.[22]

4 Zusammenfassung der politischen Agenda

In den Jahren 2011 bzw. 2012 traten in der Schweiz zwei grosse Neuerungen in Kraft: die Neuordnung der Pflegefinanzierung und die Neue Spitalfinanzierung. Neben diesen und den im vorangehenden Kapitel vorgestellten Massnahmen zur Neugestaltung der Rahmenbedingungen präsentiert sich der Politik eine Vielzahl an weiteren erdenklichen Massnahmen. Zusammenfassend können die folgenden Themenbereiche als die gegenwärtig zentralsten Anliegen genannt werden:

- Anpassung des Risikoausgleichs
- Kontrahierungszwang/Zulassungsbewilligungen
- Transparenz über das Leistungsgeschehen

---

22 OECD/WHO: OECD Reviews of Health Systems: Switzerland. 2011.

- Stärkung der Grundversorgung
- Stärkung der Prävention (Präventionsgesetz)
- Koordination der hochspezialisierten Medizin
- Integrierte Versorgung
- Gesundheitsversorgungsräume
- Qualitätsvorgaben
- Vereinheitlichung Spitalfinanzierung: ambulant/stationär

42 Die dringlichsten Aufgaben der Politik zur Förderung von Effizienz, insbesondere diejenigen der Kantone als Regulatoren, liegen dort, wo die Massnahmen am zielführendsten sind und im Einflussbereich der Kantone liegen. Im Vordergrund stehen unter diesen Gesichtspunkten betrachtet die folgenden Themenbereiche.

4.1 Gesundheitsversorgungsräume mit integrierter Versorgung

43 Wie in Rn. 28-29 dargelegt, ist in Anbetracht der Kleinräumigkeit der Schweiz eine Versorgungsplanung in überkantonalen Regionen angebracht. Im Hinblick auf einen Gesundheitsversorgungsraum Nordwestschweiz haben vier Nordwestschweizer Kantone – Aargau, Basel-Landschaft, Basel-Stadt und Solothurn – im Jahr 2010 eine gemeinsame Bedarfsplanung erarbeitet.

44 Motiviert durch die Einführung der Neuen Spitalfinanzierung im Jahr 2012 haben zwei dieser Kantone, Basel-Landschaft und Basel-Stadt, eine komplette Freizügigkeit bei der Spitalwahl zwischen den beiden Kantonen beschlossen. Spätestens ab dem Jahr 2014 können die Einwohner der beiden Kantone zwischen den Spitälern, welche auf beiden kantonalen Spitallisten figurieren, frei wählen. Angestrebt wird eine Erweiterung dieses Raums mit den Kantonen Aargau und Solothurn zu einem „Gesundheitsversorgungsraum Nordwestschweiz".

45 Während sich bei einer überkantonalen Spitalplanung das Leistungsangebot in Spezialdisziplinen auf einzelne Spitäler konzentrieren würde, müssten andere Spitäler ihre Kapazitäten in diesen Disziplinen auflösen. Durch eine überkantonale Kooperation, auch im ambulanten Bereich, könnten Ergänzungsangebote in Form von integrierten Versorgungsnetzen (s. Kapitel 3.1.1) eine wohnortnahe Versorgung schaffen, und bereits bestehende stationäre Infrastruktur sowie das beschäftigte Personal könnten dazu eingesetzt werden.

4.2 Qualitätsvorgaben

46 Das Bundesamt für Gesundheit (BAG) publiziert seit dem Jahr 2010 jährlich Qualitätsindikatoren von Schweizer Akutspitälern. Untersucht werden dabei Fallzahlen und Mortalitätsraten bei ausgewählten Diagnosen und Eingriffen. Ne-

ben dieser Publikation hat das BAG 2011 einen Bericht verfasst, der unter anderem Strukturvarianten für ein Nationales Institut für Qualität und Patientensicherheit sowie die Finanzierung der Qualitätsstrategie des Bundes im schweizerischen Gesundheitswesen beinhaltet.

Ebenfalls auf nationaler Ebene engagiert sich der Nationale Verein für Qualitätsentwicklung in Spitälern und Kliniken (ANQ). Seine Anstrengungen zielen auf die Koordination und die Durchführung von Massnahmen in der Qualitätsentwicklung, vorerst nur im akutsomatischen Bereich. 47

Neben den Aktivitäten des BAG und des ANQ erheben verschiedene Kantone separate Qualitätsindikatoren. So hat zum Beispiel der Kanton Basel-Stadt im Jahr 2010 die Spitäler und Kliniken zu ihrem Beschwerdemanagement befragt und im Jahr 2011 zum Thema Critical Incident Reporting System. Solche Befragungen können Anstoss geben zu spitalinternen Diskursen und Verbesserungen und stellen ein einfaches Mittel zur Qualitätsentwicklung dar. Ein weiteres Beispiel solcher Bestrebungen wurde bereits unter 3.3.1 vorgestellt. 48

In ihrer Rolle als Regulatoren monitorisieren die Kantone die Gesundheitsversorgung und stellen an die Leistungserbringer kantonsspezifische Qualitätsanforderungen. Das Erreichen und die langfristige Einhaltung dieser Anforderungen in diesem regulierten Markt der Gesundheitsversorgung müssen sie in ihrer regulatorischen Funktion über die Setzung von Anreizen steuern. Die Qualitätsförderung als Aufgabe der Politik wird in den kommenden Jahren weiter an Bedeutung zunehmen, und das Festlegen von Mindeststandards und das Schaffen von Anreizen zur internen Qualitätsentwicklung werden die prävalenten Instrumente bleiben. 49

4.3 Einheitliche Finanzierung spitalambulanter und stationärer Behandlungen

Im heutigen System werden stationäre Behandlungen dual-fix finanziert – von den Krankenversicherern und von der öffentlichen Hand zu einem fixen Kostenteiler 45 %/55 % – und die ambulanten Behandlungen monistisch – zu 100 % prämienfinanziert durch die Krankenversicherer. 50

Die Politik strebt in erster Linie aus Kostengründen die Verlagerung von Behandlungen aus dem stationären in den ambulanten Bereich an, die geltenden Finanzierungsregelungen setzen den Versicherern aber teilweise dieser Zielsetzung entgegengesetzte Anreize. So kann eine Behandlung, wenn sie ambulant durchgeführt wird, für die Versicherer höhere Kosten bedeuten, als wenn sie stationär durchgeführt wird. 51

Wie die OECD (s. Rn. 23) strebt die Politik eine Vereinheitlichung der Finanzierung spitalambulanter und stationärer Behandlungen an. Im Gegensatz zur 52

OECD-Empfehlung wird dieses Ziel aber nicht durch die Schaffung einer monistischen Finanzierung verfolgt, sondern durch die Umwandlung der bisher monistischen Finanzierung im spitalambulanten Bereich in eine duale Finanzierung, jedoch unter Einhaltung des Kostenneutralitätsprinzips für die Kantone.

53 Die Umwandlung in eine duale Finanzierung ist auch unter dem Aspekt der Sozialverträglichkeit wünschenswert. Durch die Verlagerung vom stationären in den ambulanten Bereich steigen die Ausgaben der Krankenversicherer und somit auch die Versicherungsprämien. Die steigenden Prämien wiederum bedeuten, dass die finanzielle Belastung der Haushalte steigt, und die öffentliche Hand diese mit Prämienverbilligungen unterstützt.

Literatur

Bundesamt für Gesundheit [BAG]: Statistik der obligatorischen Krankenversicherung 2010. BAG, Bern 2012.
Bundesgesetz über die Krankenversicherung (KVG) vom 18. März 1994 (SR 832.10).
Conti, C.: Versorgungsregionen versus föderale Verantwortung durch Kantone – Chancen, Grenzen. In: Rebscher, H./Kaufmann, S. (Hrsg.): Innovationsmanagement in Gesundheitssystemen. medhochzwei Verlag, Heidelberg 2010.
Gfs.bern: Seltene Krankheiten gehören vergütet. Schlussbericht zum Gesundheitsmonitor 2011, gsf.bern Bern, 2011.
Joumard, I./André, C./Nicq, C.: Health Care Systems: Efficiency and Institutions, OECD Economics Department Working Papers, Nr. 769. OECD Publishing, Paris 2010.
Lieberherr, R./Marquis J.-F./Storni, M./Wiedenmayer, G.: Gesundheit und Gesundheitsverhalten in der Schweiz 2007: Schweizerische Gesundheitsbefragung. Bundesamt für Statistik (BFS), Neuchâtel 2010.
OECD/WHO: OECD Reviews of Health Systems: Switzerland. OECD Publishing, Paris 2011.
OECD: Health at a Glance 2011: OECD Indicators. OECD Publishing, Paris 2011.
Schoen, C./Osborn, R./Squires, D./Doty, M. M./Pierson, R./Applebaum, S.: New 2011 Survey of Patients with Complex Care Needs in 11 Countries Finds That Care Is Often Poorly Coordinated. In: Health Affairs, 30(12). New York City 2011.
www.bag.admin.ch: Suchbegriff „Durchschnittsprämien pro Versicherten pro Jahr in Franken, alle Versicherten" (abgerufen am 18.6.2012).
www.bfs.admin.ch: Suchbegriff „Bruttoinlandprodukt pro Einwohner" (abgerufen am 18.6.2012). Suchbegriff „Gesundheitskosten nach Alter und Geschlecht" (abgerufen am 22.6.2012).
www.hausarztmedizin.uzh.ch: Suchbegriff „medizinisches zu Hause" (abgerufen am 13.7.2012).
www.sozinventar.bfs.admin.ch: Suchbegriff „Finanzstatistik der bedarfsabhängigen Sozialleistungen" (abgerufen am 15.6.2012).

Beitrag 5

Wie können Prüfroutinen der Aufsichtsbehörden Effizienz fördern?

Manfred Zach/Lothar Güntert

		Rn.
1	Allgemeine Rechtsaufsicht, Aufsichtsprüfung, Beratungsprüfung	1 – 5
2	Grundsätze der allgemeinen Rechtsaufsicht	6 – 9
3	Rechtsaufsicht im Tarif- und Leistungsbereich von Krankenkassen	10 – 17
4	Prüfungsämter, Prüfungsformen	18 – 25
5	Prüfungsablauf	26 – 30
6	Bewertung unter Effizienzgesichtspunkten	31 – 34

Autoren

Manfred Zach

Jahrgang 1947, 1966-1971 in Heidelberg. 1. Jur. Staatsexamen, 1974 2. Jur. Staatsexamen in Stuttgart, 1974-1975 Reg. Assessor beim RP Stuttgart, 1975 Berufung in das Staatsministerium BW, Tätigkeit als Pressereferent, seit 1978 zusätzlich Grundsatzreferent und Ghostwriter für MP Späth, ab 1986 Leiter der Abteilung Grundsatz und Planung im Staatsministerium, seit Ende 1987 zusätzlich Sprecher der Landesregierung, Januar 1991 Rücktritt zus. mit MP Späth, von 1991 bis 2001 Leiter der Verwaltungsabteilung, 2001 Leiter der Abteilung ‚Soziale Sicherungssysteme' im Sozialministerium BW, seit 2012 Leiter der Abteilung „Soziales".

Dr. jur. Lothar Güntert

Jahrgang 1953, 1982 Promotion zum Dr. jur. an der Albert-Ludwigs-Universität in Freiburg/Breisgau, 1984 Zweites Juristisches Staatsexamen in Stuttgart, 1984 bis 1986 zunächst Amtsleiter, dann Dezernent beim Landratsamt Biberach/Riss, ab 1986 Referent im Ministerium für Arbeit und Sozialordnung, Familie, Frauen und Senioren Baden-Württemberg, seit 1995 Referatsleiter in verschiedenen Geschäftsbereichen des Ministeriums, seit 2010 Leiter des Referats „PRA - Grundsatzfragen, Konzeption, Prüfungen".

> **Abstract:** Sozialversicherungsträger unterliegen in Deutschland einer staatlichen Aufsicht. Sie wird durch verschiedene Behörden des Bundes und der Länder wahrgenommen und beschränkt sich grundsätzlich auf rechtliche Überprüfungen. Auch die Beachtung von Wirtschaftlichkeitsgrundsätzen ist ein überprüfbares Rechtsgebot. Fachlich unabhängige Prüfungsämter dürfen Krankenkassen im Rahmen sogenannter Beratungsprüfungen in beschränktem Umfang Empfehlungen für ein effizienteres Verhalten geben. Damit wird das zur Verfügung stehende Datenmaterial und die Fachkompetenz der Behörden jedoch nicht ausgeschöpft.

1 Allgemeine Rechtsaufsicht, Aufsichtsprüfung, Beratungsprüfung

1 Gesetzliche Krankenkassen in Deutschland unterliegen wie alle landes- und bundesunmittelbaren Sozialversicherungsträger einer staatlichen Aufsicht, die sich auf die Beachtung von Gesetz und Recht erstreckt (§ 87 SGB IV). Für Versicherungsträger, deren Zuständigkeitsbereich sich nicht auf das Gebiet eines Landes beschränkt, ist das Bundesversicherungsamt (BVA) zuständig. Im Übrigen obliegt die Rechtsaufsicht den für die Sozialversicherung zuständigen obersten Landesbehörden. Allerdings können, wenn der Zuständigkeitsbereich eines Versicherungsträgers höchstens drei Länder umfasst, diese Länder unter sich ein Aufsicht führendes Land bestimmen und damit die Zuständigkeit des BVA aushebeln (§ 90 SGB IV).

2 Neben der allgemeinen Rechtsaufsicht kennt das deutsche Sozialversicherungsrecht zwei weitere aufsichtliche Instrumente, die sog. Aufsichtsprüfung nach §§ 88 SGB IV und die sog. Beratungsprüfung nach 274 SGB V.

3 Aufsichtsprüfungen sind Ausfluss des allgemeinen Aufsichtsrechts und verfolgen das Ziel festzustellen, ob das maßgebende Recht beachtet worden ist. Gemäß § 69 SGB IV gehört dazu u. a. die Einhaltung der Grundsätze von Wirtschaftlichkeit und Sparsamkeit. Das Wirtschaftlichkeitsgebot ist demnach ein für alle Sozialversicherungsträger geltendes Rechtsgebot, zu dessen Überprüfung die Aufsichtsbehörde die Geschäfts- und Rechnungsführung des Versicherungsträgers nach pflichtgemäßem Ermessen prüfen kann.

4 Für den Bereich der Gesetzlichen Kranken- und Pflegeversicherung, der Landwirtschaftlichen Alterskasse und der Landwirtschaftlichen Berufsgenossenschaft hat der Gesetzgeber darüber hinaus eine weitere Prüfungsart eingeführt, die sog. Beratungsprüfung nach § 274 SGB V. Sie ist eine eigenständige, von der Aufsichtsprüfung getrennte Prüfung, die sich auf die Gesetzmäßigkeit und Wirtschaftlichkeit des gesamten jeweiligen Geschäftsbetriebs bezieht. Deswegen ist neben der Geschäfts- und Rechnungsführung auch die Betriebsführung Gegenstand der Untersuchungen.

5 Die rechtliche Trennung der Aufsichtsaufgaben in eine allgemeine Rechtsaufsicht und aufsichtliche bzw. beratende Prüfungstätigkeiten hat auf Landesebene zur

Entstehung spezieller Prüfungsämter geführt, die überwiegend bei den für die Sozialversicherung zuständigen Ministerien, vereinzelt auch in selbstständigen Behörden (Landesprüfdiensten) angesiedelt sind. In den meisten Ländern genießen die Prüfungsämter einen Status fachlicher Unabhängigkeit, der (z. B. in Baden-Württemberg) durch ausdrückliche Beschlüsse des Landtags und der Landesregierung gedeckt ist.

2 Grundsätze der allgemeinen Rechtsaufsicht

6 Die allgemeine Aufsichtstätigkeit, bezogen auf die Gesetzliche Krankenversicherung (GKV), findet vorwiegend im Rahmen folgender spezialgesetzlich geregelter Vorgänge statt:

Tab. 1: Rechtsaufsichtliche Spezialbereiche
  Quelle: Eigene Darstellung

Gegenstand	Rechtsgrundlage
Haushaltspläne (Prüfungsrecht der Aufsicht – Vorlage auf Anforderung mit Beanstandungsmöglichkeit)	§ 70 Abs. 5 SGB IV
Erwerb von Grundstücken, Errichtung von Gebäuden (Genehmigungspflicht)	§ 85 Abs. 1 Satz 1 SGB IV
Beschaffung von EDV-Anlagen (Anzeigepflicht mit Beanstandungsmöglichkeit)	§ 85 Abs. 1 Satz 2 SGB IV
Gesamtvertragliche Vereinbarungen über die Vergütung vertragsärztlicher Leistungen, Selektivverträge (Anzeigepflicht mit Beanstandungsmöglichkeit)	§ 71 Abs. 4 SGB V
Autonome Satzung (Genehmigungspflicht)	§ 195 Abs. 1 SGB V

7 Der Gesetzgeber hat diese Sachverhalte eigens geregelt, weil das Haushaltswesen, der Grunderwerb, die Errichtung von Gebäuden, die EDV-Ausstattung sowie vertragliche oder satzungsmäßige Leistungen für Krankenkassen (und deren Verbände bzw. Arbeitsgemeinschaften) von besonderer wirtschaftlicher Bedeutung sind. Somit können Verstöße gegen das Wirtschaftlichkeits- und Sparsamkeitsgebot in diesen Bereichen erhebliche Folgen haben. Die staatliche Aufsicht ist aber keineswegs auf die spezialgesetzlich normierten Bereiche beschränkt. Sie ist umfassend, d. h. es gibt für Sozialversicherungsträger keinen „aufsichtsfreien Raum".

8 Gleichwohl ist die klassische Aufsichtstätigkeit eher restriktiv und situativ ausgerichtet. Das rührt vor allem vom Status der Selbstverwaltungskörperschaft her,

den deutsche Sozialversicherungsträger besitzen; er beschränkt den staatlichen Einfluss auf ausschließlich rechtliche Überprüfungen. Zudem hat die Rechtsprechung die Grenze zu der auch Zweckmäßigkeitserwägungen umfassenden Fachaufsicht eng gezogen. So haben Krankenkassen bezüglich finanzieller Erwartungen und Planungen einen weiten Spielraum (,Einschätzungsprärogative'), der von den Aufsichtsbehörden zu respektieren ist.

Demgemäß beschränken sich rechtsaufsichtliche Maßnahmen im fiskalischen Bereich in der Regel auf manifestes unwirtschaftliches Verhalten, dessen Rechtswidrigkeit offenkundig ist. Damit korrespondiert das sog. Opportunitätsprinzip, das es Aufsichtsbehörden freistellt, leichtere Rechtsverstöße nach pflichtgemäßer Abwägung unbeanstandet zu lassen, ohne sich selbst einer Pflichtverletzung schuldig zu machen. 9

3   Rechtsaufsicht im Tarif- und Leistungsbereich von Krankenkassen

Vor besondere Probleme sieht sich die Rechtsaufsicht im Tarif- und Leistungsbereich der Krankenkassen gestellt. In zahlreichen Reformgesetzen hat der Gesetzgeber krankenkassenindividuelle Gestaltungsmöglichkeiten mit dem Ziel geschaffen, auf diese Weise die medizinische Versorgung zu verbessern und einen qualitätsorientierten Wettbewerb im Gesundheitsbereich zu stimulieren. Auf der anderen Seite ist die gesetzliche Krankenversicherung nach wie vor als Solidargemeinschaft konzipiert (§ 1 SGB V), das Solidprinzip ist das der Krankenversicherung innewohnende Grundprinzip. Die Aufsichtsbehörden haben darauf zu achten, dass diesem Prinzip auch bei neuen Tarif- und Leistungsangeboten Rechnung getragen wird, ohne dass dadurch sinnvolle versorgungspolitische Weiterentwicklungen behindert werden. 10

Eine Ausprägung dieses Spannungsfeldes sind satzungsmäßig verankerte, genehmigungs- oder anzeigepflichtige Wahltarife (Selbstbehalt, Beitragsrückerstattung, Kostenerstattung, besondere Versorgungsformen und Therapierichtungen etc.). § 53 Abs. 9 SGB V verlangt ausdrücklich, dass sich die Aufwendungen der Krankenkasse für jeden Wahltarif durch Einnahmen, Einsparungen und Effizienzsteigerungen refinanzieren müssen. Nur dann ist gewährleistet, dass kassenindividuelle Sonderleistungen nicht zu Lasten der an dem Wahltarif nicht teilnehmenden Versicherten (= Beitragszahler) gehen. 11

Andererseits würde eine zu enge Betrachtungsweise die Darlegungslast der Krankenkassen überfordern, weil bei der Einführung eines neuen Versicherungstarifs noch keine validen Kosten- und Wirkungszahlen vorgelegt werden können. Folglich begnügen sich die Aufsichten in der Regel damit, zunächst die Annahmen der Krankenkasse auf Plausibilität hin zu überprüfen und einen Zeitraum zu benennen, innerhalb dessen die Wirtschaftlichkeit des Tarifs nachgewiesen werden 12 muss. Gesetzlich vorgeschrieben sind regelmäßige, mindestens alle drei Jahre vorzulegende Rechenschaftsberichte auf der Basis eines versicherungsmathematischen Gutachtens. Meist wird jedoch schon mit der ersten Jahresrechnung die Vorlage von Echtzahlen verlangt, um einen ungefähren Überblick über die Kosten-Nutzen-Relation des Wahltarifs zu erhalten.

13　Eine abschließende Beurteilung dieser Kosten-Nutzen-Relation ist aber auch nach Jahren oft noch schwierig. Das liegt an der Komplexität der von einem Wahltarif tatsächlich oder vermeintlich ausgehenden Steuerungseffekte. Argumentiert wird meist mit einem gesundheitsbewussteren Verhalten der eingeschriebenen Versicherten, mit geringeren Ausgaben für ambulant oder stationär erbrachte medizinische Leistungen und mit dem Halten oder der Gewinnung von Versicherten.

14　Medizinische Effekte lassen sich am ehesten bei Modellvorhaben (§ 63 SGB V) mit genau definiertem Teilnehmerkreis und Behandlungsziel überprüfen, weil hier die Leistungsausgaben mit denen einer parallelisierten Kontrollgruppe verglichen werden können (‚Matching-Verfahren'). Bei satzungsmäßigen Wahltarifen ist hingegen kaum je sicher zu entscheiden, welchen Anteil Prämienzahlungen, Zuzahlungsbefreiungen, tarifbedingte Zusatzleistungen etc. an der Versichertenbindung tatsächlich haben, wie hoch die Mitnahmeeffekte sind, ob steigende Versichertenzahlen auch zu besseren Deckungsbeiträgen führen und in welchem Maße sich neue Versorgungsformen tatsächlich ökonomisch auszahlen.

15　Aufsichtsbehörden sind m.E. gerade bei der Beurteilung von innovativen Versorgungsformen wie der Hausarztzentrierten Versorgung (§ 73b SGB V) oder der Besonderen ambulanten ärztlichen Versorgung (§ 73c SGB V) gut beraten, die vereinbarten Versorgungsstandards als entscheidendes Genehmigungskriterium zugrunde zu legen. Sinnvoller als Krankenkassen durch unrealistische zeitliche oder versicherungsmathematische Vorgaben zum ‚Nachweis' fingierter Effizienzgewinne zu zwingen ist es, auf tatsächliche Leistungsverbesserungen für (insbesondere chronisch) Kranke, auf Anreize für ein gesundheitsbewusstes Verhalten und auf strukturelle Verbesserungen an den fachlichen und sektoralen Schnittstellen unseres Gesundheitssystems zu achten. Insoweit nämlich kann ein gemeinsames Interesse des Gesetzgebers wie der Versicherten unterstellt werden, wie umgekehrt Versorgungsverträge ohne zumindest mittelfristige Kosteneffizienz dem wirtschaftlichen Eigeninteresse jeder Krankenkasse zuwider laufen.

16　Im Rahmen langjähriger Aufsichtstätigkeit haben sich bei den Aufsichtsbehörden gewisse Routinen auf der Basis von Erfahrungswissen herausgebildet. In regelmäßigen Bund-Länderbesprechungen wird versucht, gemeinsame Grundlinien herauszuarbeiten. Gleichwohl gibt es Unterschiede in der Genehmigungspraxis, was insbesondere bundesunmittelbare, der Aufsicht des BVA unterstehende Kassen kritisieren, die sich in Ländern mit einer angeblich großzügigeren Aufsicht gegenüber den dort agierenden regionalen Krankenkassen benachteiligt sehen. Handfeste Beweise werden allerdings selten vorgelegt.

Meist sind es unterschiedliche Wettbewerbsphilosophien im Marktauftritt, die das jeweilige Leistungsangebot und damit die aufsichtliche Reaktion bestimmen. Der Versuch einer Kasse, sich gegen jede wirtschaftliche Vernunft Wettbewerbsvorteile zu verschaffen, würde mit Sicherheit in keinem Bundesland toleriert werden. Im Übrigen dürfte die seit 2011 geltende Verpflichtung, Selektivverträge nach § 73c SGB V und Integrierte Versorgungsverträge den zuständigen Aufsichtsbehörden aller Länder, in denen sie wirksam werden, vorzulegen (§ 71 Abs. 5 SGB V), dazu beitragen, dass sich die Beurteilungskriterien noch mehr vereinheitlichen. 17

4 Prüfungsämter, Prüfungsformen

Neben der Rechtsaufsicht gibt es die Prüftätigkeit nach §§ 88 SGB IV, 274 SGB V. Sie wird durch eigene Prüfdienste bzw. Prüfungsämter für die Sozialversicherung wahrgenommen, die auf Bundesebene beim Bundesversicherungsamt, auf Landesebene teils in selbstständigen Behörden, überwiegend aber in den für Sozialversicherung zuständigen Ministerien angesiedelt sind. Die Prüfungsämter haben keine Anordnungs- und Vollzugskompetenzen, sondern wirken im Zusammenspiel mit der Aufsicht. Fachlich arbeiten sie – im Interesse einer unabhängigen Prüfungstätigkeit – weisungsfrei. Für die Prüfungsplanung sind verschiedene Faktoren maßgeblich. 18

Handelt es sich um eine Aufsichtsprüfung nach § 88 SGB IV, wird das Prüfungsamt grundsätzlich nach eigenem, pflichtgemäßem Ermessen sowie anlassbezogen tätig. Anlässe können Anzeigen und Beschwerden sein, ebenso der Verdacht auf dolose Handlungen. Dabei agieren Aufsicht und Prüfungsamt in enger Abstimmung. Hauptsächlich finden jedoch Beratungsprüfungen gemäß § 274 SGB V statt. Kraft Gesetzes sind sie mindestens alle fünf Jahre bei Krankenkassen und Kassen(zahn)ärztlichen Vereinigungen durchzuführen. Prüfungsmaßstab ist neben der Gesetzmäßigkeit die Wirtschaftlichkeit des Verwaltungshandelns. Beratungsprüfungen sollen Schwachstellen aufzeigen und präventiv wirken. Ihrem beratenden und empfehlenden Charakter gemäß können sie auch Zweckmäßigkeitserwägungen enthalten, die jedoch den rechtlichen Bezug stets erkennen lassen müssen. 19

Folgende Grundformen einer Prüfung im GKV-Bereich lassen sich unterscheiden: 20

Tab. 2: Allgemeine Prüfungsformen
Quelle: Eigene Darstellung

Prüfungsformen	
Routineprüfungen	Bei Beratungsprüfungen (§ 274 SGB V) gesetzlich mindestens alle fünf Jahre vorgeschrieben. Bei Aufsichtsprüfungen (§ 88 SGB IV) keine entsprechende Vorschrift, aber in der Praxis ähnlich. Prüfung der von den Krankenkassen für den Risikostrukturausgleich gemeldeten Daten unter jährlichem Wechsel von Prüfgebieten. Voraussichtlich ab 2013: Beitragsprüfung für den Gesundheitsfonds (§ 252 SGB V) mindestens alle vier Jahre bei jeder Krankenkasse unter Einbeziehung jedes Haushaltsjahres.
Antragsprüfungen	Auf Antrag der geprüften Einrichtung (z. B. Schließung einer Krankenkasse, sonstiges besonderes Ereignis)
Auftragsprüfungen	z. B. auf Wunsch Dritter oder wegen (anonymer) Anzeigen
Umfassende Prüfungen	Gesamtverwaltungsprüfung (Prüfung des gesamten Geschäftsbetriebes)
Schwerpunktprüfungen	Prüfung eines oder mehrerer Gebiete

21 Darüber hinaus haben gesundheitspolitische (Fehl-)Entwicklungen immer wieder zu speziellen Ausformungen des Prüfgeschehens geführt.

22 So wurde 2003 eine besondere Aufsichtsprüfung etabliert mit dem Ziel, den Finanzstatus von Krankenkassen zu erheben, die zum Haushaltsausgleich Darlehen aufgenommen hatten. Auch wenn solche Darlehensaufnahmen mittlerweile verboten sind, ist es weiterhin notwendig, den Finanzstatus der gesetzlichen Kassen regelmäßig zu prüfen, weil diese nunmehr insolvenzfähig sind. Durch fortlaufende Finanzkontrollen können die Prüfungsämter eine Art Frühwarnsystem aufbauen, das den Aufsichtsbehörden finanzielle Risiken rechtzeitig anzeigt und ihnen damit hilft, situationsgerecht zu reagieren. Das Finanzcontrolling ist umfassend und schließt die Betriebsmittel, Rücklagen, Forderungen, Verbindlichkeiten, die Auswirkungen des Risikostrukturausgleichs sowie gegebenenfalls die Gesamtverschuldung und den Entschuldungsplan in die Bewertung mit ein.

23 Große wirtschaftliche Bedeutung hat die in § 266 Abs. 7 SGB V und der Risikostruktur-Ausgleichsverordnung enthaltene Verpflichtung, eine korrekte Datenbasis für den Risikostrukturausgleich und damit für Zuweisungen des Gesundheitsfonds an die Krankenkassen sicherzustellen. Auch bezüglich der Festsetzung, des Einzugs und der Weiterleitung von bestimmten Versichertenbeiträgen an den Gesundheitsfonds besteht ein gesetzlicher Prüfauftrag (§ 252 Abs. 5 SGB V). Danach haben die mit der Prüfung nach § 274 SGB V befassten Stellen zu überwachen, dass die Krankenkassen sog. sonstige Beiträge von Selbstzahlern, freiwillig Versicherten und Studenten korrekt erheben und an den Gesundheitsfonds weiterleiten.

Eine besondere Herausforderung bildet die Erweiterung der bisherigen Ausgleichsparameter des Risikostrukturausgleichs um morbiditätsbezogene Kriterien (Morbi-RSA). Die vom Gesetzgeber dekretierte Verknüpfung von Krankheitsgruppen mit zusätzlichen Zuweisungen aus dem im Bundesversicherungsamt verwalteten Gesundheitsfonds hat für jede Krankenkasse existenzielle Bedeutung. Um Manipulationen zu Lasten der Versichertengemeinschaft möglichst auszuschließen, müssen die von den Krankenkassen an das BVA gemeldeten Diagnose- und Arzneimitteldaten mit den Originaldaten der Krankenkassen stichprobenartig abgeglichen werden. Dafür sind im Zusammenwirken von Bund und Ländern bundeseinheitliche Prüfmethoden und -kriterien zu entwickeln. Nach intensiven Vorbereitungen, Abstimmungen, Pilot- und Orientierungsprüfungen wird mit den eigentlichen Prüfungen voraussichtlich 2013 begonnen. Aus den Prüfungen sich ergebende grundsätzliche Fragen sollen mittels einer zentralen Hotline vom BVA für alle Prüfdienste verbindlich geklärt werden.

Im Jahr 2010 ist der Prüfungsauftrag des § 274 SGB V außerdem auf bestimmte nichtkörperschaftliche Einrichtungen ausgeweitet worden. Damit hat der Gesetzgeber auf die wachsende Tendenz von Krankenkassen und Verbänden reagiert, wichtige Geschäftsprozesse auszulagern (Outsourcing). Nunmehr sind auch Arbeitsgemeinschaften und Unternehmen prüffähig, die für Krankenkassen z. B. logistische oder informationstechnische Dienstleistungen erbringen. Da es sich hierbei zum Teil um große, bundesweit tätige Organisationen handelt, kooperieren die Prüfdienste auch in diesem Bereich bundesweit, um gemeinsame Leitlinien zu entwickeln.

5 Prüfungsablauf

Der Ablauf einer Prüfung lässt sich schematisch folgendermaßen darstellen (fallbedingte Abweichungen sind möglich):

Tab. 3: Schematischer Ablauf einer Prüfung
Quelle: Eigene Darstellung

Ablauf einer Prüfung	
Vorbereitung	• Prüfungsgebiete festlegen • Prüfungsdauer planen • Einarbeiten (z. B. Rechtsvorschriften, Abläufe) • Prüfungsunterlagen bestimmen
Externe/Interne Prüfung	• Eröffnungsgespräch mit Geschäftsführung • Daten, Sachverhalte erheben (z. B. Unterlagen auswerten, Interviews führen) • Ergebnisse bewerten • Prüfungsfeststellungen treffen • Zwischen- und Schlussbesprechungen

Tab. 3: *(Fortsetzung)*

Ablauf einer Prüfung	
Nachbereitung	• Prüfungsbericht abfassen und versenden • Stellungnahme einholen und bewerten *oder* • Erledigungsgespräch führen/protokollieren • Ggf. Information der Rechtsaufsicht • Abschluss der Prüfung erklären

27 Abgesehen von anlassbezogenen Prüfungen erfolgen die Prüfungen auf der Basis eines im Vorjahr erstellten internen Prüfungsplans, bei dem gesetzliche Erfordernisse wie die Einhaltung von Fristen ebenso eine Rolle spielen wie die Bedeutung der zu prüfenden Institutionen für gesundheitspolitische oder sozialversicherungsrechtliche Belange. Aus dem Prüfungsprogramm leiten sich Art und Umfang der Prüfungsthemen, die voraussichtliche Dauer und die einzusetzenden personellen und sächlichen Ressourcen ab. Zu den jeweiligen Prüfungsthemen und -gebieten werden präzise Prüfungsziele und -inhalte definiert, die im späteren Bericht den Prüfungsbemerkungen vorangestellt werden.

28 Aufbauend auf den konzeptionellen Vorarbeiten im Prüfungsamt werden dann für jede Prüfung Prüffelder bezeichnet, die zugrunde zu legenden Prüfroutinen bestimmt und die einzusetzenden EDV-Kapazitäten identifiziert. Systemische Prüffelder bei Prüfungen nach § 274 SGB V sind vor allem folgende Bereiche:

- Leitung und Führung
- Selbstverwaltung (Gremien)
- Personal
- Verwaltung (organisatorischer Aufbau und administrative Abläufe)
- Finanzen
- Mitgliedschaft und Beiträge
- Leistungen der Krankenversicherung
- Leistungen der Pflegeversicherung

29 Hierfür gibt es bei Standardprüfungen umfangreiche, erfahrungsbasierte und zwischen Bund und Ländern abgestimmte Prüfroutinen (Themenkataloge, Handbücher, Leitfäden). Ebenso kann auf länderübergreifend entwickelte elektronische Prüfinstrumente zugegriffen werden, mit denen sich große Datenbestände analysieren lassen. Die Auswertung dieser Datenbestände hat elementare Bedeutung, weil die geprüften Institutionen im operativen Bereich – z. B. bei der Statuserfassung von Versicherten, im Beitragsbereich, bei der Leistungsgewährung oder der Abrechnung mit Leistungserbringern – durchweg EDV-gestützte Verfahren einsetzen.

30 Anlassbezogene Sonderprüfungen oder Schwerpunktprüfungen befassen sich nicht mit dem gesamten Tätigkeitsfeld einer Einrichtung, sondern mit der Abwicklung von Aufgabenkomplexen oder einzelnen Fragestellungen. Dementsprechend werden die Prüfungsziele und Verfahrensweisen festgelegt, wobei sich die-

se aufgrund der gewonnenen Erkenntnisse im Verlauf einer Prüfung verändern können. Wie im Falle einer kleinen regionalen Kasse, bei deren Prüfung zu Unrecht erhaltene Finanztransfers von über 100 Mio. EUR aus bundesweiten Ausgleichssystemen festgestellt wurden, kann dies im Extremfall sogar zur Bildung einer ‚Taskforce' aus den zuständigen Behörden und Kassenverbänden des Bundes und des Landes führen. In der Regel bieten jedoch kontinuierliche Prüfungen und EDV-gestützte Prüfroutinen die Gewähr, dass Fehlentwicklungen rechtzeitig erkannt und beseitigt werden.

6 Bewertung unter Effizienzgesichtspunkten

Wie schon erwähnt, haben die Prüfdienste keine originäre Anordnungs- und Vollzugkompetenz. Ihre Erkenntnisse aus dem Prüfgeschehen setzen sie in Prüfempfehlungen und gegebenenfalls in Mitteilungen an die Rechtsaufsicht um.

31

Prüfempfehlungen betreffen z. B. folgende Bereiche (Beispiel Krankenkassen):

32

- Aufbau- und Ablauforganisation einschließlich IuK und Controlling
- Verkürzung von Bearbeitungszeiten
- sorgfältige Führung der Versichertenbestände
- konsequenter Beitragseinzug und Beitreibung von Forderungen
- Geltendmachung von Erstattungsansprüchen
- Beachtung von Vergabevorschriften
- Einhaltung des Tarifrechts
- Sicherung des Werterhalts und ggf. optimierte Finanzanlage im Bereich der Rücklagen.

Auch wenn in diesen Empfehlungen wirtschaftliche Belange oft eine Rolle spielen, zielen sie doch in erster Linie auf die Beseitigung festgestellter Mängel bei der Rechtsanwendung. Damit wird das Potenzial zahlreicher Statistiken, die von den Krankenkassen aufgrund gesetzlicher Verpflichtung oder freiwillig erstellt werden, und der vielfältigen Erkenntnisse aus vergleichbaren Prüfungen bei weitem nicht ausgeschöpft.

33

Systematische, über vereinzelte Spin-Offs hinausgehende Effizienzpotenziale ließen sich nur durch tief gestaffelte, strukturell wie prozessual ausgerichtete Unternehmensanalysen gewinnen, die anhand von Finanz-, Wirtschaftlichkeits- und Leistungskennzahlen (Benchmarks) den Leistungsstand einer Einrichtung in Relation zu ihren besten Wettbewerbern setzt. Eine solche Beratungstätigkeit, die von manchen Prüfdiensten durchaus geleistet werden könnte, würde jedoch die Grenze der § 87 SGB IV, § 274 SGB V eindeutig überschreiten. Schon der Leistungsvergleich mit anderen Krankenkassen verbietet sich in einem Prüfbericht. Erst recht würde eine ausschließlich an Zweckmäßigkeitserwägungen orientierte Fachprüfung den gegebenen rechtlichen Rahmen sprengen.

34

35 Unter Effizienzgesichtspunkten bleibt die Tätigkeit der Aufsichts- und Prüfbehörden somit auf halbem Wege stehen. Es ist mehr Wissen vorhanden, als angewendet bzw. mitgeteilt werden darf. Damit wird einerseits der den Krankenkassen als Selbstverwaltungskörperschaften zustehende Handlungsspielraum gewahrt. Andererseits kann das in vielen Gesetzen zum Ausdruck kommende Streben nach einer gleichermaßen guten und wirtschaftlichen Gesundheitsversorgung aufsichtlich nur suboptimal begleitet werden. Die weitere Entwicklung des Gesundheitswesens wird zeigen, wie sinnvoll dies ist.

Patientenerwartungen und Informationsbedürfnisse

Beitrag 6

Versorgungseffizienz und Patientensicherheit

Hans-Jürgen Müller

		Rn.
1	Effizienzziele im GKV-System	1 – 7
2	Veränderungsprozesse und Defizite in der Versorgung	8 – 15
3	Patientensicherheit	16 – 23
4	Externe Qualitätssicherung	24 – 34
5	Defizite der externen Qualitätssicherung	35 – 41
6	Resümee	42 – 47

Literatur

Autor

Hans-Jürgen Müller

Jahrgang 1956, Gewerkschaftssekretär der IG Bau, Vorsitzender des Verwaltungsrats der IKK gesund plus und Vorstandsvorsitzender des IKK e.V., zuvor Vorsitzender des Verwaltungsrats des IKK-Bundesverbandes, zudem Vorsitzender des Verwaltungsrats des Medizinischen Dienstes der Krankenversicherung Sachsen-Anhalt, Mitglied des Verwaltungsrats und der Mitgliederversammlung des Medizinischen Dienstes der Spitzenverbände der Krankenkassen e.V., Gründungsmitglied des Verwaltungsrats des GKV-Spitzenverbandes und Mitglied der Deutsch-Schweizerischen Gesellschaft für Gesundheitspolitik.

Abstract: Das Gesundheitssystem unterliegt einem immensen Wandel. Seit der Einführung des Gesundheitsfonds im Jahre 2009 gilt ein einheitlicher Beitragssatz für alle gesetzlichen Krankenkassen. Elemente des Wettbewerbs sollen damit einen höheren Stellenwert erhalten. Dabei geht es sowohl um eine höhere Wirtschaftlichkeit als auch um eine Verbesserung der Versorgungsqualität. Dadurch wurde ein Veränderungsprozess angestoßen, der sich in einem tiefgreifenden Struktur- und Prozesswandel niederschlägt. Ein Stichwort heißt dabei Effizienzmanagement, der Balance zwischen den Extremen der einseitigen Reduktion von Kosten und dem Ziel einer höheren Versorgungsqualität.

Das Fundament des Leistungsversprechens ist der § 70 SGB V: „Qualität, Humanität und Wirtschaftlichkeit". Die Reihenfolge der Kriterien ist nicht zufällig. Die Versorgung der Versicherten muss „ausreichend und zweckmäßig sein, darf das Maß des Notwendigen nicht überschreiten und muss in der fachlich gebotenen Qualität sowie wirtschaftlich erbracht werden", heißt es weiter. Aufgabe ist es, die Effizienzziele der Versorgung mit den individuellen Patientenerwartungen an die Qualität und Sicherheit in Übereinstimmung zu bringen. Transparenz zwischen den verschiedenen Akteuren im Gesundheitswesen – das ist der Schlüssel für die Qualität der Versorgung. Mehr Wissen um die Qualität der Leistung sorgt aber auch für mehr Wettbewerb und ist damit Basis für mehr Wirtschaftlichkeit.

Versorgungseffizienz und Patientensicherheit: Was kommt zuerst? Welche Instrumente stehen zur Verfügung, um die Patientensicherheit zu gewährleisten? Wie wirksam sind unsere Qualitätssicherungsinstrumente? Mit diesen Fragen beschäftigt sich der folgende Beitrag.

1 Effizienzziele im GKV-System

Das deutsche Gesundheits- und Krankenversicherungssystem steht in einem Prozess tiefgreifender Veränderungen. Die steigenden Ausgaben in sämtlichen Leistungsbereichen bei stagnierenden Einnahmen haben dazu geführt, dass wir eine Diskussion um eine wirtschaftliche und gleichzeitig qualitativ hochwertige medizinische und pflegerische Versorgung führen. Die Zukunftsfähigkeit des Systems ist das Ziel und Effizienzmanagement ein Instrument dazu. Doch was bedeutet Effizienz, bzw. Effizienzmanagement?

Nach einer Definition des Soziologen Max Weber ist Effizienz eine Situation, in der eine Organisation die Vorteile und Gewinne maximiert, während die Anstrengungen und Ausgaben gleichzeitig verringert werden. Die Maximierung der Effizienz ist also die richtige Balance zwischen zwei Extremen. Wenn sie richtig gemanagt wird, führt sie zur Reduzierung von Kosten.[1] Im Bereich der gesetzlichen Krankenversicherung kann Effizienzmanagement sich aber nicht nur auf die Reduktion der Ausgabenseite beschränken, sondern muss immer von der qualitativen Ergebnisseite her betrachtet werden. Für das GKV-System bedeutet das: Innovationspotenziale in den Leistungsprozessen zu heben. Dafür sollte ein verstärktes Augenmaß auf das Outcome bzw. die Qualität der erbrachten Leistungen sowie die Patientensicherheit gelegt werden. Die U.S. Agency for Healthcare Research and Quality definiert qualitativ gute Versorgung als „die richtige

---
1 www.onpulson.de/lexikon/1152/effizienz.

Sache zur richtigen Zeit in der richtigen Art und Weise für die richtige Person zu machen und die besten Ergebnisse zu erzielen."[2]

3   Doch wie ist unsere aktuelle Situation im Gesundheitswesen? Deutsche und internationale Gutachten weisen nach, dass die hohen Kosten der Versorgung in Deutschland in keinem positiven Verhältnis zu den tatsächlichen gesundheitlichen Resultaten stehen.[3] Die Kostentreiber sind schnell benannt: Neben dem demografischen Faktor sind dies der medizinisch-technische Fortschritt und die steigende Multimorbidität bei verlängerter Lebenserwartung. Der demografische Wandel spielt eine bedeutende Rolle. Denn der zunehmende Altersquotient[4] wird zu weiteren Mehrausgaben führen.[5] Darüber hinaus werden neue Verfahren, insbesondere Diagnose- und Behandlungsverfahren entwickelt und in der Praxis zumeist zusätzlich eingesetzt, was zu einer weiteren Erhöhung der Ausgaben führt.

4   Weitere wichtige Kostenfaktoren im Gesundheitswesen sind die systemintern bestehenden Koordinations-, Kooperations- und Kommunikationsprobleme. Denn die Organisation der Leistungserbringung ist nach wie vor geprägt durch eine starke Spezialisierung und Aufgabenteilung zwischen den Sektoren. Dies hat zu unterschiedlichen Dokumentationsverfahren und Vergütungssystemen mit sektoralen Budgetvorgaben und sektoraler Wirtschaftlichkeitsprüfung geführt. Im Ergebnis haben wir voneinander stark abgeschottete Versorgungsstrukturen, deren Schnittstellen einer wirtschaftlichen, qualitätsorientierten und an den Bedürfnissen der Patienten ausgerichteten Versorgung im Wege stehen und eine sektorübergreifende Versorgung verhindern.[6]

5   Der Patient erwartet, mit seinem Versorgungsbedarf an den richtigen Leistungserbringer verwiesen zu werden, unabhängig davon, an welcher Stelle er sich in der Versorgungskette befindet. Sein berechtigter Anspruch dabei ist es, optimal durch die Versorgungsstrukturen geführt zu werden. Vertrauen allein reicht dabei aber nicht aus, sondern es muss die Transparenz über die Qualität und Sicherheit der Versorgung gewährleistet sein.

6   Ursachen für systeminterne Reibungsverluste liegen nicht nur in der fehlenden Struktur für eine Zusammenarbeit, sondern auch in der unterschiedlichen Motivation der Akteure. Sie empfinden sich eher als Konkurrenten, die Verteilung der Mittel scheint wichtiger als die Versorgung der Patienten bzw. Versicherten. Da-

---

2   „Doing the right thing, at the right time, in the right way, for the right person – and having the best possible results."
3   Sachverständigenrat für die Konzertierte Aktion im Gesundheitswesen (Hrsg.): Finanzierung. 2003, Ziffer 5.
4   Dieser gibt das Verhältnis der über 60-Jährigen zu je 100 Personen im Alter zwischen 20 und 60 Jahren an.
5   Das bedeutet letztendlich, dass jede Erwerbsperson nicht nur seine eigenen Gesundheitskosten finanzieren muss, sondern zusätzlich noch einen großen Teil der Kosten, die durch die unter 20-Jährigen und über 60-Jährigen verursacht werden.
6   Vgl. Pitum-Weber: Management von Gesundheitsnetzwerken. 2011, S. 26 ff.

her ist es eine logische Folge, dass der Gesetzgeber Initiativen gestartet hat, um die Probleme in den Griff zu bekommen. Einerseits wurden Wettbewerbselemente im SGB V implementiert, um den Veränderungsdruck im Gesundheitsmarkt zu erhöhen. Andererseits wurden neue Gestaltungsmöglichkeiten der Organisation in das Sozialgesetzbuch aufgenommen, um neue Strukturen nachhaltig in der Versorgungslandschaft zu implementieren.[7]

Der nachfolgende Beitrag beschäftigt sich mit den Veränderungsprozessen in der Versorgungslandschaft sowie den dadurch notwendig gewordenen Qualitätssicherungsmaßnahmen. Die Veränderungsprozesse werden exemplarisch im Krankenhausbereich sowie am Beispiel der Integrierten Versorgung aufgezeigt.

2 Veränderungsprozesse und Defizite in der Versorgung

Als ein wesentlicher Faktor für ein Effizienzmanagement im stationären Bereich kann die Einführung des pauschalierten Entgeltsystems (DRG) zum 1. Januar 2003 für Krankenhäuser gesehen werden. Die Entscheidung, das Entgeltsystem im Krankenhausbereich auf DRGs umzustellen, hat weitreichende Auswirkungen auf die Struktur und internen Steuerungsmechanismen der deutschen Krankenhäuser. Das Reformziel bestand darin, die Wirtschaftlichkeit der stationären Versorgung zu erhöhen, überflüssige Leistungen zu reduzieren, die Verweildauer zu senken und Kapazitäten abzubauen, ohne die Qualität der Versorgung zu verschlechtern.[8] Die Einführung des DRG-Systems zeigt neun Jahre später Erfolge: Krankenhäuser konnten das Instrument, mit längeren Liegezeiten der Patienten, ihre Einnahmensituation zu verbessern, nicht mehr nutzen. Die Patienten bleiben kürzer in den Krankenhäusern, Fachabteilungen arbeiten übergreifend stärker zusammen. Durch diese Veränderungen haben sich die Krankenhäuser deutlich wettbewerblicher aufgestellt. Welche Auswirkungen dies auf die Versorgung hat, wird weiter unten ausgeführt.

Ein weiteres Beispiel für eine effizientere Ausgestaltung von Leistungsprozessen ist die Integrierte Versorgung. Hierdurch ist ein Wettbewerb in der Kassen- und Versorgungslandschaft entstanden. Ziel des Wettbewerbs ist es, einerseits die Versorgung hinsichtlich der Kosten zu optimieren. Anderseits geht es aber um Qualitätsaspekte. Ein Instrument der Integrierten Versorgung ist die Auswahl geeigneter Leistungsanbieter seitens der Krankenkassen durch entsprechende Einkaufsmodelle. Hierzu sind individuelle Vertragssysteme mit den Leistungserbringern erforderlich, um innovative und sektorenübergreifende Versorgungsformen zu generieren. Da Leistungserbringer keinen Anspruch auf Abschluss eines Integrationsvertrages haben, müssen sie sich vielmehr durch innovative Versorgungsideen und Konzepte gegenüber den Konkurrenten behaupten. Dadurch

---
7 Vgl. Pitum-Weber: Management von Gesundheitsnetzwerken. 2011, S. 28.
8 Vgl. Augurzky et al.: Das Krankenhau. 2004, S. 5 ff.

findet im Idealfall eine Auswahl der Vertragspartner hinsichtlich der Kosten und Qualität statt.[9]

10   Der Wettbewerb unter den Leistungserbringern im Rahmen der Integrierten Versorgung wird sich zukünftig jedoch aufgrund der Vorlagepflicht der Versorgungskonzepte nach § 71 in der Fassung des GKV-Versorgungsstrukturprozess verschärfen. Denn in einer Stellungnahme[10] des BVA zum GKV-VStG heißt es hierzu: „Gegenstand der aufsichtsrechtlichen Prüfung ist zum einen die Beachtung des Grundsatzes der Beitragssatzstabilität nach § 71 Abs. 1 S. 1 SGB V. Konkret sind die Vereinbarungen über die Vergütung so zu gestalten, dass Beitragserhöhungen ausgeschlossen sind, es sei denn, die notwendige medizinische Versorgung ist auch nach Ausschöpfung der Wirtschaftlichkeitsreserven nicht zu gewährleisten." Dies bedeutet, dass das BVA zukünftige Selektivverträge verstärkt hinsichtlich ihrer Wirtschaftlichkeit prüfen wird.

11   Bleibt die Frage, welche Auswirkungen die vom Gesetzgeber im Krankenhausbereich angestoßenen Wettbewerbsprozesse auf die Qualität der Versorgung haben. Dabei wird die Kehrseite des Wettbewerbs immer offensichtlicher. So lässt sich z. B. der Spielraum der Krankenhäuser zu einer Ergebnisverbesserung mit den Stichworten Unter- oder Überversorgung beschreiben.

12   Effizienzverbesserung im Rahmen der Unterversorgung lässt sich an einer deutlichen Verschlankung der medizinischen Leistung einhergehend mit einer enormen Erhöhung des Tempos der Kuration erkennen.[11] Im stationären Sektor besteht ein Loyalitätskonflikt für den behandelnden Arzt. Er steht zwischen den Interessen des Krankenhauses und denen der Patienten. Die Frage ist: Sind Ärzte aus Treue zu ihren Arbeitgebern verpflichtet, kostenbewusst zu arbeiten, indem sie für eine Fallpauschale so wenig Ressourcen wie möglich einsetzen, damit das Betriebsergebnis möglichst hoch ausfällt? Oder sind sie aus Pflichtbewusstsein ihren Patienten gegenüber in einem anderen Sinn verpflichtet, nämlich für eine Indikation, eine möglichst optimale Leistung zu erbringen. Die Risiken für die Patienten daraus sind enorm. Schlagwörter wie die „blutige Entlassung" finden sich häufiger denn je in der Presse. Des Weiteren ist die Möglichkeit einer gezielten Patientenabweisung durch Krankenhäuser, also die bewusste Entscheidung, welcher Patient mit welcher Diagnose aufgenommen oder behandelt wird, ein weiteres Indiz einer fehlgeleiteten Effizienz. Diese Patientenselektion findet z. B. teilweise in der für Krankenhäuser sehr aufwändigen Palliativversorgung statt.

13   Ein weiterer negativer Effekt des Wettbewerbs zwischen den Krankenhäusern und in Zeiten des knappen Geldes ist eine nicht durch Morbidität ableitbare Entwicklung der Fallzahlen und Erhöhung der Schweregrade. So werden zum Teil ohne erkennbare Plausibilität medizinische Leistungen erbracht, wie zum Bei-

---

9   Vgl. Pitum-Weber: Management von Gesundheitsnetzwerken. 2011 S. 30 ff.
10 BVA (Hrsg.): Selektivverträge nach §§ 73c, 140a ff. SGB V. 2012, S. 1.
11 Vgl. Leidner: Wettbewerb im Gesundheitswesen. In: Deutsches Ärzteblatt. Aufl. 106. 2009, S. 28 f.

spiel Bandscheiben-Operationen oder Herzkatheteruntersuchungen. Selbst wenn diese Leistungen nicht zu konkreten Schädigungen führen, belasten sie die Patienten und führen zu Mehrausgaben der GKV. Nach einem aktuellen Gutachten[12] des Rheinisch-Westfälischen Institutes, das der GKV-Spitzenverband in Auftrag gegeben hat, steigen die Leistungsmengen seit Einführung der Fallpauschalen jährlich um zirka drei Prozent. Doch nur ein Teil dieser Steigerung lässt sich durch die demografische Entwicklung erklären. Die Aussage des GKV-Spitzenverbandes, dass in den Kliniken aufgrund ökonomischer Anreize medizinisch nicht notwendige Leistungen erbracht werden, steht im Raum.

Die aufgeführten Beispiele verdeutlichen: Je mehr Wettbewerbselemente ins System eingeführt werden, je höher muss der Stellenwert der Qualitätssicherung sein. Jedoch ist der Blickwinkel hierauf unterschiedlich. Qualitätssicherung aus Sicht des Krankenhausmanagements hat zum Ziel, die notwendige Qualität mit möglichst wenig Ressourceneinsatz zu gewährleisten. Auf den Punkt gebracht: Qualitätssicherung unterstützt die Suche nach der niedrigsten, gerade noch zielführenden Qualität. Und weil es möglich ist, Qualität auch vorzutäuschen, wurden Qualitätskontrollen und unzählige Dokumentationen eingeführt, um ein Mindestmaß an Patientensicherheit zu gewährleisten.

Wie oben bereits beschrieben, ist ein weiteres Problem des Wettbewerbs die mangelnde Kooperation zwischen den Leistungserbringern. „Deutschland ist ein geteiltes Land", getrennt durch eine Mauer arbeitender Ärzte in Kliniken und den niedergelassenen Medizinern, sagte Prof. Ferdinand Gerlach anlässlich der Vorstellung des Sachverständigengutachtens 2012 zum Thema „Wettbewerb an der Schnittstelle zwischen ambulanter und stationärer Gesundheitsversorgung" im Juni 2012. Die einen rechnen nach DRG ab, die anderen nach EBM. Qualitätssicherung betrachten beide Berufsgruppen aus völlig unterschiedlichem Blickwinkel. Fakt ist, dass sich immer noch in zu wenigen Gremien offen über medizinische Schwierigkeiten und Lösungen ausgetauscht wird. Erhebliches Engagement Einzelner ist dafür gefragt. Erinnert sei hier an die in Städten mittlerweile etablierten Tumorkonferenzen aus Ärzten unterschiedlichster Fachgebiete – ambulant und stationär.

3 Patientensicherheit

Wenn sich Patienten in die Therapie begeben, hoffen und vertrauen sie darauf, dass sie angemessen behandelt werden. Die Sicherheit der Patienten muss im Vordergrund stehen. Aber was bedeutet das? In der Literatur[13] wird der Begriff des „unerwünschten Ereignisses" geprägt, eines Ereignisses, das eher durch die Behandlung einer Erkrankung als durch den Krankheitsverlauf geprägt ist. Eine

---

12 Vgl. RWI-Institut (Hrsg.): Mengenentwicklung und Mengensteuerung stationäre Leistungen. 2012.
13 Vgl. Ärztliches Zentrum für Qualität in der Medizin (Hrsg): Glossar Patientensicherheit: Definition und Begriffsbestimmungen. 2005.

Untergruppe der unerwünschten Ereignisse sind jene, die auf Fehler zurückgehen. Dazu gehören nicht nur individuelle Fehler eines Arztes, sondern auch Fehler des übrigen Behandlungsteams und Fehler des Systems Krankenhaus. Das Thema ist nicht erst seit der Diskussion über ein Patientenrechtegesetz auf der politischen Agenda. Wie groß dieses Problem ist, zeigt die Schadensbilanz aus dem Jahr 2006 auf Basis von jährlich 17,5 Mio. Krankenhauspatienten.

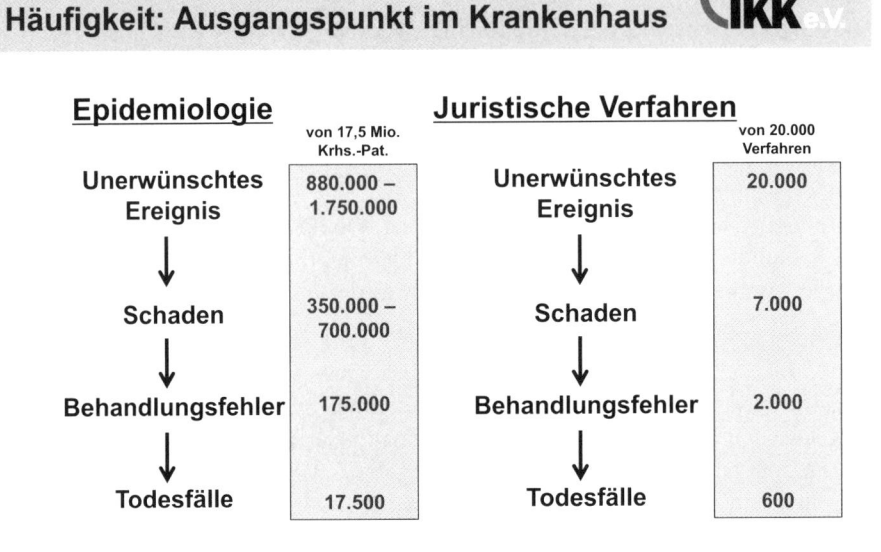

Häufigkeit: Ausgangspunkt im Krankenhaus iKK e.V.

Epidemiologie	von 17,5 Mio. Krhs.-Pat.	Juristische Verfahren	von 20.000 Verfahren
Unerwünschtes Ereignis	880.000 – 1.750.000	Unerwünschtes Ereignis	20.000
↓ Schaden	350.000 – 700.000	↓ Schaden	7.000
↓ Behandlungsfehler	175.000	↓ Behandlungsfehler	2.000
↓ Todesfälle	17.500	↓ Todesfälle	600

Abb. 1: Behandlungsfehler im Krankenhaus[14]
Quelle: Eigene Darstellung

17   Um die Dimension noch einmal deutlich zu machen: In bis zu vier von 100 Krankenhaus-Behandlungsfällen kommt es zu einem Schaden, der auf die Behandlung oder auf einen Fehler zurückzuführen ist. Von 1000 Krankenhauspatienten stirbt einer aufgrund eines Behandlungsfehlers. In Deutschland sterben mehr als viermal so viele Menschen nach einem vermeidbaren Fehler im Krankenhaus als im Straßenverkehr.[15] Bei aller Deutlichkeit: Solcher Vergleich ist notwendig, um zu verstehen, wie wichtig das Thema ist, wie gravierend Fehler im Krankenhaus für die Betroffenen sind.

18   So groß der Handlungsbedarf beim Thema Patientensicherheit auch ist, so wenig soll unterschlagen werden, dass schon jetzt auch einiges dafür getan wird, um Behandlungsfehler zu vermeiden.

---
14   Vgl. Klakow-Franck: Patientensicherheit. 2006.
15   Vgl. Niemann: Ökonomische Betrachtung der Patientensicherheit. 2011, S. 2 f.

Insgesamt kann man das Thema Patientensicherheit auf drei Ebenen diskutieren. Auf der nationalen Ebene liegen die gesetzlich verpflichtenden Verfahren zur Patientensicherheit. Im SGB V regeln insgesamt zehn Paragraphen die unterschiedlichen Qualitätsanforderungen und -verfahren. Darüber hinaus legt der Gemeinsame Bundesausschuss (G-BA) Qualitätsanforderungen für bestimmte Bereiche, z. B. Röntgenleistungen, fest. Das SGB XI regelt die Qualitätssicherung und -messung für den Bereich der sozialen Pflegeversicherung. Die Rehabilitationsleistungen (SGB IX) fallen unter die Aufsicht der Rentenversicherungsträger.

Ein wichtiger Akteur auf der Bundesebene ist das Institut für Qualität und Wirtschaftlichkeit im Gesundheitswesen (IQWiG). Es wurde als ein unabhängiges wissenschaftliches Institut gegründet, das Nutzen und Schaden medizinischer Maßnahmen für Patienten untersucht. Seit 2004 hat das Institut die Aufgabe, unabhängige, evidenzbasierte Gutachten, beispielsweise für Arzneimittel, nichtmedikamentöse Behandlungsmethoden (z. B. Operationsmethoden), Verfahren der Diagnose und Früherkennung (Screening) sowie Behandlungsleitlinien und Disease-Management-Programme (DMP) zu erstellen. Darüber werden auch allgemeinverständliche Gesundheitsinformationen für die Bürger zur Verfügung gestellt. Auftraggeber sind ausschließlich der Gemeinsame Bundesausschuss (G-BA) und das Bundesgesundheitsministerium (BMG). Das IQWiG kann allerdings auch in eigener Verantwortung Themen aufgreifen. Es publiziert alle Ergebnisse in Form von frei zugänglichen Berichten, Rapid Reports, Dossierbewertungen, Arbeitspapieren sowie allgemeinverständlichen Versionen dieser Produkte und richtet sich damit sowohl an Fachleute und Akteure aus dem Gesundheitswesen als auch direkt an den Bürger. Es stellt damit Wissen zur Verfügung, das allen Beteiligten ermöglichen soll, informierte Entscheidungen zu treffen.[16]

Aber auch auf institutioneller Ebene gibt es Ansätze, Patientensicherheit durch ein richtig verstandenes Effizienzmanagment zu erhöhen. So können beispielsweise das klinische Risikomanagement einzelner Krankenhäuser, Vereinigungen wie das Aktionsbündnis Patientensicherheit oder Reportingsysteme wie das Critical Incident Reporting System (CIRS) als Instrumente für ein Effizienzmanagement gesehen werden. Im Rahmen dieses Berichtssystems für kritische Zwischenfälle werden anonyme Meldungen von kritischen Ereignissen (critical incident) und Beinahe-Schäden (near miss) in Einrichtungen des Gesundheitswesens gesammelt und ausgewertet.

Auf der Individual-Ebene vervollständigen dann Maßnahmen zur Förderung des Therapieverständnisses und -treue (Compliance & Adherence) der Versicherten das Bild. Folgende Abbildung gibt eine tabellarische Darstellung.

Der Beitrag diskutiert im Weiteren die nationale Ebene der gesetzlich verpflichtenden Verfahren.

---

16 Vgl. www.iqwig.de/ueber-uns.21.html.

Ausgewählte Beispiele für die Patientensicherheit in Deutschland — IKK e.V.

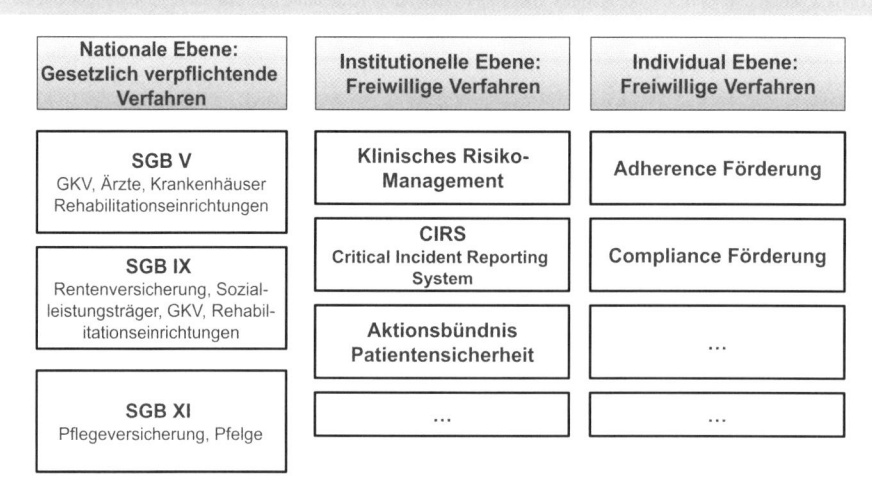

Nationale Ebene: Gesetzlich verpflichtende Verfahren	Institutionelle Ebene: Freiwillige Verfahren	Individual Ebene: Freiwillige Verfahren
SGB V — GKV, Ärzte, Krankenhäuser Rehabilitationseinrichtungen	Klinisches Risiko-Management	Adherence Förderung
SGB IX — Rentenversicherung, Sozialleistungsträger, GKV, Rehabilitationseinrichtungen	CIRS Critical Incident Reporting System	Compliance Förderung
SGB XI — Pflegeversicherung, Pfelge	Aktionsbündnis Patientensicherheit	...
	...	...

Abb. 2: Ebenen der Patientensicherheit
Quelle: Eigene Darstellung

4 Externe Qualitätssicherung

24 Das SGB V definiert eine Reihe von Maßnahmen und Instrumentarien zur externen Qualitätssicherung, wobei die Entwicklung in den unterschiedlichen Sektoren des Gesundheitswesens getrennt gelaufen ist. Während es sowohl im stationären als auch im ambulanten Sektor Struktur- bzw. Zulassungsvoraussetzungen und Leitlinien gibt, wird in der Regel nur die Behandlungsqualität von Krankenhäusern gemessen. Krankenkassen geben in Folge dessen jährlich rund 17 Mio. EUR über Zuschläge auf die Krankenhausrechnungen für diese externe Qualitätssicherung aus.[17] Praxen müssen zwar ein internes Qualitätsmanagement etablieren, aber keine Daten veröffentlichen. Der neue spezialfachärztliche Versorgungsbereich stellt erstmals gleiche Qualitätsanforderungen an niedergelassene Ärzte und Krankenhäuser.

25 Grundlage der Qualitätssicherung im Krankenhausbereich sind sogenannte klinische Messgrößen. Während sie Eigenschaften der medizinischen Versorgung bestimmen, die im Rahmen des Qualitätsmanagements bewertet werden sollen, sind Kriterien solche Eigenschaften, deren Erfüllung typischerweise bei einer

---

17 Vgl. Niemann: Ökonomische Betrachtung der Patientensicherheit. 2011, S. 6.

qualitativ hochwertigen medizinischen Versorgung erwartet werden.[18] Hierzu zählt z. B. die Definition von Mindestmengen bei bestimmten Eingriffen und Versorgungsbereichen. Nach Maßgabe des Fallpauschalengesetz (2002) sind die Partner der Selbstverwaltung nach § 137 SGB V aufgefordert, einen Katalog planbarer Leistungen zu formulieren, bei denen die Qualität des Behandlungsergebnisses in besonderem Maße von der Menge der erbrachten Leistungen abhängig ist.[19] Folgende Abbildung zeigt einen Überblick über die Instrumente der externen Qualitätssicherung.

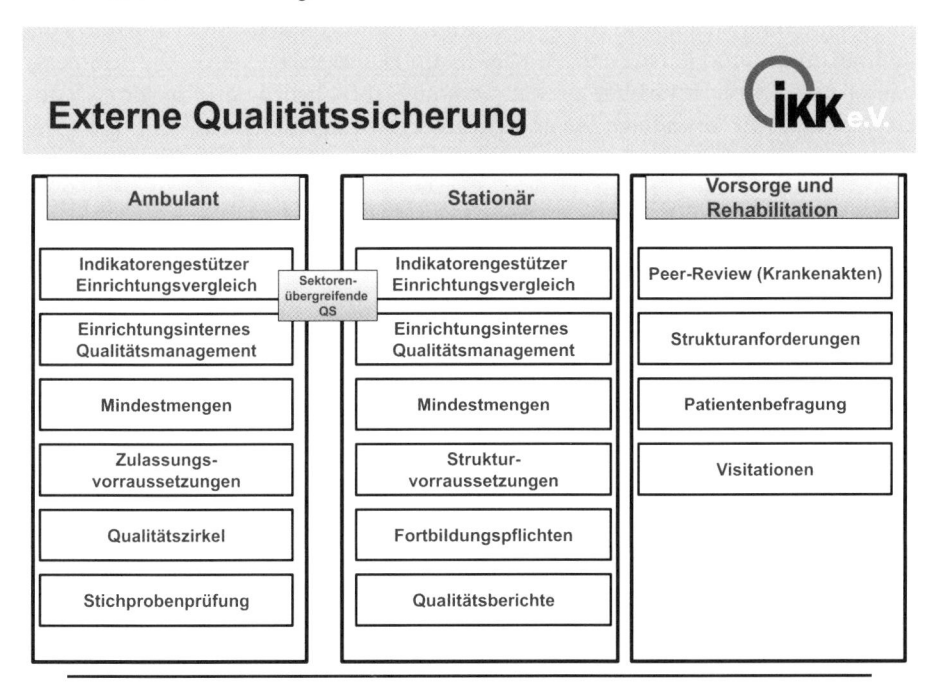

Abb. 3: Instrumente der externen Qualitätssicherung[20]
Quelle: Eigene Darstellung

Für die Beurteilung der Qualität im Gesundheitsversorgungssystem sind klare und allgemein akzeptierte Vorstellungen von „guter Qualität" erforderlich. Ein Vergleich der tatsächlichen Qualität mit diesen Soll-Vorgaben gibt im optimalen Fall Hinweise darauf, an welchen Stellen Qualitätsverbesserungsmaßnahmen nötig sind, um die festgestellten Diskrepanzen zwischen Soll- und Ist-Wert zu verringern. Qualitätsindikatoren, wie sie im indikatorengestützten Einrichtungsvergleich genutzt werden, sind demgegenüber Maße, deren Ausprägung eine Unter-

---

18 Vgl. Ärztliches Zentrum für Qualität in der Medizin (Hrsg.): Qualitätsindikatoren. 2009, S. 2 f.
19 Vgl. Geraedts: Evidenz zur Ableitung von Mindestmengen in der Medizin. 2006, S. 5 f.
20 Vgl. Döbler: Aktueller Stand der Qualitätssicherung in Deutschland. 2011, S. 5.

scheidung zwischen guter und schlechter Qualität von Strukturen, Prozesse und/ oder Ergebnissen der Versorgung ermöglichen sollen. Dabei messen sie die Qualität nicht direkt, sondern sind Hilfsgrößen, welche die Qualität einer Einheit durch Zahlen bzw. Zahlenverhältnisse indirekt abbilden, so dass man auch von qualitätsbezogenen Kennzahlen sprechen könnte.[21]

27 Am weitesten entwickelt ist die externe Qualitätssicherung im stationären Sektor. Im SGB V wurde verpflichtend die externe Qualitätssicherung für die Krankenhäuser eingeführt, die zunächst von der Bundesgeschäftsstelle Qualitätssicherung (BQS) und inzwischen vom Institut für angewandte Qualitätsförderung und Forschung im Gesundheitswesen (AQUA-Institut) umgesetzt wird. Die Krankenhäuser veröffentlichen bisher zweijährlich, ab 2012 jährlich, strukturierte Qualitätsberichte. Auf Grundlage dieser Berichte ermöglichen verschiedene Internetportale einen Krankenhausvergleich.

28 Krankenhäuser mussten zunächst nur 28 der ca. 400 Qualitätsindikatoren veröffentlichen. Von Anfang an empfahl der Sachverständigenrat zur Begutachtung der Entwicklung im Gesundheitswesen alle Indikatoren, Patienten, Einweisern und Kostenträgern zugänglich zu machen. Seit 2010 müssen erstmals 182 von 400 Indikatoren veröffentlicht werden. Die externe, stationäre Qualitätssicherung ist sehr gut validiert und dient international als Vorbild. Die Indikatoren beziehen sich auf die wichtigsten Erkrankungen und Prozesse. Jedes Jahr werden einige Fokusbereiche verändert, um eine zu starke Konzentration der Ressourcen auf die veröffentlichten Indikatoren zu verhindern.[22]

29 Weichen Indikatoren der berichtenden Krankenhäuser von den definierten Referenzbereichen ab, laden die Landesgeschäftsstellen für Qualitätssicherung zum „strukturierten Dialog" ein. Fachexperten des AQUA-Institutes führen dann mit den Krankenhäusern Gespräche, um eventuellen Mängeln oder Defiziten in der Versorgungsqualität nachzugehen und diese so schnell und umfassend wie möglich zu beseitigen. Die jährlich proklamierten Ergebnisverbesserungen sind vielversprechend und zeigen auf den ersten Blick, dass das Instrument eines anonymen Benchmarkverfahrens und die anschließende gezielte Intervention durch den strukturierten Dialog geeignete Mittel sind, um die Versorgungsqualität in den Krankenhäusern kontinuierlich zu verbessern. Der G-BA geht dabei der Frage nach, welche zusätzlichen Handlungsmöglichkeiten zur Unterstützung des Verfahrens bestehen, beispielsweise bei der Ursachenanalyse, wenn bei bestimmten Krankenhäusern keine Verbesserungen sichtbar werden.[23]

30 Insgesamt sollen mit diesem Qualitätsinstrument der Erfolg der Krankenhausbehandlung sichergestellt, die Qualität der Behandlung verbessert und weiterentwi-

---
21 Vgl. Ärztliches Zentrum für Qualität in der Medizin (Hrsg.): Qualitätsindikatoren. 2009, S. 2 ff.
22 Vgl. Sachverständigenrat zur Begutachtung der Entwicklung im Gesundheitswesen (Hrsg.): Wettbewerb an der Schnittstelle zwischen ambulanter und stationärer Versorgung. 2012, S. 185.
23 Vgl. AQUA-Institut (Hrsg.): Qualitätsreport 2010. 2011, S. 2 ff.

ckelt, sowie Prozesse und Abläufe optimiert werden. Des Weiteren soll ein Qualitätswettbewerb unter den Kliniken angeregt und den Patienten eine Hilfestellung ermöglicht werden, das für ihre Bedürfnisse passende Haus zu finden und den Krankenkassen melden, in welcher Klinik sie letztendlich für Qualität bezahlen.

In der ambulanten Versorgung gibt es bisher noch keine gesetzlich verpflichtende Qualitätsberichterstattung. Die Qualitätssicherung obliegt den Kassenärztlichen Vereinigungen (KV). Diese setzten statt auf externe Qualitätsmessung eher auf Zulassungsvoraussetzung und Strukturindikatoren, welche im Rahmen von Bundesmantelverträgen mit den Krankenkassen themenbezogen geregelt werden. Die externe Qualitätssicherung ist auf Stichprobenprüfung von Patientenakten begrenzt, die die Landes-KVen durchführen. Die Kassenärztliche Bundesvereinigung veröffentlicht jährlich einen Qualitätsbericht mit den Ergebnissen. Auch Landes-KVen publizieren nach eigenem Ermessen Qualitätsberichte.[24]   31

Im Jahr 2007 wurde die Rechtsgrundlage für die Stichprobenprüfungen durch die KVen um die Auflage zur Pseudonymisierung der versichertenbezogenen Daten ergänzt, allerdings wurde diese Vorgabe nicht umgesetzt. Grund war eine Klage eines Berliner Arztes, der sich weigerte, die Patientenakten weiterhin mit vollem Namen zu verschicken. Daraufhin hatte der Berliner Datenschutzbeauftragte die Qualitätsprüfrichtlinie der KV für unzulässig erklärt.   32

Wenn der Arzt die Patientenakten vor dem Versenden an die KV-Prüfgruppe erst pseudonymisieren muss, birgt dies zwar erheblichen zusätzlichen Aufwand, der den der Anonymisierung unter Umständen noch übersteigt. Bei Anonymisierung könnte die KV jedoch nicht sicher sein, die Patientenakte zu bekommen, die sie angefordert hat. Deshalb sieht das Gesetz gleichsam als Kompromiss zwischen Datensicherheit und Sicherung der Qualitätsprüfung die Pseudonymisierung vor, deren Schlüssel von einer vorgeschalteten Stelle validiert werden kann. Seit 2004 müssen Praxen ein internes Qualitätsmanagement etablieren. Die Verfahren und Zertifizierungsmöglichkeiten sind sehr heterogen. Die häufigsten Verfahren bzw. Anbieter sind Qualität und Entwicklung in Praxen (QEP) der KBV und ISO 9001, das hauptsächlich vom TÜV angeboten wird. Die Zertifikate beziehen sich dabei vor allem auf die Qualität des Managements und nicht auf klinische Ergebnisse.[25]   33

Qualitätsverbesserung findet im ambulanten Bereich durch Strukturvorgaben und Qualitätszirkel sowie internes Qualitätsmanagement statt. Insbesondere für strukturierte Qualitätsprogramme haben verschiedene Akteure bereits Indikatoren entwickelt, mit denen beteiligte Ärzte ihre Praxen untereinander vergleichen können, um durch Erfahrungsaustausch zu lernen, beispielsweise das Konzept   34

---

24 Vgl. Kassenärztliche Bundesvereinigung (Hrsg.): Qualitätsbericht. 2011, S. 3 ff.
25 Vgl. Sachverständigenrat zur Begutachtung der Entwicklung im Gesundheitswesen (Hrsg.): Wettbewerb an der Schnittstelle zwischen ambulanter und stationärer Versorgung. 2012, S. 187 f.

der datengestützen Qualitätszirkel Pharmakotherapie des AQUA-Institutes.[26] Eine Veröffentlichung findet bisher nicht statt. Die Teilnahme an strukturierten Qualitätszirkeln insbesondere zur Optimierung der Pharmakotherapie ist aber z. B. eine Voraussetzung für manche Hausarztverträge.

5 Defizite der externen Qualitätssicherung

35 Die Problembereiche der gesetzlich verpflichtenden Verfahren sind vielfältig. Das Hauptproblem besteht darin, dass die externe Qualitätssicherung der verschiedenen Sektoren bislang weder kompatibel noch direkt vergleichbar ist und eine sektorenübergreifende Qualitätssicherung zwar durch den G-BA beschlossen, aber noch längst nicht in der Praxis angekommen ist. Bislang laufen erste zaghafte Probeverfahren. Mit einer strukturierten Einführung eines sektorenübergreifenden Verfahrens wird frühestens ab 2014 gerechnet.

Gutachten zu stationären Qualitätssicherung zeigt Mängel auf! iKK e.V.

- 15 % Verpflichtende Veröffentlichung empfohlen
- 43 % Verpflichtende Veröffentlichung empfohlen, Erläuterungen/oder leichte Anpassungen notwendig
- 34 % Veröffentlichung zum jetzigen Zeitpunkt nicht empfohlen. Ggf. nach Überarbeitung erneut prüfen
- 4. 8 % Veröffentlichung nicht empfohlen

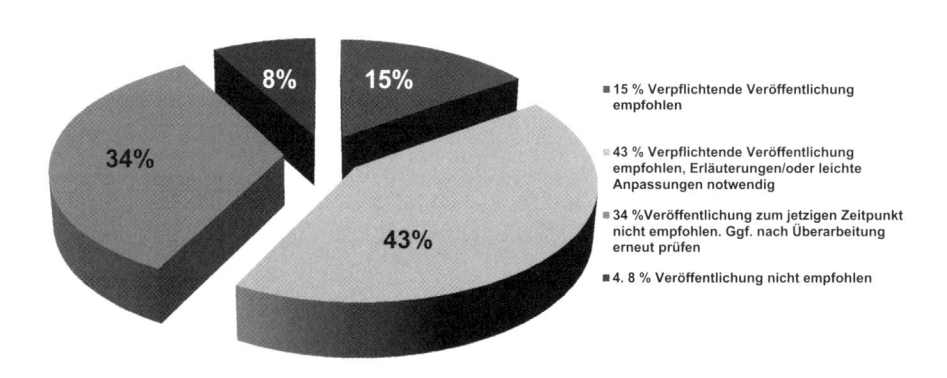

Abb. 4: Bewertung der Indikatoren der externen stationären Qualitätssicherung
Quelle: Eigene Darstellung

---

26 Vgl. Wensing et al.: Quality circels to improve prescribing of primary care physicans. In: Pharmacoepidemiol Drug Safety (18). 2009, S. 763 ff.

Darüber hinaus weisen die ex post dokumentierten Qualitätsindikatoren im Krankenhausbereich noch erhebliche Mängel auf. Einen Hinweis hierzu liefert das Gutachten[27] des AQUA-Institutes aus dem Jahr 2010, welches alle Qualitätsindikatoren auf ihre Eignung zur Veröffentlichung hin prüft. Mit Unterstützung der Experten der Bundesfachgruppen wurden alle Indikatoren und Kennzahlen neu bewertet. Zusätzlich wurde eine statistische Prüfung vorgenommen, sowie eine zusammenfassende Bewertung durch eine AQUA-Expertengruppe. Wie folgende Abbildung zeigt, ist das Ergebnis erschreckend.

Von den 316 geprüften Hauptkennzahlen wurden lediglich 48 zur Veröffentlichung empfohlen, 134 wurden mit Erläuterungen oder leichter Anpassung zur Veröffentlichung empfohlen, 108 wurden als unsicher eingestuft und eine Veröffentlichung zum jetzigen Zeitpunkt nicht empfohlen. Weitere 26 wurden nicht zur Veröffentlichung empfohlen. Angesicht des hohen Finanzierungsaufwandes und der schon recht langen Entwicklung des Verfahrens ist dieses Ergebnis wirklich mangelhaft und man muss sich die berechtigte Frage stellen, ob dieses Qualitätssicherungsinstrument zielführend ist bzw. am Bedarf vorbeiläuft, da die Aussagekraft fehlt. Zudem werden seltene Erkrankungen und Verfahren im Rahmen der Berichterstattung kaum zuverlässig dargestellt.

Die Qualitätsindikatoren können immer nur einen Ausschnitt der Versorgungsrealität abbilden. Ein Indikator dafür ist u. a., dass im Jahr 2009 lediglich 20 % aller Krankenhausfälle im Rahmen der Berichterstattung erfasst wurden. Die Berichte sind zwar jedermann zugänglich, allerdings sowohl in der Öffentlichkeit als auch bei den einweisenden Ärzten noch weitgehend unbekannt. In einer Studie[28] aus dem Jahr 2010 verwendet lediglich 14 % der Ärzte die Qualitätsberichte als Grundlage für ihre Einweiserempfehlung. Des Weiteren haben sich die gesetzlichen Verfahren langsamer und inhaltlich begrenzter entwickelt als das Bedürfnis mancher Krankenhäuser nach einer Messung ihrer Qualität. Daher gibt es eine Vielzahl von Verfahren, welche außerhalb der Hoheit der Selbstverwaltungsstrukturen liegen.

Im Rahmen der externen Qualitätssicherung im ambulanten Sektor werden kaum medizinische Indikatoren genutzt. Sofern überhaupt Indikatoren zur Qualitätsmessung genutzt werden, erfolgt deren Entwicklung oft ohne strukturierte Bewertung und Validierung und den Nachweis, dass ein Indikator Einfluss auf die Gesamtqualität einer Praxis hat.[29]

---

27 Vgl. AQUA-Institut (Hrsg.): Bericht zur Schnellprüfung und Bewertung der Indikatoren der externen stationären Qualitätssicherung hinsichtlich ihrer Eignung für die einrichtungsbezogene öffentliche Berichterstattung. 2010.
28 Vgl. Hermeling/de Cruppé/Geraedts: Qualitätsberichte zur Unterstützung der ärztlichen Patientenberatung. In: Das Gesundheitswesen (73). 2011.
29 Vgl. Sachverständigenrat zur Begutachtung der Entwicklung im Gesundheitswesen (Hrsg.): Wettbewerb an der Schnittstelle zwischen ambulanter und stationärer Versorgung. 2012, S. 187 ff.

40 Als Hemmnis auf dem Weg zu einer verbesserten Qualitätssicherung in der vertragsärztlichen Versorgung wird vor allem das Argument der Umsetzbarkeit und der Dokumentationsbelastung für die Ärzte genannt. Nach einer Studie der KV Westfalen-Lippe unterlagen die niedergelassenen Ärzte im Jahr 2006 insgesamt 280 Informationspflichten, die aus 65 Gesetzen, Verordnungen und Richtlinien resultieren. Die Mehrheit davon gilt nur für Fachärzte. Einer Umfrage der KBV zufolge verbringen Vertragsärzte im Durchschnitt 14 Stunden pro Woche mit Bürokratie.[30] Jedoch ist die Frage noch ungeklärt, ob die überbordende Bürokratie in den Verantwortungsbereich der KVen oder allein von der GKV zu verantworten ist.

41 Ein weiteres Problem der Qualitätssicherung im ambulanten Sektor sind die unterschiedlichen Vergütungssysteme für gesetzlich- und privatversicherte Patienten. In der vertragsärztlichen Versorgung übermitteln die Ärzte die erbrachte Leistung nach dem Einheitlichen Bewertungsmaßstab, die Diagnose und das Behandlungsdatum. Die Gebührenordnung für Ärzte, nach der die privatärztlichen Leistungen abgerechnet werden, enthält dagegen häufig nur Analogziffern, mit denen das Leistungsgeschehen nicht für die Qualitätssicherung nachvollzogen werden kann.

6 Resümee

42 Das Gesundheitssystem in Deutschland muss sich einem ständigen Veränderungsprozess unterwerfen, um auch in Zukunft die Versicherten ausreichend und zweckmäßig mit einem Maß des Notwendigen und der fachlich gebotenen Qualität sowie wirtschaftlich zu versorgen. Effizienzmanagement kann dabei ein Instrument sein, jedoch darf sich dabei der Blickwinkel nicht nur auf die Reduktion der Ausgabenseite beschränken, sondern muss auch von der qualitativen Ergebnisseite her betrachtet werden. Als ein wesentlicher Faktor für ein Effizienzmanagement im Bereich der stationären Versorgung kann die Einführung des pauschalierten Entgeltsystems gesehen werden. Hierdurch hat sich die Krankenhauslandschaft maßgeblich verändert, aber nicht nur zum Positiven. Durch den neuen Wettbewerb wurden zwar die Liegezeiten der Patienten verkürzt, aber die Kehrseite der Medaille ist unverkennbar. Blutige Entlassungen, Patientenselektion, mangelnde Kooperation sowie eine nicht durch Morbidität ableitbare Entwicklung der Fallzahlen sowie teilweise unnötig erbrachte medizinische Leistungen sind die Folgen. Auch die Schadensbilanz bei jährlich 17,5 Mio. Krankenhauspatienten verdeutlicht den Zustand in unserem Gesundheitssystem.

43 So groß der Handlungsbedarf beim Thema Patientensicherheit auch ist, so wenig soll unterschlagen werden, dass schon jetzt einiges dafür getan wird, um Behandlungsfehler zu vermeiden und eine Qualitätssicherung zu gewährleisten. Patien-

---

30 Vgl. Kassenärztliche Bundesvereinigung (Hrsg.): Umfrage zum Aufwand für Bürokratie in Arztpraxen. Berlin 2005.

tensicherheit kann auf unterschiedlichen Ebenen diskutiert werden. Auf der nationalen Ebene wurden eine Reihe von Paragraphen im SGB V implementiert, um das Problem in den Griff zu bekommen. Am weitesten entwickelt ist die externe Qualitätssicherung im stationären Sektor. Krankenhäuser müssen strukturierte Qualitätsberichte veröffentlichen. Im ambulanten Sektor besteht indes keine Veröffentlichungsverpflichtung. Qualitätsverbesserungen finden hier eher durch Strukturvorgaben und Qualitätszirkel sowie internes Qualitätsmanagement statt.

Die Defizite der externen Qualitätssicherung sind unverkennbar. Das Hauptproblem – wie es auch der Sachverständigenrat in seinem aktuellen Gutachten von 2012 beschreibt – ist, dass die Qualitätssicherung nach wie vor in unterschiedlichen Sektoren abläuft und nicht kompatibel ist. Dadurch entstehen Reibungspunkte und Kommunikationshindernisse, insbesondere an der Schnittstelle. Die stationäre Qualitätssicherung weist hauptsächlich bei den zur Veröffentlichung verpflichteten Indikatoren inhaltliche Mängel auf, die schleunigst abgestellt werden sollen. Darüber hinaus ist einerseits der Bekanntheitsgrad dieser Berichte beim Patienten sowie bei den einweisenden Ärzten noch unzureichend. Andererseits sollte man auch über die Verständlichkeit der Berichte nachdenken. Insgesamt muss sich die externe stationäre Qualitätssicherung inhaltlich schrittweise verbessern. Vor allem um die Elemente wie Nachbeobachtung nach stationärem Aufenthalt sowie die Einbeziehung von Routinedaten. Aber auch die Frage nach der richtigen Indikationsstellung und der Angemessenheit der Behandlung muss beantwortet werden können. 44

Wie oben bereits erläutert, wird bei der derzeitigen Qualitätssicherung im ambulanten Sektor nicht die Ergebnisqualität berücksichtigt. Dies liegt darin begründet, dass keine geeigneten Messwerte für die Ergebnisqualität zur Verfügung stehen. Die Fallzahlen der meisten ambulanten Einrichtungen für eine Vielzahl von Indikationen sind zu niedrig. Daher sollte man sich mit dem Gedanken beschäftigen, Qualitätsindikatoren von Volkskrankheiten für den ambulanten Bereich zu erheben. Dabei wäre die Vollständigkeit der ambulanten Versorgung und die Koordination zwischen allen beteiligten Einrichtungen und Personen ein besonderer Blickwinkel. 45

Des Weiteren sollte im ambulanten Sektor bei der Überarbeitung der GOÄ darauf geachtet werden, dass sich die Abrechnungen einer Leistung zuordnen lassen. Dadurch könnte in Zukunft die Abrechnungssoftware der Arztpraxen ggf. als Datenquelle für eine Qualitätssicherung, die auch die Privatpatienten einschließt, genutzt werden. Erst auf diese Weise kann ggf. dem Verdacht nachgegangen werden, dass Patienten über- oder fehlversorgt werden. 46

Letztendlich fehlt bei den Leistungserbringern auch immer noch die Akzeptanz für die externe Qualitätssicherung, die vielmehr als ein Überwachungsdiktat verstanden wird. Und nun entsteht überall dort, wo Qualitätssicherung zu einem wichtigen öffentlichen Thema geworden ist, in der Politik, bei den Journalisten, Patientenverbänden und Kostenträgern der Reflex, umso mehr Transparenz ein- 47 zufordern, je verhaltener die Reaktion der Ärzteschaft auf diese öffentliche Debatte ausfällt. Qualitätssicherung könnte wirkungsvoller entfaltet sein, wenn sie als „normale Aufgabe" erlebt und gelebt würde. Doch die neue Ära der Qualitätssicherung steht offenbar quer zur historisch gewachsenen Medizinkultur. David Blumenthal, Harvard-Ökonom und Obama-Berater, beschrieb schon vor 16 Jahren diesen Kernkonflikt im New England Journal of Medicine: das der Ärzteschaft übertragene Mandat für eine gute Medizin wird etwa seit den 70er Jahren des 20. Jahrhunderts zunehmend kritisch gesehen und muss anders als früher immer wieder erneuert werden. Blumenthal sprach davon, dass die Ärzteschaft Gefahr laufe, das in sie gesetzte Vertrauen zu verlieren, wenn sie sich nicht glaubhaft an der neuen Qualitätsdebatte beteilige.

Literatur

AQUA-Institut: Bericht zur Schnellprüfung und Bewertung der Indikatoren der externen stationären Qualitätssicherung hinsichtlich ihrer Eignung für die einrichtungsbezogene öffentliche Berichterstattung. Göttingen 2010.
AQUA-Institut: Qualitätsreport 2010. Göttingen 2011.
Ärztliches Zentrum für Qualität in der Medizin: Glossar Patientensicherheit: Definition und Begriffsbestimmungen. Berlin 2005.
Ärztliches Zentrum für Qualität in der Medizin: Qualitätsindikatoren. Berlin 2009.
Augurzky, B./Krolop, S./Liehr-Griem, A./Schmidt, C. M./Terkatz, S.: Das Krankenhaus. Basel II und der Investitionsstau. RWI Institut, Essen 2004.
BVA: Selektivverträge nach §§ 73c, 140a ff. SGB V. Rundschreiben vom 6.3.2012. Berlin 2012.
Döbler, K.: Aktueller Stand der Qualitätssicherung in Deutschland. Stuttgart 2011.
Geraedts, M.: Evidenz zur Ableitung von Mindestmengen in der Medizin: Gutachten im Auftrag der Bundesärztekammer. Berlin 2006.
Hermeling, P./de Cruppé, W./Geraedts, M.: Qualitätsberichte zur Unterstützung der ärztlichen Patientenberatung. In: Das Gesundheitswesen (73). 2011.
Kassenärztliche Bundesvereinigung: Qualitätsbericht – Ausgabe 2011. Berlin 2011.
Kassenärztliche Bundesvereinigung: Umfrage zum Aufwand für Bürokratie in Arztpraxen. Berlin 2005.
Klakow-Franck, R.: Patientensicherheit: Wo liegt der Hund begraben. Berlin 2006.
Leidner, O.: Wettbewerb im Gesundheitswesen: Was sich nicht rechnet, findet nicht statt. In: Deutsches Ärzteblatt, Aufl. 106. 2009.
Niemann, J.: Ökonomische Betrachtung der Patientensicherheit. Berlin 2011.
Pitum-Weber, S.: Management von Gesundheitsnetzwerken. Dienheim 2011.
RWI-Institut: Mengenentwicklung und Mengensteuerung stationäre Leistungen. Essen 2012.
Sachverständigenrat für die Konzertierte Aktion im Gesundheitswesen: Finanzierung. Bonn 2003.
Sachverständigenrat zur Begutachtung der Entwicklung im Gesundheitswesen: Wettbewerb an der Schnittstelle zwischen ambulanter und stationärer Versorgung. Bonn 2012.
Wensing, M./Borge, B./Riens, B./Kaufmann-Kolle, P./Akkermans, R./Grol, R./Szescsenyi, J.: Quality circles to improve prescribing of primary care physicans – Three comparative studies. In: Pharmacoepidemiol Drug Safety (18). 2009.
www.iqwig.de/ueber-uns.21.html (abgerufen am 13.7.2012).
www.onpulson.de/lexikon/1152/effizienz (abgerufen am 13.7.2012).

Beitrag 7

Effizienzsteigerungen durch Wahlfreiheit auf der Basis gemessener Kunden- bzw. Patientenzufriedenheit

Felix Schneuwly

		Rn.
1	Zur Einführung – Effizienzsteigerung durch Wahlfreiheit auf der Basis gemessener Kunden- bzw. Patientenzufriedenheit .	1, 2
2	comparis.ch AG	3, 4
3	Effiziente Krankenversicherer	5, 6
4	Effiziente Leistungserbringer	7 – 12
5	Effiziente Regulierung	13 – 16

Autoren

Felix Schneuwly, lic. phil./Executive MBA

Jahrgang 1960, Berufslehre als Sanitär-Installateur, Studium in Psychologie, Berufsberatung und Journalistik sowie berufsbegleitendes Nachdiplomstudium in Business and Administration (Executive MBA) an der Universität Fribourg/Freiburg. Ab 1991 Tätigkeit in verschiedenen Verbänden des Sozial- und Gesundheitswesens, zuletzt als Delegierter Public Affairs bei santésuisse, dem Branchenverband der Schweizer Krankenversicherer und seit November 2011 als Head of Public Affairs beim Internetvergleichsdienst comparis.ch AG. Während seiner langjährigen Verbandstätigkeit hat er ein solides Beziehungsnetz zu Wirtschaft, Politik, Verwaltung und Medien aufgebaut.

> **Abstract:** Für den Wettbewerb spricht nicht bloß die effiziente Ressourcenallokation, sondern auch die flexible Anpassung der Angebote an unterschiedliche und sich stets verändernde Präferenzen der Konsumenten. Das gilt auch für das Gesundheitswesen, unabhängig vom Gesundheitszustand der Konsumenten. Der regulierte Wettbewerb gemäß Krankenversicherungsgesetz (KVG) mit dem Versicherungsobligatorium, mit der kollektiven Finanzierung aus Kopfprämien und Steuerbeiträgen, mit dem Vertragszwang und mit den staatlich garantierten Tarifen bzw. Preisen ohne Mengenbeschränkungen ändert im Prinzip nichts daran, dass der Konsument auch bei medizinischen Heilbehandlungen ein optimales Preis-Leistungsverhältnis erwartet. Als Treuhänder der Versicherten spielen die Krankenversicherer hier eine zentrale Rolle.

1 Zur Einführung – Effizienzsteigerung durch Wahlfreiheit auf der Basis gemessener Kunden- bzw. Patientenzufriedenheit

Ohne Wahlfreiheit macht der Konsument seinen Anbieter (Kasse, Arzt, Spital etc.) zum trägen Monopolisten, welcher sich weder um Effektivität noch um Effizienz bemüht, weil er nicht befürchten muss, unzufriedene Kunden zu verlieren. Der Internetvergleichsdienst compraris.ch erleichtert den Konsumenten das Vergleichen von Angeboten und den Zugang zu den von ihnen bevorzugten Anbietern. Auf dem Gesundheitsmarkt tut dies Comparis mit Versicherungsangeboten, in Zukunft auch mit kassenpflichtigen Heilbehandlungen, denn die freie Wahl des Arztes oder Spitals darf nicht mehr auf blindem Vertrauen eines sonst mündigen Patienten basieren. Das ist Konsumenten-Empowerment durch Reduktion von Informationsasymmetrien und fördert die Effizenz des Gesundheitssystems.

Fazit: Gemäß KVG gilt der regulierte Wettbewerb. Dieser gilt für Krankenversicherer und Leistungserbringer (Spitäler, Ärzte, Apotheken, Spitex usw.). Staatliche Planung mit garantierten Preisen (Kostenrückerstattungsprinzip) ohne Mengenbeschränkungen ist Gift für den Wettbewerb. Reiner Preiswettbewerb ist langfristig für Leistungserbringer, Patienten und Krankenversicherer nicht Nutzen stiftend, sondern ruinös. Es braucht einen Preis- und Qualitätswettbewerb. Das Stimmvolk will nicht zu viele Vorschriften, weder zu viel Staat, noch zu viel Markt im KVG. Der Risikoausgleich muss aber verbessert werden. Innovative Leistungserbringer und Versicherer werden die wachsende Nachfrage nach integrierter Versorgung auch nach dem Nein des Stimmvolkes zur Managed-Care-Vorlage am 17. Juni 2012 weiterhin decken. Dank der Kunden- bzw. Patientenzufriedenheit werden die Preis- und Qualitätsansprüche der Konsumenten mess- und vergleichbar. Das Eidgenössische Departement des Innern (EDI) und das Bundesamt für Gesundheit attestieren den Internetvergleichsdiensten eine prozessoptimierende und effizienzsteigernde Wirkung. Comparis wird diese Wirkung im Interesse der gesunden und kranken Konsumenten in Zukunft noch verstärken.

2 comparis.ch AG

3   Abb. 1 zeigt das Geschäftsmodell von Comparis. Der Konsument kann auf einer einzigen Internetplattform sämtliche Grundversicherungsprodukte aller zugelassenen Krankenversicherer vergleichen. Neben den Prämien wird auch die Kundenzufriedenheit angegeben. Dort, wo Versicherer und Comparis die Zusammenarbeit vertraglich geregelt haben, kann der Konsument auch eine Online-Offerte verlangen, ohne die für den Vergleich bereits eingetippten Angaben noch einmal einzugeben. Comparis wird vom Versicherer für diese effizienzsteigernden Prozessoptimierungen pro Online-Offertanfrage entschädigt. Entscheidet sich der Konsument für ein Versicherungsprodukt ohne Online-Offertanfrageoption, muss er den Versicherer per Post, Telefon, E-Mail oder Website des Versicherers direkt kontaktieren.

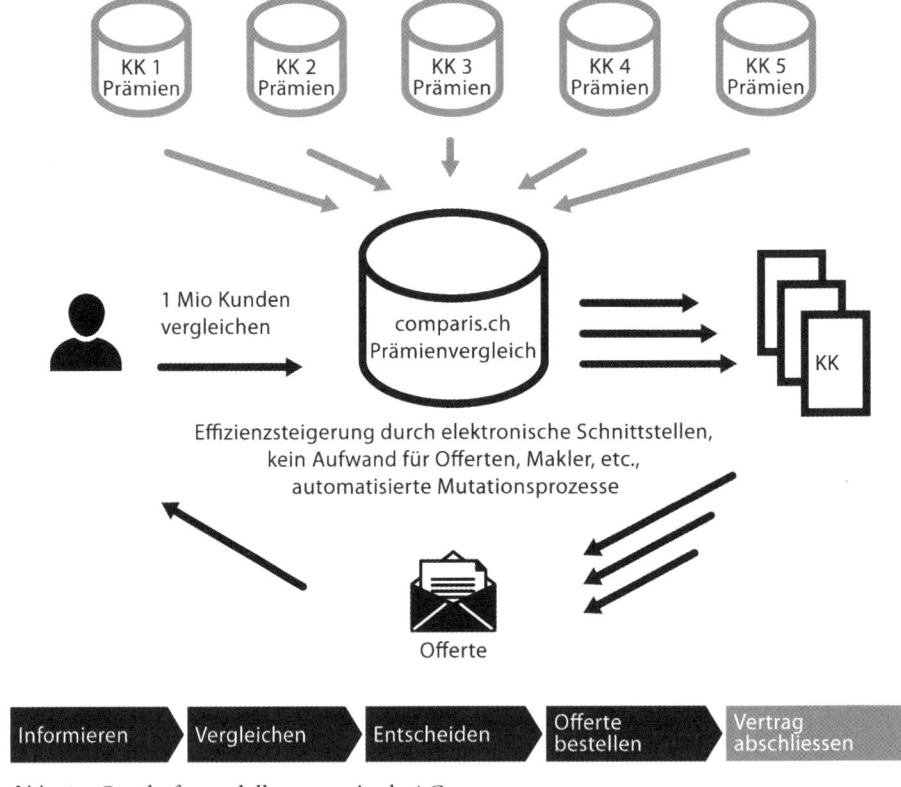

Abb. 1: Geschäftsmodell comparis.ch AG
    Quelle: comparis.ch

4   comparis.ch beobachtet und analysiert heute über 1 Million Prämien, über 90'000 Tarife, über 1'000 Zinssätze für Kredit- und Anlageprodukte und rund 250'000 Preise in den Bereichen Auto, Immobilien und Detailhandel (Unterhal-

tungselektronik- und Supermarktaktionen). Die Comparis-Besucher können bequem und rasch Angebote vergleichen, sich entscheiden, Offerten bestellen und Verträge abschließen. Letzteres gehört nicht zur Geschäftstätigkeit von Comparis.

3 Effiziente Krankenversicherer

Die Verwaltungskosten der Krankenversicherer sind mit rund 5 % der Prämien rekordverdächtig tief. Kaum eine Branche setzt das ihr anvertraute Geld effizienter ein als die Krankenversicherer. Die Wahrnehmung ist jedoch anders: Im Durchschnitt schätzen Herr und Frau Schweizer gemäß Ergebnissen der jährlich durchgeführten repräsentativen Umfrage „sondage santé" des Branchenverbandes santésuisse den Verwaltungsaufwand auf über 30 % der Prämieneinnahmen.

Krankenkassen-Prämien im Vergleich

Krankenkasse Effizienz-Preis Comparis-Note		Versicherungs-Modelle	Prämie 2012 Monat	Prämie 2013 Monat / Jahr CHF**	Sparpotenzial 2013 CHF	
Prämien im Vergleich						
Sanagate	✓ 4.7	Standard	156.90	158.80	1'905.60	880.80	Offerte anfordern ▶
Arcosana powered by CSS	✓ 4.5	Standard	156.40	159.70	1'916.40	870.00	Offerte anfordern ▶
Intras	✓ n.v.	Standard	218.30	225.70	2'708.40	78.00	Offerte anfordern ▶
CSS	✓ 4.7	Standard	223.90	232.20	2'786.40	-	Offerte anfordern ▶
Sana24	✓ 4.7	Standard	146.10	-	-	-	Offerte anfordern ▶
KPT / CPT	✓ 5.1	Standard	150.70	-	-	-	Offerte anfordern ▶
Visana	✓ 5.2	Standard	156.20	-	-	-	Offerte anfordern ▶
Innova	✓ 5.3	Standard	160.00	-	-	-	Offerte anfordern ▶

Abb. 2: Die Krankenkasse „Sana 24" – sie gehört zur Visana-Gruppe und ist die effizienteste unter den national tätigen Krankenversicherern – auf der Vergleichsplattform comparis.ch
Quelle: comparis.ch

Der Comparis-Effizienz-Preis möchte die Wahrnehmung davon verbessern, welche Wirkung Krankenversicherer heute bereits für geringe Verwaltungskosten erzielen. Dazu soll jährlich der Krankenversicherer mit den tiefsten Verwaltungskosten im Verhältnis zu den Prämieneinnahmen ausgezeichnet werden. Krankenkassen, deren Verwaltungskosten im Vergleich zu den Prämieneinnahmen deutlich tiefer sind als der Durchschnitt (das beste Quartil), erhalten zudem ein Zertifikat, welches das gute Abschneiden bei den Verwaltungskosten bescheinigt.

Bei den national tätigen Krankenversicherern hat Sana 24 (3,5 %), bei den regional tätigen hat die Vita Surselva (1,6 %) am besten abgeschnitten. Der Branchendurchschnitt lag im Jahr 2010 bei 5,5 %. Die Verwaltungskosten 2010 sämtlicher Kassen dienten als Basis für den Benchmark. Für den Effizienz-Preis 2012 reichten die teilnehmenden Krankenversicherer Comparis die erforderlichen Aufsichtsdaten 2011 ein. Ein Umkehrschluss ist hingegen nicht zulässig. Kassen mit höheren Verwaltungskosten sind nicht unbedingt ineffizient. Sie müssen ihren Kunden den Mehrwert aber gut kommunizieren. Ab 2013 hilft ihnen Comparis auch dabei und vergibt jährlich einen Spezialpreis für ein besonders effizienzsteigerndes Projekt.

Effizienz-Preis 2012
Am «Effizienz-Preis 2012» teilgenommen haben: Aquilana, Arcosana, Atupri, Assura, Caisse-Maladie Vallée d'Entremont, Concordia, CSS, EGK, Galenos, Glarner Krankenversicherung, Intras, Klug Krankenversicherung, Kolping, SLKK, Krankenkasse Steffisburg, Provita, Publisana, Rhenusana, Sana 24, Sanagate, Sanavals, Sodalis, Sumiswalder Krankenkasse, Supra, Swica, Visana, Vita Surselva, Vivacare.

Kategorie National		Kategorie Regional	
Sana 24	3.5%	Vita Surselva	1.6%
Atupri	3.7%	Sodalis	2.5%
Provita	4.1%	Sumiswalder	3.2%
Visana	4.3%	Vivacare	3.5%
Aquilana	4.3%	Publisana	3.8%
Intras	4.4%	Klug	4.6%
Assura	4.7%		

Abb. 3: Die von Comparis zum ersten Mal im Rahmen des Effizienz-Preises zertifizierten Krankenversicherer

Quelle: comparis.ch

4 Effiziente Leistungserbringer

7 Mit dem Spitalvergleich 2007 hat Comparis Unruhe aber auch Bewegung in den Spitalsektor gebracht. Die Befragung wurde durch das Marktforschungsinstitut GfK vom 26. Juni bis 27. Juli 2007 durchgeführt. Über 150.000 Personen wurden kontaktiert, um herauszufinden, ob sie in einem der 53 von comparis.ch defi-

nierten Spitälern stationär behandelt wurden. Daraus resultierten 5827 Interviews. Die Ergebnisse zeigten der Öffentlichkeit bisher nicht bekannte, signifikante Unterschiede in der Patientenzufriedenheit bei Schweizer Spitälern (vgl. Abb. 4).

Patientenzufriedenheit
Spitäler im Vergleich zum «Spital Schweiz» *

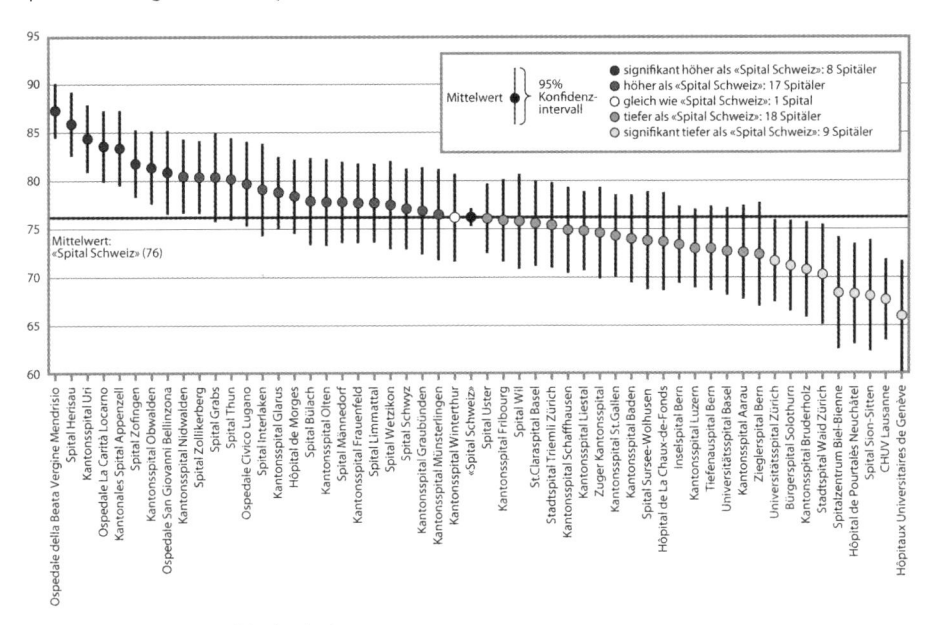

Abb. 4: Patientenzufriedenheit
Quelle: gemäss Comparis-Spitalvergleich 2007

Mit dem Spitalvergleich wollte Comparis nicht den Anspruch erheben, die Qualität der medizinischen Leistungen zu Lasten der Grundversicherung zu überprüfen, wie es das KVG seit Inkraftsetzung 1996 verlangt. Der Vergleich sollte einerseits die Patienten ins Zentrum der wettbewerblichen Interessen stellen, andererseits Anstrengungen stimulieren, hinsichtlich Qualität der medizinischen Leistungen Transparenz zu schaffen. Aufgrund von Studien aus den USA, Grossbritannien, Australien, Kanada und Dänemark bezifferte Dr. Marc-Anton Hochreutener von der Stiftung für Patientensicherheit Zürich für diese Länder die Fehlerrate zwischen 1984 und 2001 auf 3,8 % bis 16,6 %. Umgerechnet auf die Schweiz bedeutet dies 32.000 bis 116.000 Fehler in Schweizer Spitälern, 10.000 bis 80.000 vermeidbare Fehler, 6600 bis 8000 vermeidbare Todesfälle pro Jahr und 0,2 bis 1,2 Mrd. CHF vermeidbare Kosten zu Lasten der Grundversicherung.

Wie die Verwaltungskosten in Prozent der Prämien geben auch diese Daten einen Hinweis in Richtung Effizienz, bilden aber nicht die Effizienz per se ab. Comparis möchte nun im Auftrag der Krankenversicherer alle Patienten nach dem Spitalaufenthalt mit dem validierten Fragebogen von 2007 befragen. Mit diesen Daten können die Kassen ihren Kunden vor Spitalaufenthalten Empfehlungen abgeben. Auch für die Zusammenarbeit mit den Spitälern sind diese Daten sehr wertvoll. Es lassen sich retrospektiv datenbasiert Rückforderungen rechtfertigen, aber auch prospektiv Tarife aushandeln. Abb. 6 zeigt das Konzept, welches zurzeit vom Eidgenössischen Datenschutz- und Öffentlichkeitsbeauftragten (EDÖB) sowie vom Bundesamt für Gesundheit (BAG) geprüft wird. Nicht nur für Versicherte und Versicherer sind diese Daten wertvoll. Auch Spitäler können sich untereinander vergleichen und datengestützt Prozesse, Output und Outcome optimieren und sich dort positionieren bzw. weiterentwickeln, wo ihre Stärken liegen und auch die Patienten diese wahrnehmen.

Kombinierte Wiedereintritts-, Infektions- und Fehlerrate
Spitäler im Vergleich zum «Spital Schweiz» *

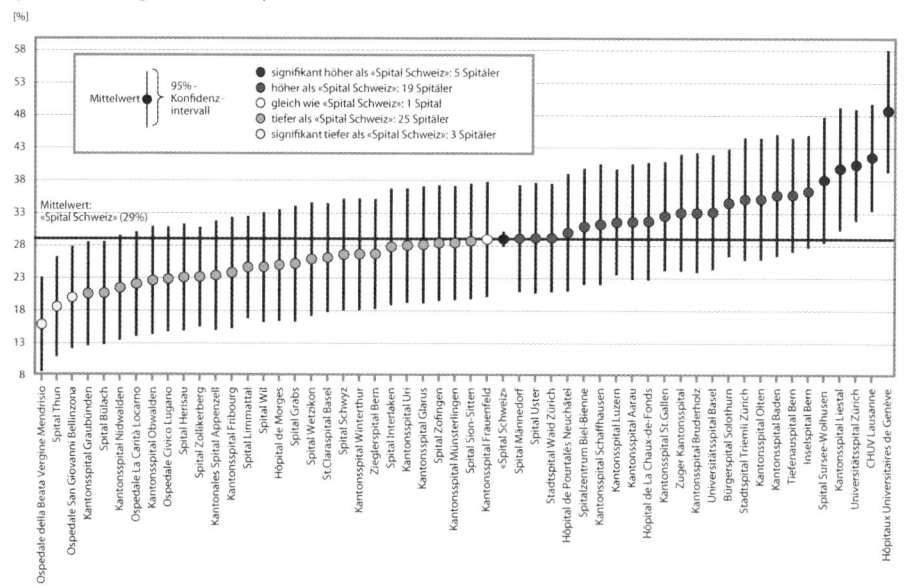

Abb. 5: Wiedereintritts-, Infektions- und Fehlerrate
Quelle: gemäß Comparis-Spitalvergleich 2007

10 Auch die repräsentative Befragung des Marktforschungsinstituts Demoscope im Auftrag von Comparis zeigt die Erwartungen der Bevölkerung an Kosteneffizienz und Qualität in der integrierten Versorgung. Im April 2012 wurden 1209 Personen über 18 Jahren in der ganzen Schweiz befragt. Auch nach dem Nein des Stimmvolkes zur KVG-Teilrevision im Bereich Managed Care vom 17. Juni 2012 geben die Resultate wertvolle Hinweise für innovative Krankenversicherer und Leistungserbringer. Knapp die Hälfte der Befragten, nämlich 46 %, gibt an, dass Managed Care keinen Einfluss auf die Qualität hat. 28 % der Befragten denken, dass mit Managed Care die medizinische Qualität der Behandlung verbessert

wird. 25 % wissen es nicht oder können es nicht beurteilen. Bei der Beurteilung der Wirkung von Managed Care auf die Qualität spielt es eine Rolle, wie gut man die integrierte Versorgung bereits kennt. 32 % der Deutschschweizer denken, dass mit Managed Care die Qualität steigt. In der Westschweiz sind nur 23 % der Befragten dieser Ansicht, im Tessin 24 %. In der Deutschschweiz gibt es heute bereits wesentlich mehr Managed-Care-Netzwerke als in der lateinischen Schweiz. Deutschschweizer haben mit Managed Care schon mehr Erfahrungen gesammelt und beurteilen deshalb die Wirkung (Kosteneffizienz und Qualität) der integrierten Versorgung positiver als die lateinische Schweiz.

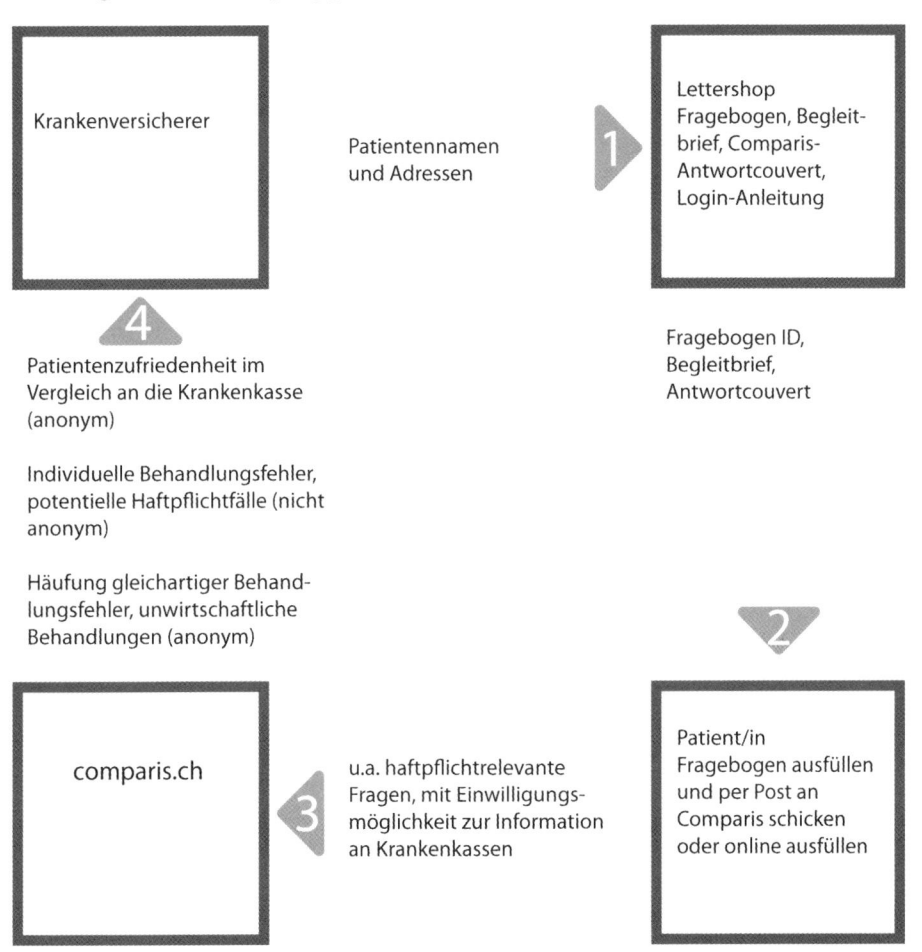

Abb. 6: Konzeptentwurf systematische Patientenzufriedenheitsbefragung (PaZu) von Comparis im Auftrag der Krankenversicherer
Quelle: comparis.ch

11 Die Befragten, die denken, dass Managed Care die Behandlungsqualität positiv beeinflusst, gehen vor allem von Verbesserungen bei der Zusammenarbeit von Hausarzt und Spezialisten aus. So nennen 78 % dieser Befragten den systematischen Austausch zwischen Allgemeinmedizinern und Spezialisten als wichtigen oder sogar sehr wichtigen Grund für eine Verbesserung der Qualität. In einem Managed-Care-Netz erfolgen die Überweisungen vom Hausarzt zum Spezialisten aufgrund systematischer und koordinierter Abklärungen durch die involvierten Ärzte innerhalb des Netzwerks. 75 % sehen darin einen wichtigen oder sehr wichtigen Grund für bessere Qualität. Gleich häufig wird die Verpflichtung zu systematischem Qualitätsmonitoring bewertet. Das heißt, dass die Ärzte Rechenschaft über die Behandlungsqualität ablegen müssen, was bei der integrierten Versorgung Standard ist.

12 Die Befragten gehen bei Netzwerken von einer verbesserten Zusammenarbeit zwischen Hausarzt und Spezialisten aus. Dies lässt vermuten, dass viele selber bereits erlebt haben, dass die Zusammenarbeit zwischen den verschiedenen Gesundheitsfachleuten heute nicht immer optimal ist und neben der Qualität auch die Effizienz beeinträchtigt. Die Befragten sehen Managed Care in erster Linie als ein Instrument zum Kosten sparen. So geben 57 % der Befragten an, dass Managed Care den Kostenanstieg im Gesundheitswesen dämpfen kann. 30 % rechnen nicht mit weniger stark steigenden Kosten dank Managed Care. 13 % wissen nicht, welche Auswirkungen die integrierte Versorgung auf die Kosten hat.

5 Effiziente Regulierung

13 Mit der Einführung des Krankenversicherungsgesetzes (KVG) im Jahr 1996 wurden mehrere Ziele verfolgt. Das Ziel Solidarität wird mit der Einheitsprämie für Mann und Frau, unabhängig von Geschlecht, Alter und Gesundheitszustand pro Versicherer und Prämienregion erreicht. Auch der Zugang zu Heilbehandlungen ist für alle Versicherten gleich und im internationalen Vergleich gut. Die angestrebte Begrenzung des Ausgabenwachstums ist abgesehen von den sinkenden Verwaltungskosten nicht erreicht worden. Ebenfalls wird die Qualität der medizinischen Leistungen zu Lasten der Grundversicherung nach 16 Jahren KVG immer noch nicht systematisch gemessen und transparent gemacht. Der Risikoausgleich wurde nur befristet eingeführt und verlängert, weil die volle Freizügigkeit der Versicherten bisher nicht dazu geführt hat, dass sich die Risikostruktur bei den einzelnen Kassen vergleichen lässt. Die Kassen können den verbreiteten Vorwurf, mehr in die Jagd nach guten Risiken zu investieren als in den Leistungswettbewerb um die beste medizinische Versorgung, nicht entkräften.

14 Aus Abb. 7 seien hier nur die wichtigsten Regulierungsvorhaben etwas näher beleuchtet. Das neue Aufsichtsgesetz über die Krankenversicherer (KVAG) ist dem Parlament unterbreitet und am 21. Mai 2012 in der Gesundheitskommission des Ständerats zum ersten Mal vorberaten worden. Hauptkritikpunkt ist die Bot-

schaft zum Gesetzesentwurf. Sie beinhaltet keine Antworten auf die Fragen, welche Probleme damit gelöst werden, und warum die geltenden Aufsichtsbestimmungen im KVG zur Lösung der vermeintlichen Probleme nicht genügt haben. Wie bei den Banken, ist das Geschäftsgebaren der großen Marktteilnehmer Anlass zur Empörung. Zusätzliche Vorschriften verursachen nun aber Kosten auf Aufsichts- und Kassenseite. Das trifft die kleinen und mittleren Kassen unverhältnismäßig stärker als die großen. Außerdem können die beiden Hauptärgernisse Jagd nach guten Risiken und undurchsichtige Quersubventionen zwischen den Kassen in Konzernstrukturen durch andere Maßnahmen wirkungsvoller und kostengünstiger beseitigt werden als durch noch mehr Aufsicht. Die Jagd nach guten Risiken wird durch einen besseren Risikoausgleich im KVG (am 17. Juni 2012 vom Stimmvolk als Bestandteil der Managed-Care-Vorlage abgelehnt worden) und durch das Verbot unerwünschter Telefonwerbung im Gesetz gegen den unlauteren Wettbewerb (UWG), welches seit dem 1. April 2012 bereits in Kraft ist, wirksamer unterbunden als durch neue Sanktionen im KVAG. Für das Unterbinden von Quersubventionen, welche den Wettbewerb verzerren, reichen die bereits in Kraft gesetzten Verordnungsbestimmungen über die Rechnungslegung sowie der Bundesgerichtsentscheid Assura gegen das BAG (Prämiengenehmigung im Fall Assura: BGE C-6958/2008). Dieser hält unmissverständlich fest, dass die Aufsicht nicht zu hohe Prämien und Reserven ahnden muss, weil sich die Versicherten durch den freien Kassenwechsel selber davor schützen können. Die Aufsicht muss allfällige Systemrisiken wegen zu tiefen Prämien und Reserven verhindern. Genau das hat das BAG aber jahrelang nicht getan und akzeptiert, dass in einigen Kantonen fast alle Kassen zu tiefe Prämien verlangten und die Defizite in diesen Prämienregionen mit zu hohen Prämien in anderen Regionen quersubventionierten. Der Auftrag des Parlaments an den Bundesrat, dies rückwirkend auszugleichen, wird auf keine Art und Weise mehr Gerechtigkeit schaffen, weil das Berechnungskonstrukt der kalkulatorischen kantonalen Reserven, nie eine gesetzliche Basis hatte.

Schließlich müssen die auf Druck des Bundesrats getroffene Branchenvereinbarung über die Beschränkung der Telefonwerbung sowie der ausgebaute Prämienrechner des BAG mit der Möglichkeit für die Versicherer analog zu privaten Internetvergleichsdiensten Online-Offertanfragetools anzubinden, als ordnungspolitische Sündenfälle bezeichnet werden. Die Branchenvereinbarung wird von der Wettbewerbskommission kartellrechtlich geprüft. Das BAG reduziert die Funktionalitäten seines Prämienrechners priminfo.ch gemäß der Einigung mit Comparis vom 13. April 2012 wieder auf die transparente Publikation sämtlicher Grundversicherungsprämien. EDI und BAG anerkennen explizit den prozessoptimierenden, effizienzsteigernden Beitrag privater Internetvergleichsdienste (vgl. Abb. 8).

Eidgenössisches Departement des Innern EDI
Gesundheitspolitische Prioritäten

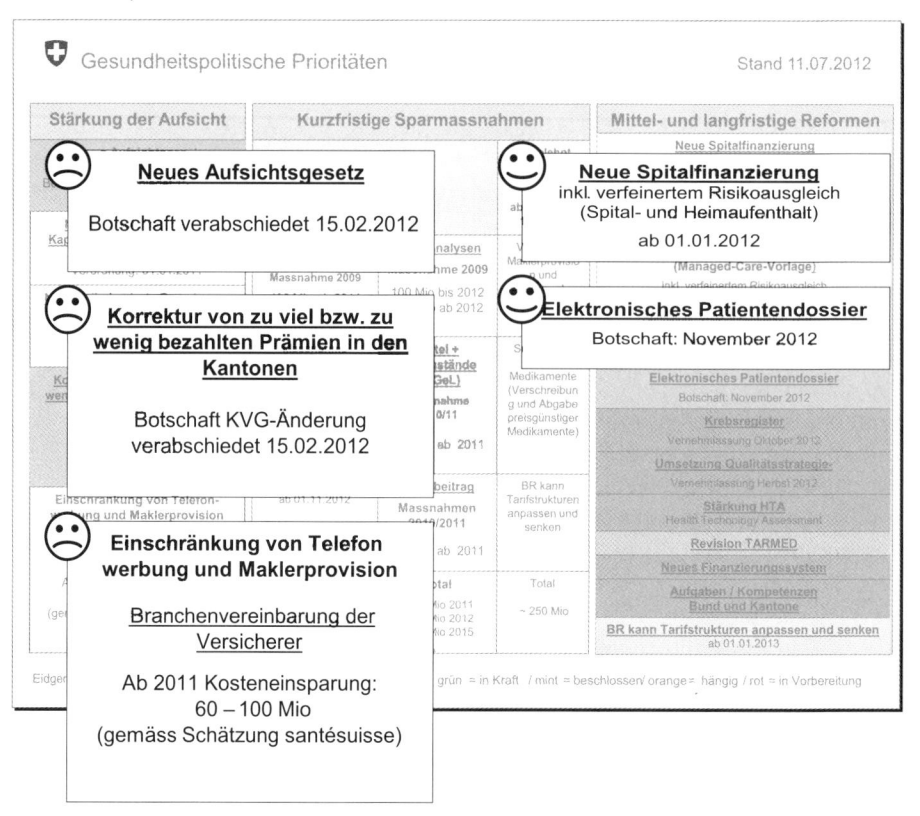

Abb. 7: Regulierungsvorhaben des Eidg. Departements des Innern EDI im Gesundheitswesen

Quelle: Eidgenössisches Departement des Innern (EDI)

16 Unter den in Abbildung 7 rechts aufgeführten Regulierungsvorhaben sind hinsichtlich Effizienzsteigerung drei hervorzuheben. Die per 1. Januar 2012 in Kraft gesetzte neue Spitalfinanzierung setzt richtige Anreize für mehr Wettbewerb unter den Spitälern. Die Spitalgesetze einiger Kantone versuchen diesen Qualitäts- und Kosteneffizienzwettbewerb teilweise wieder auszuhebeln und mit dem staatlichen Planungsprimat zu ersetzen, statt bei Marktversagen die Versorgungssicherheit zu garantieren. Für eine weitere Verfeinerung des Risikoausgleichs braucht es nach dem Nein des Stimmvolks zur Managed-Care-Vorlage vom 17. Juni 2012 einen neuen gesetzgeberischen Anlauf. Die Krankenversicherer werden in dieser Frage kaum einen gemeinsamen Nenner finden. Das elektronische Patientendossier soll bis Ende 2012 mit der Botschaft dem Parlament unterbreitet werden. Es wäre eine verpasste Chance, die Effizienz der medizinischen Versorgung zu steigern, wenn das elektronische Patientendossier für Leistungser-

bringer im stationären Bereich obligatorisch, für die Anbieter ambulanter Leistungen jedoch freiwillig sein sollte, wie es der Entwurf des Rahmengesetzes vorsieht.

Einigung zwischen EDI/BAG und comparis.ch AG
Zürich / Liebefeld, 13.4.2012
1. Materielle Elemente
- EDI und BAG unterlassen Aussagen, priminfo.ch sei für Versicherer und Versicherte gratis.
- Das BAG publiziert weiterhin sämtliche Prämien auf dem Prämienrechner priminfo.ch. Das BAG gewährt den Versicherern via Link auf priminfo.ch den direkten Zugang zu ihrer jeweiligen Startseite, nicht aber zur Applikation für Offertanfragen. Adressen, Telefonnummern und Haupt-URL (z.B. visana.ch) aller Versicherer dürfen den Usern weiterhin auf priminfo.ch angeboten werden, damit diese nach dem Prämienvergleich direkt mit dem gewünschten Krankenversicherer Kontakt aufnehmen können.
- EDI/BAG und Comparis kommunizieren gegenseitig und gegenüber Dritten faktenbasiert und mit gegenseitigem Respekt. Unterschiedliche Positionen werden sachlich begründet.
- Es findet die nachfolgende Kommunikation statt.
2. Kommunikation BAG
- Als Aufsichtsbehörde schafft das BAG Transparenz und publiziert auf priminfo.ch sämtliche genehmigten Grundversicherungsprämien.
- Die technische oder beratende Unterstützung der Versicherten beim Wechsel des Versicherers oder Versicherungsmodells betrachten EDI und BAG nicht als ihre Aufgabe, sondern als Aufgabe der Versicherer bzw. privater Dienstleister wie Internetvergleichsdienste als Prozessoptimierer einerseits bzw. Vermittler wie Versicherungsbroker oder Makler andererseits.
- EDI und BAG anerkennen den prozessoptimierenden, effizienzsteigernden Beitrag privater Internetvergleichsdienste. Wie viele Versicherte jährlich ihre Kasse bzw. ihr Grundversicherungs-Modell wechseln, bestimmen nicht die Internetvergleichsdienste, denn diese erleichtern wechselwilligen Versicherten lediglich den Entscheid und den administrativen Aufwand des Wechsels.
- Um einzelne Krankenversicherer nicht zu zwingen, Schnittstellen zu priminfo.ch aufbauen, betreiben und finanzieren zu müssen, welche den Usern von priminfo.ch erlauben, direkt Offertanfragen bei Versicherern zu generieren, verzichtet das BAG auf die Anbindung solcher Schnittstellen an priminfo.ch.
- EDI und BAG passen das Dokument „Gesundheitspolitische Prioritäten" an und verzichten auf die Kommunikation, wonach das Einsparpotenzial der Einschränkung von Telefonwerbung und Maklerprovisionen durch die Branchenvereinigung santésuisse sowie durch priminfo.ch 60-100 Millionen Franken betrage. Sie verweisen diesbezüglich auf die Quelle dieser Information (santésuisse).

Abb. 8: Auszug aus der Einigung zw. EDI/BAG und Comparis betr. Prämienrechner und Kassenwechsel der Versicherten
Quelle: Einigung zw. EDI/BAG und comparis.ch AG vom 13.4.2012

Status quo der Effizienzmessung – Wirtschaftlichkeitsprüfroutinen

Beitrag 8

Überblick über die heutigen Methoden der Effizienzmessung und -prüfung in Deutschland

Ulrike Elsner

		Rn.
1	Das Wirtschaftlichkeitsgebot und seine Ausgestaltung	1 – 3
2	Effizienzbewertung vor Erbringung der Leistung bzw. Aufnahme in den GKV-Leistungskatalog (ex ante-Betrachtung)	4 – 18
2.1	Effizienzbewertung und Leistungskatalog	4 – 6
2.2	Die Kosten-Nutzen-Bewertung im Arzneimittelbereich	7 – 18
2.2.1	Gesetzgeberische Ausgestaltung	7 – 11
2.2.2	Methodik der Kosten-Nutzen-Bewertung	12
2.2.3	Reaktionen auf das Methodenpapier	13
2.2.4	Zusammenfassung	14
2.2.5	Exkurs: Effizienzkriterien als Grundlage der Vergütung im stationären und vertragsärztlichen Bereich	15 – 18
3	Wirtschaftlichkeitsprüfung im Nachgang der Leistungserbringung (ex post-Berachtung)	19 – 38
3.1	Ambulanter Sektor	19 – 34
3.1.1	Richtgrößenprüfung	23 – 25
3.1.2	Durchschnittswertprüfung	26 – 29
3.1.3	Stichprobenprüfung	30, 31
3.1.4	Einzelfallprüfung	32
3.1.5	Ablauf des Prüfverfahrens	33, 34
3.2	Stationärer Sektor	35 – 38
3.2.1	Stichprobenprüfverfahren	36
3.2.2	Abrechnungsprüfverfahren	37, 38
4	Fazit	39 – 41

Literatur

Autorin

Ulrike Elsner

Jahrgang 1965, Studium der Rechtswissenschaften an den Universitäten Augsburg, Freiburg und Berlin, seit Juli 2012 Vorstandsvorsitzende des Verbandes der Ersatzkassen e. V. (ehemals VdAK/AEV); zuvor seit 2008 Leiterin der Abteilung Ambulante Versorgung und Stellvertreterin des Vorstandes; von 2004 bis 2008 Leiterin der VdAK/AEV-Landesvertretung Sachsen und von 1994 bis 2004 Referentin und Referatsleiterin Verträge in der der VdAK/AEV-Landesvertretung Berlin.

> **Abstract:** Die Gemeinsame Selbstverwaltung von Leistungserbringern und Krankenkassen in Deutschland prüft neue Leistungen und Methoden vor Aufnahme in den Leistungskatalog. Im Mittelpunkt steht hier vor allem der medizinische Nutzen. Wissenschaftliche Kosten-Nutzen-Bewertungen als Ausdruck der Wirtschaftlichkeit werden nicht zuletzt mangels konsentierter Methodik für die Entscheidungsfindung bisher nur selten herangezogen. Allein bei der Einführung neuer Arzneimittel sind sie in Ausnahmefällen vorgesehen, allerdings gestaltet sich die Suche nach konsensfähigen Kriterien und Methoden schwierig. Ziel der nachgelagerten Wirtschaftlichkeitsprüfungen im ambulanten und stationären Bereich ist die Sicherstellung einer effizienten Leistungserbringung in Bezug auf die gesamte ärztliche Tätigkeit bzw. das Verordnungsverhalten.

1 Das Wirtschaftlichkeitsgebot und seine Ausgestaltung

Das Wirtschaftlichkeitsgebot ist ein wesentlicher Maßstab für die in der gesetzlichen Krankenversicherung (GKV) in Deutschland erbrachten Leistungen. Gemäß § 12 des Fünften Buches des Sozialgesetzbuches müssen diese Leistungen ausreichend, zweckmäßig und wirtschaftlich sein; sie dürfen das Maß des Notwendigen nicht überschreiten. Leistungen, die nicht notwendig oder unwirtschaftlich sind, können Versicherte nicht beanspruchen, dürfen die Leistungserbringer nicht bewirken und die Krankenkassen nicht bewilligen. Mit der Forderung, den Behandlungserfolg durch den Einsatz geringster Mittel zu erreichen, wird eine effiziente Zweck-Mittel-Relation eingefordert, mit der qualitativ minderwertige Leistungen verhindert und gleichzeitig ausufernde Kosten vermieden werden sollen.

Zur Einhaltung dieses Wirtschaftlichkeitsgebotes hat der Gesetzgeber eine Reihe von Methoden zur Effizienzmessung und -prüfung geschaffen, die sich grob in zwei Kategorien einteilen lassen:

- Ex ante-Effizienzbewertungen vor Erbringung einer Leistung bzw. Aufnahme in den GKV-Leistungskatalog;
- Ex post-Prüfungen nach Leistungserbringung mit Hilfe von Wirtschaftlichkeitsprüfungen im Bereich der Versorgung mit ärztlichen Leistungen und Arzneimitteln sowie im Krankenhaus.

Im Rahmen dieses Artikels werden die wesentlichen Instrumente aus beiden Bereichen überblicksartig dargestellt.

2 Effizienzbewertung vor Erbringung der Leistung bzw. Aufnahme in den GKV-Leistungskatalog (ex ante-Betrachtung)

2.1 Effizienzbewertung und Leistungskatalog

4   Zuständig für die Festlegung von Umfang und Inhalt des Leistungskatalogs der Gesetzlichen Krankenversicherung in Deutschland ist der Gemeinsame Bundesausschuss (G-BA). Er ist das oberste Beschlussgremium der gemeinsamen Selbstverwaltung von Krankenkassen und Leistungserbringern (Ärzten, Zahnärzten, Psychotherapeuten und Krankenhäusern). Im Plenum des G-BA stimmberechtigt sind insgesamt 13 Mitglieder, neben jeweils fünf Vertretern von GKV und Leistungserbringern drei unparteiische Mitglieder mit einem Vorsitzenden. Auf Grundlage der durch den Bundestag verabschiedeten Gesetze konkretisiert der Gemeinsame Bundesausschuss für alle gesetzlich Krankenversicherten den Leistungsanspruch und legt für die Leistungserbringung verbindliche und einheitliche Vorgaben fest. Die Vorbereitung der Entscheidungen und Beschlussfassungen erfolgt dabei in insgesamt neun Unterausschüssen.

5   Ziel der Richtlinien des G-BA ist eine ausreichende, zweckmäßige und wirtschaftliche Versorgung der Versicherten. Grundlage der Entscheidungen zur Aufnahme von Leistungen in den Katalog der GKV ist dabei

- der diagnostische oder therapeutische Nutzen einer Leistung bzw. Maßnahme,
- ihre medizinische Notwendigkeit sowie
- ihre Wirtschaftlichkeit.

6   Näheres zur konkreten Anwendung dieser Parameter ist in der Verfahrensordnung niedergelegt. Die Einschätzung der Wirtschaftlichkeit erfolgt danach auf Grundlagen von Unterlagen u. a. zu Kosten pro Verhinderung einer Erkrankung, einer Behinderung und eines Todes und einer Kosten-Nutzen-Abwägung im Hinblick auf den einzelnen Versicherten, die Versichertengemeinschaft und/oder im Vergleich zu anderen Maßnahmen.[1] In der Mehrzahl der Fälle liegen wissenschaftliche Kosten-Nutzen-Analysen jedoch nicht in verwertbarer Form vor. Eine gesetzliche Verpflichtung des G-BA, diese in Auftrag zu geben, besteht nicht. Eine Ausnahme hiervon ist der Arzneimittelbereich, wie im folgenden Abschnitt beschrieben.

---

1   Gemeinsamer Bundesausschuss: Verfahrensordnung. 2012.

2.2 Die Kosten-Nutzen-Bewertung im Arzneimittelbereich

2.2.1 Gesetzgeberische Ausgestaltung

Mit Inkrafttreten des GKV-Wettbewerbsstärkungsgesetzes (GKV-WSG) im Jahr 2007 wurde die Kosten-Nutzen-Bewertung für Arzneimittel erstmals explizit als Instrument im fünften Buch des Sozialgesetzbuches verankert. Danach kann der Gemeinsame Bundesausschuss das Institut für Qualität und Wirtschaftlichkeit im Gesundheitswesen (IQWiG) mit der Durchführung einer „Bewertung des Kosten-Nutzen-Verhältnisses" beauftragen. Diese soll vor allem dabei helfen, für diese Arzneimittel einen „Höchstbetrag" zu ermitteln, der ihren Nutzen angemessen vergütet. Die praktische Relevanz dieser gesundheitsökonomischen Bewertungsverfahren ist bisher kaum wahrzunehmen, da nur für wenige Arzneimittel eine Kosten-Nutzen-Bewertung in Auftrag gegeben wurde und abschließende Ergebnisse noch nicht vorliegen.

Heute von größerer Bedeutung und einer gesundheitsökonomischen Kosten-Nutzen-Bewertung vorgelagert, ist die durch das Arzneimittelmarktneuordnungsgesetz (AMNOG) eingeführte „frühe Nutzenbewertung" gemäß § 35a SGB V (Abb. 1). Danach können Arzneimittel mit neuen Wirkstoffen, die seit 2011 auf den deutschen Markt kommen, zunächst zum geforderten Preis verordnet werden; jedoch werden sie innerhalb von drei Monaten einer Nutzenbewertung unterzogen.

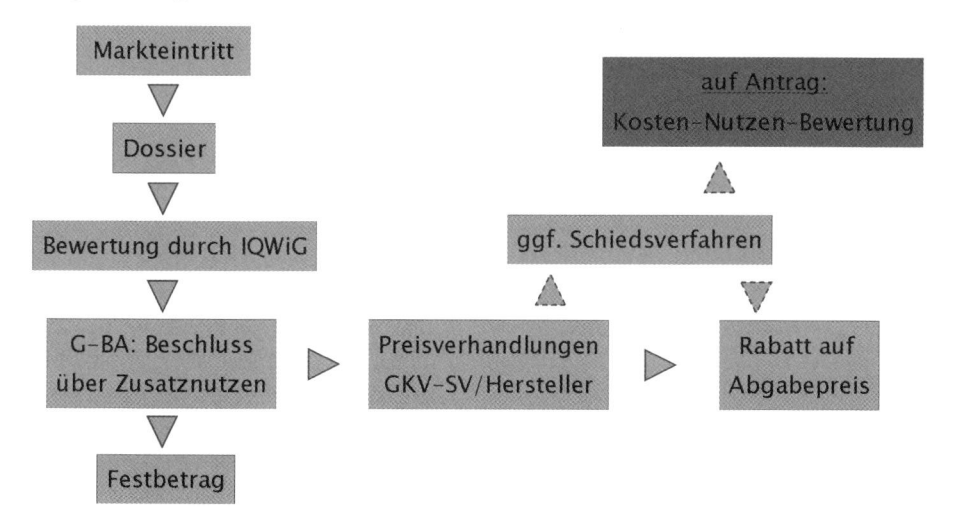

Abb. 1: Frühe Nutzenbewertung bei Arzneimitteln gemäß AMNOG
Quelle: Eigene Darstellung

9 Diese führt nach weiteren neun Monaten zu einem Fest- oder Erstattungsbetrag für neue Arzneimittel:

- Liegt bei einem Arzneimittel nach Bewertung durch das IQWiG kein Zusatznutzen vor, wird es entweder in eine bestehende Festbetragsgruppe eingeteilt bzw., falls diese nicht existiert, wird ein Erstattungspreis festgelegt, der nicht höher liegt als die Vergleichstherapie.
- Bei Arzneimitteln mit Zusatznutzen verhandeln der pharmazeutische Unternehmer und der Spitzenverband der gesetzlichen Krankenkassen maximal ein halbes Jahr lang über einen Erstattungsbetrag. Kommt es in den sechs Monaten zu keiner Einigung, legt eine Schiedsstelle den Erstattungspreis fest, der dann rückwirkend ab einem Jahr nach Markteinführung gilt.

10 Im Nachgang zu einem solchen Schiedsspruch kann nun jede Vertragspartei beim Gemeinsamen Bundesausschuss eine Kosten-Nutzen-Bewertung beantragen. Der Erstattungsbetrag ist auf Grund des Beschlusses über die Kosten-Nutzen-Bewertung neu zu vereinbaren; bis zu einem solchen Beschluss bleibt jedoch die Gültigkeit des Schiedsspruches unberührt. Der Gesetzgeber hat zu Verlauf und Methodik der Kosten-Nutzen-Bewertung in § 35b SGB V folgende Rahmenbedingungen gesetzt:

11 Die Bewertung erfolgt durch Vergleich mit anderen Arzneimitteln und Behandlungsformen unter Berücksichtigung des therapeutischen Zusatznutzens für die Patienten im Verhältnis zu den Kosten.

- Beim Patientennutzen sollen insbesondere die Verbesserung des Gesundheitszustandes, eine Verkürzung der Krankheitsdauer, eine Verlängerung der Lebensdauer, eine Verringerung der Nebenwirkungen sowie eine Verbesserung der Lebensqualität, bei der wirtschaftlichen Bewertung auch die Angemessenheit und Zumutbarkeit einer Kostenübernahme durch die Versichertengemeinschaft, angemessen berücksichtigt werden.
- Das IQWiG bestimmt auftragsbezogen über die Methoden und Kriterien für die Erarbeitung von Bewertungen auf der Grundlage der in den jeweiligen Fachkreisen anerkannten internationalen Standards der evidenzbasierten Medizin und der Gesundheitsökonomie. Die jeweiligen Methoden und Kriterien sind im Internet zu veröffentlichen.

2.2.2 Methodik der Kosten-Nutzen-Bewertung

12 Ziel der Kosten-Nutzen-Bewertung des IQWiG ist eine wissenschaftlich fundierte Einschätzung zu der Frage, ob das Verhältnis zwischen dem (Zusatz-)Nutzen und Erstattungsbetrag eines Arzneimittels im Vergleich zu bereits bestehenden Alternativtherapien effizient ist:[2]

---

[2] IQWiG: Allgemeine Methoden zur Bewertung von Verhältnissen zwischen Nutzen und Kosten. 2009.

- In einem ersten Schritt ist zu prüfen, ob tatsächlich ein zusätzlicher Nutzen gegenüber bereits vorhandenen Behandlungsformen existiert. Maßstab dieses Zusatznutzens sind die so genannten patientenrelevanten Vorteile, d. h. insbesondere die Verbesserung des Gesundheitszustandes, eine Verlängerung der Lebensdauer und eine Verbesserung der Lebensqualität. Aufgrund der je nach Indikation unterschiedlichen Parameter, aus denen sich der Nutzen ergibt, können hierzu keine allgemeingültigen Aussagen getroffen werden. Zumeist wird sich der Nutzen jedoch aus einer Kumulation der verschiedenen – zu gewichtenden – Indikatoren ergeben.
- Existieren für eine Behandlung mehr als zwei Alternativen, wird zu ihrem Vergleich die so genannte „Analyse der Effizienzgrenze" herangezogen. Grafisch lässt sich diese darstellen, indem zunächst Kosten und Nutzen der unterschiedlichen Therapien in einem Koordinatensystem abgetragen werden.
- Liegen die Kosten einer Therapie bei gleichem Nutzen niedriger als bei einer anderen bzw. ist der Nutzen bei gleichen Kosten höher, so ist diese Therapie effizient. Dies wird in Abb. 2 durch die Steigung der Kurve ausgedrückt. Ausgehend vom Ursprung sind daher die Behandlungsalternativen durch ihre jeweils steilste Verbindung zu verbinden. Die entstehende Kurve bezeichnet man als Effizienzgrenze, da die die „effizientesten" verfügbaren Therapien beschreiben. Alle Punkte oberhalb sind effizienter, alle Punkte unterhalb weniger effizient.

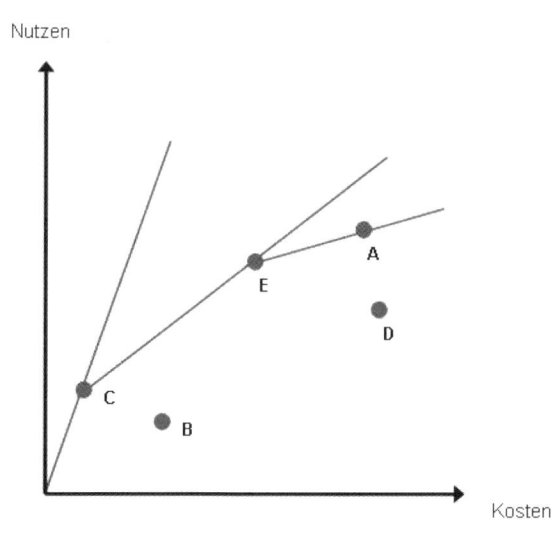

Abb. 2: Festlegung der Effizienzgrenze zur Kosten-Nutzen-Bewertung
Quelle: IQWiG, 2009

- Liegt nun das Kosten-Nutzen-Verhältnis der zu bewertenden neuen Therapie X in dem in Abb. 3: dargestellten Punkt, müsste der Erstattungsbetrag zu Lasten der GKV so abgesenkt werden, dass X in den schraffierten Bereich wandert, also effizienter ist als die bereits vorhandenen Therapien.

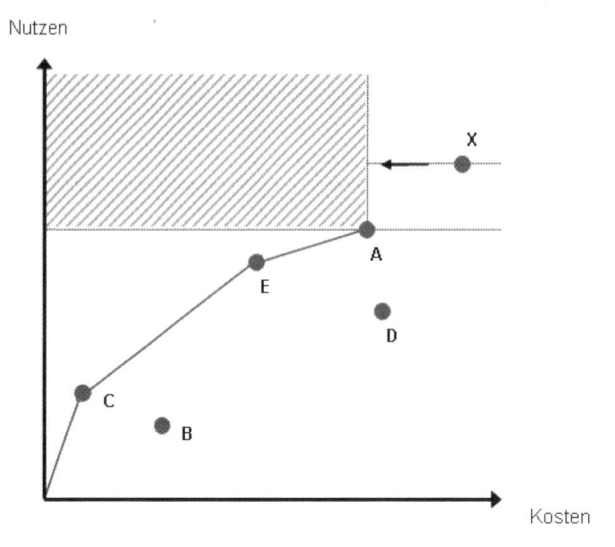

Abb. 3: Bestimmung eines effizienten Erstattungsbetrages für Arzneimittel
Quelle: IQWiG, 2009

2.2.3 Reaktionen auf das Methodenpapier

13 Bereits kurz nach Veröffentlichung des ersten Entwurfs zu allgemeinen Methoden und Kriterien der Kosten-Nutzen-Bewertung im Januar 2008 sah sich das IQWiG erheblicher Kritik von Gesundheitsökonomen ausgesetzt, die auch nach der abschließenden Formulierung des Methodenpapiers nicht abebbte. Aus Sicht der im Verein für Sozialpolitik und der Deutschen Gesellschaft für Gesundheitsökonomie versammelten Wissenschaftler erfüllen sie nicht die gesetzlichen Vorgaben und weichen von den Standards der Gesundheitsökonomie ab, indem sie in der Ökonomie besetzte Fachausdrücke falsch verwenden, neue Termini einführen, ohne sie zu definieren und insgesamt Inkonsistenzen aufweisen würden. Kernpunkt der Kritik ist die vom IQWiG gewählte, ausschließlich indikationsspezifische Betrachtung und Bewertung ohne Prüfung des alternativen Einsatzes der Mittel bei anderen Indikationen. Zahlreiche Gesundheitsökonomen fordern im Gegensatz dazu die Einführung der so genannten QALYs (dt.: qualitäts-adjustierte Lebensjahre) als Mittel zur (indikationsübergreifenden) Nutzenmaximierung.[3] Auf die mit dem QALY-Konzept verbundenen methodischen und ethischen Problemstellungen soll an dieser Stelle nicht im Detail eingegangen werden.[4] Zur Einbeziehung der QALYs in die Kosten-Nutzen-Bewertung hat das Bundesministerium für Gesundheit erklärt, dass eine derartige Priorisierung

---

3 Vgl. auch Breyer/Zweifel/Kifmann: Gesundheitsökonomik. 2005; Rothgang: Gesundheitsökonomische Evaluation im Gesundheitswesen. 2007.
4 Hierzu z. B. Arentz: Medizinisch-technischer Fortschritt im Gesundheitswesen. In: Discussion Paper 01/2011. 2011.

nicht in die Zuständigkeit der Institutionen falle, die mit der Erstellung einer Bewertung beauftragt seien. Ein universeller Schwellenwert soll somit kein Bestandteil der Methodik sein solle.[5]

2.2.4 Zusammenfassung

Die intensiven Diskussionen zur methodischen Ausgestaltung einer Bewertung von Kosten und Nutzen im Arzneimittelbereich haben gezeigt, wie schwierig sich die monetäre Bewertung des Gutes „Gesundheit" in der Praxis darstellt. Als weiterer Beleg hierfür kann auch die Tatsache herangezogen werden, dass dieses Instrument – obwohl bereits 2007 eingeführt – seither erst zweimal angewendet wurde: Zur Bewertung des Wirkstoffes von Clopidogrel beim akuten Koronarsyndrom und der peripheren arteriellen Verschlusskrankheit sowie der Antidepressiva Venlafaxin, Duloxetin, Bupropion und Mirtazapin im Vergleich zu weiteren verordnungsfähigen medikamentösen Behandlungen. Diese Aufträge wurden durch den G-BA im Jahr 2009 erteilt, mit abschließenden Berichten ist jedoch erst Ende 2012 zu rechnen. Ob die Kosten-Nutzen-Bewertung in ihrer neuen Funktion als „Revisionsinstanz" nach einer Schiedsstellenentscheidung in der frühen Nutzenbewertung häufiger zum Einsatz kommt, darf bezweifelt werden.

14

2.2.5 Exkurs: Effizienzkriterien als Grundlage der Vergütung im stationären und vertragsärztlichen Bereich

Neben Kosten-Nutzen-Analysen können als weitere Form der Effizienzbewertung auch Methoden mit ausschließlicher Bewertung der Kosten herangezogen werden.[6]

15

Beispiel hierfür ist das seit 2003 geltende stationäre Vergütungssystem, der diagnose- und prozedurorientierten Fallpauschalen, das mit Hilfe von Kosten-Vergleichsanalysen operiert. Für die Ermittlung der Fallpauschalen wurden die tatsächlichen Behandlungskosten aus 245 Krankenhäusern kalkuliert. Damit werden auf der Vergütungsebene grundsätzliche Anreize zu einer effizienten Versorgung geschaffen. Allerdings wird durch die Zielsetzung, möglichst hoch bewertete Fallpauschalen abzurechnen, die „Optimierung" der hierfür relevanten Diagnosen, befördert („Upcoding"). Außerdem wird in der Öffentlichkeit vielfach ein möglicher Nebeneffekt der Pauschalierung – eine angeblich nicht ausreichende Versorgung der Patienten zwecks Gewinnmaximierung – beklagt. Die wissenschaftliche Begleitforschung zum deutschen DRG-System findet hierfür jedoch keine Belege.[7]

16

---

5 IQWiG: Würdigung der Stellungnahmen zum „Entwurf einer Methodik für die Bewertung von Verhältnissen zwischen Nutzen und Kosten im System der deutschen gesetzlichen Krankenversicherung Version 2.0".
6 Schulenburg/Greiner: Gesundheitsökonomik. 2000.
7 Fürstenberg et al.: G-DRG-Begleitforschung – Endbericht des zweiten Forschungszyklus. 2011.

17 In der vertragsärztlichen Versorgung bestimmt der Einheitliche Bewertungsmaßstab (EBM) neben dem Inhalt der abrechnungsfähigen Leistungen auch ihr wertmäßiges Verhältnis zueinander. Die jeweilige Kalkulation setzt sich aus einem ärztlichen und einem technischen Leistungsanteil zusammen. Letzterer basiert auf Expertenschätzungen und Kostenerhebungen. Die Bewertung der ärztlichen Leistungsanteile erfolgt zunächst durch Grundannahmen zur Produktivität des Arztes und die Festlegung eines so genannten kalkulatorischen Arztlohnes. Dieser orientiert sich an den Opportunitätskosten des Arztes, d. h. es wird ermittelt, welche Einkünfte ein Arzt erzielen könnte, wenn er seine Arbeitskraft anderweitig einsetzen würde. Der kalkulatorische Arztlohn liegt zurzeit bei 105.572 EUR. Der daraus berechnete „Preis" einer kalkulatorischen Arztminute wird wiederum mit dem Zeitaufwand einer EBM-Leistung multipliziert und bildet den ärztlichen Leistungsanteil.[8] Auch dieses Kalkulationsmodell schafft Anreize für wirtschaftliche Praxisstrukturen.

18 Zusammenfassend lässt sich festhalten, dass beide betrachteten Vergütungssysteme zumindest zum Teil auf Kalkulationen basieren, die Aspekte von Kosten-Vergleichs-Analysen berücksichtigen und damit Anreize für eine effiziente Leistungserbringung setzen.

3 Wirtschaftlichkeitsprüfung im Nachgang der Leistungserbringung (ex post-Berachtung)

3.1 Ambulanter Sektor

19 Unter der Prüfung nach Leistungserbringung versteht man die Überwachung der Wirtschaftlichkeit durch Prüfung ärztlicher und ärztlich verordneter Leistungen.[9] Maßgebliches Instrument im ambulanten Bereich ist die sogenannte Wirtschaftlichkeitsprüfung, die ihre Rechtsgrundlage in § 106 SGB V findet. Kassenärztliche Vereinigungen sowie Krankenkassen sind demnach berechtigt und verpflichtet, die Wirtschaftlichkeit der vertragsärztlichen Versorgung als gemeinsam wahrzunehmende Selbstverwaltungsaufgabe zu überwachen.[10] Prüfgegenstand ist die gesamte vertragsärztliche Tätigkeit; hierzu zählen sowohl die abgerechneten Arzthonorare als auch die veranlassten Leistungen wie Arzneimittel oder Heil- und Hilfsmittel.

20 Von der Wirtschaftlichkeitsprüfung abzugrenzen sind die sachlich-rechnerische Richtigstellung sowie die Plausibilitätsprüfung gemäß § 106a SGB V. Diese Prüfverfahren dienen der Kontrolle der allgemeinen gebührenordnungsmäßig korrekten Honorarforderung und richten sich somit gegen Falschabrechnung und Abrechnungsbetrug.

---

8 IGES: Plausibilität der Kalkulation des Einheitlichen Bewertungsmaßstabs (EBM). 2010.
9 Liebold/Zalewski: Kassenarztrecht, Band II. 2011.
10 Dierks/Hildebrandt/Altschu/Barth./Garbaciok: Wirtschaftlichkeit in der ärztlichen Praxis. 2010.

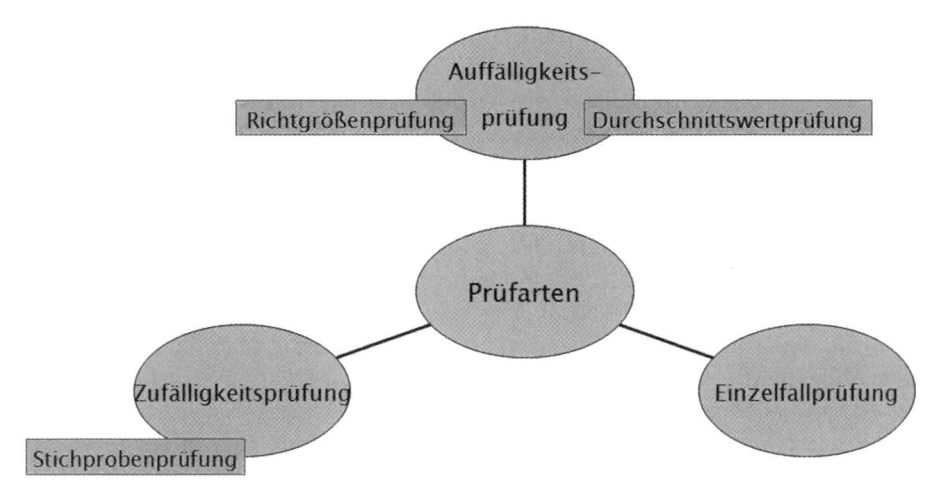

Abb. 4: Formen der Wirtschaftlichkeitsprüfung
Quelle: Eigene Darstellung

Gemäß § 106 Abs. 2 SGB V umfasst die Wirtschaftlichkeitsprüfung die arztbezogene Prüfung ärztlich erbrachter und ärztlich verordneter Leistungen auf der Grundlage von arztbezogenen und versichertenbezogenen Stichproben (Zufälligkeitsprüfung) sowie die arztbezogene Prüfung ärztlich erbrachter und ärztlich verordneter Leistungen bei Überschreiten der Richtgrößenvolumina nach § 84 SGB V (Auffälligkeitsprüfung). Während im Rahmen der Auffälligkeitsprüfung vorrangig die Verordnungen des jeweiligen Arztes geprüft werden, wird im Rahmen der Zufälligkeitsprüfung maßgeblich die Wirtschaftlichkeit der Behandlungsweise untersucht.

Gesetzlich nicht mehr verpflichtend ist die sogenannte Durchschnittswertprüfung, bei der durchschnittliche Fallkosten des geprüften Arztes den durchschnittlichen Fallkosten einer Gruppe vergleichbarer Ärzte gegenüber gestellt wird. Ebenso wie die sogenannte Einzelfallprüfung, kann die Durchführung beider Verfahren jedoch optional in den jeweiligen Prüfvereinbarungen festgelegt werden.[11] Im Folgenden werden die einzelnen Prüfverfahren nun näher beschrieben.

3.1.1 Richtgrößenprüfung

Die Richtgrößenprüfung ist die gesetzlich als obligatorisch vorgesehene Prüfmethode der Auffälligkeitsprüfungen. Die Prüfung von Richtgrößen bezieht sich auf die Verordnungstätigkeit des Arztes (z. B. Arzneimittel, Sprechstundenbedarf, Heilmittel). Das Verfahren der Richtgrößenprüfung ist von Amts wegen durchzuführen und soll in der Regel nicht mehr als 5 % der Angehörigen einer Fachgruppe umfassen. Die Prüfverfahren müssen mit Ablauf von zwei Jahren nach

---

11 Schnapp/Wigge: Handbuch des Vertragsarztrechts. 2006.

Abschluss des Verordnungszeitraums durch Entscheidung der Prüfungsstelle abgeschlossen sein, ansonsten ist die Festsetzung eines Regresses nicht mehr zulässig. Der Prüfungszeitraum bei der Überschreitung von Richtgrößen beträgt grundsätzlich ein Kalenderjahr.

24 Maßstab für die Beurteilung der Wirtschaftlichkeit der Verordnungstätigkeit des Arztes ist die für ihn gültige Richtgröße. Unter einer Richtgröße versteht man das arztgruppenspezifische Verordnungsvolumen pro Behandlungsfall und Quartal, innerhalb dessen eine wirtschaftliche Verordnungsweise des Arztes angenommen wird.[12] Ziel der Richtgröße ist es, den Vertragsarzt bei seinen Entscheidungen über die Verordnung von Leistungen zu leiten, um somit nicht in Konflikt mit dem Wirtschaftlichkeitsgebot zu geraten, § 84 Abs. 6 S. 3 SGB V. Die Richtgrößen dürfen allerdings nicht abschließend als Höchstgrenze für die individuelle Verordnung angesehen werden, zumal Überschreitungen auch nicht zu unmittelbaren Regressforderungen führen. Erst bei einer Überschreitung des Richtgrößenvolumens von 25 % ist der Mehraufwand durch den Arzt zu erstatten. Darüber hinaus besteht die Möglichkeit für den Arzt, sogenannte Praxisbesonderheiten anzuführen, die einen über die Grenzwerte hinaus gehenden Verordnungsbedarf rechtfertigen können (§ 106 Abs. 5a S. 3 SGB V). Unter einer Praxisbesonderheit versteht man z. B. eine besondere Patientenstruktur innerhalb der Praxis, Patienten die teurer in der Behandlung sind als andere und daher z. B. auch ein anderes Verordnungsverhalten des Arztes nach sich ziehen.[13]

25 Die Einleitung eines Prüfverfahrens gegen den betroffenen Arzt beginnt erst bei einer Überschreitung der vereinbarten Richtgröße um 25 % und wenn die Prüfgremien nicht davon ausgehen können, dass die Überschreitung in vollem Umfang durch Praxisbesonderheiten begründet ist. Liegt die Überschreitung der vereinbarten Richtgrößen unterhalb von 25 %, haben die Prüfgremien den betroffenen Arzt zunächst über sein Verordnungsverhalten zu informieren und ihn hinsichtlich möglichen Änderungsverhaltens zu beraten.[14] Ein Regress ist in diesen Fällen nicht vorgesehen.

3.1.2 Durchschnittswertprüfung

26 Bei der Prüfung nach Durchschnittswerten wird das gesamte Behandlungs- und Verordnungsverhalten des Arztes pro Quartal geprüft, wobei die durchschnittlichen Fallkosten des geprüften Arztes den durchschnittlichen Fallkosten einer Gruppe vergleichbarer Ärzte gegenüber gestellt werden. Die jeweiligen Vergleichsgruppen werden seitens der Kassenärztlichen Vereinigungen sowie der Krankenkassen festgelegt. Unter der Annahme, dass die in der Vergleichsgruppe

---
12 Liebold/Zalewski: Kassenarztrecht, Band II. 2011.
13 vgl. BSGE 50 84,87, BSGE 55, 110, 114; Hauck/Noftz: Gesetzliche Krankenversicherung – Kommentar SGB V, Band 4. 2011.
14 vgl. Dierks/Hildebrandt/Altschu/Barth/Garbaciok: Wirtschaftlichkeit in der ärztlichen Praxis. 2010.

zusammengefassten Ärzte grundsätzlich wirtschaftlich behandeln, müssen folgende Voraussetzungen erfüllt sein:

- Die Vergleichsgruppe muss ausreichend groß sein; nur dann lassen sich objektive Durchschnittswerte als Richtzahlen für einen wirtschaftlichen Behandlungsaufwand ermitteln.
- Das Leistungsspektrum des geprüften Arztes muss im Wesentlichen mit dem Leistungsspektrum der verglichenen Ärzte übereinstimmen.

Sind diese Bedingungen erfüllt, lässt ein Überschreiten der Vergleichswerte durch den Arzt eine unwirtschaftliche Behandlungs- und Verordnungsweise vermuten.

Verglichen wird der sogenannte Gesamtfallwert des geprüften Arztes mit dem Gesamtfallwert der entsprechenden Fachgruppe. Der Gesamtfallwert bemisst sich nach den im Abrechnungsquartal auf die gesamte Behandlung eines Patienten durchschnittlich entfallenden Kosten. Um gewissen Inhomogenitäten innerhalb der jeweiligen Vergleichsgruppen vorzubeugen, werden in der Regel drei Fallkonstellationen beschrieben, in denen ein Abweichen von den Durchschnittswerten wie folgt behandelt wird (die prozentualen Abgrenzungen sind hierbei keine absolut festen Größen, sondern als Näherungswerte zu betrachten) [15]:

- Überschreitungen bis 20 %: Unwirtschaftlichkeitsvermutung ist auszuschließen. Dem Arzt wird wegen der mit der statistischen Fallbetrachtung verbundenen Unsicherheiten eine gewisse Abweichung zugestanden. Es folgt kein Prüfverfahren.
- Überschreitungen zwischen 20 % und 40 %: Nicht durch statistische Unsicherheiten und Abweichungen gedeckt; es kann aber auch nicht per se auf eine Unwirtschaftlichkeit geschlossen werden. Die Prüfgremien müssen entweder die Prüfmethode wechseln (z. B. Durchschnittswertprüfung mit ergänzender Einzelfallbetrachtung) oder die Überschreitung als wirtschaftlich anerkennen.
- Überschreitungen > 40 %: Es liegt ein sogenanntes „Offensichtliches Missverhältnis" vor. Die Vermutung der Unwirtschaftlichkeit ist gerechtfertigt. Ein Prüfverfahren ist einzuleiten.

Als Folge der anlassbezogenen Vermutung, dass die Behandlungs- bzw. Verordnungsweise des betroffenen Arztes nicht wirtschaftlich ist, erfolgt im Rahmen des Prüfverfahrens nun eine individuelle Prüfung des Arztes. Im Rahmen dieses Verfahrens obliegt es nun dem Arzt, die Vermutung des Verstoßes gegen das Wirtschaftlichkeitsgebot durch den konkreten Nachweis von Praxisbesonderheiten u. a. zu widerlegen (vgl. oben).

---

15 vgl. Dierks/Hildebrandt/Altschu/Barth/Garbaciok: Wirtschaftlichkeit in der ärztlichen Praxis. 2010.

3.1.3 Stichprobenprüfung

30 Neben der Auffälligkeitsprüfung stellt die Zufälligkeitsprüfung in Form der Stichprobenprüfung ein weiteres Verfahren zur Überprüfung der Wirtschaftlichkeit dar. Erfasst werden sowohl die Behandlungs- als auch die Verordnungstätigkeit des Arztes an Hand mindestens 2 % der Ärzte eines KV-Bezirks pro Quartal, entsprechend der jeweiligen Arztgruppe. Gemäß § 106 Abs. 2a SGB V ist Gegenstand der Beurteilung der Wirtschaftlichkeit:

- die medizinische Notwendigkeit der Leistungen (Indikation),
- die Eignung der Leistungen zur Erreichung des therapeutischen oder diagnostischen Ziels (Effektivität),
- die Übereinstimmung der Leistungen mit den anerkannten Kriterien für ihre fachgerechte Erbringung (Qualität), insbesondere mit den in den Richtlinien des Gemeinsamen Bundesausschusses enthaltenen Vorgaben,
- die Angemessenheit der durch die Leistungen verursachten Kosten im Hinblick auf das Behandlungsziel,
- bei Leistungen des Zahnersatzes und der Kieferorthopädie auch die Vereinbarkeit der Leistungen mit dem Heil- und Kostenplan.

31 Ziel der Zufälligkeitsprüfung ist es, Unwirtschaftlichkeiten aufzudecken, die durch die Auffälligkeitsprüfung nicht als solche erkannt werden konnten. Gemeinsam mit der Auffälligkeitsprüfung soll so eine flächendeckende Wirtschaftlichkeitsprüfung gewährleistet werden.

3.1.4 Einzelfallprüfung

32 Bei der Einzelfallprüfung wird die Wirtschaftlichkeit ärztlichen Behandlungs- und Verordnungsverhaltens bezogen auf den einzelnen Behandlungsfall überprüft. Die Prüfgremien müssen insoweit den vollen Beweis der Unwirtschaftlichkeit erbringen, wozu letztlich die Untersuchung des Patienten erforderlich ist. Eine abgewandelte Form der Einzelfallprüfung unterstellt zwar die ärztliche Befunderhebung und Diagnosestellung als wahr; ist aber ebenfalls in unvertretbarem Maße aufwendig. Aus diesem Grund hat die Einzelfallprüfung in der Praxis keine nennenswerte Bedeutung.[16]

3.1.5 Ablauf des Prüfverfahrens

33 Der Ablauf des Prüfverfahrens lässt sich am besten an Hand des unten stehenden Schemas verdeutlichen.

---

16 Schnapp/Wigge: Handbuch des Vertragsarztrechts. 2006.

Wirtschaftlichkeitsprüfung im Nachgang der Leistungserbringung

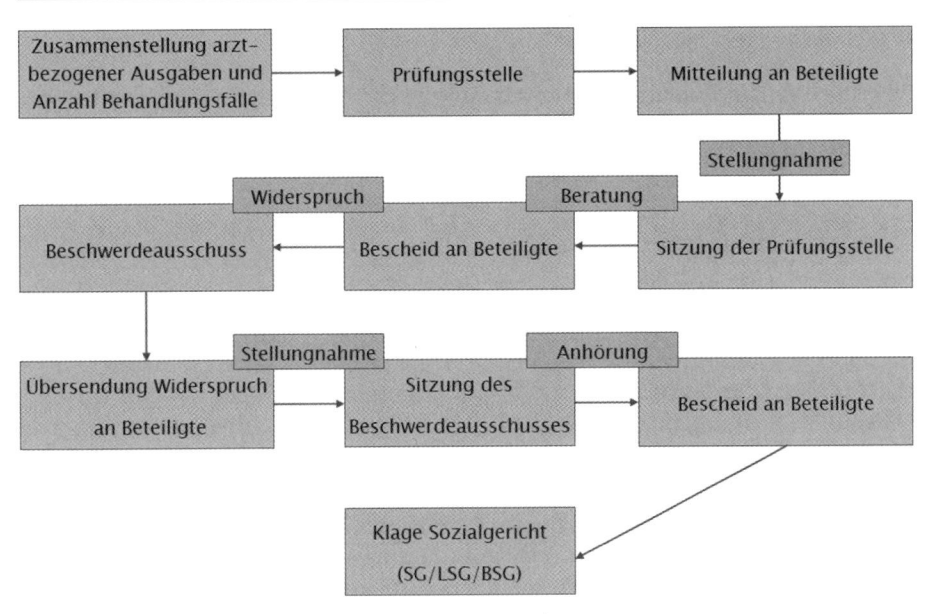

Abb. 5: Prozessablauf der Wirtschaftlichkeitsprüfung
Quelle: Eigene Darstellung

Verfahren der Wirtschaftlichkeitsprüfung werden bei den Prüfungsstellen, die es in jeden KV-Bezirken gibt, geführt. Die Prüfungsstellen werden gemeinsam von Kassenärztlicher Vereinigung und Krankenkassen getragen. Ihre Aufgaben bestehen im Wesentlichen darin, an Hand übermittelter Daten das Abrechnungs- und Verordnungsverhalten einzelner Ärzte bzw. Arztgruppen aufzubereiten. Sollte ein Verstoß gegen das Wirtschaftlichkeitsgebot festgestellt werden, erfolgt zunächst eine Beratung des Arztes. Die Beratung ist dabei ein wesentliches Element im Hinblick auf die Vermeidung zukünftiger Verstöße gegen das Wirtschaftlichkeitsgebot; sie wird durchgeführt, sobald das Verordnungsvolumen pro Arzt und Jahr um 15% das entsprechende Richtgrößenvolumen übersteigt. Dem Arzt sollen hier Wege aufgezeigt werden, künftig sein Verordnungsverhalten konform den Regeln der Wirtschaftlichkeit auszuüben.[17] Im Wiederholungsfalle und bei gröberen Verstößen gegen das Wirtschaftlichkeitsgebot, ergeht seitens der Prüfungsstelle ein entsprechender Bescheid an den jeweiligen Arzt, gegen diesen er dann seinerseits Widerspruch einlegen kann. Über den Widerspruch entscheidet der sogenannte Beschwerdeausschuss, der die zweite vorgerichtliche Instanz bildet. Der Beschwerdeausschuss ist paritätisch besetzt und wird von Vertretern der Krankenkassen sowie der Kassenärztlichen Vereinigungen gebildet; ein unparteiischer Vorsitzender hat die Leitung. Soweit auch der Beschwerdeausschuss dem Widerspruch des Arztes nicht entspricht, kann der Arzt gegen den anschließenden Bescheid Klage beim jeweils zuständigen Sozialgericht einreichen.

---

17 Liebold/Zalewski: Kassenarztrecht, Band II. 2011.

3.2 Stationärer Sektor

35 Anders als im ambulanten Versorgungsbereich ist im stationären Sektor die praktische Bedeutung der Prüfung der Wirtschaftlichkeit wenig erkennbar. Vielmehr dominiert die Abrechnungsprüfung diesen Sektor.

3.2.1 Stichprobenprüfverfahren

36 Auf gemeinsame und einheitliche Initiative der Krankenkassenverbände auf Landesebene kann die Wirtschaftlichkeit, Leistungsfähigkeit und Qualität der Krankenhausbehandlung eines zugelassenen Krankenhauses durch einvernehmlich mit dem Krankenhausträger bestellte Prüfer untersucht werden; so gibt es § 113 SGB V vor. Prüfungsanlass sind häufig statistische Vergleichsbetrachtungen. Die Struktur eines Krankenhauses wird mit Strukturen vergleichbarer Krankenhäuser verglichen, diesbezüglich auftretende Auffälligkeiten führen zu einer Überprüfung.[18] Prüfgegenstand sind die im Rahmen einer Stichprobenziehung zu untersuchenden Fälle. Der Prüfer kann alle prüfungsrelevanten Unterlagen einfordern; hierzu zählen neben den Patientendokumentationen auch die vom Krankenhaus an die Krankenkassen nach § 301 SGB V zu übermittelnden Leistungsdaten.[18] Auf Grund der Komplexität des Prüfansatzes und unterschiedlicher Auffassungen zwischen Kostenträgern und Krankenhäusern über die Hochrechnung von Ergebnissen aus Stichprobenprüfungen auf das gesamte Leistungsvolumen eines Krankenhauses wurde dieses Instrument in der Vergangenheit jedoch wenig genutzt.

3.2.2 Abrechnungsprüfverfahren

37 Verstärkt zum Einsatz kommen hingegen die Abrechnungsprüfungen nach § 275 SGB V und § 17c KHG, deren Prüfungsschritte wie folgt aufgebaut sind:

1. Primäre Fehlbelegung: War die Krankenhausbehandlung überhaupt erforderlich, oder hätte auch ambulant behandelt werden können?
2. Sekundäre Fehlbelegung: War die Krankenhausbehandlung in ihrer Länge notwendig?

38 In diesem Kontext bleibt weiterhin zu prüfen, inwieweit eine Verlegung aus finanziellen Gründen stattgefunden hat und ob die Abrechnung ordnungsgemäß erfolgt ist. Die Prüfquoten differieren zwischen den einzelnen Bundesländern und Krankenkassen. Erhebungen der Medizinischen Dienste zufolge beträgt die Prüfquote zwischen 12 % – 20 % der Krankenhausabrechnungen. Diese Form der Einzelfallprüfung ist in der Praxis also von hoher Relevanz und aus Sicht der Krankenkassen ein wirksames Instrument.

---

18 Hauck/Noftz: Gesetzliche Krankenversicherung – Kommentar SGB V, Band 4. 2011.

4 Fazit

Die Ausführung zur Effizienzbewertung vor Erbringung einer Leistung im Kontext mit dem Instrumentarium von Prüfungen nach Leistungserbringung zeigen zwei völlig unterschiedliche Herangehensweisen.

Die ex-ante Kosten-Nutzen-Bewertung einzelner Leistungen ist in ihrer ersten Umsetzungsphase. Ihr Erfolg und ihre Akzeptanz werden davon abhängen, inwieweit die Methodik die Partizipation am medizinischen Fortschritt und einem sinnvollen Leistungskatalog dauerhaft sicherstellt.

Bei der ex post-Betrachtung hat sich die Wirtschaftlichkeitsprüfung etabliert und ist von der Rechtssprechung anerkannt. Dies in der Regel über die Methodik des Vergleiches der Leistungserbringer miteinander und zwar bezogen auf die gesamte Leistungserbringung.

Literatur

Arentz, C.: Medizinisch-technischer Fortschritt im Gesundheitswesen: Zentrale Kosten-Nutzen-Bewertung ohne Alternative? In: Discussion Paper 01/2011. Otto-Wolff-Institut 2011.
Breyer, F./Zweifel, P./Kifmann, M.: Gesundheitsökonomik, 5. Aufl. Springer 2005.
Dierks, C./Hildebrandt, R./Altschuh, C./Barth, D./Garbaciok, W.: Wirtschaftlichkeit in der ärztlichen Praxis. Berlin/Haar 2010.
Fürstenberg et al.: G-DRG-Begleitforschung – Endbericht des zweiten Forschungszyklus. IGES-Institut, Berlin 2011.
Gemeinsamer Bundesausschuss: Verfahrensordnung, Fassung vom 18. Dezember 2008, zuletzt geändert am 19. Januar 2012. Online: http://www.g-ba.de/downloads/62-492-598/VerfO_2012-01-19.pdf (abgerufen am 19.7.2012).
Hauck, K./Noftz, W.: Gesetzliche Krankenversicherung – Kommentar SGB V, Band 4. Berlin 2011.
IGES: Plausibilität der Kalkulation des Einheitlichen Bewertungsmaßstabs (EBM). IGES-Institut, Berlin 2010.
IQWiG: Allgemeine Methoden zur Bewertung von Verhältnissen zwischen Nutzen und Kosten. Version 1.0 vom 12.10.2009. Online: https://www.iqwig.de/download/Methodik_fuer_die_Bewertung_von_Verhaeltnissen_zwischen_Kosten_und_Nutzen.pdf (abgerufen am 19.7.2012).
IQWiG: Würdigung der Stellungnahmen zum „Entwurf einer Methodik für die Bewertung von Verhältnissen zwischen Nutzen und Kosten im System der deutschen gesetzlichen Krankenversicherung Version 2.0". ••• Online: https://www.iqwig.de/download/Wuerdigung_der_Stellungnahmen_KNB-Methodenentwurf_2.0.pdf (abgerufen am 19.7.2012).
Liebold, R./Zalewski, T.: Kassenarztrecht, Band II. Berlin 2011.
Rothgang, H: Gesundheitsökonomische Evaluation im Gesundheitswesen – Akzeptanz von Kosten-Nutzwert-Analysen, Gesundheitspolitisches Kolloqium 2007. Online: http://www.zes.uni-bremen.de/downloads/rothgang/Bremen_2007_GesPolKil030707.pdf (abgerufen am 19.7.2012).
Schnapp, F./Wigge, P.: Handbuch des Vertragsarztrechts. München 2006.
Schulenburg, J.-M./Greiner, W.: Gesundheitsökonomik. Mohr Siebeck, Tübingen 2000.

Beitrag 9

Überblick über die heutigen Methoden der Effizienzmessung und –prüfung (CH)

Stefan Kaufmann

		Rn.
1	Effizienz und Effektivität	1 – 3
2	Gesetzliche Grundlagen in der Schweiz	4 – 14
3	Übersicht über die wichtigsten Instrumente zur Überprüfung der Effizienz	15 – 22
4	Die Sicht der OECD auf die Schweiz	23 – 25
5	Fazit: Die Rahmenbedingungen schrittweise verbessern	26 – 30

Abkürzungen

Literatur

Internetquellen

Autor

lic. rer. pol. Stefan Kaufmann

Jahrgang 1966; Stv. Direktor der EGK-Gesundheitskasse, startete seine berufliche Laufbahn im Schweizer Gesundheitswesen 1996 als Leiter des Bereichs Hausarztsysteme bei einer Managed Care-Organisation verschiedener Krankenversicherer. Von Mitte 1999 bis Ende 2002 übernahm er bei santésuisse (Verband der schweizerischen Krankenversicherer) die Leitung der Abteilung Ökonomie und Recht und wurde gleichzeitig Mitglied der Direktion. Anfang 2003 wurde er zum stellvertretenden Direktor ernannt und übernahm damit die Leitung der Abteilung Ressourcen und Logistik. Von März 2008 bis Ende März 2012 wirkte er als Direktor von santésuisse. Er ist zudem Vizepräsident der SwissDRG AG, Stiftungsrat von Gesundheitsförderung Schweiz, Stiftungsrat ceb (Institut für klinische Epidemiologie und Biostatistik), Stiftungsrat SNE (Stiftung für Naturheilkunde und Erfahrungsmedizin) sowie Verwaltungsrat der Concret AG.

Abstract: Der vorliegende Beitrag gibt einen Überblick darüber, wie die Rahmenbedingungen in der Schweiz auf Systemebene gelegt sind, damit die Leistungen, die von der Obligatorischen Krankenpflegeversicherung (OKP) erstattet werden, den sogenannten WZW-Kriterien entsprechen und die Gesamtleistung des Systems möglichst effizient und effektiv ist. Der Beitrag zeigt weiter auf, wo die OECD in ihrem neusten Bericht vom Herbst 2011 aus übergeordneter Warte den größten Handlungsbedarf ortet. Schließlich werden die aktuellen gesundheitspolitischen Diskussionen aus der Optik der Effizienzbetrachtung dargestellt und das Optimierungspotenzial so weit möglich aufgezeigt. So lautet das Fazit: Es braucht mehr Fakten statt „eminenzbasierter" Vermutungen über die Leistungsfähigkeit unseres Gesundheitssystems in der Schweiz.

1 Effizienz und Effektivität

Effizienz (engl. efficiency) und Effektivität (engl. effectiveness) werden umgangssprachlich oft synonym verwendet. Die beiden Begriffe leiten sich aus dem Lateinischen efficientia, was so viel wie Wirksamkeit bedeutet, ab. Im Rahmen der Wirtschaftswissenschaften werden den beiden Begriffen jedoch unterschiedliche Bedeutungen zugwiesen. Die Frage, ob die Dinge *richtig* bzw. wirtschaftlich getan werden, ist die Frage nach der Effizienz. Auf der anderen Seite ist die Frage, ob die richtigen *Dinge* getan werden, die Frage nach der Effektivität. Die Effizienz betont folglich die ökonomische Seite des Mitteleinsatzes, die Effektivität hingegen die operative Seite.

Den Effizienzbegriff[1] kann man allgemein auch wie folgt auffassen: Beurteilungskriterium, mit dem sich beschreiben lässt, ob eine Maßnahme geeignet ist, ein vorgegebenes Ziel in einer bestimmten Art und Weise (z. B. unter Wahrung der Wirtschaftlichkeit) zu erreichen.

Wenn wir folglich über Effizienz sprechen, setzt dies methodisch ein klar definiertes Ziel sowie Aussagen über ein angestrebtes Qualitätsniveau voraus.

2 Gesetzliche Grundlagen in der Schweiz

Im dritten Band zum Thema Qualitätsmanagement habe ich in meinem Beitrag den Qualitätsaspekt ins Zentrum gestellt und die entsprechenden gesetzlichen Grundlagen vorgestellt.[2] Auch im vorliegenden Beitrag zur Effizienz wird dem Qualitätsaspekt hohe Beachtung geschenkt. Denn wie oben bereits betont, gibt es keine überzeugende Effizienzbeurteilung, die nicht gleichzeitig eine klare Zielsetzung enthält, welche den Qualitätsaspekt einschließt.

Im Folgenden werde ich die Systematik in der Schweiz (Abb. 1) darstellen und die damit verbundenen Prinzipien beschreiben.

---
1 www.wirtschaftslexikon.gabler.de, Suchbegriff „Effizienz" (Abgerufen: 19.7.2012)
2 Vgl. Kaufmann: 2011, S. 84 ff.

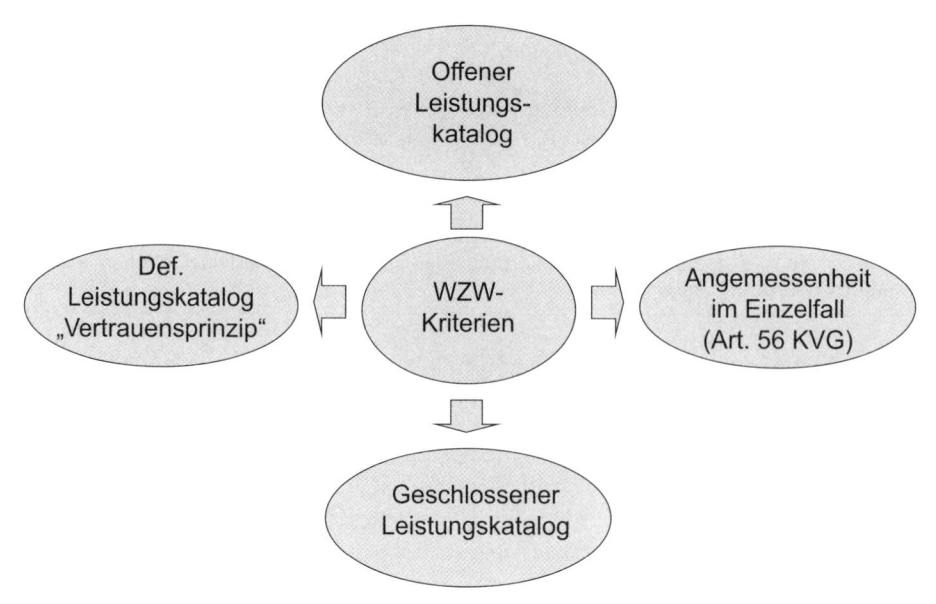

Abb. 1: Leistungskatalog und WZW-Kriterien
Quelle: Eigene Darstellung

6   Im Zentrum der Effizienzüberlegungen im KVG stehen die sogenannten WZW-Kriterien: Wirksamkeit, Zweckmäßigkeit und Wirtschaftlichkeit (WZW) einer Leistung sind die Voraussetzungen für die Erstattung durch die Kostenträger im Rahmen der OKP. Artikel 32 steht im zweiten Abschnitt des KVG unter dem Titel „Voraussetzungen und Umfang der Kostenübernahme":

1. Die Leistungen nach den Artikeln 25-31 müssen wirksam, zweckmäßig und wirtschaftlich sein. Die Wirksamkeit muss nach wissenschaftlichen Methoden nachgewiesen sein.
2. Die Wirksamkeit, die Zweckmäßigkeit und die Wirtschaftlichkeit der Leistungen werden periodisch überprüft.

7   Mit Blick auf die Effizienz ist auch der sechste Abschnitt über die Kontrolle der Wirtschaftlichkeit und Qualität der Leistungen elementar. Art. 56 KVG nennt die Anforderung an die Wirtschaftlichkeit der Leistungen und grenzt die Angemessenheit im Einzelfall ab:

1. Der Leistungserbringer muss sich in seinen Leistungen auf das Maß beschränken, das im Interesse der Versicherten liegt und für den Behandlungszweck erforderlich ist.
2. Für Leistungen, die über dieses Maß hinausgehen, kann die Vergütung verweigert werden. Eine nach diesem Gesetz dem Leistungserbringer zu Unrecht bezahlte Vergütung kann zurückgefordert werden. Rückforderungsberechtigt ist:

a. im System des Tiers garant (Art. 42 Abs. 1) die versicherte Person oder nach Artikel 89 Absatz 3 der Versicherer;
b. im System des Tiers payant (Art. 42 Abs. 2) der Versicherer.

3. Der Leistungserbringer muss dem Schuldner der Vergütung die direkten oder indirekten Vergünstigungen weitergeben, die ihm:
   a. ein anderer in seinem Auftrag tätiger Leistungserbringer gewährt;
   b. Personen oder Einrichtungen gewähren, welche Arzneimittel oder der Untersuchung oder Behandlung dienende Mittel oder Gegenstände liefern.
4. Gibt der Leistungserbringer die Vergünstigung nicht weiter, so kann die versicherte Person oder der Versicherer deren Herausforderung verlangen.
5. Leistungserbringer und Versicherer sehen in den Tarifverträgen Maßnahmen zur Sicherstellung der Wirtschaftlichkeit der Leistungen vor. Sie sorgen insbesondere dafür, dass diagnostische Maßnahmen nicht unnötig wiederholt werden, wenn Versicherte mehrere Leistungserbringer konsultieren.

Im gleichen Abschnitt werden in Art. 59 die Sanktionen umschrieben, welche bei Verletzung der Anforderungen für Wirtschaftlichkeit und Qualität der Leistungen zur Anwendung kommen. Auf diesen Aspekt wird an dieser Stelle nicht weiter eingegangen.

Die Definition des Leistungskatalogs orientiert sich in der Schweiz am sogenannten Vertrauensprinzip (vgl. Abb. 2). Das bedeutet, dass Leistungen, die nicht bestritten werden, durch die Obligatorische Krankenversicherung erstattet werden. Dabei handelt es sich in erster Linie um nicht umstrittene ärztliche und chiropraktorische Leistungen, die den offenen Leistungskatalog darstellen.

Vertrauensprinzip	
Offener Leistungskatalog	**Geschlossener Leistungskatalog**
• Umstrittenheitsabklärung • Antragssystem für die Aufnahme neuer Leistungen für alle interessierten Kreise offen	• Antragssystem für die Aufnahme neuer Leistungen für alle interessierten Kreise offen • „HTA"-Prozess

Abb. 2: Vertrauensprinzip und Leistungskatalog
   Quelle: Eigene Darstellung

Der geschlossene Leistungskatalog wird durch Positiv- und Negativlisten beschrieben.

Er umfasst alle angeordneten Leistungen:

- Leistungen nichtärztlicher Therapeutinnen und Therapeuten
- Leistungen der Pflege
- Arzneimittel/Medikamente
- Analysen, Mittel und Gegenstände
- ärztliche Präventionsmaßnahmen und Mutterschaftsleistungen

12 Zudem werden ärztliche und chiropraktorische Leistungen, die nicht oder nur unter bestimmten Bedingungen vergütet werden, in entsprechenden Listen geführt. Das Vertrauensprinzip bewirkt, dass medizinische Innovationen größtenteils sehr rasch in die Grundversicherung Eingang finden und somit der gesamten Bevölkerung zur Verfügung gestellt werden.

13 Erfolgt eine Umstrittenheitsabklärung oder wird im Rahmen des geschlossenen Leistungskatalogs ein Antrag gestellt, so durchläuft dieser einen in der vom Bundesrat erlassenen Verordnungen über die Krankenversicherung (KVV) und über Leistungen in der obligatorischen Krankenpflegeversicherung (Krankenpflege-Leistungsverordnung, KLV) festgelegten „HTA"-Prozess.[3] Diese Arbeiten werden vom Bundesamt für Gesundheit (BAG) geleistet und von einer beratenden Fachkommission (vgl. Abb. 3) begleitet. Antragsberechtigt ist grundsätzlich jedermann; in der Regel werden die Anträge naturgemäß von Leistungsanbietern oder Herstellern gestellt. Am Ende des Prozesses gibt die beratende Fachkommission zu Händen der Entscheidungsinstanz eine Empfehlung ab.[4]

Beratende Fachkommission	Leistungsbereich/-kategorie	Entscheidungsinstanz	Verordnung/Liste
Eidgenössische Leistungs- und Grundsatzkommission	Leistungserbringer	Bundesrat	KVV
Eidgenössische Leistungs- und Grundsatzkommission	Leistungen	Eidgenössisches Departement des Innern	KLV, Anhang 1
Eidgenössische Kommission für Analysen, Mittel und Gegenstände	Mittel- und Gegenstände	Eidgenössisches Departement des Innern	KLV, Anhang 2 (MiGe-Liste)
Eidgenössische Kommission für Analysen, Mittel und Gegenstände	Analysen	Eidgenössisches Departement des Innern	KLV, Anhang 3 (Analysenliste)
Eidgenössische Arzneimittelkommission	Konfektionierte Arzneimittel	Bundesamt für Gesundheit	Spezialitätenliste (SL)
Eidgenössische Arzneimittelkommission	Magistralrezepturen	Eidgenössisches Departement des Innern	KLV, Anhang 4 (Arzneimittelliste mit Tarif)

Abb. 3: Beratende Fachkommissionen und Leistungsbereiche
    Quelle: Eigene Darstellung

---

3 Health Technologie Assessment (HTA) bezeichnet die systematische wissenschaftliche Bewertung gesundheitsrelevanter Maßnahmen.
4 Vgl. Handbuch zur Antragstellung auf Kostenübernahme bei neuen oder umstrittenen Leistungen: http://www.bag.admin.ch/themen/krankenversicherung/00263/00264/04853/index.html?lang=de (Abgerufen: 19.7.2012)

Die schweizerische Gesetzgebung ist logischerweise sehr stark von den basisdemokratischen Strukturen geprägt. So kommen viele Impulse zur Entwicklung des Leistungskatalogs aus den grundsätzlichen Bedürfnissen und von der Gesundheitsindustrie. Aufgrund der knappen Ressourcen besteht jedoch zunehmend Bedarf, die immer schnellere und technologiegetriebene sowie angebotsinduzierte Entwicklung des Leistungskataloges so zu gestalten, dass auch den WZW-Kriterien in angemessener Weise Rechnung getragen werden kann.[5]

3 Übersicht über die wichtigsten Instrumente zur Überprüfung der Effizienz

Wenn ich von meiner Betrachtungsweise in Abb. 3 ausgehe und von einem offenen und einem geschlossenen Leistungskatalog spreche, lassen sich nun auch die Instrumente wie in Abb. 4 zur Prüfung der WZW-Kriterien und damit auch zur Prüfung der Effizienz, darin einordnen:

Offener Leistungskatalog	Geschlossener Leistungskatalog
• Rechnungsprüfung der Versicherer • Wirtschaftlichkeitsprüfung der Branche (ambulanter Bereich) • Tariffindungsprozess (stationärer Bereich) • Tarifstrukturpflege (TARMED, SwissDRG)	• Eidgenössische Leistungs- und Grundsatzkommission • Eidgenössische Kommission für Analysen, Mittel und Gegenstände • Eidgenössische Arzneimittelkommission

Abb. 4: Die wichtigsten Instrumente im Überblick
Quelle: Eigene Darstellung

Die Rechnungsprüfung der Kostenträger (Krankenversicherer) stellt im Einzelfall letzten Endes sicher, dass die WZW-Kriterien gewahrt bleiben. Jährlich resultieren aus diesen Kontrollen Rückforderungen. Die Versicherer wenden unterschiedliche Ansätze und Methoden an, um sicherzustellen, dass den Anforderungen des KVG Genüge getan wird.

Als Ergänzung zur Einzelrechnungskontrolle und Fallprüfung der Versicherer stellt die Wirtschaftlichkeitsprüfung von santésuisse, dem Verband der Krankenversicherer, im ambulanten Bereich sicher, dass sich die Ärzte in ihrer täglichen Arbeit nicht unwirtschaftlich verhalten.[6]

Auch im Tariffindungsprozess zwischen den Tarifpartnern (Krankenversicherer oder deren Verbände einerseits und Krankenhäuser oder deren Verbände ander-

---

5 Vgl. Empfehlungen der Geschäftsprüfungskommission des Nationalrats (GPK-N) vom Januar 2009: http://www.parlament.ch/d/dokumentation/berichte/berichte-aufsichtskommissionen/geschaeftspruefungskommission-GPK/berichte-2009/Documents/gpk-brief-br-2009-01-26-d.pdf (Abgerufen: 19.7.2012)
6 Vgl. auch Caminada: 2012.

seits) findet eine Effizienzprüfung durch die Kostenträger statt.[7] An dieser Stelle ist auch darauf hinzuweisen, dass bereits die Kantone bei der Versorgungsplanung – sprich Krankenhausplanung – eine Wirtschaftlichkeitsprüfung machen müssen. So betrachtet existiert im stationären Bereich eine doppelte Effizienzkontrolle. Die Kantone erfüllen ihre diesbezügliche Aufgabe qualitativ sehr unterschiedlich, was zu einer sehr unbefriedigenden Gesamtsituation führt und im Rollenkonflikt der Kantone gründet. So sind sie Regulator, Eigner von öffentlichen Spitälern, Finanzierer und erster Schiedsrichter bei Tarifstreitigkeiten zwischen Krankenversicherern und Krankenhäusern.

19 Bei der Tarifstrukturpflege – insbesondere bei den national einheitlichen Strukturen von TARMED und SwissDRG – ist den gesetzlichen Anforderungen ebenfalls Rechnung zu tragen. Dies führt ebenfalls zu einer kritischen Überprüfung, welche selbstredend auch die Effizienzbetrachtung einschließt.

20 Auf die ebenfalls aufgeführten Aspekte auf der Seite des geschlossenen Leistungskatalogs gehe ich nach den Ausführungen in Kapitel 2, davon speziell in Bezug auf Abb. 3, nicht weiter ein.

21 Die Grundmethodik über alle diese verschiedenen Arten von Prüfungsprozessen ist das Benchmarking. Da oft klare Maßstäbe fehlen, um präzis festzustellen, ob eine Leistungserbringung effizient ist oder nicht, arbeiten wir mit relativen Vergleichen und orientieren uns am vermeintlich Besten.

22 Die große Herausforderung in der Praxis ist, dass die verschiedenen Dimensionen oder „richtigen" Indikatoren, welche über die tatsächliche Effizienz entscheiden, oft nicht oder nur in ungenügender Form und Qualität vorliegen. Ich denke im Kontext der Gesundheitsversorgung insbesondere an so wichtige Indikatoren wie Outcome-Qualität oder auch an die Risikofaktoren, welche die behandelten Patienten mitbringen. In diesen Bereichen sind wir gefordert, Verbesserungen zu erzielen, ohne dass wir uns dabei in Details und Unwesentlichem verlieren und das sonst schon überregulierte und teilweise stark bürokratisierte Gesundheitswesen im Sinne eines auch gewollt wettbewerblichen Systems lahm legen!

4 Die Sicht der OECD auf die Schweiz

23 Wenn man über die eigene Effizienz spricht, ist immer auch die Sicht von Dritten interessant. Vor dem Hintergrund meiner eigenen Überlegungen zur Effizienz habe ich auch den aktuellsten Bericht der OECD vom Herbst 2011[8] über die Schweiz in die Betrachtung mit einbezogen und mich auf die Empfehlungen zur Effizienzsteigerung fokussiert. Der Bericht zielt in seinen Empfehlungen auf die

---

7 Vgl. auch Nold: 2012.
8 www.oecd.org/document/20/0,3746,de_34968570_35008905_ 48895508_1_1_1_1,00.html, Suchbegriff „Bericht OECD/WHO zur Schweiz", (Abgerufen: 19.7.2012)

zukünftigen Herausforderungen der Schweiz ab.[9] Das nüchterne und nicht überraschende Fazit aus dem Bericht lautet: *Das schweizerische Gesundheitssystem ist leistungsfähig und erfüllt seinen Zweck, ist aber auch teuer.*

Die Empfehlungen der Experten zeigen sehr schön auf, wo auf der Systemebene bei den Rahmenbedingungen anzusetzen ist, damit auf der Mikroebene bei den einzelnen Akteuren und durch das Zusammenspiel der einzelnen Akteure das Gesamtergebnis des schweizerischen Gesundheitssystems verbessert werden kann. Die insgesamt 26 Empfehlungen sind in fünf Empfehlungsgruppen eingeteilt. In der folgenden Abbildung (Abb. 5) sind die wesentlichen Erkenntnisse aus den Empfehlungen tabellarisch dargestellt:

24

Reformempfehlungen für das schweizerische Gesundheitssystem
1. Verbesserung der strategischen Steuerung sowie die Entwicklung verbesserter Informationen.
• Angesprochen ist der Preis, den wir in der kleinen Schweiz für unser föderales Gesundheitswesen mit 26 kleinen und kleinsten kantonalen Subsystemen bezahlen. Es wird empfohlen, dass der Bund und die Kantone eine gemeinsame Vision entwickeln und diese mit konkreten Zielen für das Gesundheitssystem versehen. Dabei sind auch klare Zuständigkeiten und Verantwortlichkeiten der verschiedenen Regierungsebenen festzulegen. • Die Koordination zwischen Bund und Kantonen und zwischen den Kantonen ist zu verbessern, insbesondere um eine bessere Organisation und Planung der Gesundheitsversorgung sicherzustellen. • Es braucht bessere Gesundheitsinformationssysteme und eine Berichterstattungspflicht mit einem minimalen Datenset für alle Kantone.
2. Änderung von Finanzierungs- und Abgeltungsmechanismen.
• Es wird empfohlen, die Förderung der Qualität, Wirksamkeit und Wirtschaftlichkeit durch den formelleren und systematischeren Einsatz von HTA zu verbessern, was die Erkenntnisse und Empfehlungen aus dem Bericht der GPK des Nationalrats unterstützt. Die Schweiz sollte in diesem Bereich einfach konsequenter sein und das machen, was in anderen Ländern schon längst gemacht wird. • Der Wettbewerb auf der Leistungserbringerseite sollte mit der schrittweisen Zulassung des Vertragswettbewerbs zwischen Leistungserbringern und Krankenversicherern gestärkt und der Risikoausgleichsmechanismus unter den Krankenversicherern sollte weiter verbessert werden. • Das Finanzierungssystem sollte bezüglich der sozialen Gerechtigkeit sowie der resultierenden Moral Hazard-Wirkungen kritisch geprüft werden.
3. Stärkung der strategischen nationalen Planung des Gesundheitspersonals, um für die „chronische" Zukunft gerüstet zu sein.
• In diesem Bereich werden die verschiedenen künftigen Herausforderungen an die Kompetenzen im Gesundheitssystem angesprochen. • So muss die ambulante Versorgung und die in diesem Bereich benötigten Gesundheitsfachleute mit geeigneten Massnahmen gefördert werden (Strukturen und Ausbildung) • Die Schweiz sollte ihren Bedarf an Gesundheitsfachleuten möglichst im Inland bereit stellen können. • Der TARMED sollte rasch dahin gehend revidiert werden, dass die Leistungen der Grundversorgung und anderer Bereiche, die zur Mangelversorgung neigen, relativ zu den Leistungen der Spezialversorgung besser gestellt werden.

Reformempfehlungen für das schweizerische Gesundheitssystem
• Unterstützung von Ansätzen, welche die integrierte Versorgung über die sektoralen Grenzen hinaus verbessern. • Verbesserung der Kompetenzen, Strukturen und der Zusammenarbeit auf Bundes- und Kantonsebene im Bereich der öffentlichen Gesundheit (nationales Kompetenzzentrum).
4. Verbesserung der Gesundheit sowie der Qualitätssicherung bei der Gesundheitsversorgung stärken.
• Systematischere Bewertung und Evaluation von Programmen zur Gesundheitsförderung und Krankheitsprävention, welche bislang noch nicht flächendeckend verfügbar sind, nicht konsequent aufgenommen werden oder kostenwirksam sind. • Wesentliche Verbesserung des Stellenwerts der Prävention im schweizerischen Gesundheitssystem. • Stärkung der Rechenschaftspflicht und der Führungskapazitäten innerhalb des Gesundheitssystems, um grössere Fortschritte bei der Gesundheitsförderung und Krankheitsprävention zu erzielen. • Grössere finanzielle Unterstützung von nationalen Initiativen zur Verbesserung der Versorgungsqualität. • Gesundheitsberichterstattung und Datenerhebung aufgrund von nationalen Qualitätsindikatoren durch Leistungserbringer im stationären und ambulanten Bereich.
5. Stärkung der Wirtschaftlichkeit.
• Prüfung eines Wechsels von der aktuellen dualen Spitalfinanzierung durch Kantone und Krankenversicherer hin zu einem System, in welchem die kantonalen Beiträge an einen einzigen Direktzahler gehen (Monistische Leistungsfinanzierung). • Sicherstellung, dass die Umsetzung von DRG's mit grösserer Autonomie für kantonale Krankenhäuser verbunden wird und dass neue Informationen zur Wirtschaftlichkeit und Qualität der Leistungserbringer für die regionale Spitalplanung genutzt werden. • Reduktion der Fehlanreize zur Überversorgung, die durch Einzelleistungstarife ausgelöst werden, indem andere Vergütungsarten (oder Kombinationen von Vergütungsarten) angestrebt werden. • Vermehrte Verlegung der Akutversorgung vom stationären in den ambulanten Bereich und Entwicklung horizontaler Versorgung in den ambulanten und stationären Strukturen für Personen, welche Langzeit- oder Palliativpflege benötigen oder solche, die an psychischen Erkrankungen leiden. • Ausweitung der politischen Massnahmen zur Förderung der Aufmerksamkeit für die Qualität und bei der Verschreibung und Abgabe von Arzneimitteln (z. B. durch den Einsatz von HTA's und verstärkter Förderung von Generika).

Abb. 5: Reformempfehlungen für das schweizerische Gesundheitssystem
Quelle: Eigene Darstellung

25 Generell kann man festhalten, dass es im OECD-Bericht häufig um vermutete Ineffizienzen geht, welche nicht mit harten Zahlen und Fakten unterlegt sind. Trotzdem zeigen die Empfehlungen auf, wo insbesondere auf der Makroebene Verbesserungspotenzial vorhanden ist.

5 Fazit: Die Rahmenbedingungen schrittweise verbessern

26 Der vorliegende Beitrag zeigt auf, wie in der Schweiz aktuell die Rahmenbedingungen hinsichtlich der Effizienz gestaltet sind. Der Blick der OECD zeigt demgegenüber, wo aus der übergeordneten Systemsicht der Hebel anzusetzen ist, da-

mit in der Schweiz aus jedem Franken der in das Gesundheitssystem investiert wird, das Maximum an guter qualitativer Leistung resultiert.

Dazu müssen wir den Föderalismus in der Gesundheitsversorgung kritisch hinterfragen und sicherstellen, dass die direktdemokratischen Instrumente nicht immer stärker zum Schutz von Partikularinteressen missbraucht werden. Die Rollen und Verantwortlichkeiten von Bund und Kantonen sind in einem zielorientierten Gesamtsystem stringent auszugestalten. 27

Wir benötigen stärker datenbasierte Fakten, um die Wirkungsweise unserer Gesundheitssysteme zu verstehen und zielgerichtete Verbesserungsmaßnahmen einzuleiten. Dazu braucht es zwingend mehr systematisch erfasste Daten, die sich auf Bundesebene auswerten lassen. Dabei haben hier wie auf anderen Gebieten des Gesundheitswesens die Beteiligten auf einen verständliche, bürgernahe Kommunikation zu achten. 28

Wir müssen uns – mit dem selbstkritischen Blick auf andere Gesundheitssysteme – notwendigerweise die Frage stellen, ob nicht mehr Ressourcen in die Gesundheitsförderung und Prävention gesteckt werden müssen. Insbesondere mit Blick auf die nächsten fünf Jahrzehnte, in denen immer mehr chronische Leiden einer immer älteren Bevölkerung gelindert werden müssen, sind flexible Versorgungsstrukturen mit kompetenten *Gesundheits*fachleuten gefragt. 29

Damit auf der Mikroebene die gewünschte Effizienz erzielt wird, braucht es auf der Makroebene die richtigen Rahmenbedingungen mit den richtigen Anreizstrukturen. Denn auch hier gilt: Wie man die Körner streut, so laufen die Hühner. 30

Abkürzungen

TARMED	Ambulanter Arzttarif in der Schweiz
BAG	Bundesamt für Gesundheit
santésuisse	Die Schweizer Krankenversicherer
SwissDRG	Fallpauschalensystem zur Abgeltung der stationären Leistungen der Krankenhäuser in der Schweiz
GPK-N	Geschäftsprüfungskommission des Nationalrates
GPK-S	Geschäftsprüfungskommission des Ständerates
HTA	Health Technologie Assessment
KLV	Krankenpflege-Leistungsverordnung
KVG	Krankenversicherungsgesetz
OKP	Obligatorische Krankenpflegeversicherung
KVV	Verordnung über die Krankenversicherung

Literatur

Caminada, M.: Effizienzbeurteilung (Wirtschaftlichkeitsprüfung) in der ambulanten medizinischen Versorgung (CH). In: Rebscher, H./Kaufmann, S. (Hrsg.): Effizienzmanagement in Gesundheitssystemen. Heidelberg 2012, S. 193-205.

Kaufmann, S.: ANQ – Verein für Qualitätssicherung als Konsensplattform in der Schweiz. In: Rebscher, H./Kaufmann, S. (Hrsg.): Qualitätsmanagement in Gesundheitssystemen. Heidelberg 2011, S. 81-92.

Nold Rebetez, V.: Zugänge zur Effizienzbeurteilung im stationären Sektor aus Sicht der Schweizer Krankenversicherer. In: Rebscher, H./Kaufmann, S. (Hrsg.): Effizienzmanagement in Gesundheitssystemen. Heidelberg 2012, S. 221-228.

Internetquellen

www.bag.admin.ch
Suchbegriff „Handbuch zur Antragstellung auf Kostenübernahme bei neuen oder umstrittenen Leistungen", [abgerufen am 19.7.2012].

www.oecd.org
Suchbegriff „Bericht OECD/WHO zur Schweiz", [abgerufen am 19.7.2012].

www.parlament.ch
Suchbegriff: „Empfehlungen der Geschäftsprüfungskommission des Nationalrats (GPK-N) vom Januar 2009, [abgerufen am 19.7.2012].

www.wirtschaftslexikon.gabler.de
Suchbegriff „Effizienz" [abgerufen am 19.7.2012].

Entwicklungsszenarien Versorgungseffizienz in den Sektoren

Beitrag 10

Effizienzbeurteilung (Wirtschaftlichkeitsprüfung) in der ambulanten medizinischen Versorgung (D)

Rainer Hess

		Rn.
1	**Die Auswahl des Vergleichsparameters**	1, 2
2	**Vergleichsmaßstäbe einer Effizienzbeurteilung**	3 – 9
2.1	Die zweckmäßige Vergleichstherapie für die Bewertung des Zusatznutzens eines Arzneimittels (§ 35a Abs. 1 SGB V)	4
2.2	Die Anerkennung des medizinischen Nutzens einer neuen Methode, deren medizinische Notwendigkeit und Wirtschaftlichkeit auch im Vergleich zu bereits zu Lasten der GKV erbrachten Methoden (§ 135 Abs. 1 SGB V)	5
2.3	Das Potential einer erforderlichen Behandlungsalternative als Grundlage der klinischen Erprobung einer neuen Methode (§ 137e SGB V)	6
2.4	Evaluation der Disease-Management-Programme (§ 137 f Abs. 4 SGB V)	7
2.5	Einheitliche Verhältniszahlen für den allgemeinen bedarfsgerechten Versorgungsgrad (§ 101 Abs. 1 S. 1 Nr. 1 SGB V)	8
2.6	Überschreitung des Fachgruppendurchschnitts einer Vergleichsgruppe für die vertragsärztliche Abrechnung oder einer fachgruppenspezifischen Richtgröße für das Verordnungsvolumen (§ 106 Abs. 2 SGB V)	9
3	**Wirtschaftlichkeitsprüfung in der vertragsärztlichen Versorgung**	10 – 24
3.1	Prüfstufen der Abrechnung	12 – 17
3.1.1	Sachlich/rechnerische Prüfung	13, 14
3.1.2	Honorarverteilungsprüfung	15
3.1.3	sonstiger Schaden	16

		Rn.
3.1.4	Auffälligkeitsprüfung nach dem Fachgruppendurchschnitt oder Zufälligkeitsprüfung nach Stichproben	17
3.2	Statistische Vergleichsprüfung	18 – 20
3.2.1	Fachgruppendurchschnitt als Norm	18
3.2.2	Eignung der Überschreitung als Indiz oder Vermutung für Unwirtschaftlichkeit	19
3.2.3	Ausdifferenzierung von Praxisbesonderheiten	20
3.3	Stichprobenprüfung	21 – 23
3.4	Konsequenzen aus der Prüfung	24
4	**Prüfstufen der Verordnungsweise**	25 – 30
4.1	Abschluss von Zielvereinbarungen zu deren Einhaltung	26
4.2	Vereinbarung arztgruppenspezifischer auf den Behandlungsfall bezogener Richtgrößen	27
4.3	Information und Hinweise auch vergleichend über preisgünstige verordnungsfähige Leistungen und Bezugsquellen, zu Indikation und therapeutischen Nutzen	28
4.4	Prüfung der Ursachen der Überschreitung des vereinbarten Ausgabenvolumens	29
4.5	Ausgliederung von Praxisbesonderheiten	30
5	**Eigene Bewertung**	31

Autor

Dr. jur. Rainer Hess

Jahrgang 1940, 1961-1962 Studium der Mathematik, 1962-1965 Studium der Rechtswissenschaften, 1969 Referendarausbildung/2. Staatsexamen, 1972 Promotion im Steuerrecht, 1969-1971 Justiziar des Verbandes der leitenden Krankenhausärzte, 1971-1987 Justiziar der gemeinsamen Rechtsabteilung von Bundesärztekammer und Kassenärztlicher Bundesvereinigung, 1988-2003 Hauptgeschäftsführer der Kassenärztlichen Bundesvereinigung, 2004-2012 Unparteiischer Vorsitzender des Gemeinsamen Bundesausschusses nach § 91 SGB V.

> **Abstract:** Der Gesetzgeber des SGB V verwendet den Begriff der Effizienz nicht, bringt in mehreren Vorschriften vergleichbar zum Ausdruck, dass Krankenkassen, Leistungserbringer und Versicherte verpflichtet sind, jeweils darauf zu achten, dass die Leistungen wirksam und wirtschaftlich erbracht werden und nur im notwendigen Umfang in Anspruch genommen werden (§§ 2 Abs. 4, 4 Abs. 4 S. 1, 12 Abs. 1 SGB V). Die Effizienzbeurteilung in der ambulanten medizinischen Versorgung kann aber nicht auf die reine Wirtschaftlichkeitsprüfung der Leistungserbringung nach § 106 SGB V reduziert werden. Sie muss vielmehr auch die gerade im ambulanten Bereich über Wahltarife und freie Arztwahl zugängigen unterschiedlichen Versorgungsstrukturen und die Gesamtwirtschaftlichkeit des ambulanten Versorgungsangebotes einbeziehen. Dabei lässt sich die Effizienz der medizinischen Versorgung nicht isoliert für eine Methode, eine Maßnahme, ein Produkt, eine Leistung, einen Vertrag, eine Versorgungseinrichtung oder ein Versorgungsvertrag bewerten. Notwendig ist vielmehr immer eine vergleichende Bewertung, da ohne Vergleichsmaßstab keine Kosten-Nutzenrelation hergestellt und ohne eine solche auch kein messbares Ergebnis erzielt werden kann.

1 Die Auswahl des Vergleichsparameters

Die Auswahl des Parameters ist daher wesentlich mitentscheidend für die Effizienzbeurteilung und deren Ergebnis. Dies ergibt sich schon aus der folgenden Auflistung möglicher Vergleichsparameter:

- eine alternative Behandlungsmethode oder Maßnahme, ein Produkt oder eine Leistung im selben Anwendungsbereich (Effizienzgrenze) oder indikationsübergreifend eine Kosten-Nutzenvergleich mit Behandlungsmethoden etc. auch für andere Erkrankungen (z. B. QALY);
- ein Einzelvertrag (z. B. Wahltarif einer Krankenkasse) versus der Regelversorgung oder versus anderer Einzelverträge;
- Ergebnisse vergleichbarer Einrichtungen (Benchmark) nur vertragsärztlich, sektoren- und einrichtungsübergreifend ambulant, sektoren- und einrichtungsübergreifend ambulant und stationär, Patienten-Behandlungspfad bezogen ambulant/stationär.

Diese Auflistung zeigt auch, dass die Bewertung der Effizienz häufig auf **politische Vorgaben** stößt, die zwar ihrerseits einer Effizienzbewertung unterzogen werden könnten, als politische Entscheidungen aber hingenommen werden müssen. Deutschland akzeptiert keine QALY Bewertungen als Leistungsausschlusskriterium. Je mehr die Politik gezielt Handlungsspielräume im Vertragswettbewerb eröffnet, je weniger wird es gesicherte Erkenntnisse zur Effizienz im Wettbewerb stehender Vertragsmodelle geben, da die Vertragspartner schon aus Wettbewerbsgründen ihre internen Bewertungen vertraulich behandeln.

Wesentlich für die Effizienzbewertung ist auch die **Evidenz der Bewertungsbasis**. Vergleiche können auf Beobachtungen bereits abgelaufener Behandlungsprozesse basieren oder auf einer gleichzeitig durchgeführten Vergleichsstudie mit vergleichbaren Populationen. Allgemein gilt, dass ex-post Vergleiche nicht dieselbe Evidenz gewährleisten wie ex-hoc Vergleiche.

2 Vergleichsmaßstäbe einer Effizienzbeurteilung

3 Das Sozialgesetzbuch enthält für den Bereich der vertragsärztlichen Versorgung mehrere Vorgaben für eine vergleichende Bewertung als Grundlage für normative Entscheidungen des G-BA.

2.1 Die zweckmäßige Vergleichstherapie für die Bewertung des Zusatznutzens eines Arzneimittels (§ 35a Abs. 1 SGB V)

4 M. W. v. 1.1.2011 müssen sich alle in den Arzneimittelmarkt neu eingeführten **Arzneimittel mit neuen Wirkstoffen oder Anwendungsgebieten** einer frühen Nutzenbewertung durch den G-BA unterziehen, der sich dazu der wissenschaftlichen Bewertung durch das IQWiG bedient. Dabei gilt zunächst der medizinische Nutzen des neuen Arzneimittels im Rahmen des zugelassenen Anwendungsgebiets mit der Arzneimittelzulassung nach dem AMG als belegt. Der pharmazeutische Unternehmer muss jedoch zum Tage der Markteinführung dem G-BA in einem Dossier gegenüber der für sein Produkt bestehenden zweckmäßigen Vergleichstherapie einen Zusatznutzen belegen, wenn er in Deutschland einen Erstattungspreis erreichen will, der über dem Abgabepreis oder bei einem Generikum über dem Festbetrag der betreffenden Festbetragsgruppe liegen soll. Die hierfür maßgebliche zweckmäßige Vergleichstherapie muss eine nach dem allgemein anerkannten Stand der medizinischen Erkenntnisse zweckmäßige Therapie im Anwendungsgebiet sein (§ 12 SGB V), vorzugsweise eine Therapie, für die Endpunktstudien vorliegen und die sich in der praktischen Anwendung bewährt hat, soweit nicht Richtlinien des G-BA nach § 92 Abs. 1 SGB V oder das Wirtschaftlichkeitsgebot dagegen sprechen. Die zweckmäßige Vergleichstherapie bildet daher zusammen mit den ebenfalls gesetzlich vorgegeben Kriterien für die Bewertung des Ausmaßes eines Zusatznutzens die Grundlage einer Effizienzbeurteilung (value for money), die allerdings auf den Preis begrenzt ist und die weiteren für die Effizienz der Arzneimittelversorgung maßgebenden Parameter (Menge und Qualität) nicht umfasst (dazu unten IV).

2.2 Die Anerkennung des medizinischen Nutzens einer neuen Methode, deren medizinische Notwendigkeit und Wirtschaftlichkeit auch im Vergleich zu bereits zu Lasten der GKV erbrachten Methoden (§ 135 Abs. 1 SGB V)

5 Auch insoweit erfolgt ein **Vergleich der neuen Methode mit einer bereits anerkannten Methode** im selben Anwendungsgebiet (Krankheitsbild). Dabei geht es aber nicht um die Vereinbarung oder die Festsetzung eines Erstattungspreises

(diesen bestimmt das jeweilige Vergütungssystem im EBM, BEMA oder DRG). Der G-BA hat vielmehr insoweit auf Antrag eines gesetzlich dazu Berechtigten (BMG, KBV, GKV-Spitzenverband, Patientenvertretungsorganisation, Unparteiische) zu bewerten, ob nach dem allgemein anerkannten Stand der medizinischen Erkenntnisse der diagnostische oder therapeutische Nutzen, die medizinische Notwendigkeit oder die Wirtschaftlichkeit einer neuen Methode nachgewiesen sind. Auch diese Bewertung erfolgt i. d. R. zunächst im Auftrag des G-BA durch das IQWiG. Ist ein medizinischer Nutzen nach den Kriterien der evidenzbasierten Medizin nicht belegt oder ist eine andere wirtschaftlichere Behandlungsmöglichkeit mit vergleichbarem Nutzen verfügbar, wird der G-BA die Erbringung und Verordnung der entsprechenden Leistung oder Maßnahme zu Lasten der GKV grundsätzlich ausschließen oder jedenfalls erheblich einschränken. Auch diese vergleichende Bewertung dient der Effizienz der vertragsärztlichen Versorgung allerdings wiederum nur bezogen auf den Ausschluss unwirksamer oder unwirtschaftlicher Methoden nicht jedoch auf das Ausmaß ihres Einsatzes in der Versorgung bei einer anerkennenden Entscheidung. Die Verordnung von Arzneimitteln kann der G-BA aus den zu 1. Genannten Gründen nur einschränken oder ausschließen, wenn in einem Verfahren nach § 92 Abs. 2a SGB V die Unzweckmäßigkeit erwiesen ist.

2.3 Das Potential einer erforderlichen Behandlungsalternative als Grundlage der klinischen Erprobung einer neuen Methode (§ 137e SGB V)

MPW. 1.1.2012 hat der G-BA die Zuständigkeit erhalten, im Rahmen von Nutzenbewertungsverfahren nach §§ 135 Abs. 1, 137e SGB V für Untersuchungs- und Behandlungsmethoden, bei denen **Zweifel an der Evidenz eines behaupteten Nutzens** bestehen, eine Richtlinie zur Erkenntnisgewinnung über die Evidenz einer Methode zu beschließen, wenn die betreffende Methode „das Potential einer erforderlichen Behandlungsalternative", das heißt einen therapierelevanten Qualitätsgewinn gegenüber bisherigen Leistungen bietet. Auf Grund einer solchen Richtlinie wird die neue Methode in einem befristeten Zeitraum unter vom G-BA festgelegten Studienbedingungen im Rahmen der ambulanten und stationären Krankenbehandlung oder der Früherkennung zu Lasten der GKV erbracht (§ 137e Abs. 1). Die Richtlinie hat hierfür die in die **Erprobung** einbezogenen Indikationen und die Anforderungen an die Qualität der Leistungserbringung im Rahmen dieser Erprobung festzulegen. Nach Abschluss der Erprobungsphase entscheidet der G-BA darüber, ob die betreffende Methode bei einem evidenzbasierten Nutzenbeleg als Leistung der vertragsärztlichen Versorgung anzuerkennen ist beziehungsweise ob sie bei einem nicht evidenzbasierten Nutzen auch aus der stationären Behandlung auszuschließen ist. Auch diese, die bisherigen Bewertungsverfahren sektorenübergreifend zusammenführende Erprobung des Nutzens, der medizinischen Notwendigkeit und der Wirtschaftlichkeit einer

Methode dient der Effizienzbeurteilung, die allerdings sektorenübergreifend angelegt ist.

2.4 Evaluation der Disease-Management-Programme (§ 137 f Abs. 4 SGB V)

7   Ebenfalls sektorenübergreifend erfolgt die Bewertung von Disease-Management-Programmen (DMP) in ihren Auswirkungen auf die Versorgung (**Evaluation**). Dabei stand bisher allerdings weniger die Effizienz dieser Programme auf dem Prüfstand sondern mehr die Erreichung bestimmter Surrogatparameter (z. B. beim DMP Diabetes die Senkung des Blutdrucks oder des HbA1c Wertes), die als solche keine Aussage über einen Zusatznutzenbeleg nach patientenrelevanten Endpunkten (Morbidität, Mortalität, Lebensqualität) erbringen.

2.5 Einheitliche Verhältniszahlen für den allgemeinen bedarfsgerechten Versorgungsgrad (§ 101 Abs. 1 S. 1 Nr. 1 SGB V)

8   Bei den für die Bedarfsplanung der vertragsärztlichen Versorgung anzuwendenden **arztgruppenbezogenen Verhältniszahlen zwischen der Zahl der Bevölkerung und der Zahl der Ärzte** einer Arztgruppe (z. B. Hausärzte) scheint ein Bezug zur Effizienz der medizinischen Versorgung zunächst fernliegend zu sein. Immerhin soll aber der mit diesen Verhältniszahlen ausgedrückte allgemeine bedarfsgerechte Versorgungsgrad eine Vorgabe dafür bieten, welcher **vertragsärztliche Versorgungsbedarf** in einem Planungsbereich besteht, und mit welchen Maßnahmen ggf. eine drohende oder bestehende Unterversorgung oder eine bestehende Überversorgung anzugehen ist. Insofern könnte er erhebliche Auswirkungen auf die Effizienz der Versorgung bekommen, wenn denn die bestehenden Verhältniszahlen den medizinischen Versorgungsbedarf widerspiegeln würden und es mit den bestehenden Maßnahmen gelingen würde, bestehende Überversorgungen abzubauen oder Unterversorgungen zu beseitigen. Beide Voraussetzungen sind derzeit aber nicht gegeben, da die bestehenden Verhältniszahlen aus Gründen der Rechtssicherheit von Zulassungsbeschränkungen als grundrechtsrelevanter Eingriff in das Grundrecht auf freie Berufsausübung nach Art. 12 GG gesetzgeberisch aufgrund der zu einem lange zurückliegenden Stichtag (grundsätzlich 31.12.1990) bestehenden Versorgungsverhältnisse festgeschrieben wurden und deswegen über den aktuellen medizinischen Versorgungsbedarf relativ wenig aussagen.

2.6 Überschreitung des Fachgruppendurchschnitts einer Vergleichsgruppe für die vertragsärztliche Abrechnung oder einer fachgruppenspezifischen Richtgröße für das Verordnungsvolumen (§ 106 Abs. 2 SGB V)

Insoweit handelt es sich um gesetzlich festgelegte Vergleichsgrundlagen für die Bewertung der Wirtschaftlichkeit der Leistungserbringung oder der Verordnungstätigkeit eines Vertragsarztes. Könnte über solche Bewertungen erreicht werden, dass jeder Vertragsarzt für seine Patienten nur das medizinisch Notwendige unter **Einhaltung des Gebotes der Wirtschaftlichkeit** erbringt, könnte dadurch die Effizenz der vertragsärztlichen Versorgung insgesamt wesentlich gesteigert werden. Dem stehen jedoch folgende Hindernisse entgegen:

9

1. Die freie Arztwahl des Versicherten und die dadurch mögliche Mehrfachinanspruchnahme von Vertragsärzten des gleichen oder verschiedener Fachgebiete; die bei jeder direkten Inanspruchnahme zu entrichtende Praxisgebühr von 10 EUR ist keine wirksame Bremse, weil sich die Versicherten bei der Erstinanspruchnahme Überweisungsscheine ausstellen lassen, die der Vertragsarzt im Wettbewerb kaum verweigern kann. Eine Kontrolle des Inanspruchnahme Verhaltens der Versicherten durch seine Krankenkasse findet nur in Ausnahmefällen statt
2. Parallelverschreibungen insbesondere von Arzneimitteln aber auch Heilmitteln oder Hilfsmitteln durch die in Anspruch genommenen Vertragsärzte, die mangels Kenntnis von Vorverschreibungen nicht aufeinander abgestimmt sind.
3. Der Wegfall von Zuzahlungen nach Überschreiten der einkommensabhängigen Härtefallgrenzen mit entsprechenden Auswirkungen auf Verordnungswünsche
4. Die fragwürdige Basis eines Fachgruppendurchschnitts als Grundlage der Wirtschaftlichkeitsprüfung (dazu unten 3.2).
5. Die Beeinträchtigung der Datenbasis für Wirtschaftlichkeitsprüfungen durch Ausgliederung von in Wahltarifen nicht über die KÄV abgerechneten Behandlungsfällen und durch Rabattvereinbarungen der Krankenkassen mit Arzneimittelherstellern, die der auf der Basis der Arzneimittelabgabepreisen berechneten Richtgrößen partiell die Grundlage entziehen.
6. Die im VStG enthaltene neuerliche Einschränkung von Arzneiregressen durch verpflichtend vorgeschaltete Beratungen und durch eine Limitierung der Regresshöhe.

3 Wirtschaftlichkeitsprüfung in der vertragsärztlichen Versorgung

Trotz der vorstehend aufgezeigten Einschränkungen in der Effizienz der Wirtschaftlichkeitsprüfung ist sie ein unverzichtbares Element des in Deutschland für die Leistungsgewährung durch die Krankenkassen maßgeblichen Sachleistungs-

10

systems. Wenn die Krankenkassen die ärztliche Behandlung und die Arznei-, Heil- und Hilfsmittelversorgung als Sachleistung schulden, diese selbst aber nicht als Eigenleistung erbringen dürfen, sondern sich über Verträge mit den Kassenärztlichen Vereinigungen in der Regelversorgung „einkaufen" müssen, diese wiederum die an der vertragsärztlichen Versorgung teilnehmenden Leistungserbringer damit beauftragen müssen, dann bedarf es sowohl einer systematisierten Prüfung der Ordnungsmäßigkeit und Wirtschaftlichkeit der von den Leistungserbringern abgerechneten Leistungen als auch der die Krankenkassen verpflichtenden vertragsärztlichen Verordnungen von Drittleistungen. Das Rechtsinstitut der Wirtschaftlichkeitsprüfung ist daher seit der Wiedererrichtung der gemeinsamen Selbstverwaltung von Ärzten und Krankenkassen im SGB V verankert, insbesondere in Zeiten der Kostendämpfungspolitik systematisch verschärft, in jüngster Zeit aber mit der Begründung einer notwendigen Entbürokratisierung der vertragsärztlichen Tätigkeit in seiner Schärfe stark zurückgefahren worden. Die im GKV-WSG vorgenommene Reduzierung der sogenannten Auffälligkeitsprüfung aufgrund der Überschreitung von Durchschnittswerten der jeweiligen Arztgruppe zugunsten einer erweiterten Zufälligkeitsprüfung aufgrund von Stichproben, war allerdings Folge der bereits 2006 vorgesehenen Umstellung des Vergütungssystems der vertragsärztlichen Versorgung auf die Morbidität der Versicherten. Damit konnte der Behandlungsfallwert als Grundlage einer statistischen Vergleichsprüfung nach Durchschnittswerten so nicht beibehalten werden. Bis heute ist dieses neue Vergütungssystem aber nicht wirksam umgesetzt. Die auf Grund der damaligen Neuregelung abgeschlossenen Prüfvereinbarungen haben deswegen auf die Durchschnittswertprüfung nicht verzichtet sondern sie in einen Kontext mit den verpflichtend durchzuführenden Prüfungsarten gestellt. Die Prüfvereinbarungen beinhalten in unterschiedlicher Ausprägung:

a. die arztbezogene Prüfung ärztlich verordneter Leistungen bei Überschreiten von Richtgrößenvolumen nach § 84 für nicht mehr als 5 vH der Ärzte einer Fachgruppe durch die Prüfungsstelle (Abs. 4) von Amts wegen (Auffälligkeitsprüfung nach Abs. 2, S. 1, Nr. 1);
b. die arztbezogene Prüfung ärztlicher und ärztlich verordneter Leistungen auf der Grundlage arzt- und versichertenbezogener Stichproben durch die Prüfungsstelle von Amtswegen (Zufälligkeitsprüfung nach Abs. 2, S. 1, Nr. 2);
c. die Prüfung ärztlicher Leistungen nach Durchschnittswerten auf Antrag von KÄV und/oder Krankenkassenverbände durch die Prüfungsstelle bei besonderen sich aus der Frequenz-/Honorarstatistik ergebender Auffälligkeiten der Abrechnung;
d. soweit keine Auffälligkeitsprüfung durchgeführt wird, die arztbezogene Prüfung der Wirtschaftlichkeit der Verordnung von Arzneimittel, Heilmittel und Sprechstundenbedarf nach Durchschnittswerten teilweise von Amts wegen, teilweise auf Antrag durch die Prüfungsstelle;
e. die Prüfung in besonderen Fällen auf gemeinsamen Antrag von KV und Krankenkassenverbände bei Einzelfällen, Auftragsleistungen, KH-Einweisun-

gen, AU-Verordnungen, unzulässigen Arzneiverordnungen, unzulässige Anforderungen von Sprechstundenbedarf oder schuldhafte Verletzung vertragsärztlicher Pflichten (sonstiger Schaden) (in Anlehnung an Prüfvereinbarung Kino Rheinisches ÄrzteBl 12/2007).

Die Prüfvereinbarungen stellen daher für die vertragsärztlichen Leistungen die Stichprobenauswahl in den Vordergrund und gehen für verordnete Leistungen primär von einer Richtgrößenprüfung aus. Für vertragsärztliche Leistungen ist auf Antrag der Vertragspartner der Prüfvereinbarung eine Durchschnittswertprüfung möglich und bei Undurchführbarkeit einer Richtgrößenprüfung auch für Arzneimittel eine Durchschnittswertprüfung zulässig. Der grundsätzliche Unterschied zwischen einer Ausrichtung der Auffälligkeitsprüfung nach **Richtgrößen oder Durchschnittswerten** besteht darin, dass sich der Durchschnitt als **Ist-Volumen** der Krankenkassenausgaben im jeweiligen Prüf- und Abrechnungsquartal errechnet, während die Richtgröße eine vereinbarte **Soll-Vorgabe** für das dem einzelnen Arzt zur Verfügung stehende Ausgabenvolumen der Krankenkasse grundsätzlich bezogen auf das Kalenderjahr ist. 11

3.1 Prüfstufen der Abrechnung

Die vertragsärztliche Abrechnung unterliegt nach ihrer Übermittlung an die KÄV einer mehrstufigen Prüfung mit unterschiedlichen Zuständigkeiten 12

3.1.1 Sachlich/rechnerische Prüfung

Vor der Wirtschaftlichkeitsprüfung ist die vom Arzt bei der KÄV eingereichte Honoraranforderung von dieser zunächst auf der Grundlage des „EBM/Bema" rechnerisch und gebührenordnungsmäßig zu prüfen und ggf. zu berichten. Dabei hat die **Plausibilitätsprüfung** als Teil der sachlich rechnerischen Prüfung zunehmend an Bedeutung gewonnen und ist jetzt in § 106a eigenständig geregelt. Innerhalb der Plausibilitätsprüfung werden aufgrund der zeit- und kostenbasierten Kalkulation von EBM-Positionen auch Zeitprofile erstellt. 13

Innerhalb der sachlich/rechnerischen Prüfung erfolgt auf der Grundlage von § 136 Abs. 2 SGB V und den **Qualitätsbeurteilungsrichtlinien** des G-BA für bestimmte Leistungen (insbesondere bildgebende Verfahren, invasive kardiologische Diagnostik, zytologische Diagnostik, Mammographie Screening) eine Prüfung der Qualität der Leistungserbringung durch **Ringversuche** (Labor), vorgeschriebene Mindestmengen, Rezertifizierung oder Stichproben (Beurteilung von Röntgenaufnahmen durch **Röntgenkommissionen**). 14

3.1.2 Honorarverteilungsprüfung

15 Sie dient der **Vermeidung einer übermäßigen Ausdehnung der Vertragsarztpraxis** und damit der Reduzierung von Qualitätseinbußen wegen nicht ausreichender Verfügbarkeit. Im Unterschied zur Wirtschaftlichkeitsprüfung, die sich insbesondere im Rahmen der statistischen Vergleichsprüfung am Behandlungs-**Fallwert** orientiert, bezieht sich die Honorarverteilungsprüfung auf die **Leistungshäufigkeit** und damit sowohl auf **Fallzahl und Fallwert.** Voraussetzung für eine Honorarverteilungskürzung ist nicht der Nachweis einer Unwirtschaftlichkeit der Abrechnung, sondern das Überschreiten der durchschnittlichen Fallzahl bzw. des durchschnittlichen Fallwertes der jeweiligen Arztgruppe um einen bestimmten Prozentsatz bzw. das Überschreiten der im HVM für bestimmte Leistungen einer Arztgruppe festgelegten Grenzwerte.

3.1.3 sonstiger Schaden

16 Verursacht der Vertragsarzt in Ausübung seiner Tätigkeit der KK schuldhaft einen Schaden, können ihr daraus Schadenersatzansprüche erwachsen. Ein solcher „sonstiger Schaden" kann insbesondere eintreten bei Überzahlung von Krankengeld oder Mutterschaftsgeld aufgrund einer schuldhaft **falsch ausgestellten ärztlichen Bescheinigung** einer schuldhaft **falschen Auskunft** gegenüber dem medizinischen Dienst der KV, einer **unzulässigen** nicht unwirtschaftlichen **Verordnung** oder einer **nicht gerechtfertigten Überweisung** an einen anderen Arzt und dadurch ausgelöste überflüssige Untersuchungskosten. Dieser sonstige Schaden ist nach §§ 48 BMV-Ä, 23 BMV-Z auf Antrag der KK durch die **Prüfungsinstanzen** nach § 106 Abs. 4 SGB V festzustellen. Nach der Rechtsprechung des BSG (BSGE 55, 144 = SozR 2200 § 368n Nr. 26) steht den Krankenkassen ein solcher Schadenersatzanspruch auch dann zu, wenn der Vertragsarzt durch einen **Behandlungsfehler** Mehraufwendungen der GKV verursacht (dazu § 50 BMV-Ä, der hierfür außerhalb des Prüfverfahrens eine Schlichtung unter Zuziehung der Haftpflichtversicherer ermöglicht).

3.1.4 Auffälligkeitsprüfung nach dem Fachgruppendurchschnitt oder Zufälligkeitsprüfung nach Stichproben

17 Die Auffälligkeitsprüfung der ärztlichen Abrechnung nach Durchschnittswerten wurde als Regelprüfung abgeschafft und nur noch optional durch Vereinbarung als zusätzliche Prüfung zugelassen. Sie soll durch die Zufälligkeitsprüfung nach Stichproben als Regelprüfung ersetzt werden. Ursache dieser tiefgreifenden Reform des Prüfwesens für die ärztliche Abrechnung ist die Neuordnung des vertragsärztlichen Vergütungssystems in §§ 85a-d idF GMG bzw. §§ 87a-d idF GKV-WSG, das auf einer morbiditätsorientierten Abrechnung basiert. Sowohl die Neuordnung der Wirtschaftlichkeitsprüfung als auch die intensivierte Plausi-

bilitätsprüfung in § 106a sollen das mit dieser neuen Vergütungsstruktur verbundene erhöhte Finanzrisiko der Krankenkassen begrenzen (FraktE-GMG BT-Drucks 15/1525 zu Art. 1, Nr 65, S. 280). Die Abschaffung der Durchschnittswert-Prüfung als Regelprüfung ist aber auch durch die Abrechnung von Wahltarifen nach § 53 Abs. 3 außerhalb der vertragsärztlichen Vergütung und den dadurch zumindest langfristig bedingten Wegfall der Datengrundlage für eine statistische Vergleichsprüfung verursacht (dazu §§ 73b Abs. 7, 73c Abs. 6, 140d Abs. 2, 295 Abs. 1b).

3.2 Statistische Vergleichsprüfung

3.2.1 Fachgruppendurchschnitt als Norm

Die statistische Vergleichsprüfung geht von der Prämisse aus, dass die Ärzte im allgemeinen nach den Regeln der ärztlichen Kunst verfahren und das Gebot der Wirtschaftlichkeit beachten; die Durchschnittswerte einer hinreichend großen Zahl vergleichbarer Ärzte lassen daher Rückschlüsse auf die Wirtschaftlichkeit der Behandlungsweise und Verordnungsweise des geprüften Arztes zu . Dem nach den Methoden der statistischen Wissenschaft festgelegten **Mittelwert** kommt somit eine erhebliche Bedeutung für die Wirtschaftlichkeitsprüfung zu. Wenn diese Grundvoraussetzung nicht gegeben ist (z. B. zu kleine Zahl von Ärzten in einer Vergleichsgruppe) oder begründet in Zweifel gezogen werden muss (abgestimmtes unwirtschaftliches Verhalten der Ärzte einer Vergleichsgruppe) dann darf nicht auf eine Wirtschaftlichkeitsprüfung verzichtet werden; insbesondere darf grundsätzlich kein Arzt von der Wirtschaftlichkeitsprüfung ausgenommen werden (BSG E 75, 220 = SozR 3 – 2500 § 106 Nr. 24, 47, 53).

18

3.2.2 Eignung der Überschreitung als Indiz oder Vermutung für Unwirtschaftlichkeit

In dem Ausmaß, in dem der Arzt mit seinen Abrechnungswerten den Fachgruppendurchschnitt als Vergleichsmaßstab überschreitet, wird die **Vermutung unwirtschaftlichen Verhaltens** mit der Folge begründet, dass den Prüfungsinstanzen der Nachweis der Unwirtschaftlichkeit erleichtert und dem Arzt eine gesteigerte Darlegungslast für die Wirtschaftlichkeit seiner Behandlungs- und Verordnungsweise auferlegt wird. Das **Unterschreiten von Fachgruppendurchschnitten** ist demgegenüber für die statistische Vergleichsprüfung **ohne Relevanz,** obwohl auch dies ein Anzeichen für unwirtschaftliches Verhalten des Arztes sein könnte (zu enges Leistungsspektrum), zumindest aber unwirtschaftliches Verhalten nicht ausschließt. Um die statistische Vergleichsprüfung für alle Beteiligten transparent zu machen und die Anforderungen für den Nachweis der Unwirtschaftlichkeit und die Darlegungslast des Arztes eindeutig festzulegen, hat die Rechtsprechung, bezogen auf den **Überschreitungsgrad** des Fachgruppendurchschnittes, **drei Stufen** gebildet:

19

- **Normale Streuung.** Jede Durchschnittsbetrachtung muss eine angemessene Streuung und demgemäß eine angemessene Abweichung nach oben als noch zulässig gelten lassen. Erst außerhalb dieser Grenzen kann überhaupt von einer Überschreitung i. S. d. Abweichung von der Norm gesprochen werden. Der Bereich der normalen Streuung um den Fachgruppendurchschnitt wird nach ständiger Rechtsprechung mit einer Überschreitungsbreite von 0-20 vH (BSG SozR 3-2500 § 106 Nr. 13, 36) bzw. mit der einfachen mittleren Streubreite bei Anwendung der Gauß"schen Normalverteilung angesetzt.
- Beim Überschreiten des Bereiches der normalen Streuung um den Fachgruppendurchschnitt verdichtet sich die **Vermutung einer unwirtschaftlichen Behandlungs- oder Verordnungsweise des Arztes.** Dies führt aber nach ständiger Rechtsprechung nur zu einer **Beweislasterleichterung** für den Prüfungsausschuss für den Nachweis der Unwirtschaftlichkeit. Dieser Nachweis muss nicht mehr in jedem Einzelfall geführt werden, vielmehr genügt der Nachweis anhand einer die Behandlungs- oder Verordnungsweise des Vertragsarztes genügend beleuchtenden Zahl von Beispielen.
- Überschreitet der Arzt mit seinen Abrechnungswerten den durchschnittlichen Fallwert seiner Vergleichsgruppe in einem offensichtlichen Missverhältnis, so kehrt sich die Beweislast um. Nicht die Prüfungsinstanzen müssen dem Arzt anhand einer Einzelfallprüfung Unwirtschaftlichkeit nachweisen; vielmehr muss der Arzt von sich aus **Besonderheiten seiner Praxis** darlegen, die den geltend gemachten Mehraufwand rechtfertigen oder bei Überschreiten des durchschnittlichen Fallwertes in einzelnen Leistungssparten einen **Ausgleich durch Einsparungen in anderen Leistungssparten** oder bei den veranlassten Leistungen nachweisen. Gelingt ihm dies nicht, können die Prüfungsinstanzen allein auf der Grundlage einer statistischen Vergleichsprüfung Honorarkürzungen oder Verordnungskostenregresse aussprechen, wobei die Höhe einer Kürzung oder eines Regresses im Wege der **Schätzung** ermittelt werden kann. Das Überschreiten der **Grenze zum offensichtlichen Missverhältnis** ist daher Voraussetzung für die Einleitung von Prüfmaßnahmen nach Durchschnittswerten, da unterhalb dieser Grenze Unwirtschaftlichkeit nur im Wege der Einzelfallprüfung festgestellt werden kann Seitdem das BSG eine intellektuelle Prüfung der statistischen Grundlagen an Hand medizinischer Gesichtspunkte vor der nach statistischen Kriterien vorzunehmenden Beurteilung eines offensichtlichen Missverhältnisses fordert (BSGE 74, 70 = SozR 3-2500 § 106 Nr. 23) wird schon bei Überschreitungen um mehr als 40 vH im allgemeinen das Vorliegen eines offensichtlichen Missverhältnisses vermutet (BSG SozR 3-2500 § 106 Nr. 50).Bei Arztgruppen mit engem Leistungsspektrum kann die Grenze bei 40 vH und darunter liegen, insbesondere nach Bereinigung um anzuerkennende individuelle Umstände (BSG SozR 3-2500 § 106 Nr. 41).

3.2.3 Ausdifferenzierung von Praxisbesonderheiten

Der Verpflichtung zur **Berücksichtigung von Praxisbesonderheiten** durch die Prüfungsinstanzen kann im Rahmen einer statistischen Vergleichsprüfung durch folgende Maßnahme Rechnung getragen werden: **a)** Bildung differenzierter **Vergleichsgruppen** innerhalb der Fachgruppe der Weiterbildungsordnung, z. B. für Ärzte mit bestimmten Teilgebietsbezeichnungen oder Zusatzbezeichnungen, Ärzten mit einer besonderen Lage der Praxis und daraus resultierendem andersartigem Krankengut (z. B. Landarztpraxis), Belegärzten etc.; **b)** Bildung gesonderter **Vergleichsstatistiken für Allgemeinversicherte und Rentner,** um die höheren Ausgaben für die Behandlung von Rentner von vornherein im statistischen Vergleich berücksichtigen zu können; **c)** die zusätzlich zum statistischen Vergleich in der nach Maßgabe der Weiterbildungsordnung gebildeten Vergleichsgruppe durchgeführte **engere Vergleichsbetrachtung** der von einem Arzt gehäuft abgerechneten Leistungen oder bestimmter Leistungsbereiche mit denjenigen Ärzten, welche die gleichen Leistungen bzw. Leistungsbereiche erbringen aufgrund der verfeinerten Frequenzstatistik (**statistischer Vergleich der zweiten Stufe; d)** die **individuelle Überprüfung** der vom Arzt substantiiert vorgetragenen Praxisbesonderheiten anhand der Leistungsübersichten und Frequenzstatistiken. Dabei bietet es sich im Einzelfall an, Behandlungsfälle, für die Praxisbesonderheiten vorgetragen werden, aus der Vergleichsbetrachtung auszuschließen und nur die übrige Abrechnung in den statistischen Vergleich zu setzen (**Ausgliederung von Praxisbesonderheiten**). Nach der neueren Rechtsprechung des BSG hat diese Ausdifferenzierung von Praxisbesonderheiten bereits vor Anwendung des statistischen Vergleichs **in der ersten Stufe** durch Bereinigung des Fallwertes, der in die statistische Vergleichsberechnung mit dem Fallwert der Vergleichsgruppe eingeht, zu erfolgen. Verbleiben trotz Ausgliederung signifikante Überschreitungen, begründet dies die Vermutung von Unwirtschaftlichkeit. Auch innerhalb nachgewiesener Praxisbesonderheiten können Unwirtschaftlichkeiten bestehen mit der Folge, dass nur ein Teil des auf die Praxisbesonderheit zurückzuführenden Mehraufwandes als wirtschaftlich anerkannt werden kann. Auch hierfür bietet es sich an, die Fälle mit der anerkannten Praxisbesonderheit auszugliedern und insoweit einen Vergleich mit Ärzten durchzuführen, die ein vergleichbares Leistungsspektrum haben. **e) Heranziehung von Fallwerten anderer Fachgruppen,** die gleichartige Leistungen erbringen als zusätzliche Orientierungsgröße für die Beurteilung von Praxisbesonderheiten (z. B. Verhältnis Allgemeinärzte/Internisten). **f) Heranziehung von statistischen Vergleichswerten anderer KÄV** bei zu geringer Arztzahl im eigenen KÄV-Bereich.

3.3 Stichprobenprüfung

Die nach dem Zufallsprinzip zu ziehende Stichprobe, dient zunächst nur dazu, diejenigen Vertragsärzte zu ermitteln, die für die Durchführung einer Prüfung in Betracht kommen. Die Einleitung einer Wirtschaftlichkeitsprüfung aufgrund einer Stichprobe hängt davon ab, dass die Prüfungsstelle ein entsprechendes Prüfverfahren eröffnet. Dadurch besteht die Möglichkeit, die Einleitung einer Wirtschaftlichkeitsprüfung auf der Grundlage von Stichproben auf die Fälle zu beschränken, bei denen sich aufgrund der zusammengestellten Abrechnungs- und Verordnungsdaten Auffälligkeiten ergeben. Die Prüfvereinbarungen legen dafür Kriterien fest, die sich an der Rechtsprechung des BSG zur Durchschnittswertprüfung orientieren. Die Prüfvereinbarungen regeln auch die Freistellung von Ärzten von der Stichprobenprüfung z. B. wegen Neuzulassung, geringer Fallzahl oder anerkannter Praxisbesonderheiten.

22 Die Stichprobenprüfung umfasst die von den einbezogenen Vertragsärzten abgerechneten ärztlichen Leistungen je Behandlungsfall, die im jeweiligen Behandlungsfall verordneten Arznei-, Verband-, Heil- und Hilfsmittel sowie ggf. Krankenhauseinweisungen nebst Dauer der Krankenhausbehandlung und die Verschreibung von Arbeitsunfähigkeit einschließlich deren Dauer (§ 296 Abs. 3 Nr. 1-4, Abs. 5, 297 Abs. 2, 3). Die von anderen Ärzten aufgrund von Überweisungen des geprüften Arztes abgerechneten ärztlichen Leistungen werden nicht in die Stichprobenprüfung einbezogen.

23 § 106 Abs. 2a SGB V bestimmt detailliert dem Umfang der Zufälligkeitsprüfung. Er geht über die Wirtschaftlichkeit im engeren Sinn hinaus und umfasst: Indikationsstellung zur Leistungserbringung, Effektivität der Leistung zur Erreichung des gestellten Zieles, Einhaltung von Qualitätsvorgaben, Kosten/Nutzen-Relation, Vereinbarkeit zahnärztlicher Leistungen mit dem Heil- und Kostenplan für Zahnersatz und Kieferorthopädie. Eine durchgehende Prüfung unter Einbeziehung aller dieser Prüfkriterien würde das Verfahren der Zufälligkeitsprüfung selbst blockieren und ineffizient machen. Deswegen sind diese Prüfungen nur durchzuführen, soweit dafür auf Grund der Prüfunterlagen Veranlassung besteht.

3.4 Konsequenzen aus der Prüfung

24 Stellt die dafür eigenverantwortlich zuständige gemeinsame Prüfungsstelle Unwirtschaftlichkeiten in der Abrechnung fest, führt dies zu einer Reduzierung der entsprechenden Honoraranforderungen des Vertragsarztes. Bei einer unwirtschaftlichen Überschreitung des Fachgruppendurchschnitts der Vergleichsgruppe im offensichtlichen Missverhältnis erfolgt die Reduzierung durch eine prozentualen Abschlag bei einer repräsentativen Einzelfallprüfung in den entsprechenden Leistungssparten mit der Möglichkeit einer Schätzung der Höhe der Unwirtschaftlichkeit. Der Vertragsarzt kann gegen die Entscheidung der gemeinsamen Prüfungsstelle den gemeinsamen Beschwerdeausschuss anrufen. Einspruch und Klage haben keine aufschiebende Wirkung.

4 Prüfstufen der Verordnungsweise

Die Landeverbände der Krankenkassen und die Ersatzkassen gemeinsam und einheitlich und die Kassenärztliche Vereinigung treffen zur Sicherstellung der vertragsärztlichen Versorgung mit Arznei- und Verbandmitteln bis zum 30. November für das jeweils folgende Kalenderjahr eine Arzneimittelvereinbarung. Die Vereinbarung umfasst

1. ein Ausgabenvolumen für die insgesamt von den Vertragsärzten veranlassten Leistungen,
2. Versorgung- und Wirtschaftlichkeitsziele und konkrete, auf die Umsetzung dieser Ziele ausgerichtete Maßnahmen (Zielvereinbarungen), insbesondere zur Information und Beratung und
3. Kriterien für Sofortmaßnahmen zur Einhaltung des vereinbarten Ausgabenvolumens innerhalb des laufenden Kalenderjahres.

4.1 Abschluss von Zielvereinbarungen zu deren Einhaltung

Zielvereinbarungen sollen konkrete Maßnahmen zur Umsetzung vertraglich vereinbarter Versorgungs- und Wirtschaftlichkeitsziele beinhalten. Ihre Auswirkungen auf die Realität der Versorgung, insbesondere deren Qualität und Wirtschaftlichkeit, gehen in die Vereinbarung ggf. als gemeinsam festgestellter Versorgungsmehrbedarf bei bestimmten Indikationen oder als angestrebtes Einsparvolumen (z. B. Erhöhung des Generika-Anteils; Senkung des me-too Anteils) ein. Zielvereinbarungen erfordern daher:

a. konkret indikationsbezogen und/oder arzneimittelgruppenbezogen quantitativ und/oder qualitativ definierte Versorgungs- oder Wirtschaftlichkeitsziele;
b. konkrete Maßnahmen zur Erreichung dieser Ziele;
c. Messbarkeit der Ergebnisse und deren Evaluation. Bloße Absichtserklärungen oder allgemeine Sparappelle erfüllen diese Anforderungen nicht. Notwendig ist daher auch eine ausreichende Datengrundlage zur Erfassung des Status quo, nach Ablauf vereinbarter Fristen eingetretener Veränderungen und Analyse von Ursachen eine Zielverfehlung bzw. Beurteilung der erreichten Ergebnisse

4.2 Vereinbarung arztgruppenspezifischer auf den Behandlungsfall bezogener Richtgrößen

Die genannten Vertragspartner vereinbaren zur Sicherstellung der vertragsärztlichen Versorgung für das auf das Kalenderjahr bezogene Volumen der je Arzt verordneten Arznei- und Verbandmittel (Richtgrößenvolumen) arztgruppenspezifische fallbezogene Richtgrößen als Durchschnittswerte unter Berücksichtigung der getroffenen Arzneimittelvereinbarung. Zusätzliche sollen die Vertragspartner die Richtgrößen nach altersgemäß gegliederten Patientengruppen und darüber hinaus auch nach Krankheitsarten bestimmen. Die Richtgrößen sollen den Vertragsarzt bei seinen Entscheidungen über die Verordnung von Arznei- und Verbandmitteln nach dem Wirtschaftlichkeitsgebot leiten. Die Überschreitung des Richtgrößenvolumens löst eine Wirtschaftlichkeitsprüfung nach § 106 Abs. 5a unter den dort genannten Voraussetzungen aus.

4.3 Information und Hinweise auch vergleichend über preisgünstige verordnungsfähige Leistungen und Bezugsquellen, zu Indikation und therapeutischen Nutzen

28 Die Vertragsärzte werden systematisch über elektronisch gestützte von Ihnen auch für die Verordnungen zu nutzende Praxissoftware-Programme über preisgünstige verordnungsfähige Leistungen, einschließlich der jeweiligen Preises und Entgelte in einer Weise informiert, die unter Berücksichtigung von Hinweisen zu Indikation und therapeutischem Nutzen, eine vergleichende Bewertung ermöglichen; dafür können Arzneimittel ausgewählt werden, die einen maßgeblichen Anteil an der Versorgung der Versicherten im Indikationsgebiet haben.

4.4 Prüfung der Ursachen der Überschreitung des vereinbarten Ausgabenvolumens

29 Überschreitet das tatsächliche nach § 84 Abs. 5 S. 1 bis 3 SGB V festgestellte Ausgabenvolumen für Arznei- und Verbandmittel das nach § 84 Abs. 1 Nr. 1 SGB V vereinbarte Ausgabenvolumen, ist diese Überschreitung Gegenstand der Gesamtverträge, das heißt bei der Weiterentwicklung der Zielvereinbarungen und unter Umständen auch der Gesamtvergütungen zu berücksichtigen. Die Vertragsparteien haben dabei die Ursachen der Überschreitung, insbesondere auch für Erfüllung der Zielvereinbarungen nach § 84 Abs. 1 Nr. 2 zu berücksichtigen. Bei Unterschreitung des nach Absatz 1 Nr. 1 vereinbarten Ausgabenvolumens kann auch diese Unterschreitung Gegenstand der Gesamtverträge werden.

4.5 Ausgliederung von Praxisbesonderheiten

30 Ergibt sich in der Vorabprüfung durch die Prüfungsstelle, dass etwaige Überschreitungen durch Praxisbesonderheiten gerechtfertigt sind, ist kein Prüfverfahren zu eröffnen. Ist dies ganz oder teilweise nicht der Fall, ist bei (verbleibenden) Überschreitungen um mehr als 15 vH ein Beratungsverfahren durchzuführen. Eröffnet die Prüfungsstelle nach Vorab-Prüfung das Prüfverfahren wegen Überschreitung des Richtgrößenvolumens um mehr als 25 vH, hat der Vertragsarzt die Wirtschaftlichkeit seiner Verordnungsweise an Hand von Praxisbesonderhei-

ten nachzuweisen, Gelingt ihm dies nicht, stellt die Prüfungsstelle die Unwirtschaftlichkeit seiner Verordnungsweise fest (§ 106 Abs. 5a S. 3 SGB V) und beschließt den ggf. nach Berücksichtigung von Praxisbesonderheiten verbleibenden Mehrbetrag der Überschreitung als Regress. Bei einer erstmaligen Feststellung einer Überschreitung des Richtgrößenvolumens besteht für den Regress eine Obergrenze von 25.000 EUR für die beiden ersten Jahre einer Festsetzung. Neu ist ab 1.1.2012, dass bei erstmaliger Überschreitung in dieser Größenordnung zunächst eine Beratung zu erfolgen hat und erst bei einer erneuten Überschreitung nach vorher durchgeführter Beratung ein Regress mit den vorstehenden Einschränkungen festgesetzt werden darf.

5 Eigene Bewertung

Auf die Notwendigkeit der Wirtschaftlichkeitsprüfung der vertragsärztlichen Abrechnungs- und verordnungsweise wurde bereits einleitend zu Abschnitt III hingewiesen. Es wurde aber auch bereits dargestellt, dass dieses Verfahren nicht in der Lage ist, die Effizienz der vertragsärztlichen Versorgung als solche zu gewährleisten. Trotz ausdifferenzierter Verfahren einer vergleichenden Wirtschaftlichkeitsprüfung und trotz budgetierter Gesamtvergütung der vertragsärztlichen Versorgung ist Deutschland Spitzenreiter in der Mengendynamik ambulant erbringbarer kostenintensiver diagnostischer und therapeutischer Leistungen und Arzneimittel. Dies hat eine Vielzahl von Ursachen, die, wie die freie Arztwahl, die doppelte Facharztschiene, die Konkurrenz zwischen haus- und fachärztlicher Versorgung politisch akzeptiert sind. Hinzu tritt die bisher fehlende Möglichkeit einer Qualitätssicherung der medizinischen Indikationsstellung. Es bleibt abzuwarten, wie sich die ab 1.1.2013 vorgesehene Eröffnung einer ambulanten spezialfachärztlichen Versorgung als eigenständiger Leistungsbereich auf die Effizienz der dann insoweit sektorenübergreifenden ambulanten Versorgung auswirken wird.

31

Beitrag 11

Effizienzbeurteilung (Wirtschaftlichkeitsprüfung) in der ambulanten medizinischen Versorgung (CH)

Markus Caminada

		Rn.
1	**Gesetzliche Grundlagen**	1 – 6
1.1	Wirtschaftlichkeit der Leistungen	1 – 3
1.2	Wirtschaftlichkeit der Tarife und Preise	4 – 6
2	**Begriff Wirtschaftlichkeit im Krankenversicherungsgesetz**	7 – 9
3	**Wirtschaftlichkeitsaspekte bei ambulanten Leistungserbringern**	10 – 14
3.1	Allgemein	10
3.2	Ärzte	11, 12
3.3	Spitäler	13, 14
4	**Die statistischen Wirtschaftlichkeitsprüfungen von santésuisse**	15 – 30
4.1	Grundlagen	15 – 20
4.2	Durchführung	21 – 27
4.2.1	Phase 1: Ermittlung statistisch auffälliger Ärzte	22
4.2.2	Phase 2: Informationsbrief und Einladung zur Stellungnahme	23
4.2.3	Phase 3: Beobachtungs- und Reaktionszeit	24
4.2.4	Phase 4: Gespräch	25
4.2.5	Phase 5: Vergleich und Paritätische Kommission	26
4.2.6	Phase 6: Rechtsweg	27
4.3	Die statistischen Wirtschaftlichkeitsprüfungen im Wandel	28, 29
4.3.1	Wegweisende Bundesgerichtsurteile	28
4.3.2	Parlamentarische Initiative zur Stärkung der Hausarztmedizin	29
4.4	Die Wirkung der statistischen Wirtschaftlichkeitsprüfungen	30

Literatur

Autor

Markus Caminada
Jahrgang 1967, Betriebswirtschafter, Leiter Abteilung Wirtschaftlichkeitsprüfungen und Mitglied der Direktion, tarifsuisse ag, Solothurn.

> **Abstract:** Die Schweiz leistet sich ein teures Gesundheitswesen mit sehr gutem Zugang der Versicherten zu allen gesetzlichen Leistungserbringern. Die freie Arztwahl ermöglicht den Versicherten den direkten Zugang auch zu Fachspezialisten. Die heutige Verrechnungspraxis über Einzelleistungen macht für Leistungsanbieter das Erbringen (oder Verrechnen) möglichst vieler Leistungen attraktiv.
>
> Das Krankenversicherungsgesetz (KVG) inklusive seine Verordnungen bildet seit 1996 die rechtliche Grundlage für die Inanspruchnahme und Vergütung von medizinischen Leistungen zu Lasten der obligatorischen Krankenpflegeversicherung (OKP), auch Grundversicherung genannt. Die Wirtschaftlichkeit einer Behandlung ist Bedingung für die Kostenübernahme von OKP-Leistungen durch die Grundversicherung.
>
> Dieser Beitrag zeigt nebst der vertrieften Betrachtung der gesetzlichen Grundlagen mit einer Interpretation des Begriffs Wirtschaftlichkeit vor allem die in der Schweiz durchgeführten Wirtschaftlichkeitsprüfungen bei den frei praktizierenden Ärzten näher auf.

1 Gesetzliche Grundlagen
1.1 Wirtschaftlichkeit der Leistungen

Voraussetzungen (Artikel 32 KVG)   1

> Absatz 1: Die Leistungen nach den Artikeln 25-31 müssen wirksam, zweckmäßig und wirtschaftlich sein. Die Wirksamkeit muss nach wissenschaftlichen Methoden nachgewiesen sein.
>
> Absatz 2: Die Wirksamkeit, die Zweckmäßigkeit und die Wirtschaftlichkeit der Leistungen werden periodisch überprüft.

Wirtschaftlichkeit der Leistungen (Artikel 56 KVG)   2

> Absatz 1: Der Leistungserbringer muss sich in seinen Leistungen auf das Maß beschränken, das im Interesse der Versicherten liegt und für den Behandlungszweck erforderlich ist.
>
> Absatz 2: Für Leistungen, die über dieses Maß hinausgehen, kann die Vergütung verweigert werden. Eine nach diesem Gesetz dem Leistungserbringer zu Unrecht bezahlte Vergütung kann zurückgefordert werden. Rückforderungsberechtigt ist: a. im System des Tiers garant (Art. 42 Abs. 1) die versicherte Person oder nach Artikel 89 Absatz 3 der Versicherer; b. im System des Tiers payant (Art. 42 Abs. 2) der Versicherer.
>
> Absatz 3: Der Leistungserbringer muss dem Schuldner der Vergütung die direkten oder indirekten Vergünstigungen weitergeben, die ihm: a. ein anderer in seinem Auftrag tätigen Leistungserbringer gewährt; b. Personen oder Einrichtungen gewähren, welche Arzneimittel oder andere Gegenstände liefern.
>
> Absatz 4: Gibt der Leistungserbringer die Vergünstigungen nicht weiter, so kann die versicherte Person oder der Versicherer deren Herausgabe verlangen.

Absatz 5: Leistungserbringer und Versicherer sehen in Tarifverträgen Maßnahmen zur Sicherstellung der Wirtschaftlichkeit der Leistungen vor. Sie sorgen insbesondere dafür, dass diagnostische Maßnahmen nicht unnötig wiederholt werden, wenn Versicherte mehrere Leistungserbringer konsultieren.

3 Verletzung der Anforderungen bezüglich Wirtschaftlichkeit (Artikel 59 KVG)

Absatz 1: Gegen Leistungserbringer, welche gegen die im Gesetz vorgesehenen Wirtschaftlichkeits- und Qualitätsanforderungen (Art. 56 und 58) oder gegen vertragliche Abmachungen verstoßen, werden Sanktionen ergriffen. Diese umfassen: a. die Verwarnung; b. die gänzliche oder teilweise Rückerstattung der Honorare, welche für die nicht angemessene Leistung bezogen wurden; c. eine Busse; oder d. im Wiederholungsfall den vorübergehenden oder definitiven Ausschluss von der Tätigkeit zu Lasten der obligatorischen Krankenpflegeversicherung.

Absatz 3: Verstöße gegen gesetzliche Anforderungen oder vertragliche Abmachungen nach Absatz 1 sind insbesondere: a. die Nichtbeachtung des Wirtschaftlichkeitsgebotes nach Artikel 56 Absatz 1; b. die nicht erfolgte oder die mangelhafte Erfüllung der Informationspflicht nach Artikel 57 Absatz 6; c. die Weigerung, sich an Maßnahmen zur Qualitätssicherung nach Artikel 58 zu beteiligen; d. die Nichtbeachtung des Tarifschutzes nach Artikel 44;e. die unterlassene Weitergabe von Vergünstigungen nach Artikel 56, Absatz 3; f. die betrügerische Manipulation von Abrechnungen oder die Ausstellung von unwahren Bestätigungen.

1.2 Wirtschaftlichkeit der Tarife und Preise

4 Grundsatz (Artikel 43 KVG):

Absatz 1: Die Leistungserbringer erstellen ihre Rechnungen nach Tarifen und Preisen.

Absatz 2: Der Tarif ist eine Grundlage für die Berechnung der Vergütung; er kann namentlich: a. auf den benötigten Zeitaufwand abstellen (Zeittarif); b. für die einzelnen Leistungen Taxpunkte festlegen und den Taxpunktwert bestimmen (Einzelleistungstarif); c. pauschale Vergütung vorsehen (Pauschaltarif); d. zur Sicherung der Qualität die Vergütung bestimmter Leistungen ausnahmsweise von Bedingungen abhängig machen, welche über die Voraussetzungen nach den Artikeln 36-40 hinausgehen, wie namentlich vom Vorliegen der notwendigen Infrastruktur oder der notwendigen Aus-, Weiter- oder Fortbildung eines Leistungserbringers (Tarifausschluss).

Absatz 3: Der Pauschaltarif kann sich auf die Behandlung je Patient oder Patientin (Patientenpauschale) oder auf die Versorgung je Versichertengruppe (Versichertenpauschale) beziehen. Versichertenpauschalen können prospektiv aufgrund der in der Vergangenheit erbrachten Leistungen und der zu erwartenden Bedürfnisse festgesetzt werden (prospektives Globalbudget).

Absatz 4: Tarife und Preise werden in Verträgen zwischen Versicherern und Leistungserbringern (Tarifvertrag) vereinbart oder in den vom Gesetz bestimmten Fällen von der zuständigen Behörde festgesetzt. Dabei ist auf eine betriebswirtschaftliche Bemessung und eine sachgerechte Struktur der Tarife zu achten. Bei Tarifverträgen zwischen Verbänden sind vor dem Abschluss die Organisationen anzuhören, welche die Interessen der Versicherten auf kantonaler oder auf Bundesebene vertreten.

Absatz 5: Einzelleistungstarife müssen auf einer gesamtschweizerisch vereinbarten einheitlichen Tarifstruktur beruhen. Können sich die Tarifpartner nicht einigen, so legt der Bundesrat diese Tarifstruktur fest.

Absatz 6: Die Vertragspartner und die zuständigen Behörden achten darauf, dass eine qualitativ hoch stehende und zweckmäßige Versorgung zu möglichst günstigen Kosten erreicht wird.

Absatz 7: Der Bundesrat kann Grundsätze für eine wirtschaftliche Bemessung und eine sachgerechte Struktur sowie für die Anpassung der Tarife aufstellen. Er sorgt für die Koordination mit den Tarifordnungen der anderen Sozialversicherungen.

Tarifschutz (Artikel 44 KVG) 5

Absatz 1: Die Leistungserbringer müssen sich an die vertraglich oder behördlich festgelegten Tarife und Preise halten und dürfen für die Leistungen nach diesem Gesetz keine weitergehenden Vergütungen berechnen (Tarifschutz). Die Bestimmungen über die Vergütung von Mittel und Gegenständen, die der Untersuchung oder Behandlung dienen (Art. 52 Abs. 1 Bst. a Ziff. 3), bleiben vorbehalten.

Absatz 2: Lehnt ein Leistungserbringer es ab, Leistungen nach diesem Gesetz zu erbringen (Ausstand), so muss er dies der von der Kantonsregierung bezeichneten Stelle melden. Er hat in diesem Fall keinen Anspruch auf Vergütung nach diesem Gesetz. Wenden sich Versicherte an solche Leistungserbringer, so müssen diese sie zuerst darauf hinweisen.

Tarifvertrag (Artikel 46 KVG) 6

Absatz 1: Parteien eines Tarifvertrages sind einzelne oder mehrere Leistungserbringer oder deren Verbände einerseits sowie einzelne oder mehrere Versicherer oder deren Verbände andererseits.

Absatz 2: Ist ein Verband Vertragspartei, so ist der Tarifvertrag für die Mitglieder des Verbandes nur verbindlich, wenn sie dem Vertrag beigetreten sind. Auch Nichtmitglieder, die im Vertragsgebiet tätig sind, können dem Vertrag beitreten. Der Vertrag kann vorsehen, dass diese einen angemessenen Beitrag an die Unkosten des Vertragsabschlusses und der Durchführung leisten müssen. Er regelt die Art und Weise der Beitritts- sowie der Rücktrittserklärung und ihre Bekanntgabe.

Absatz 3: Nicht zulässig und damit ungültig sind insbesondere folgende Maßnahmen, ohne Rücksicht darauf, ob sie in einem Tarifvertrag oder in getrennten Vereinbarungen oder Regelungen enthalten sind: a. Sondervertragsverbote zu Lasten von Verbandsmitgliedern; b. Verpflichtungen von Verbandsmitgliedern auf bestehende Verbandsverträge; c. Konkurrenzverbote zu Lasten von Verbandsmitgliedern; d. Exklusivitäts- und Meistbegünstigungsklauseln.

Absatz 4: Der Tarifvertrag bedarf der Genehmigung durch die zuständige Kantonsregierung oder, wenn er in der ganzen Schweiz gelten soll durch den Bundesrat. Die Genehmigungsbehörde prüft, ob der Tarifvertrag mit dem Gesetz und dem Gebot der Wirtschaftlichkeit und Billigkeit in Einklang steht.

Absatz 5: Die Frist für die Kündigung eines Tarifvertrages und für die Rücktrittserklärung nach Absatz 2 beträgt mindestens sechs Monate.

2 Begriff Wirtschaftlichkeit im Krankenversicherungsgesetz

7 Gleich mehrere Gesetzesartikel und Verordnungsartikel fordern die wirtschaftliche Bemessung von Tarifen und Preisen. Außerdem hat jede Medizinalperson und jede medizinische Hilfsperson bei der Behandlung das Gebot der Wirtschaftlichkeit zu beachten. Behandlungen dürfen nicht unnötig verteuert oder in die Länge gezogen werden. Eine Behandlung muss demnach als unwirtschaftlich gelten, wenn z. B. ein Arzt mehr tut als medizinisch geboten ist. Die Grundversicherung soll nicht für Kosten aufkommen, die aus medizinischer Sicht gar nicht geboten sind. Nach der Rechtssprechung des Schweizerischen Bundesgerichts gilt eine medizinische Maßnahme dann als unwirtschaftlich, wenn sie nicht im Interesse des Patienten liegt oder über das hinausgeht, was zur Erreichung des Behandlungsziels notwendig ist. Dies trifft namentlich dann zu, wenn eine als nicht sinnvoll erkannte Therapie weitergeführt wird oder in der Hauptsache nur der wissenschaftlichen Forschung dient. Wirtschaftlichkeit der Behandlung ist nicht gleichbedeutend mit Behandlung zu geringen Kosten. Die Krankenversicherer müssen vielmehr auch für kostspielige Maßnahmen aufkommen (z. B. Herztransplantationen), wenn keine kostengünstigeren Behandlungsmethoden oder -varianten bestehen. Umgekehrt kann sich der Versicherte nicht auf das Gebot wirtschaftlicher Behandlung berufen, um anstelle der gesetzlichen Leistungen austauschweise Maßnahmen vergütet zu erhalten, die billiger sind, aber nicht zu den Pflichtleistungen der Grundversicherung gehören. Der angestrebte und erwartete Erfolg ist kein absolutes Kriterium für die Beurteilung der Wirtschaftlichkeit der Behandlung. Dennoch müssen die Kosten einer Maßnahme unter

dem Blickwinkel der Verhältnismäßigkeit vertretbar sein. Nach diesem Prinzip darf kein offensichtliches Missverhältnis zwischen der Höhe der Kosten und dem mutmaßlichen Erfolg einer therapeutischen Vorkehr bestehen.

Der Begriff der Wirtschaftlichkeit kann nach der Version des ökonomischen Prinzips wie folgt definiert werden. Maximumprinzip: Mit einem gegebenen Mitteleinsatz soll ein größtmöglicher Erfolg erzielt werden. Minimumprinzip: ein gegebenes Ziel ist mit dem geringstmöglichen Einsatz an Mitteln zu erreichen.

Nach Artikel 56 KVG stützt sich der Begriff der Wirtschaftlichkeit auf das ökonomische Minimumprinzip: für die Behandlung eines bestimmten Krankheitsbildes sollen die Kosten möglichst tief ausfallen.

3 Wirtschaftlichkeitsaspekte bei ambulanten Leistungserbringern

3.1 Allgemein

Das KVG kennt in den meisten Leistungserbringerbereichen das Primat der Tarifverhandlungen zwischen Krankenversicherern und Leistungserbringern (Artikel 43 KVG: Tarife und Preise werden in Verträgen zwischen Versicherern und Leistungserbringern (Tarifvertrag) vereinbart oder in den vom Gesetz bestimmten Fällen von der zuständigen Behörde festgesetzt. Dabei ist auf eine betriebswirtschaftliche Bemessung und eine sachgerechte Struktur der Tarife zu achten). Im Nachfolgenden werden Maßnahmen zur Sicherstellung der Wirtschaftlichkeit bei ambulanten Leistungserbringern aufgezeigt und kommentiert:

3.2 Ärzte

Die rund 18.000 frei praktizierenden Ärzte rechnen ihre Leistungen über die nationale Tarifstruktur Tarmed ab. Es handelt sich dabei um eine sehr umfassende und komplexe Tarifstruktur bestehend aus über 4.800 Positionen, welche die jeweilige Dignität des ausführenden Arztes berücksichtigen. Das System lässt zu, dass eigentliche Zeitleistungen mit sogenannten Handlungsleistungen kombiniert abgerechnet werden können, was die Rechnungsprüfungen durch die Krankenversicherer entsprechend schwierig gestaltet. Das Tarifwerk wurde seit seiner Einführung im Jahr 2004 nicht mit den notwendigen Anpassungen revidiert. Die paritätisch durch die Kostenträger und Leistungserbringer zusammengesetzten, für die Tarifrevisionen verantwortlichen Gremien, konnten bei wichtigen Grundsatzfragen nie den notwendigen Konsens finden. Zwischenzeitlich hat der Schweizerische Bundesrat vom Parlament die Kompetenz erhalten, in die verhärteten Fronten eingreifen zu dürfen, was zu Bewegungen in diesem Bereich geführt hat. Ergebnisse dazu, wie die veraltete Tarifstruktur einerseits angepasst und gleichzeitig vereinfacht werden kann, sollten bis Ende 2012 vorliegen.

12　Die Höhe der Taxpunktwerte liegt je nach Kanton/Region zwischen Fr. 0.81 und Fr. 0.99. Diese Taxpunktwerte werden auf kantonaler Ebene „gesteuert". Basierend auf der Leistungs- und Kostenvereinbarung (LeiKoV) fließen Volumentwicklungen in den jeweiligen Steuerungsräumen (einzelne Kantone oder Regionen) sowie besondere, exogene Faktoren, welche die Volumenentwicklung beeinflussen (z. B. Ausweitung Leistungskatalog Grundversicherung) in die Taxpunktwertentwicklung ein. Ein paritätisch durch Krankenversicherer und Ärzte besetztes Lenkungsbüro erarbeitet in jährlichem Rhythmus eine Taxpunktwertempfehlung zuhanden der Tarifpartner. Eine Ablehnung der Empfehlung durch einen Tarifpartner hat in der Regel ein hoheitliches Festsetzungsverfahren zur Folge. Die frei praktizierenden Ärzte werden alljährlich einer statistischen Wirtschaftlichkeitsprüfung unterzogen. Nähere Ausführungen dazu folgen separat in diesem Bericht.

3.3　Spitäler

13　Auch die in den Spitälern ambulant erbrachten, ärztlichen Leistungen werden nach Tarmed analog den frei praktizierenden Ärzten abgerechnet. Die bereits beschriebenen Schwierigkeiten im Zusammenhang mit dem Tarifwerk gelten auch hier.

14　Die Höhe der Taxpunktwerte liegt je nach Kanton/Region zwischen Fr. 0.84 und Fr. 0.99. Eine LeiKoV wie sie bei den frei praktizierenden Ärzten angewandt wird, existiert im ambulanten Spitalbereich (leider) nicht. Die Preise werden jeweils zwischen den Krankenversicherern und den Spitälern verhandelt, wobei die Krankenversicherer der LeiKoV ähnliche Berechnungsmodelle für die Bestimmung der Taxpunktwerte anwenden und in der Regel im Rahmen von hoheitlichen Festsetzungsverfahren durchsetzen können.

4　Die statistischen Wirtschaftlichkeitsprüfungen von santésuisse

4.1　Grundlagen

15　Die Krankenversicherer haben ihrem Branchenverband santésuisse die Aufgabe übertragen, die gesamten von frei praktizierenden Ärzten zu Lasten der obligatorischen Krankenpflegeversicherung abgerechneten Leistungen regelmäßig einer flächendeckenden statistischen Wirtschaftlichkeitsprüfung zu unterziehen. Die Abrechnungsdaten der Ärzte werden schweizweit einheitlich zu Informationen und Statistiken aufbereitet und den Experten (Ökonomen, Mediziner und Juristen) zur Beurteilung und Durchführung der Prüfungen zur Verfügung gestellt. Die Wirtschaftlichkeitsprüfung wird in der ganzen Schweiz nach denselben Kriterien und mit gleichen Maßnahmen durchgeführt.

santésuisse filtert die Abrechnungsdaten zur Überprüfung der Wirtschaftlichkeit 16
von ärztlichen Leistungen seit Jahrzehnten unter Anwendung eines statistischen
Vergleichs der Kosten pro Erkrankten und Jahr. Das statistische Vorgehen von
santésuisse ist nicht nur gerichtlich, sondern auch wissenschaftlich abgestützt.
Auf die statistische folgt immer eine individuelle Beurteilung, in deren Rahmen
der Arzt Gelegenheit hat, seine hohen Kosten zu begründen. In den meisten Fällen kann santésuisse diese Erklärung nachvollziehen und akzeptieren.

Der santésuisse-Datenpool bildet die Datengrundlage der statistischen Wirt- 17
schaftlichkeitsprüfungen. Er reicht bis ins Jahr 1997 zurück und enthält die Leistungsdaten von über 98 Prozent aller Versicherten. Die Krankenversicherer liefern die Rechnungsdaten ihrer Kunden nach einheitlichen Standards. Sämtliche
im jeweiligen Rechnungsjahr von den Krankenversicherern abgerechnete Leistungen werden in der santésuisse Rechnungsstellerstatistik (RSS) aufbereitet.
Nebst den zu Lasten der obligatorischen Krankenpflegeversicherung abgerechneten Bruttoleistungen, werden Durchschnittswerte pro Erkrankten eines Arztes
berechnet und mit den Werten seiner Vergleichsgruppe verglichen (Abb. 1).

1.3.10 Rechnungssteller-Statistik: Kosten Ärzte OKP

Detailauswertung pro Leistungserbringer-Gruppe laufendes Geschäftsjahr absolut Datenaufbereitung: 07.07.2008
Einzelne Zahlstelle: X123456   Name Vorname, Strasse Nr., PLZ Ort --- Kanton XX - Allgemeinmedizin   Vertraulich

Gruppe	2003 0	2004 0	2005 0	2006 0	2007 0
1. Direkte Kosten					
- Kosten	551'380	636'642	626'746	670'718	624'933
- Medikamente vom Arzt	795'786	829'421	871'824	884'265	795'294
Bruttoleistung Total	**1'347'165**	**1'466'063**	**1'498'570**	**1'554'983**	**1'420'228**
- Hausbesuche	211	171	216	198	240
- Konsultationen	8'473	8'856	8'416	8'444	8'242
Grundleistungen Total	**8'684**	**9'027**	**8'632**	**8'642**	**8'482**
Durchschnittsalter Erkrankte	45.6	45.9	46.2	46.5	47.5
Anzahl Erkrankte	2'096	1'979	2'052	2'007	1'995
Grundleistung pro Erkrankten	4.14	4.56	4.21	4.31	4.25
Index Grundleistung	*88*	*98*	*89*	*97*	*97*
Kosten pro Grundleistung	63.49	70.53	72.61	77.61	73.68
Index Kosten Grundleistung	*97*	*96*	*100*	*100*	*94*
Kosten pro Erkrankten	263.06	321.70	305.43	334.19	313.25
Index Kosten pro Erkrankten	*86*	*94*	*89*	*97*	*91*
Medikamente vom Arzt pro Erkrankten	379.67	419.11	424.87	440.59	398.64
Index Medikamente vom Arzt pro Erkrankten	*156*	*151*	*148*	*155*	*145*
- Total direkte Kosten: Bruttoleistung	1'347'165	1'466'063	1'498'570	1'554'983	1'420'228
Total direkte Kosten: Kosten pro Erkrankten	642.73	740.81	730.30	774.78	711.89
Total direkte Kosten: Index Kosten Erkrankte	*117*	*119*	*116*	*123*	*115*

Abb. 1: Rechnungssteller-Statistik: Kosten Ärzte OKP
Quelle: Datenpool santésuissse

santésuisse bietet jedem interessierten Arzt den Zugang zu seine persönlichen 18
RSS via Onlineshop: www.santesuisse.ch/onlineshop.

19 Seit Einführung der gesamtschweizerischen Tarifstruktur Tarmed im Jahr 2004 liefern Krankenversicherer Tarifabrechnungsdaten in den santésuisse-Tarifpool. Dieser bietet in Ergänzung zum Datenpool den Krankenversicherern und santésuisse eine effiziente Unterstützung bei der Erfüllung ihrer Aufgaben. Die Experten können das Abrechnungsverhalten eines Arztes gezielt analysieren und in die Beurteilung der Wirtschaftlichkeit miteinbeziehen. Praxisbesonderheiten können erkannt werden. Auch ein möglicher Tarifmissbrauch kann auffallen. In vielen Fällen lassen sich so Maßnahmen zur Verbesserung der wirtschaftlichen Behandlungsweise erkennen und umsetzen.

20 Ebenfalls seit dem Statistikjahr 2004 ist das Filterverfahren zur Ermittlung der möglichen unwirtschaftlich behandelnden Ärzte durch die Anwendung einer Varianzanalyse (Anova = Analysis of Variance) ergänzt worden. Dabei wird die Kostenstruktur eines Arztes nach Alter und Geschlecht seiner Patienten mit der durchschnittlichen Kostenstruktur nach Alter- und Geschlecht der gesamtschweizerischen Facharztgruppe verglichen. Allfällige durch ältere Patienten entstandene Kosten werden erkannt und statistisch berücksichtigt. Kantonale Kostenunterschiede sind in der Analyse ebenfalls berücksichtigt, womit Kostenvergleiche gesamtschweizerisch durchgeführt werden können und die Vergleichsgruppen entsprechend größer werden.

4.2 Durchführung

21 Die Durchführung der Wirtschaftlichkeitsprüfungen ist in verschiedene Phasen gegliedert (Abb. 2). Die mehrstufige Überprüfung erlaubt es, rein statistische Effekte zu erkennen, hohe Durchschnittskosten im Einzelfall mit Praxisbesonderheiten zu begründen oder zu reduzieren und/oder außergerichtlich Vergleich abzuschließen.

Phase 1:	Ermittlung statistisch auffälliger Ärzte
Phase 2:	Informationsbrief und Einladung zur Stellungnahme
Phase 3:	Gespräch mit dem betroffenem Arzt und Zielvereinbarungen
Phase 4:	Überprüfung der Zielvereinbarungen, Vergleiche und Paritätische Kommission (frühstens 1 Jahr später)
Phase 5:	Vergleich und Paritätische Kommission
Phase 6:	Der Rechtsweg

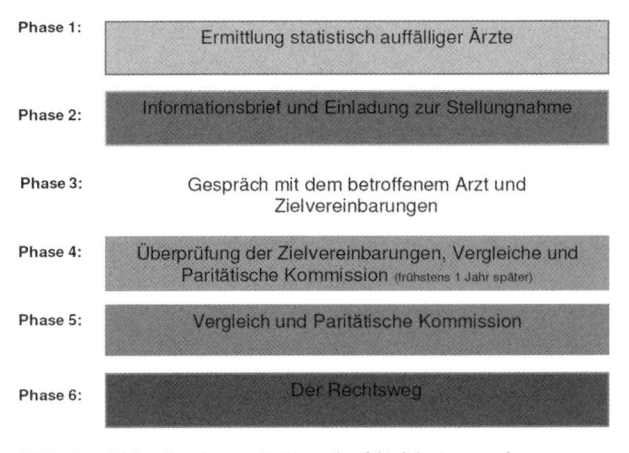

Abb. 2: Ablaufschema Wirtschaftlichkeitsprüfungen
Quelle: Christoffel Brändli: Die Wirtschaftlichkeitsprüfungen von santésuisse

4.2.1 Phase 1: Ermittlung statistisch auffälliger Ärzte

Mittels statistischer Methoden werden die „auffälligen" Ärzte identifiziert. Die Experten beurteilen die einzelnen Fälle unter Einbezug von Erkenntnissen aus früheren Abklärungen oder weiteren zugänglichen Informationen (z. B. Zahlstellenregister, Medizinalberufsregister des Bundes, FMH-Ärzteindex). Verfügbare Daten über die Alters- und Geschlechterverteilung der Patienten sowie zur Ausbildung des Arztes und seinen Schwerpunkten fließen in die Beurteilung mit ein. Sind die höheren Kosten in der Einzelfallbeurteilung nachvollziehbar, erfolgen keine weiteren Schritte.

4.2.2 Phase 2: Informationsbrief und Einladung zur Stellungnahme

Lassen sich die erhöhten Durchschnittskosten pro Patient in der Beurteilung nicht erklären, wird der Arzt schriftlich über die statistische Auffälligkeit informiert. Der Arzt wird aufgefordert, das Kostenbild zu erklären. Sind die Begründungen des Arztes für seine Kosten im Sinne anerkannter Praxisbesonderheiten nachvollziehbar, erfolgen keine weiteren Schritte.

4.2.3 Phase 3: Beobachtungs- und Reaktionszeit

Im darauffolgenden Statistikjahr beobachtet santésuisse die Kostenentwicklung der noch auffälligen Ärzte. santésuisse möchte die Ärzte zu einer möglichst wirtschaftlichen Behandlungsweise motivieren. Es werden nur Ärzte angeschrieben, welche 30 Prozent teurer behandeln. Die dem Kostenvergleich zugrunde liegenden Durchschnittskosten setzen sich aus den Kosten sämtlicher durch die Vergleichsgruppe behandelten Patienten zusammen. So auch chronisch Kranke, HIV-Patienten oder andere sehr teure Fälle. Die Erfahrung über die letzten Jahrzehnte zeigt, dass viele Ärzte nach der Beobachtungsphase wirtschaftlicher behandeln.

4.2.4 Phase 4: Gespräch

Kann ein Arzt seine überhöhten Kosten nicht hinreichend begründen oder senken, sucht santésuisse mit ihm das Gespräch. Gemeinsam wird nach Ursachen gesucht, welche die Kostenüberschreitung erklären können und es werden Lösungen gesucht, die Kosten pro Patient zu senken, beziehungsweise die Wirtschaftlichkeit der Behandlungen zu verbessern. Sind die Durchschnittskosten pro Patient auf einem überdurchschnittlichen Niveau, ohne dass plausible Praxisbesonderheiten geltend gemacht werden können, prüft santésuisse die Rückforderung zu viel erbrachter und bezahlter Leistungen. Wenn immer möglich, wird ein außergerichtlicher Vergleich angestrebt, um für beide Seiten hohe Verfahrenskosten zu vermeiden und möglichst rasch Klarheit zu schaffen. Im Rahmen einer Zielvereinbarung kann ausgehandelt werden, bis wann und mit welchen Maßnahmen der Arzt die Durchschnittskosten pro Patient auf das Niveau der Vergleichsgruppe anpassen wird.

4.2.5 Phase 5: Vergleich und Paritätische Kommission

26 Kann keine Einigung erzielt werden, so ruft santésuisse dort, wo dies vertraglich so geregelt ist, die Paritätische Kommission zwecks Durchführung einer Schlichtung an. Ärzte- und Versicherervertreter beurteilen die Fälle dann gemeinsam. In den Kantonen ohne vertraglich vereinbarte Schlichtung erfolgt ein Schlichtungsversuch vor Gericht. santésuisse verfolgt auch in dieser Phase das Ziel, den eigentlichen Gerichtsweg zu vermeiden und folgt daher in der Regel dem Schlichtungsvorschlag.

4.2.6 Phase 6: Rechtsweg

27 Kann auch im Rahmen des Schlichtungsverfahrens keine Einigung erzielt werden, so prüft santésuisse als letzte Maßnahme die Fortführung des Verfahrens auf dem Rechtsweg. Der Richter muss in diesem Fall definitiv entscheiden.

4.3 Die statistischen Wirtschaftlichkeitsprüfungen im Wandel

4.3.1 Wegweisende Bundesgerichtsurteile

28 Mit einem wegweisenden Urteil (BGE 136 V 415; Urteil 9C_968/2009 vom 15. Dezember 2010) hat das Bundesgericht die Anforderungen an die statistische Methode dahingehend korrigiert, dass die Krankenversicherer die Namen der Ärzte, welche die statistische Vergleichsgruppe bilden, sowie – in anonymisierter Form – deren individuelle Daten aus dem „santésuisse-Datenpool" offenzulegen haben. Im Januar 2011 erließ das Bundesgericht ein weiteres für die Wirtschaftlichkeitsprüfung wegweisendes Urteil (BGE 137 V 43; Urteil 9C_733/2010 vom 19. Januar 2011): Vom Arzt veranlasste Kosten dürfen nicht von diesem zurückgefordert werden. Das Bundesgericht hat jedoch festgehalten, dass der Ausschluss der veranlassten Kosten von der Rückerstattung nichts daran ändert, dass die Frage, ob das Wirtschaftlichkeitserfordernis erfüllt ist, aufgrund einer Gesamtbetrachtung zu beantworten ist. Das Urteil bereinigt eine schwierige Situation der Wirtschaftlichkeitsprüfung und wird mit sofortiger Wirkung umgesetzt. Unklar ist hingegen geblieben, nach welchen Kriterien die Berechnung der Rückforderungssumme neu vorzunehmen ist. Eine Klärung dieser Frage wird durch einen im Jahr 2012 beim Bundesgericht anhängig gemachten Fall erwartet.

4.3.2 Parlamentarische Initiative zur Stärkung der Hausarztmedizin

Vor dem Hintergrund der angenommenen parlamentarischen Initiative zur „Stärkung der Hausarztmedizin" hat das Parlament einer Anpassung von Artikel 56 KVG zugestimmt. Danach müssen Versicherer und Leistungserbringer vertraglich eine Methode zur Kontrolle der Wirtschaftlichkeit festlegen. Die Methode soll transparent sein und die Morbidität des jeweiligen Patientengutes eines zu prüfenden Leistungserbringers genügend berücksichtigen. Um diesem Anspruch gerecht zu werden, sollen die Schlichtungsverfahren (paritätische Vertrauenskommissionen) vereinheitlicht und professionalisiert, die statistischen Vergleichskollektive in sich homogener ausgestaltet und die Morbiditätsstruktur des Patientenkollektivs einer bestimmten Praxis mittels pharmaceutical cost groups (PCG) berücksichtigt werden. Diese Stoßrichtung wurde von der ärzteseitigen Dachorganisation FMH inzwischen gutgeheißen. Die Übergangsbestimmungen des Art. 56 KVG räumen den Parteien eine Frist von zwölf Monaten zur vertraglichen Festsetzung der Kontrollmethode ein. Kommt es innerhalb dieser Frist zu keiner vertraglichen Einigung, legt der Bundesrat die Methode fest.

4.4 Die Wirkung der statistischen Wirtschaftlichkeitsprüfungen

Die statistischen Wirtschaftlichkeitsprüfungen sollen in erster Linie präventiv wirken und das wirtschaftliche Verhalten der frei praktizierenden Ärzte fördern. Die Höhe der direkten Rückflüsse zu Gunsten der Prämienzahlenden ist dabei nicht entscheidend, sondern diejenigen Leistungen, welche aufgrund der Durchführung der Wirtschaftlichkeitsprüfungen vermieden werden können. Basierend auf einer Auswertung der Entwicklung der Durchschnittskosten pro Erkrankte statistisch auffälliger Ärzte über die Statistikjahre 2006, 2007 und 2008 hat santésuisse einen ungefähren Präventionseffekt ermittelt. Dabei wurde berechnet, dass pro beobachtetes Abrechnungsjahr rund 130 Mio. Franken an abgerechneten Leistungen vermieden werden konnten. Zu diesem Volumen hinzu kommt der nicht berechenbare generelle Effekt, welcher sich durch die Wirkung der Wirtschaftlichkeitsprüfungen entfaltet.

Literatur

Brändli, C.: Die Wirtschaftlichkeitsprüfungen von santésuisse. Solothurn 2008.
Eisenring, C./Hess, K.: Wirtschaftlichkeit und Qualität in der Arztpraxis. Arbeitsdokument 8. Schweizerisches Gesundheitsobservatorium. Zürich 2004.

Beitrag 12

Zugänge zur Effizienzbeurteilung im stationären Sektor aus Sicht eines Universitätsklinikums

Barbara Schulte

		Rn.
1	Der Effizienzbegriff	1 – 13
2	Effizienzbeurteilung durch das DRG-System	14 – 19
3	Effizienzbeurteilung durch Qualitätsindikatoren	20 – 35
4	Fazit	36, 37

Literatur

Autorin

Dipl. Kauffrau (FH) Barbara Schulte

Jahrgang 1966, seit mehr als 26 Jahren tätig im Gesundheitswesen, von der Ausbildung zur Krankenschwester, über diverse Fort- und Weiterbildungen und einem Studium der Betriebswirtschaftslehre. In den Jahren 2000 bis 2007 tätig als Vorstand für Krankenpflege und Patientenmanagement im Universitätsklinikum Schleswig-Holstein. Von 2007 bis 2012 Tätigkeit als Vorstand für Administration und Wirtschaftsführung am Universitätsklinikum der Georg-August-Universität Göttingen und seit 2012 Kaufmännische Direktorin und Vorstandsmitglied am Universitätsklinikum Essen.

> **Abstract:** Die wirtschaftlichen Rahmenbedingungen für die Universitätsklinika in Deutschland sind angespannt und werden dies mutmaßlich auch zukünftig, in einem noch größeren Umfang, sein. So ist der Anteil der Universitätsklinika mit einem positiven Jahresüberschuss von 2010 zu 2011 um 36 % zurückgegangen. Die hervorgehobene Position in der Behandlung von schwerstkranken Patienten sowie der Dreiklang von Forschung, Lehre und Krankenversorgung sind dabei die besonderen Herausforderungen der Universitätsmedizin.
>
> Daher bedürfen insbesondere Krankenhäuser der Maximalversorgung im universitären Umfeld einer ökonomisch ausgewogenen strategischen Ausrichtung mit einer gezielten kaufmännischen Leitung. Für diese Aufgaben muss der Vorstand geeignete Leistungsindikatoren (ein adäquates Kennzahlensystem) zur Hand haben, um wohl überlegte Entscheidungen treffen zu können. Hier eignen sich besonders im stationären Sektor Effizienz Indikatoren, da sie die Relation von betriebswirtschaftlichen Out- und Input berücksichtigen. Um eine valide Effizienzbeurteilung durchführen zu können, ist zu allererst die grundlegende Frage zu klären, wie sich Effizienz in einem Krankenhaus und somit im stationären Sektor konkret messen lässt.
>
> Das auf Fallpauschalen basierende DRG System bietet in diesem Kontext einen Zugang zur explizit ökonomischen Effizienzbeurteilung. Bemerkenswert ist in diesem Kontext ebenfalls, dass das DRG-System nicht nur die Möglichkeit zur Effizienzmessung bietet, sondern gleichzeitig auch immanent zur Effizienz im stationären Bereich beiträgt. Die rein ökonomische Effizienzbeurteilung muss vor dem Hintergrund des Heil- und Behandlungsauftrages der Krankenhäuser notwendigerweise eine Ergänzung um medizinische Qualitätsindikatoren erfahren.
>
> Im Folgenden werden die hier kursorisch erwähnten Aspekte ausführlich aus Sicht eines Universitätsklinikums dargestellt.

1 Der Effizienzbegriff

Die deutschen Krankenhäuser stehen aufgrund der wirtschaftlich angespannten Situation unter dem Druck, effizienter zu arbeiten. Um dies zu erreichen, sind neben grundsätzlich günstigen strukturellen Voraussetzungen effiziente Prozesse erforderlich. Effizienz stellt dabei das optimale Verhältnis zwischen Ressourceneinsatz und Ergebnis dar. Die Definition von Effizienz als Quotient aus Output und geringstmöglichem Input wird als technische Effizienz bezeichnet.[1] Sie ermöglicht Benchmarks mit anderen Krankenhäusern durchzuführen und das eigene Leistungsgeschehen bezogen auf die Wirtschaftlichkeit zu beurteilen.

Um eine Effizienzbeurteilung durchführen zu können, ist zu allererst die grundlegende Frage zu klären, wie sich Effizienz in einem Krankenhaus und somit im stationären Sektor messen lässt. Im Wesentlichen besteht der Output eines Krankenhauses darin, den Gesundheitszustand der Patientinnen und Patienten wiederherzustellen bzw. zu verbessern. Da sich dieser Krankenhausoutput nur schwer messen lässt, werden geeignete Leistungsindikatoren verwendet, um eine Effizienzbeurteilung zu ermöglichen. Diese Leistungsindikatoren können sich beispielsweise in der internen medizinischen Effizienz, die möglichst wenig Personal pro Behandlungstag anstrebt, oder in der pflegerischen Effizienz, die möglichst wenig Einzelleistungen pro Pflegetage anstrebt, widerspiegeln.

---
1 Rheinisch-Westfälisches Institut für Wirtschaftsforschung: Effizienz von Krankenhäusern in Deutschland im Zeitvergleich. 2010, S. 9.

3   Die Krankenhäuser können weitestgehend die Gestaltung des Outputs und Inputs selbst bestimmen und beeinflussen. Die Reichweite ihrer Einflussmöglichkeit wird aber durch bestimmte Rahmenbedingungen, in die das Krankenhaus eingebettet ist, begrenzt. Gute Rahmenbedingungen stellen eine wesentliche Voraussetzung für das Erreichen einer hohen Effizienz dar. Als entscheidende Einflussgrößen auf das Krankenhaus sind dabei die Finanzierung und der Wettbewerb anzusehen (siehe Abb. 1).

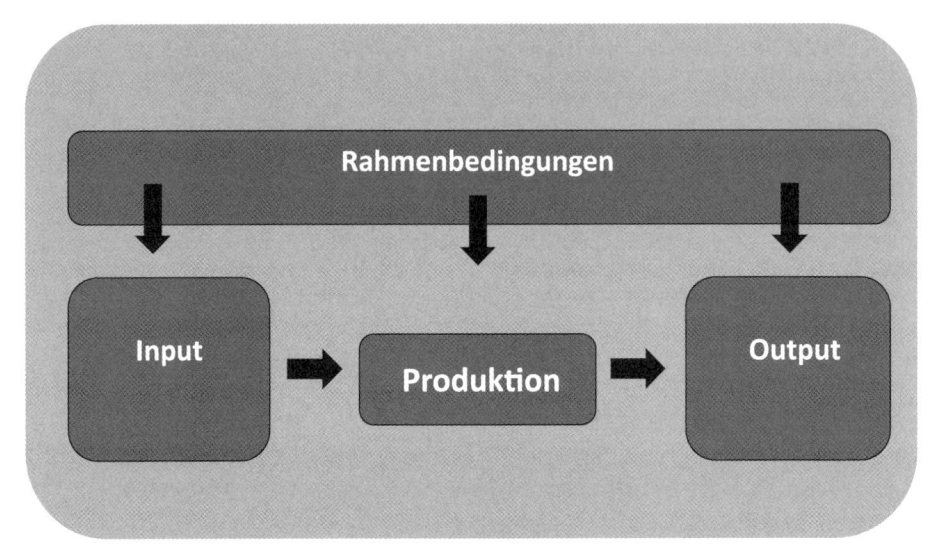

Abb. 1: Der Effizienzbegriff – Effizienz stellt das optimale Verhältnis zwischen Ressourceneinsatz und Ergebnis dar
Quelle: Eigene Darstellung

4   Die Finanzierung der Krankenhäuser in Deutschland erfolgt nach dem dualen Prinzip: Investitionen werden durch Landesmittel finanziert, laufende Betriebskosten dagegen durch leistungsbezogene Fallpauschalen. Ersteres begrenzt durch einen massiven Investitionsstau den investiven Spielraum der Krankenhäuser. Neben diesen beiden Finanzierungsströmen spielt bei Universitätsklinika, die sowohl Forschung, Lehre als auch Krankenversorgung unter einem Dach vereinen, der Landeszuschuss für Forschung und Lehre eine entscheidende Rolle. Dieser Zuschuss wird durch die doppelten Abiturjahrgänge in der nächsten Zeit besonders belastest werden. Unter der Berücksichtigung dieser Entwicklungen, erschwert die Einflussgröße Finanzierung somit eine zuverlässige mittelfristige Wirtschaftsplanung und bietet dementsprechend keine bzw. nur eine mangelnde Planungssicherheit für das Krankenhaus an.

5   Neben der Finanzierung stellt sich auch der Wettbewerb als eine grundlegende Rahmenbedingung für die Krankenhauslandschaft dar. Im Gegensatz zu anderen Branchen ist der Krankenhausmarkt durch gesetzliche Vorgaben stark reguliert.

Im Krankenhausplan werden die Bettenkapazitäten vorgegeben, so dass hier eine freie Entscheidungsfindung bezogen auf die Wettbewerbsfähigkeit nur eingeschränkt möglich ist. Des Weiteren verfolgen die Krankenhäuser aufgrund ihrer Zugehörigkeit zu öffentlichen, privaten oder freigemeinnützigen Trägern unterschiedliche Zielausrichtungen. Eine weitere entscheidende Gegebenheit, die einen freien Wettbewerb erschwert, ist die Erfüllung des Versorgungsauftrages. Aufgrund dieser quasi-wettbewerblichen Rahmenvorgaben sind zeitnahe Anpassungen der internen Strukturen und Prozesse aber auch eine Neuausrichtung des Kooperationsnetzwerkes mit anderen Krankenhäusern und niedergelassenen Ärzten notwendig.

Zusätzlich zu den allgemeinen Rahmenbedingungen spielen für die Universitätsklinika weitere Faktoren, die sich auf die Effizienz auswirken, eine entscheidende Rolle. Universitätsklinika als Krankenhäuser der Maximalversorgung sind keine reinen Wirtschaftsbetriebe, die das Ziel der Gewinnmaximierung verfolgen. Sie zeichnen sich insbesondere durch den Dreiklang der Disziplinen Krankenversorgung, Forschung und Lehre aus und gewährleisten dadurch in Deutschland medizinische Versorgung auf allerhöchstem Niveau.[2]

6

In Universitätsklinika werden schwerstkranke, oftmals kostenintensive Patienten versorgt. Durch die enge Verzahnung von Krankenversorgung und Erkenntnissen der aktuellen Forschung kann die Behandlung dieser Patientinnen und Patienten in den allermeisten Fällen erfolgreich durchgeführt werden. Damit sind Universitätsklinika Innovationsführer bei Verfahren, die oft erst Jahre später flächendeckend auch in anderen Krankenhäusern umgesetzt werden. Des Weiteren bündeln sie Fachwissen und Expertise an einem Ort, was für die Aus-, Fort- und Weiterbildung von Medizinstudenten, Ärzten und Pflegenden entscheidend ist.

7

Nur durch das ausgeglichene Zusammenspiel der drei beschriebenen Disziplinen kann der medizinische Erfolg auf höchstem Niveau gewährleistet werden. Die Wirtschaftlichkeit bildet dabei die Grundlage, die die erforderlichen Ressourcen in Form von Infrastruktur, modernster Technik und qualifiziertem Personal leistungsgerecht und vorausschauend zur Verfügung stellt. Um den medizinischen Erfolg auch nachhaltig zu sichern, ist es notwendig, dass alle Disziplinen ihr Handeln nach dem Wirtschaftlichkeitsgebot ausrichten.

8

Den derzeitigen ökonomischen Herausforderungen, die Universitätsklinika zu begegnen haben, führen aber dazu, dass auch die wirtschaftliche Lage der Universitätsmedizin stark angespannt ist. Durch massive Kostensteigerungen und wirtschaftliche Belastungen sowie durch die stetige Verschlechterung der Finanz- und Liquiditätssituation durch fehlende Mittel der öffentlichen Hand ist der Anteil der Universitätsklinika mit einem Jahresüberschuss von 2010 zu 2011 um 36 % zurückgegangen.[3] Die Herausforderung, die Universitätsklinika dabei zu

9

---

2 Politikbrief – Argumente und Lösungen der deutschen Uniklinika, Verband der Universitätsklinika Deutschlands e. V. 2: 2012, S. 1.
3 Ergebnisse der Trendumfrage deutsche Universitätsklinika 2011, Verband der Universitätsklinika Deutschlands e. V. 2011.

begegnen haben, ist neben der Verbesserung der finanziellen Situation vor allem die Stabilisierung der Qualität und Leistungsentwicklung in der Krankenversorgung sowie die Unterstützung der Entwicklung in Forschung und Lehre. Nach wie vor ist dabei aber zu gewährleisten, dass die angestrebte Effizienzsteigerung nicht zu Lasten der Qualität in der Krankenversorgung und der Entwicklung der Forschung und Lehre gehen sollte.

10 Unter Berücksichtigung dieser vorherrschenden schwierigen Rahmenbedingungen gibt es eine große Nachfrage nach umfassenden und vergleichenden Indikatoren zur Leistungsbewertung von Krankenhäusern. Insbesondere die strikten finanziellen und wettbewerblichen Vorgaben im Gesundheitssektor machen deutlich, dass rein betriebswirtschaftlich ausgerichtete Kennzahlen wie Gewinn und Umsatz sich vor dem Hintergrund der Besonderheiten des stationären Sektors nur als partiell geeignet erweisen. Diese rein betriebswirtschaftlich ausgerichteten Kennziffern bieten keine direkten und optimalen Vergleichsmöglichkeiten, da die Leistungsfähigkeit der verschiedenen Krankenhäuser sich nicht nur in ökonomischen Bewertungsgrößen widerspiegelt. Um also die Effizienz im stationären Sektor beurteilen zu können, sind adäquate Kennzahlen zur Leistungsevaluierung und -steuerung gefordert. Die Ermittlung dieser setzt zunächst die Definition der entsprechenden In- und Outputs im stationären Sektor voraus.

11 Der Input ist als Divisor für alle denkbaren Formen der Effizienz im stationären Sektor weitestgehend feststehend. Die beiden entscheidenden Inputgrößen im Krankenhaus sind das Personal und die Sachmittel. Beim Krankenhauspersonal kann dabei eine Differenzierung zwischen medizinischem (Ärzte, Pflegende, MTA etc.) und nicht-medizinischem Personal (Pförtner, Transportdienst etc.) vorgenommen werden. Unter Sachmittel fallen neben dem medizinischen Bedarf, auch der Wirtschafts- und Verwaltungsbedarf sowie Instandhaltung und Infrastruktur (z. B. Großgeräte, Gebäude etc.).

12 Bei gegebenem Input können in einem Krankenhaus und vor allem in einer Universitätsklinik verschiedene Dimensionen des Outputs betrachtet werden. Zu nennen wäre etwa:

- medizinische Reputation
- Patientenzufriedenheit
- Anzahl der Fälle und Prozeduren
- Verweildauer
- Schweregrad
- Kapazitätsauslastung (Belegung)
- Drittmittel und Publikationen

13 Je nachdem welche dieser Outputgrößen im Fokus der Betrachtung stehen, wird die zu beurteilende Form der Effizienz bestimmt. Während beispielsweise medizinische Reputation und Patientenzufriedenheit die rein medizinische Effizienz wiedergeben, wird durch Betrachtung von Fallzahl, Verweildauer und Schweregrad die ökonomische Effizienz in den Vordergrund der Leistungsbeurteilung gerückt. Die Mes-

sung der ökonomischen Effizienz stellt grade für Universitätsklinika eine große Herausforderung dar. Ermöglicht wird diese Form der Effizienzmessung durch DRG-Fallpauschalen, die durch die Zusammenfassung medizinisch-indizierter aber auch kostenhomogener Fallgruppen die Leistungsbeurteilung im stationären Sektor ermöglichen.

2 Effizienzbeurteilung durch das DRG-System

Das vor rund zehn Jahren nach australischem Vorbild in Deutschland eingeführte DRG-System kann als eine Möglichkeit zur Effizienzbeurteilung im stationären Sektor angesehen werden. Durch die Zusammenfassung von Fällen mit ähnlicher medizinischer Fallschwere in kostenhomogenen Gruppen wird das Leistungsgeschehen der deutschen Krankenhäuser deutlich transparenter und vergleichbarer gemacht. Die leistungsorientierte Vergütung trägt damit wesentlich zu mehr Wettbewerb im stationären Sektor bei.

Von 2003 bis 2009 ist ein stetiger Anstieg der Fallpauschalen von 664 auf 1192 DRGs zu verzeichnen.[4] Das deutet darauf hin, dass das DRG-System in Deutschland als ein lernendes System angesehen werden kann, da die stetig angestiegene Zahl der Fallpauschalen eine zunehmende realitätsgetreue Abbildung erlaubt. Seit 2009 hat sich die Zahl der DRGs nur noch geringfügig verändert, so dass davon auszugehen ist, dass sich das Niveau mittlerweile eingependelt hat (2012: 1.193 DRGs). Das auf dem G-DRG-System 2008 beruhende Swiss-DRG-System hat zwar etwas weniger Fallpauschalen, weist aber bereits jetzt einen hohen Differenzierungsgrad auf (siehe Abb. 2).

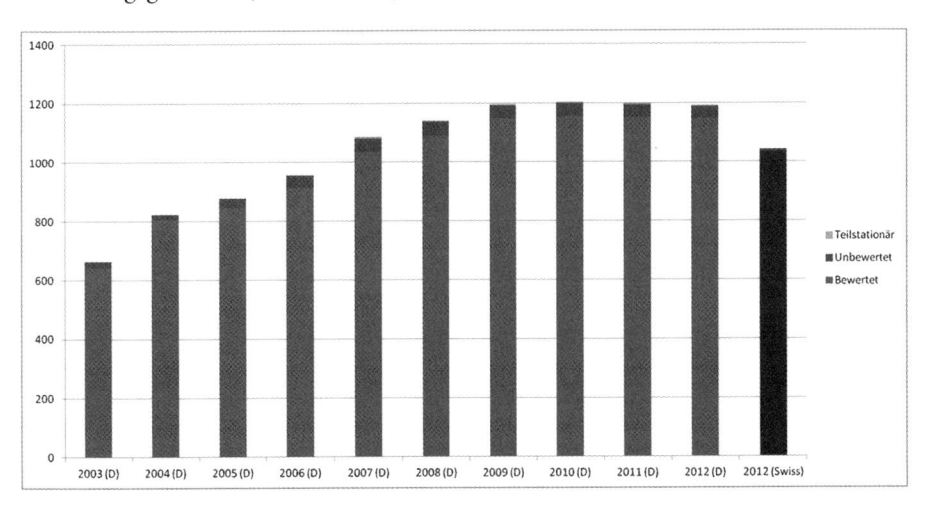

Abb. 2: Entwicklung G-DRG im Vergleich zu SWISS-DRG
Quelle: Eigene Darstellung

---

4 Brändle/Liese et al.: Das G-DRG System Version 2012. In: Das Krankenhaus (12). 2011, S. 1245-1264.

16   Obwohl durch die Einführung des DRG-Systems die Möglichkeit geschaffen wurde, den ökonomischen Output eines Krankenhauses zu quantifizieren, erschweren unterschiedliche Faktoren die Aussagekraft der nur auf Fallpauschalen basierenden ökonomischen Effizienz. Die durch das DRG-System zugenommene aber auch komplexe Leistungsdokumentation stellt eine große Herausforderung für die Krankenhäuser dar. Insbesondere erweist sich die Dokumentation von Mehrfachbehandlungen, Verlegungen und Kooperationen innerhalb des Behandlungsprozesses als schwierig, da diese nur unzureichend im DRG-System abgebildet sind.

17   Insbesondere bei Krankenhäusern der Maximalversorgung führt die Abbildung der rund 16 Mio. komplexen Fällen in ein homogenes Gerüst von ca. 1000 Cluster zu Schwierigkeiten. Da innerhalb der einzelnen Fallpauschalen Kostenvarianzen von bis zu 50 % auftreten können, kann eine Effizienzbeurteilung auf Basis der zum größten Teil ökonomisch ausgerichteten DRGs zu falschen Aussagen führen. Dies tritt insbesondere bei Krankenhäusern der Maximalversorgung auf. Gerade hier impliziert das DRG-System, dass Krankenhäuser mit hoher Expertise (in den meisten Fällen sind dies Maximalversorger) bei der Behandlung von komplexen Fällen als unwirtschaftlich ausgewiesen werden, während Krankenhäuser mit einfachen Routinefällen eine tendenziell höhere Wirtschaftlichkeit aufweisen.[5] Begründet liegt dies an der Zahl der Extremkostenfälle, die zwar selten, aber konzentriert in der Universitätsklinik behandelt werden. Diese medizinisch komplexen Fälle haben in der Regel einen höheren logistischen, investiven aber auch personellen Aufwand. Dieser überdurchschnittliche Ressourcenaufwand stellt aber eine wesentliche Ursache für ein wirtschaftliches Risiko dar. Deutlich wurde das beispielsweise während der EHEC Krise in Deutschland. Die Behandlung von EHEC-Patienten verursachte hohe Behandlungskosten, was in vielen Universitätsklinika zu Kostenerstattungsproblemen führte. Es wird zwar mittels Zusatzentgelte versucht die Behandlungskosten dieser Extremkostenkostenfälle abzubilden. Allerdings lässt sich diese Problematik nicht allein durch die Weiterentwicklung der Zusatzentgelte, deren Anzahl mittlerweile bei 150 liegt, lösen. Auch die Abbildung von innovativen Verfahren durch neue Untersuchungs- und Behandlungsmethoden (NUB) sind nach wie vor nur unzureichend im DRG-System abgebildet. Somit bleibt die sachgerechte Vergütung der Extremkostenfälle eine Daueraufgabe im deutschen Krankenhauswesen.

18   Nichtsdestotrotz lässt sich festhalten, dass das DRG-System – zwar nur in bedingter Form – die Effizienzbeurteilung im stationären Sektor ermöglicht. Zu berücksichtigen ist dabei aber auch die in Wechselwirkung stehende Beziehung zwischen Effizienz und DRG in die andere Richtung. Das DRG-System bietet nicht nur die Möglichkeit zur Effizienzmessung, sondern zwingt gleichzeitig auch

---
5   Rebscher: Theoretische und praktische Bedigungen „selektiven Kontrahierens" – der weiße Fleck auf der gesundheitsökonomischen Landkarte? In: Ulrich/Ried (Hrsg.): Effizienz, Qualität und Nachhaltigkeit im Gesundheitswesen. Nomos 2007. S. 343-356.

zur Effizienz im stationären Bereich. Dies erfolgt beispielsweise dadurch, dass die DRG-Vergütung für einen bestimmten Leistungskomplex erfolgt, wodurch die Konzentration auf die Hauptleistung und somit eine Schwerpunktbildung ermöglicht wird. Des Weiteren wird der gesamte stationäre Aufenthalt nur über eine DRG abgerechnet. Abteilungsgrenzen werden dadurch abgebaut und die interdisziplinäre Behandlung der Patientinnen und Patienten ohne formale Restriktionen gefördert. Schlussendlich führt das DRG-System mit seiner Vergütungssystematik zu einer Verweildauerreduzierung, da die Fallpauschale innerhalb der mittleren Verweildauerspanne keine Zu- oder Abschläge unterliegt. Dies wiederum fördert den Ausbau der prästationären Untersuchungen.

Die Verwendung des DRG-Systems allein zur Effizienzbeurteilung im stationären Sektor führt dazu, dass die Berücksichtigung äußerer Einflüsse wie beispielsweise die Behandlung von Routinefällen versus der vermehrten Behandlung von Spezialfällen, zunächst nicht gegeben ist. Die Effizienzbeurteilung wird demnach auf Basis von Modellannahmen durchgeführt, da in einer Pauschale lediglich die Durchschnittskosten angesetzt werden. Des Weiteren ist die Lage der Kalkulationsdaten als heterogen anzusehen, da die in der InEK-Kalkulation beteiligten Krankenhäuser unterschiedliche Schwerpunktaufgaben in ihren Häusern wahrnehmen. Vor allem aber beschränkt sich die Effizienzbeurteilung im stationären Sektor durch das DRG-System auf eine ökonomische Betrachtungsweise. Die Berücksichtigung der medizinischen Qualität bleibt bei dieser Betrachtungsweise außen vor. Um allerdings eine umfassende Effizienzbeurteilung vorzunehmen, ist es zwingend erforderlich die rein ökonomische Betrachtung um medizinische Qualitätsindikatoren zu erweitern. 19

3 Effizienzbeurteilung durch Qualitätsindikatoren

Die Betrachtung der ökonomischen Effizienz und die Unternehmenssteuerung nach diesen Leistungskennzahlen sind, wie dargestellt, für Universitätsklinika unerlässlich. Trotz der Beschränkungen und besonderen Rahmenbedingungen der stationären Krankenversorgung gilt es, jedenfalls für Kliniken in öffentlicher Hand, zumindest ein ausgeglichenes Ergebnis zu erzielen. Eine Schuldenpolitik, das zeigt sich aktuell ja auch auf der staatlichen Ebene immer deutlicher, führt zu kurzfristigen Handlungsspielraum, führt aber mittel- bis langfristig zum Kollaps einer Organisation. 20

Diese Grundprinzipien stehen für die Hauptzielgruppe der Krankenhäuser, die Patienten und im weiteren Sinne deren Angehörige, aber nicht im Vordergrund ihrer Betrachtung. In den Universitätskliniken und -spitälern in Deutschland und der Schweiz werden schwerkranke Patienten, teils mit seltenen und sehr komplexen Krankheitsfällen, versorgt. Diese erwarten eine medizinisch optimale Versorgung auf dem Stand des medizinisch-wissenschaftlichen Fortschritts, ganz unabhängig von den damit verbundenen wirtschaftlichen Implikationen. Natürlich ist es auch der professionelle Anspruch und die Erfüllung des Selbstbildes der 21 beiden zentralen Berufsgruppen in einem Klinikum, der Pflege und der Ärzteschaft, die anvertrauten Patienten optimal zu betreuen.

22 Der medizinische Erfolg oder die medizinische Reputation eines Krankenhauses ist also – wie bereits kurz dargelegt –, in den Begrifflichkeiten der Effizienzbetrachtung gesehen, neben dem Betriebsergebnis ein weiterer Output, der besonderer Betrachtung bedarf. Das Ziel des Managements unter Leitung der kaufmännischen Direktion muss es also sein, auch diesen Output in Relation zu dem Input zu setzen, also die Effizienz zu messen, und aus den Ergebnissen entsprechende unternehmerische Schlussfolgerungen zu ziehen. Die zentrale Frage an dieser Stelle ist sicherlich, wie der medizinische Erfolg eines Krankenhauses zu qualifizieren und quantifizieren ist. Im universitären Umfeld kommt noch eine notwendige Differenzierung in die Bereiche Krankenversorgung, Lehre und Forschung hinzu.

23 Im Bereich der Forschung wären beispielsweise die Zahl der eingeworbenen Drittmittel oder die kumulativen Impactfaktoren der Hochschulangehörigen geeignete Variablen für einen vergleichenden Benchmark, wobei noch eine Vielzahl von weiteren Möglichkeiten plausibel erscheinen. In der Lehre wäre beispielsweise die Staatsexamensergebnisse der Studierenden oder auch der Anteil der Promovenden zu nennen. Ferner gibt es auch Hochschulrankings, welche mehrere Indikatoren zusammenfassen und auch medial ein breites Echo finden.[6]

24 Die Beurteilung der Effizienz im stationären Sektor zielt natürlich auf die Krankenversorgung, welche hier als Schwerpunkt betrachtet wird. In Bezug auf die Krankenversorgung im universitären Umfeld gibt es etablierte und zum Teil auch gesetzlich festgelegte Qualitätsindikatoren, welche Auskunft über den medizinischen Erfolg einer Behandlung geben. Die Legislative hat in Deutschland dem Gemeinsamen Bundesausschuss als oberstem Beschlussgremium der gemeinsamen Selbstverwaltung wesentliche Aufgaben im Bereich des Qualitätsmanagements überantwortet. Dieser hat in seiner bisherigen Arbeit umfassend Indikatoren und Richtlinien erarbeitet (lassen), welche den Krankenhäusern für die Beurteilung der medizinischen Effizienz relativ gut zugänglich zur Verfügung stehen.

25 Hinsichtlich einer Einteilung, welche Indikatoren betrachtet werden, kann man bewusst auf gängige Konzepte aus dem Bereich des Qualitätsmanagements zurückgreifen. Eine übliche Unterteilung erfolgt in die Abschnitte Prozess-, Ergebnis- und Strukturqualität[7].

26 Aus der medizinischen Basisdokumentation eines Krankenhauses lassen sich vor allem Indikatoren der Ergebnisqualität ableiten. Darunter fällt beispielsweise die Rate der Komplikationen nach einem bestimmten Eingriff. Häufig genannte Beispiel in diesem Kontext sind die Indikatoren „Postoperative Wundinfektion"

---

6 CHE Hochschulranking. 2012. Online: http://ranking.zeit.de/che2012/de (abgerufen am 10. Juli 2012).
7 Donabedian: The quality of care: How can it be assessed? In: JAMA: The Journal of the American Medical Association 260(12). 1988, S. 1743-1748.

nach Hüftendoprothesen-Erstimplantation oder „Ductus hepaticus communis Läsionen" nach einer Cholezystektomie. Diese Qualitätsindikatoren können relativ einfach als Steuerungselement von sowohl primär der versorgenden Klinik als auch, auf einer übergeordneten Ebene, der kaufmännischen und medizinischen Klinikleitung benutzt werden, um unmittelbare und mittelbare Entscheidungen zu treffen. Weitere gute Messparameter der Ergebnisqualität sind die Wiederaufnahmerate nach § 2 der Fallpauschalenverordnung oder die Mortalitätsrate nach bestimmten Prozeduren oder Eingriffen.

Gerade die Ergebnisqualitätsparameter sind auch für die Patienten und Ärzte relevant. Ausgewählte und ständig aktualisierte Parameter werden in Deutschland verpflichtend in den Qualitätsberichten der Krankenhäuser aufgeführt. Eine gute Aufmachung und die Verfügbarkeit dieser Daten, auch im Internet mit Unterstützung durch die Kostenträger, erlaubt elektiven Patienten bewusst Krankenhäuser zu wählen, die für den individuell benötigten Eingriff gute Zahlen vorzuweisen haben. Das bewusste Wählen von Leistungserbringern im Gesundheitssystem wird, zumindest für eine bestimmte Klientel, zukünftig noch mehr in den Vordergrund treten. Somit erhält die Verwendung von Qualitätsindikatoren als eine Zugangsmöglichkeit zur stationären Effizienzmessung nicht nur ein nach intern gerichtetes Moment zur Leistungssteuerung, sondern auch eine externe Komponente als Instrument des Marketings.

Den Klinikern steht mit der Messung der Qualität ein Benchmark zur Verfügung, der bei guten Leistungen auch als Argument für die Wertigkeit der eigenen Arbeit verwendet werden kann.

Unter Prozessqualität versteht man gemeinhin alle Aspekte, die mit dem konkreten Ablauf einer Behandlung oder Versorgung verbunden sind. Dies reicht im stationären Sektor von der Aufnahme bis hin zur Entlassung und umfasst alle dazwischen liegenden Maßnahmen, welche zur Erreichung des intendierten Ziel des Krankenhausaufenthaltes vorgenommen worden sind. Eine grobe Einteilung in die medizinische Konformität und ökonomische Vernunft dieses Prozesses ist unter dem Gesichtspunkt der Effizienzbeurteilung sicherlich sinnvoll. Der ökonomischen Effizienz nähert sich man dabei, wie zuvor bereits dargestellt, über die fallpauschalierte Abrechnung der Patientenbehandlung.

Bei der medizinischen Konformität sind die nationalen und internationalen Leitlinien für die Diagnostik und Therapie bestimmter Krankheitsbilder mit maßgeblich. Hinter einem standardisierten Vorgehen, das in Leitlinien oder auch anderweitigen Empfehlungen festgelegt wird, steht immer mehr der Grundgedanke der Evidence Based Medicine, nämlich das Treffen von Entscheidungen auf Grundlage empirisch nachgewiesener Wirksamkeit, der zunehmend das ärztliche und pflegerische Denken und Handeln durchdringt.[8] Der Wunsch nach Effizienz

---

8 Montori/Guyatt: Progress in evidence-based medicine. In: JAMA: The Journal of the American Medical Association 300(15). 2008, S. 1814-1816.

ist also der Evidence Based Medicine in weiten Teilen bereits immanent. Der Grad der medizinischen Konformität ist für Krankenhäuser messbar und kann als Mittel zur Effizienzbeurteilung dienen. Für die valide und unabhängige Dokumentation und Überprüfung dieser Daten der prozessualen (und auch der Ergebnis- und Strukturqualität) gibt es eine Reihe von Institutionen der Qualitätssicherung, welche bei erfolgreichem Nachweis in sogenannten Audit Verfahren bestimmte Zertifizierungen an eine Klinik oder einen klinischen Bereich vergeben können (näheres bei[9]).

31 Ein weiterer Ansatz die Prozesseffizienz zu beurteilen ist der sogenannte „Value-adding" Ansatz. Hierbei werden Prozesse in Nutz-, Stütz, Fehl-, und Blindleistungen unterteilt, die jeweils eine Auswirkung auf die Wertschöpfung haben. Unter Nutzleistungen versteht man dabei Tätigkeiten, die dem Kunden, also hier Patienten, direkt einen Vorteil erbringen, z. B. das sachgerechte Durchführen einer Operation. Stützleistungen, wie das Vorhalten der OP-Säle in diesem Beispiel, sind wertneutral. Fehl- und Blindleistungen dagegen mindern konkret die Effizienz eines klinischen Prozesses und sollten minimiert werden. Eine Blindleistung ist eine nicht geplante Aktivität, wie das Warten auf den OP-Saal bei verzögerter Reinigung. Fehlleistungen sind unkontrolliert und beinhalten beispielsweise externe Störungen. Der „Value-adding" Ansatz erlaubt es also, vor allem ineffiziente Prozesse zu identifizieren und kann im Rahmen einer krankenhausinternen Effizienzbeurteilung als Modell aufgegriffen werden.

32 Bis hierhin haben wir in dem Gebiet der Qualitätsindikatoren vor allem die Output Seite thematisiert. Wie einführend dargestellt, ist aber gerade die Relation von Input und Output die entscheidende Größe, um die Effizienz zu betrachten. Denn es ist natürlich denkbar, dass ein Krankenhaus einen hohen medizinischen Erfolg (gemessen durch die aufgeführten Qualitätsindikatoren) erreicht, der dafür benötigte Input (Sachmittel, Personal, Zeit) aber vergleichsweise hoch ist. Ob der aufgewendete Input zu hoch ist, muss natürlich erst einmal festgestellt werden. Dies wird sich am ehesten auf der ökonomischen Betrachtungsebene realisieren lassen und zwar in der Form, ob der geleistete Aufwand auf der Input Seite durch das DRG Fallpauschalensystem refinanzierbar war. Der geschilderte Fall verdeutlicht auch noch einmal die Unterschiede der Begrifflichkeiten Effektivität und Effizienz. Andererseits erscheint es auch möglich, dass ein Haus eine mäßige medizinische Leistung erbringt, dies aber mit einem moderaten bis niedrigen Input Aufwand, sodass eine positive ökonomische Bilanz realistisch erscheint, vor allem dann, wenn das mäßige medizinische Niveau nicht öffentlichkeits- und damit patientenstromwirksam wird.

33 Diese beiden Beispiele illustrieren deutlich, dass eine isolierte Betrachtung der ökonomischen und medizinischen Effizienz auf der einen Seite kaum möglich und auf der anderen Seite auch nicht sinnvoll ist. Eine umfassende Effizienzbeur-

---

9 Rebscher/Kaufmann (Hrsg.): Qualitaetsmanagment in Gesundheitssystemen. Gesundheitsmarkt in der Praxis. medhochzwei Verlag, Heidelberg 2011, S. 3.

teilung bedarf also, und das ist eine Kernbotschaft, einer Koppelung der relevanten DRGs mit den entsprechenden Qualitätsindikatoren.

Dieser Aussage bedarf dahingehend noch eine Anpassung, dass der Krankenhausmarkt und speziell hier die Universitätsklinika, mit einem besonders hohen patientenseitigen Risiko ausgestattet sind. Ein fairer Vergleich der Effizienz zwischen verschiedenen Krankenhäusern oder auch den Abteilungen in einem Haus bedarf also einer Risikoadjustierung, um einen fairen Benchmark zu ermöglichen. Dies ist vor allem auch notwendig, da wie bereits dargelegt, einige komplexe Fälle, die sich im universitären Umfeld akkumulieren, unzureichend im DRG System abgebildet sind. Die Risikoadjustierung stellt dabei kein Alibi für die Maximalversorger dar, sondern dient der marktweiten Transparenz der Leistungen. Ob dies in allen Fällen immer gewünscht ist, ist nicht Gegenstand der hier vorliegenden Betrachtung.

Verbunden mit dem Wunsch die Effizienz im stationären Sektor valide und transparent zu messen, ist der Bedarf nach einer soliden und umfassenden Datengrundlage. Dafür sind sicherlich gezielte Investitionen in die Informationstechnik (Data Warehouse) und die personelle Ausstattung und Ausrichtung der „datenliefernden" Abteilungen förderlich.

4 Fazit

Eine valide Beurteilung der ökonomischen Effizienz im stationären Sektor wurde durch die Einführung des DRG Systems, mit gewissen Einschränkungen, erstmalig möglich gemacht. Durch die klare Definition von Leistungen und Produkten, konnte eine noch nie dagewesene Transparenz in wesentlichen Bereichen erreicht werden. Es zeigt sich aber, dass eine rein ökonomische Betrachtung der Effizienz zu fehlerhaften Aussagen führen kann, was ganz wesentlich mit dem einzigartigen „Produkt" Gesundheit in seiner gesamten Komplexität zusammenhängt. Gerade für Universitätsklinika ist die (noch) unzureichende Abbildung im DRG System ein systemimmanenter Nachteil, der aber nicht zwangsläufig zu dem Schluss führen darf, dass die Uniklinika Leistungen in der komplexen Medizin ineffizient erbringen.

Es besteht daher die Notwendigkeit, für die Beurteilung der Effizienz im stationären Sektor die rein ökonomische Betrachtung um die medizinische Dimension zu erweitern. Wie dies gelingen kann, wurde in diesem Beitrag ansatzweise aufgezeigt, festzuhalten bleibt jedoch, dass der Begriff der Effizienz und seine Bestimmungsgrößen im stationären Sektor eine zentrale gesundheitsökonomische Herausforderung darstellen und die Gesundheitswirtschaft auch in den nächsten Jahren maßgeblich beschäftigen wird und muss.

Literatur

Effizienz von Krankenhäusern in Deutschland im Zeitvergleich, Rheinisch-Westfälisches Institut für Wirtschaftsforschung. 2010, S. 9.

Ergebnisse der Trendumfrage deutsche Universitätsklinika 2011, Verband der Universitätsklinika Deutschlands e. V. 2011.

Rebscher, H./Kaufmann, S.: Qualitaetsmanagment in Gesundheitssystemen. Gesundheitsmarkt in der Praxis.Heidelberg, medhochzwei Verlag. 2011, S. 3.

CHE Hochschulranking. 2012. Online: http://ranking.zeit.de/che2012/de (abgerufen am 10. Juli, 2012).

Politikbrief – Argumente und Lösungen der deutschen Uniklinika, Verband der Universitätsklinika Deutschlands e. V. 2. 2012, S. 1.

Brändle, G./Liese, B. et al.: Das G-DRG System Version 2012. In: Das Krankenhaus(12). 2011, S. 1245-1264.

Donabedian, A.: The quality of care: How can it be assessed? In: JAMA: The Journal of the American Medical Association 260(12). 1988, S. 1743-1748.

Montori, V./Guyatt, G. H.: Progress in evidence-based medicine. In: JAMA: The Journal of the American Medical Association 300(15). 2008, S. 1814-1816.

Rebscher, H.: Theoretische und praktische Bedigungen „selektiven Kontrahierens" – der weiße Fleck auf der gesundheitsökonomischen Landkarte? In: Ulrich, V./Ried, W. (Hrsg.): Effizienz, Qualität und Nachhaltigkeit im Gesundheitswesen. Nomos 2007, S. 343-356.

Beitrag 13

Zugänge zur Effizienzbeurteilung im stationären Sektor aus Sicht der Schweizer Krankenversicherer

Verena Nold Rebetez

		Rn.
1	Einleitung	1
2	Rechtliche Grundlagen zur Effizienzbeurteilung im stationären Sektor	2
3	Die neue Spitalfinanzierung	3 – 11
3.1	Ziele und Elemente	3 – 10
3.2	Akteure, Entscheidungsträger und deren Zusammenwirken	11
4	Wie wird die Effizienz im stationären Bereich beurteilt?	12 – 14
5	Schlussfolgerungen	15

Autorin

Verena Nold Rebetez

Jahrgang 1962, Wirtschaftspädagogin, mag.oec.HSG, Direktorin tarifsuisse ag, einer Tochtergesellschaft von santésuisse, des Verbandes der Schweizer Krankenversicherer, deren Haupttätigkeitsgebiet der schweizweite Leistungseinkauf ist.

> **Abstract:** Damit die Effizienzbeurteilung im stationären Sektor möglich ist, braucht es Transparenz bezüglich Kosten, Leistungen und Qualität der Spitäler. Nur wenn diese Transparenz gegeben ist, kann das Verhältnis zwischen dem Nutzen und dem Aufwand eines Spitals beurteilt werden. Mit der Einführung der neuen Spitalfinanzierung hat der Gesetzgeber in der Schweiz Rahmenbedingungen geschaffen, die die Effizienzbeurteilung der Spitäler erleichtern. Erste Effizienzvergleiche bei den Schweizer Akutspitälern zeigen auf, dass noch großes Effizienzsteigerungspotential im stationären Sektor vorhanden ist.

1 Einleitung

Unter Effizienz versteht man das Verhältnis zwischen einem definierten Nutzen und dem Aufwand, der zu dessen Erreichung notwendig ist. Man kann Effizienz auch als Maß für die Wirtschaftlichkeit bezeichnen. Aber was bedeutet Effizienz bei der Erbringung von Leistungen in einem Spital? Wie kann die Effizienz eines Spitals beurteilt werden? Welches Spital ist effizient und günstig? Um diese Fragen für die Schweiz beantworten zu können, muss man den Blick auf die seit dem 1. Januar 2012 in Kraft getretene neue Spitalfinanzierung richten.

2 Rechtliche Grundlagen zur Effizienzbeurteilung im stationären Sektor

Im schweizerischen Krankenversicherungsgesetz ist in Artikel 32 der Grundsatz festgehalten, der für alle Leistungserbringer gilt: „Die Leistungen müssen wirksam, zweckmäßig und wirtschaftlich sein". Für den stationären Sektor hat der Gesetzgeber die Effizienzbeurteilung sogar noch genauer umschrieben: „Die Spitaltarife orientieren sich an der Entschädigung jener Spitäler, welche die tarifierte obligatorisch versicherte Leistung in der notwendigen Qualität, effizient und günstig erbringen." (Artikel 49, Absatz 1 Krankenversicherungsgesetz). In Artikel 59c der Verordnung über die Krankenversicherung (KVV) ist zudem festgehalten, dass „der Tarif höchstens die für eine effiziente Leistungserbringung erforderlichen Kosten decken darf". Das schweizerische Krankenversicherungsgesetz legt also großen Wert auf die Effizienz, was auch in der neusten Gesetzgebung im stationären Sektor deutlich wird.

3 Die neue Spitalfinanzierung

3.1 Ziele und Elemente

Die seit dem 1. Januar 2012 in Kraft getretene neue Spitalfinanzierung verfolgt das Ziel, den Wettbewerb unter den Spitälern zu fördern, die Wahlfreiheit für Patientinnen und Patienten zu verbessern und die kantonalen Spitalversorgungsstrukturen zu öffnen. Die neue Spitalfinanzierung umfasst folgende Elemente:

4 **Spitalliste/Listenspitäler:** Es gibt keine Unterscheidung zwischen Privatspitälern und öffentlichen Spitälern. Alle Spitäler, welche ein Kanton zur Versorgung seiner Kantonseinwohner benötigt, werden vom Kanton gelistet und gleich behandelt.

5 **Vergütungsteiler:** Kantone und Versicherer beteiligen sich zu fixen Teilen an den Kosten der stationären Behandlung im Listenspital. Dies unabhängig von der Trägerschaft des Spitals. Die Höhe der anteiligen Vergütung wird vom Kanton neun Monate vor dem Tarifjahr festgelegt.

6 **Investitionskosten:** Bisher haben die Versicherer die Investitionskosten der Privatspitäler und die Kantone die Investitionskosten der öffentlichen Spitäler bezahlt. Neu werden alle Spitäler, unabhängig von der Trägerschaft, gleich behandelt. Die Investitionskosten sind neu im Preis für die Fallpauschale enthalten und werden folglich durch den Kanton und die Versicherer vergütet (siehe Abb. 1).

7 **Forschung und universitäre Lehre:** Bisher gehörte die Lehre und Forschung zu den gemeinwirtschaftlichen Kosten und wurde von den Kantonen übernommen. Neu gelten nur noch die Forschung und universitäre Lehre als gemeinwirtschaftlich. Die nicht-universitäre Lehre wird in der neuen Spitalfinanzierung von den Kantonen und den Versicherern vergütet (siehe Abb. 1).

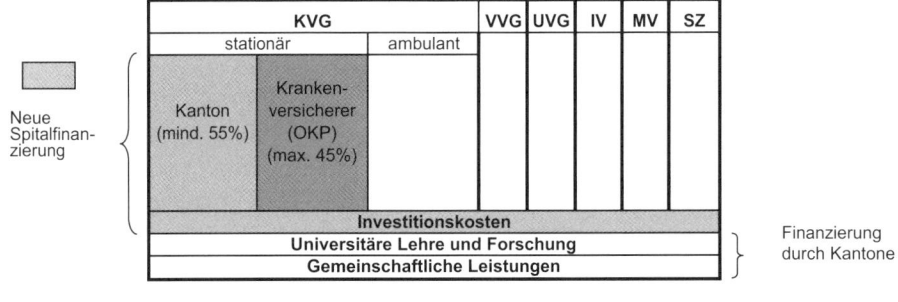

	KVG		VVG	UVG	IV	MV	SZ
	stationär	ambulant					
Neue Spitalfinanzierung	Kanton (mind. 55%)	Krankenversicherer (OKP) (max. 45%)					
	Investitionskosten						
	Universitäre Lehre und Forschung						
	Gemeinschaftliche Leistungen						

Finanzierung durch Kantone

KVG: Bundesgesetz über die Krankenversicherung
VVG: Bundesgesetz über den Versicherungsvertrag
UVG: Bundesgesetz über die Unfallversicherung
IV: Invalidenversicherung
MV: Militärversicherung
SZ: Selbstzahler

Abb. 1: Spitalfinanzierung im Überblick
Quelle: Eigene Darstellung

8 **Wahlfreiheit für Patientinnen/Patienten:** Mit der neuen Spitalfinanzierung kann die versicherte Person für die stationäre Behandlung unter den Spitälern, die auf der Spitalliste ihres Wohnkantons oder jener des Standortkantons aufgeführt sind, frei wählen. Somit öffnen sich die kantonalen Spitalversorgungsstrukturen.

9 **Einführung einer leistungsbezogenen Abgeltung:** Diese Form der Vergütung entschädigt die Leistungserbringer für die Therapie als Ganzes. Das bedeutet,

dass die Leistungserbringer keine Entschädigung für einzelne Schritte der Behandlung (wie bei einem Einzelleistungstarif) oder für die Dauer einer Behandlung (Beispiel Tagespauschalen) erhalten.

Durch die Einführung von leistungsbezogenen Pauschalen (DRGs) können nun Spitäler schweregradbereinigt miteinander verglichen werden. Ein direkter Vergleich lässt nun Aussagen zur Effizienz und zur Wirtschaftlichkeit von einzelnen Spitälern zu.

3.2 Akteure, Entscheidungsträger und deren Zusammenwirken

Die Kantone spielen bei der stationären Versorgung eine wichtige Rolle. Sie legen fest, welche Spitäler sogenannte Listenspitäler sind und somit zulasten der obligatorischen Krankenversicherung abrechnen dürfen. Sie legen ebenfalls fest, wie groß ihr Anteil an der Fallpauschale ist, und sie genehmigen den von den Versicherern und den Spitälern ausgehandelten Preis für die Fallpauschale (siehe Abb. 2). Erst wenn der von den Vertragspartnern ausgehandelte Tarif von der Kantonsregierung genehmigt ist, erfolgt die Rechnungsstellung des Spitals an die Versicherer auf der Grundlage des ausgehandelten Tarifs.

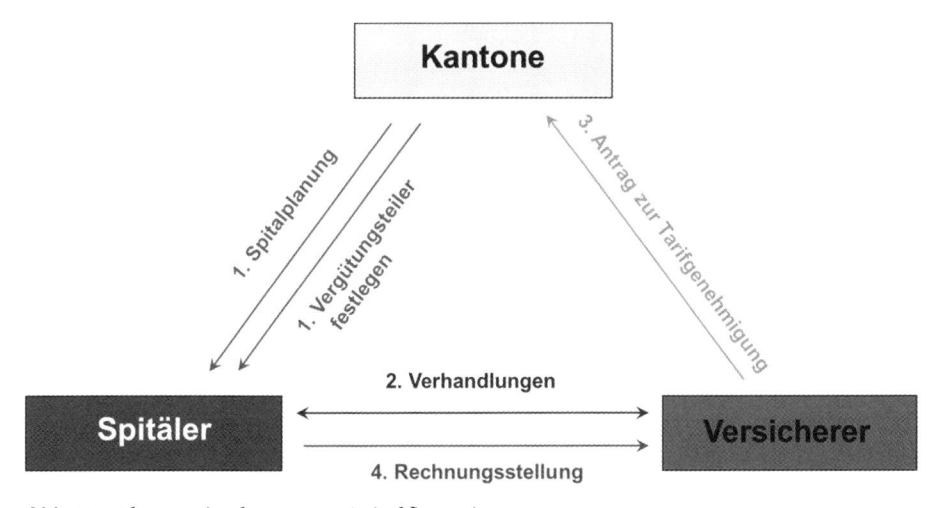

Abb. 2: Akteure in der neuen Spitalfinanzierung
Quelle: Eigene Darstellung

4 Wie wird die Effizienz im stationären Bereich beurteilt?

12 Damit eine Effizienzbeurteilung möglich ist, braucht es ein standardisiertes Preisbildungsverfahren. Pro Spital wird in der Regel jährlich die Baserate (Basisfallpreis) neu verhandelt und somit einem Effizienztest unterzogen. Im ersten Schritt des Preisbildungsverfahrens werden die Datengrundlagen bei den Spitälern erhoben. Pro Spital werden die Kosten- und Leistungsdaten erfasst. Diese Informationen sind die Grundlage, um die sogenannte kalkulatorische Baserate zu ermitteln (siehe Abb. 3). Diese kalkulatorische Baserate zeigt auf, wie hoch der Tarif im Spital sein müsste, um eine durchschnittliche Behandlung mit einem Schweregrad von 1.0 kostendeckend durchführen zu können.

Angaben Spital		Prüfung tarifsuisse ag	
Personalkosten	6000	Personalkosten	6000
Sachkosten	4000	abzgl. F und u.L.	-700 Normabzug
Investitionen	1500	Sachkosten	4000
anrechenbare Fallkosten	**11500**	abzgl. gemeinwirtschaftliche Kosten	-400
		abzgl. nicht anrechenbare Kosten	-400
		Investitionen	1000 effektiv oder Norm
		Fallkosten	**9500**
		CMI	**1**
		kalk. Baserate	**9500** → findet Eingang in Benchmark

Berechnung auf Gesamtspitalebene, Darstellung auf Fallebene

Abb. 3: Berechnungsmethode zur Ermittlung der kalkulatorischen Baserate
   Quelle: Eigene Darstellung

13 In einem zweiten Schritt werden alle kalkulierten Baserates miteinander verglichen und ein Benchmark definiert (siehe Abb. 4). All jene Spitäler, welche eine höhere kalkulatorische Baserate als der Benchmark haben, erbringen ihre Leistungen nicht effizient genug. Der definierte Nutzen, also die gesamte Behandlung eines Patienten bis zum Spitalaustritt, kann von Vergleichsspitälern effizienter, also mit weniger Aufwand erbracht werden.

14 In einem dritten Schritt wird aufgrund dieses Benchmarks der gesetzlich geforderte Tarif für eine effiziente Leistungserbringung ausgehandelt. Die Verhandlungen im ersten Jahr der neuen Spitalfinanzierung haben gezeigt, dass es große Effizienzunterschiede bei den Spitälern gibt (siehe Abb. 5). Effizienzsteigerungen in den Spitäler sind also dringend notwendig, um die gesetzlichen Vorgaben der neuen Spitalfinanzierung zu erfüllen.

5 Schlussfolgerungen

15 Damit die Effizienz im stationären Sektor beurteilt werden kann, braucht es Transparenz seitens der Spitäler. Detaillierte Kosten- und Leistungsdaten sind für die genaue Berechnung der kalkulatorischen Baserate und somit für die Effizi-

enzbeurteilung unabdingbar. Damit die Effizienzbeurteilung im stationären Sektor möglich ist, braucht es zudem einheitliche Tarifstrukturen. Nur so ist die Vergleichbarkeit gegeben. Die unterschiedliche Finanzierung von gemeinwirtschaftlichen Leistungen sowie von Lehre und Forschung durch die einzelnen Kantone kann die Effizienzbeurteilung verzerren. Die ersten Effizienzvergleiche im stationären Sektor haben auch aufgezeigt, dass es sehr große Effizienzunterschiede gibt. Diese Effizienzvergleiche können zu einem Kostendruck bei unwirtschaftlichen Spitälern führen. Damit dieser Kostendruck nicht zu einer Verschlechterung der Qualität führt, muss die Qualität in den Spitälern gemessen werden. Es braucht somit nicht nur einen Benchmark für die Kosten, sondern auch einen Benchmark für die Qualität.

Ermittlung der gewichteten Baserate
Darstellung mit fikitven Zahlenwerten zur Veranschaulichung des Verfahrens

Spital	kalkulatorische Baserate	angepasste Baserate	Casemix des Spitals	angepasste Kostenbasis (Casemix * angepasste Baserate)
Spital 1	6'900	6'900	7'100	48'990'000
Spital 2	7'150	7'150	8'666	61'961'900
Spital 3	7'320	7'320	3'640	26'644'800
Spital 4	7'340	7'340	25'697	188'615'980
Spital 5	7'650	7'650	7'821	59'830'650
Spital 6	7'660	7'650	15'216	116'402'400
Spital 7	7'890	7'650	4'410	33'736'500
Spital 8	7'960	7'650	9'898	75'719'700
Spital 9	8'130	7'650	2'100	16'065'000
Spital 10	8'140	7'650	966	7'389'900
Spital 11	8'300	7'650	2'564	19'614'600
Spital 12	8'365	7'650	8'521	65'185'650
Spital 13	8'499	7'650	49'612	379'531'800
Spital 14	8'505	7'650	6'544	50'061'600
Spital 15	9'025	7'650	8'855	67'740'750
Spital 16	9'265	7'650	35'624	272'523'600
Spital 17	9'480	7'650	12'111	92'649'150
Spital 18	13'655	7'650	8'444	64'596'600
Quartil	7'650	Summe	217'789	1'647'260'580
		Gew.Baserate		7'564

Abb. 4: Berechnungsmethode zur Ermittlung der gewichteten Baserate (Benchmark)
Quelle: Eigene Darstellung

Abb. 5: Überblick über die kalkulatorischen Baserates der akutsomatischen Spitäler
Quelle: Eigene Darstellung

Beitrag 14

Organisationsmodelle der akutnahen Rehabilitation am Beispiel der Clinica Hildebrand (CRB) und dem Neurocentro della Svizzera Italiana (NSI)

Gianni Roberto Rossi/Giovanni Rabito

		Rn.
1	Prämisse	1 – 17
2	Die Netzwerkmodelle	18 – 28
3	Das Integrationsprojekt Neurorehabilitation unter der Leitung der Clinica Hildebrand und des Neurocentro della Svizzera Italiana-EOC	29 – 43
4	Frührehabilitation: Entwicklung in Richtung eines „2- und 3-Phasen-Modells"	44 – 52
5	Schlussfolgerungen	53 – 59

Abkürzungen

Literatur

Autoren

Gianni Roberto Rossi

Jahrgang 1967, 1995 Diplom SHL Hotelier-Restaurateur HF, 1999 Diplom Spitalexperte, 2005 Executive MBA der Universität Zürich, 2011 Master Niveau II „Innovation und Management in Öffentlichen Verwaltungen" Universität Tor Vergata Rom. Seit 1998 Direktor und Vorsitzender der Klinikleitung der Clinica Hildebrand Centro di riabilitazione Brissago. Mitglied des Zentralvorstandes der Schweizer Spitaldirektorinnen und Spitaldirektoren und des Nationalen Vereins für Qualitätsentwicklung in Spitälern und Kliniken ANQ. Präsident der Prüfungskommission SF-SE des Bildungszentrums H+ Die Spitäler der Schweiz und Lehrbeauftragter am Net-MEGS-Modul der Universität in Lugano. Mitbegründer und Koordinator des Rehabilitationsnetzwerkes REHA TICINO.

Giovanni Rabito

Jahrgang 1979, 1998-2004 Studium der Wirtschaftswissenschaften an der Universität Perugia; 2005-2007 Executive Master in Healthcare Economics and Management (Net-MEGS) der Universität der italienischen Schweiz; seit 2010 Qualitätsmanager des Regionalspitals Locarno (EOC) und des Netzwerks REHA TICINO.

Abstract: In allen Ländern mit einem hohen Lebensstandard stellen die demografischen Veränderungen, welche sich in der zunehmenden Überalterung der Bevölkerung, der Beschleunigung der Degenerationsprozesse und der Zunahme von chronischen und schwächenden Krankheiten äußern, die gesamte Gesundheits- und Sozialpolitik sowie die heute noch vom Sozialstaat garantierten Leistungen vor große Herausforderungen. In den kommenden Jahren werden Bürger, die sich in ihrem sieben bis zehnten Lebensjahrzehnt befinden, immer mehr Dienstleistungen und Ressourcen beanspruchen. Diese Nachfrage stellt die Rehabilitationsmedizin vor neue Herausforderungen und verlangt mittelfristig nach neuen Lösungen, um die Koordination und Integration der Dienstleistungen zu verbessern und die Effizienz und Kontinuität der Sozialversorgung zu gewährleisten.

Darüber hinaus sieht sich die Schweiz heute mit der Einführung eines neuen Systems für die Finanzierung der Gesundheitsleistungen konfrontiert, welches den Übergang von der exklusiven Finanzierung der öffentlichen Spitäler hin zur Finanzierung der Leistungen mittels Vergabe von Leistungsaufträgen mit sich bringt und zwar sowohl für öffentliche als auch für private Einrichtungen.

Um angesichts dieser tief greifenden Veränderungen sicherzustellen, dass die Gesundheitsstrukturen auch langfristig eine wichtige Rolle bei der Behandlung der Patienten spielen werden, gilt es, diesem Wandel mit Maßnahmen wie neuen Organisationsmodellen und/ oder Behandlungspfaden zu begegnen. Der Patient ist bewusst ins Zentrum eines aus betrieblicher und synergetischer Sicht effektiv integrierten Netzwerks zu stellen, welches Spezialisierungen des Akutbereichs und der anschließenden stationären und dezentralen Rehabilitation umfasst. Nur auf diese Weise ist es möglich, die Genesung des Patienten in Einklang zu bringen mit den heutigen hohen Anforderungen an eine zweckmäßige und kontrollierte Ressourcenallokation, die Überprüfung der Versorgungspfade sowie die Gewährleistung der Behandlungsqualität und -sicherheit.

In diesem Beitrag wird ein umfassendes Zusammenarbeitprojekt zwischen öffentlichen und privaten Einrichtungen der Akut- und Rehabilitationsmedizin vorgestellt. Im Zentrum steht dabei das Konzept der integrierten Gesundheitsversorgung, wobei besonders auf die interorganisationalen Netzwerke und die Hub & Spoke-Organisationsmodelle eingegangen wird. Damit ein solches Netzwerk entstehen und dauerhaft bestehen kann, müssen jedoch alle Hubs gewisse Führungsprärogativen an das Netzwerk abtreten und dabei auf einen Teil ihrer Autonomie verzichten. Die beiden großen Behandlungsphilosophien, d. h. die somatische Akutmedizin, die in erster Linie auf die Diagnose ausgerichtet ist, und die Rehabilitationsmedizin, welche die Wiedererlangung der kognitiven und motorischen Funktionen zum Ziel hat, werden miteinander konfrontiert und kommen vor allem miteinander ins Gespräch. In dieser Arbeit werden folglich zwei verschiedene Konfigurationsmodelle des Netzwerks mit „2 und 3 Phasen" zur Frühbetreuung von zukünftigen Rehabilitationspatienten vorgestellt. Um zu beweisen, dass eine solche Netzwerkorganisation einen Mehrwert erzeugen kann, müssen die beiden Projektleiter (die Clinica Hildebrand und das Neurocentro della Svizzera Italiana-EOC) in ihrer Eigenschaft als Gründer und Förderer einige ihrer Führungsfunktionen an das Netzwerk abtreten.

1 Prämisse

In diesem Beitrag wird ein umfassendes Zusammenarbeitprojekt zwischen öffentlichen und privaten Einrichtungen der Akut- und Rehabilitationsmedizin vorgestellt. Im Zentrum steht dabei das Konzept der integrierten Gesundheitsversorgung, wobei besonders auf die interorganisationalen Netzwerke und die Hub & Spoke-Organisationsmodelle eingegangen wird.

2   In der modernen Gesundheitsversorgung ist die Bildung von Netzwerken unumgänglich. Dies vor allem auch, wenn man bedenkt, dass angesichts des wissenschaftlichen Fortschritts und der zunehmenden Spezialisierung in der Behandlung von komplexen und seltenen Fällen diese Fälle vermehrt konzentriert werden müssen, damit jene kritische Masse erreicht wird, welche nötig ist, um die Behandlungsqualität und -sicherheit zu gewährleisten.

3   Daher ist die Angebotsverteilung so zu planen, dass

- die Tätigkeiten nach Maßgabe der im Netzwerk vorhandenen Kompetenzen und der Notwendigkeit der Erweiterung dieser Kompetenzen mit zunehmender Erfahrung zusammengefasst werden;
- die gesamte Bevölkerung im Einzugsgebiet des Spitalnetzwerks gleichberechtigten Zugang dazu hat;
- die Investitionsentscheide in Abhängigkeit der Planung und der Entwicklung der Spezialisierungen an den verschiedenen Netzpolen besser koordiniert werden.

4   Angesichts der kontinuierlichen rechtlichen, gesellschaftlichen, demografischen und epidemiologischen Entwicklung muss sich das Gesundheitssystem „neu konfigurieren". Dort, wo der reale Veränderungsprozess ohne entsprechende Begleitmaßnahmen zu einer Verschlechterung der Effektivität, der Sicherheit, der Nachhaltigkeit und vor allem zu sinkendem Vertrauen der Öffentlichkeit führen könnte, muss es auf die neuen Gegebenheiten angemessene Antworten liefern.

5   Der Komplexitätsgrad der medizinischen Versorgung ist in den letzten Jahren unablässig gestiegen. Dank Innovationen steht eine Fülle von Diagnoseinstrumenten und Behandlungsmethoden zur Verfügung. Für die Patienten ist es jedoch schwieriger, das für sie geeignete Diagnose- oder Behandlungsverfahren zu finden und die Besuche bei nicht vernetzten Ärzten erhöhen sowohl die Kosten als auch die Gesundheitsrisiken. Eine mögliche Lösung für dieses Problem stellen die integrierten Versorgungsnetze (Managed Care) dar.

6   Es handelt sich dabei um Organisations- und Finanzierungsmodelle, welche durch eine strenge Leistungskontrolle die Senkung der Behandlungskosten und die Verbesserung der Qualität und der Wirksamkeit anstreben. Managed Care beruht auf den folgenden sechs Grundsätzen:[1]

- eingeschränkte Wahl der Leistungsanbieter;
- Förderung der Integration: klinische (Pflegeprozess), strukturelle (Infrastruktur), funktionale (Finanzen, Informatik, Personal, Marketing) Integration;
- Förderung des Grundsatzes der Systemsteuerung (Gatekeeping):
- Anreize zur Effizienzsteigerung der einzelnen Akteure (Ärzte und Versicherer);
- Bereitstellung von medizinisch-therapeutischen Richtlinien (Guidelines):
- Vermittlung einer neuen Wirtschaftstechnologie (-kultur).

---

[1] Buchs: Managed Care in der Schweiz. 2001.

Prämisse

In der Schweiz besteht das Managed-Care-Modell, in welchem die integrierte Gesundheitsversorgung der Patienten durch alle Leistungserbringer in einer einzigen Behandlungskette koordiniert wird, auf freiwilliger Basis bereits seit vielen Jahren. Die ersten innovativen Managed-Care-Modelle, welche sich die Qualitätssteigerung und die Kosteneffizienz zum Ziel gesetzt hatten, entstanden bereits in den 1990er Jahren. Sie beruhen auf der Überzeugung, dass sich durch ein integriertes Vorgehen die Behandlungsverfahren vereinfachen, wirkungsvoller gestalten und spezifischer auf die Patientenbedürfnisse ausrichten und somit überflüssige Therapien und Doppelspurigkeiten vermeiden lassen. 7

Ärztenetze versorgen heute in der Schweiz 1,3 Mio. Versicherte. Damit hat sich die Ausbreitung integrierter Versorgungsmodelle seit 2004 rund verdreifacht. Zudem hat sich die Verbindlichkeit der Netzwerke in dieser Zeit erhöht. Die geografische Verteilung solcher Organisationen ist dagegen recht unterschiedlich: während sie in der Deutschschweiz fast flächendeckend vorhanden sind, gibt es in den übrigen Landesteilen erst wenige.[2] 8

Mit dem Inkrafttreten der KVG-Revision und der entsprechenden Verordnungen am 1. Januar 2009 erlebte das schweizerische Gesundheitswesen einen weiteren grundlegenden Paradigmenwechsel. Davon betroffen ist vor allem die Spitalfinanzierung. Während die Finanzierung durch die öffentliche Hand zuvor objektorientiert war, nach der Aufenthaltsdauer im Spital bemessen wurde und auf die öffentlichen oder subventionierten Spitäler beschränkt war, sieht das neue Regime eine subjektorientierte, an den Leistungen bemessene und für alle zugelassenen (öffentlichen oder privaten) Einrichtungen einheitliche Finanzierung vor. Getragen wird sie durch die Versicherungen und die Kantone und beruht – für den Moment ausschließlich im akut-somatischen Bereich – auf einer schweizweit einheitlichen Tarifstruktur, womit für alle Versicherten die freie Spitalwahl in der ganzen Schweiz gefördert wird. 9

Die neue Gesetzesbestimmung über die Spitalfinanzierung,[3] welche für die ganze Schweiz am 1. Januar 2012 in Kraft getreten ist, verfolgt folgende Ziele: 10

- Die Einführung eines einheitlichen Finanzierungsregimes für alle zugelassenen (im kantonalen Verzeichnis eingetragenen) öffentlichen und privaten Einrichtungen;
- ein durch einheitliche Referenzwerte regulierter Wettbewerb unter den schweizerischen Spitälern: DRG (Fallpauschalen), Gleichbehandlung aller Spitäler, die auf der Spitalliste des Wohnsitzkantons der versicherten Person eingetragen sind sowie auf jener des Kantons, in welchem sich die von der versicherten Person gewählte Struktur befindet.

---

2 www.economiesuisse.ch, Suchbegriff „Vernetzte Medizin: bewährt und patientenfreundlich".
3 Ausarbeitung einer Spitalplanung (gemäß Art. 39 KVG und Art. 58a, 58b, 58c, 58d, 58e KVV) bis 2015, d. h. innerhalb von drei Jahren nach der Einführung der Fallpauschalen.

- freie Spitalwahl der versicherten Person sowohl in ihrem Wohnsitzkanton als auch in der gesamten Schweiz.

11 Voraussetzung für die Umsetzung des neuen Systems ist folgender Paradigmenwechsel: Übergang von der ausschließlichen Finanzierung der öffentlichen Spitäler einschließlich einer allfälligen Defizitgarantie hin zur Finanzierung der Leistungen durch Vergabe von Leistungsaufträgen an öffentliche und private Spitäler.[4]

12 Seit dem 1. Januar 2012 erfolgt die Vergütung von Spitalleistungen zu Lasten der OKP auf der Grundlage von Leistungspauschalen, die von den Tarifpartnern, d. h. den Versicherungen und den Leistungserbringern, ausgehandelt werden. Mittels solcher leistungsbezogener Fallpauschalen, welche auf einer für die ganze Schweiz einheitlichen Tarifstruktur (SwissDRG) beruhen, werden insbesondere stationäre Spitalbehandlungen abgegolten. Da der Tarif sämtliche Spitalbehandlungskosten abdecken muss, sind die Investitionskosten des Spitals in der Pauschalvergütung ebenfalls inbegriffen.

13 Die dem Spital zu entrichtende und ausgehandelte Pauschale wird vom Kanton und den Krankenversicherern getragen. Die Kostenbeteiligung des Kantons beläuft sich auf mindestens 55 % der dem Spital bezahlten Pauschale, auf welche alle öffentlichen und privaten Einrichtungen Anspruch haben, die zur Erbringung von OKP-Pflichtleistungen zugelassen sind und auf der Spitalliste stehen.

14 In der ausschließlichen Zuständigkeit des Kantons verbleibt die Finanzierung von so genannten Leistungen von „allgemeinem Interesse". Gemäß Gesetz gehören dazu die Aufrechterhaltung der Spitalkapazität aus regionalpolitischen Gründen, die Forschung und die universitäre Ausbildung. Diese Kosten werden nicht über die Pauschalen finanziert. Kurz gesagt, muss der Kanton im Zuge der Revision von der ausschließlichen Finanzierung der öffentlichen Spitäler mit allfälliger Defizitgarantie zu einer leistungsbasierten Finanzierung der öffentlichen und privaten Spitäler übergehen. Verankert wird zudem der Grundsatz, wonach die Leistungen vom Versicherer und vom Wohnsitzkanton der versicherten Person gemeinsam finanziert werden (duale Finanzierung).[5]

15 Um angesichts dieser tief greifenden Veränderungen sicherzustellen, dass die Gesundheitsstrukturen auch langfristig eine wichtige Rolle bei der Behandlung der Patienten spielen werden, gilt es, diesem Wandel mit Maßnahmen wie neuen Organisationsmodellen und/oder Pflegepfaden zu begegnen.

16 In allen Ländern mit einem hohen Lebensstandard stellen die demografischen Veränderungen, welche sich in der zunehmenden Überalterung der Bevölkerung, der Beschleunigung der Degenerationsprozesse und der Zunahme von chroni-

---

[4] Bericht Nr. 6422 R, 1. März 2011, Gesundheits- und Sozialdepartement des Kantons Tessin (Dipartimento Sanità e Socialità).
[5] Bericht Nr. 6422, 23. November 2010, Gesundheits- und Sozialdepartement des Kantons Tessin (Dipartimento Sanità e Socialità).

schen Krankheiten äußern, die gesamte Gesundheits- und Sozialpolitik sowie die heute noch vom Sozialstaat garantierten Leistungen vor große Herausforderungen. In den kommenden Jahren werden Bürger, die sich in ihrem sieben bis zehnten Lebensjahrzehnt befinden, immer mehr Dienstleistungen und Ressourcen beanspruchen. Diese Nachfrage verlangt mittelfristig nach neuen Lösungen, um die Koordination und Integration der Dienstleistungen zu verbessern und die Effizienz und Kontinuität der Sozialversorgung zu gewährleisten.

Das Gesundheitswesen muss in der Lage sein, seine Strukturen und Dienstleistungen an die neuen Anforderungen anzupassen und durch die Zusammenarbeit zwischen den einzelnen Leistungserbringern in der Versorgungskette massive Einsparungen zu erzielen. Entweder gilt es, die lokalen Dienstleistungen durch stärkere Bürgernähe zu verbessern oder Kriterien zur Neueinstufung kleinerer Spitäler festzulegen, damit diese im Netzwerk erneut eine wichtige Rolle wahrnehmen können. Klein bedeutet nämlich keineswegs weniger bedeutsam. Dennoch weisen die Spitäler, welche hohe Anforderungen an die klinische Qualität und die Sicherheit erfüllen müssen, bei der klinischen Tätigkeit voneinander stark abweichende Erfolgsquoten auf, die teilweise durch die unterschiedliche Erfahrung der Teams in den verschiedenen Fachbereichen erklärt werden können. Die zunehmende Spezialisierung und die technische Komplexität stellen hohe Anforderungen an die Fachkenntnis des Personals und der Teams. Verfügt eine Klinik nur über ein beschränktes Einzugsgebiet, ist es diesen nicht möglich, die erforderlichen Fachkenntnisse zu erwerben, da sie dafür nicht genügend Patienten behandeln können.[6]

2 Die Netzwerkmodelle

In einem autarken Versorgungsnetzwerk genießen alle Bürger gleichberechtigten Zugang zu den von ihnen benötigten Pflegeleistungen. Solche Netzwerke funktionieren nach dem Prinzip, dass wo möglich die Leistungserbringer auf den Bürger zugehen und nicht umgekehrt. In einigen Fällen gab der Druck der Nutzer oder der Öffentlichkeit, welche neuen Lösungen forderten, den Ausschlag für die Bildung von Gesundheitsnetzwerken.

Mit der Errichtung integrierter Versorgungsnetzwerke lassen sich die Anforderungen an den Zugang zu den Gesundheitsstrukturen und jene an die Qualität, die klinische Wirksamkeit, die Effizienz und die Patientensicherheit in einem erfüllen. Des Weiteren sollen durch die Bildung eines integrierten Netzwerks alle Bürger gleichberechtigten Zugang zu Pflegeleistungen haben und Doppelspurigkeiten vermieden werden.

---

6 Lavazza:, http://www.centrobasaglia.provincia.arezzo.it/convegni/11-03-2008/Lavazza_Luca.pdf, Suchbegriff „Il modello Hub Spoke: l'ospedale organizzato per intensitá delle cure".

20 Ein interorganisationales Netzwerk kann als ein Zusammenschluss juristisch unabhängiger Unternehmen mit eigenständigen Wirtschaftssubjekten definiert werden, welche organisatorisch miteinander verbunden sind, um einen unter den Hubs gleichmäßig verteilten Systemwert zu erzeugen. Solche interorganisationalen Netzwerke zeichnen sich also durch die Präsenz mehrerer eigenständiger Einrichtungen aus, von denen jede ein eigenes Wirtschaftssubjekt darstellt.[7] Wenn die einzelnen Hubs juristisch eigenständig sind, jedoch ein einheitliches Wirtschaftssubjekt bilden, d. h. einem einzigen „Eigentümer" gehören, liegt eine Unternehmensgruppe und kein Unternehmensnetzwerk vor.[8]

21 Ein weiteres Merkmal der Netzwerke ist die gegenseitige Abhängigkeit der Hubs, welche sich auf die finanziellen Mittel, die Absatzmärkte, die sich ergänzenden Phasen des Produktionsprozesses, den Zugang zu Produktionsfaktoren oder Innovationen, die Logistik, usw. beziehen kann. Im Gesundheitswesen bestehen insbesondere folgende Arten von Abhängigkeiten:[9]

- die gegenseitige Abhängigkeit von Ressourcen;
- die gegenseitige Abhängigkeit in den Pflegeprozessen. Mit der Zunahme der chronischen und stabilisierten Krankheiten sind sämtliche Abteilungen und Leistungserbringer in die Diagnose-, Behandlungs- und Versorgungsprozesse involviert. Sind diese gut koordiniert, erleichtert dies die Arbeit aller Beteiligten und verbessert die Versorgungsqualität maßgeblich;
- die gegenseitige Abhängigkeit in den Spezialisierungen und Fachrichtungen. Im Gesundheitsbereich wird eine Mindestanzahl von Patienten pro Krankheit oder Krankheitsstadium benötigt, damit sich die erforderlichen Spezialisierungseffekte einstellen, welche die Versorgungsqualität und -sicherheit gewährleisten;
- die gegenseitige Abhängigkeit bei der Beschaffung von Produktionsfaktoren. Das Gesundheitswesen zeichnet sich dadurch aus, dass außerordentlich spezialisierte und verstreut verfügbare Güter und Dienstleistungen beschafft werden müssen. Durch die Bildung von Beschaffungspools lassen sich bedeutende Skalen- und Kompetenzeneffekte erzielen;
- die wissensbedingte gegenseitige Abhängigkeit. Das Gesundheitswesen ist ein wissensbasierter Sektor, welcher auf die Schaffung (Forschung), Erprobung, Verbreitung und Beurteilung der Praktiken ausgerichtet ist;
- die informationsbedingte gegenseitige Abhängigkeit. Die Informationen über die bereits erfolgte Behandlung der Patienten sind sowohl für die individuelle Behandlungsführung als auch für die Planung der kollektiven Betreuung relevant.

---

7 Longo: Incentivi e Strumenti Per l'Integrazione Delle Reti Socio-Sanitarie In: Servizi sanitari in rete. Dal territorio all'ospedale al territorio. 2007, S. 533-551.
8 Longo: Governance dei network di pubblico interesse. 2005.
9 Longo: Reti socio-sanitarie e strumenti di integrazione: quale ruolo per il distretto? 2011, S. 113-127.

Unter den Modellen integrierter Netzwerke für hoch spezialisierte Dienstleistungen gilt es das Hub & Spoke-Modell zu erwähnen. Die Hub & Spoke-Theorie (wörtlich: Nabe und Speichen) basiert auf einem dynamischen (und weniger strukturellen) Versorgungsansatz nach Maßgabe des Komplexitätsgrades: Sobald eine bestimmte Komplexitätsschwelle überschritten ist, wird die Versorgungshoheit von peripheren Produktionseinheiten an zentrale Einheiten übertragen, welche über seltene und teure Kompetenzen verfügen, die nicht dezentral vorhanden sein können, sondern zentralisiert werden müssen.[10]

Diesem Modell zufolge sind demnach komplexe Behandlungen in Kompetenzzentren (Hub) zu konzentrieren, welchen die peripheren Einrichtungen jene Patienten zuweisen, welche die Komplexitätsschwelle der peripheren Einheiten (Spoke) überschritten haben.

Durch die Neuorganisation wird die bestehende Struktur teilweise aufgelöst, indem für einen spezifischen Produktionsprozess die funktionalen Verbindungen des Netzwerks an die Stelle der einzelnen Pflegeinstitutionen treten.

Das Hub & Spoke-Modell zeichnet sich demnach durch folgende Eigenschaften aus:

- eine starke vertikale Integration der Hubs;
- besonders geeignet für Abteilungen mit großen Tätigkeitsvolumen und hoher technologischer Komplexität;
- dynamische Gestaltung des Netzwerks, dessen Architektur sich an die Entwicklung oder Ausmusterung von Technologien, des Wissens sowie der Fach- und Führungskompetenzen anpassen lässt.

Das Hub & Spoke-Modell verfolgt drei Hauptziele:

- sicherstellen, dass die einzelnen Zentren genügend große Behandlungsvolumen verzeichnen, um die erforderliche klinische Kompetenz und betriebswirtschaftliche Effizienz erreichen und erhalten zu können und eine effiziente und wirtschaftliche Versorgung zu gewährleisten;
- Errichten funktionaler Beziehungen unter den Abteilungen, damit die dezentralen Einheiten (Spokes) in ständigem Kontakt mit den entsprechenden Hubs stehen, wodurch die Verfügbarkeit und Zusammenarbeit sichergestellt sind.
- Förderung systematischer und kontinuierlicher klinischer Audittätigkeiten innerhalb und unter den Zentren durch Vergleich der klinischen Ergebnisse und Koordination gemeinsamer klinischer Verhaltensstrategien.

Zusammenfassend sollen durch die Koordination der Netzwerke in erster Linie Lösungen entwickelt werden, welche die Versorgungskontinuität für die Patienten sicherstellen, indem diese durch mehrere Einrichtungen betreut werden. Im

---

10 Umberto: La rete cardiologica ospedaliera secondo il modello Hub & Spoke. 2003, S. 158-162.

Zuge des Ausbaus der Netzwerke kann es notwendig werden, dass sich die Parteien über die Art des zu bildenden Netzwerks – ein fokales, ein paritätisches oder eine Zwischenform, welche an diese beiden Formen anknüpft – absprechen und die zuvor spontan gebildete Ordnung entweder bestätigen oder ändern. Entscheiden sie sich für ein fokales Netzwerk, ist ein Systemführer zu bestimmen, während im gegenteiligen Fall Organisationsformen für eine partizipative Entscheidungsfindung entwickelt werden müssen.[11]

28 Im Folgenden stellen wir jenen Prozess vor, in welchen die Clinica Hildebrand Centro di riabilitazione Brissago und das Kompetenzzentrum des Kantonsspitals (EOC), das Neurocentro della Svizzera Italiana, im Rahmen eines spezifischen Projekts involviert waren.

3 Das Integrationsprojekt Neurorehabilitation unter der Leitung der Clinica Hildebrand und des Neurocentro della Svizzera Italiana–EOC

29 Die Qualität der Gesundheitsversorgung wird in erster Linie durch die Behandlungskontinuität und die angemessene Patientenführung bestimmt. Dieses zentrale Kriterium kann nur durch die Betreuung und eine frühzeitige Triage der potentiellen Rehabilitationspatienten durch den Rehabilitationsarzt und die garantierte Behandlungskontinuität erfüllt werden.[12]

30 Durch die Schaffung neuer Formen der Zusammenarbeit zwischen den Strukturen des EOC und der Clinica Hildebrand, welche 2008 zur Bildung des informellen Netzes REHA TICINO[13] führten, und die Übermittlung der Pflegepfade der Patienten innerhalb des Netzwerks sollen die den einzelnen Einrichtungen vor- und nachgelagerten Behandlungsprozesse stärker integriert werden.

31 Zu diesem Zweck wurde im Regionalspital Lugano in Zusammenarbeit mit dem Neurocentro della Svizzera Italiana-EOC (multidisziplinäre Struktur von kantonalem Interesse zur Abklärung und Behandlung von Erkrankungen des zentralen und peripheren Nervensystems) und dem physio- und ergotherapeutischen Dienst der Rehabilitationsklinik Novaggio im Jahr 2008 ein spezialisierter neuropsychologischer und logopädischer Dienst unter der Trägerschaft der

---

11 Montanelli/Turrini: La governance locale nei servizi sociali. 2006.
12 Conti.: Effiziente Steuerung der Versorgungskette aus Sicht der Rehabilitation am Beispiel der Clinica Hildebrand und dem Neurocentro della Svizzera Italiana. In: Effizienzmanagement in Gesundheitssystemen. 2012.
13 REHA TICINO ein Kompetenznetzwerk, welches Rehabilitationskliniken und -einrichtungen umfasst, welche im Rahmen der Spitalplanung einen Leistungsauftrag erfüllen. Dieses Netz wurde im Mai 2007 gegründet und umfasst:
- die Rehabilitationsklinik Novaggio (CRN);
- das Rehabilitationszentrum Faido (FAI) des Regionalspitals Bellinzona e Valli;
- den kardiologischen Rehabilitationsdienst des Spitals San Giovanni;
- die Clinica Hildebrand Centro di riabilitazione Brissago (CRB).

Clinica Hildebrand eröffnet. Dieser Dienst richtet sich an Patienten mit neurologischen Problemen, welche zunächst eine neuropsychologische und logopädische Abklärung und Behandlung benötigen, bevor sie anschließend für die Fachbehandlung gegebenenfalls an ein spezialisiertes Rehabilitationszentrum überwiesen werden.

Im Rahmen dieser Zusammenarbeit werden bei Patienten mit neurologischen sowie Muskel- und Skelettproblemen bereits in den Akutspitälern Vorabklärungen getroffen und physiotherapeutische, neuropsychologische und logopädische Therapien angewendet im Hinblick auf eine weitere spätere Fachbehandlung in einem der Rehabilitationszentren des Netzwerks. Auf diese Weise lässt sich eine angemessene Rehabilitationstriage vornehmen, um den „richtigen" Patienten zur richtigen Zeit an den richtigen Ort zu überweisen.

Hinzu kommt, dass seit dem 1. Januar 2012 in der ganzen Schweiz das neue, auf Fallpauschalen (DRG) beruhende Spitalfinanzierungssystem gilt. Dieses System kann in der Tat als Hindernis für zahlreiche der heute bestehenden Integrationsprozesse betrachtet werden, da die Akutspitäler durch das DRG-System bekanntermaßen dazu verleitet werden, Patienten vorzeitig zu entlassen. Ein solcher Anreiz wirkt sich zwar positiv auf die technische Effizienz und die wirtschaftliche Nutzung der Spitalressourcen aus, kann aber Gesundheitsrisiken für den Patienten bergen und dessen vollständige funktionale Genesung gefährden, insbesondere wenn die Rehabilitation nicht rechtzeitig angeordnet wird und die Kontinuität der Fachbetreuung nicht gewährleistet ist. Hinzu kommt, dass bei der Finanzierung mittels DRG, die in den EOC-Spitälern bereits seit 2005 in Kraft ist, bei der Festlegung der Spitaltarife die Finanzierung der Rehabilitationsleistungen nicht berücksichtigt wird. In der wissenschaftlichen Literatur ist der Nutzen solcher Leistungen großmehrheitlich anerkannt. Um sie weiterhin in einem Spital erbringen zu können, gilt es, geeignete Finanzierungsmodelle für sämtliche dieser Rehabilitationsleistungen, welche von bestimmten Kategorien von Patienten in Anspruch genommen werden, zu finden. Patienten mit neurologischen Problemen weisen eine immer höhere klinische Komplexität auf. Angesichts der Art der Pathologien, die in der Rehabilitation behandelt werden, scheint es nicht zweckmäßig, dass die hoch komplexen Eingriffe und damit auch die vollständige intensive Phase der Frührehabilitation innerhalb des Systems einfach im Kompetenzzentrum (im vorliegenden Fall der Clinica Hildebrand) konzentriert werden. Dies wäre einerseits in Bezug auf die Nutzung, die Aufwertung und die Förderung der in Akut- oder Rehabilitationsstrukturen dezentral bereits vorhandenen Kompetenzen kontraproduktiv. Andererseits könnten die spezialisierten Rehabilitationszentren schnell an ihre Kapazitätsgrenzen stoßen, wenn sich die Aufenthaltsdauer in solchen Kliniken verlängert, nur weil der Patient nicht an andere dezentrale Einrichtungen überwiesen werden kann.

34 Deshalb gilt es, in den zu prüfenden Szenarien die größtmöglichen Synergien und Integrationsmöglichkeiten für die zahlreichen Rehabilitationsaspekte zu finden, d. h.:[14]

- die spezifischen Rehabilitationstätigkeiten, welche den Einsatz von Techniken, Mitteln und Fachleuten voraussetzen, um komplexe medizinische und rehabilitationsspezifische Probleme zu lösen;
- Rehabilitationstätigkeiten, welche auf die Heilung oder Eindämmung sämtlicher Formen der Invalidität ausgerichtet sind. So gesehen ist jede Behandlungstätigkeit auch eine Rehabilitationstätigkeit, insofern jeder Eingriff – sei er präventiver, diagnostischer oder therapeutischer Natur – auf die Vermeidung oder Verminderung dauerhafter funktionaler Einschränkungen beim Menschen abzielt.

35 Das Akutspital ist bestimmt der geeignetste Ort, um solche Zusammenarbeitsformen zu entwickeln, vor allem dort, wo die erforderlichen hoch qualifizierten und spezialisierten technischen, technologischen und menschlichen Ressourcen vorhanden sind, welche für die Führung von Patienten mit besonderen Versorgungsbedürfnissen benötigt werden. Für die Zukunft müssen allerdings auch die Integration und die vermehrte Zusammenarbeit mit Hauspflegediensten in Betracht gezogen werden, welchen die erforderlichen Fachkompetenzen bisweilen „entzogen" werden.

36 Im vorliegend vorgestellten Projekt soll folglich in einem ersten Schritt ein Zentrum für die Akutnaherehabilitation geschaffen werden. Dessen interdisziplinäre Teams sollen die drei Behinderungsstufen, welche bei einem Patienten infolge Krankheit oder Unfall eintreten können – Beeinträchtigung, Aktivitätseinschränkung und Partizipationsbeschränkung – ganzheitlich behandeln.

37 Das Projekt verfolgt demnach folgende Ziele:

- *Umgehende, frühzeitige* und zweckmäßige, auf die Bedürfnisse des Patienten ausgerichtete Rehabilitation, welche den biologischen Genesungsphasen und den Bedürfnissen des sozialen Umfeldes des Patienten Rechnung tragen.
- Vornahme *geeigneter* Therapien, deren Wirksamkeit allgemein anerkannt ist.
- Gewährleistung der *Kontinuität* des Behandlungs- und Rehabilitationspfades der Patienten. Die verschiedenen Eingriffe sollen in Abhängigkeit des Krankheitsverlaufs, des klinischen Befundes bei der Person, ihrer familiären Situation und ihres Umfeldes aufeinander abgestimmt und integriert werden.
- *Einbezug* des Patienten und seiner Familie in alle Versorgungsphasen, wodurch die aktive und bewusste Teilnahme am Behandlungspfad erleichtert werden soll.

---

14 Conti: Effiziente Steuerung der Versorgungskette aus Sicht der Rehabilitation am Beispiel der Clinica Hildebrand und dem Neurocentro della Svizzera Italiana. In: Effizienzmanagement in Gesundheitssystemen. 2012.

- Sicherstellen der wirtschaftlichen und finanziellen *Tragbarkeit* der neurologischen Rehabilitationsleistungen, welche in akut-somatischen Spitälern erbracht werden.

Durch die Aufnahme von Patienten in die Akutnaherehabilitation sollen diese so früh wie möglich nach dem neurologischen Vorfall therapiert werden, um das Zeitfenster für eine bestmögliche Wiedererlangung der Funktionsfähigkeiten in Abhängigkeit des Rehabilitationspotentials zu optimieren. Weitere Aufgaben der Frührehabilitation sind ferner die frühzeitige Patientenführung, bevor der Rehabilitationsprozess durch allfällige Zwischenfälle beeinträchtigt werden könnte, sowie die Unterstützung der Familien, denen einheitliche Informationen zu den medizinischen Aspekten, den Prognosen und zur Rehabilitation gegeben werden.

Um die oben erwähnten Ziele erreichen zu können, muss bzw. müssen:[15]

- ein gemeinsames Konzept für die Frührehabilitation erarbeitet werden.
- die Pathologien und klinischen Kriterien festgelegt werden, bei welchen die Frührehabilitation in der Akutphase für Patienten mit neurologischen Problemen in Betracht kommt.
- das Organisationsmodell (Anzahl der in einer Spezialabteilung oder abteilungsübergreifend verfügbaren Betten, Festlegung der Schnittstellen mit den im Akutbereich verfügbaren menschlichen und technologischen Ressourcen) bestimmt werden, nach welchem die Frührehabilitationsleistungen im Akutspital erbracht werden sollen.
- die Einsatzbereiche und die Aufteilung der im Akutspital zu erbringenden Rehabilitationsleistungen festgelegt werden.
- ein Vorschlag für die Finanzierung der Frührehabilitation erarbeitet werden.

Grundsätzlich ist folglich geplant, im Neurocentro EOC Rehabilitationspfade für Erwachsene mit Schädigungen des zentralen und peripheren Nervensystems zu entwickeln, welche die Zusammenarbeit und den Dialog unter den verschiedenen Leistungserbringern und mit dem Patienten erleichtern.

Das umzusetzende Organisationsmodell beruht auf dem Konzept des integrierten Versorgungsnetzes des Typs Hub & Spoke. In solchen Netzwerken besteht eine gegenseitige Abhängigkeit und Integration von hoch spezialisierten Zentren (Hubs) und einem Netz von peripheren Einrichtungen (Spokes), welche Patienten in jeder Phase des klinischen Behandlungspfades den geeignetsten Versorgungszentren innerhalb des Netzwerks zuweisen können. Auf diese Weise lassen sich die Fachkompetenzen in den einzelnen Netzwerkpunkten dezentral nutzen.

Im vorliegenden Fall bilden das Neurocentro della Svizzera Italiana-EOC und die Clinica Hildebrand die spezialisierten Hubs. Über ihre Akutabteilung wird letzte-

---

15 Conti: Effiziente Steuerung der Versorgungskette aus Sicht der Rehabilitation am Beispiel der Clinica Hildebrand und dem Neurocentro della Svizzera Italiana. In: Effizienzmanagement in Gesundheitssystemen. 2012.

rer die Aufgabe zukommen, die auf die Akutphase folgenden Rehabilitationspfade festzulegen, frühzeitig das Netzwerk zu aktivieren und bereits während des Aufenthalts in der Akutabteilung erste Rehabilitationsmaßnahmen zu ergreifen. Die peripheren Zentren des Typs „Spoke" werden durch all jene Einrichtungen gebildet, welche heute im Sinne der Behandlungskontinuität jene Patienten betreuen, die ihnen von den spezialisierten Hubs zugewiesen werden. Die Aufgabe der Spoke-Zentren wird insbesondere darin bestehen, die Patienten bei ihrer Entlassung aus dem Spital und der sozialen Wiedereingliederung zu begleiten (Abb. 1).

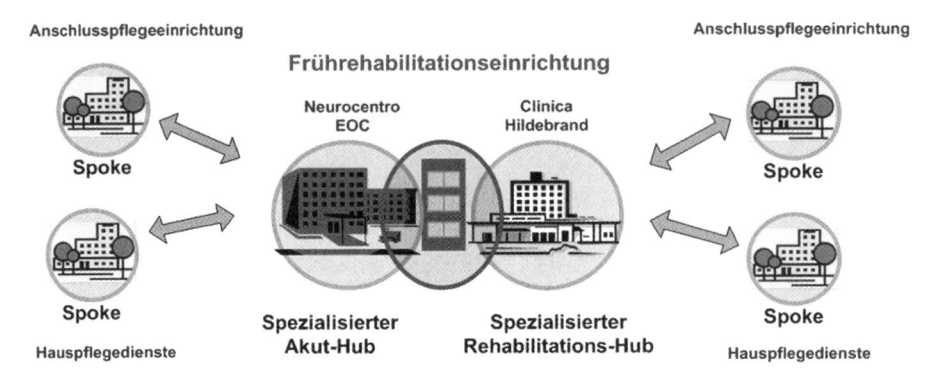

Abb. 1: Konfiguration des Hub & Spoke-Modells im Projekt Clinica Hildebrand-Neurocentro EOC
Quelle: Eigene Darstellung

42 Mit Hilfe dieses Projekts können die Ressourcen der verschiedenen Rehabilitations- und Akuteinrichtungen sinnvoll und effizient genutzt werden. Dabei werden der Wissenstransfer und die Zusammenarbeit zwischen dem Hub und allen übrigen Netzstrukturen gefördert und der gesamte Wissens- und Erfahrungsschatz, über welchen viele von ihnen bereits verfügen, aufgewertet.

43 Auf diese Weise sollte die einheitliche klinische Führung des gesamten Systems gewährleistet und die technischen und fachlichen Kompetenzen und Ressourcen in einem beliebigen Netzpunkt (Outreach) rechtzeitig verfügbar sein. Zuweisungen von Patienten von einem Zentrum an ein anderes lassen sich dadurch auf klinische Befunde und Behandlungsphasen beschränken, in denen dies auf Grund des gesamten Rehabilitationsprojekts effektiv notwendig ist.

4 Frührehabilitation: Entwicklung in Richtung eines „2- und 3-Phasen-Modells"

44 Obwohl zweifelsfrei erwiesen ist, dass sich durch die frühzeitige und umfassende Versorgung durch ein multidisziplinäres Team in spezialisierten stationären Einrichtungen, den schnellen Zugang zur bildgebenden Diagnostik, die frühzeitige

Aufnahme der Rehabilitation und die geschützte Entlassung die Überlebenschancen erhöhen und das Invaliditätsrisiko sinkt, erhält ein Großteil der Hirnschlagpatienten keine geeignete Behandlung.[16]

Bei der Festlegung des Versorgungspfades ist auf jeden Fall die frühzeitige, umfassende und kontinuierliche Behandlung sicherzustellen. Dabei werden je nach Intensität der erforderlichen Pflege verschiedene Phasen unterschieden. Der Versorgungspfad von Hirnpatienten lässt sich in folgende Phasen unterteilen:

- kritische Phase oder Notfallphase auf der Reanimations- und Intensiv- beziehungsweise Halbintensivstation;
- Akut- und Subakutphase, während der stationär septische, internistische, respiratorische und neurologische Komplikationen behandelt und Frührehabilitation durchgeführt wird;
- Postakute Rehabilitationsphase, während der im Anschluss an die Akutphase;
- die maximale Wiedererlangung der funktionalen und kognitiven Fähigkeiten im Zentrum steht und die erzielten Ergebnisse konsolidiert werden;
- Phase der Anschluss- und Langzeitversorgung, welche auf die Minderung;
- verbleibender Einschränkungen und allfälliger schwerer Behinderungen ausgerichtet ist.

In den vier oben beschriebenen Phasen können die involvierten Gesundheitsfachpersonen verschiedene Methoden einsetzen, welche sich auf die Gesundheit der Patienten und den Ressourcenverbrauch innerhalb des Gesundheitssystems unterschiedlich auswirken. Aus diesem Grund wurde im Rahmen des Integrationsprojekts der Clinica Hildebrand und des Neurocentro della Svizzera Italiana-EOC beschlossen, Zusammenarbeitsmodelle (2- und 3-Phasen-Modell) zu entwickeln, welche bereits in der akuten und subakuten Phase die Personalisierung des Rehabilitationsprogramms nach Maßgabe der Patientenbedürfnisse und der Rehabilitationsziele ermöglichen.

Beim 2-Phasen-Modell (Abb. 2) bestimmt sich der Ersteingriff durch den akutmedizinischen Befund mit punktuellem, auf die eintretenden funktionalen Ergebnisse ausgerichtetem Ansatz. Die Zuständigkeit liegt beim spezialisierten Akutarzt unter Einbezug des Rehabilitationsarztes. Letzterer nimmt eine Triage jener Patienten vor, die bereits während der Akutphase („AKUT") in den Genuss von Rehabilitationsleistungen kommen und danach in die Rehabilitation („REHA") überführt werden sollen. Voraussetzung ist in diesem Modell, dass gemeinsame Übergangskriterien für die Überführung des Patienten vom Akutspital in die spezialisierte Rehabilitationsklinik festgelegt und angewendet werden.[17] Damit das 2-Phasen-Modell wirtschaftlich und finanziell tragbar ist, muss die Mög-

---

[16] Ferro/Pallazzoni/Bellan/Facchini/Nonino: Assistenza all'ictus. Modelli organizzativi regionali. Agenzia sanitaria e sociale regionale. Dossier n. 166/2008.
[17] Conti: Effiziente Steuerung der Versorgungskette aus Sicht der Rehabilitation am Beispiel der Clinica Hildebrand und dem Neurocentro della Svizzera Italiana. In: Effizienzmanagement in Gesundheitssystemen. 2012.

lichkeit geschaffen werden, Zusatzleistungen zu verrechnen, welche über die heute geltenden DRG-Tarife für ein Akutspital hinausgehen und spezialisierte Rehabilitationsleistungen, die vom Rehabilitationsarzt und den Therapeuten (Physiotherapeuten, Ergotherapeuten, Neuropsychologen und Logopäden) erbracht werden, abdecken. Ein Nebeneffekt dieses Versorgungsmodells ist allerdings, dass es nicht unbedingt zu einer Verkürzung der durchschnittlichen Aufenthaltsdauer im Akutspital beiträgt. Dies ist vor allem der Fall, wenn die Rehabilitationsklinik vorübergehend keine neuen Patienten aufnehmen kann, weil meistens die bereits betreuten Personen auf Grund der Komplexität der von ihnen benötigten klinischen und sozialen Versorgung nicht der Rehabilitation nachgelagerten Einrichtungen oder Diensten zugewiesen werden können (insbesondere Altersheime, Spitex, Taageskliniken, usw.).

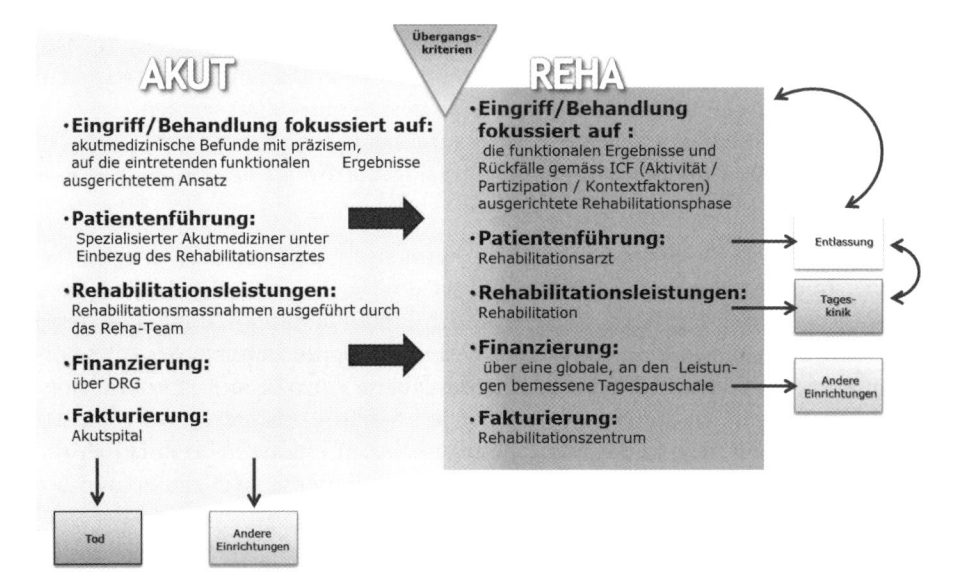

Abb. 2: 2-Phasen-Frührehabilitationsmodell
Quelle: eigene Darstellung

48 Die natürliche Weiterentwicklung des 2-Phasen-Modells ist folglich das 3-Phasen-Modell (Abb. 3). Dieses weist der Rehabilitationsmedizin eine gewichtigere Rolle zu, da sie zusammen mit dem Spezialisten des Akutspitals innerhalb der Einrichtung für Akutpatienten einige Betten betreibt.

Frührehabilitation: Entwicklung in Richtung eines „2- und 3-Phasen-Modells"

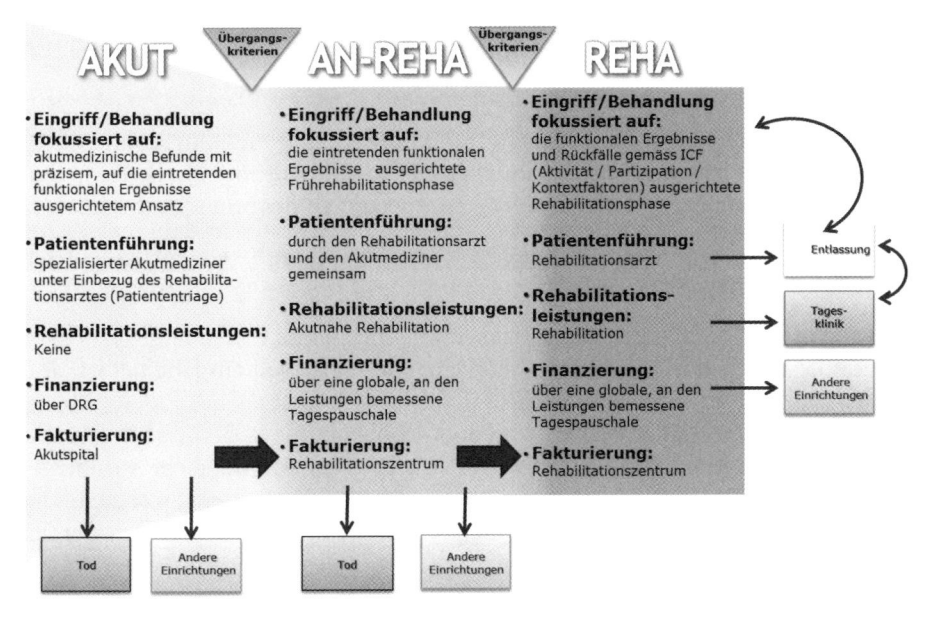

Abb. 3: 3-Phasen-Frührehabilitationsmodell
Quelle: Eigene Darstellung

Mit dem 3-Phasen-Modell lässt sich die Aufenthaltsdauer auf der Akutstation dank der Festlegung gemeinsamer klinischer und organisatorischer Kriterien verkürzen. Auf diese Weise ist es möglich, den Patienten möglichst früh zunächst in die Frührehabilitation („AN-REHA") und anschließend an die spezialisierte Rehabilitationsklinik zu überweisen. Dies ist unserer Ansicht nach das einzige Modell, welches die Kontinuität des Rehabilitationspfades des Patienten effektiv gewährleistet. Im 3-Phasen-Modell werden die Rehabilitationsmaßnahmen während der ersten Phase (d. h. der Akutphase) also auf ein Minimum beschränkt. In der Frührehabilitationsphase („AN-REHA"), in welcher der Rehabilitationsarzt ein auf die eintretenden funktionalen Ergebnisse ausgerichtetes Frührehabilitationsprogramm zusammenstellt, stehen sie hingegen im Zentrum. Während der „AN-REHA"-Phase spielt auch der Akutarzt eine entscheidende Rolle. Zusammen mit dem Rehabilitationsspezialisten ist er für die Patientenführung bei akutmedizinischen Problemen und die Bewältigung von Situationen vorübergehender klinischer Instabilität zuständig. Damit das 3-Phasen-Modell finanziell tragbar ist, muss auch hier, wie beim 2-Phasen-Modell, vor allem die Möglichkeit geschaffen werden, die in der Akutabteilung erbrachten Rehabilitationsleistungen (zusätzlich zum DRG-Tarif) in Rechnung zu stellen. Hingegen dürfte die „AN-REHA" vom neuen schweizerischen Tarifsystem für die Rehabilitation (zurzeit noch in der Pilotphase) profitieren können (Projekt ST-REHA).[18] Im Rahmen

---

[18] Weitergehende Informationen sind zu finden unter: www.hplus.ch/de/tarife_preise/andere_stationaere_tarife/st_reha.

des Projekts ST-REHA soll ein System zur Finanzierung der Rehabilitationsleistungen auf der Grundlage der Patientenklassifikation nach ICF ausgearbeitet werden.

50 Eine weitere wichtige Voraussetzung für die Entwicklung und Umsetzung des 3-Phasen-Modells ist gewiss die Erteilung eines Leistungsauftrags an die Frührehabilitationsabteilung „AN-REHA" durch die zuständige Behörde.

51 Diese Betrachtungen zeigen, dass das 3-Phasen-Modell die folgenden eindeutigen Vorteile aufweist:

- Möglichkeit, dank der frühzeitigen und umfassenden Intervention, welche auf die Wiederherstellung der Fähigkeiten des Patienten ausgerichtet ist, dessen Rehabilitationspotential vollständig auszuschöpfen;
- größtmögliche Sicherheit bei der Patientenbehandlung. Da diese in Zusammenarbeit mit den Akutärzten geführt wird, lassen sich mögliche vorübergehende kritische klinische Situationen des Patienten bewältigen, wobei auf das Fachwissen des multi- und interdisziplinären Teams zurückgegriffen werden kann;
- Erschließung und Austausch von Wissen.

52 Dieser letzte Aspekt stellt den bedeutendsten Mehrwert bei der Ausgestaltung des Netzwerks gemäß dem 3-Phasen-Modell dar. Das vorgeschlagene Organisationsmodell ermöglicht nämlich einen echten Wissenstransfer zwischen den Akut- und den Rehabilitationsärzten. Nach Ansicht des Verfassers ist dies für die im akut-somatischen Bereich tätigen Ärzte zweifelsfrei ein entscheidendes Kriterium. Sie haben somit die Möglichkeit, dank der Zusammenarbeit mit den Rehabilitationsärzten täglich einen auf den Patienten ausgerichteten funktionalen Ansatz zu erwerben und anzuwenden und sich nicht nur auf die Diagnose zu beschränken.

5 Schlussfolgerungen

53 In der neusten wissenschaftlichen Literatur wird bestätigt, dass sich bei bestimmten, hoch komplexen medizinischen Leistungen durch die Konzentration der Gesundheitsversorgung die Effizienz durch die Vermeidung von Doppelspurigkeiten steigern, der Zugang zu den Leistungen sowie die Behandlungsqualität verbessern und die Häufigkeit negativer Ergebnisse (z. B. Mortalität) verringern lassen.[19]

54 Mit dem Modell, welches im Rahmen des Projektes der Clinica Hildebrand und des Neurocentro della Svizzera Italiana-EOC entwickelt wurde, können umfassendere Behandlungslösungen bei höherer Leistungsqualität und Patientensi-

---

19 Nobilio et al.: Impact of regionalisation of cardiac surgery in Emilia-Romagna. 2004; 58 (2), S. 97-102.

cherheit angeboten werden. Darüber hinaus lassen sich dank der Zusammenarbeit unter den Einrichtungen Synergien erzeugen und die Ressourcennutzung im Gesundheitswesen optimieren. Nicht vergessen werden darf die Schaffung von Human- und Sozialkapital – verstanden als Wissensschatz, Methoden und Verhaltensweisen einer bestimmten Gemeinschaft –, welches eine der Voraussetzungen für die Zusammenarbeit und das organisierte Handeln bildet. Mit dem vorgestellten Organisationsmodell wird ein Kulturwandel angeregt und herbeigewünscht, welcher sich maßgeblich auf die Patientenbetreuung im Akutspital (funktionaler Ansatz) auswirkt und den gegenseitigen Wissenstransfer zwischen den beiden Versorgungskulturen, d. h. dem akut-somatischen Spital und der Rehabilitation, erleichtert. Damit sich die Systemwert generierende Zusammenarbeit im Netzwerk einspielen und festigen kann, müssen die Kulturen aufeinander abgestimmt werden und die Akteure sich symmetrisch verhalten.

Nebst den offensichtlichen Vorteilen für die Patienten bringt die zwischen den beiden Einrichtungen mit dem vorgestellten Projekt in die Wege geleitete Zusammenarbeit, welche im Rahmen des „2- und 3-Phasen-Modells" weiter ausgebaut werden soll, einen erheblichen ordnungspolitischen, technischen und fachlichen Nutzen, insbesondere im Hinblick auf die nächste, für das Jahr 2015 vorgesehene kantonale Spitalplanung. Eines der Hauptziele dieser Planung besteht nämlich darin, durch die Erweiterung beziehungsweise Konzentration der Betten, Apparate und Kompetenzen in öffentlichen und privaten Einrichtungen die kantonale Landkarte des Gesundheitswesens neu zu gestalten, um den neuen Gesundheits- und Finanzierungsbedürfnissen Rechnung zu tragen. Daher gilt es für alle involvierten Akteure, sich auf diesen wichtigen Termin vorzubereiten. Von der frühzeitigen Umsetzung umfangreicher vertikaler und horizontaler Integrationsprozesse zwecks Rationalisierung und effizienter Ressourcennutzung sowie Steigerung der Qualität und der Sicherheit der erbrachten Leistungen können alle Beteiligten nur profitieren.

Zum Schluss noch ein Wort zu der dem Projekt gegenüber geäußerten Kritik und generell zu den Herausforderungen, mit welchen sich die Führungsverantwortlichen innerhalb des Netzwerks bereits heute und in Zukunft noch vermehrt konfrontiert sehen. Es sind dies:

- Integration und Kompatibilität mit den lokalen Gesundheitsplanungsstellen;
- allfällige Schwankungen der Nachfrage oder des Dienstleistungsangebots;
- Organisationsmodelle, welche eher auf Autarkie/Wettbewerb als auf gegenseitige Abhängigkeit/Zusammenarbeit ausgerichtet sind;
- unterschiedliche Kompetenzen, Betriebsmodalitäten und -philosophien sowie Haltungen der health professionals;
- Integration aller der Behandlungs- und Pflegekette vor- und nachgelagerten Strukturen.

Besonders kritisch und daher auch getrennt zu betrachten ist ferner die Festlegung der für den Zusammenhalt der Netzwerke geeignetsten Instrumente.

Im Falle betrieblicher und administrativer Schwierigkeiten sind Netzwerke häufig geneigt, verschiedene Organisationshebel einzusetzen:[20]

- Organisationsübergreifende Arbeitsgruppen für die Planung und Erbringung von Dienstleistungen und die Fallevaluation;
- integrierte Logistiklösungen (Dienstleistungsflächen);
- gemeinsame Ausbildungsveranstaltungen für die Betreiber der verschiedenen Organisationen;
- Informationssysteme.

58   Namentlich das Informationssystem zählt heute zu den in einem Netzwerk am schwierigsten zu bewirtschaftenden Elementen, welchem die Organisationen in Zukunft immer größere Beachtung schenken müssen, um die Interoperabilität sicherzustellen und aufrechtzuerhalten. Die Informationssysteme bilden nämlich einen schnellen Verbindungskanal zwischen den Netzwerkteilnehmern. Nur durch die Verbreitung und Übermittlung von Informationen, die für die Entscheidungsfindung in den einzelnen Fällen relevant sind, kann eine hohe Sicherheit und Qualität der erbrachten Leistungen gewährleistet werden.

59   Zusammenfassend lässt sich feststellen, dass durch die Bildung eines Zusammenarbeitsnetzwerks des Typs Hub & Spoke Führungsprozesse eingeführt werden konnten, mittels derer sich eine Fokalisierung auf einzelne Betreiber (Ärzte und andere) vermeiden und ein systemorientierter Ansatz anwenden lässt. Den erkrankten Bürgern bietet ein solches Netzwerk Gewähr für eine hervorragende Leistungsqualität und -sicherheit, während es für die Betreiber gleichzeitig auch eine Garantie und einen Schutz darstellt und die Einrichtungen aufwertet. Wichtig ist, dass jeder Teilnehmer des Netzwerks dennoch seinen eigenen Nutzen daraus zu ziehen sucht, damit die Zusammenarbeit in einem Klima der Transparenz und einer offenen Verhandlungs- und Vergleichskultur erfolgen kann. Nur auf diese Weise ist es möglich, ein Klima des Vertrauens unter allen Partnern (einschließlich der Patienten) zu schaffen, welches die Voraussetzung für das Überleben des Netzwerks ist.

Abkürzungen

AKUT	Akutphase
AN-REHA	Akutnahe Rehabiliation
CRB	Clinica Hildebrand Centro di riabilitatione Brissago
DRG	Diagnosis Related Groups
EOC	Ente Ospedaliero Cantonale
KVG	Krankenversicherungsgesetzes
NSI	Neurocentro della Svizzera Italiana-EOC
OKP	Obligatorischen Krankenpflegeversicherung
REHA	Rehabilitationsphase
SwissDRG	Swiss Diagnosis Related Groups
ST-REHA	Schweizerisches Tarifsystem Rehabilitation

---

20   Montanelli/Turrini: La governance locale nei servizi sociali. 2006.

Literatur

Buchs, L.: Managed Care in der Schweiz. In: Kocher, G,/Oggier, W. (Hrsg.): Gesundheitswesen Schweiz 2001/2002. KSK-Verlag, Solothurn 2001.

Conti, F. M.: Effiziente Steuerung der Versorgungskette aus Sicht der Rehabilitation am Beispiel der Clinica Hildebrand und dem Neurocentro della Svizzera Italiana. In: Effizienzmanagement in Gesundheitssystemen. 2012.

Delibera Giunta della regione Emilia-Romagna: DRG 22.7.2002, n. 1267 – Piano Sanitario regionale 1999-2002. Approvazione di linee guida per l'organizzazione delle aree di attività di livello regionale secondo il modello Hub & Spoke.

Ferro, S./Pallazzoni, P./Bellan, M./Facchini, R./Nonino, F.: Assistenza all'ictus. Modelli organizzativi regionali. Agenzia sanitaria e sociale regionale. Dossier n. 166/2008.

Longo, F.: „Incentivi e Strumenti Per l'Integrazione Delle Reti Socio-Sanitarie". In: Gensini, G. F./Rizzini P.,/Trabucchi, M./Vanara, F. (eds.): Servizi sanitari in rete. Dal territorio all'ospedale al territorio. Rapporto Sanità 2007. Il Mulino, Bologna 2007, S. 533-551.

Longo, F.: Governance dei network di pubblico interesse. Egea, Milano 2006.

Longo, F.: Reti socio-sanitarie e strumenti di integrazione: quale ruolo per il distretto? Monitor, Rivista Trimestrale AGENAS. 20011, 8 (27). S. 113-127.

Montanelli, R./Turrini, A.: La governance locale nei servizi sociali. EGEA, Milano 2006.

Nobilio, L./Fortuna, D./Vizioli, M./Berti, E./Guastaroba, P./Taroni, F./Grilli, R.: Impact of regionalisation of cardiac surgery in Emilia-Romagna. In: J Epidemiol Community Health, Italy. 2004 Feb; 58(2): S. 97-102.

Umberto, G.: La rete cardiologica ospedaliera secondo il modello Hub & Spoke. In: G Ital Aritmol Cardiostim. 2003; 3: S. 158-162 (Volume 6, Numero 3, Settembre 2003).

www.centrobasaglia.provincia.arezzo.it/convegni/11-03-2008/Lavazza_Luca.pdf, Suchbegriff: „Lavazza L.: Il modello Hub Spoke: l'ospedale organizzato per intensitá delle cure" (abgerufen am 9.7.2012).

www.economiesuisse.ch, Suchbegriff: „Vernetzte Medizin: bewährt und patientenfreundlich" (abgerufen am 30.6.2012).

www.hplus.ch/de/tarife_preise/andere_stationaere_tarife/st_reha/, Suchbegriff: „Schweizerisches Tarifsystem Rehabilitation" (abgerufen am 9.7.2012).

Effiziente Steuerung der Versorgungskette aus Sicht der Rehabilitation am Beispiel der Clinica Hildebrand (CRB) und dem Neurocentro della Svizzera Italiana (NSI)

Fabio Mario Conti

		Rn.
1	Einführung	1 – 5
2	Integrativer Ansatz Akutspital/Rehabilitationszentrum	6 – 18
3	Fazit und Ausblick	19, 20

Abkürzungen

Literatur

Autor

Fabio Mario Conti

Jahrgang 1948; Diplom in Physik ETHZ; Dr. med., Spezialarzt FMH in Neurologie; 1990-2001 Chefarzt und ärztlicher Direktor Bethesda Klinik Tschugg für Epileptologie und Neurorehabilitation; seit 2002 Chefarzt Clinica Hildebrand Centro di riabilitazione Brissago; Präsident SW!SS REHA (Vereinigung der führenden Rehabilitationskliniken der Schweiz).

Abstract: Innovative Behandlungsmodelle widmen der Kontinuität des Patientenpfades und der Vermeidung von Schnittstellenproblemen großes Interesse als wichtige Elemente ihrer Qualität und Effizienz. Die heutige Haltung hat eine lange Vorgeschichte. Die der Behandlung des Schlaganfalles ist lehrreich, um die Zusammenhänge zwischen dem medizinischen Fortschritt mit seinen Folgen für die Behandlungsstrategien und den Entwicklungen im Gesundheitswesen mit ihren Zusammenhängen mit epidemiologischen und sozialen Aspekten, dem Versicherungswesen und den Finanzierungsmodellen aufzuzeigen. Aus Sicht der Rehabilitation sollen alle diese Aspekte beim Fallmanagement berücksichtigt werden. Die am Patientenpfad mitbeteiligten Institutionen sollten sich an dessen Bedürfnissen anpassen und nicht umgekehrt. Die Finanzierungsmodelle sollten so gestaltet werden, dass das Zustandebringen eines gesamten Patientenpfades mit Kontinuität der rehabilitativen Massnahmen gefördert wird, aber mit Beachtung darauf, dass dessen finanzielle Entschädigung entlang des ganzen Patientenpfades den Leistungen entsprechend honoriert werden.

1 Einführung

Die Beziehung zwischen Akutspitälern und den ersten Rehabilitationszentren entwickelte sich zögernd und langsam, aber immer deutlicher. Sie zeigt wie das Bedürfnis einer Weiterbehandlung nach der akuten medizinischen Phase erkannt wurde. Grad und Art der anstrebbaren Zusammenarbeit zwischen Akutspitälern und Rehabilitationskliniken steht noch heute zur Diskussion. Die Einführung des Konzeptes eines Patientenpfades wirft die Fragen dessen Führungsanspruchs und der Anpassung der Finanzierungsmodelle an dieser modernen Form der Patientenbetreuung und institutioneller Zusammenarbeit auf.

Als Einführung in das Thema kann das Beispiel der Therapie des Schlaganfalles gut dienen. Historisch gesehen dominierten diagnostische und therapeutische Aspekte der akuten Phase das Interesse der Mediziner. Prognostische Gedanken wurden relativ früh geäußert.[1] Die Erkennung der Möglichkeit der Beeinflussung des Endresultats der medizinischen Interventionen durch Weiterführung der Behandlung in andere dafür spezialisierten Zentren hinkte aber stark nach.[2] Auch dann entsprach aber der Entwicklung der akuten therapeutischen Ansätze in den großen medizinischen Zentren keine angemessene Erarbeitung gemeinsamer Ziele mit den nachsorgenden Institutionen. Die Wahrnehmung des Gesamtverlaufes der Erkrankungen und ihre Bedeutung folgten viel später.[3]

Das Aufeinanderfolgen der Interventionen in akuten und in den für die Nachsorge gedachten Behandlungsstätten erfolgte ohne zeitliche und räumliche Abstimmung. Die Würdigung dieser Aspekte als eine wesentliche strategische Überlegung für den Gesamterfolg der therapeutischen Bemühungen blieb lange Zeit ohne Beachtung. Mit der Entwicklung erster rehabilitativen Konzepten und Gedanken über die Qualität wurde erstmals eine Behandlung nach der akuten Phase

---

1 Bethke: Über Schlagflüsse und Lähmungen oder Geschichte der Apoplexie, Paraplegie und Hemiplegie aus älteren und neueren Wahrnehmungen. 1799.
2 Durand-Fardel: Über die Hirnerweichung. 1844.
3 Lewandowsky: Praktische Neurologie für Ärzte. 1912; Bumke/Förster: Handbuch der Neurologie, 8. Band, Allgemeine Neurologie VIII, Allgemeine Therapie. 1936.

mit zeitlicher Kontinuität zu dieser letzten empfohlen.[4] Es handelte sich in den allermeisten Fällen um nachbehandelnde Thermalbäder in welchen „physikalische Therapien" angeboten wurden, die zu keiner engen räumlichen Beziehung zu den medizinischen Zentren standen. Sie fingen bald an, sich zu Spezialzentren zu differenzieren, die eine rehabilitative Kompetenz aufbauten. Die ersten Schritte in Richtung Kontinuität zwischen der Arbeit und den Kompetenzen des Zentrums für Akutmedizin und der Thermalbäder wurde somit gemacht.

4 Aus dieser kurzen historischen Betrachtung wird ersichtlich, dass die Notwendigkeit einer Koordinierung der Behandlungen in der akuten Phase mit der Weiterbetreuung in den nachfolgenden zuerst allgemeinen Institutionen und dann auf Rehabilitation spezialisierten Zentren mit Sicherheit erkannt wurde. Bis zur programmierten Patientenübernahme in den ersten Rehabilitationszentren verstrich noch eine lange Zeit. Die Gründe mögen viele sein, man kann postulieren, dass die Entstehung des wissenschaftlichen Geistes in der zweiten Hälfte des 19. Jahrhunderts, gleichzeitig zur demographischen Explosion, zur Industrialisierung, zur Bildung der ersten großen medizinischen Zentren, zur Einführung der Krankenversicherungen und der Interventionen des Staates in die Organisation des Gesundheitswesens, zu den treibenden Kräften in diese Richtung wurden. Zugleich veränderten sich die Gesellschaft und die Bedürfnisse und Nachfrage der Bürger im Bereich der Gesundheitsversorgung. Die Entwicklung des medizinischen Wissens und der Technologien führten immer mehr zu spezifischen, Kompetenzen nicht nur in der akuten Phase, sondern auch in der Anwendung rehabilitativer Konzepte. Eine solche Entwicklung zeigte sich insbesondere in der zweiten Hälfte des letzten Jahrhunderts ab.

5 Verschiedene treibende Kräfte haben in den letzten 20 Jahren dazu geführt, dass sich das Verlangen eines effizienten koordinierten therapeutischen Einsatzes zwischen Akutspitälern und Rehabilitationszentren durchsetzte. Es sei auf einer Seite an das Bewusstsein der Begrenztheit der Ressourcen, an das Verlangen nach überprüfbare Qualität und Effizienz der Behandlungen, an die Einführung neuer Finanzierungs-, Steuerung- und Führungsmodelle, auf der anderen Seite an die Folgen der demographischen Entwicklung sowie der Zunahme der medizinischen Komplexität der rehabilitationsbedürftigen Patienten mit der tendenziell klaren früheren Zuweisung in die Rehabilitationszentren erinnert.

2 Integrativer Ansatz Akutspital/Rehabilitationszentrum

6 Der Autor möchte hier ein Modell des integrativen Ansatzes der Behandlung der Schlaganfallpatienten vorstellen, an welchem er persönlich mitbeteiligt ist. Es handelt sich um das Projekt zwischen dem Tessiner Neurologischen Zentrum mit Sitz in Lugano (Neurocentro della Svizzera Italiana – NSI) mit seiner Stroke

---

[4] Lewandowsky: Praktische Neurologie für Ärzte. 1912; Gierlich: Über Symptomatologie, Wesen und Therapie der Hemiplegischen Lähmung. 1913.

Unit, das die allermeisten Schlaganfallpatienten des Kanton Tessins betreut (ca. 370.000 Einwohner) und der Rehabilitationsklinik in Brissago (CRB) die den Auftrag für die Neurorehabilitation vom Kanton Tessin erhalten hat. Die Entfernung zwischen den beiden Institutionen beträgt ca. 45 km.

Die akute Phase in der Stroke Unit, in welcher die typischen Abklärungsvorgänge und die notwendigen medizinischen Interventionen beim oft klinisch instabilen Patienten dominieren, folgt in der Regel nach wenigen Tagen bei entsprechender Indikation eine Phase in welcher ein frührehabilitatives Programm eingeleitet werden kann. Das klinische Profil des Patienten in der akuten Phase mit stabilisierten vitalen und physiologischen Parametern sowie keine Notwendigkeit einer Überwachung oder technisch-pharmakologischer Unterstützung der Herz-Kreislauf- oder Atemfunktionen entspricht der klinischen Situation der Frührehabilitation. Es gilt bei der Gestaltung der rehabilitativen Interventionen die Grundidee, dass so früh wie möglich die Patienten von angemessenen rehabilitativen Interventionen profitieren sollten. Die Wiederherstellung der defizitären Funktionen mit einem intensiven interdisziplinären Programm kommt in der Zeitachse dann immer mehr in den Vordergrund zu stehen. 7

Die Ziele der Interventionen stützen sich auf das Konzept der verschiedenen Interventionsebenen die alle entlang der ganzen Behandlung grundsätzlich vom Anfang an angesprochen werden: die Ebenen der beeinträchtigten Organe (Systeme) und Funktionen, der Störungen der Aktivitäten und der Partizipation. Je nach Behandlungsphase stehen jeweils andere Ebenen im Vordergrund der therapeutischen Interventionen. In der ersten Phase im neurologischen Zentrum, speziell auf der Stroke Unit dominiert konzeptuell der Einsatz gezielter Maßnahmen zur Wiederherstellung der Funktionen des beeinträchtigten Organs. Die Interventionen auf allen Ebenen haben als gemeinsame Basis die gezielte Ausschöpfung des von den Plastizitätseigenschaften des Nervensystems gebotenen Wiedererlangungspotentials. 8

Die frührehabilitativen Behandlungsbedürfnisse der Schlaganfallpatienten betreffen hauptsächlich die Störungen des Verhaltens (Verwirrtheit, Erregung etc.), die kognitiven Defizite (Aufmerksamkeit, Gedächtnis, exekutive Funktionen, etc.), die Kommunikationsdefizite (Aphasie, Dysarthrie), die motorischen Defizite (Hemisyndrom), die Schluck- und Ernährungsprobleme und die Atemprobleme. Hinzu kommt noch die Notwendigkeit der frühzeitigen Vorbereitung auf die Aktivitäten des täglichen Lebens (ADL) und der Einführung einer Copingstrategie seitens des Patienten und den Angehörigen. Die sofortige Einbeziehung der Angehörigen und die Berücksichtigung der psychosozialen Aspekte sind von großer Bedeutung für eine erfolgreiche Gestaltung des Patientenpfades. Die Rehabilitation im herkömmlichen Sinne folgt der Frührehabilitation, welche bereits oben definiert worden ist. Sie geschieht in unserem Tessiner Modell in der CRB, nach den frührehabilitativen Massnahmen im NSI. 9

10　Bei der Zusammenarbeit verschiedener Institutionen entstehen Schnittstellen- und Kontinuitätsprobleme, die überwunden werden müssen. Sie betreffen die medizinischen, therapeutischen und pflegerischen Aspekte sowie die Interventionen der Sozialdienste. Die organisatorischen, administrativen und IT-gebundenen Aspekte die von den Direktionen der Institutionen bewältigt werden müssen sind komplex und wesentlich für die erfolgreiche Implementierung des Projektes.[5] Ein integrativer Ansatz, hier am Beispiel der Zusammenarbeit NSI/CRB im Falle des Schlaganfalles, soll so konzipiert werden, dass diese Probleme minimiert werden. Alle Interventionen ärztlicher, pflegerischer, therapeutischer und sozialer Art sind in die Problematik involviert. Rehabilitative Ansätze werden vom Anfang an durch die Spezifizität der therapeutischen Konzepte, die Intensität des Programmes, die Polymodalität und Gleichzeitigkeit der Interventionen und von der Kontinuität der zum Einsatz kommenden Maßnahmen charakterisiert. Sie sind naturgemäß besonders beim institutionellen Übergang für Schnittstellenprobleme anfällig, da Änderungen im involvierten Team, Unstimmigkeiten auf konzeptueller Ebene und in dem strukturellen Rahmenbedingen das Entstehen solcher Probleme fördern. Der Patientenpfad sollte nicht an künstlich hergestellten Definitionen verschiedener Rehabilitationsphasen angepasst werden. Diese spiegeln nicht selten vor allem die Interessen des verschiedenen involvierten Players im Gesundheitswesen wider. Die Gestaltung des Patientenpfades sollte hingegen von den Interessen der Patienten durch Abbau bzw. Optimierung der unvermeidbaren Schnittstellen dominiert werden, nicht zuletzt dank der Unterstützung von integrierten IT-Lösungen.

11　Bei der Realisierung des Versorgungspfades durch verschiedene Institutionen müssen alle mitbeteiligten Institutionen dafür sorgen, dass die tragenden Säulen der Kontinuität der Behandlung garantiert werden. Somit sollte der Patient im Rahmen eines gemeinsam programmierten Pfades behandelt werden. Im Idealfall soll der Patient keine Übergänge in der Behandlungsstrategie wahrnehmen. Die Anwendung inhaltsmäßig kohärenter therapeutischer Konzepte und die Zusammenarbeit der involvierten Teams (zuerst im Neurozentrum, dann im Rehabilitationszentrum) sollten dafür garantieren. Eine zu genaue, wenig elastische Definition von Übergängen zwischen Institutionen schadet der Kontinuität und Effizienz der Behandlungskette, daher haben wir ein Modell gewählt, das diese Barrieren abgebaut hat. Diese Organisation mit gleitendem Übergang in der Behandlungskette ist zugleich ein wichtiges Element der Qualität der Behandlung und stellt eine gute Basis für ihren Gesamterfolg aus medizinischer und sozialer Sicht dar.

12　Am Beispiel des Schlaganfalles haben wir unser Modell des Patientenpfades an fünf Voraussetzungen gebunden, die bei uns einen innovativen Schritt darstellen. Dieser integrativer Ansatz sieht vor: (1) die Präsenz eines inter- und multidiszip-

---

5 Rossi/Rabito: Organisationsmodelle der akutnahen Rehabilitation am Beispiel der Clinica Hildebrand und des Neurocentro della Svizzera Italiana. 2012.

linären Teams im Akutspital mit Stroke Unit, das von einem Rehabilitationsspezialisten koordiniert wird, (2) die Anwendung von angemessenen Assessments für die Planung und Überwachung der Behandlung (soweit fachlich begründet kommen die gleichen Assessments entlang der ganzen Zeitachse zur Anwendung), (3) die Festlegung von angemessenen Rehabilitationszielen, die im Rahmen der Arbeit des Teams (bestehend aus Spezialisten des NSI und des Rehabilitationszentrums) koordiniert und geprüft werden, (4) die gemeinsam definierten Kriterien zum Zugang und Übertritt in die Rehabilitation sowie (5) die Ausführung des frühzeitigen und übergleitenden Rehabilitationsprogrammes nur wo die notwendigen Bedingungen erfüllt sind. Zum letzten Punkt: die notwendigen Zertifizierungen müssen vorhanden sein (siehe SW!SS REHA – Kriterien: Qualitäts- und Leistungskriterien für die Aufnahme und Requalifikation in SW!SS REHA).[6]

Was das behandelnde Team betrifft, haben wir für wichtig erachtet, dass grundsätzlich die Neuropsychologie, die Logopädie, die Ergotherapie und die Physiotherapie so früh wie möglich zum Einsatz kommen. Zum Team gehören selbstverständlich auch die Ärzte und die Pflegefachkräfte. Die Koordinierung der Arbeit geschieht mittels regelmässigen Sitzungen, bei welchen alle Teammitglieder oder ihre Vertreter anwesend sind. Die Führung und Koordination des Behandlungsprogrammes wird vom Rehabilitationsmediziner übernommen. Ein wichtiger Beitrag seinerseits ist dabei die Stellung der Rehabilitationsindikation, ein wichtiger Faktor für ihre Qualität. Wesentlich ist die Kompetenz des Spezialisten in der Festlegung des Rehabilitationspotentials. Die Dynamik des klinischen Geschehens verlangt Erfahrung und Taktgefühl in der Berücksichtigung aller medizinischen Aspekte sowie der Beiträge der mitwirkenden Teammitglieder.

Die Präsenz des Rehabilitationsmediziners im Akutspital ist unabdingbar, um eine gemeinsame Betreuungsphilosophie aufzubauen. Dem Modell gehört auch die gezielte Präsenz des Akutmediziners in der Rehabilitationsklinik. Das dient dem gemeinsamen Studium des Verlaufes und der implementierten Strategien der Sekundärprävention.

Der gemeinsame Sozialdienst wird sofort involviert und in der Regel geschieht die erste Besprechung über die Gestaltung des Patientenpfades mit dem Patienten (soweit möglich) und den Angehörigen während den ersten Behandlungstagen im NSI. Was den Übergang NSI/CRB betrifft, garantiert das Modell einen raschen Übergang.

Von großer Bedeutung ist auch der effiziente Fluss der notwendigen ärztlichen und therapeutischen Informationen. Soweit möglich fliessen alle Informationen auf elektronischem Weg vom NSI zur CRB. Regelmässig geschehen auch Video-

---

6 Siehe auch Conti/Huwiler: Qualitätsmanagement in der Rehabilitation – die Schweizer Sicht. In: Rebscher/Kaufmann (Hrsg.): Qualitätsmanagement in Gesundheitssystemen, DSGG, Band 3. 2011.

konferenzen zwischen dem Team im Akutspital und dem den Patienten weiterbetreuenden Team in der Rehabilitationsklinik.

17 Die geschilderte Rolle eines integrativen Ansatzes ist wichtig hinsichtlich der Qualitätssicherung und -verbesserung. Es erlaubt die optimale Nutzung des Rehabilitationspotentials dank einem klaren und allseits getragenen Interventionskonzept. Die frühzeitige Formulierung einer Rehabilitationsprognose und der Rehabilitationsziele erlaubt Entscheidungen betreffend den Patientenpfad ohne Zeitverlust zu treffen. Damit verbundenen ist die Ermittlung des besten Zeitpunktes für die Fortsetzung der Behandlung im Rehabilitationszentrum.

18 Die Erfahrung mit diesem Vorgehen zeigt, dass dieses Modell dazu führen kann, dass der zeitliche Gesamtaufwand des Patientenpfades verkürzt werden kann. Die Schaffung einer gemeinsamen Kultur des Umganges mit den Patienten zwischen Akutbereich und Rehabilitation ist ein komplexer Prozess. Er lässt sich durch die regelmäßige Präsenz der im Ärzteteam des neurologischen Zentrums gut integrierten Rehabilitationsspezialisten realisieren. Durch die Schaffung eines gemeinsamen Rehabilitationsteams im Akutspital mit Anwendung eines gut abgestimmten fachlichen Vorgehens mit dem weiterbetreuenden Team in der Rehabilitationsklinik lässt sich das therapeutische Programm effizent verwirklichen. Dieses Modell ist aus unserer Sicht auch eine gute Basis für die optimale Nutzung der Ressourcen und der Behandlungszeit mit Anspruch auf eine hohe Qualität (Indikation-, Prozess, Struktur- und Ergebnisqualität entsprechend der Kriterien von SW!SS REHA und ANQ). Die einvernehmliche gut strukturierte Zusammenarbeit der involvierten Institutionen setzen wir als unabdingbare Voraussetzung voraus. Die Schaffung des Netzes REHA TICINO mit seinen wohl definierten Beziehungen zu dem Netz der akuten Spitälern (EOC) war Vorbedingung für die erfolgreiche Umsetzung der notwendigen Zusammenarbeit.

3 Fazit und Ausblick

19 Die Suche nach innovativen Ansätzen in der integrierten Versorgung, wie hier kurz im Falle des Schlaganfallpatienten im Rahmen unseres Projektes erläutert wurde, spielen eine wichtige Rolle bei der Suche der Effizienz und der Qualität der Behandlung entlang des gesamten Patientenpfades. Wichtige Erkenntnisse aus den Erfahrungen mit dem Umgang mit diesem Versorgungsmodells weisen auf die grundsätzliche Bedeutung eines optimalen vernetzten therapeutischen Ansatzes zwischen Akutspital und Rehabilitationszentrum hin, basiert auf einer gut abgestimmten Zusammenarbeit. Die Koordinierung der Maßnahmen auf den verschiedenen Ebenen (ärztliche, pflegerische, therapeutische, soziale und administrative) garantiert die Kontinuität der Rehabilitationsbehandlung von der frührehabilitativen Phase an, unterstützt von einer Organisation die diesen Ansatz fördert und eine Finanzierung, die richtige Anreize setzt. Wichtig ist, dass das Wesen und die Philosophie der rehabilitativen Gedanken bereits im Akutspi-

tal wahrgenommen werden. Die Beseitigung der Schranken zwischen den betroffenen Einrichtungen war unabdingbare Voraussetzung für die Verwirklichung einer effizienten Steuerung der Versorgungskette am hier erläuterten Beispiel der Clinica Hildebrand und dem NSI.

Die Betrachtung aus Sicht der Rehabilitation erlaubt einen Überblick über die Globalität des Patientenpfades. Die Struktur des sozialen Gefüges in der heutigen Gesellschaft fragt nach einer effizienten Planung des Patientenpfades, mit besonderer Aufmerksamkeit auf die Phase nach der Entlassung aus der Rehabilitationsklinik. Der medizinische Gesamterfolg wird stark davon beeinflusst. Damit sind nicht nur die medizinischen Aspekte gemeint, sondern auch der effiziente Einsatz der Ressourcen bei einem qualitativ hochstehenden rehabilitativen Programm. Das zunehmende Durchschnittsalter der Patienten und das Vorherrschen immer komplexer medizinischer Situationen wird aus diesem Gesichtspunkt eine große Herausforderung für die Zukunft sein. Die Umsetzung einer gemeinsamen nahtlos umgesetzten Behandlungsphilosophie von der Akutphase an, ist Voraussetzung für diesen Erfolg. Dazu gehört die Anwendung gemeinsamer Kriterien zur Bestimmung der Qualität, der Prozesse und zur Messung der Ergebnisse. Gemeinsame Projekte mit den Kostenträgern sollten eine Optimierung aus dem Gesichtspunkt der Entgeltung der erbrachten Leistungen als Ziel haben, mit besonderer Beachtung der Notwendigkeit, dass die Leistungen bezahlt werden dort, wo sie in der Tat erbracht worden sind. In der DRG-Ära ist dieser Aspekt sehr wichtig. Wir sind überzeugt, dass ein Modell wie das hier vorgestellt worden ist, wertvolle Erfahrungen auch aus diesem Gesichtspunkt bieten kann.

Abkürzungen

ANQ	Nationaler Verein für Qualitätsentwicklung in Spitälern und Kliniken
BAG	Bundesamt für Gesundheitswesen
CRB	Clinica Hildebrand, Centro di riabilitazione Brissago (Brissago)
ICF	International Classification of Functioning, Disability and Health, WHO
ICD-10	International Classification of Diseases
NSI	Neurocentro della Svizzera Italiana (Lugano)
REHA TICINO	ist ein Kompetenznetzwerk von Behandlungszentren und Einrichtungen im Bereich der Rehabilitationsmedizin, die von der tessiner Spitalplanung einen entsprechenden Leistungsauftrag erhalten haben und/oder die Zulassungskriterien REHA TICINO im Bereich der ambulanten Rehabilitation erfüllen. Das REHA TICINO Netzwerk wurde im Jahre 2011 nach ISO 9001:2008 zertifiziert.
SW!SS REHA	Vereinigung der Rehabilitationskliniken der Schweiz

Literatur

Bethke, C. Ch.: Über Schlagflüsse und Lähmungen oder Geschichte der Apoplexie, Paraplegie und Hemiplegie aus ältern und neueren Wahrnehmungen. K. Hung. Universitätsbuchdruckerei 1799.

Bumke, O./Förster O.: Handbuch der Neurologie, 8. Band, Allgemeine Neurologie VIII, Allgemeine Therapie. Verlag von Julius Springer, Berlin 1936.
Conti, F. M./Huwiler, B.: Qualitätsmanagement in der Rehabilitation – die Schweizer Sicht. In: Rebscher, H./Kaufmann, S. (Hrsg.): Qualitätsmanagement in Gesundheitssystemen, DSGG, Band 3. medhochzwei Verlag, Heidelberg 2011, S. 303-318.
Durand-Fardel, Chr.-L. M.: Über die Hirnerweichung. 1844.
Gierlich, N.: Über Symptomatologie, Wesen und Therapie der Hemiplegischen Lähmung. Verlag von J. F. Bergmann, Wiesbaden 1913.
Lewandowsky, M.: Praktische Neurologie für Ärzte. Verlag von Julius Springer, Berlin 1912.
Rossi G. R./Rabito G.: Organisationsmodelle der akutnahen Rehabilitation am Beispiel der Clinica Hildebrand (CRB) und des Neurocentro della Svizzera Italiana (NSI). In: Rebscher, H./Kaufmann, S. (Hrsg.): Effizienzmanagement in Gesundheitssystemen. DSGG, Band 4. Heidelberg 2012.
www.rehaticino.ch
www.swiss-reha.com

Sektorübergreifende Versorgungseffizienz – methodische und praktische Ansätze

Beitrag 16

Sektorenübergreifendes Performance Measurement zur Beurteilung der Versorgungseffizienz

Thomas Lucht/Bernhard Amshoff

		Rn.
1	Einführung	1 – 4
2	Konzeptionelle Grundlegung einer Beurteilung der sektorenübergreifenden Versorgungseffizienz	5 – 18
3	Sektorenübergreifendes Performance Measurement – ein ebenenspezifischer Ansatz zur Beurteilung der Versorgungseffizienz......	19 – 44
3.1	Performance Measurement – ein betriebswirtschaftlich fundierter Ansatz zur Messung der Versorgungseffizienz......	19 – 21
3.2	Data Envelopment Analysis als praktisch erprobte Methodik des Performance Measurement zur Messung der Versorgungseffizienz ..	22 – 35
3.3	Intra- (sektorbezogene) und interspezifische (sektorübergreifende) Messung der Versorgungseffizienz	36 – 44
4	Zusammenfassende Beurteilung und Fazit	45 – 47

Literatur

Autoren

Dr. rer.pol. Thomas Lucht

Jahrgang 1972; Dr. rer. pol., FernUniversität Hagen; Dipl.-Kfm., TU Dortmund, ist seit dem Jahr 2007 als Mitarbeiter im Ressort Consulting der ACONSITE® AG tätig. Im Rahmen dieser Tätigkeit ist er verantwortlich für die Leitung verschiedener Projekte in den Geschäftsbereichen Human Resource Management, Geschäftsprozessmanagement sowie Controlling und Finanzen. Projektschwerpunkte: Einführung eines Risikomanagements, Begleitung eines Sanierungs- bzw. Konsolidierungsmanagements; Durchführung von Geschäftsprozessoptimierungen und Personalbedarfsmessungen.

Dr. rer. pol. Bernhard Amshoff

Jahrgang 1958; Dr. rer. pol., TU Dortmund; Dipl.-Kfm. (Wirtschaftswissenschaft) Uni Essen; Mitgründer und Vorstand der ACONSITE® AG; Consulting-Unternehmen mit Sitz in Dortmund (Deutschland); seit über 20 Jahren Beratungsspezialist für Unternehmen der gesetzlichen Krankenversicherung und des Sozial- und Pflegemanagements und deren Verbänden. Aktuell Vorantreibung der Internationalisierung der ACONSITE® AG für die Schweiz und Österreich im Krankenversicherungsmarkt. Schwerpunkte: strategisches Management, Controlling und Sanierungs-/Interimsmanagement; Schlüsselprojekte in den Bereichen Restrukturierung, Geschäftsprozessoptimierung, Prozessmanagement und Personalbedarfssystemen.

> **Abstract:** Gesundheits- bzw. Versorgungssysteme werden in Deutschland und der Schweiz oftmals von ihren Kritikern als teuer und v. a. **ineffizient** bezeichnet. „Mercedes zahlen und VW fahren" – kaum ein anderer Slogan ist in den letzten Jahren so häufig für das Verhältnis von Preis und Leistung im deutschen Gesundheitswesen benutzt worden. Was ist aber nun unter Effizienz der Versorgung zu verstehen bzw. wie kann sie letztendlich gemessen, beurteilt und bewertet werden? Vor diesem Hintergrund versucht der vorliegende Beitrag nach einer kurzen Einführung zunächst den **Begriff der Versorgungseffizienz** (Versorgungseffizienzgrad 1 und Versorgungseffizienzgrad 2) als Kernelement einer prozessbasierten Modellierung des Versorgungssystems zu definieren und genauer zu spezifizieren, um dann im nächsten Schritt auf dieser Basis verschiedene ebenenspezifische Ansätze zur Beurteilung der Versorgungseffizienz vorzunehmen. Unter Rekurs auf die betriebswirtschaftliche **Performance-Measurement-Konzeption** als ein fundierter und geeigneter Ansatz zur Messung der Versorgungseffizienz wird eine ausgewählte – aus dieser Konzeptionsgruppe stammende – praxiserprobte Methodik der **Data Envelopment Analysis** als multikriterieller Ansatz vorgestellt und diskutiert, der in der Lage ist, die Effizienz verschiedener Entscheidungseinheiten anhand einer aggregierten Spitzenkennziffer Dimensionen übergreifend zu messen. Im Anschluss wird die **sektorbezogene und sektorenübergreifende Ausgestaltung der Messung der Versorgungseffizienz** dargestellt. Der Beitrag wird durch eine zusammenfassende Beurteilung und ein kurzes Fazit abgeschlossen.

1 Einführung

Gesundheitssysteme stehen seit jeher und weltweit im Zentrum vieler Diskussionen. Insbesondere in den reichen Staaten wie Deutschland und der Schweiz beschäftigen sich Gesetzgeber, Parteien und Verbände schon seit vielen Jahren mit der Reformierung der Gesundheitsversorgung, um diese auch zukünftig für alle Generationen sicherstellen zu können. Drastisch steigende Gesundheitskosten, hervorgerufen durch den rasanten medizinisch-technischen Fortschritt, die Weiterentwicklungen in den Bereichen Bio-Technologie und Life-Sciences, die Veränderungen gesellschaftlicher Präferenzen hin zu einer stärker gesundheitsorientierten Lebensweise sowie die demografische Entwicklung zwingen sie dazu.[1] Schließlich repräsentiert das Gesundheitswesen eine Branche mit hohen Wachstumszahlen bzw. einem entsprechend großen Anteil am Bruttoinlandsprodukt und den öffentlichen Ausgaben.

Dennoch werden die Gesundheits- bzw. Versorgungssysteme gerade in Deutschland und der Schweiz oftmals von ihren Kritikern als teuer und *ineffizient* bezeichnet. „Mercedes zahlen und VW fahren" – kaum ein anderer Slogan ist in den letzten Jahren so häufig für das Verhältnis von Preis und Leistung im deutschen Gesundheitswesen benutzt worden.[2] Die unbestrittene Forderung nach einem leistungsfähigen Versorgungssystem bleibt allerdings inhaltsleer, solange

---

[1] Vgl. Amshoff./Lucht: Methodische Ansätze eines sektorenübergreifenden Qualitätsmanagement in Deutschland und der Schweiz. In: Rebscher/Kaufmann (Hrsg.): Qualitätsmanagement in Gesundheitssystemen. 2011, S. 375; vgl. zur medizinisch-technischen Entwicklung Amshoff: Medizinische Innovationen und ihre wichtigsten Auswirkungen. In: Rebscher/Kaufmann (Hrsg.): Innovationsmanagement in Gesundheitssystemen. 2010.
[2] Vgl. Beske/Drabinski/Golbach: Leistungskatalog des Gesundheitswesens im internationalen Vergleich. 2005, S. 5.

unklar bleibt, was genau unter „Effizienz der Versorgung" zu verstehen ist bzw. wie die Effizienz von Versorgungsleistungen letztendlich gemessen, beurteilt und bewertet werden soll. Zur wissenschaftlichen, aber eben auch praktischen Bewältigung der Beurteilung der Effizienzen von Versorgungsleistungen bedarf es somit einer möglichst exakten Operationalisierung dessen, was unter Versorgungseffizienz überhaupt zu verstehen ist.

3   Darüber hinaus werden in der Diskussion oftmals andere Länder als Beispiel für ein besser funktionierendes Gesundheitswesen genannt. Meist werden dabei jedoch nur Einzelaspekte hervorgehoben. Die Gesamtschau und der Vergleich sämtlicher Kosten- und Leistungskriterien im Sinne einer zentralen Spitzenkennziffer fehlen indes. Aber genau die Kenntnis dieser Spitzenkennziffer ist die entscheidende Voraussetzung, damit Verantwortliche in Politik und (Gesundheits-)Wirtschaft einen raschen und umfassenden Einblick in die Versorgungsleistungen von Leistungserbringern und Kostenträgern im Vergleich erhalten. Erst durch diesen Vergleich sind Entscheidungen über (Folge-)Maßnahmen zu fundieren. Ansonsten bleibt für eine Entscheidung der Politik bzw. der in dem Gesundheitssystem wirtschaftenden Unternehmen, sprich der Krankenkassen und Leistungserbringer (Ärzte, Krankenhäuser, Pflegeeinrichtungen etc.) nur die angreifbare, weil willkürliche Festlegung auf die eine oder andere Einzelkennziffer. Dies geht zwangsläufig mit einer Suboptimalität (u. a. aufgrund eines hohen Informationsverlustes) für die politische und eben auch für die unternehmerische Entscheidungsfindung einher. Wie soll aber eine solche aggregierte Spitzenkennziffer, i. S. der „**Versorgungseffizienz**" erhoben werden, wenn dazu zahlreiche Einzelinformationen vorliegen („pragmatisches Verdichtungsproblem")? Welche Aussagen lassen dann eine solche Effizienzbeurteilung sektorenübergreifend zu? Diese Fragen gilt es im Folgenden einer Klärung zuzuführen.

4   Dazu zielt dieser Beitrag nach einer kurzen Einführung zur Versorgungssystematik zunächst darauf ab, den Begriff der **Versorgungseffizienz** als Kernelement einer **prozessbasierten Modellierung des Versorgungssystems** genauer zu spezifizieren, um auf dieser Basis verschiedene, ebenenspezifische Ansätze zur Beurteilung der Versorgungseffizienz vorzunehmen. Ein konzeptionell gangbarer Weg scheint dabei den Vertretern des sog. **Performance Measurement** gelungen zu sein, die insbesondere mit Blick auf die Methodik der **Data Envelopment Analysis** einen multikriteriellen Ansatz entwickelt haben, die Effizienz verschiedener Entscheidungseinheiten anhand einer aggregierten Spitzenkennziffer Dimensionen übergreifend zu messen. Der Beitrag schließt mit zwei ebenenspezifischen Beispielen zur praktischen Anwendung dieser in der Beurteilungspraxis des Gesundheitswesens durchaus nicht unbekannten Methodik.

2 Konzeptionelle Grundlegung einer Beurteilung der sektorenübergreifenden Versorgungseffizienz

Dem Gesundheitssystem in der Bundesrepublik Deutschland und der Schweiz wird im Allgemeinen ein hohes Versorgungsniveau mit nahezu unbeschränktem Zugang für die jeweiligen Bevölkerungsgruppen bescheinigt.[3] Dennoch wird vielerorts bemängelt, dass die **Kosten** im Verhältnis zu den dafür erbrachten **Leistungen** im System als zu hoch empfunden werden. Die Überprüfung einer solchen Aussage macht es – neben der **Grundlegung des versorgungsspezifischen Effizienzbegriffs** – erforderlich, die wichtigsten Aspekte des Gesundheitswesens im engeren Sinne, seine Besonderheiten und hier insbesondere seinen zugrunde gelegten Wertschöpfungsprozess einmal genauer darzustellen. *Wer* setzt welche finanziellen und/oder personellen Ressourcen (**Inputs**) ein, um *welche* Versorgungsergebnisse (**Outputs**) generieren zu können? *Welche* Wirkungen (**Outcome**) sollen mit diesen Leistungen erzielt werden? Eine Differenzierung des Versorgungssystems auf Basis der verschieden nacheinander durchlaufenden Systemelemente gibt dabei einen konzeptionellen Bezugsrahmen vor.

Schon seit geraumer Zeit wird der Gesundheitswirtschaft das Potenzial zugesprochen, *die* treibende Kraft der wirtschaftlichen Entwicklung in den kommenden Jahren und prägend für den sechsten Kondratieff zu werden.[4] Die einleitend skizzierten Veränderungen erhöhen die Nachfrage nach Gesundheitsleistungen in einem erheblichen Maße – die wachsende Bedeutung des Gesundheitswesens ist somit offenkundig. Umso mehr verwundert es, dass die prognostizierten Entwicklungen in der Gesundheitswirtschaft nicht zu größeren Erkenntnisgewinnen mit Blick auf die Beurteilung der Versorgungseffizienz in den Kernbereichen des Gesundheitswesens einhergehen – jene Bereiche, die für eine Analyse zur Behebung von Effizienzrückständen innerhalb des Gesundheitswesens besondere, gesundheitssystemspezifische Anknüpfungspunkte bieten.

Zu diesen Bereichen zählen mit Blick auf das bereits in Band 2[5] dieser Herausgeberreihe skizzierte „Zwiebelmodell" (vgl. Abb. 1 der Gesundheitswirtschaft die beiden inneren Kreise, also *erstens* das Gesundheitswesen im engeren Sinne, welche die direkte medizinische Leistungserbringung repräsentiert, die in Deutschland und der Schweiz vor allem als ambulante und stationäre medizinische Behandlung organisiert ist. Diese Leistungen werden von Krankenhäusern, niedergelassenen

---

[3] Vgl. hierzu und im Folgenden Busse/Schreyögg/Tiemann: Management im Gesundheitswesen. 2010, S. 104 f.
[4] Vgl. Nefiodow: Der sechste Kondratieff. 2001, zitiert nach Amshoff: Medizinische Innovationen und ihre Auswirkungen. In: Rebscher/Kaufmann (Hrsg.): Innovationsmanagement in Gesundheitssystemen. 2010, S. 48; vgl. im Folgenden auch Tscheulin/Dietrich: Das Management von Kundenbeziehungen im Gesundheitswesen. In: Georgi/Hadwich (Hrsg.): Management von Kundenbeziehungen. 2010, S. 256 f.
[5] Vgl. Amshoff/Lucht: Methodische Ansätze eines sektorenübergreifenden Qualitätsmanagement in Deutschland und der Schweiz. In: Rebscher/Kaufmann (Hrsg.): Qualitätsmanagement in Gesundheitssystemen. 2011, S. 376.

Ärzten, Apotheken, Rettungs- und Pflegediensten, Rehabilitationseinrichtungen sowie von Gesundheitsfachberufen als Heil- und Hilfsmittelerbringer ausgeführt.

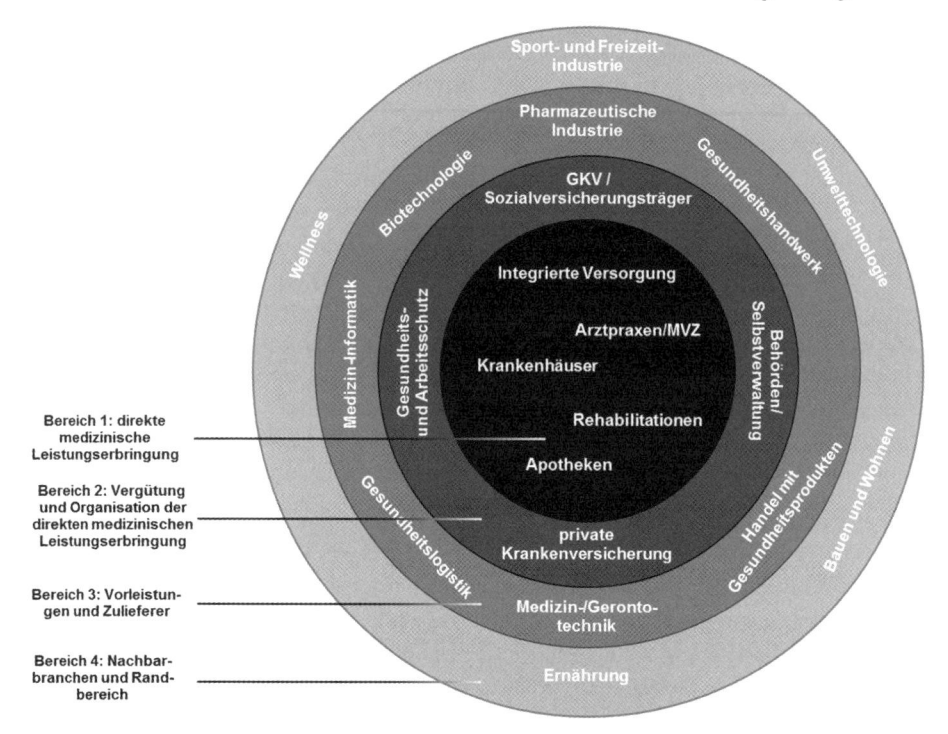

Abb. 1: Das „Zwiebelmodell" der Gesundheitswirtschaft

Quelle: Tscheulin/Dietrich: Management von Kundenbeziehungen. 2010, S. 256 in Anlehnung an Dülberg/Fretschner/Hilbert: Rahmenbedingungen und Herausforderungen der Gesundheitswirtschaft. In: Hochschulen für Gesundheit, 04/02. 2002, S. 9.

8   Zum erweiterten Kern des hier zu analysierenden Bereichs der Gesundheitswirtschaft zählen *zweitens* diejenigen Institutionen, die zwar nicht direkt eine medizinische Leistung im eigentlichen Sinne erbringen, aber die Vergütung und Organisation dieser Leistungserbringung sicherstellen. Hierzu zählen die Krankenversicherungen, die kassenärztlichen Vereinigungen, Abrechnungsstellen, Sozialversicherungsträger, der Gesundheitsschutz sowie die damit betrauten Behörden wie auch die Organe der Selbstverwaltung.

9   Der Bereich der „Vorleistungen und Zulieferer", vertreten u. a. durch die Pharmaindustrie und Biotechnologie, sowie der äußere Bereich der „Nachbarbranchen und Randbereiche", der u. a. durch die Sport- und Freizeitindustrie repräsentiert wird, sind hier nicht Gegenstand der Betrachtungen. Dieser Beitrag fokussiert vielmehr auf denjenigen Bereich des Gesundheitswesens, in dem direkte medizinische Leistungen für Patienten bzw. Versicherte erbracht, organisiert oder finanziert werden, sprich das **Versorgungssystem** *im eigentlichen Sinne*.

Beurteilung der sektorenübergreifenden Versorgungseffizienz

Charakteristisch für dieses Versorgungssystem ist in weiten Bereichen sein hoher **Komplexitätsgrad**. Die Handhabung dessen macht eine systematische und fundierte **Strukturierung** seiner **systembildenden Elemente** erforderlich: die für die Erbringung einer Versorgung erforderlichen Ressourcen und Prozesse sowie die damit geplanten Ergebnisse bzw. erreichten Wirkungen. Diese lassen sich nur dann problemadäquat analysieren, wenn deren Lösungsansätze in einen Gesamtzusammenhang integriert werden (vgl. Abb. 2).

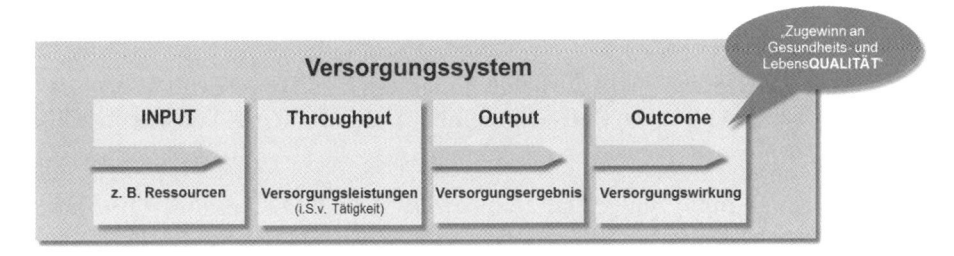

Abb. 2: Systembildende Elemente der Versorgung

Quelle: Paff: Versorgungsforschung – Begriffsbestimmung, Gegenstand und Aufgaben. In: Pfaff/Schrappe/Lauterbach/Engelmann/Halber (Hrsg.): Gesundheitsversorgung und Disease Management. Grundlagen und Anwendungen der Versorgungsforschung. 2003.

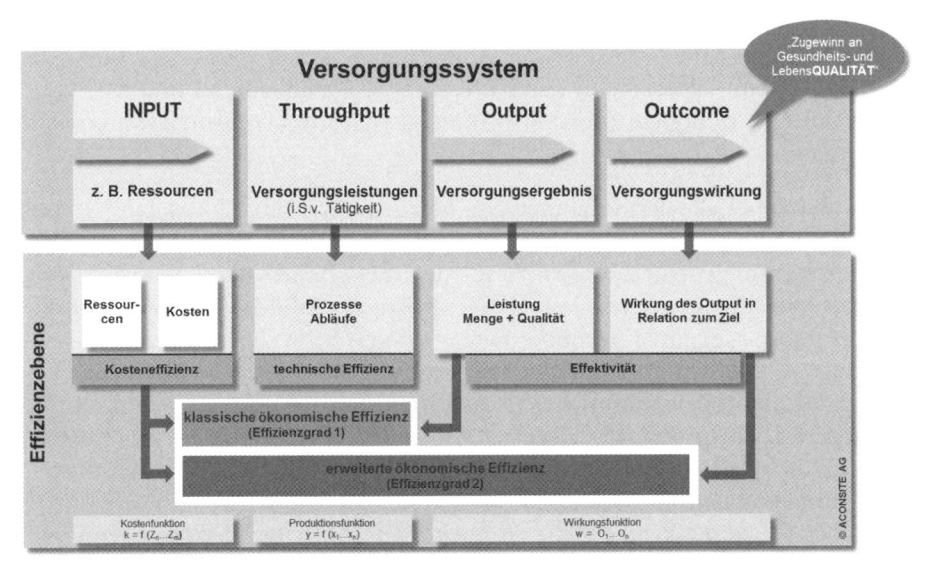

Abb. 3: Konzeptioneller Rahmen zur Beurteilung sektorenübergreifender Versorgungseffizienz

Quelle: Eigene Darstellung

11 Das Versorgungssystem wird als die Gesamtheit aller von den relevanten Akteuren dieses Systems systematisch eingesetzten Methoden, Verfahren und Instrumente definiert, die dazu dienen, die eingesetzten Ressourcen (**Input**), die durchgeführten Versorgungsleistungen (**Throughput**), die erzielten Versorgungsergebnisse (**Output**) sowie die Versorgungswirkung als Zugewinn an Gesundheits- bzw. Lebensqualität (**Outcome**) zu sichern, zu verbessern und dauerhaft zu entwickeln. Dieser konzeptionelle Ansatz lässt sich mühelos auf die einleitend beschriebene Problemstellung übertragen bzw. unter effizienztheoretischen Gesichtspunkten modifizieren und erweitern (vgl. Abb. 3).

12 Vor diesem Hintergrund dient die obige Abbildung 3 im Weiteren als konzeptioneller Bezugsrahmen für die Entwicklung bzw. Definition eines konsistenten Effizienzbegriffs:

- **Versorgungs-Input**: eingesetzte *Ressourcen* (z. B. Pflegepersonal, OP-Ärzte, Therapeuten) sowie ihr inhärentes Wissen und daraus entstehende *Kosten* (z. B. Personalkosten, Sachkosten für Heil- und Hilfsmittel etc.),
- **Versorgungs-Throughput** [Versorgungsleistung i. S. einer Tätigkeit]: organisatorische, diagnostische und therapeutische *Prozesse* und *Abläufe* (z. B. Versorgungsketten, „Klinische Pfade" etc.),
- **Versorgungs-Output** [Versorgungsleistung i. S. eines Ergebnisses]: *Leistungen* bzw. Maßnahmen, die diesen Ressourcenverbrauch verursachen (z. B. Diagnosen, eingeleitete Therapiemaßnahmen etc.) und dabei unabhängig von ihrer Wirkung auf das Outcome sind, und schließlich das
- **Versorgungs-Outcome**: *Wirkungen*, die mit den Leistungen und Maßnahmen vor dem Hintergrund kurzfristiger (z. B. Wundheilung) und langfristiger Ziele (z. B. höhere Lebenserwartung, gesteigerte Lebensqualität) erreicht werden.

13 Dieser konzeptionelle Bezugsrahmen gibt nun genaueren Aufschluss darüber, *was* unter **Versorgungseffizienz** zu verstehen ist. So basiert die an dieser Stelle definierte Versorgungseffizienz *einerseits* auf dem **klassischen ökonomischen Verständnis von Effizienz**. Diese lässt sich – übertragen auf den versorgungsspezifischen Kontext – als eine Gegenüberstellung von erreichten Versorgungs*ergebnissen* (**Output**) und den dazu eingesetzten Ressourcen und Kosten (**Input**) definieren. Diese klassische ökonomische Output-Input-Relation entspricht dem sog. **Effizienzgrad 1**. Sie beinhaltet gleichermaßen die **Kosteneffizienz** i. S. der **Kostenwirtschaftlichkeit** der Versorgung (≈ Verhältnis von notwendigen Ressourcen [z. B. Pflegepersonal] und den damit im Zusammenhang stehenden Kosten [z. B. Gehalts-, Ausbildungskosten etc.]) als auch die **technische Effizienz**. Denn eine Versorgungsleistung gilt dann als „technisch effizient", wenn ein vorgegebener Output (z. B. Hüft-OP mit künstlichem Hüftgelenk) mit einem möglichst geringen Input (z. B. OP-Personal, Materialkosten des Hüftgelenks, Energiekosten etc.) erzielt wird (*output*effizient) bzw. wenn bei gegebenen Ressourceneinsatz das qualitativ bestmögliche Versorgungsergebnis hergestellt wird (*input*effizient).

Wenn man zudem berücksichtigt, dass die Zielsetzung eines Versorgungssystems nicht nur darin besteht, Versorgungsleistungen (organisatorische, diagnostische und therapeutische *Prozesse* und *Abläufe*) technisch effizient durchzuführen, sondern diese auch so erbringen, dass das Versorgungsergebnis für den Patienten bzw. Versicherten einen **Zugewinn an Gesundheits- und Lebensqualität** darstellt, so wird deutlich, dass eine Beurteilung der Effizienz einer Versorgungsleistung nicht allein an der klassischen *ökonomischen* Effizienz auszurichten ist (**Effizienzgrad 1**). *Wer würde schon von einer effizienten Versorgungsleistung sprechen, wenn der Patient tot ist?*

Vielmehr sind Kriterien in die Effizienzbeurteilung zu integrieren, die die *Auswirkungen* des Versorgungsergebnisses auf die Gesundheits- und Lebensqualität des Patienten bzw. Versicherten beschreiben. Damit wird die klassische ökonomische Effizienz um Kriterien der **Effektivität**, also um einen (subjektiven) Zielerreichungsgrad erweitert. Dieser wird im Folgenden als **Effizienzgrad 2** bezeichnet. Die Versorgungleistung ist demnach nicht nur danach zu beurteilen, ob eine fest definierte Anzahl an Knieoperationen nach allgemein anerkannten, objektiven medizinischen Standards mit minimalem Ressourceneinsatz durchgeführt werden konnte (**Fall 1: klassische Outputeffizienz**), sondern, ob dieselben Knieoperationen darüberhinaus zu einer bestmöglichen Patientenzufriedenheit (ohne Folgebeschwerden, Komplikationen, Infektionen etc.) geführt haben (**Fall 2: erweiterte Outputeffizienz**). Der erste Fall entspricht demgemäß einem hohen **Effizienzgrad 1**, während der 2. Fall die Erfüllung des **Effizienzgrades 2** beschreibt.

Nachdem die grundlegenden Begrifflichkeiten herausgearbeitet wurden, gilt es nun, nach einer geeigneten Methodik zu suchen, um die hier entwickelten „**Effizienzen 1. und 2. Grades**" auch zu messen, zu bewerten, zu beurteilen, zueinander in Beziehung zu setzen, sprich zu vergleichen. *Wie* ist nun eine solche Effizienzbeurteilung vor dem Hintergrund der beschriebenen Komplexität des Versorgungssystems konkret auszugestalten? Bevor ein derartiges Beurteilungsverfahren konzipiert werden kann, sind grundlegende Entscheidungen darüber zu treffen, welchen spezifischen **Anforderungen** dieses genügen muss.[6]

Die Anforderungen, die mit einer solchen Methodik zu verbinden sind, sind vielfältiger Natur:

1. **Begrifflich-konzeptionelle Anforderungen**: Welche Methodik setzt an den dargelegten zentralen konzeptionellen Begrifflichkeiten an?
2. **Methodische Anforderungen**: Welche Methodik verwendet Größen, die die Beurteilung der beschriebenen Versorgungseffizienzgraden überhaupt erst befähigen?
3. **Praktische Anforderungen**: Welche Methodik ist in der Praxis ein- bzw. leicht umsetzbar?

---

[6] Vgl. Becker: Grundlagen betrieblicher Leistungsbeurteilungen. 2003, S. 268.

18 Ein konzeptionell adäquater und gangbarer Weg scheint dabei den betriebswirtschaftlich orientierten Vertretern des sog. **Performance Measurement** gelungen zu sein, die insbesondere mit Blick auf die Methodik der **Data Envelopment Analysis** einen multikriteriellen Ansatz entwickelt haben, die Effizienz verschiedener Entscheidungseinheiten anhand einer aggregierten Spitzenkennziffer Dimensionen übergreifend zu messen.

3 Sektorenübergreifendes Performance Measurement – ein ebenenspezifischer Ansatz zur Beurteilung der Versorgungseffizienz

3.1 Performance Measurement – ein betriebswirtschaftlich fundierter Ansatz zur Messung der Versorgungseffizienz

19 Das Konzept des „Performance Measurement" hat sich inzwischen in der betriebswirtschaftlichen Forschung und Praxis etabliert.[7] Einer empirischen Untersuchung im Jahr 2000 zufolge konstatierte man diesbezüglich, dass bereits in jedem sechsten deutschen Unternehmen ein Performance Measurement-Konzept entweder geplant oder bereits umgesetzt wird.[8] Auch die Anzahl forschungsrelevanter Beiträge zur Performance Measurement-Thematik ist in den letzten Jahren stark angestiegen.[9]

20 Bedauerlicherweise steht wie so oft, so auch in diesem Fall, die vielfache Verwendung eines in der einschlägigen Literatur verstärkt diskutierten Begriffs in einem umgekehrten Verhältnis zu seiner inhaltlichen Durchdringung. Allein die wörtliche Übersetzung des Terminus „Performance Measurement" aus dem angloamerikanischen Sprachraum lässt bereits vermuten, dass unter dieser Bezeichnung verschiedene Phänomene und Sachverhalte subsumiert werden.[10] So sind Publikationen mit diesem „Label" u. a. im Rahmen der Volkswirtschaftslehre, des Finanzwesens, der Umweltökonomie, der Informatik und sogar innerhalb der Arbeitsmedizin zu finden.

---

7 Vgl. Schomann: Wissensorientiertes Performance Measurement. 2001, S. 150; Grüning: Performance-Measurement-Systeme. 2002, S. 333; vgl. zur historischen Entwicklung u. a. Neely et al.: Towards the 3rd generation of performance measurement. 2003; vgl. Schomann: Wissensorientiertes Performance Measurement. 2001, S. 111 ff.; vgl. zudem Klingebiel: Leistungsrechnung/Performance Measurement als bedeutsamer Bestandteil des internen Rechnungswesens. 1996, S. 78 f.; vgl. Wurl/Mayer: Gestaltungskonzept für Erfolgsfaktoren-basierte Balanced Scorecards. 2000, S. 59.

8 Vgl. Grüning: Performance-Measurement-Systeme: Messung und Steuerung von Unternehmensleistung. 2002, S. 19, 60 ff.; vgl. Gleich: Performance Measurement: Grundlagen, Konzepte und empirische Erkenntnisse. 2002, S. 451; weitere Studien zur Thematik bei Grüning: Performance-Measurement-Systeme: Messung und Steuerung von Unternehmensleistung. 2002, S. 67 ff.; Gleich: Das System des Performance Measurement. 2001, S. 93 ff.

9 Vgl. eine Literaturanalyse bei Schomann: Wissensorientiertes Performance Measurement. 2001, S. 107.

10 Vgl. Grüning: Performance-Measurement-Systeme. 2002, S. 3.

Die folgende Analyse konzentriert sich auf jene mittlerweile in Forschung und Praxis zahlreich entstandenen konzeptionellen Entwicklungen, die zumeist mehrere Kennzahlen verschiedenster Dimensionen (z. B. Kosten, Zeit, Qualität, Innovationsfähigkeit, Kundenzufriedenheit einsetzen, um die *Effektivität* und *Effizienz* der Leistungen und Leistungspotenziale unterschiedlicher Objekte in Unternehmen umfassend zu beurteilen.[11] Schon allein dieser hier unternommene Versuch einer „Interpretation des Performance Measurement", der bestimmte Gemeinsamkeiten bestehender konzeptioneller Vorschläge beinhaltet, legt den Schluss nahe, dass eine einheitliche Definition des Terminus „Performance Measurement" in der betriebswirtschaftlichen Literatur nicht zu finden ist.[12] Daher lehnen viele Autoren ihre Begriffsbestimmungen eng an jene wohl am häufigsten zitierten Definitionen an, die das Performance Measurement vereinfachend als den Vorgang der Effektivitäts- bzw. Effizienzbeurteilung auf allen Ebenen des Leistungserstellungsprozesses definieren. Es lassen sich im Folgenden drei wesentliche Grundeigenschaften von Performance Measurement-Konzeptionen kurz skizzieren:[13]

1. *Ausgewogenheit verwendeter Beurteilungskriterien*
   Um das Geschehen eines Unternehmens ganzheitlich, d. h. über seine verschiedenen Ebenen hinweg abbilden zu können, ist eine ausgewogene Berücksichtigung verschieden dimensionierter Kriterien erforderlich. Dementsprechend stellt ein wesentliches Charakteristikum von Performance Measurement-Konzepten ihre ausgewogene Zusammenstellung von Beurteilungskriterien dar.[14] Im Gegensatz zu klassischen Steuerungskonzeptionen versuchen Konzeptionen des Performance Measurement monetäre und nicht-monetäre Größen, vergangenheitsbezogene Ergebniskennzahlen und zukunftsorientierte Leistungstreiber, quantitative („*hard facts*") und qualitative („*soft facts*") Daten sowie strategische und operative Steuerungsinformationen gleichermaßen zu berücksichtigen.

Das Performance Measurement ermöglicht demzufolge sowohl die Beurteilung gegenwärtiger Leistungsfähigkeit als auch die Einschätzung zukünftiger Leistungspotenziale. Ferner erfolgt keine alleinige Beschränkung auf die Unternehmensgesamtebene. Stattdessen können darüber hinaus einzelne Funktionsbereiche und sogar einzelne Mitarbeiter konzeptionell berücksichtigt werden. Außerdem gilt es, die Interessen aller Anspruchsgruppen der Unternehmung abzubilden. Wie umfassend sich daher ein Performance Measure-

---

11 Vgl. Gleich: Das System des Performance Measurement. 2001, S. 11 f.
12 Vgl. auch Schomann: Wissensorientiertes Performance Measurement. 2001, S. 110; Riedl: Unternehmenswertorientiertes Performance Measurement. 2000, S. 18.
13 Vgl. in Anlehnung an Günther/Grüning: Performance Measurement-Systeme – ein Konzeptvergleich. In: Zeitschrift für Planung, 12. 2001, S. 284 f.; Grüning: Performance-Measurement-Systeme. 2002, S. 21 f.; Schomann: Wissensorientiertes Performance Measurement. 2001, S. 125 ff.; Gleich: Das System des Performance Measurement. 2001, S. 45.
14 Vgl. beispielhaft zum Aufbau der BSC Kaplan/Norton: In Search of Excellence – der Maßstab muss neu definiert werden. In: Harvard Manager, 14. 1992, S. 39.

ment-Konzept darstellt, richtet sich ebenso wie die inhaltliche Ausgestaltung nach den Ansprüchen der als relevant eingestuften Stakeholdergruppen.[15]

2. *Verknüpfung verwendeter Beurteilungskriterien*
Reduzierte man nun das Bestreben des Performance Measurement allein darauf, zu überprüfen, wie effektiv und effizient unternehmerische Leistungserstellungsprozesse ablaufen, so wäre dies sicherlich nicht ausreichend, um von Steuerungskonzepten der „neueren Generation"[16] zu sprechen. Dadurch, dass das Performance Measurement bestrebt ist, den Input, den Throughput und den Output/Outcome aller Leistungsebenen vor dem Hintergrund der Strategierealisierung zu analysieren, kann durchaus von einem „konzeptionellen Neuanfang"[16] unternehmerischer Steuerungssysteme gesprochen werden – ein Neuanfang, der entscheidend dazu beitragen soll, den mangelnden Strategiebezug traditioneller Konzeptionen auszugleichen. Demgemäß versuchen Performance Measurement-Konzepte zur besseren Verankerung der verfolgten Unternehmensstrategie nicht nur

- zweckdienliche, strategiebezogene Kriterien (sog. *„performance measures"*) zu bestimmen, die Auskunft über die Effizienz respektive Effektivität der Leistung geben sollen,
- geeignete Sollwerte (sog. *„performance standards"*) für das von allen Betroffenen gemeinsam angestrebte Leistungsniveau festzulegen,
- zeitpunktabhängige Istwerte (sog. *„performance actuals"*) zu erfassen, sondern darüber hinaus noch
- einen übergreifenden, strukturellen Bezugsrahmen zu definieren, der die verschiedenen Maßgrößen in Abhängigkeit des betrachteten Analyseausschnitts der Unternehmung und der verfolgten Zielsetzung der Effizienz-/Effektivitätsbeurteilung auch sinnvoll einzuordnen vermag.

Der Zweck eines solchen Bezugsrahmens besteht folglich in der Ableitung und Strukturierung der zu evaluierenden Beurteilungskriterien. Schließlich sollen jedem Beurteilungsobjekt je nach Art und Hierarchieebene nur spezifische *„performance measures"* zugeordnet werden, damit eine Stimmigkeit dieser Maßgrößen mit dem Zielsystem „Unternehmung" erreicht werden kann.[17] Denn soll die verfolgte strategische Ausrichtung einer Analyseeinheit transparent gemacht werden, so muss sich diese Zielsetzung auch in der Ebenen spezifischen Darstellung der Leistungsgrößen niederschlagen.[18] Insbesondere bei komplexen Performance Measurement-Konzepten stellt daher

---

15 Vgl. diesbezüglich den Aufbau der Performance Pyramid bei Lynch/Cross: Measure up! How to measure corporate performance. 1995, S. 64 ff.; vgl. Günther/Grüning: Performance Measurement-Systeme – ein Konzeptvergleich. In: Zeitschrift für Planung, 12. 2001, S. 284; vgl. ferner Klingebiel: Integriertes Performance Measurement. 2000, S. 150 ff.
16 Gleich: Das System des Performance Measurement. 2001, S. 11.
17 Vgl. Klingebiel: Integriertes Performance Measurement. 2000, S. 146 f.
18 Vgl. Klingebiel: Performance Measurement-Systeme. In: Das Wirtschaftsstudium, 26. 1997, S. 659.

die Verknüpfung strategiebezogener Beurteilungskriterien über die verschiedenen Leistungsebenen hinweg ein weiteres zentrales Gestaltungsmerkmal dar.

3. *Steuerung und Regelung auf Basis verwendeter Beurteilungskriterien*

Ein letztes hier kurz zu skizzierendes, charakteristisches Merkmal betrifft die so bezeichnete Steuerungs- und Regelungskomponente des Performance Measurement.[19] Ganz im Sinne der dargelegten Problematik ist es das Bestreben des Performance Measurement, auf der einen Seite die erzielten den angestrebten Ergebnissen gegenüberzustellen („*feed back*") und bei etwaigen Diskrepanzen Möglichkeiten zur Leistungsverbesserung (Regelung) vorzugeben. Gleichzeitig sind auf der anderen Seite Störungen innerhalb der Leistungstransformationsprozesse zu antizipieren („*feed forward*"), um frühzeitig alternative Lösungswege (Steuerung) benennen zu können.[20]

Nach eingehender Bewertung unterschiedlicher prominenter Konzeptionen des Performance Measurement verspricht der Performance Measurement-Ansatz im Hinblick auf die weiter oben beschriebenen Anforderungen an eine Versorgungseffizienzbeurteilung einen großen Erkenntnisfortschritt zur Lösung des eingangs beschriebenen Problems. Allerdings vermögen die bekannten Konzeptionen des Performance Measurement nicht das einleitend beschriebene methodische Defizit zu lösen. Zwar tragen die das Performance Measurement konstituierenden Begrifflichkeiten dazu bei, sich dem Konstrukt „Versorgungseffizienz" inhaltlich weiter anzunähern, eine akzeptable Lösung des sog. „pragmatischen Verdichtungsproblems" wird jedoch nicht präsentiert.[21]

Im Gegenteil: Gelingt es den Verantwortlichen, für alle als strategisch relevant qualifizierten Bereiche wichtige Maßgrößen zu benennen, so resultiert daraus das Problem, dass eine „solche ganzheitliche Abbildung der Unternehmung zu unüberschaubaren ‚Kennzahlenfriedhöfen' mit mehr als 80 Kennzahlen führen kann."[22] Dies widerspricht allerdings der von den Vertretern des Performance Measurement eingeforderten Transparenz der Steuerungskonzepte (Reduzierung von Komplexität) und macht deshalb eine „strategiefokussierte" Unternehmenssteuerung – so wie sie von den Vertretern der BSC gefordert wird – nur sehr schwer möglich. Aus diesem Grund wird von manchen Autoren vorgeschlagen, die einzelnen Maßgrößen zu einer Spitzenkennziffer zusammen zu führen.[23]

Hierzu lohnt ein Blick in das Instrumentarium des Operations Research (OR). Denn mit Hilfe eines nicht-parametrischen Verfahrens des OR – der **Data En-**

---

19 Vgl. Grüning: Performance-Measurement-Systeme. 2002, S. 21 f.
20 Vgl. Günther/Grüning: Performance Measurement-Systeme – ein Konzeptvergleich. In: Zeitschrift für Planung, 12. 2001, S. 284.
21 Vgl. Weibler/Lucht: Bewertung der Effizienz von Entscheidungseinheiten. In: Zeitschrift Führung und Organisation, 72. 2003, S. 230; vgl. ferner Weibler/Lucht: Führungseffizienz mit DEA messen. 2001, S. 18.
22 Vgl. Steinle/Thiem/Lange: Die Balanced Scorecard als Instrument zur Umsetzung von Strategien. 2001, S. 34.
23 Vgl. Wurl/Mayer: Gestaltungskonzept für Erfolgsfaktoren-basierte Balanced Scorecards. In: Zeitschrift für Planung, 11. 2000, S. 14.

velopment Analysis (DEA) – können Gewichtungsfaktoren errechnet werden, mit Hilfe derer eine Aggregation einzelner Indikatoren zu einem Spitzeneffizienzwert auf faire und damit akzeptable Art und Weise gelingt, ohne das Postulat der Ausgewogenheit zu verletzen.[24]

3.2 Data Envelopment Analysis als praktisch erprobte Methodik des Performance Measurement zur Messung der Versorgungseffizienz

22 Für die Beurteilung der Versorgungseffizienz – sowohl 1. als auch 2. Grades – können eine Vielzahl unterschiedlicher Kriterien verwendet werden (vgl. Abb. 4). Entscheidend ist allerdings nun die Beantwortung der Frage, auf *welche* Kriterien man vor dem Hintergrund der eingangs skizzierten Problemstellung zurückgreifen sollte, um die Effizienz einer Versorgung zu beurteilen. Benötigt man zu dieser Beurteilung *viele* Input- bzw. Output-, respektive Outcome-Kriterien, sollte man sich auf nur einige *wenige* oder gar auf nur ein *einziges* relationales Kriterium i. S. *einer* Output- bzw. Outcome-Input-Größe beschränken? Die folgende Abbildung deutet an, welche Kriterien zur Lösung der einleitend skizzierten Problematik beispielhaft herangezogen werden können, um die Versorgungseffizienz 1. bzw. 2. Grades zu beurteilen:

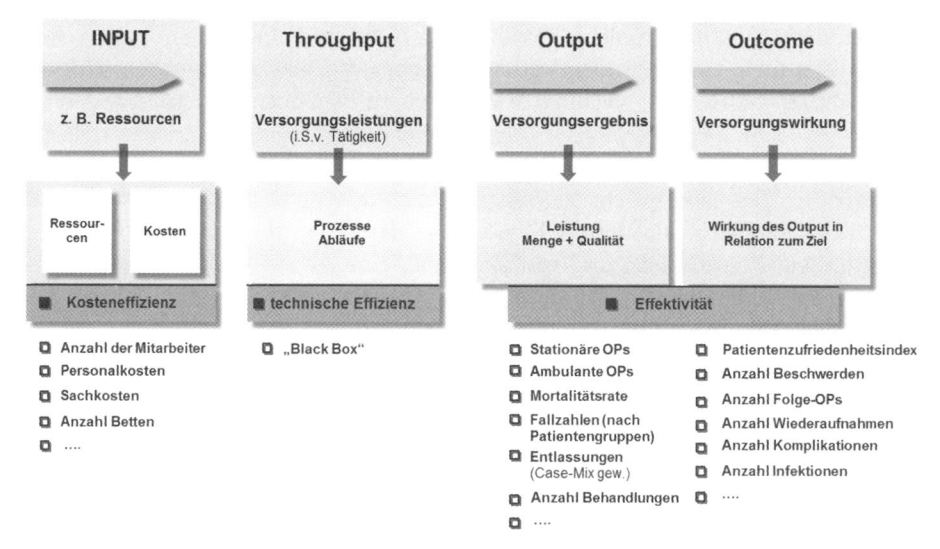

Abb. 4: Beispielhafte Kriterien zur Beurteilung sektorenübergreifender Versorgungseffizienz

Quelle: Eigene Darstellung

---

24 Vgl. Weibler/Lucht: Bewertung der Effizienz von Entscheidungseinheiten. In: Zeitschrift Führung und Organisation, 72. 2003.

Die Wahl eines *einzigen* relationalen Kriteriums als Messgröße für die Berechnung der Versorgungseffizienz stellt zwar im administrativen Sinne die einfachste und – mit Blick auf Kosten- und Zeitaspekte – die wohl wirtschaftlichste Vorgehensweise dar. Die einführenden Bemerkungen zur Komplexität des Versorgungssystems haben jedoch verdeutlicht, dass die Versorgungseffizienz nicht sinnvoll mit Hilfe eines einzigen Output-/Outcome-Input-Kriteriums abgebildet werden kann.

23

Im Gegensatz dazu besteht vielfach der Bedarf nach einem *Gesamtkriterium*, um schnelle Einblicke in die Leistungsfähigkeit von Leistungserbringern zu erhalten, damit administrative Entscheidungen leichter und auch schneller getroffen werden können. Diese Forderung wird zudem auch von vielen Praktikern geteilt, die es als unerlässlich ansehen, bei der Beurteilung verschiedener Input-, Output- bzw. Outcome-Daten auch ein Gesamtkriterium i. S. einer „*overall performance*" zu verwenden, um bspw. Leistungsvergleiche von Dienstleistern innerhalb des Systems besser durchführen zu können („*Benchmarking*"). Beschließt man nun, ein Gesamtkriterium zu verwenden, so steht man vor der schwierig zu lösenden praktischen Aufgabe, die verschiedenen Subkriterien, die möglichst viele Facetten der Versorgungsleistung auf der Input- bzw. Output-, respektive Outcome-Seite repräsentieren sollen, im Rahmen der Aggregation zu einem Gesamtwert – eine Quantifizierung aller Kriterien vorausgesetzt – zu gewichten.[25] Das Ergebnis der Effizienzbeurteilung hängt damit u. a. in einem hohen Maße davon ab, welches *relative Gewicht* den einzelnen ausgewählten Subkriterien schon im Vorfeld der eigentlichen Bewertung zugesprochen wird. Gewichtet man bspw. alle Subkriterien gleich, so würde man sicherlich über die Tatsache hinwegsehen, dass einige Faktoren im Rahmen einer Versorgungsleistung als „*wichtiger*" einzuschätzen sind als andere (z. B. die subjektive Patientenzufriedenheit). Wird hingegen eine ungleiche Gewichtung der Subkriterien subjektiv vorgenommen, so könnte das Beurteilungsverfahren wiederum an der fehlenden Akzeptanz bspw. der zu beurteilenden Leistungserbringer scheitern.

24

Die **Data Envelopment Analysis** (*kurz*: DEA), eine auf den Forschungsarbeiten von Charnes, Cooper und Rhodes (1978) zurückgehenden Modellfamilie, setzt nun an dieser Problematik an. Dabei besteht die Eleganz dieses Performance Measurement-Konzepts darin, dass bei der Zusammenführung (Aggregation) der Subkriterien zu einem einzigen (kompositiven) Kriterium a priori *keine* Gewichtung der verschiedenen Output- bzw. Outcome- und Input-Kriterien erforderlich ist. Das Methodik umgeht die Gewichtungsproblematik, indem es die einzelnen Gewichtungen für die zur Effizienzbeurteilung herangezogenen Kriterien für jedes Analyseobjekt *bestmöglich* berechnet – so gesehen werden Versorgungsleistungen verschiedener Leistungserbringer „ins beste Licht gerückt"[26] –

25

---

25 Vgl. Schnell/Hill/Esser: Methoden der empirischen Sozialforschung. 1999, S. 167.
26 Vgl. Allen: Möglichkeiten und Grenzen der Data Envelopment Analysis im Rahmen des Öko-Controlling. In: Dyckhoff/Ahn (Hrsg.): Produktentstehung, Controlling und Umweltschutz – Grundlagen eines ökologieorientierten F&E-Controlling. 1998, S. 330.

und diese dann zu einem individuellen, maximalen Gesamtkriterium verknüpft.[27]

26 Aus der Vielzahl an Output-Input-Kombinationen, um im Folgenden gedanklich bei der Versorgungseffizienz 1. Grades zu verbleiben, die, wie die Abbildung 4 zeigt, allesamt das real beobachtbare Leistungspotenzial von Leistungserbringern (bspw. von Krankenhäusern) widerspiegeln können, ist die Data Envelopment Analysis in der Lage, *diejenigen* Kombinationen auszuweisen, die den **höchsten Effizienzwert** generieren. Die häufig lineare Verbindung dieser als relativ effizient zu bezeichnenden Output-Input-Kombinationen („**Effizienzgrenze**") ergeben bei mehrdimensionaler Betrachtung eine „**Einhüllende**", von welcher sich der Name des Verfahrens „Data Envelopment Analysis" ableitet. Alle Output-Input-Kombinationen, die diese „Einhüllende" erzeugen, bilden so einen auf dem *best-practice*-Prinzip basierenden, umfassenden Vergleichsmaßstab, der zu einer umfangreichen Bewertung der Versorgungseffizienz verwendet werden kann. *Wie* die verschiedenen Output-Input-Kombinationen dabei zustande kommen bzw. gekommen sind, steht zunächst nicht im Vordergrund der Analyse – im Gegenteil – dies wird im Rahmen der Data Envelopment Analysis vollständig ausgeklammert, indem die eigentliche Versorgungsleistung (i. S. der Tätigkeit; vgl. Abb. 4) als „*Black Box*" betrachtet wird.[28] Dies liegt darin begründet, dass Entscheidungsträger nicht in der Lage sind, die „Versorgungs*leistung* (i. S. der Tätigkeit)" vor dem Hintergrund all ihrer verschiedenen Facetten beurteilen zu können und daher lediglich sämtlich real erfassbare, beobachtbare, von allen Leistungserbringern tatsächlich gezeigten Output- und Inputfaktoren evaluieren und diese einer vergleichenden Effizienzbewertung zugrunde legen.

27 In ihrem Artikel „*Measuring the efficiency of decision making units*" aus dem Jahr 1978 stellten Charnes, Cooper und Rhodes den Grundtypus der DEA-Methodenfamilie vor. Die Autoren demonstrierten, wie die relative Effizienz von Entscheidungseinheiten unter Berücksichtigung multipler Input- und Outputkriterien unterschiedlicher Dimensionen in einem Effizienzmaß abzubilden ist, ohne diese zu einer monetären, sprich preislich bewerteten – und damit a priori gewichteten – Größe zusammenfügen zu müssen. Im Zentrum der produktionstheoretischen Grundlagen der DEA-Modellfamilie steht die **Effizienz**. Diese lässt sich – wie bereits mehrfach betont – als Quotient von Ergebnissen (Output) zu eingesetzten Mitteln (Input) explizieren. Die folgende Abbildung zeigt das mathematische Grundmodell.

---

27 Vgl. Brokemper: Data Envelopment Analysis. 1995, S. 242.
28 Vgl. Dyckhoff: Grundzüge der Produktionswirtschaft. 2000, S. 7.

$$\max_{u1,u2,v1,v2} \text{Effizienz von o} = \frac{u1 \cdot Output1_0 + u2 \cdot Output2_0}{v1 \cdot Input1_0 + v2 \cdot Input2_0}$$

Nebenbedingungen: $\dfrac{u1 \cdot Output1_j + u2 \cdot Output2_j}{v1 \cdot Input1_j + v2 \cdot Input2_j} \leq 1$ Für alle Analyseeinheiten (je=1 ... n)

$$v1, v2, u2, \text{Effizienz} \geq 0$$

Abb. 5: Mathematisches Grundmodell
Quelle: Eigene Darstellung

Werden nun im Rahmen einer Effizienzanalyse die Quotienten verschiedener Analyseobjekte bzw. Entscheidungseinheiten, sog. *„decision making units"* (DMUs, kurz „Units") auf Basis gemeinsam definierter Input- und Outputgrößen verglichen, so ist klar, dass Units mit größeren Quotienten auch über die stärkeren Effizienzen verfügen, denn diese Einheiten erwirtschaften im Vergleich zu allen anderen Units mehr Output pro Input-Einheit. Dieser Vergleich mit anderen DMUs ist dabei unumgänglich, denn ohne einen solchen Vergleich fehlte jeder Output-Input-Kombination als Kennzahl an sich für eine Effizienzbeurteilung jegliche Aussagekraft, da absolute Optimalwerte in der Praxis – v. a. im Gesundheitsbereich – nicht vorliegen. Die Versorgungseffizienz kann folglich nur in Relation zu vergleichbaren Entscheidungseinheiten beurteilt werden, d. h. die Versorgungseffizienz ist per Definition *stets relativ*.[29]

Für einen Entscheidungsträger wäre es allerdings nun besonders aufwendig, diesen Vergleich einzelner Quotienten untereinander für viele DMUs durchführen zu müssen. Deshalb ist im weiteren Verlauf der Effizienzanalyse der Quotient aus Output und Input jeder einzelnen DMU durch den besten erreichten Wert aller Units zu dividieren. Auf diese Weise lässt sich ein *relativer Effizienzwert* (vgl. Abb. 5) generieren, der das Leistungsdefizit einer ineffizienten Unit objektiv nachvollziehbar veranschaulichen kann. Das bislang Gesagte sei an einem einfachen Beispiel kurz illustriert:[30]

---
29 Vgl. Scheel: Effizienzmaße der Data Envelopment Analysis. 2000, S. 3.
30 Vgl. dazu auch Weibler/Lucht: Bewertung der Effizienz von Entscheidungseinheiten. In: Zeitschrift Führung und Organisation, 72. 2003, S. 231; vgl. Scheel: Effizienzmaße der Data Envelopment Analysis. 2000, S. 3 ff.

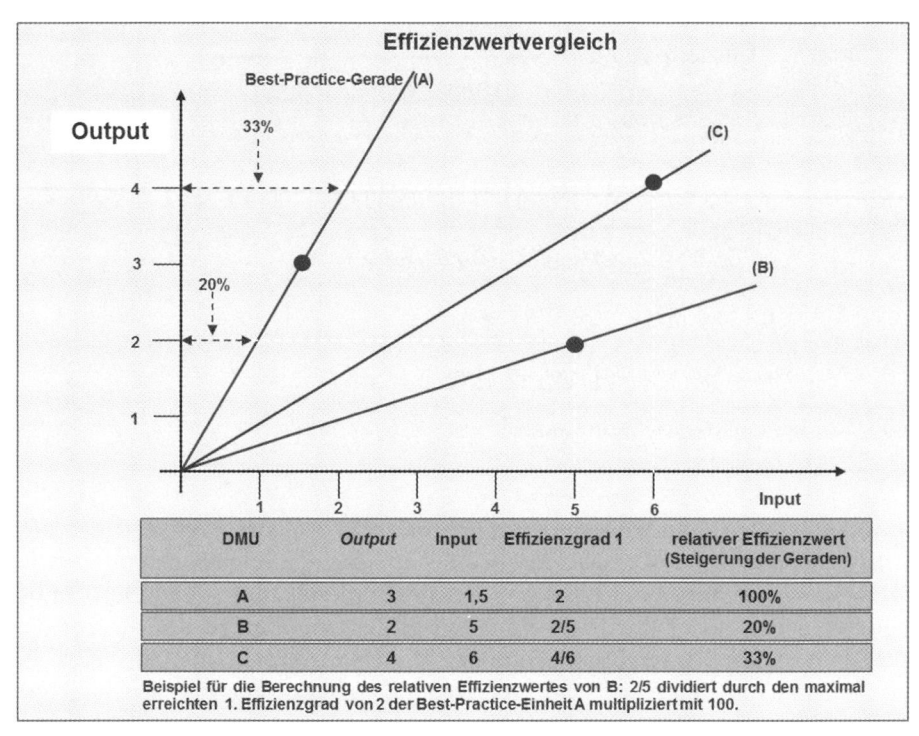

Abb. 6: Einfacher Effizienzwertvergleich – das Prinzip der Data Envelopment Analysis – outputbezogen
Quelle: Eigene Darstellung

30 Es seien A, B und C drei DMUs, die jeweils eine bestimmte Anzahl eines spezifischen Inputs einsetzen, um einen bestimmten Output generieren zu können. In der Abb. 6 ergibt sich bspw. innerhalb des hier skizzierten eindimensionalen Falls für die DMU B laut zugrunde liegender Tabelle ein relativer Effizienzwert von 20 % (2 Einheiten Output in Relation zu 5 Einheiten Input, dividiert durch den maximal erreichten 1. Effizienzgrad 2 der *„best-practice"*-Einheit A). Die Steigung der Geraden entspricht dabei der jeweiligen Effizienz. Mit Hilfe der Darstellung lassen sich nun einfach die Abstände aller Geraden der ineffizienten DMUs (B und C) zur *„best-practice"*-Geraden (A) visualisieren. Dieser Abstand der Geraden einer ineffizienten Unit zur Geraden der *best-practice* lässt sich dabei als *Effizienzrückstand* interpretieren. Bezogen auf den obigen eindimensionalen Fall bedeutet dies bspw.: DMU A ist in der Lage, mit lediglich 33 % (20 %) der eingesetzten Inputs von Unit C (B) den gleichen Output zu erwirtschaften. Dieser „Effizienzrückstand" stellt einen Vergleichsmaßstab für alle DMUs dar, mit dessen Hilfe sich nun ein Effizienzmaß konstruieren lässt.

Dabei kann die Betrachtung des einfachen Output-Input-Falles – wie in Abb. 6 dargestellt – nicht nur auf mehrere Input- bzw. Output-Kriterien zur Berechnung der **Versorgungseffizienz 1. Grades** übertragen werden, sondern es lassen sich gleichermaßen zusätzliche *Outcome*-Kriterien (z. B. Anzahl Patientenbeschwerden) hinzuziehen, um schließlich die **Versorgungseffizienz 2. Grades** zu bestimmen; auf der Ordinate wird dann der „Outcome" abgebildet (vgl. Abb. 7).

31

Effizienzwertvergleich

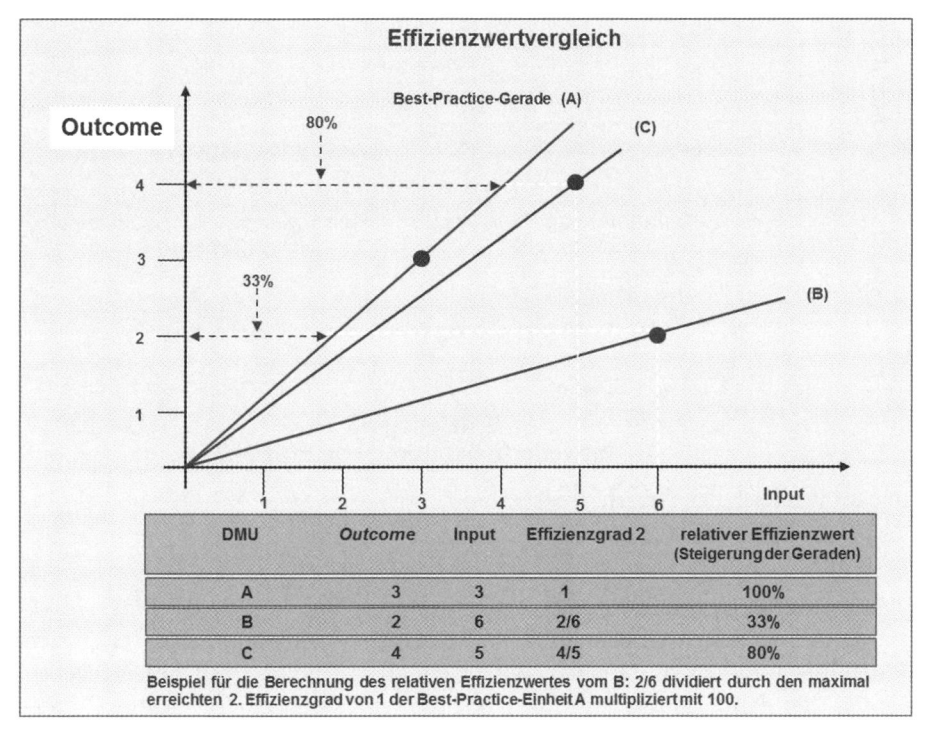

DMU	Outcome	Input	Effizienzgrad 2	relativer Effizienzwert (Steigerung der Geraden)
A	3	3	1	100%
B	2	6	2/6	33%
C	4	5	4/5	80%

Beispiel für die Berechnung des relativen Effizienzwertes vom B: 2/6 dividiert durch den maximal erreichten 2. Effizienzgrad von 1 der Best-Practice-Einheit A multipliziert mit 100.

Abb. 7: Einfacher Effizienzwertvergleich – das Prinzip der Data Envelopment Analysis – outcomebezogen
Quelle: Eigene Darstellung

Nunmehr ist eine nachgelagerte **Effektivitätsbetrachtung** der Versorgungsleistung möglich (vgl. Abb. 8).

32

Sektorenübergreifendes Performance Measurement

Effizienzgrad 1 (klassische ökonomische Effizienz)

hoch:
- Versorgungsergebnis (Output) ist hoch
- Versorgungswirkung (Outcome) ist niedrig
- ⇨ aus Patientensicht kritisch

- Versorgungsergebnis (Output) und
- Versorgungswirkung (Outcome) ist hoch
- ⇨ optimal

niedrig:
- Versorgungsergebnis (Output) und
- Versorgungswirkung (Outcome) ist niedrig
- ⇨ insgesamt sehr kritisch

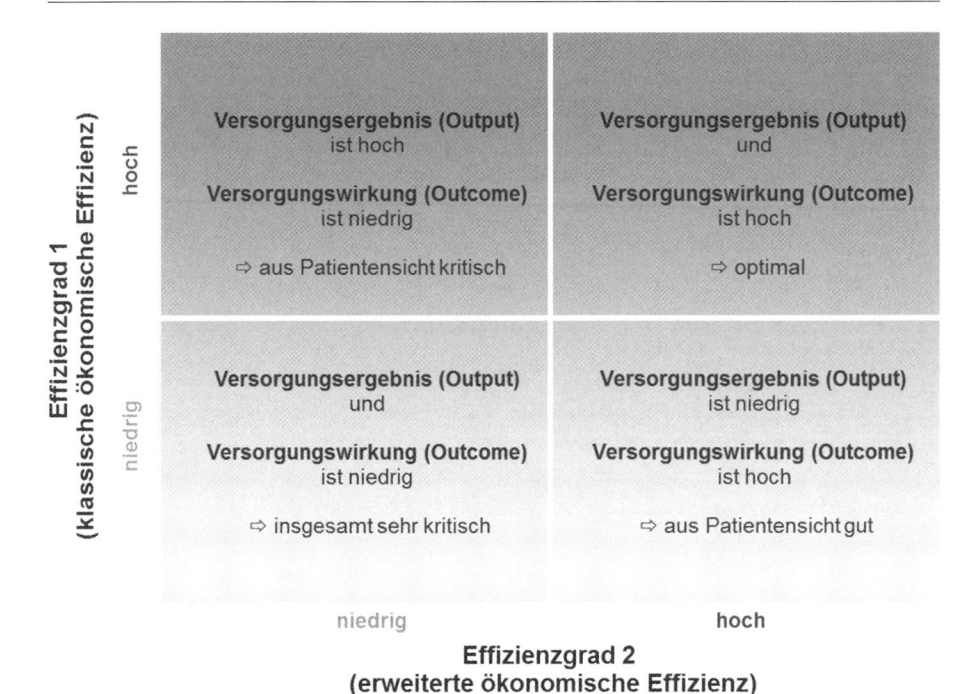

- Versorgungsergebnis (Output) ist niedrig
- Versorgungswirkung (Outcome) ist hoch
- ⇨ aus Patientensicht gut

Effizienzgrad 2 (erweiterte ökonomische Effizienz): niedrig — hoch

Abb. 8: Vergleich der Effizienzgrade 1 und 2
Quelle: Eigene Darstellung

33 Die Art und Weise der Effektivitätsbetrachtung verläuft dabei in der Praxis *idealtypisch* als sog. **Sensitivitätsanalyse** ab. Mit einer Sensitivitätsanalyse lassen sich Beziehungen zwischen Variablen darstellen, die in ein Modell hineingegeben werden und dann aus diesem Modell wieder herausfließen. Vor diesem Hintergrund können als *Eingangs*größen die real beobachtbaren Größen aufgefasst werden, die *in* ein DEA-Modell einfließen, d. h. jene Daten, die als Input-, Output- bzw. Outcomegrößen in die Effizienzanalyse mittels DEA eingehen. Die *Ausgangs*größen stellen in diesem Falle die durch das Modell errechneten Effizienzwerte für alle in die Analyse einbezogenen DMUs dar. Die Frage, die in diesem Zusammenhang zu stellen ist, ist nun die Folgende: *Wie* verändern sich die mittels DEA für ausgewählte Analyseobjekte (z. B. Krankenhäuser, Reha-Kliniken etc.) berechneten Effizienzwerte, wenn sukzessive Outputkriterien um Outcome-Kriterien ergänzt oder auch ersetzt werden? Vier verschiedene Antwortszenarien sind denkbar, die in Form einer Vier-Felder-Matrix einzuordnen sind (vgl. Abb. 8):

1. **Fall 1: Effizienzgrad 1 (niedrig) – Effizienzgrad 2 (niedrig):** Sowohl im klassischen Sinne als auch in ihrer dargestellten konzeptionellen Erweiterung ist die Versorgungseffizienz der betrachteten DMU *gering*. Mit anderen Worten: Die Prozesse im Versorgungsbereich sowie die organisatorischen Abläufe

sind (technisch) ineffizient und bewirken darüber hinaus unzufriedene Patienten mit wenig oder keinem Zugewinn an Lebensqualität (Einschätzung insgesamt: *sehr kritisch*).
2. **Fall 2: Effizienzgrad 1 (hoch) – Effizienzgrad 2 (niedrig):** Im klassischen Sinne gilt die analysierte DMU als effizient, in ihrer konzeptionellen Erweiterung allerdings als ineffizient. Mit anderen Worten: Die Prozesse im Versorgungsbereich werden zwar technisch effizient ausgeführt, führen aber zu großer Unzufriedenheit mit geringem Outcome auf der Patientenebene (Einschätzung aus Sicht der Patienten: *kritisch*).
3. **Fall 3: Effizienzgrad 1 (niedrig) – Effizienzgrad 2 (hoch):** Im klassischen Sinne handelt die betrachtete DMU ineffizient, in ihrer konzeptionellen Erweiterung ist sie allerdings als effizient zu bezeichnen. Mit anderen Worten: Die Prozesse im Versorgungsbereich werden zwar technisch ineffizient ausgeführt, führen aber zu hohem Outcome mit hoher Zufriedenheit auf der Patientenebene (Einschätzung aus Sicht der Patienten: *gut*).
4. **Fall 4: Effizienzgrad 1 (hoch) – Effizienzgrad 2 (hoch):** Sowohl im klassischen Sinne als auch in ihrer dargestellten konzeptionellen Erweiterung ist die Versorgungseffizienz dieser DMU *hoch*. Mit anderen Worten: Die Prozesse im Versorgungsbereich sind (technisch) effizient und erwirken darüber hinaus zufriedene Patienten mit hohem Outcome (Einschätzung insgesamt: *optimal*).

Der vorangegangene Abschnitt hat gezeigt, dass die Formulierung bzw. Aggregation von verschiedenen Input- und Output-, respektive Outcome-Kriterien zu einer Spitzenkennzahl sich mit Hilfe eines Effizienzmaßes produktionstheoretisch fundieren lässt. Die Berechnung derselben erfolgt – bei Vorliegen multipler Beurteilungskriterien – mittels **linearer Optimierung**. Auf die mathematische Herleitung dieses Optimierungsmodells in seiner ursprünglichen Form wird an dieser Stelle allerdings verzichtet.[31]

Die Methodik der DEA stellt nun nichts anderes als eine Verallgemeinerung dieser geschilderten Zusammenhänge dar – mit dem Unterschied, dass sie eine Berücksichtigung mehrerer In- und Output-/Outcome-Werte erlaubt. Die Beobachtung, dass die so berechneten relativen Effizienzwerte einen bestimmten (Leistungs-)Rückstand aufzeigen können, die Feststellung, dass die Gerade der „*best practice*" eine gewisse Grenze real beobachtbarer Output-/Outcome-Input-Transformationen beschreibt sowie die Tatsache, dass sich diese Methodik auch multidimensional anwenden lässt, bildet nun einerseits die Basis für die verschiedenen Effizienzmaße der DEA,[32] andererseits stellt sie das Fundament für die Ausgestaltung eines **sektorenübergreifenden Performance Measurement zur Beurteilung der Versorgungseffizienz** dar.

---
31 Vgl. dazu ausführlich Scheel: Effizienzmaße der Data Envelopment Analysis. 2000.
32 Vgl. Scheel: Effizienzmaße der Data Envelopment Analysis. 2000, S. 75 ff.

3.3 Intra- (sektorbezogene) und interspezifische (sektorübergreifende) Messung der Versorgungseffizienz

36 Der Großteil der Effizienzanalysen, die mit Hilfe der DEA durchgeführt werden, befasst sich primär mit dem Ziel der Effizienz*steigerung* der jeweils beobachteten DMU.[33] Inzwischen versuchen Wissenschaftler verschiedenster Fachbereiche die Effizienz so unterschiedlicher DMUs wie z. B. Unternehmen verschiedenster Branchen, Bibliotheken, Universitäten, Polizeireviere, aber eben auch Krankenhäuser zu analysieren.[34]

37 Effizienzanalysen stellen keinen *Selbstzweck* dar. Sie sollten stets einer übergeordneten Zielsetzung folgen, d. h. die sog. Effizienzrankings, die sich mit Hilfe der DEA generieren lassen, sollten nicht für sich stehen bleiben, sondern als Anstoß für Erfolg versprechende, zukünftige Maßnahmen fungieren – Maßnahmen, die mit Blick auf die Zielsetzung dieses Beitrages, helfen, *erstens* das Versorgungssystem in seinen Teilbereichen entlang der Versorgungskette (vgl. Abb. 9) zu verbessern sowie *zweitens* das Versorgungssystem als solches insgesamt einer kritischen Würdigung zu unterziehen.

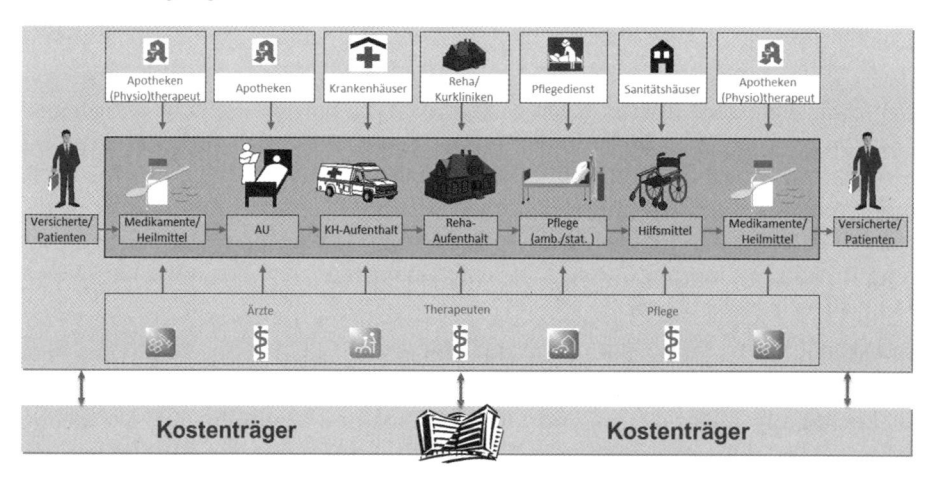

Abb. 9: Versorgungskette
Quelle: Eigene Darstellung

38 Damit sind die beiden **Analyseebenen** für eine Anwendung der Data Envelopment Analysis zur Beurteilung der Versorgungseffizienz 1. und 2. Grades konkret benannt:

---

33 Vgl. Scheel: Effizienzmaße der Data Envelopment Analysis. 2000, S. 15.
34 Vgl. im Überblick Lucht: Strategisches Human Resource Management. 2007, S. 222.

1. **intraspezifische Versorgungseffizienz**, die eine Beurteilung der Versorgungseffizienz 1. und 2. Grades **sektorbezogen**, d. h. für einzelne Sektoren des Versorgungssystems erlaubt, und die
2. **interspezifische Versorgungseffizienz**, die eine Beurteilung der Versorgungseffizienz 1. und 2. Grades **sektorübergreifend**, also für das gesamte Versorgungssystem vorsieht.

Im ersten Fall der Beurteilung der *intra*spezifischen Versorgungseffizienz geht es darum, einzelne Sektoren entlang der Versorgungskette (vgl. Abb. 9) zu benennen, die für eine Beurteilung verschiedenster Output-/Outcome-Input-Kombinationen heranzuziehen sind. So sind bspw. Effizienzanalysen denkbar, die sich einzig und allein auf DMUs des ambulanten Sektors (Sektor 1), des Krankenhaus-Sektors (Sektor 2), des Reha-Sektors (Sektor 3) bzw. des Pflege-Sektors (Sektor 4) beziehen (vgl. Abb. 10).

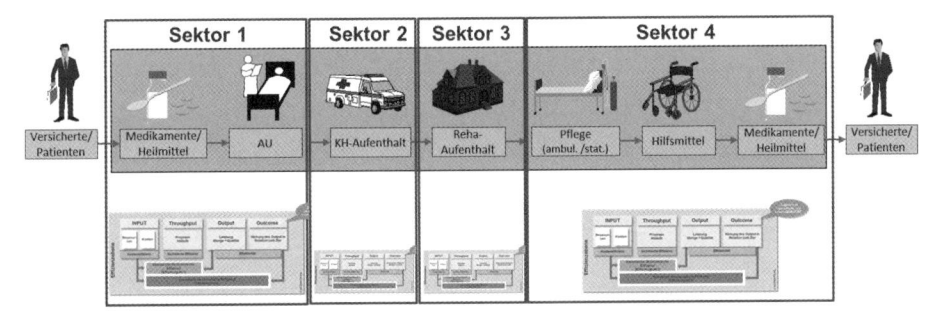

Abb. 10: Intraspezifische, sektorbezogene Versorgungseffizienzbeurteilung
Quelle: Eigene Darstellung

Zentrale Voraussetzung für eine intraspezifische Versorgungseffizienzmessung, die auf einen Vergleich von DMUs innerhalb einer der vier beispielhaften Sektoren abstellt, ist die Tatsache, dass jede DMU die gleichen Ziele mit den gleichen Mitteln verfolgt, d. h. alle Beurteilungsobjekte, die in einer Effizienzanalyse berücksichtigt werden sollen, müssen durch die gleichen Output-, Outcome- und Inputfaktoren charakterisiert werden können.[35] Lediglich die *Quantitäten* der eingesetzten Mittel und der erzielten Ergebnisse sowie Wirkungen können sich von DMU zu DMU unterscheiden.

Demzufolge kann als unabdingbare Voraussetzung für die sektor*bezogene* Versorgungseffizienzanalyse mittels DEA grundsätzlich formuliert werden: Eine DMU darf nur mit solchen Einheiten verglichen werden, mit denen diese letztlich hinsichtlich Zielsetzung und Aufgabenstellung entlang der Versorgungskette auch vergleichbar ist (Vermeidung des „Äpfel-Birnen-Vergleichs"). Ihre Leistungen repräsentieren gesamthaft – empirisch betrachtet – die zugrunde liegende

---
35 Vgl. Bürkle: Data Envelopment Analysis. 1994, S. 281; vgl. Scheel: Effizienzmaße der Data Envelopment Analysis. 2000, S. 9.

„Technologiemenge", die eine annehmbare Annäherung an das unbekannte Konstrukt „Versorgungs*leistung*" verspricht. *Welche* Kriterien nun herangezogen werden sollten, um die relative Versorgungseffizienz 1. Grades dieser DMUs beurteilen zu können, zeigt die Abbildung 11 beispielhaft für den Sektor 2 „Krankenhaus"; gleichzeitig zeigt die Abbildung, dass die DEA-Methode bereits vielfach in der Praxis eingesetzt wurde.

	Zeitraum	Inputs	Outputs	Ergebnisse
Burgess/Wilson (1996)	1988	Anzahl Betten Personalzahlen	Pflegetage Entlassungen (case-mix gew.) Ambulante Fallzahlen Stationäre OPs Ambulante OPs	Keine signifikanten Unterschiede zwischen den Trägerarten
Chang/Cheng/Das (2004)	1996-1997	Anzahl Betten Personalzahlen	Pflegetage Ambulante Fallzahlen OPs	Private Träger sind effizienter als Öffentliche
Helmig/Lapsley (2001)	1991-1996	Anzahl Betten Personalkosten Sachaufwand	Entlassungen Ausgaben Lehre	Öffentliche und freigemeinnützige Träger effizienter als private
Lee/Lee/Wan (2008)	2002	Anzahl Betten Personalzahl	Entlassungen Ambulante Fallzahlen	Öffentliche Träger sind effizienter als private
Lee/Yang/Choi (2009)	2001-20004	Anzahl Betten Personalzahlen Leistungsmenge Sachaufwand	Entlassungen (case-mix gew.) Ambulante Fallzahlen Vollzeit-Auszubildende	Keine signifikanten Unterschiede zwischen den Trägerarten
Ozcan/Luke/Hakesever (1992)	1987	Anzahl Betten Personalzahlen Leistungsmenge Sachaufwand	Entlassungen (case-mix gew.) Ambulante Fallzahlen Vollzeit-Auszubildende	Öffentliche Träger sind effizienter als private
Röhmel (2009)	1994-2003	Anzahl Betten Personalzahlen Sachaufwand	Fallzahlen Pflegetage Stundenfälle	Keine signifikanten Unterschiede zwischen den Trägerarten
Tiemann/Schreyögg (2009)	2002-2006	Personalzahlen Sachaufwand	Fallzahlen Mortalitätsrate	Öffentliche Krankenhäuser sind effizienter als andere ; Private Träger sind ineffizienter als andere

Abb. 11: Studien zur intraspezifischen, sektorbezogenen Versorgungseffizienzbeurteilung – am Beispiel Krankenhäuser

Quelle: Nagarajah/Sibbel: Effizenz von Krankenhäusern in Abhängigkeit der Trägerschaft – sind die Privaten besser? 2010.

42 Die zweite Analyseebene betrifft die Beurteilung der **interspezifischen Versorgungseffizienz**. Hier geht es darum, die Versorgungseffizienz sektoren*übergreifend* zu beurteilen. Dies gelingt, wenn die Perspektive der zu analysierenden Entscheidungseinheiten („*decision making units*") gewechselt wird. Denn im Falle der Beurteilung der interspezifischen Versorgungseffizienz sind es die *Patienten* selbst, die die Objekte der Effizienzbeurteilung (DMUs) darstellen – nicht die einzelnen Leistungserbringer. Im Zuge der Anwendung der Data Envelopment Analysis bedeutet dies, dass für Patienten mit einem bestimmten Krankheitsbild

(z. B. Knie-OP) verschiedene Inputfaktoren entlang der Versorgungskette eingesetzt werden, damit bestimmte Versorgungsergebnisse (Output) bzw. -wirkungen (Outcome) realisiert werden können. Ob die Versorgung eines Patienten P_1 nun effizient war oder nicht, kann nur der multikriterielle Vergleich mit anderen Patienten ergeben, die an demselben Krankheitsbild leiden wie der betrachtete Patient P_1.

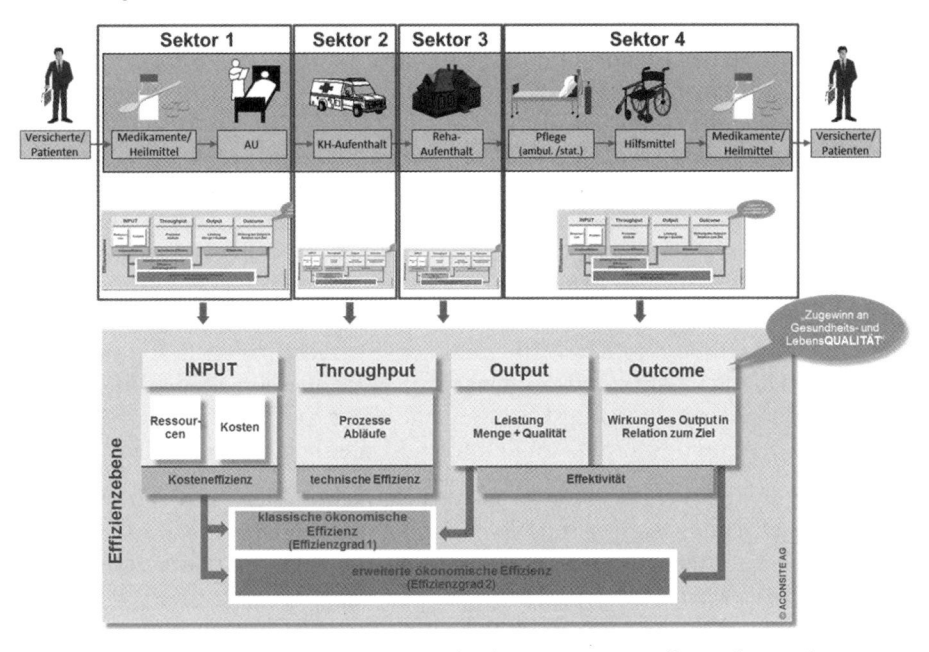

Abb. 12: Interspezifische, sektorübergreifende Versorgungseffizienzbeurteilung

Ausgangspunkt für einen interspezifischen Effizienzvergleich sind daher Patienten mit einem vergleichbaren Krankheitsverlauf. Dementsprechende Analysecluster könnten sich bspw. an anerkannten statistischen Klassifikationen von Krankheiten bzw. verwandten Gesundheitsproblemen orientieren (sog. „International Statistical Classification of Diseases and Related Health Problems", kurz: ICD). Da diese Klassifikationen international anerkannt sind, ermöglichen derartige Analysen zudem einen länderübergreifenden Vergleich.

Bei der Beurteilung der interspezifischen Versorgungseffizienz kann es also ferner darum gehen, Versorgungssysteme verschiedener Länder für eine Beurteilung heranzuziehen. Im Kern soll diese Form der Beurteilung interspezifischer Versorgungseffizienz dazu genutzt werden, Effizienzrückstände entlang der gesamten Versorgungskette *verschiedener* Versorgungssysteme sichtbar zu machen. Dazu werden nicht einzelne Krankenhäuser, Pflegeheime oder Reha-Kliniken desselben Landes zur Effizienzbeurteilung herangezogen (was länderübergreifend theoretisch auch möglich ist, aber konzeptionell den sektorbezogenen Fall darstellt), sondern die Versorgungssysteme selbst stellen als zu beurteilende DMUs den Gegenstand der Analyse dar. Hierzu sind erste Schritte bereits vollzogen worden, die an dieser Stelle allerdings nicht weiter vertieft werden.[36]

4 Zusammenfassende Beurteilung und Fazit

45 Die Aufgabe eines **sektorenübergreifenden Performance Measurement** besteht in der **Sicherung der Versorgungseffizienz**, d. h. in der Versorgung des Patienten mit minimalem Ressourcenverbrauch *einerseits* – hierunter ist mitunter die kostenminimale Durchführung der Versorgungs*leistung* als solche zu verstehen (**Versorgungseffizienzgrad 1**) – sowie *andererseits* in der Sicherung der Gesundheits- und Lebensqualität der Patienten (**Versorgungseffizienzgrad 2**). Zur Sicherung der Versorgungseffizienz sollte ein sektorenübergreifendes Performance Measurement auf ein breites Instrumentarium fußen. Dieser Beitrag hat dazu einen konkreten Vorschlag erarbeitet, indem er – ausgehend von der konzeptionellen Grundlegung des Versorgungseffizienzbegriffs – mit der Data Envelopment Analysis eine Methodik in den Mittelpunkt der Betrachtung stellt, die sich dort anbietet, wo die Bewertung verschiedener Untersuchungseinheiten (Leistungserbringer entlang der Versorgungskette) anhand einer großen Anzahl an Beurteilungskriterien (Input-, Output- und Outcome-Daten) zu komplex wird.[37]

46 Gerade vor dem Hintergrund einer genauen **Bewertung der Versorgungseffizienz** sind Entscheidungsträger innerhalb des Versorgungssystems dazu angehalten, verschiedenartige Kriterien zur Beurteilung der Effizienz von Versorgungsleistungen ausgewogen zu berücksichtigen und diese möglichst auf eine allgemein „akzeptierte" Dimension zusammenzuführen. Die Data Envelopment Analysis liefert für diese Aggregation nun eine rationale Methode. Sie aggregiert verschieden dimensionierte Beurteilungskriterien zu einer Spitzenkennzahl und ermöglicht allen Entscheidungsträgern auf diese Weise, einen raschen Einblick in das (Versorgungs-)Leistungsvermögen der zu analysierenden Untersuchungseinheiten zu erhalten. Dies vereinfacht den Prozess der Informationsaufbereitung gerade im Hinblick auf eine faire Effizienzbeurteilung in erheblichem Maße. Die vorangestellten Ausführungen haben verdeutlichen können, dass die Data Envelopment Analysis dabei sehr wohl den (1) begrifflich-konzeptionellen, (2) methodischen und (3) praktischen Anforderungen genügen kann. Dies soll an dieser Stelle abschließend als Fazit kurz in Erinnerung gerufen werden:[38]

1. **Begrifflich-konzeptionelle Anforderungen:** Das hier präsentierte Beurteilungsverfahren, das auf der Analysetechnik der Data Envelopment Analysis fußt, erfüllt die aufgestellten begrifflich-konzeptionellen Anforderungen in

---

36 Vgl. Evans et al.: The comparative efficiency of national health systems in producing health. 2000.
37 Vgl. im Folgenden Weibler/Lucht: Bewertung der Effizienz von Entscheidungseinheiten. In: Zeitschrift Führung und Organisation, 72. 2003, S. 233 f.
38 Vgl. Lucht: Strategisches Human Resource Management. 2007, S. 248 ff.

jeder Beziehung. Die Gegenüberstellung von ausgesuchten Beurteilungskriterien in Form quantifizierbarer Input- und Output-/Outcome-Daten zur Beurteilung der relativen Effizienz von Entscheidungseinheiten, in diesem Falle Leistungserbringer und Patienten, ist für die DEA-Methodik sogar als *konstitutiv* zu erachten.

2. **Methodische Anforderungen**: Ohne die Lösung der Gewichtungsproblematik an dieser Stelle erneut diskutieren zu müssen, besitzt dieses Verfahren diesbezüglich eindeutige Stärken in der Entsprechung der methodischen Anforderungen. Die Data Envelopment Analysis versetzt den Anwender in die Lage, einerseits die multidimensionale Struktur der Versorgungseffizienz objektiv zu erfassen und dabei andererseits die verschiedenen Facetten der Versorgungsleistung zu einem einzigen Effizienzwert zu aggregieren. Damit leistet sie einen entscheidenden Beitrag für die Praxis, rasche Erkenntnisse für künftige Verbesserungsmaßnahmen innerhalb des Versorgungssystems zu generieren. Denn schnell durchführbare Effizienzvergleiche sind mit Hilfe von DEA-Ergebnissen ebenso möglich wie angemessene, differenzierte Urteile anhand von Effektivitätsanalysen. Hier können ineffizient agierenden Leistungserbringern z. B. konkrete Verbesserungspotenziale anhand der Versorgungseffizienzen genau zuordenbarer Referenz-DMUs („*best practices*") verdeutlicht werden, die ihrerseits unter vergleichbaren Rahmenbedingungen eine vergleichsweise effizientere Outcome- bzw. Output-Input-Transformation gezeigt haben.

3. **Praktische Anforderungen**: Ob eine Effizienzbeurteilung auf Basis der Data Envelopment Analysis für Entscheidungsträger innerhalb des Versorgungssystems höchst praktikabel ist, von allen involvierten Personen (Politik, Verbände, Unternehmen, Ätzte, Pflegekräfte etc.) akzeptierte Beurteilungsergebnisse generiert und die Durchführung sowie die Pflege des Verfahrens v. a. wirtschaftlichen Ansprüchen genügen kann, ist aktuell – da diese Methodik in der Versorgungs-Praxis in dieser Form noch nicht sehr häufig eingesetzt wurde – schwierig zu beurteilen. Zu vermuten ist jedoch, dass zunächst einmal die bekannten Probleme mit „eingekauft" werden, die auch diesem Verfahren zugrunde liegen. Letztlich ist eine Effizienzbeurteilung mittels DEA immer auch abhängig von der Güte der zuvor evaluierten Kriterien (Input-, Output-, Outcome-Werte). Sind die zugrunde gelegten Daten messtheoretisch betrachtet fehlerhaft oder sind die verhaltensbezogenen Einschätzungen aufgrund von Wahrnehmungsfehlern verfälscht (z. B. Befragungen zur Patientenzufriedenheit), so werden auch diese Fehler im Rahmen der Auswertungen durch die DEA fortgeschrieben.

Viele Beispiele bestätigen inzwischen die häufige Anwendung der Data Envelopment Analysis über die verschiedensten Bereiche (Banken, Versicherungen, Hochschulen etc.) hinweg. Doch die Data Envelopment Analysis allein wird die Gründe des Erfolgs einer Versorgung selbst nicht umfassend abbilden können. Dies liegt vor allem daran, dass sie ebenso wie andere Instrumente davon abhängig ist, *welche* inhaltlichen Ursache-Wirkungs-Zusammenhänge zwischen einfließenden Input- und Output-, respektive Outcome-Größen angenommen werden. Dennoch besitzt die Data Envelopment Analysis für die Praxis zwei entscheidende Vorteile: Einerseits motiviert diese Methodik Verantwortliche, sich mit der Frage der Versorgungseffizienz intensiver auseinander zu setzen. Andererseits fördert sie, wenn man sich über die innerhalb des Versorgungssystems akzeptierten Größen verständigt hat, die Transparenz durch die Fokussierung auf eine vorher nicht vorhandene Spitzenkennziffer. Dadurch lassen sich Konsequenzen für Entscheidungen und Gestaltung nachvollziehbar ableiten, ohne dass subjektive Präferenzen der Analysten an dieser Stelle wirksam werden. Damit leistet die Data Envelopment Analysis einen entscheidenden Beitrag zu einer *versorgungssystemweit* gerechteren Effizienzbeurteilung.

Literatur

Allen, K.: Möglichkeiten und Grenzen der Data Envelopment Analysis im Rahmen des Öko-Controlling. In: Dyckhoff, H./Ahn, H. (Hrsg.): Produktentstehung, Controlling und Umweltschutz – Grundlagen eines ökologieorientierten F&E-Controlling. Heidelberg 1998, S. 327-352.

Amshoff, B.: Controlling in deutschen Unternehmungen – Realtypen – Kontext und Effizienz. Wiesbaden 1993.

Amshoff, B.: Medizinische Innovationen und ihre wichtigsten Auswirkungen. In: Rebscher, H./Kaufmann, S. (Hrsg.): Innovationsmanagement in Gesundheitssystemen. Heidelberg 2010.

Amshoff, B./Lucht, T.: Methodische Ansätze eines sektorenübergreifenden Qualitätsmanagement in Deutschland und der Schweiz. In: Rebscher, H./Kaufmann, S. (Hrsg.): Qualitätsmanagement in Gesundheitssystemen. Heidelberg 2011, S. 371-400.

Becker, F. G.: Grundlagen betrieblicher Leistungsbeurteilungen: Leistungsverständnis und -prinzip, Beurteilungsproblematik und Verfahrensprobleme. Stuttgart 2003.

Beske,F./Drabinski, T./Golbach. U.: Leistungskatalog des Gesundheitswesens im internationalen Vergleich – Eine Analyse von 14 Ländern, Band I: Struktur, Finanzierung und Gesundheitsleistungen. Kiel 2005.

Brokemper, A.: Data Envelopment Analysis. In: Wissenschaftsmanagement, 1. 1995, S. 242-243.

Bürkle, B.: Data Envelopment Analysis: State-of-the-art und Bedeutung für das Gesundheitswesen. In: Zeitschrift für öffentliche und gemeinwirtschaftliche Unternehmen, 17. 1994, S. 273-291.

Busse, R./Schreyögg, J./Tiemann, O.: Management im Gesundheitswesen, 2. Aufl. Berlin/Heidelberg 2010.

Dülberg, A./Fretschner, R./Hilbert, J.: Rahmenbedingungen und Herausforderungen der Gesundheitswirtschaft. In: Hochschulen für Gesundheit, 04/02. Gelsenkirchen 2002.

Dyckhoff, H.: Grundzüge der Produktionswirtschaft, Berlin/Heidelberg 2000.

Evans, D. B./Tandon, A./Murray, C. J. L./Lauer, J. A.: The comparative efficiency of national health systems in producing health: An analysis of 191 countries, GPE Discussion Paper Series: No. 29. 2001.

Fallgatter, M. J.: Beurteilung von Lower Management-Leistung: Konzeptualisierung eines zielorientierten Verfahrens. Lohmar/Köln 1996.

Gleich, R.: Performance Measurement: Grundlagen, Konzepte und empirische Erkenntnisse. In: Controlling, 14. 2002, S. 447-454.

Gleich, R.: Das System des Performance Measurement: Theoretisches Grundkonzept, Entwicklungs- und Anwendungsstand. München 2001.

Günther, T./Grüning, M.: Performance Measurement-Systeme – ein Konzeptvergleich. In: Zeitschrift für Planung, 12. 2001, S. 283-306.
Grüning, M.: Performance-Measurement-Systeme: Messung und Steuerung von Unternehmensleistung. Wiesbaden 2002.
Hilgers, D.: Management by Performance – Konturen und Instrumente eines leistungsorientierten Verwaltungsmanagements. In: dms – der moderne Staat – Zeitschrift für Public Policy, Recht und Management, Heft 2/2009.
Hronec, S. M.: Vital Signs: Indikatoren für die Optimierung der Leistungsfähigkeit ihres Unternehmens. Stuttgart 1996.
Kaplan, R. S./Norton, D. P.: Die strategiefokussierte Organisation: Führen mit der Balanced Scorecard. Stuttgart 2001.
Kaplan, R. S./Norton, D. P.: In Search of Excellence – der Maßstab muss neu definiert werden. In: Harvard Manager, 14. 1992, S. 37-46.
Klingebiel, N.: Integriertes Performance Measurement. Wiesbaden 2000.
Klingebiel, N.: Performance measurement: Grundlagen – Ansätze – Fallstudien. Wiesbaden 1999.
Klingebiel, N.: Performance Measurement-Systeme. In: Das Wirtschaftsstudium, 26. 1997, S. 655-663.
Klingebiel, N.: Leistungsrechnung/Performance Measurement als bedeutsamer Bestandteil des internen Rechnungswesens. In: krp-Kostenrechnungspraxis, 40. 1996, S. 77-84.
Lucht, T.: Strategisches Human Resource Management – Ein Beitrag zur Revision des Michigan-Ansatzes unter besonderer Berücksichtigung der Leistungsbeurteilung. München und Mehring 2007.
Lynch, R. L./Cross, K.F.: Measure up! How to measure corporate performance. Yardsticks for continuous improvement. Malden, Massachusetts 1995.
Nagarajah, B./Sibbel, R.: Effizienz von Krankenhäusern in Abhängigkeit der Trägerschaft – sind die Privaten besser? Folienvortrag zur Konferenz Kommunales Infrastrukturmanagement. Berlin 2010.
Neely, A./Marr, B./Roos, G./Pike, S./Gupta, O.: Towards the 3rd generation of performance measurement. In: Controlling, 15. 2003, S. 129-135.
Nefiodow, L. A.: Der sechste Kondratieff. St. Augustin 2001.
Pfaff, H.: Versorgungsforschung – Begriffsbestimmung, Gegenstand und Aufgaben. In: Pfaff, H./Schrappe, M./Lauterbach, K. W./Engelmann, U./Halber, M. (Hrsg.): Gesundheitsversorgung und Disease Management. Grundlagen und Anwendungen der Versorgungsforschung. Bern 2003, S. 13-23.
Riedl, J. B.: Unternehmenswertorientiertes Performance Measurement: Konzeption eines Performance-Measure-Systems zur Implementierung einer wertorientierten Unternehmensführung. Wiesbaden 2000.
Scheel, H.: Effizienzmaße der Data Envelopment Analysis. Wiesbaden 2000.
Schnell, R./Hill, P. B./Esser, E.: Methoden der empirischen Sozialforschung. München/Wien 1999.
Schomann, M.: Wissensorientiertes Performance Measurement. Wiesbaden 2001.
Steinle, C./Thiem, H./Lange, M.: Die Balanced Scorecard als Instrument zur Umsetzung von Strategien: Praxiserfahrungen und Gestaltungshinweise. In: controller magazin, 26. 2001, S. 29-37.
Tscheulin, D. K./Dietrich, M.: Das Management von Kundenbeziehungen im Gesundheitswesen. In: Georgi, D./Hadwich, K. (Hrsg.): Management von Kundenbeziehungen: Perspektiven – Analysen – Strategien – Instrumente. Wiesbaden 2010, S. 250-276.
Weibler, J./Lucht, T.: Bewertung der Effizienz von Entscheidungseinheiten: Erfolgsmessung mit Data Envelopment Analysis (DEA) – ein innovativer Ansatz des Performance Measurement. In: Zeitschrift Führung und Organisation, 72. 2003, S. 228-234.
Weibler, J./Lucht, T.: Führungseffizienz mit DEA messen. In: Personalwirtschaft, 12. 2001, S. 18-23.
Wurl, H.-J./Mayer, J. H.: Gestaltungskonzept für Erfolgsfaktoren-basierte Balanced Scorecards. In: Zeitschrift für Planung, 11. 2000, S. 1-22.

Beitrag 17

Matching-Verfahren zur Evaluation komplexer Versorgungszusammenhänge – das Propensity Score Matching Modell

Herbert Rebscher

		Rn.
1	Der Status quo und dessen analytische Grenzen	1 – 4
2	Der Ansatz der Versorgungsforschung	5 – 10
3	Komplexität von Interventionen als Herausforderung für die Versorgungsforschung	11 – 13
4	Simulation geeigneter Kontrollgruppen durch Matching-Verfahren	14 – 17
5	Propensity-Score-Matching in der Praxis der Vertragsevaluation	18 – 24
5.1	Definition der Zielpopulation aus der die Matchingpartner bestimmt werden	19 – 23
5.2	Bildung der Kontrollgruppe (Matching)	24
6	Beurteilung der Analyseergebnisse	25 – 35

Autor

Prof. Dr. h.c. Herbert Rebscher

Jahrgang 1954; Studium Wirtschafts- und Organisationswissenschaft, München; Vorsitzender des Vorstandes der DAK-Gesundheit; seit 1996 Vorsitzender des Vorstandes des Verbandes der Angestelltenkrankenkassen; Professor für Gesundheitsökonomie und Gesundheitspolitik an der Rechts- und Wirtschaftswissenschaftlichen Fakultät der Universität Bayreuth; Hauptgeschäftsführer der Deutsch-Schweizerischen Gesellschaft für Gesundheitspolitik.

> **Abstract:** Für Fragen der Erfolgsbewertung alternativer Vertragskonzepte hat sich die Kausalanalyse mittels Matching-Methoden herauskristallisiert. Matching-Verfahren basieren auf der Idee, das Fehlen einer randomisierten Kontrollgruppe durch die statistische Simulation einer möglichst homogenen Kontrollgruppe zu substituieren. Damit wird vor allem der Selektionsbias (also die nicht zufällige Verteilung von im Versorgungsmodell eingeschriebenen Patienten, deren Alter und Geschlechtsverteilung, deren krankheitsbedingte Schweregrade und deren Eigenmotivation, Compliance) zur „normal" versorgten Kontrollgruppe weitgehend vermieden.
>
> Das Matching-Verfahren ahmt eine Randomisierung in Bezug auf beobachtbare Eigenschaften der Teilnehmer nach und ermöglicht es, „eine Kontrollgruppe aus den administrativen Daten der Krankenkassen zu ziehen."

1 Der Status quo und dessen analytische Grenzen

Der „Goldstandard" bei der Frage nach der Wirksamkeit medizinischer Interventionen ist und bleibt die randomisierte klinische Studie (RCT). Nur sie klärt hinreichend sicher die Frage der Kausalität. Die Frage, welche Ursache zu welchen reproduzierbaren Ergebnissen führt. Dies geschieht durch ein ausdifferenziertes Studiendesign, zu dem es entsprechende Guidelines guter klinischer Praxis gibt.[1]

Gerade durch die Kriterien, die eine gute klinische, d. h. interne Evidenz, sichern sollen, wird jedoch die Relevanz der klinischen Studie für die Beschreibung oder Vorhersage der populationsorientierten Wirkungen oder gar des patientenindividuellen Nutzens extrem begrenzt.

Die medizinisch und/oder soziodemografisch definierten Ein- und Ausschlusskriterien bei der Rekrutierung der entsprechenden Studienpopulationen sorgen dafür, dass verzerrende Effekte durch Co-Morbiditäten und entsprechende Co-Medikationen und deren Interaktionen ausgeschlossen werden. Die Randomisierung, also das zufällige Zuteilen von potenziell motivierten, d. h. mit vergleichbarer Compliance ausgestatteten und nicht ausgeschlossenen Patienten in die jeweiligen Studienarme und die doppelte Verblindung, sowohl bei Patienten als auch den teilnehmenden Therapeuten, sorgt für ein verzerrungsfreies Abbild. So wird sichergestellt, dass der Effekt der Intervention auf einen definierten studientypischen Endpunkt kausal belegt werden kann. Diese theoretische und praktische Stärke des „Randomized clinical trials" ist für die Frage der Zulassung von Produkten, therapeutischen Interventionen und diagnostischen Verfahren für ein Gesundheitssystem unaufgebbar. Die fachliche und politische Akzeptanz des Grundsatzes der evidenzbasierten Medizin hat hier seinen wissenschaftlichen Kern.

Schon die Diskussion über die Nutzenbewertung im Arzneimittelmarktneuordnungsgesetz (AMNOG) und insgesamt die Diskussion über die Notwendigkeit von Versorgungsforschung im Kontext eines auf populationsorientierte Wirkung angelegten Gesundheitssystems zeigt, dass wir uns ergänzend zum Ansatz der

---

1 Einen guten Überblick bietet das IQWiG-Methodenpapier, Version 4.0 vom 23.9.2011.

evidenzbasierten Medizin, fußend auf guten klinischen Studien (RCT), um Versorgungsforschungsansätze bemühen müssen, die eine realistische Bewertung konkreter Versorgungslösungen unter Alltagsbedingungen erlauben und im Versorgungsprozess selbst, also nicht nur unter Studienbedingungen, entsprechende Ergebnisse zeigen.

2   Der Ansatz der Versorgungsforschung

5   Wir befinden uns also auf dem Feld der Versorgungsforschung, die nach Pfaff ein anwendungsorientiertes, fachübergreifendes Forschungsgebiet (ist), welches die Kranken- und Gesundheitsversorgung in ihren Rahmenbedingungen beschreibt, kausal erklärt, darauf aufbauend Versorgungskonzepte entwickelt, deren Umsetzung begleitend erforscht und/oder unter Alltagsbedingungen evaluiert.[2]

6   Zum methodischen Ansatz der Versorgungsforschung liegen mittlerweile drei Memoranden des Deutschen Netzwerkes Versorgungsforschung vor.[3,4] Sie sind als Guideline zur Methodik und Durchführung guter Versorgungsforschung zu verstehen.

7   Das Grundanliegen von Versorgungsforschung ist es, die Zufälligkeiten der Alltagsbedingungen unter denen Versorgung stattfindet anzuerkennen und gleichwohl belastbare Aussagen zum Nutzen therapeutischer und/oder diagnostischer Alternativen und Rahmendbedingungen des Versorgungsprozesses zu generieren.[5]

8   Für Krankenversicherer im Wettbewerb sind diese Fragen von besonderer Relevanz. Zum einen müssen Krankenversicherer wissen, ob und wie ihr selektives Vertragshandeln tatsächlich Versorgungsziele erreicht und wie sich diese Zielerreichung von der „Normalversorgung" tatsächlich positiv unterscheidet. Zum anderen interessiert selbstverständlich die Kosten- und Nutzenbewertung alternativer Versorgungskonzepte bei der Entwicklung, Steuerung und Anpassung gefundener Versorgungslösungen.

9   Für das Design konkreter Versorgungsforschungsansätze und für das Design entsprechender Analysetools für die Beurteilung konkreter Versorgungsprozesse in selektiven Vertragsmodellen stellen sich typischerweise zwei Herausforderungen.

10 Erstens, die spezifischen Herausforderungen, die mit der Komplexität der Versorgungsprozesse zusammenhängen und – zweitens – die Simulation einer geeigneten Kontrollgruppe, die die prinzipielle Unmöglichkeit einer Randomisierung und Verblindung unter Alltagsbedingungen in komplexen Strukturen überwindet.

---
2   Pfaff: Versorgungsforschung. 2003, S. 13-23.
3   Pfaff/Glaeske/Neugebauer/Schrappe: Memorandum III: Methoden für die Versorgungsforschung, Teil 1. In: Gesundheitswesen, 71. 2009, S. 505-510.
4   Neugebauer/Icks/Schrappe: Memorandum III: Methoden für die Versorgungsforschung, Teil 2. In: Gesundheitswesen, 72. 2010, S. 739-748.
5   Glaeske/Rebscher/Willich: Versorgungsforschung – Auf gesetzlicher Grundlage systematisch ausbaue. In: Deutsches Ärzteblatt, Jg 107, Heft 26, 2010, S. A 1295 ff.

3 Komplexität von Interventionen als Herausforderung für die Versorgungsforschung

Komplexe Versorgungszusammenhänge sind formal dadurch definiert, dass bei ihnen die vereinfachende Input/Output Analytik schlicht zu kurz greift. Denn in einem gestuften Versorgungszusammenhang wird der Input der jeweils nachgelagerten Stufe unter anderem vom Output der vorgelagerten Versorgungsstufe massiv definiert. Deshalb ist bei der Beurteilung der Effizienz von Versorgungsprozessen die Interaktion in und zwischen den Versorgungsstufen ein entscheidender Parameter.

Veranschaulicht heißt das: Auch der brillant durchgeführte operative Eingriff kann durch ein partielles Versagen oder Vorenthalten von Leistungen nachgelagerter Stufen seinen patientenbezogenen Outcome nicht belegen. Umgekehrt wirkt eine nach DRG-Einführung erfolgte frühzeitige Verlegung in die Rehabilitation, für den dortigen Input-Faktor „Patientenzustand" nachhaltig signifikant, wie eine gerade vorgelegte prospektive medizin-ökonomische Langzeitstudie von 2003-2011 über die Auswirkungen der DRG-Einführung auf die medizinische Rehabilitation belegt.[6] In ihr konnte gezeigt werden, dass wesentliche medizinische Parameter, gemessen in Funktionsscores bei Aufnahme, sich nach Einführung der DRGs im stationären Sektor verschlechtert haben, was für die Beurteilung der Effizienz im rehabilitativen Sektor erhebliche Bedeutung hat.

Auf die methodischen Herausforderungen bei der Bewertung von komplexen Interventionen, die „aus mehreren interdependenten Komponenten" (bestehen), von deren Zusammenspiel der Erfolg einer solchen Intervention abhängt, macht Mühlhauser et al. im deutschen Ärzteblatt aufmerksam: Bewertung von komplexen Interventionen – eine methodische Herausforderung.[7,8]

4 Simulation geeigneter Kontrollgruppen durch Matching-Verfahren

Neben der Komplexität in mehrstufigen Versorgungsprozessen liegt die zweite Herausforderung für das Forschungsdesign entsprechender Analysetools in der Bildung geeigneter Kontrollgruppen. Eine theoretisch denkbare Randomisierung von Studienteilnehmern und Kontrollgruppe ist aus mehreren Gründen praktisch kaum durchführbar. Einmal wird sie durch das Gesetz selbst (Beispiel DMP-Programme) durch den Anspruch der Versicherten (schon rein rechtlich) verhindert. Bei den übrigen Programmen im Rahmen selektiver Versorgungsmo-

---

[6] Von Eiff/Schüring/Niehues: REDIA. Auswirkungen der DRG-Einführung auf die medizinische Rehabilitation. 2011.
[7] Deutsches Ärzteblatt, Jg 107, Heft 26, 2010, S. A 1295 ff.
[8] Zur Einführung in die Thematik siehe auch Mühlhauser et al.: Entwicklung, Bewertung und Synthese von komplexen Interventionen. In: Zefq.2011.11.001.

delle (IV-Verträge, strukturierte Versorgungsprozesse, Hausarztmodelle) verbietet sie sich durch rein praktische Gründe. Nicht nur in der Ökonomie sondern auch in der Soziologie und anderen gesellschaftspolitisch relevanten Feldern wird deshalb verstärkt nach Ersatzmethoden geforscht, um die Schätzung von kausalen Effekten populationsorientierter Interventionen möglichst verzerrungsfrei zu ermöglichen.

15 Zu den unterschiedlichen methodischen Ansätzen zur Schätzung von kausalen Effekten bietet Legewie eine gute Übersicht[9]. Es hat sich für Fragen der Erfolgsbewertung alternativer Vertragskonzepte die Kausalanalyse mittels Matching-Methoden herauskristallisiert. Matching-Verfahren basieren auf der Idee, das Fehlen einer randomisierten Kontrollgruppe durch die statistische Simulation einer möglichst homogenen Kontrollgruppe zu substituieren. Damit wird vor allem der Selektionsbias (also die nicht zufällige Verteilung von im Versorgungsmodell eingeschriebenen Patienten, deren Alter und Geschlechtsverteilung, deren krankheitsbedingte Schweregrade und deren Eigenmotivation, Compliance) zur „normal" versorgten Kontrollgruppe weitgehend vermieden.

16 Das Matching-Verfahren ahmt eine Randomisierung in Bezug auf beobachtbare Eigenschaften der Teilnehmer nach und ermöglicht es, „eine Kontrollgruppe aus den administrativen Daten der Krankenkassen zu ziehen."[10] Die Autoren gehen sogar noch weiter, indem sie den Ansatz nicht als „Alternative", sondern vielmehr als derzeitigen „Goldstandard" für die populationsorientierte Evaluation von Vertragsmodellen „bezeichnen": Als „derzeitiger Goldstandard kristallisiert sich unter den gegebenen Voraussetzungen in Deutschland der Ansatz des Propensity-Score-Matching heraus."[11]

17 Einige Evolutionsstudien mittels des Instrumentariums des Propensity-Score-Matchings liegen inzwischen für DMP-Programme und andere komplexe Interventionen vor. Die DAK-Gesundheit hat seit 2009 ein entwickeltes Konzept zur risikoadjustierten Erfolgsmessung ihrer selektiven Vertragsmodelle mittels Propensity-Score-Matching im Einsatz.

5 Propensity-Score-Matching in der Praxis der Vertragsevaluation

18 Die ersten Schritte zur Umsetzung dieses Konzeptes waren der Aufbau einer primär nach den Erfordernissen einer schnellen Auswertbarkeit aufbereiteten und validierten Datenvorhaltung. Konsekutiv folgte die Programmierung eines entsprechenden Analysetools. Zum Aufbau einer solchen Datenbasis ist, abhängig vom Datenvolumen, die Einrichtung eines Data-Mart im eventuell schon beste-

---

9   Legewie: Köln Z. Sozial. 2012, S. 123-153.
10 Stock/Redàelli: MVF. 2012, S. 31.
11 Stock/Redàelli: MVF. 2012, S. 32.

henden Datawarehouse sicher eine sinnvolle Planungsalternative. Der Umfang dieses Schrittes kann je nach Anfangskonfiguration erheblich sein, entfällt aber bei sorgfältiger Planung für jede Folgeauswertung.

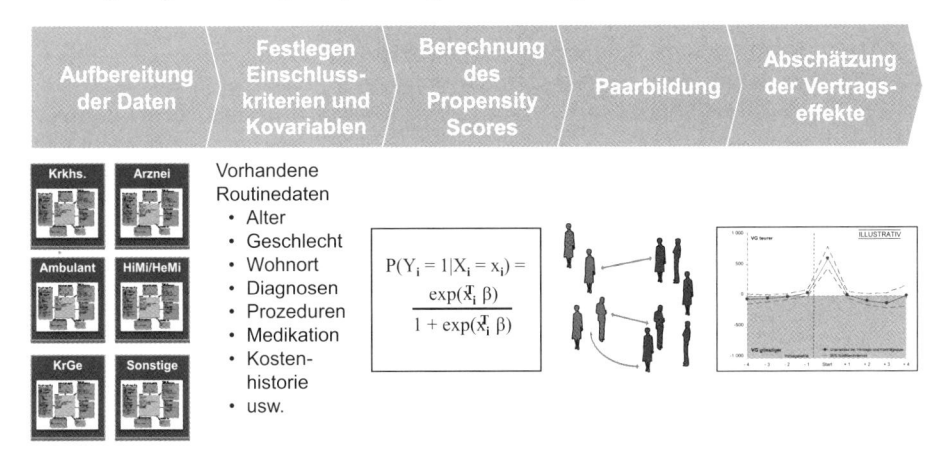

Abb. 1: Schematische Darstellung des Analyseablaufes
Quelle: Eigene Darstellung

5.1 Definition der Zielpopulation aus der die Matchingpartner bestimmt werden

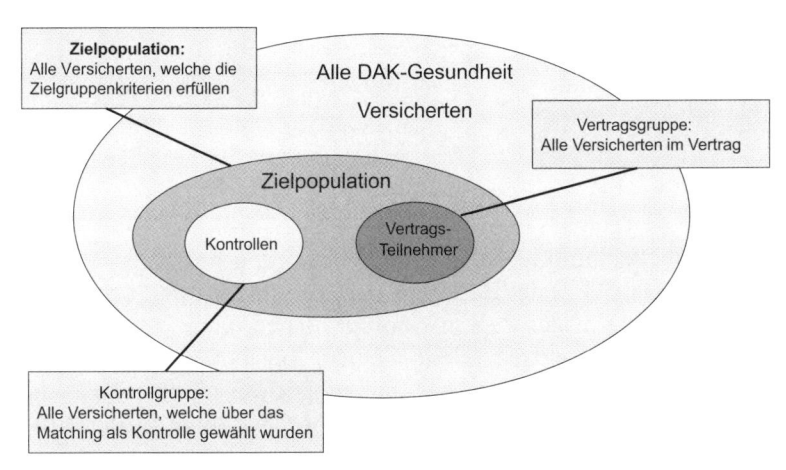

Abb. 2: Vertragsgruppe und Kontrollgruppe in Zielpopulationen eines Versorgungskonzeptes
Quelle: Eigene Darstellung

19 Den Beginn einer vergleichenden Bewertung stellt die Definition der Zielpopulation dar, für die das zu untersuchende Versorgungsangebot konzipiert war. Hierzu wird anhand der relevanten deskriptiven Parameter ein Teilkollektiv aus der Gesamtpopulation extrahiert und in den nachfolgenden Auswertungen nur noch der Datenbestand dieser Zielpopulation analysiert. Relevante Parameter sind in wechselnden Ausprägungen in diesem Kontext unter anderem sozio-ökonomischer Status, Morbiditätsdaten, vorangegangene Leistungsinanspruchnahmen oder schlichtweg der Wohnort. Einen Überblick der in unserem Hause verfügbaren für die Definition der Zielpopulation und für die Berechnung des Propensity Scores verfügbaren Parameter gibt Tabelle 1:

Tab. 1: Parameter zur Zielpopulationdefinition und Berechnung des Propensity Scores

Quelle: Eigene Darstellung

Verfügbare Kriterien zur Eingrenzung der Zielgruppe	Verfügbare Matchingparameter zur Bildung von Zwillingspaaren
• Historische Leistungsausgaben (von/bis) • Alter (von/bis) • Geschlecht • KV-Region • Versichertenstatus • Postleitzahl des Wohnorts • Verordnungen in ATe Untergruppe • Anzahl Krankenhaustage • Krankenhausaufenthalt (ja/nein) • Zuzahlungsbefreiung (ja/nein) • Pflegestufe • DMP-Zugehörigkeit (ja/nein) • Besuch bei einer best. Facharztgruppe • Diagnose (ICD) • Prozedur (OPS) • Abgerechnete DRG • Behandelndes Krankenhaus	• Alter • Gesamtanzahl verordneter ODDs • KV-Region • Geschlecht • Versichertenstatus • Zuzahlungsbefreiung • DMP-Zugehörigkeit • KH-Tage • KH-Aufenthalte • Pflegestufe • Gesamt-Leistungsausgaben • Ausgaben Arzneimittel • Ausgaben IV • Ausgaben Krankenhaus • Ausgaben Ambulant • Ausgaben Heilmittel • Ausgaben Hilfsmittel • Fahrkosten • Ausgaben häusliche Krankenpflege • Ausgaben Krankengeld • Ausgaben Vorsorge I Reha

20 Konkret und beispielhaft könnte dies bei einer Versorgung mit einer Totalen Hüftgelenksendoprothese (TEP) in Hamburg der Verschleiß bzw. Bruch der Hüfte bei Versicherten, die in der Region Hamburg leben, nicht jünger als 35 sind und kein Tumorleiden aufweisen, sein. Bei einem Angebot, dass die Versorgung mit Herzschrittmachern vorsieht, könnten mögliche Charakteristika die entsprechenden Herzerkrankungen, das Alter, die Medikation und der Ausschluss von Versicherten, die schon einen Herzschrittmacher hatten, sein. Selbstverständlich können beliebig differenzierte Vorgaben formuliert werden.

Durch diese Einschränkung auf eine potentielle Zielpopulation wird sichergestellt, dass nur solche Versicherte in die Analyse eingeschlossen werden, die auch tatsächlich für das Programm einschreibbar waren. Dabei versteht es sich fast von selbst, dass alle Teilnehmer der Vertragsgruppe sich in der Zielpopulation befinden sollten. Ist dies nicht der Fall und eine größere Anzahl von Vertragsteilnehmern findet sich nicht in der Zielpopulation wieder, ist entweder die Zielpopulation fehlerhaft definiert oder die Maßnahme wurde in der praktischen Umsetzung dem „falschen" Personenkreis dargeboten.

Nach der Definition der Zielpopulation werden die Faktoren identifiziert oder festgelegt, von denen vermutet wird, dass sie einen Einfluss auf das Behandlungsergebnis haben, (häufig sind dies Alter, Geschlecht, Co-Morbiditäten, Krankenhausaufenthalte und Verordnungen von Arzneien und Hilfsmitteln).

Diese Parameter oder Charakteristika, werden dann in die Berechnung des Propensity Scores einbezogen. Ziel ist es, diese Parameter in der Vertrags- und in der zu bildenden Kontrollgruppe durch das Propensity Scoring gleich zu verteilen, um vergleichbare Gruppen zu erhalten und so Unterschiede im Outcome der Behandlung – und eben nicht den identifizierten Einflussfaktoren – zuzuschreiben. Über ein Regressionsverfahren wird berechnet welchen Einfluss jeder einzelne dieser Parameter in seinen Ausprägungen auf den Propensity Score hat und nachfolgend für jedes Individuum der Propensity Score berechnet.

5.2 Bildung der Kontrollgruppe (Matching)

Im nächsten Schritt erfolgt anhand der berechneten Propensity Scores die Bildung der Kontrollgruppe über eine Zuordnung von Mitgliedern der Zielpopulation, die nicht Teilnehmer der Versorgungsmaßnahme waren, mit den Vertragsteilnehmern. Dabei gibt es verschiedene Vorgehensweisen mit denen ein solches Matching durchgeführt werden kann. So kann ein schlichtes 1:1 Matching (Paarbildung) durchgeführt werden oder z. B. ein 1:n Matching (hierbei werden Durchschnitte mehrerer Kontrollgruppenmitglieder jeweils einem Vertragsteilnehmer zugeordnet). Es ist zu entscheiden, ob eine Paarbildung nur erfolgen soll, wenn die Scores genau gleich sind oder wie groß die Abweichung zwischen den Scores der Vertrags- und der Kontrollgruppe sein darf und weiteres mehr. Diese nicht abschließende Aufzählung soll verdeutlichen, dass es keinen eindeutigen und immer richtigen Königsweg des Matchings gibt, sondern dass in jeder Analyse erneut mit gesundem Menschenverstand der für die aktuelle Problematik beste Ansatz gewählt werden muss. Dabei gilt es gegebenenfalls auch durch „trial and error" mehrere Versuche zu unternehmen um dann iterativ das beste Matching zu erhalten.

6 Beurteilung der Analyseergebnisse

25 Wenn nun die Propensity Scores berechnet sind und das entsprechende Matching durchgeführt wurde, ist die Güte dieser Prozesse zur bewerten, bevor Schlussfolgerungen aus dem Vergleich der Gruppen gezogen werden können.

26 Ein erstes Indiz für die Matchinggüte ist die Matchingquote, d. h. der Anteil der Vertragsgruppenmitglieder für die ein Matchingpartner gefunden wurde, denn in vielen Fällen kann nicht jedem Teilnehmer der Versuchsgruppe ein „Machtingpartner" zugeordnet werden. Das beste mögliche Ergebnis bildet hierbei ein vollkommenes Matching aller Versuchsgruppenmitglieder. Bis zu welcher Matchingquote eine Auswertung der Ergebnisse noch sinnvoll erscheint, ist wiederum nach den individuellen Gegebenheiten des zu untersuchenden Versorgungsangebotes zu entscheiden.

27 Abhängig von der Gesamtpopulation und dem Umfang des untersuchten Vertragsangebotes ist es sogar möglich, dass im Extremfall, aufgrund einer umfassenden Versorgung mit dem Vertragsangebot, keine Machtingpartner mehr in der Regelversorgung existieren. Andererseits kann eine niedrige Matchingquote auch ein Hinweis darauf sein, dass die Parameter zur Berechnung des Propensity Scores oder die Matchingprozedur selbst angepasst werden müssen.

28 Die Güte der Berechnung des Propensity Score Matchings wird über diverse statistische Parameter gemessen. Beispielhaft sei hier die sogenannte C-Wert-Statistik angeführt, deren Werte sich bei unseren Analysen im Bereich oberhalb 0,6 bewegen sollten und maximal den Wert 1 erreichen können. Ein weiteres Gütekriterium ist das Maß in dem die zur Bildung des Propensity Scores herangezogenen Parameter in beiden Gruppen tatsächlich gleich verteilt wurden. Zur Messung der Verteilungsgüte wird das übliche statistische „Standardinstrumentarium", mit Durchschnitten, Standardabweichungen, Signifikanzniveaus und dergleichen eingesetzt.

29 Sobald diese Qualitätsprüfungen erfolgreich durchlaufen wurden, können die definierten Outcome-Parameter zwischen den Gruppen verglichen werden.

30 Eine beispielhafte Darstellung dieser risikoadjustierten Erfolgsmessung aus dem bei der DAK-Gesundheit verwendeten Analysesystem ist in Abb. 3: dargestellt. Dabei ist hier der Gesamtkostenverlauf des Vertragskollektivs im Vergleich zur Kontrollgruppe untersucht worden. Ob die Mehr- oder Minderausgaben eine signifikante Veränderung darstellen oder nicht, lässt sich in der gewählten Darstellung sehr schnell anhand der Grenzen des 95 %-Konfidenzintervalls ablesen, denn nur wenn beide Grenzen diese Intervalls auf derselben Seite der Nulllinie zu liegen kommen sind Ausgabenunterschiede signifikant.

31 In den Quartalen vor dem Programmstart (-4 bis -1) sollten die Kosten der Kontrollgruppe der Vertragsgruppe möglichst gleich sein, die Differenz somit möglichst nahe der Nulllinie verlaufen. Der Verlauf in Abb. 2 zeigt ein Beispiel eines

Beurteilung der Analyseergebnisse

kostenhomogenen Matchings, das so ein gutes Design darstellt um die Kausalität der vorliegenden Intervention zu belegen.

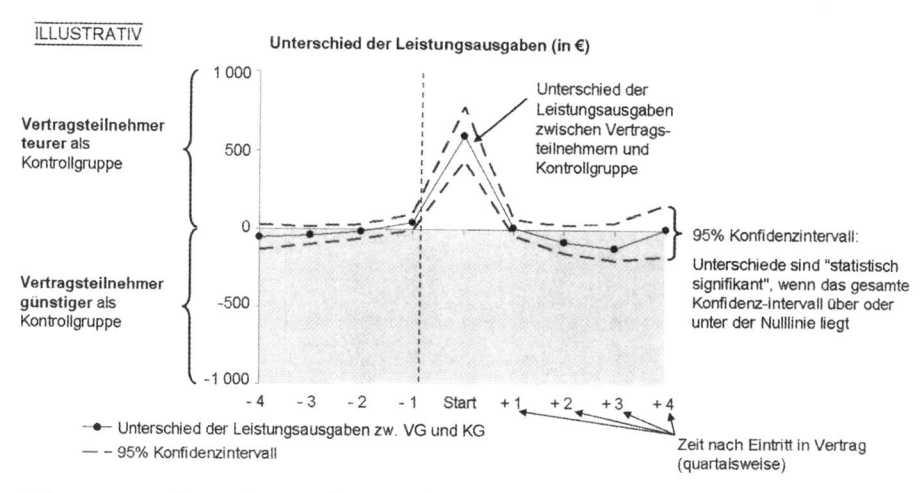

Abb. 3: Darstellung des Ergebnisses der vergleichenden risikoadjustierten Erfolgsmessung (illustratives Beispiel)

Quelle: Eigene Darstellung

Zum Programmstart zeigen sich signifikante Mehrausgaben für die Vertragsgruppe, was sich durch eine intensivierte Behandlung in eben dieser Gruppe erklären ließe. Diesen signifikanten Mehrausgaben stehen im zweiten und dritten Folgequartal Einsparungen gegenüber, die zum einen die Mehrausgaben nicht kompensieren und zum anderen hochwahrscheinlich zufällig sind. Bei der Interpretation der Ergebnisse ist stets zu hinterfragen, ob Unterschiede zwischen den Vertrags- und Kontrollgruppe versorgungsbedingt sind oder ob Unterschiede durch nicht berücksichtigte Störgrößen (Confounder) verursacht sind, die zwischen den Gruppen nicht gleich verteilt wurden. Hierzu bedarf es gegebenenfalls weitergehender Morbiditätsanalysen oder Einzelleistungsanalysen (DRG, ICD, OPS, EBM etc.) um „schief-verteilte" Einflussgrößen zu identifizieren.

Wenn hier eine relevante Ungleichverteilung nachgewiesen werden kann, müssen diese Parameter in einen erneuten Analyseansatz mit in die Berechnung des Propensity Score einbezogen werden. Iterativ nähert man sich so dem bestmöglichen Ergebnis, wobei der Analyse-Aufwand immer in einem gesunden Verhältnis zur Steigerung des erwarteten Analyse-Nutzens, stehen muss. Eine Anwendung dieser Vorgehensweise auf ein konkretes Vertragsangebot finden sie in dem Beitrag von *Gent et al.*[12] in diesem Band.

---

12 Die Erfolgsbewertung von Versorgungskonzepten unter ökonomischen und qualitativen Gesichtspunkten am Beispiel der Integrierten Versorgung von Prostatakrebs-Patienten in der Martini-Klinik am UKE GmbH in Kooperation mit der DAK-Gesundheit, Gent et al., vorliegender Band.

34 Im Fazit bleibt festzustellen, dass über das Propensity Score Matching eine elegante Methode entwickelt wurde, um Einflussparameter zwischen zwei Populationen „auszubalancieren". Die Anwendung in der Praxis kann zum großen Teil automatisiert erfolgen. Es bedarf darüber hinaus jedoch immer einer profunden Kenntnis der untersuchten Sachverhalte um mit gesundem Menschenverstand die Validität der Ergebnisse abzuschätzen und sowohl die Berechnung des Propensity Scores als auch das durchzuführende Matching jeweils optimal auf die Verhältnisse im Einzelfall anzupassen.

35 Innerhalb der DAK-Gesundheit ist es mit diesem Ansatz gelungen in kurzer Zeit auch komplexe Vertragskonstrukte in der Versorgungswirklichkeit zu bewerten und hier, ohne eine Randomisierung in der Leistungsgewährung, die kausalen Effekte neuer bzw. alternativer Versorgungsformen nach den für Versicherte und Krankenkasse relevanten Auswirkungen zu bewerten. Zurzeit stellt somit das retrospektive Propensity Score Matching für uns den „Goldstandard" in der Bewertung neuer Versorgungsangebote dar, den es fortwährend zu verbessern gilt bis gegebenenfalls neue Analyseansätze eine andere Ausrichtung erforderlich machen.

Beitrag 18

Die Erfolgsbewertung von Versorgungskonzepten unter ökonomischen und qualitativen Gesichtspunkten am Beispiel der Integrierten Versorgung von Prostatakrebs-Patienten in der Martini-Klinik am UKE GmbH in Kooperation mit der DAK-Gesundheit

Viola Gent/Jan Helfrich/Christoph U. Herborn/Bernd Brüggenjürgen

		Rn.
1	Problemstellung...	1 – 5
2	Der IV-Vertrag..	6 – 13
3	**Erfolgsbewertung des IV-Vertrags**	14 – 31
3.1	Ökonomische Erfolgsbewertung	14 – 25
3.1.1	Ergebnisse der ökonomischen Erfolgsbewertung des IV-Vertrags..	19 – 21
3.1.2	Diskussion der Ergebnisse	22 – 25
3.2	Qualitative Erfolgsbewertung	26 – 31
3.2.1	Ergebnisse der qualitativen Erfolgsbewertung des IV-Vertrags .	29
3.2.2	Diskussion der Ergebnisse	30, 31
4	**Fazit und Ausblick**	32 – 42

Literatur

Autoren

Viola Gent, M.Sc.

Jahrgang 1985, Bachelorstudium der Gesundheitswissenschaften in Hamburg und Masterstudium der Gesundheitsökonomie in Bayreuth, währenddessen studentische Mitarbeiterin am Institut für Medizinmanagement und Gesundheitswissenschaften bei Prof. Nagel sowie Praktika und Workshops in Krankenhäusern und internationalen Unternehmen, seit 2012 wissenschaftliche Mitarbeiterin und Doktorandin am Institut für Sozialmedizin, Epidemiologie und Gesundheitsökonomie, Charité-Universitätsmedizin Berlin.

Dr. Jan Helfrich

Jahrgang 1966, Studium der Humanmedizin in Hamburg, klinische Tätigkeit in Boston, U.K., internationale Medizin/Pharma Marketing-Forschung in Basel, danach in der IT-Beratung für Krankenhäuser und Abteilungsleiter Patientenadministration und Medizin Controlling im Marienkrankenhaus, Hamburg bis 2006. Seit dem zunächst als Referent für Krankenhausabrechnung, nach der Ausbildung zum Gesundheitsökonomen (FH) am Institut für angewandte Gesundheitsökonomie in Bayreuth (Prof. Oberender) Leiter der Arbeitsgruppe für Gesundheitsökonomie und Analytik. Seit 2012 Referent des Vorstandes bei der DAK-Gesundheit.

Prof. Dr. Christoph U. Herborn

Jahrgang 1972, Studium der Humanmedizin in Halle, Essen, Rochester und Zürich, Facharzt für Diagnostische Radiologie in Essen und Temple (Texas), Nachdiplom in Healthcare Management an der Universität Hamburg, Leiter der Radiologe im Medizinischen PräventionsCentrum Hamburg am UKE, Vorstandsbeauftragter für Prozessmanagement und Inbetriebnahme Neues Klinikum am UKE, seit 2009 Kaufm. Leiter des Onkologische Zentrums des UKE und Vorstandsmitglied im Hubertus Wald Tumorzentrum/Universitäres Cancer Center Hamburg (UCCH), seit 2010 Geschäftsführer der Martini-Klinik, zahlreiche wissenschaftliche Publikationen und Gutachtertätigkeit für nationale und internationale wissenschaftliche Fachzeitschriften.

Prof. Dr. Bernd Brüggenjürgen

Jahrgang 1963, Studium der Humanmedizin und Master of Public Health an der Medizinischen Hochschule Hannover, Koordinator für den Bereich Gesundheitsökonomie und Gesundheitssystemforschung am Institut für Sozialmedizin, Epidemiologie und Gesundheitsökonomie, Charité-Universitätsmedizin Berlin, Geschäftsführer der Firma Boston Healthcare Associates International GmbH, seit 2009 Leiter der medizinisch-gesundheitswissenschaftlichen Fakultät an der Steinbeis-Hochschule Berlin, Vorstandsmitglied im Deutschen Verband für Gesundheitswissenschaft und Public Health.

> **Abstract:** Der vorliegende Beitrag entwickelt exemplarisch für die Integrierte Versorgung (IV) von Prostatakrebspatienten ein standardisiertes Kriterienraster für die Erfolgsbewertung von selektiven Versorgungskonzepten. Mit Hilfe eines retrospektiven Propensity Score Matching-Modells wird dieser Vertrag ökonomisch untersucht. Zusätzliche Morbiditätsuntersuchungen werden angestellt. Qualitativ untersuchte Merkmale umfassen die resultierenden Potenz- und Kontinenzraten. Im Ergebnis ist die Anwendung verschiedener Methoden, mehrstufiger Prozesse und neuer Formen der Verknüpfung für eine vollständige Erfolgsbewertung notwendig.

1 Problemstellung

Wissenschaftliche Kriterien zur Messung der Effizienz von Gesundheitsleistungen sind häufig unzureichend.[1] Folgende Gründe bedingen in der Mehrzahl der Fälle dieses Problem:

- Effizienz wird oftmals „per se" vorausgesetzt ohne diese tatsächlich zu untersuchen. Es kommt zu einem politischen Trugschluss und methodischen Missbrauch, wenn von der Dynamik real existierender Systeme auf die „Systemeffizienz" geschlossen wird, ohne die dynamischen Faktoren vorher zu überprüfen.[2]
- Die Beurteilung von Effizienz wird von den veränderten Rahmenbedingungen und Herausforderungen, denen Gesundheitssysteme weltweit ausgesetzt sind, überlagert.[3]
- Verschiedene Besonderheiten des Gesundheitsmarktes wirken sich auf die Effizienz der Gesundheitsversorgung aus. Eine wichtige Unterscheidung zu einem klassischen Markt ist, dass es keine gleiche Verteilung der Gesundheitszustände und -chancen für alle gibt. Der Bedarf an Gesundheitsleistungen ist dadurch ungleich verteilt. Kostenintensive, seltene und chronische Krankheiten veranlassen den Großteil der Gesundheitsleistungen. Die Messung der Effizienz ist hier besonders notwendig.[4]

Für die Behandlung dieser Krankheiten sind seit dem Gesundheitsmodernisierungsgesetz (GMG) 2004 selektive Versorgungsmodelle als Ergänzung zur Regelversorgung etabliert worden.

Ein selektives Versorgungskonzept ist ein Instrument, das dazu dient, die Versorgung gemäß der Evidenz zu strukturieren, zu standardisieren und zu optimieren. Die Prozesse aller Beteiligten und handelnden Personen müssen definiert und

---

1 Rebscher: Theoretische und praktische Bedingungen „selektiven Kontraierens". In: Ulrich/Ried (Hrsg.): Effizienz, Qualität und Nachhaltigkeit im Gesundheitswesen. 2007.
2 Reinhardt: Reflection on the Meaning on Efficiency: Can Efficiency Be Seperated from Equity? In: Yale Law & Policy Review 10 (2). 1992, S. 302-306.
3 Wasem et al.: Ansätze zur Evaluation der integrierten Versorgung. In: Rebscher (Hrsg.): Gesundheitsökonomie und Gesundheitspolitik. 2006.
4 Breyer et al.: Gesundheitsökonomik. 2005; Busse: Wettbewerb im Gesundheitswesen – eine Gesundheitssystemperspektive. In: ZEFQ 103. 2009, S. 608-620.

harmonisiert werden.[5] Die Modelle sollten idealerweise eine hohe Integrationstiefe und Indikationsbreite haben. Bislang ist es nicht umfassend möglich, eine wissenschaftlich fundierte Bilanz aus dem Nutzen der selektiven Versorgungskonzepte zu ziehen.[6] Nur mit einem wissenschaftlich erwiesenen Mehrwert sind Selektivkonzepte medizinisch und ökonomisch sinnvoll.

4 Zeitliche und ökonomische Aspekte machen es für die GKVen unmöglich, alle Selektivverträge mittels externer Evaluationen zu überprüfen. Außerdem werden die zu vergleichenden Gruppen bei der Evaluation nicht wie bei einem RCT zufällig und unabhängig von den Kovariablen der Individuen gebildet.

5 Die Kernfrage dieses Beitrags besteht daher in der Entwicklung einer Bewertungsmatrix für selektive Versorgungskonzepte. Ziel ist es, Effizienz und Qualität der Versorgung wissenschaftlich kritisch, objektiv und logisch abzuleiten und zu bewerten. Dies erfolgt exemplarisch auf Basis eines integrierten Versorgungsmodells (IV). Durch die Ergebnisse der Untersuchung soll auch für andere Versorgungskonzepte eine standardisierte Vorgehensweise für die retrospektive Messbarkeit des Einflusses des Versorgungsansatzes auf das Behandlungsergebnis hervorgebracht werden.

2   Der IV-Vertrag

6 Die IV ist ein facettenreiches Modell, das über die gesetzliche Festlegung des SGB V (§§ 140a-h) hinausgeht.[5] Seit dem GMG dürfen die Kassen unabhängig von den Kassenärztlichen Vereinigungen (KVen) mit den Leistungserbringern agieren. Bei Beachtung der allgemeinen Zielvorgaben ist die konkrete Ausgestaltung der Verträge in puncto Inhalt und Vergütung den Vertragspartnern überlassen. Im internationalen Vergleich gehört die IV zu den am meisten angewandten und diskutierten Methoden der „Managed Care."[7]

7 Das IV-Konzept, das exemplarisch in dieser Arbeit untersucht wird, umfasst einen Vertrag für Prostatakrebspatienten, die bei der DAK-Gesundheit versichert sind und in der Martini-Klinik am UKE GmbH behandelt werden. Vertragsgegenstand ist die Behandlung des Prostatakarzinoms, die vorwiegend durch eine radikale retropubische Prostatektomie (RRP[8]) stattfindet.

8 Gemessen an der Neuerkrankungsrate ist das Prostatakarzinom mit 25,4 % aller diagnostizierten Krebserkrankungen die häufigste Krebsart bei Männern.

---

5 Amelung: Neue Versorgungsformen auf dem Prüfstand. In: Amelung/Hildebrandt (Hrsg.): Innovatives Versorgungsmanagement: Neue Versorgungsformen auf dem Prüfstand. 2011.
6 Wille, E: Dem Wettbewerb die Sporen geben. In: Gesundheit und Gesellschaft 13 (5). 2010, S. 29-34; SVR-G: Sondergutachten. 2009.
7 Baur/Böcker: Integrierte Versorgung in Deutschland: Potemkinsches Dorf oder Zukunft des Gesundheitswesens? In: Salfeld/Wettke (Hrsg.): Die Zukunft des deutschen Gesundheitswesens. 2001.
8 Die RRP bedeutet die operative Entfernung des gesamten Organs mit den Samenbläschen.

Auf Grund steigender Inanspruchnahme von Früherkennungsuntersuchungen ist die Anzahl erkannter Neuerkrankungen in den letzten Jahren ständig gestiegen.[9]

9

Die RRP ist das einzig empirisch gesicherte Verfahren für die Heilung- und beim organbegrenzten Prostatakarzinom die häufigste Therapieoption.[10] Die häufigsten Nebenwirkungen bei der RRP sind Harninkontinenz und Impotenz. Wenn der Tumor organbegrenzt ist, kann beides durch eine nerv- und gefäßschonende Operationstechnik, d. h. durch Schonung der an der Prostata anliegenden Nerven, erhalten bleiben.[11]

10

Die Martini-Klinik ist eine moderne Privatklinik und hundertprozentige Tochtergesellschaft des Universitätsklinikums Hamburg-Eppendorf (UKE). Zusammen mit dem UKE bildet die Martini-Klinik das weltweit größte Zentrum für die Therapie und Diagnostik von Prostatakrebs. Der Behandlungsablauf ist maximal optimiert. Die Operateure der Martini-Klinik verstehen sich als eine sogenannte „Faculty" nach amerikanischem Vorbild, in der die Kompetenzen und wissenschaftlichen Schwerpunkte der Ärzte gebündelt werden. Dadurch steht die Martini-Klinik als Gesamtes für Qualität. Ein Schwerpunkt der Martini-Klinik sind innovative OP-Techniken. Diese führen zu besseren funktionellen Therapieergebnissen insbesondere bei den postoperativen Risiken von Impotenz und Inkontinenz.

11

Der IV-Vertrag wurde Anfang 2006 abgeschlossen und schließt sektorenübergreifend das Ambulanzzentrum (v. a. Strahlentherapie) des UKEs mit ein. Die Qualität der Leistungserbringung ist im IV-Vertrag verbindlich definiert. Bei jeder RRP gewährt die Martini-Klinik eine postoperative Gewährleistung (kostenfreie Nachbehandlung von Komplikationen) von drei Monaten. Die Behandlung erfolgt leitlinienorientiert, somit wird ein hoher ablauforganisatorischer Standard gesichert. Ein Behandlungspfad legt genaue Maßnahmen für jeden Behandlungstag fest. Der Datenaustausch zwischen allen IV-Vertragspartnern erfolgt digitalisiert und automatisiert.

12

Die Vergütung der Martini-Klinik wurde pauschaliert verhandelt und ist mit einem prozentualen Abschlag an den geltenden DRG-Katalog angelehnt. Dabei wurden bewusst keine Zuschläge für komplexe Fälle vereinbart.

13

---

9 IQWiG: Nutzenbewertung der interstitiellen Brachytherapie beim lokal begrenzten Prostatakarzinom. 2007.
10 Brüggemann et al.: Permanente interstitielle Brachytherapie (Seed-Implantation) bei lokal begrenztem Prostatakarzinom. 2005; Bill-Axelson et al: Radical prostatectomy versus watchful waiting in early prostate cancer. In: The New England Journal of Medicine 352 (19). 2005, S. 1977-1984.
11 Budäus et al.: Current Technique of open intrafascial nerve-sparing retropubic prostatectomy. In: European Urology 56 (2). 2009, S. 317-324.

3 Erfolgsbewertung des IV-Vertrags

3.1 Ökonomische Erfolgsbewertung

14 Zur ökonomischen Bewertung der Versorgung werden die Kosten der Vertragsgruppe denen einer nach definierten Kriterien erstellten Kontrollgruppe gegenübergestellt. Die Basis des Vergleichs bilden dabei Routinedaten der DAK-Gesundheit. Die Routinedaten sind kostengünstig verfügbar, beinhalten aber keine Informationen zu gesundheitsrelevanten Lebens- und Verhaltensweisen. Dadurch bedingte Limitationen ermöglichen dennoch einen ökonomischen Vergleich beider Gruppen.[12]

15 Die Vertragsgruppe umfasst Prostatakrebs-Patienten des IV-Modells. Die Kontrollgruppe wird risikoadjustiert gebildet. Die Behandlung des Prostatakarzinoms der Kontrollgruppe erfolgte in anderen Kliniken im Rahmen der Regelversorgung, d. h. die Patienten waren in keinen IV-Vertrag eingeschrieben. Für den risikoadjustierten Vergleich zwischen Vertrags- und Kontrollgruppe wird das Verfahren des Propensity Score Matching (PSM) benutzt. Der Propensity Score subsummiert eine Fülle verschiedener Versichertencharakteristika auf einen diskreten Wert und repräsentiert so die bedingte Wahrscheinlichkeit, mit der – unter Betrachtung der gewählten Variablen – ein Versicherter im Rahmen des IV-Vertrags behandelt würde.[13] Dem PSM wird eine Regressionsanalyse vorangestellt, um den Einfluss einzelner Patientencharakteristika (Variablen) auf das Ereignis „Behandlung im IV-Vertrag" zu untersuchen. Danach wurden u. a das Alter, die KV-Region, die gesamten Leistungsausgaben und spezielle Gruppen von Leistungsausgaben (z. B. Leistungsausgaben für Arzneimittel) für die Berechnung des Propensity Scores berücksichtigt.

16 Ergebnisse werden in einem 95 % Konfidenzintervall dargestellt, das den Kostenverlauf pro Quartal sowie Kostenunterschiede zwischen beiden Gruppen beinhaltet. Das PSM erfolgt quartalsweise. Zum Zeitpunkt der Behandlung (Intervention) umfassen beide Gruppen jeweils 264 Versicherte. Der Beobachtungszeitraum schließt die Jahre 2006 bis 2010 ein.

17 Zur Berechnung des Propensity Scores werden keine Diagnosen, Prozeduren und Medikationen mit einbezogen. Um die Morbidität der Gruppen zu untersuchen und zu vergleichen wurden diese Indikatoren daher über die Klassifikationssysteme der DRGs, ICDs und ATCs für den Beobachtungszeitraum analysiert. Weiterhin wurden das Krankengeld, die Krankenhaustage und die Tage einer Arbeitsunfähigkeit (AU) zum Zeitpunkt der Behandlung für beide Gruppen untersucht.

---

12 Greiner/Eiköttter: Instrumente zur Messung der Versorgungsqualität in der integrierten Versorgung. In: Gesundheitsökonomie & Qualitätsmanagement 13 (1). 2008, S. 25-31.
13 Rubin/Waterrman: Estimating the Causal Effects of Marketing Interventions Using Propensity Score Methodology. In: Statistical Science 21 (2). 2006, S. 206-222.

Außerdem wird das Adjusted Clinical Group (ACG) System der Johns Hopkins-Universität hinzugezogen, um die Morbiditätsstruktur beider Gruppen weiter zu untersuchen. Das ACG-System ist eine Diagnose-basierte Case-Mix Methodik, die eine bestimmte Häufung von Morbiditäten in Korrelation mit dem Ressourcenverbrauch innerhalb eines definierten Zeitraums betrachtet. Die Analysen basieren auch hier auf Routinedaten. Die Berechnung der ACGs erfolgt aber nicht pro Quartal, sondern für einen definierten Zeitraum. Im ACG-Casemix wird die Morbiditätslast beider Gruppen dargestellt. Bestandteile, die in den ACG-Casemix einfließen, sind der durchschnittliche prozentuale Anteil der Patienten mit mehr als drei chronischen Krankheiten und mit mehr als 1 stationär zu behandelnden Krankheit.[14]

3.1.1 Ergebnisse der ökonomischen Erfolgsbewertung des IV-Vertrags

Die Vertragsgruppe der Martini-Klinik verursachte deutlich geringere Kosten als die Kontrollgruppe. Vor Beginn der Intervention unterscheiden sich die Kosten beider Gruppen nicht signifikant. Die postinterventionellen höheren Kosten der Kontrollgruppe sind vor allem durch höhere Krankenhauskosten verursacht.

Diese sind vor allem durch eine höhere stationäre Behandlungsbedürftigkeit und als Resultat durch mehr Krankenhaustage im Vergleich zur Vertragsgruppe bedingt. Bei beiden Gruppen fallen die Kosten hauptsächlich zum Zeitpunkt der Behandlung an.

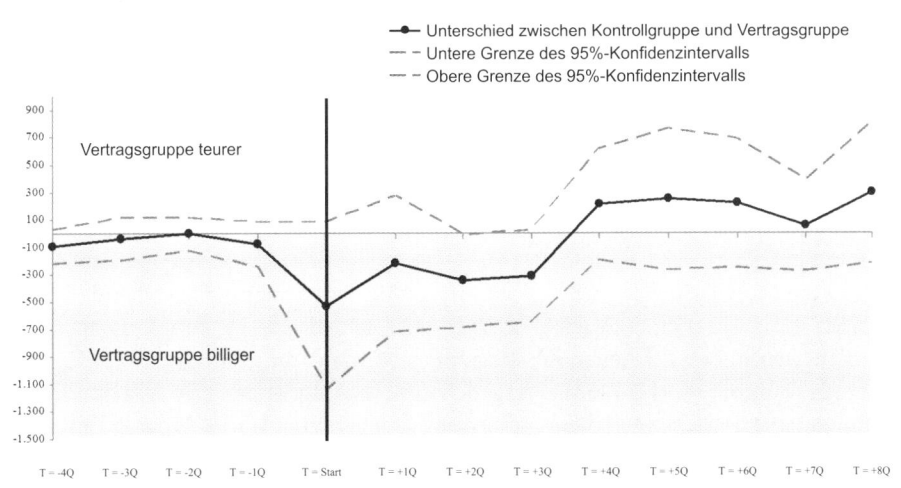

Abb. 1: Die Differenz der Leistungsausgaben zwischen der Vertrags- und Kontrollgruppe (je Teilnehmer in Euro).
Quelle: DAK-Gesundheit

---

14 The Johns Hopkins University: Technical User Guide Version 8.2 Dezember 2008.

21　Insgesamt hat die Vertragsgruppe eine etwas günstigere Morbiditätsstruktur als die Kontrollgruppe. Dies spiegelt sich in allen zusätzlichen Analysen wieder. Beide Gruppen sind sehr heterogen. Weder vor noch nach der Intervention weisen sie Diagnosen, Medikamente oder stationär zu behandelnde Krankheiten auf, die besonders häufig auftreten oder die mit der Prostatakrebserkrankung im direkten Zusammenhang stehen. In beiden Gruppen steigt die Morbidität nach der Behandlung kontinuierlich an.

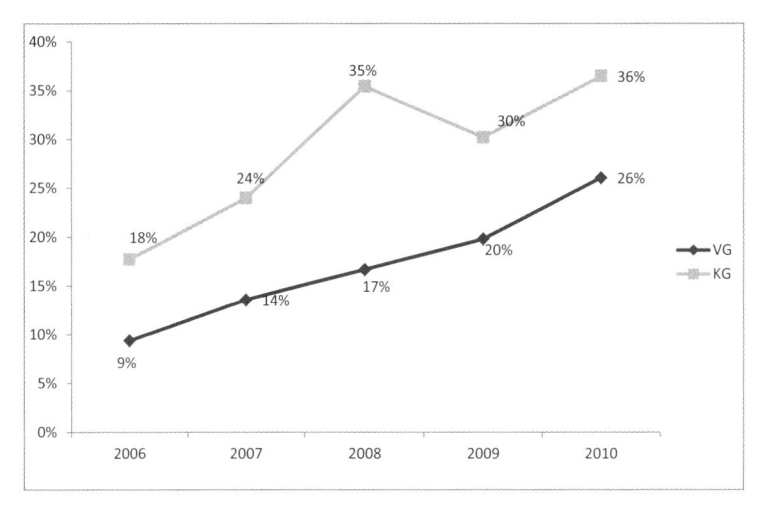

Abb. 2: Der durchschnittliche prozentuale Anteil der Patienten mit ≥ 1 stationär zu behandelnden Krankheit

Quelle: DAK-Gesundheit.VG: Vertragsgruppe, KG: Kontrollgruppe

3.1.2 Diskussion der Ergebnisse

22　Um die Ergebnisse zu validieren, muss die Modellgüte des PSM überprüft werden. Dafür gibt es zwei wichtige Kenngrößen. Der C-Wert bewegt sich zwischen 0,5 und 1,0 und beziffert die Modellgüte.[15] Der C-Wert liegt beim IV-Vertrag bei 0.877, damit ist die Modellgüte als „gut" zu bewerten. Vor dem Matching bestehende Unterschiede in den gewählten Variablen (z. B. unterschiedliche Leistungsausgaben von Versicherten in verschiedenen KV-Regionen) wurden somit durch das PSM ausgeglichen. Dadurch wird ein fairer Vergleich der Gesamtgruppen ermöglicht. Ein Zusammenhang zwischen der Behandlung von Versicherten im IV-Vertrag und einer effizienteren Versorgung kann festgestellt werden. Dieses Ergebnis verwundert allerdings nicht, wenn man die Konditionen des IV-Vertrags bedenkt (vgl. Punkt 2).

15　Bei einem C-Wert von 0,5 hat das Modell keine Vorhersagekraft, bei einem Wert von 1,0 unterscheidet das Modell perfekt zwischen der Vertrags- und Kontrollgruppe. Die Bewertung darf nicht pauschal erfolgen. Kurth/Seeger: Propensity Score Analyses in Pharmacoepidemiology. In: Hartzema (Hrsg.): Pharmacoepidemiology and Therapeutic Risk Management. 2008, S. 301-324.

Als zweite Kenngröße werden die maximalen Unterschiede der Propensity Scores zwischen den gemachten Zwillingspaaren untersucht. Die exemplarische Analyse zeigt, dass viele der Zwillinge aus der Kontrollgruppe eine geringe Wahrscheinlichkeit haben, theoretisch am IV-Vertrag teilzunehmen.

Dadurch unterscheiden sich einzelne Zwillingspaare in einzelnen Risikoparametern und der faire Gruppenvergleich wird eingeschränkt. Die unterschiedlichen Morbiditätsstrukturen, identifiziert durch alle zusätzlichen Analysen, bestätigt diese Vermutung. Eine Lösungsmöglichkeit ist die Erweiterung der Fallzahlen.

Die Analysequote beträgt nur 70,8 %. Es wird also eine deutlich selektierte Vertragsgruppe dargestellt. Ein weiterer Selektionsbias könnte darin begründet sein, dass Versicherte in einem IV-Konzept vermutlich die eigene Gesundheit tendenziell stärker hinterfragen und wertschätzen. Die Einschränkungen der Routinedaten durch z. B. Selektionsbias muss in die Interpretation der Ergebnisse mit einfließen. Bei der Durchführung der Analyse muss bedacht werden, dass ein grundlegendes Problem in der Auswahl der richtigen Variablen für die Bildung des Propensity Scores besteht.[16]

3.2 Qualitative Erfolgsbewertung

Für die Betrachtung der qualitativen Aspekte werden die Qualitätsmerkmale, die im IV-Vertrag festgelegt sind, analysiert. Diese umfassen vor allem den Erhalt der Kontinenz und Potenz nach der RRP. Die Kontinenz wurde anhand der benötigten Vorlagen pro 24 Stunden gemessen. Zur Erfassung der Anzahl der benötigten Vorlagen verwendet die Martini-Klinik einen validierten Fragenbogen. Die Anzahl der Vorlagen wird eine Woche nach der Intervention und nach einem Jahr gemessen. Als vollständig kontinent gilt ein Patient, der pro 24 Stunden keine oder eine Vorlage benötigt.

Die Potenz wird über einen validierten Fragebogen gemessen. Bei dieser Messung wird die Potenz mit der Bejahung der Fähigkeit zum Geschlechtsverkehr definiert. Es werden nur Patienten eingeschlossen, die dies auch vor der RRP angaben. Die angegebenen Werte zur Potenz und Kontinenz sind nach dem Alter, dem Grad der Nervschonung sowie der Anzahl der Vorlagen pro 24 Stunden nach einer Woche und nach einem Jahr stratifiziert.

Weiterhin wird die Patientenzufriedenheit mittels der jährlich verpflichtenden Qualitätsumfragen über einen standardisierten Fragebogen abgefragt. Die Qualitätsmerkmale werden nur für die Vertragsgruppe dargestellt, da risikoadjustierte Vergleichswerte aus der Regelversorgung fehlen.

---

16 Baser: Too Much Ado about Propensity Score Models? In: Value in Health 9 (6). 2006, S. 377-385.

3.2.1 Ergebnisse der qualitativen Erfolgsbewertung des IV-Vertrags

29 Besonders bei steigendem Alter scheinen Kontinenz und Potenz vom Grad der Nerverhaltung abzuhängen. Die Werte zur Kontinenz und Potenz sind insgesamt inkonsistent und widersprüchlich zwischen verschiedenen Altersgruppen und den verschiedenen Graden der Nervschonung. Bei 66,7 % der Vertragsgruppe konnte die beidseitige Nervschonung durchgeführt werden. 67,2 % haben einen organbegrenzten Tumor. Die Nervschonung wurde also bei fast allen Patienten, bei denen diese möglich war, auch erreicht. Die Patientenzufriedenheit ist sehr hoch. In allen Bereichen, wie pflegerische und ärztliche Betreuung, Organisation und Behandlungserfolg, waren mindestens 90 % der Patienten sehr zufrieden oder zufrieden. Weitere Qualitätsmerkmale, die identifiziert werden konnten, sind die standardisierte Behandlung bei gleichzeitig individualisierter Medizin und Zuwendung, die Spezialisierung auf eine Indikation, die Erfahrung im Umgang mit den Patienten aller handelnder Personen und die Vorhaltung von Serviceelementen.

3.2.2 Diskussion der Ergebnisse

30 Die Ergebnisse zur Kontinenz und Potenz führen zu keiner eindeutigen Aussage zugunsten oder gegen einen IV-Vertrag. Für validere Ergebnisse werden eine größere Stichprobe sowie risikoadjustierte Vergleichswerte aus der Regelversorgung benötigt. Die Kontinenz und Potenz sind zudem subjektive und intime Werte. Dadurch entstehen Verzerrungen, die durch Befragtenmerkmale verstärkt werden. In der Literatur finden sich Kontinenzraten von 1-90 %. Diese erhebliche Variation ist durch die international unterschiedlichen Messungen und Definitionen bedingt.

31 Die Messung der Kontinenz und Potenz spiegelt nicht die einzigen Qualitätsmerkmale der Behandlung in der Martini-Klinik wieder. Als wesentliches Qualitätsmerkmal kann ebenso die Vorhaltung der evidenzbasierten und neuesten medizinischen Verfahren und Erkenntnisse identifiziert werden.[17] Die hohe Patientenzufriedenheit und alle weiteren Qualitätsmerkmale werden mitunter durch die durchgehende Gesamtqualität der Martini-Klinik verursacht. Die Erwartungshaltung der Patienten in der Martini-Klinik ist in Bezug auf eine perfekte Behandlung und Betreuung jedoch potenziell höher, als in der Regelversorgung. Zudem besteht bei Patienten mit Prostatakrebs im Vergleich zu anderen Krebsarten eine höhere Heilungswahrscheinlichkeit.[18] Einschränkungen der Lebensqualität können deshalb potenziell negativer wahrgenommen werden.

---

17 Schlomm et al: Full Functional-Length Urethral Sphincter Preservation during Radical Prostatectomy. In: European Urology 60. 2011, S. 320-329.
18 RKI: Prostataerkrankungen. 2007.

4 Fazit und Ausblick

Die Analyse der IV von Prostatakrebspatienten eignet sich gut als exemplarisches Beispiel für andere IV-Bereiche. 32

Der Vertrag ist einfach strukturiert (anders als bei komplexeren Verträgen, z. B. bei psychischen Krankheiten) und ein Beispiel für die Notwendigkeit einer selektiven Versorgung. 33

Die Erfolgsbewertung erfolgte hinsichtlich der Ergebnisqualität, Nachhaltigkeit, Wettbewerbsfähigkeit und der Tauglichkeit im Alltag. 34

Die Ergebnisqualität bei der Versorgung der IV-Patienten ist positiv. Indikatoren, an denen die Ergebnisqualität aufgezeigt werden konnte, sind:

- eine ökonomisch günstigere Versorgung im Vergleich zur risikoadjustierten Regelversorgung,
- eine kürzere Gesamtbehandlungsdauer,
- die Ermöglichung besserer funktioneller Therapieergebnisse durch die Vorhaltung der neuesten, evidenzbasierten medizinischen Behandlungsmethoden,
- hohe Zufriedenheit der Patienten durch eine empathische, individuelle und indikationsspezifische Medizin und Pflege mit durchgehend maximaler Qualität.

Die Nachhaltigkeit des Versorgungskonzeptes lässt sich durch die Kriterien, die zur Ergebnisqualität führen, belegen. Die Versorgung erfolgt durch die im IV-Vertrag festgelegten Konditionen effizient und wird durch in- und externe Qualitätsanforderung kontinuierlich überprüft und verbessert. Das exemplarisch untersuchte IV-Konzept ist wettbewerbsfähig und trägt dazu bei, dass die Versorgung und Behandlung von Patienten mit Prostatakarzinom insgesamt verbessert wird. In dem untersuchten IV-Projekt steht zwar nicht die sektorübergreifende Behandlung im Fokus, die Verbesserung der Zusammenarbeit der Leistungserbringer an den Schnittstellen zwischen ambulanter und stationärer Versorgung wird aber gefördert. 35

Auch die Dokumentation der Versorgung zwischen allen beteiligten Akteuren erfolgt effizienter und strukturierter als in der Regelversorgung. Der im IV-Vertrag festgelegte Behandlungsansatz ist klar strukturiert und transparent. Er kann daher gut in die Praxis umgesetzt werden und ist „alltagstauglich." 36

Die ökonomische Analyse hat die erfolgreiche Wirtschaftlichkeitsprüfung eines Versorgungskonzeptes gezeigt. Die Vorgehensweise ist standardisierbar. Erst durch den risikoadjustierten Vergleich lassen sich Schlussfolgerungen treffen, ob ein hochkomplexes Versorgungskonzept sinnvoll und notwendig ist. Der definierte Versorgungsansatz und vereinbarte Konditionen können ggf. optimiert werden. Dabei gilt: Weniger ist mehr. Transparente und einfache Zielvereinbarungen sind wichtig. 37

38 Die zusätzlichen Analysen der ICDs, DRGs, ATCs und die Hinzuziehung des ACG-Systems haben sich in der exemplarischen Erfolgsbewertung des IV-Vertrags als sinnvoll erwiesen, um die Ergebnisse aus dem PSM-basierten Vergleich zu validieren. Durch die zusätzlichen Analysen werden außerdem Versorgungsmuster erfasst und häufig vorkommende Inanspruchnahmen von Gesundheitsleistungen identifiziert. Die Versorgung wird dadurch deskriptiv dargestellt. Besonders für die Steuerung der Versorgung bedürftiger Patientengruppen ist dies eine notwendige Grundlage. Als Anwendungsfeld der Sekundärdatenforschung nehmen Analysen zur Morbidität, Inanspruchnahme und von Versorgungsmustern an Relevanz deutlich zu. Ein vollständig risikoadjustierter Vergleich konnte nicht gezogen werden, da die Gruppen eine unterschiedliche Morbiditätsstruktur haben. Die Limitationen der Routinedaten und fehlende systematische Untersuchungen des PSM müssen daher optimiert werden. Dennoch liefern Routinedaten in Kombination mit klinischen Studien eine breitere Grundlage für Allokationsentscheidungen im Gesundheitswesen.[19]

39 Die Erfassung und valide Abbildung von Qualität ist besonders bei selektiven Versorgungsmodellen nicht trivial. Daher sind harte, objektive und vergleichbare Kriterien zur Erfassung der Qualität notwendig, die differenziert anzugeben sind. Dafür sollten die Kriterien, wie in dieser IV-Bewertung, auf sinnvollen Indikatoren basieren und die für das Krankheitsbild wichtigsten funktionellen Therapieergebnisse beinhalten.

40 Qualitätskriterien sollten zudem kontinuierlich weiterentwickelt und ggf. modifiziert werden. In diesem Kontext muss auch die generelle Messbarkeit der Qualitätsziele bedacht werden und das richtige Instrument zur Abbildung der Qualität gewählt werden, etwa durch Befragungen, Leitlinien oder Indikatoren. Neben krankheitsspezifischen Qualitätsfaktoren, die individuell ermittelt werden, können Qualitätsaspekte standardisiert untersucht werden. Dazu gehören die Compliance der handelnden Personen, die Patientenzufriedenheit und in- und externe Qualitätssicherungsmaßnahmen aller beteiligten Akteure. Im Idealfall wird dazu ein Beobachtungsleitfaden entwickelt.

41 Zudem ist ein kritischer Blick auf die theoretischen Möglichkeiten der Gestaltung selektivvertraglicher Versorgungskonzepte nach SGB V und der tatsächlichen Situation in der Praxis zu bewahren. Ökonomische und medizinische Vorteile der bewerteten IV zeichnen sich nicht durch den sektorenübergreifenden Bezug, sondern vor allem durch die besondere Behandlung in der Martini-Klinik aus. Die gesetzlichen Vorgaben für das bestehende Angebot an selektivvertraglichen Optionen muss daher weiter ausgebaut werden, ohne die Intensität des Regulierungsrahmens zu erweitern.[20]

---

19 Reinhold et al.: Herz-Kreislauf-Erkrankungen im Fokus der Gesundheitsökonomie. In: Bundesgesundheitsblatt 55. 2012, S. 693-699.
20 Albrecht et al: Auswirkung auf die Gesundheitsversorgung und Anforderungen an den zukünftigen regulatorischen Rahmen. 2010.

Fazit und Ausblick

Um den Erfolg und damit die Effizienz komplexer Versorgungssysteme weitestgehend abbilden zu können, sind mehrstufige Prozesse, die Benutzung verschiedener Methoden, neue Formen der Verknüpfung und eine differenzierte, transparente und neutrale Berichterstattung notwendig. Eine vorangehende Systematisierung der Bewertungsebenen ist notwendig. Dadurch entstehen Aufwände, die in der Praxis einer GKV nur für ausgewählte Verträge realisierbar ist. Die medizinischen Varianzen einer konkreten Versorgung wird man zudem durch analytische Methodik auch in Zukunft nicht vollständig abbilden können. Medizin bleibt, ungeachtet der vielfältigen methodischen Möglichkeiten entwickelter Gesundheitssysteme, immer ein individuelles Beurteilungsschema.

Generelle Maßnahmen zur Erfolgsbewertung eines Versorgungskonzeptes hinsichtlich Ergebnisqualität, Nachhaltigkeit, Wettbewerbsfähigkeit und Tauglichkeit im Alltag

- Analyse der Inhalte des Versorgungsvertrages mit den relevanten gesetzlichen und inhaltlichen Hintergründen zum gewählten Versorgungskonzept /-rahmen
- Analyse der am Versorgungsvertrag beteiligten Personen und Einrichtungen
- Analyse des Krankheitsbildes mit aktuellen evidenzbasierten Erkenntnissen

Ökonomische Kriterien zur Erfolgsbewertung:

1. Die rEM mit einem risikoadjustierten Vergleich zwischen der Vertrags- und Kontrollgruppe
2. Die Interpretation der Ergebnisse der rEM
3. ggf. die Überprüfung und Optimierung des Versorgungsvertrags
4. Die Untersuchung des Krankheits-(kosten)verlaufs mittels der Leistungsdaten, die in den Routinedaten dokumentiert sind sowie die Untersuchung der DRGs, ICDs und ATCs
5. Die Hinzuziehung der ACG-Analyse für Aussagen zur Morbiditätslast der Vertrags- und Kontrollgruppe

Qualitative Kriterien zur Erfolgsbewertung:

1. Werden die im Versorgungskonzept vereinbarten Qualitätsziele erreicht?
   - Überprüfung der Qualitätsziele
   - Sind die Qualitätsziele objektiv mess- und vergleichbar
   - Welches ist das geeignete Instrument, um die Qualität abzubilden?
2. Inwieweit werden die im Vertrag festgelegten Versorgungselemente von den handelnden Personen befolgt? (Compliance)
   - Überprüfung der festgelegten Versorgungselemente
   - Entwicklung eines strukturierten Beobachtungsleitfadens
   - Analyse der zur Verfügung stehenden Dokumente
   - Analyse der Patienten- und Behandlungspfade
3. Überprüfung genereller Qualitätsaspekte
   - Gesamtbehandlungsdauer
   - verzahnte, integrative Versorgung
   - Qualitätsmanagement (in- und externes)
   - Dokumentation der Versorgung (intern und zwischen den beteiligten Personen)
   - „weiche" Faktoren (Patientenzufriedenheit)

Abb. 3: Ökonomische und qualitative Kriterien für die Erfolgsbewertung von selektiven Versorgungskonzepten
Quelle: Eigene Darstellung. rEM: risikoadjustierte Erfolgsmessung

Literatur

Albrecht, M./Bleß, H./Höer, A./Loos, S./Schiffhorst, G./Scholz, C.: Ausweitung selektivvertraglicher Versorgung: Auswirkung auf die Gesundheitsversorgung und Anforderungen an den zukünftigen regulatorischen Rahmen. Hans-Böckler Stiftung, Düsseldorf 2010.

Amelung, V.: Neue Versorgungsformen auf dem Prüfstand. In: Amelung, V./Hildebrandt, E. (Hrsg.): Innovatives Versorgungsmanagement: Neue Versorgungsformen auf dem Prüfstand. BMC Verband, Berlin 2011, S. 3-16.

Baser, O.: Too Much Ado about Propensity Score Models? Comparing Methods of Propensity Score Matching. In: Value in Health 9 (6). 2006, S. 377-385.

Baur, A./Böcker, K.: Integrierte Versorgung in Deutschland: Potemkinsches Dorf oder Zukunft des Gesundheitswesens? In: Salfeld, R./Wettke, J. (Hrsg.): Die Zukunft des deutschen Gesundheitswesens. Springer, Berlin 2001, S. 7-20.

Bill-Axelson, A./Holmberg, L./Ruutu, M./Haggman, M./Andersson, S./Bratell, S./Spanberg, A./Palmgren, J./Adami, H. O./Johansson, J. G.: Radical prostatectomy versus watchful waiting in early prostate cancer. In: The New England Journal of Medicine 352 (19). 2005, S. 1977-1984.

Breyer, F./Zweifel, P./Kifmann, M.: Gesundheitsökonomik, 5. Aufl. Springer, Heidelberg 2005.

Brüggemann, M./Horenkamp, D./Klakow-Franck, R./Koch, D./Rheinberger, P./Schiffner, R./Wetzel, H./Zorn, U.: Permanente interstitielle Brachytherapie (Seed-Implantation) bei lokal begrenztem Prostatakarzinom. Ein Health Technology Assessment der Bundesärztekammer und der Kassenärztlichen Bundesvereinigung. Berlin 2005.

Budäus, L./Isbarn, H./Schlomm, T./Heinzer, H./Haese, A./Steuber, T./Salomon, G./Huland, H./Graefen, M.: Current Technique of open intrafascial nerve-sparing retropubic prostatectomy. In: European Urology 56 (2). 2009, S. 317-324.

Busse, R.: Wettbewerb im Gesundheitswesen – eine Gesundheitssystemperspektive. In: ZEFQ 103. 2009, S. 608-620.

Greiner, J./Eiköttter, T.: Instrumente zur Messung der Versorgungsqualität in der integrierten Versorgung. In: Gesundheitsökonomie & Qualitätsmanagement 13 (1). 2008, S. 25-31.

The Johns Hopkins University (Hrsg.): Technical User Guide Version 8.2. Dezember 2008.

Institut für Qualität und Wirtschaftlichkeit im Gesundheitswesen: Nutzenbewertung der interstitiellen Brachytherapie beim lokal begrenzten Prostatakarzinom. Abschlussbericht N04-02, Köln 2007.

Kurth, T./Seeger, J. D.: Propensity Score Analyses in Pharmacoepidemiology. In: Hartzema, A. G. (Hrsg.): Pharmacoepidemiology and Therapeutic Risk Management. Harvey Whitney Books, Cincinnati Ohio 2008, S. 301-324.

Rebscher, H.: Theoretische und praktische Bedingungen „selektiven Kontraierens" – der weiße Fleck auf der gesundheitsökonomischen Landkarte? In: Ulrich, V./Ried, W. (Hrsg.): Effizienz, Qualität und Nachhaltigkeit im Gesundheitswesen. Festschrift zum 65. Geburtstag von Eberhard Wille. Nomos, Baden-Baden 2007.

Reinhardt, U.: Reflection on the Meaning of Efficiency: Can Efficiency Be Separated from Equity? In: Yale Law & Policy Review 10 (2). 1992, S. 302-306.

Reinhold, T./Müller-Riemenschneider, F./McBride, D./Brüggenjürgen, B./Willich, S.: Herz-Kreislauf-Erkrankungen im Fokus der Gesundheitsökonomie. In: Bundesgesundheitsblatt 55. 2012, S. 693-699.

Robert Koch-Institut: Heft 36 Prostataerkrankungen. Gesundheitsberichterstattung des Bundes, Berlin 2007.

Rubin, D./Waterman, R.: Estimating the Causal Effects of Marketing Interventions Using Propensity Score Methodology. In: Statistical Science 21 (2). 2006, S. 206-222.

Sachverständigenrat zur Begutachtung der Entwicklung im Gesundheitswesen: Koordination und Integration – Gesundheitsversorgung in einer Gesellschaft des längeren Lebens. Sondergutachten Kurzfassung. Baden Baden 2009.

Schlomm, T./Heinzer, H./Steuber, T./Salomon, G./Engel, O./Michl, U./Haese, A./Graefen, M./Huland, H.: Full Functional-Length Urethral Sphincter Preservation During Radical Prostatectomy. In: European Urology 60. 2011, S. 320-329.

Wasem, J./Focke, A./Schulz, S./Schillo, S.: Ansätze zur Evaluation der integrierten Versorgung. In: Rebscher, H. (Hrsg.): Gesundheitsökonomie und Gesundheitspolitik, Festschrift für Günter Neubauer. Economica, Heidelberg 2006.

Wille, E.: Dem Wettbewerb die Sporen geben. In: Gesundheit und Gesellschaft 13 (5). 2010, S. 29-34.

Praxisbeispiele Versorgungseffizienz

Beitrag 19

Ansätze zur Effizienzbewertung: netCare Versorgungsmodell

Manfred Manser

		Rn.
1	**netCare Versorgungsmodell**	1 – 21
1.1	Was ist netCare?	1, 2
1.2	Wie verläuft eine netCare Konsultation?	3 – 7
1.3	Bei welchen Erkrankungen kann man netCare nutzen?	8, 9
1.4	Ein Fallbeispiel	10
1.5	Was kostet netCare?	11 – 13
1.6	Wie findet man die nächste netCare-Apotheke?	14
1.7	Wer steht hinter netCare?	15 – 21
2	**Chancen/Nutzen für die Beteiligten**	22, 23
2.1	... für Helsana	
2.2	... für pharmaSuisse und für Apotheker	
2.3	... für MEDGATE	
2.4	... für Kunden/Patienten	
3	**Wissenschaftliche Begleitstudie/Effizienzbewertung**	24 – 28
3.1	Wissenschaftliche Begleitstudie	25, 26
3.2	Effizienzbewertung (Wirksamkeit und Wirtschaftlichkeit)	27, 28
4	**Fazit**	29, 30

Internetquellen

Autor

Manfred Manser

Jahrgang 1950, ex. CEO Helsana-Gruppe, Präsident Verwaltungsrat Universitäts-Kinderspital beider Basel, Präsident Verwaltungsrat Alpine Air Ambulance AG, Vizepräsident Stiftungsrat Gesundheitsförderung Schweiz. Mitglied in folgenden Verwaltungsräten: Klinik Gais AG, Trovacon AG, Eskamed AG, Swiss Endomed Clinics AG, Klinik Pyramide am See AG. Mitglied Stiftungsrat Reha Rheinfelden. Zentralpräsident Schweizerischer Verband der Sozialversicherungs-Fachleute.

> **Abstract:** Unter dem Namen netCare bieten 200 Schweizer Apotheken seit 2. April 2012 ihren Kunden erweiterte Beratungsleistungen. Der netCare-Apotheker kann bei komplexen Gesundheitsfragen eine Erstabklärung, eine sogenannte Triage, vornehmen. netCare basiert auf von Apothekern und Ärzten erarbeiteten wissenschaftlichen Entscheidungskriterien. Je nach Befragungsverlauf wird neu direkt aus der netCare-Apotheke über eine Videoschaltung ein Arzt beigezogen. Getragen wird netCare vom Schweizerischen Apothekerverband pharmaSuisse, dem Schweizer Zentrum für Telemedizin MEDGATE und vom Kranken- und Unfallversicherer Helsana. Die Initianten versprechen sich von netCare einen verbesserten Zugang der Bevölkerung zu Basis-Gesundheitsleistungen und eine sinnvolle Entlastung der Grundversorger. Das Projekt wird wissenschaftlich begleitet um die Wirksamkeit und Wirtschaftlichkeit zu überprüfen.

1 netCare Versorgungsmodell

1.1 Was ist netCare?

1   netCare ist eine neue medizinische Dienstleistung in über 200 spezialisierten Schweizer Apotheken. Mit netCare erhalten Kunden in der Apotheke rasch und unkompliziert medizinische Beratung und Hilfe bei Krankheiten oder kleinen Verletzungen – ohne Voranmeldung – und während den regulären Öffnungszeiten (Montag bis Samstag).

2   netCare verbindet die Publikumsnähe der Apotheke effizient mit dem breiten medizinischen Wissen des Apothekers. Hinzu kommt neu die Möglichkeit, diese wertvolle Dienstleistung mit einer telemedizinischen Beratung durch einen Arzt zu erweitern.

1.2 Wie verläuft eine netCare Konsultation?

3   Um die Privatsphäre der Kunden zu schützen, findet die Erstabklärung mit dem Apotheker in einem abgetrennten Beratungsraum statt. Je nach Ergebnis der Erstabklärung kann der Apotheker dem Kunden ein adäquates Medikament anbieten oder weitere Abklärungen mit einer anderen Fachperson (Arzt, Notfalleinrichtung, Therapeut usw.) empfehlen.

4   Neu kann der Apotheker dank netCare aber auch eine telemedizinische Beratung durch einen Arzt anbieten. Über eine gesicherte Datenverbindung und mit hochauflösenden Videosystemen informiert der Apotheker den Arzt über die bisherigen Erkenntnisse. Danach hat der Kunde die Möglichkeit, persönlich mit dem Medgate-Arzt zu sprechen.

5   Je nach Befund empfiehlt der Arzt weitere Abklärungen oder stellt sofort ein Rezept aus, das er an die netCare-Apotheke sendet. So erhalten die Kunden in kürzester Zeit Hilfe in medizinischen Fragen.

6   Einige Tage nach der Konsultation nimmt die medizinische Fachperson mit dem Patienten nochmals Kontakt auf und erkundigt sich nach dessen Befinden.

7 Apotheker und Arzt sind zu absoluter Vertraulichkeit verpflichtet und dank der gesicherten Verbindung sind die übermittelten Daten für unbefugte Dritte nicht erreichbar.

1.3 Bei welchen Erkrankungen kann man netCare nutzen?

8 Grundsätzlich kann man sich bei allen Gesundheitsfragen vertrauensvoll an den netCare-Apotheker wenden. netCare Apotheker wurden speziell für eine fundierte Erstabklärung verschiedener Erkrankungen ausgebildet. Auf der Basis von durch Apotheker und Ärzten erarbeiteten wissenschaftlichen Entscheidkriterien, sog. Algorithmen (zurzeit rund 20, das Spektrum wird kontinuierlich erweitert), bieten diese Apotheker vertiefte Beratung und Betreuung bei zahlreichen Krankheitsbildern.

Beispielsweise bei:

- Bindehautentzündung
- Rückenbeschwerden
- Blasenentzündung
- Sodbrennen
- Halsentzündung usw.

9 Damit können auch schwerwiegende Komplikationen rasch erkannt und eine adäquate Therapie kann umgehend eingeleitet werden.

1.4 Ein Fallbeispiel

10 Frau K. verspürt seit zwei Tagen ein Brennen beim Wasserlassen. Unter der Woche ließ ihr Terminplan keine Zeit für einen Arztbesuch. Da sie erst vor kurzem umgezogen ist, hat sie auch noch keinen Hausarzt gefunden. Nun ist Samstag und sie möchte endlich das lästige Brennen bekämpfen. Sie besucht daher die nächstgelegene netCare-Apotheke. Dort angekommen wird Frau K. von der Apothekerin in einem separaten Raum gemäß definierten Anweisungen befragt. Die Apothekerin vermutet eine Blasenentzündung und bietet Frau K. den Beizug eines Arztes von Medgate an. Innert Minuten ist eine Video-Verbindung mit hochauflösenden Bildern über eine gesicherte Leitung erstellt. Der Medgate-Arzt kann sich auf die bereits durch seine Apothekenkollegin erarbeiteten Informationen abstützen. Frau K. hat nun die Möglichkeit, sich alleine oder in Anwesenheit der Apothekerin ergänzend telemedizinisch beraten zu lassen. Um sich ein umfassendes Bild machen zu können, stellt ihr der Medgate-Arzt gezielte Fragen. Er diagnostiziert eine Blasenentzündung und verschreibt Frau K. ein rezeptpflichtiges Medikament. Das dazugehörige Rezept erhält die Apotheke umgehend per Fax. Nach knapp 30 Minuten verlässt Frau K. mit dem soeben erhaltenen Medikamente die Apotheke.

1.5 Was kostet netCare?

Für die Erstabklärung durch den netCare-Apotheker wird dem Kunden von der Apotheke CHF 15,00 belastet. Falls der telemedizinische Beizug eines Arztes über netCare nötig ist, werden zusätzlich CHF 48,00 berechnet. Die abgegebenen Medikamente sind je nach Produkt und Krankenversicherung in der Apotheke zu bezahlen oder werden direkt dem Krankenversicherer in Rechnung gestellt.

Folgende Schweizer Krankenversicherer übernehmen zurzeit die netCare-Leistungen ganz oder teilweise: Helsana, Avanex, Progrès, sansan, Agilia, CSS, Innova, Kolping KPT, KV Flachtal, OeKK, SLKK, Sodalis, Sympany (Stand Juli 2012).

Für die Versicherten der Helsana-Gruppe (ohne maxi.ch) ist zurzeit beispielsweise die ganze Konsultation durch den Apotheker und den Medgate-Arzt kostenlos.

1.6 Wie findet man die nächste netCare-Apotheke?

Auf der Webseite www.netCare-Apotheke.ch. findet man netCare Apotheken in der ganzen Schweiz. Diese sind zudem durch ein spezielles Zeichen gekennzeichnet, das zeigt, dass die Apotheke durch speziell geschulte Apotheker netCare anbietet.

1.7 Wer steht hinter netCare?

netCare ist ein vom Schweizerischen Apothekerverband pharmaSuisse, dem Schweizer Zentrum für Telemedizin MEDGATE und dem Kranken- und Unfallversicherer Helsana neu entwickeltes Angebot.

Die dazu nötige Technologie stammt von Swisscom (gesicherte Verbindung) und Cisco (TelePresence System). Mit den zwei Technologiepartnern wird eine qualitativ hochstehende Videoverbindung zwischen Apotheke und Medgate möglich, unter gleichzeitiger Einhaltung höchster Sicherheitsstandards.

pharmaSuisse ist mit 5500 Mitgliedern die Dachorganisation der Apothekerinnen und Apotheker und vertritt rund 1350 Apotheken (www.pharmaSuisse.org).

MEDGATE, das Schweizer Zentrum für Telemedizin ist der führende Anbieter telemedizinischer Dienstleistungen in der Schweiz. Medgate betreut weltweit Patientinnen und Patienten mit akuten und allgemeinen Gesundheitsfragen, und zwar rund um die Uhr per Telefon, Internet und Video. Mit täglich bis zu 4300 telemedizinischen Patientenkontakten aus der ganzen Schweiz und über 2,5 Mio. Telekonsultationen seit dem Start ist Medgate das größte ärztlich betriebene Telemedizinische Zentrum Europas. Über die Hälfte der Patienten können die Medgate-Ärzte abschließend telemedizinisch behandeln (www.medgate.ch).

19 Helsana ist der führende Schweizer Kranken- und Unfallversicherer. Sie ist eine nicht an der Börse kotierte Aktiengesellschaft und als Holding organisiert. Zur Helsana-Gruppe gehören die Krankenversicherer Helsana, Progrès, Sansan, Avanex und maxi.ch (www.helsana.ch).

20 Swisscom ist das führende Telekom-Unternehmen in der Schweiz (www.swisscom.ch).

21 Cisco ist der weltweit größte Netzwerkausrüster. Cisco verändert die Art und Weise, wie Menschen sich vernetzen, kommunizieren und zusammenarbeiten (www.cisco.ch).

2 Chancen/Nutzen für die Beteiligten

22 Mit netCare zeigen die drei Partner pharmaSuisse, Medgate und Helsana beispielhaft, was interdisziplinäre Zusammenarbeit im Gesundheitswesen und in der Grundversorgung bedeutet. Durch die Einbindung der Apotheken wird deren hohe Akzeptanz in der Bevölkerung genutzt und deren Potenzial in Bezug auf Know-how, Infrastruktur und Verfügbarkeit besser ausgeschöpft. Bis Mitte 2012 haben rund 460 Apothekerinnen und Apotheker die speziellen Schulungen für netCare absolviert.

23 Durch die telemedizinischen Leistungen des erfahrenen Anbieters Medgate erreicht die Zusammenarbeit der beiden Berufsgruppen Apotheker und Ärzte ein bisher nicht gekanntes Niveau.

2.1 … für Helsana

- Mehrwert für Helsana-Kunden
- Förderung und Weiterentwicklung der integrierten Versorgung
- Einbezug der spezifischen Fähigkeiten der Apotheker
- Abdeckung der Bedürfnisse einer mobilen und modernen Gesellschaft (rascher Zugang, kompetente Beratung)
- Evidenzbasierte Versorgung
- Qualitätssicherung mit transparenten und wissenschaftlich fundierten Leitlinien
- Wissenschaftliche Evaluation

2.2 … für pharmaSuisse und für Apotheker

- Neue Kompetenzen und Leistungen für serviceorientierte Apothekerinnen und Apotheker
- Bessere Nutzung der Infrastruktur der Apotheke
- Geringere Abhängigkeiten vom Arzt bzw. vom Rezept des Arztes

- Apotheke als integrierende Drehscheibe in Versorgungsmodellen
- Apotheke als „Drehscheibe" für Bagatellfälle, für Triage, für Medikamentenmanagement und Gesundheitsförderung

2.3 ... für MEDGATE

- Mitarbeit bei der Entwicklung der Triagealgorithmen für netCare-Apotheker
- Beteiligung an der Schulung der netCare-Apotheker
- Erbringen von Videokonsultationen für Patienten in netCare-Apotheken (ärztliche Beratung per Video)
- Neuer Zugangskanal für Patienten zur telemedizinischen Versorgung und zur integrierten Versorgung

2.4 ... für Kunden/Patienten

- Effiziente und sichere Erstversorgung bei Gesundheitsfragen
- Professionelle Triage, verlässliche Hilfe
- Hohe Verfügbarkeit – ohne Voranmeldung
- netCare-Apotheke als niederschwelliges Eingangstor in die Grundversorgung
- Vermeidung von „unnötigen" Notfällen
- Sinnvolle Ergänzung zu anderen Grundversorgern
- Vernünftiger Preis

3 Wissenschaftliche Begleitstudie/Effizienzbewertung

Das auf zwei Jahre angelegte Projekt wird durch eine wissenschaftliche Studie begleitet. Die drei Partner pharmaSuisse, Medgate und Helsana wollen unter anderem herausfinden, wie diese neue interdisziplinäre Dienstleistung von der Bevölkerung aufgenommen wird. Ziel ist zu dokumentieren, ob das Modell netCare in der Praxis funktioniert, die vorgesehen Einsparungen und die noch bessere Versorgung der Patienten gewährleistet wird.

3.1 Wissenschaftliche Begleitstudie

Im Rahmen der zweijährigen Studie sollen u. a. folgende Fragen geklärt werden:

- Sind die Kunden/Patienten zufrieden?
- Werden ärztliche Grundversorger von Bagatellfällen entlastet?
- Werden vermeidbare Arztbesuche reduziert?
- Ist die Versorgungsqualität sichergestellt?
- Können Einsparungen generiert werden?

26 Es geht insbesondere um die Frage, ob der Einbezug von nicht-ärztlichen Berufsleuten in die ambulante Versorgung zu einer Effizienzsteigerung bei gleicher Qualität führt.

3.2 Effizienzbewertung (Wirksamkeit und Wirtschaftlichkeit)

27 Die Effizienz des Versorgungsmodells netCare soll in der Begleitstudie über folgende Fragestellungen geklärt werden:

a) Wie sind die Behandlungsqualität und die Behandlungskosten bei Patienten mit definierten Beschwerden in netCare-Apotheken im Vergleich zu Apotheken ohne netCare-Kompetenz?
b) Wie sind die Behandlungsqualität und Behandlungskosten bei Patienten mit definierten Beschwerden in netCare-Apotheken im Vergleich zu Arztpraxen/Notfallstationen in Spitälern?

28 Helsana stellt die notwendigen Abrechnungsdaten zur Verfügung.

4 Fazit

29 Die steigende Mobilität und die veränderten Bedürfnisse der Schweizer Bevölkerung verlangen nach neuen Formen der Gesundheitsversorgung. netCare bietet hier einen Lösungsansatz, der Hausärzte ergänzt und andere Grundversorger wie ambulante Notfalleinrichtungen der Spitäler entlastet, ohne sie zu konkurrenzieren. In der medizinischen Grundversorgung in der Schweiz stehen viele Herausforderungen an:

- Zahl der Hausärzte nimmt ab
- Zahl der Patienten nimmt zu
- Kosten der medizinischen Versorgung steigen
- Rollen der Leistungserbringer verändern sich usw.

30 Integrierte Versorgungsmodelle werden mithelfen, diese Herausforderungen zu meistern. Das Projekt netCare leistet einen wichtigen Beitrag zum Aufbau einer integrierten Versorgungsstruktur. Das Projekt versucht, den Einfluss der „pharmazeutischen Triagierung" zu quantifizieren. Es gilt zu zeigen, dass in der Apotheke eine kostengünstige, optimierte Behandlung und Betreuung möglich ist. Die Helsana-Gruppe verspricht sich von netCare eine kostendämpfende Wirkung und unterstützt daher dieses Projekt.

Internetquellen

www.cisco.ch
www.helsana.ch
www.medgate.ch
www.netCare-Apotheke.ch
www.pharmaSuisse.org
www.swisscom.ch

Beitrag 20

„Make or buy" – Effizienzkriterien für unternehmensstrategische Entscheidungen im Versorgungsmanagement

Stephan Burger/Nikolaus Schumacher

		Rn.
1	Krankenkassen zwischen Markt und Staat	1 – 6
2	**Make or buy – Eine Sourcing-Entscheidung**	7 – 21
2.1	Outsourcing im engeren und im weiteren Sinn	9 – 11
2.2	Outsourcing: Theoretische Grundlagen	12 – 16
2.2.1	Transaktionskostentheorie	13, 14
2.2.2	Ressourcen- und kompetenzbasierter Ansatz	15, 16
2.3	Implikationen für Sourcing-Entscheidungen von Krankenkassen	17 – 21
3	**Sourcing-Entscheidungen im Versorgungsmanagement**	22 – 31
3.1	Herausforderungen an das Versorgungsmanagement	23 – 25
3.2	Kosten- und kompetenzgetriebene Entscheidungssituation	26 – 31
4	**Fazit**	32 – 34

Literatur

Autoren

Prof. Dr. rer. pol. Stephan Burger

Jahrgang 1964; Leitender Direktor der MedicalContact AG; Studium der Volkswirtschaftslehre an der Universität Trier und der Loughborough University of Technology; 1992-1996 Geschäftsführender Wissenschaftlicher Mitarbeiter im Zentrum für Arbeit und Soziales an der Universität Trier; 1996-2008 leitende Funktionen beim BKK Bundesverband, zuletzt als Geschäftsbereichsleiter Vertragspolitik; 2004-2008 Geschäftsführer des Wissenschaftlichen Beirats der Betrieblichen Krankenversicherung, 2006-2007 Referat Gesundheitspolitik im Bundeskanzleramt; seit 1998 Lehrbeauftragter für Gesundheitsökonomie an der Ostfalia Hochschule für angewandte Wissenschaften Braunschweig/Wolfenbüttel, und dort seit 2009 Honorarprofessor für Gesundheitsökonomie.

Dr. med. Nikolaus Schumacher

Jahrgang 1961; studierter Humanmediziner mit mehr als 20 Jahren Erfahrung in der Strategieberatung, für internationale Unternehmen der Gesundheitswirtschaft und der Versicherungswirtschaft, seit über zehn Jahren Partner bei einer internationalen Unternehmensberatung; vor seiner Beratungslaufbahn arbeitete er für Boehringer Mannheim sowie im Krankenhaus als Arzt; neben einer Vielzahl anderer Aktivitäten ist er Gründungsmitglied des Bundesverbands Managed Care e.V. und Vorstand der größten afrikanischen NGO (AMREF/Flying Doctors).

> **Abstract:** Krankenkassen sind unter den Bedingungen von Wahlfreiheit und Wettbewerb zunehmend gefordert, ihre Dienstleistungen stärker an den Präferenzen ihrer Versicherten und auch wirtschaftlich anzubieten. Ein Instrument hierbei ist das Outsourcing als Bestandteil der klassischen „make or buy"-Entscheidung. Während es in der Industrie bereits an seine Grenzen stößt, steht der Einsatz im Dienstleistungsbereich gerade erst am Anfang. Insbesondere bei der zielgruppenspezifischen Ansprache der Versicherten bieten sich Krankenkassen Möglichkeiten der Kostensenkung und des Kompetenzzuwachses.

1 Krankenkassen zwischen Markt und Staat

Mit der Einführung der Wahlfreiheit für die Versicherten haben sich die Anforderungen der Krankenkassen im Wettbewerb deutlich erhöht: Aus Versicherungsnehmern sind Kunden geworden, die es unter den Bedingungen von Abwanderungsandrohung immer wieder neu von der Richtigkeit der eigenen Wahlentscheidung zu überzeugen gilt. Mit der Einführung des morbiditätsorientierten Risikostrukturausgleichs, des Wegfalls der Möglichkeit der kassenindividuellen Preisgestaltung durch einen einheitlichen Beitragssatz sowie durch das Hinzukommen weiterer Produktgestaltungsmöglichkeiten und Wettbewerbsparameter in der Leistungsbereitstellung (neue Vertragsformen, Wahltarife etc.) ist die Komplexität der Aufgabe aus Sicht der Kassen weiter gestiegen. Zudem hat die Verbrauchersouveränität bei der Wahl der Kasse zugenommen. Neben der reinen Preisentscheidung, die de facto kaum noch eine Rolle spielt, weil die Krankenkassen auf die Erhebung von Zusatzbeiträgen verzichten und wenige Kassen Beiträge auszahlen, treffen die Versicherten ihre Entscheidungen auf der Grundlage ihrer individuellen Präferenzen (Service, Image, Markenattraktivität, Zusatzleistungen, Kundenorientierung).

Dies ist nicht ohne Konsequenzen für das Selbstverständnis und die Arbeitsweise von Krankenkassen geblieben: In den letzten 15 Jahren hat hier eine sichtbare Neuausrichtung und Professionalisierung in dem nach wie vor noch stark durch hoheitliche Rahmenvorgaben regulierten „Markt" stattgefunden, die zunehmend auch die (Management-)Instrumente der Industrie nutzt. Hierzu gehört neben anderen (Kooperationen, strategische Allianzen, Fusionen, etc.) vor allem auch das Thema Outsourcing im Beschaffungs- und Vertragsmanagement.

Im Vordergrund des nachfolgenden Beitrags steht die Frage, welche Anforderungen sich im Versorgungsmanagement der Kassen stellen und wie diese die Beschaffungsentscheidungen (make-or-buy), d. h. die Entscheidung, welche Leistungen selbst erstellt und welche ggf. mit Hilfe externer Partner bereitgestellt werden, beeinflussen. Im Fokus steht dabei die Frage, welchen Beitrag die gängigen theoretischen Erklärungsansätze zum Outsourcing zur Klärung dieser Zusammenhänge liefern können. Diese sollen für die konkrete Entscheidungssituation im Versorgungsmanagement von Kassen herangezogen werden, und zwar unter besonderer Berücksichtigung des Beitrags von Versorgungsmanagement zur Herausbildung einer Marke sowie zur Erhöhung der Wahrnehmbarkeit und Wettbewerbsfähigkeit von Krankenkassen.

4   Dies ist insofern erforderlich geworden, weil die gesellschaftliche Entwicklung der Herausbildung und Differenzierung von unterschiedlichen Milieus zu einer Veränderung der Erwartungshaltung auch gegenüber den gesetzlichen Krankenkassen geführt hat. Historisch betrachtet haben sich alle Krankenkassen aus unterschiedlichen gesellschaftlichen Milieus entwickelt. Die Wurzeln waren determiniert durch die Zugehörigkeit zu einem Betrieb, einer Berufsgruppe oder durch eine regionale Zuordnung. In diesen Gruppen waren daher die Dimensionen der sozialen Herausforderungen wie Einkommen, Beruf und Bildung vergleichbar. Auf Basis dieser Gemeinsamkeit war es einfacher für Kassen oder Dienstleister, klienteladäquate Angebote zu entwickeln und abzustimmen. Die über die Jahre immer wieder angepassten Cluster des Sinusforschungsinstitutes (z. B. konservativ etabliertes Milieu, bürgerliche Mitte, sozialökologisches Milieu, hedonistisches Milieu) verdeutlichen diese Entwicklung besonders.[1] Neben diesen aus der Wissenschaft abgeleitet Clustern haben sich auch andere Milieus gebildet, die eigene Bedürfniswelten haben.

5   Andere Industriebereiche haben diesen Trend bereits lange erkannt und bieten ihren Kunden auf Basis einer detaillierten Segmentierung individualisierte Produkte an. Porsche z. B. setzt diesen Trend unter dem Begriff „Massenindividualisierung" um. Der widersprüchliche Begriff charakterisiert die Beobachtung, dass auch auf Konsumgütermärkten zunehmend eine große Vielfalt von preiswerten und im Design variierten Gütern angeboten wird, die dem Kunden das Gefühl gibt, ein auf ihn direkt zugeschnittenes Massenprodukt zu erhalten.[2] Um dies ökonomisch sinnvoll umzusetzen, wird auf sogenannte Modulkonzepte oder Komponenten zurückgegriffen, die von Dritten wie auch Porsche auch für Wettbewerber entwickelt und produziert werden. Am Ende sorgt Porsche für die hausspezifische „Verpackung".

6   Ähnliche Ansätze lassen sich in der Finanzindustrie finden: So sind die Produkte des Volkswagen Versicherungsdienstes von der Allianz entwickelt worden und werden sogar von der Allianz administriert. Vergleichbare Ansätze lassen sich auch in der GKV umsetzen. Aufgrund der stärkeren Segmentierung der Gesellschaft und des daraus resultierenden heterogenen Anspruchsverhaltens ist es erforderlich, sich jeder Zielgruppe in spezifischer Weise zuzuwenden, und zwar nicht nur vertrieblich, sondern auch bei der Steuerung in der Versorgung, da „Gesundheit" ein höchst individuelles Empfinden ist. Dass auch in der GKV mit Dienstleistern zusammengearbeitet wird, ist nichts Neues, doch müssen diese Dienstleister ihr Angebot nach den individualisierten Bedürfnissen der Versicherten ausrichten. Die Ansprache bei der Teilnehmergewinnung, aber auch die Ansprache bei der Betreuung erkrankter Versicherter im Versorgungsmanagement, müssen diesem sich abzeichnenden Trend angepasst werden. Sie haben auch einen unmittelbaren Effekt auf die Beschaffungsentscheidung im Versorgungsmanagement.

---
1   Vgl. Sinus Milieus: Update 2010; Sinus Sociovison GmbH.
2   Vgl. Vahrenkamp: Logistik. Management und Strategien. 2005, S. 4 f.

2 Make or buy – Eine Sourcing-Entscheidung

Im Bereich der medizinischen Leistungserstellung lässt sich seit einigen Jahren verstärkt eine Entwicklung beobachten, die sich mit den Begriffen „Industrialisierung" oder „Filialisierung" der Medizin beschreiben lässt. Vorreiter hierbei sind vor allem die Klinikketten, die sich unter den Bedingungen einer de-facto-Monistik in der Finanzierung Spezialisierungs- und Skalierungseffekte und damit Wettbewerbsvorteile z. B. gegenüber kommunalen Krankenhäusern verschaffen. Ein weiteres Beispiel sind die Medizinischen Versorgungszentren, von denen man sich insbesondere im ländlichen Raum einen Beitrag zur Überwindung von Versorgungsengpässen versprochen hatte. Ähnliche Prozesse lassen sich auch ansatzweise im Apothekenbereich feststellen, soweit die Gesetzgebung dies zulässt. Auch wenn diese Entwicklungen nicht überall auf Gegenliebe stoßen – Kritiker sprechen oftmals von der Ökonomisierung der Medizin[3] – so herrscht doch ein gewisser gesundheitspolitischer Grundkonsens darüber, dass im Zuge einer stärkeren indikations- und sektorübergreifenden Vernetzung der Leistungserbringer zur Überwindung von dysfunktionaler Schnittstellen in der Behandlung die Entstehung vertrags- und managementfähiger Einheiten unumgänglich ist. Auch das Thema Outsourcing spielt eine größer werdende Rolle aus den gleichen Gründen, wie sie in der Industrie von Bedeutung sind.[4]

Im Gegensatz dazu steht die Diskussion im Bereich der Krankenkassen gegenwärtig noch im Spannungsfeld von Aufsichtszuständigkeit (Bundesversicherungsamt versus Bundesrechnungshof), der Frage nach der Unternehmenseigenschaft von Krankenkassen unter den Bedingungen des Wettbewerbs- und Kartellrechts, der Überlegungen zu Ausgestaltungsmöglichkeiten einer privatrechtlichen Organisation der gesetzlichen Krankenkassen[5] sowie eng gefasster aufsichtsrechtlicher Vorgaben zum Thema Outsourcing von Krankenkassenaufgaben.[6] Auf die juristischen Aspekte soll im Folgenden nicht weiter eingegangen werden. Vielmehr wird aus einer betriebswirtschaftlichen Perspektive der Frage nach Kriterien für eine Entscheidung zwischen Selbst- und Fremderstellung von Leistungen im Bereich des Versorgungsmanagements nachgegangen.

---

[3] Vgl. z. B. Hibbeler: Ökonomisierung der Medizin: Die Macht der Manager. In: Deutsches Ärzteblatt, 3/2012, S. 22. Ökonomen verweisen dagegen darauf, dass Ökonomisierung der Medizin vor allem die Umsetzung des Wirtschaftlichkeitsprinzips auf einen besonderen Anwendungsbereich ist. Vgl. z. B. Neubauer/Beivers: Zur Situation der stationären Versorgung: Optimierung unter schwierigen Rahmenbedingungen. In: Klauber/Geraedts/Friedrich (Hrsg.): Krankenhausreport 2010. 2009, S. 3 ff.
[4] „From reviewing the literature, the most pointed drivers to outsource in healthcare units are: (i) cost reduction, (ii) risk mitigation, (iii) adapting to quick changes with jeopardize internal resources and (iv) value steam redefining." Guimaraes/de Carvalho: Outsourcing in Heath Care Sector. 2010, S. 4.
[5] Wille et al.: Privatrechtliche Organisation der gesetzlichen Krankenkassen. 2012.
[6] Bundesversicherungsamt: Gesetzliche Krankenversicherung – Outsourcing. 2012.

2.1 Outsourcing im engeren und im weiteren Sinn

9   Im Zusammenhang mit sog. „make or buy"-Entscheidungen von Unternehmen wird eine Vielzahl von Begriffen verwendet, wie z. B. Auslagerung, Ausgründung, Ausgliederung, Outsourcing usw. Je nach Betrachtungsweise kann Outsourcing als unternehmerische Entscheidung sehr eng oder weit gefasst werden. Die Unklarheit hinsichtlich des Begriffs Outsourcing[7] beginnt bereits bei der Frage der Herkunft des Kunstwortes Outsoucing, je nachdem, ob es sich um die Wortschöpfung im Sinne des „outside resourcing" oder um „outside resource using" handelt.[8] In der ersten, eher engen Interpretation von Outsourcing im Sinne von „outside resourcing" würde Outsourcing eine Übernahme von Verantwortung durch einen Dienstleister beinhalten, und zwar nur bezogen auf Leistungen, die bereits intern erstellt wurden. Outsourcing in diesem Verständnis ist auch im Gesundheitswesen weit verbreitet,[9] es spielt aber hinsichtlich des Volumens nur eine untergeordnete Rolle.

10 In der zweiten, eher breiter angelegten Definition von Outsourcing geht es mehr um die Übertragung der unternehmerischen Verantwortung für eine sachgerechte Leistungserstellung an einen Dritten, und zwar auch ohne eine vorausgegangene Selbsterstellung. Im Vordergrund der Betrachtung dieser klassischen make or buy-Fragestellung steht die Frage nach dem optimalen Verhältnis von Fremd- und Selbsterstellung im Sinne einer „Sourcing"-Entscheidung. Vor dem Hintergrund dieses Verständnisses ist Outsourcing ein Ansatz zur Gestaltung (unternehmensinterner) Erfolgspotentiale und unterstützt Konzepte zur Restrukturierung und Konzentration auf das Kerngeschäft.[10] Eine intelligente Sourcing-Strategie, die an die Bedürfnisse der jeweiligen Krankenkasse angepasst ist, kann zu einer Verbesserung der Kostenstruktur, der Verringerung des operativen Risikos (z. B. wegen Unsicherheiten hinsichtlich der gesundheitspolitischen Rahmenbedingungen), dem Zugang zu erfolgskritischen Ressourcen und einer höheren Flexibilität und Kostenkontrolle führen.[11]

11 Im Bereich der industriellen Produktion wird in diesem Zusammenhang der Begriff der Fertigungstiefe verwendet, der den Anteil der Eigenerstellung in der Wertschöpfungskette des Unternehmens bemisst. In den meisten Branchen sind durch steigenden Fremdbezug von Leistungen in den letzten zwanzig Jahren die Fertigungstiefen in der Industrie immer weiter zurückgegangen, in der Automo-

---

7   Vgl. Hollekamp: Strategisches Outsourcing von Geschäftsprozessen. 2005, S. 24 ff.; vgl. Bruch: Outsourcing. Konzepte und Strategien, Chancen und Risiken. 1998, S. 37 f.
8   Vgl. Matisake/Mellewigt: Motive, Erfolge und Risiken des Outsourcings – Befunde und Defizite der empirischen Outsourcing-Forschung. In: Zeitschrift für Betriebswirtschaft, 6. 2002, S. 643 f.
9   Vgl. z. B. Kirchner et al.: Outsourcing tertiärer Dienstleistungen. In: Behrendt/König/Krystek (Hrsg.): Zukunftsorientierter Wandel im Krankenhausmanagement. 2009, S. 103 ff.
10 Vgl. Zahn et al.: Leitfaden zum Outsourcing von Dienstleistungen. 2007, S. 8.
11 Vgl. Friedrich et al.: Intelligentes Sourcing – Eine theoretische Fundierung. In: Jahn/Riemensperger/Scholtissek: Fachbuch Sourcing, Die Toolbox. 2003, S. 18.

bilindustrie sogar auf unter 25 %.[12] Auch wenn der Begriff für die Beurteilung einer Bereitstellung von Dienstleistungen nur bedingt geeignet erscheint, so wird damit der Blick jedoch auf die aus betriebswirtschaftlicher Sicht auch für Krankenkassen erfolgskritische Fragestellung gerichtet: Es geht um die strategische Frage, ob und in welchem Umfang Kassen mit ihren finanziellen und personellen Kapazitäten unter Wettbewerbsbedingungen in der Lage sind, alle aus der Versicherungsbeziehung sich ergebenden Leistungen selbst zu erbringen oder einzelne Leistungsbestandteile auf den Beschaffungsmarkt in welcher Kooperationsform auch immer auszulagern.[13] Als Ausgangspunkt für die weiteren Überlegungen gilt – auch für einen stark regulierten Markt wie der für Krankenversicherungen – die Erkenntnis, dass arbeitsteilig organisierte Einheiten eine höhere Effizienz ausweisen als solche, die den gesamten Wertschöpfungsprozess im eigenen Unternehmen abbilden. Es geht also auch bei Krankenkassen um die Frage des geeigneten „Sourcings", nämlich um die Frage, wie mit internen und externen Ressourcen die Leistungserstellung effizient und nach den Präferenzen der eigenen Kunden erfolgen kann.

2.2 Outsourcing: Theoretische Grundlagen

Im Folgenden sollen kurz die theoretischen Erklärungsansätze beleuchtet werden. Ziel ist es dabei nicht, konkrete Handlungsempfehlungen für Krankenkassen hinsichtlich ihrer Sourcing-Entscheidungen im Zusammenhang mit Leistungen des Versorgungsmanagements abzuleiten. Dies ist schon alleine deshalb kaum möglich, weil die jeweiligen Ausgangsbedingungen der Krankenkassen (z. B. Versichertenzahl und -struktur, Mitarbeiteranzahl und -qualifikationen, regionale Marktdurchdringung etc.) höchst unterschiedlich sind. Gleichwohl lassen sich aus den theoretischen Grundlagen die wesentlichen Entscheidungskriterien ableiten.

2.2.1 Transaktionskostentheorie

Die Transaktionskostentheorie geht der Frage nach, warum es Unternehmen gibt und was ihre Größe und ihren Kompetenzbereich bestimmt. Transaktionskosten begründen sich aus dem Vorhandensein von begrenzter Rationalität und der Möglichkeit opportunistischen Verhaltens. Aus diesen Gründen ist es dem Transaktionskostenansatz folgend nur möglich, unvollständige Verträge zu schließen. Transaktionskosten sind demnach Kosten der Markthandlung im Sinne von Such- und Informationskosten, Verhandlungs- und Entscheidungskosten

---

12 Vgl. VDA: Jahresbericht 2008. 2008, S. 78; vgl. Friedrich et al.: Intelligentes Sourcing – Eine theoretische Fundierung. In: Jahn/Riemensperger/Scholtissek: Fachbuch Sourcing, Die Toolbox. 2003, S. 11 f.
13 Vgl. Chaudhuri: Die Outsourcing/Offshoring Option aus der Perspektive der neuen Institutionenökonomik, Arbeitspapier der FOM, Nr. 13. 2009, S. 1.

sowie Kontroll- und Durchsetzungskosten. Ziel des Transaktionskostenansatzes ist es, die jeweilige Organisationsform zur wirtschaftlichen Koordination zu ermitteln. Bezogen auf die make or buy-Entscheidung geht es um die effiziente Konfiguration des Austauschs von Gütern und Dienstleistungen außerhalb (Markt) und innerhalb (Hierarchie) der Unternehmenseinheit. Externes Sourcing auf der Grundlage effizienter Marktmechanismen führt annahmegemäß zu geringeren Produktionskosten, gleichzeitig aber auch zu höheren Transaktionskosten.[14] Das Entscheidungskriterium zur Wahl zwischen Markt und Hierarchie ist demnach die Summe aus Transaktions- und Produktionskostenunterschieden. Die Höhe der Transaktionskosten wird bestimmt durch die Häufigkeit der Transaktionen, die Faktorspezifität bzw. die Spezifität der Güter und Dienstleistungen sowie die Unsicherheit bezüglich der Transaktionen. Hier gilt prinzipiell der Zusammenhang, dass Leistungen umso weniger ausgelagert (und in der Terminologie des Transaktionskostenansatzes eher selbst erstellt werden), je spezifischer die Leistung ist und je höher der Grad der Unsicherheit in Bezug auf eine Teilfunktion des Unternehmens ausfällt.

Eigen-fertigung	Internes Outsourcing				Externes Outsourcing		
Eigen-erstellung	Center-Konzeption	Koope-ration	gemeinsame Servicegesellschaft	Kapitalbeteiligung	langfristige Zusammenarbeit	kurz-/mittelfristige Zusammenarbeit	spontane Zusammenarbeit

zunehmend hierarchische Koordination ⟵⟶ zunehmend marktliche Koordination

Abb. 1: Systematik von Outsourcing-Varianten
Quelle: Zahn et al.: Leitfaden zum Outsourcing von Dienstleistungen. 2007, S. 7.

14 Bei der Bewältigung ihrer Aufgaben nutzen Krankenkassen heute schon das gesamte Spektrum an Organisationsformen zwischen Markt und Hierarchie, z. B. in Form von Kompetenzcentern, Kooperationen in Form von Arbeitsgemeinschaften nach § 219 SGB V, gemeinsamen Servicegesellschaften und Kapitalbeteiligungen (z. B. IT) sowie mehr oder weniger auf Dauer angelegte Formen des

---

14 In die Praxis übertragen bedeutet dies, dass die Transaktionskosten durch die Aufgabenübertragung auf einen externen Partner im Extremfall so hoch werden können, dass diese über den Weg des Fremdbezugs ökonomisch keinen Sinn mehr macht.

Zukaufs von Leistungen über den Markt (s. Abb. 1), wobei vielfach noch die Eigenerstellung dominiert.

2.2.2 Ressourcen- und kompetenzbasierter Ansatz

Der ressourcenbasierte Erklärungsansatz liefert Hinweise darauf, wann Unternehmensressourcen unter strategischen Gesichtspunkten im Unternehmen verbleiben bzw. erweitert oder wann sie von einem externen Dienstleister bezogen werden. Primäres Erkenntnisinteresse ist die Erklärung und darauf aufbauend die Entwicklung langfristiger Wettbewerbsvorteile. Der ressourcenbasierte Ansatz fußt auf der Annahme ungleich verteilter Unternehmensressourcen. Die heterogene Verteilung von physikalischen, personellen oder organisatorischen Ressourcen bildet die Grundlage für die Entwicklung langfristiger Wettbewerbsvorteile. Der ressourcenbasierte Ansatz legt Unternehmen nahe, ihr Portfolio kritisch daraufhin zu überprüfen, welche Ressourcen mit langfristigen Wettbewerbsvorteilen verbunden sind und somit möglicherweise Kernkompetenzen darstellen. Diese gilt es auszubauen. Aktivitäten, die keine Kernkompetenzen darstellen, sind demgegenüber Kandidaten für intelligente Sourcing-Entscheidungen. Wichtig ist in diesem Zusammenhang, dass es nicht nur auf das Vorhandensein dieser Ressourcen im Unternehmen ankommt, sondern dass diese effizient genutzt werden können. Eine besondere Bedeutung bei der Erklärung von ressourcenbedingten Unterschieden und darauf aufbauender Wettbewerbsvorteile kommt dem Faktor Wissen als einer immateriellen Ressource zu. Diese Humankapitalressourcen sind ein wichtiger Bestandteil der Organisationsressourcen und können sich im Laufe der Zeit im Sinne von Routinen im Unternehmen akkumulieren, die von Wettbewerber nur schwer imitierbar sind und damit zu einem spezifischen Wettbewerbsvorteil werden. Demzufolge lässt sich auch aufgrund des ressourcenbasierten Ansatzes darauf schließen, dass ein Aufgabenbereich umso weniger ausgelagert wird, je spezifischer die hierfür erforderlichen Ressourcen und Fähigkeiten in einem Unternehmen sind und insofern auch eine höhere strategische Bedeutung haben. Umgekehrt wird ein Aufgabenbereich umso eher ausgelagert, je größer die Defizite in den unternehmenseigenen Ressourcen und Fähigkeiten sind.

15

Der kompetenzbasierte Erklärungsansatz baut auf dem ressourcenbasierten Ansatz auf und konzentriert sich auf das Wissen als primäre Ressource innerhalb des Unternehmens. Ein signifikanter Unterschied ist allerdings, dass der kompetenzbasierte Ansatz auch Ressourcen außerhalb des Unternehmens als mögliche Quelle für die Generierung von Wettbewerbsvorteilen sieht. Aufgrund der starken inhaltlichen Überschneidung der beiden Ansätze und der Tatsache, dass das Wissen eine spezifische Unternehmensressource sein kann, braucht eine weitere Differenzierung nicht zu erfolgen.

16

2.3 Implikationen für Sourcing-Entscheidungen von Krankenkassen

17 Wie passen diese industriellen Ansätze in die stark von Eigenerstellung geprägte Krankenkassenlandschaft? Die mögliche Scheu vor einer Übertragung auf die GKV kann leichter abgelegt werden, wenn man sich den folgenden Zusammenhang vergegenwärtigt: Folgt man der breiten Betrachtungsweise von Outsourcing, so wird ausgehend von der komplexen Leistungszusage einer gesetzlichen Krankenversicherung (Versicherungsschutz und Bereitstellung von medizinischen Gütern und Dienstleistungen) deutlich, dass der wesentliche Teilbereich dieser Leistungszusage, nämlich die Bereitstellung der medizinischen Güter und Dienstleistungen im Bedarfsfall, selbst bereits ausgelagert ist bzw. unter Zuhilfenahme rechtlich und wirtschaftlich selbstständiger externer Partner erfolgt.

18 Die medizinische Leistungserstellung wird in der gesetzlichen Krankenversicherung – anders als z. B. in amerikanischen Managed Care-Organisationen oder bei der staatlich organisierten Gesundheitsversorgung wie im NHS – organisatorisch von der Krankenversicherung abgekoppelt mit dem Ergebnis, dass zwei „Märkte" entstehen, nämlich zum einen der Markt für Krankenversicherungsschutz, bei dem Krankenkassen untereinander im Wettbewerb um Versicherte stehen, zum anderen der Markt für Gesundheitsleistungen, auf dem Leistungserbringer im Wettbewerb um Patienten stehen. Verbunden sind diese Märkte durch Versorgungs- und Vergütungsverträge, die im Wesentlichen kollektivvertraglich geregelt sind. Diese kollektivvertraglich geregelte Leistungsbereitstellung wird allerdings zunehmend durch Selektivverträge ergänzt, um über den Versicherungswettbewerb auch einen stärkeren Preis- und Qualitätswettbewerb zwischen den Leistungserbringern zu initiieren.

19 Die Instrumente des Vertragswettbewerbs setzen in erster Linie bei den Anbietern medizinischer Leistungen an (z. B. durch leistungsorientierte Vergütung, Qualitäts- und Kostensteuerung durch Leitlinien). Demgegenüber zielen die Instrumente des Versorgungsmanagements vornehmlich auf eine Stärkung des Selbstmanagements und der Rolle des Versicherten als kompetente Nachfrager von Gesundheitsleistungen ab. Instrumente des sog. Demand Managements sind hier vor allem Maßnahmen zur Verbesserung der Patienten-Arzt-Beziehung, die auf eine erhöhte Compliance und seltenere Arztwechsel abzielen.

20 Was können die treibenden Faktoren für die Sourcing-Entscheidungen im Versorgungsmanagement sein? Zunächst einmal sind die Kostenvorteile zu nennen. Mögliche Kostenvorteile gründen vor allem auf Kostendegressions- und Erfahrungskurveneffekten durch eine höhere Spezialisierung des Dienstleisters und durch ein höheres Absatzvolumen, das eine Stückkostensenkung ermöglicht. Zudem kann die Kasse davon profitieren, dass ein externer Dienstleister, der in seinem Kerngeschäft einem ständigen Wettbewerbsdruck ausgesetzt ist und dadurch günstiger anbieten muss, während der fehlende Wettbewerbsdruck bei der

internen Leistungserstellung mit höheren Kosten verbunden ist. Ein wichtiges Kostenargument in der GKV dürfte sich zudem durch sog. „Branchenarbitrage" hinsichtlich der Personalkosten ergeben: Wenn die Sourcing-Partner unterschiedlichen Branchen angehören, lassen sich Kostenvorteile auch durch günstigere tarifvertragliche Regelungen des externen Dienstleisters erzielen.[15] Dies dürfte sich z. B. im Versorgungsmanagement hinsichtlich der Rekrutierung von medizinischem Fachpersonal bemerkbar machen, da Krankenkassen als Körperschaften des öffentlichen Rechts eher Kostennachteile haben.

Chancen durch Outsourcing	Risiken durch Outsourcing
• Kosten- und zeitintensiver Aufbau von Spezialwissen entfällt • Entlastung der eigenen Organisation • Personalsuche entfällt • Höhere Qualität des Services • Investitionsrisiko trägt Dritter • Lösungen sind kalkulierbar • Attraktives Preis-/Leistungsverhältnis • Konzentration auf Kernkompetenz • Bessere Kostentransparenz	• Abhängigkeit vom Dienstleister • Konkursrisiko gerade bei jungen Dienstleistern • Gefahr des Verlustes von speziellem Know-how • Rechtliche Probleme wie z. B. Datenschutz, Verträge etc. • Kapazitätsprobleme beim Dienstleister

Abb. 2: Chancen und Risiken des Outsourcings
Quelle: Eigene Darstellung

Darüber hinaus kann wie eingangs angesprochen eine Motivation in der Wertschöpfungssteigerung durch Leistungsverbesserung und Leistungsausweitung liegen. Krankenkassen müssen sich ständig neuen gesundheitspolitisch bedingten oder kundenbezogenen Anforderungen anpassen. Dies erfordert immer wieder Spezialwissen, das oftmals intern nicht zur Verfügung steht. Das Outsourcing bietet die Chance, das erforderliche Wissen durch die Erschließung externen Sachverstandes verfügbar zu machen. Dienstleister besitzen dabei oft das erforderliche Know-how und stehen in aller Regel in einer intensiven Wettbewerbsbeziehung zueinander. Krankenkassen können hiervon profitieren, indem sie am technischen Fortschritt und an einer erhöhten Leistungsqualität partizipieren.[16] Ein weiterer Vorteil liegt darin, dass die Nutzung spezialisierter Dienstleistungsangebote eine intensivere Kundenorientierung ermöglicht, und zwar nicht nur im Hinblick auf die zugelieferte Dienstleistung, sondern auch bezogen auf die in der Kasse verbliebenen Leistungen. Insofern kommt der Produktportfolioerweiterung um Outsourcing-Dienstleistungen eine besondere Bedeutung zu. Verantwortlich hierfür ist besonders der Wechsel des Fokus von reiner Kostensenkung

---

15 Vgl. Matiaske/Mellewigt: Motive, Erfolge und Risiken des Outsourcings – Befunde und Defizite der empirischen Outsourcing-Forschung. In: Zeitschrift für Betriebswirtschaft, 6. 2002, S. 646.
16 Vgl. Scholtissek: Ein Markt mit Zukunft. In: Zeitschrift für Führung und Organisation 3. 2007, S. 146 f.

als Motiv für die Outsourcing-Entscheidung hin zu der Verbesserung der Leistungsfähigkeit und der Gestaltung effizienter Strukturen.

3 Sourcing-Entscheidungen im Versorgungsmanagement

22 Krankenkassen stehen vor der Aufgabe, bezogen auf die Bereitstellung von Leistungen des Versorgungsmanagements eine Entscheidung zu treffen, ob sie das gesamte Leistungsspektrum selbst bereitstellen oder sich zusätzlicher externer Partner bedienen. Damit einher geht die Frage, was die eigentlichen Kernkompetenzen der Kassen im Zusammenhang mit den Aufgaben des Versorgungsmanagements sind und in der Folge die Frage, ob diese skalierbar sind, d. h. auch effizient gemäß den Erwartungen der Versicherten und Patienten erbracht werden können. Kernkompetenzen sind eine Kombination aus sich gegenseitig ergänzenden und unterstützenden Fähigkeiten und Wissensbeständen, die die Kassen in die Lage versetzen, Schlüsselprozesse der Wertschöpfung auf hohem Niveau zu beherrschen, um Kunden einen überlegenen Mehrwert bieten zu können. Sie entstehen durch die Akkumulation von Wissen, durch Erfahrung und Lernprozesse und sind daher schwierig zu imitieren.[17]

3.1 Herausforderungen an das Versorgungsmanagement

23 Die Herausforderungen für ein zielführendes Versorgungsmanagement sind die erforderliche stärkere Berücksichtigung der zunehmenden Multimorbidität sowie die stärkere Ausrichtung auf die Verbesserung der Selbstmanagementkompetenzen der Versicherten, da diese Aufgabe vom Medizinbetrieb nur unzureichend erfüllt wird und aufgrund von Mittelknappheit kaum wirtschaftlich erfolgen kann.[18] Angesichts der ausgeprägten Multimorbidität der von DMP-fähigen Erkrankungen betroffenen Versicherten stellt sich die Frage nach einem Angebot, das über die Möglichkeiten des indikationsbezogenen Ansatzes hinausgeht und vor allem der Situation von Menschen gerecht wird, deren Gesundheitssituation weniger von „Erkrankungen" als vielmehr von wechselnden Symptomen, Beschwerden und Funktionseinschränkungen bestimmt wird, die sich aus dem komplexen Zusammenspiel diverser chronischer und akuter Krankheiten ergeben, deren jeweiliger Anteil am Gesamtgeschehen nur schwer bestimmbar und zudem für die Bewältigung des Alltags häufig auch zweitrangig ist.

24 Ein umfassendes und komplexes Versorgungsmanagement zielt darauf ab, die gesunden Versicherten dabei zu unterstützen, gesund zu bleiben, die akut Kranken möglichst schnell zu kurieren, die gesundheitsbezogene Lebensqualität von chronisch Kranken zu erhöhen und sie bei dem Selbstmanagement ihrer Erkrankung zu unterstützen und damit eine Fortschreitung der Erkrankung bzw. ausga-

---

17 Vgl. Zahn et al.: Leitfaden zum Outsourcing von Dienstleistungen. 2007, S. 36 ff.
18 Kovar et al.: Out of the Box! 2012, S. 6 ff.

benintensive Komplikationen zu vermeiden und schließlich die Schwerstkranken durch eine koordinierte intensive medizinische Intervention angemessen medizinisch zu betreuen. Programmeffekte ergeben sich dann bei einem populationsbezogenen Ansatz über die Generierung von Skalenerträgen, und zwar bezogen auf die Steigerung des kumulierten Deckungsbeitrags über alle Versicherten hinweg. Ein zentraler Ansatz ist dabei das sog. Demand Management, also die Einflussnahme auf die Nachfrage nach Gesundheitsleistungen durch die Bereitstellung von Beratungs- und Informationsangeboten für Versicherte. Hierbei unterstützt der Dienstleister mit medizinischem Fachwissen Krankenkassen in Versorgungsmanagement- und Kundenbindungsaktivitäten und bietet systematische Interventionen an, indem er durch kompetente Beratung die Gesundheitsmanagementkompetenz und Therapieadherance der Versicherten stärkt, die Arzt-Patienten-Kommunikation verbessert und Informationstransparenz schafft (s. Abb. 3).

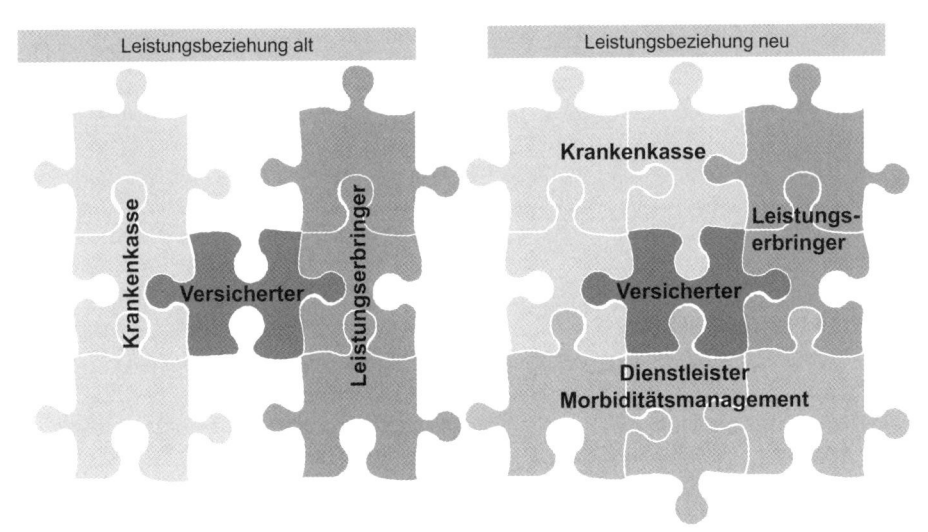

Abb. 3: Veränderte Leistungsbeziehungen als Grundlage für das Versorgungsmanagement
Quelle: Eigene Darstellung

Die Synthese bestehender und neuer Indikationsprogramme in ein umfassendes Versorgungsmanagementsystem ist die Grundlage dafür, Versicherte über Indikations- und Sektorengrenzen hinweg ganzheitlich wahrzunehmen, anstatt chronisch Kranke in Einzelprogrammen mit eng gefassten Einschlusskriterien für isolierte Krankheitsbilder zu betreuen, wie es heute in Disease Management Programmen zum Beispiel der Fall ist.

3.2 Kosten- und kompetenzgetriebene Entscheidungssituation

26 Hinsichtlich des Outsourcings von Leistungsbestandteilen des Versorgungsmanagements von Krankenkassen kann zwischen einer kostengetriebenen und einer kompetenzgetriebenen Sourcing-Entscheidung unterschieden werden.[19] Auf der ersten Entscheidungsebene steht zunächst die Beurteilung der eigenen Kompetenz im Vordergrund (vgl. Abb. 4). Unstrittig ist, dass bestehende eigene Kernkompetenzen, die die oben genannten Eigenschaften aufweisen, in Form der Eigenerstellung erbracht werden sollten. Allerdings weisen Krankenkassen insbesondere durch die Erweiterung des Aufgabenspektrums vielfach Kompetenzlücken auf, sei es im Bereich der medizinischen Expertise, in der Datenanalytik, im Produktmanagement etc.

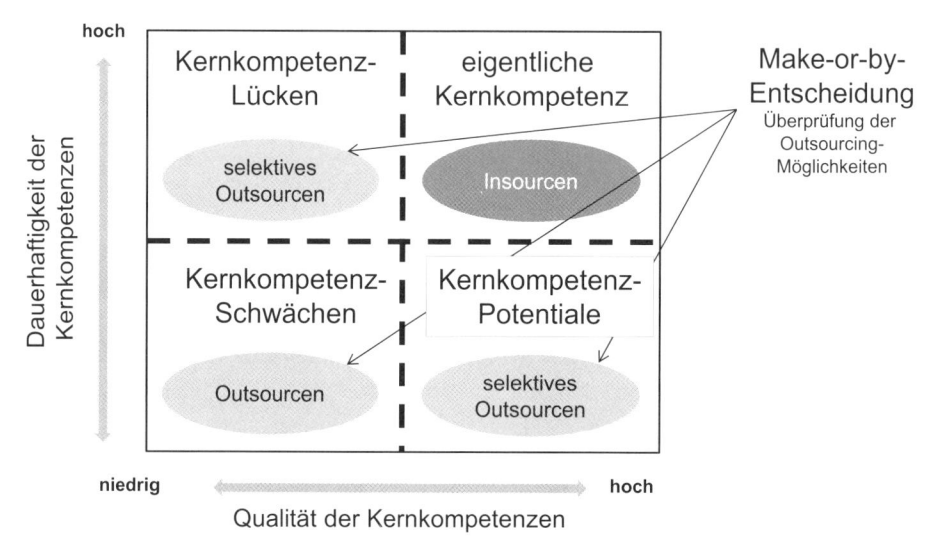

Abb. 4: Kompetenzgetriebe Outsourcing-Entscheidungen
Quelle: Zahn et al.: Leitfaden zum Outsourcing von Dienstleistungen. 2007, S. 49.

27 Die Komplexität der Aufgabe im Bereich des Versorgungsmanagements bei den Kassen nimmt auch dadurch zu, dass die Dimensionen „gesund" und „krank" zu wenig differenziert sind. Auch die Einteilung zwischen chronisch Erkrankten und akut Erkrankten scheint nicht mehr ausreichend zu sein. Die Segmentierung nach Indikationen ist medizinisch sinnvoll, aber charakterisiert zu wenig die Ursache.[20] Um zielgerichtet gerade chronisch Erkrankten die Möglichkeit zur Teil-

---

19 Vgl. Barth: Outsourcing unternehmensnaher Dienstleistungen. 2003, S. 186; vgl. Potratz: Anbieterinduziertes Outsourcing. 2009, S. 111 f.
20 So ist heute der Bewegungsmangel und die den veränderten Gewohnheiten nicht mehr angepasste Ernährung Grund für die Fehlernährung. Primär- und die Sekundärprävention müssen daher die wirklichen Ursachen adressieren.

nahme an Behandlungsprogrammen zu ermöglichen, müssen die Patienten nach ihren persönlichen Bedürfnissen segmentiert werden. So sind nach ersten Schätzungen ca. 20 % der Typ II Diabetiker bewegungsaffin, 70 % sind schwer für Behandlungsprogramme zu erreichen und 10 % sind aus therapeutischen Gründen nicht in der Lage, an Behandlungsprogrammen teilzunehmen. Heutige Programme, wie die gängigen DMP Programme, orientieren sich jedoch noch eher an der Menge und nicht an den Untergruppen. Auch das Thema Migration erfordert ein Anpassen von Programmen an die spezifischen kulturellen Besonderheiten dieser Zielgruppe, um Effekte in dieser wachsenden Zielgruppe zu erzielen. Einheitlich und gemeinsam lässt sich auch aufgrund des anderen gesellschaftlichen Verständnisses und des kulturellen Wandels nicht in der bekannten Form mehr aufrechterhalten.

Ein wirksames und zielgerichtetes Versorgungsmanagement erfordert angesichts der unterschiedlichen Versorgungsbedarfe der Versicherten ein abgestimmtes und aufeinander aufbauendes modulares Interventionsprogramm. Nur die zielgenaue Zuordnung der Versicherten in die jeweils richtige Versorgungsstufe gewährleistet ein effizientes Versorgungsmanagement. Wenn die These stimmt, dass aufgrund der Entwicklung von unterschiedlichen Milieus der gemeinsame Nenner eines Kollektivs in der GKV kleiner wird, hat dieses Auswirkungen auf die Angebote. Aufgrund der kleineren Größen werden sich einige Angebote nicht mehr kostendeckend anbieten lassen, vor allem wenn die ganze Wertschöpfung bei einer Körperschaft liegt. Wie in der Industrie werden daher die Kassen mehr und mehr in eine Situation kommen, unterschiedliche Formen der Zusammenarbeit bei der Produktentwicklung und bei der Produktausbietung zu prüfen: Getreu dem Grundsatz „Wo XXX drauf steht muss auch XXX drin sein", wird es Aufgabe der Kasse sein, dass Produkt einsprechend dem eigen CI zu branden, adaptiert auf die spezifischen Belange der Zielgruppe.

Aufgrund dieser Entwicklung ist davon auszugehen, dass die Kassen immer weniger selber herstellen werden, sondern Leistungen von einem oder mehreren Partnern einkaufen oder je nach Positionierung gemeinsam entwickeln werden – die Individualisierung und „Verpackung" erfolgt dann im Unternehmen. Daher ist es notwendig, eine Organisationsstruktur (Governance-Modell) zu implementieren, die in der Lage ist, die externen Dienstleister nahtlos in den eigenen Wertschöpfungsprozess zu integrieren, zu kontrollieren und zu steuern.[21] Bei aller Zielgruppenorientierung ist es daher von großer Bedeutung, dass die Gesetze der Ökonomie nicht außer Acht gelassen werden und die Auswahl der Dienstleister auf Basis der eigenen Verhandlungsposition getroffen werden.

Versorgungsmanagement wird als eine der zentralen und sensibelsten Aufgaben bei einer Krankenkasse angesehen, so dass es bei den Entscheidungsträgern große

---

21 Vgl. Friedrich et al.: Intelligentes Sourcing – Eine theoretische Fundierung. In: Jahn/Riemensperger/Scholtissek: Fachbuch Sourcing, Die Toolbox. 2003, S. 20; vgl. Irrle: Rationalität von Make-or-buy-Entscheidungen in der Produktion, Schriften des Center for Controlling & Management (CCM), Band 42. 2011, S. 112 ff.

Vorbehalte gibt, Teile an Dienstleister zu vergeben. Doch die oben skizzierte Entwicklung verlangt ein Umdenken, um sowohl den Kunden und ihren Bedürfnissen, als auch den ökonomischen Anforderungen gerecht zu werden. Versorgungsmanagement ist für die Kassen von strategischer Bedeutung nicht nur zum Managen der Ausgaben, sondern auch zur Neupositionierung am Markt. Bei der Entscheidungsfindung über das „Make or Buy" müssen nicht nur Entscheidungen getroffen werden über das ob, sondern auch über die Auswahl und die Einbindung der möglichen Servicepartner.

31 Da manche Dienstleister noch nicht über eine ausreichende unternehmerische Historie verfügen, ist besonders darauf zu achten, dass entsprechendes unternehmerisches Know-how vorhanden ist und nicht nur ein Kunde betreut werden kann (es sei denn, eine Kasse setzt bewusst darauf, einen Dienstleister exklusiv an sich zu binden, um die Abhängigkeitsverhältnisse umzudrehen). Um den besonderen Anforderungen des Datenschutzes im Gesundheitswesen gerecht zu werden, muss dieses bei der Entscheidungsfindung berücksichtigt werden.

4　Fazit

32 Das Umfeld der Kassenlandschaft verändert sich analog zu den Veränderungen in der Gesellschaft, so dass davon auszugehen ist, dass Krankenkassen heute schon vor der Aufgabe stehen, ihre Versicherte zielgruppenspezifischer – auch bei der Steuerung von Leistungen – adressieren zu müssen. Alleine kann eine Kasse das notwendige Angebotsspektrum nicht abdecken und muss sich daher des Services von Dritten bedienen. Die Entscheidung zum Outsourcing steht dabei nicht im Vordergrund, sondern der Zugang zu ökonomisch sinnvollen Produkten. Kontrollverlust soll nicht damit einhergehen, so dass die Steuerung von Dienstleistern als neue Kernkompetenz mit in den Vordergrund rücken wird. Kassen erhalten sich dadurch die Flexibilität, schnell auf Veränderungen des Marktes zu reagieren, bei begrenztem eigenem unternehmerischem Risiko.

33 Die Krankenkasse trägt die Verantwortung für die Versorgung ihrer Versicherten, da diese nicht delegiert werden kann. Möchte die Kasse mehr sein als Kostenträger und sich als aktiver Gestalter positionieren, ist es unverzichtbar, die Strategie, die Ziele und auch das Budget des Versorgungsmanagements festzulegen und alle folgenden Maßnahmen daran zu messen. Dies erfordert auch eine aktive Auseinandersetzung mit der Frage, wie durch die Nutzung externer Ressourcen durch spezialisierte Dienstleister Kostensenkungspotentiale und Komtetenzzuwachseffekte zu realisieren sind. Eine intelligente Sourcing-Strategie im Versorgungsmanagement, die optimal auf die jeweiligen Bedürfnisse unterschiedlicher Milieus in den Kassen ausgerichtet ist, kann so die Kostenstruktur verbessern, das operative Risiko verringern und zu höherer Flexibilität und Kontrolle führen.

Insbesondere für kleinere und mittelgroße Unternehmen rechnet es sich unter betriebswirtschaftlichen Erwägungen nicht, Spezialistenstäbe zu hochgradig komplexen Themen wie der Datenanalytik, der medizinischen Versichertenberatung und der Evaluation vorzuhalten und diese stets auf dem aktuellen Stand der Wissenschaft zu halten.[22] Vielmehr gilt es die Kernkompetenzen der eigenen Mitarbeiter im Versorgungsmanagement zu fördern – z. B. in Bereichen der Leistungskoordination, der Vertragsgestaltung, der Rechnungsprüfung oder der sozialrechtlichen Beratung – und vom Know-how externer Dienstleister zu profitieren. Die Außensicht kann wertvolle Impulse zur Überwindung interner Strukturen geben, die sich im Laufe der Jahre überkommen haben (z. B. sektorale Zuständigkeiten), und den Ideenwettbewerb anfachen. Die Notwendigkeit, die Dienstleister ergebnisorientiert im Sinne des Auftraggebers zu steuern, z. B. durch sorgfältige gemeinsame Projektvorbereitung, umfangreiche Reportings, abgestimmte Kommunikationswege, Vereinbarung gemeinsamer Ziele oder Risk-Sharing-Modelle in der Vergütung, wird dann verbunden sein mit dem Aufbau (neuer) Kompetenzen sowie mit einer Konzentration auf das eigentliche Kerngeschäft.

34

Literatur

Barth, T.: Outsourcing unternehmensnaher Dienstleistungen. Ein konfigurierbares Modell für die optimale Gestaltung der Wertschöpfungskette. Peter Lang Verlag, Frankfurt a. M. 2003.

Behner, P./Klink, A./Visser, S./Böcken, J./Etgeton, S.: Effekte einer gesteigerten Therapietreue: Bessere Gesundheit und höhere Arbeitsproduktivität durch nachhaltige Änderung des Patientenverhaltens, Juli 2012. Online: http://www.booz.com/media/file/Effekte-einer-gesteigerten-Therapietreue_BoozCo_BertelsmannStiftung_Juli_2012.pdf (abgerufen am 21.7.2012).

Bruch, H.: Outsourcing. Konzepte und Strategien, Chancen und Risiken. Gabler Verlag, Wiesbaden 1998.

Bundesversicherungsamt: Gesetzliche Krankenversicherung – Outsourcing. Anforderungskatalog Outsourcing an Dritte gemäß § 197b Satz 1 SGB V, Rundschreiben vom 14. Mai 2012. Online: http://www.bundesversicherungsamt.de/cln_115/nn_1046648/DE/Krankenversicherung/Rundschreiben/Rundschreiben64.html (abgerufen am 11.7.2012).

Burger, S./Fleckenstein, J.: Strategisches Versorgungsmanagement – Populäre Irrtümer und Gegenthesen, in: Die Krankenversicherung, 9. 2010, S. 272-275.

Burger, S./Guthoff-Hagen, S./Oelmann, I.: DMP: Einstieg in ein indikationsübergreifendes Versorgungsmanagement. In: Monitor Versorgungsforschung, 5. 2011, S. 51-55.

Chaudhuri, A.: Die Outsourcing/Offshoring Option aus der Perspektive der neuen Institutionenökonomik, Arbeitspapier der FOM, Nr. 13. Essen 2009.

Dibbern, J./Güttler, W./Heinzl, A.: Die Theorie der Unternehmung für das Outsourcing der Informationsverarbeitung. Entwicklung eines theoretischen Bezugsrahmens, Arbeitspapiere Wirtschaftsinformation 5. Bayreuth 1999.

Friedrich, L./Gellrich, T./Hackethal, A./Wahrenburg, M.: Intelligentes Sourcing – Eine theoretische Fundierung. In: Jahn, H. C./Riemensperger, F./Scholtissek, S.: Fachbuch Sourcing, Die Toolbox: Wie Sie Ihre Wertschöpfungskette optimieren. F.A.Z.-Institut, Frankfurt am Main 2003.

Guimaraes, C. M./de Carvalho, J. C.: Outsourcing in Heath Care Sector – A State of the Art Review, paper presented on the 8th International Conference on Logistics and SCM Re-

---

22 Vgl. Burger/Fleckenstein: Strategisches Versorgungsmanagement. 2010, S. 274 f.

search. Bordeaux 2010. Online: http://www.airl-logistique.org/fr/files/?view=420 (abgerufen am 16.7.2012).

Hibbeler, B.: Ökonomisierung der Medizin: Die Macht der Manager. In: Deutsches Ärzteblatt, 3/2012: S. 22.

Hollekamp, M.: Strategisches Outsourcing von Geschäftsprozessen. Eine empirische Analyse der Wirkungszusammenhänge und der Erfolgswirkungen von Outsourcingprojekten am Beispiel von Großunternehmen in Deutschland. Rainer Hampp Verlag, München 2005.

Ilten, P.: Outsourcing-Entscheidungen: Eine Bewertung aus multitheoretischer Sicht, Schriften der Wissenschaftlichen Hochschule Lahr, Nr. 23. Lahr 2010.

Irrle, C.: Rationalität von Make-or-buy-Entscheidungen in der Produktion, Schriften des Center for Controlling & Management (CCM), Band 42. Gabler Verlag, Wiesbaden 2011.

Kirchner, M./Knoblich, J.: Outsourcing tertiärer Dienstleistungen. In: Behrendt, I./König, H.-J./Krystek, U. (Hrsg.): Zukunftsorientierter Wandel im Krankenhausmanagement: Outsourcing, IT-Nutzenpotenziale, Kooperationsformen, Changemanagement. Springer Verlag, Berlin und Heidelberg 2009, S. 103-112.

Kovar, A./Huss, N./Schumacher, N.: Out of the Box! Arena Analyse des zur Zukunft des Deutschen Gesundheitswesens. Berlin 2012.

Matisake, W./Mellewigt, T.: Motive, Erfolge und Risiken des Outsourcings – Befunde und Defizite der empirischen Outsourcing-Forschung. In: Zeitschrift für Betriebswirtschaft, 6. 2002, S. 641-659.

Neubauer, G./Beivers, A.: Zur Situation der stationären Versorgung: Optimierung unter schwierigen Rahmenbedingungen. In: Klauber, J./Geraedts, M./Friedrich, J. (Hrsg.): Krankenhausreport 2010, Zukunft der Krankenhausversorgung: Krankenhausversorgung in der Krise? Schattauer Verlag, Stuttgart 2009, S. 3-11.

Oberender, P./Da-Cruz, P./Schwegel, P.: Demand Management – Ein Konzept zur Nachfragesteuerung im Gesundheitswesen? In: Die Krankenversicherung, 4. 2010, S. 116-119.

Potratz, A.: Anbieterinduziertes Outsourcing. Analyse der Entscheidungsdeterminanten eines anbieterinduzierten Outsourcings und Entwicklung eines Konzeptansatzes für den Einsatz von Marketinginstrumenten am Beispiel von Unternehmensberatungen und gesetzlichen Krankenkassen. Rainer Hampp Verlag, München und Mering 2009.

Scholtissek, S.: Ein Markt mit Zukunft. Outsourcing von Geschäftsprozessen im Verwaltungs- und Dienstleistungsbereich. Interview geführt von Prof. Dr. Gerhard Schewe. In: Zeitschrift für Führung und Organisation 3. 2007, S. 146-150.

Vahrenkamp, R.: Logistik. Management und Strategien. 5. Aufl. Oldenbourg Wissenschaftsverlag, München 2005.

Verband der Automobilindustrie (VDA): Jahresbericht 2008. Online: http://www.vda.de/de/publikationen/jahresberichte/index.html (abgerufen am 12.7.2012).

Wille, E./Hamilton, G. J./Graf von der Schulenburg, J.-M./Thüsing, G.: Privatrechtliche Organisation der gesetzlichen Krankenkassen. Reformperspektiven für Deutschland, Erfahrungen aus den Niederlanden, Gutachten im Auftrag der Techniker Krankenkasse. Hamburg April 2012.

Zahn, E./Ströder, K./Unsöld, C.: Leitfaden zum Outsourcing von Dienstleistungen. Informationen für die Praxis. Stuttgart 2007.

Beitrag 21

Effizienzpotenziale telemedizinischer Anwendungsprozesse aus Sicht des Herstellers

Hans-Jürgen Wildau

		Rn.
1	Telemedizinische Technologien und deren Anwendungsprozesse	1, 2
2	Telemedizinisches Patientenmanagement am Beispiel der Herzschrittmacher- und ICD-Therapie	3 – 8
2.1	Ausgangslage	3
2.2	BIOTRONIK Home Monitoring zur Fernnachsorge und Früherkennung	4 – 8
2.2.1	Systembeschreibung	4 – 6
2.2.2	Entwicklung und aktuelle Nutzung	7, 8
3	Nachweis des Nutzens für Patienten, Ärzte und Kostenträger	9 – 25
3.1	Gleiche Patientensicherheit bei Home-Monitoring-Fernnachsorgen	13
3.2	Tatsächliche Reduktion der Kliniknachsorgen durch Home Monitoring	14
3.3	Patienten verhalten sich zuverlässiger in der Nachbetreuung mit Home Monitoring	15
3.4	Mit Home Monitoring werden Ereignisse früher erkannt	16
3.5	Home-Monitoring-Patienten zeigen einen Trend zur verringerten Häufigkeit von adversen Effekten	17 – 19
3.6	Kürzere oder seltenere Krankenhausaufenthalte durch Home Monitoring	20, 21
3.7	Home Monitoring senkt die Kosten	22, 23
3.8	Die Lebensqualität der Patienten wird durch Home Monitoring nicht negativ beeinflusst	24
3.9	Home Monitoring kann effizient in vernetzten Versorgungsstrukturen eingesetzt werden	25

		Rn.
4	**Der Nutzen ist nachgewiesen, wie soll die Effizienz gezeigt werden?**	26 – 29
4.1	Das Dilemma der richtigen Studie	27, 28
4.2	Ein möglicher Ausweg	29
5	**Ausblick auf die Behandlung chronischer Volkskrankheiten unter Einsatz von Implantaten mit Telemonitoring**	30

Literatur

Dr. Hans-Jürgen Wildau

Jahrgang 1964, Vice President Health Services bei BIOTRONIK in Berlin und in seiner Funktion verantwortlich für Forschung, Entwicklung, Operations und neue Geschäftsentwicklung für Telemonitoring und Sensorik, Mitglied im Lenkungsausschuss im „Nationalen Strategieprozess Medizintechnik" des BMBF, BMWi und BMG. Leitung des Beirates der BMBF-Forschungsinitiative „Intelligente Implantate" und die Zusammenarbeit mit der AG Telemonitoring der Deutschen Gesellschaft für Kardiologie, Studium (TU Berlin) Elektrotechnik mit den Schwerpunkten Mikroelektronik und Halbleitertechnologie sowie BWL (Uni Hagen).

Abstract: Telemedizin beschreibt die Nutzung von Telekommunikations- und Informationstechnologien im Bereich der medizinischen Patientenversorgung bis hin zur Administration von Behandlungs-, Kosten- und Qualitätsdaten im Gesundheitswesen. Um konkret Effizienzpotenziale diskutieren zu können, wird am Beispiel von Herzschrittmacherpatienten mit Telemonitoring vorgestellt, welchen Nutzen diese Technologien haben und wie damit Behandlungsprozesse und -qualität verbessert werden. Die BIOTRONIK Home-Monitoring®-Technologie zur automatischen drahtlosen Fernnachsorge von Herzschrittmacherpatienten wurde erstmals im Jahr 2000 angewendet und ist inzwischen weltweit im Einsatz. Die Daten von etwa 100.000 Patienten werden tagesaktuell in einem vollautomatisierten Service Center analysiert, und im Bedarfsfall wird der Arzt informiert. Die klinischen Daten aus fünf randomisierten kontrollierten Studien belegen den Nutzen des Home Monitoring® für den Patienten hinsichtlich der Früherkennung von Ereignissen, der Reduktion der erforderlichen Nachsorgen in der Klinik bis hin zum Trend von verringerten Krankenhausaufenthalten. Daraus ergeben sich auch Effizienzpotenziale für die medizinischen Einrichtungen und die Kostenträger. Die Grenzen des Nachweises von Effizienzpotenzialen im Vergleich zum Nachweis von Sicherheit und Wirksamkeit werden diskutiert.

1 Telemedizinische Technologien und deren Anwendungsprozesse

Unter dem Begriff Telemedizin wird eine Vielzahl von medizinischen und verwaltungstechnischen Anwendungen zusammengefasst. Auf der medizinischen Seite sind dies u. a. Telemonitoring, Teleradiologie, Telechirurgie und Telepathologie. Die verwaltungstechnischen Anwendungen umfassen das elektronische Rezept, elektronische Arztbriefe, den elektronischen Austausch von Behandlungsdaten usw. Jeder Anwendungsfall stützt sich auf die den Bedürfnissen der Nutzer angepassten Telekommunikations- und Informationstechnologien. Die mobile Datenübertragung mit hoher Bandbreite und Internettechnologien ist hier der Schlüssel für die flächendeckende Nutzung von Effizienzpotenzialen in der Patientenversorgung. Die Technologien so nutzerfreundlich wie möglich zu gestalten, ist aber nur der eine Schritt auf dem Weg zur Effizienzsteigerung. Der andere, ebenso bedeutsame ist die Anpassung der medizinischen und verwaltungstechnischen Versorgungsabläufe. Kurz gesagt: Neue Technologien ohne angepasste Prozesse schöpfen bei weitem nicht die Effizienzpotenziale aus. Adaptierte IT-Technologien und Anpassungsbereitschaft der Anwender sind die Zutaten für erfolgreiche Telemedizin.

Jedem der oben genannten medizinischen und verwaltungstechnischen Anwendungsfälle der Telemedizin können Effizienzpotenziale zugeordnet werden. Im Folgenden wird der Anwendungsfall Telemonitoring am Beispiel von Patienten mit kardiovaskulären elektronischen Implantaten vorgestellt, und es wird der bereits in klinischen Studien belegte Nutzen mit seinen Effizienzpotenzialen aufgezeigt.

2 Telemedizinisches Patientenmanagement am Beispiel der Herzschrittmacher- und ICD-Therapie

2.1 Ausgangslage

3   Herzschrittmacher, implantierbare Defibrillatoren und Resynchronisationsimplantate helfen bei der Diagnose und Therapie von Herzrhythmusstörungen und Herzinsuffizienz. Durch die Früherkennung von Vorhofflimmern mittels Telemonitoring als eine der Ursachen für Schlaganfälle und durch die Erkennung abnehmender Herzpumpleistung kommen inzwischen Präventionsanwendungen für Schlaganfall und kardiale Dekompensation hinzu. Die Laufzeiten der Implantate betragen 10 Jahre und mehr, so dass zahlreiche Daten für die chronische Verlaufsbeobachtung ausgewertet werden können. Die Versorgung der Patienten nach der Implantation umfasst auf der technischen Seite die Funktionskontrolle des implantierten Systems, so z. B. des Batteriezustandes. Auf der medizinischen Seite bedarf es der Nachbeobachtung des Krankheitsverlaufs, der Anpassung des Implantates an den Patienten und der Behandlung von symptomatischen und asymptomatischen Ereignissen. Die Patientennachsorgen finden je nach Krankheitsbild und individuellen Bedürfnissen alle drei bis zwölf Monate statt. In Deutschland leben ungefähr 600.000 Patienten mit diesen Implantaten. Die Anzahl der Nachsorgen liegt bei etwa 1,25 Mio. pro Jahr. Im Mittel kann man von einem Aufwand von 30 Minuten pro Patient und Nachsorge an Arbeitszeit für Arzt bzw. Krankenschwester ausgehen. Somit fallen allein in Deutschland jährlich etwa 80.000 Arbeitstage für die Nachsorgen an. Die Patienten müssen Zeit für die Anfahrt und die Nachsorgeuntersuchung aufwenden, die Kosten für die Anfahrt tragen, und in einigen Fällen kommt der Arbeitszeitausfall hinzu. Häufig müssen die Patienten auch begleitet werden, so dass sich die zeitlichen Belastungen dann zusätzlich auf die Begleitpersonen erstrecken. Im Fall von bettlägerigen Patienten ist sogar ein Krankentransport zur Nachsorgeuntersuchung erforderlich.

2.2 BIOTRONIK Home Monitoring zur Fernnachsorge und Früherkennung

2.2.1 Systembeschreibung

4   Beim BIOTRONIK Home Monitoring® handelt es sich um ein System zur vollautomatischen drahtlosen Ferndatenübertragung aus einem Herzschrittmacher zum behandelnden Arzt (siehe Abb. 1).

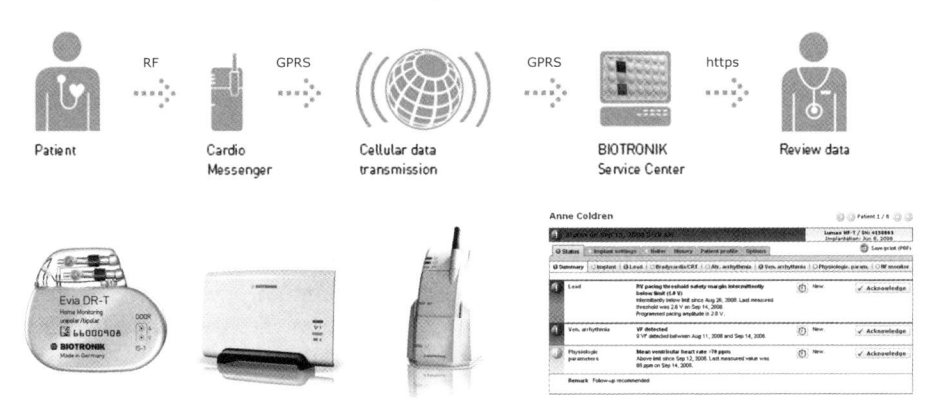

Abb. 1: BIOTRONIK Home Monitoring im Überblick – der vollautomatische Weg der Datenübertragung vom Implantat zum Arzt
Quelle: Eigene Darstellung

Im Herzschrittmacher ist ein Sender integriert, der die Daten über eine Entfernung von 2 m automatisch an einen mobilen Transmitter ähnlich einem Mobiltelefon überträgt. Die Datenübertragung erfolgt mindestens einmal täglich in den Nachtstunden, wenn der Patient schläft, als Tageszusammenfassung. Bei untertägigen Ereignissen werden Daten zusätzlich auch sofort versendet. Vom Transmitter, der auf dem Nachttisch steht oder auch mobil getragen werden kann, gehen die Daten über das Mobilfunknetz zu einem zentralen Service Center, wo sie empfangen und ausgewertet werden. Die Auswertung erfolgt vollautomatisch und ohne jegliches medizinisches Personal nach Maßgabe der individuellen Einstellungen, die der behandelnde Arzt vorgenommen hat. Alle Daten werden geschützt im Internet für den Arzt angezeigt. Per E-Mail, SMS oder Fax erhält der Arzt im Sinne eines Ampelprinzips die Information zur Dringlichkeit bei Ereignissen. „Rot" bedeutet, dass die Patientendaten zeitnah angesehen werden sollten – Home Monitoring ist kein Notfallsystem –, „gelb" zeigt an, dass er sich mit der Durchsicht mehr Zeit lassen kann. Durch die einzigartige tägliche Datenübertragung und Filterung im Service Center liegt immer der aktuelle Patientenstatus vor, ohne dass jedoch unnötig Routinedaten befundet werden müssen.

Die Vorteile des Systems liegen auf der Hand: Der Arzt kann die regelmäßigen Nachsorgen des Implantats via Internet aus der Ferne durchführen und sich auf die Ereignismeldungen konzentrieren. Somit kommt die Behandlung den Patienten zu Gute, die die ärztliche Aufmerksamkeit benötigen. Routineaufgaben werden effizienter erledigt. Dem Patienten bleiben unnötige Arztbesuche und die damit verbundenen Kosten erspart. Die Verlaufsanalysen der Daten und die tagesaktuelle Information erlauben es, Verschlechterungen des Krankheitsbildes frühzeitig zu erkennen und präventiv einzugreifen.

2.2.2 Entwicklung und aktuelle Nutzung

7   Die Erforschung und Entwicklung des Home Monitoring® Systems hat etwa eine Dekade in Anspruch genommen. Der erste Herzschrittmacher mit vollautomatischer drahtloser Telemetrie zu einem mobilen Transmitter wurde im Jahr 2000 in Deutschland implantiert, die USA folgten ein Jahr später. Daraufhin nahm die amerikanische Gesundheitsbehörde FDA das System in die „Hall of Fame" auf. Nach dem Nachweis der technischen Machbarkeit und Zuverlässigkeit der Datenübertragung aus dem Körper an eine externe Empfangsstation waren verschiedene weitere Technologiesprünge erforderlich, um die Anwendung zu erleichtern und zu erweitern. Zunächst wurden die Daten im Internet zur Anzeige gebracht, und ein Gesamtsystem, bestehend aus Implantat, Mobilfunk und Internet, wurde als Medizinprodukt der höchsten Sicherheitsklasse weltweit zugelassen. Es folgte die Erhöhung der Bandbreite der Datenübertragung vom Implantat zum Transmitter um den Faktor 1000 durch neue Mikrochips und Funktechnologien. Diese Technologie erlaubte die Fernübertragung von hoch aufgelösten EKG-Sequenzen aus dem Herzen, die den Ärzten als Diagnosemethode vertraut sind. Dabei wurde der Grundsatz beibehalten, nur maximal 1 bis 2 % der Batteriekapazität für die tägliche Datenübertragung zu verwenden. So kann der Patient Home Monitoring erhalten, ohne früher wegen Batterieerschöpfung zur Austauschimplantation zu müssen. Ausgehend von SMS als Technologie für die Datenübertragung mussten GPRS und UMTS integriert werden, um die hohen Datenmengen zu transportieren und dem weltweit unterschiedlichen Ausbau der Mobilfunknetze Rechnung zu tragen. Schließlich wurde eine automatisierte serverbasierte Datenauswertung mit Ampelprinzip hinzugefügt, um den Arzt von Routineaufgaben zu entlasten. Der jüngste Schritt war die Messung und Anzeige von Flüssigkeitseinlagerungen im Bereich der Lunge, was auf eine fortschreitende Herzinsuffizienz hinweist und wesentliche Informationen für die weitere Behandlung des Patienten gibt. Abb. 2 zeigt eine Übersicht der technologischen Entwicklungsschritte.

8   Heute ist das Home Monitoring® System weltweit zugelassen und im Einsatz. Als ein Indikator für die Anwendungsverbreitung der Technologie lässt sich die Anzahl der Patienten heranziehen, von denen pro Tag ein Datensatz im Service Center eintrifft. Aktuell gehen täglich ca. 100.000 Patientendatensätze ein. Mehr als 4000 Kliniken nutzen das BIOTRONIK Home Monitoring® in 55 Ländern weltweit. Die meisten Patienten kommen aus den USA (32 %), danach folgen Deutschland und Frankreich mit jeweils 15 %. Die Nutzungszahlen teilen sich auf in Herzschrittmacher mit 41 %, implantierbare Defibrillatoren mit 40 %, ICD und Resynchronisationstherapie mit 19 %. Die zeitliche Entwicklung der Nutzungszunahme zeigt Abb. 3.

Telemedizinisches Patientenmanagement

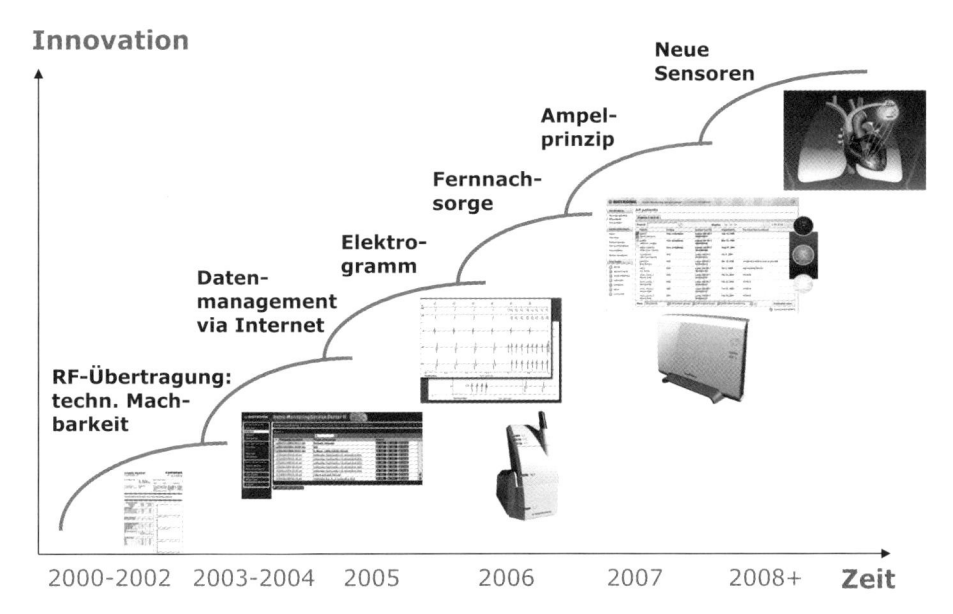

Abb. 2: Innovationsschritte des BIOTRONIK Home Monitoring
Quelle: Eigene Darstellung

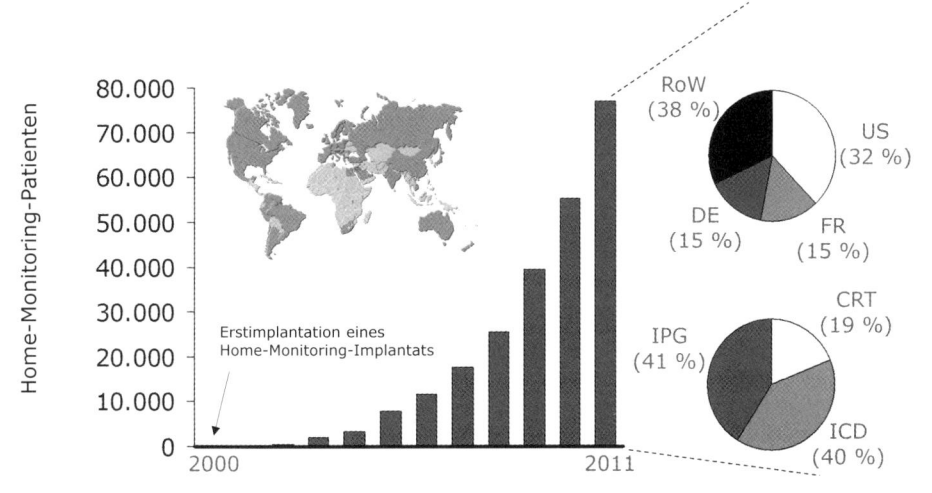

Abb. 3: Anzahl der BIOTRONIK Home-Monitoring-Patienten, die am Ende des Jahres online waren
Quelle: BIOTRONIK Home Monitoring Service Center

3 Nachweis des Nutzens für Patienten, Ärzte und Kostenträger

9   Das BIOTRONIK Home Monitoring nutzt den Beteiligten auf unterschiedliche Weise. Die wichtigsten Nutzenkategorien sind in Abb. 4 aufgeführt.

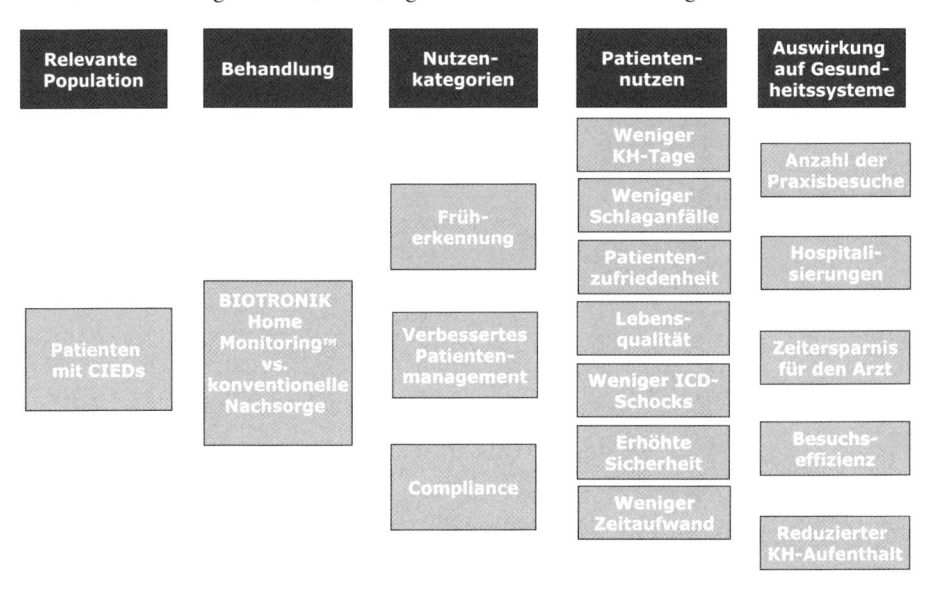

CIED = Cardiovascular Implantable Electronic Devices
ICD = Implantierbarer Cardioverter Defibrillator

Abb. 4: Übersicht der Nutzenkategorien von BIOTRONIK Home Monitoring
Quelle: Eigene Darstellung

10 Im Vordergrund stehen die verbesserte Patientenversorgung durch Früherkennung von Ereignissen, die geringere Anzahl von Nachsorgeuntersuchungen in der Klinik und die schnellere und bessere Anpassung des Implantates an die individuellen Patientengegebenheiten. Auf Seiten der Ärzte sind die Zeitersparnis bei der Durchführung der Nachsorgen auf telemedizinischem Wege, die geringe Anzahl von Nachsorgen in der Klinik und die quasi Onlinekontrolle über den Therapieerfolg zu nennen, wenn der Patient zu Hause ist. Bei den Kostenträgern kommen noch Einsparungen durch vermiedene Krankenhausaufenthalte durch die Früherkennung von Verschlechterungen des Krankheitsbildes und verminderte Transportkosten zu den Nachsorgen hinzu. Nachfolgend werden klinische Studien vorgestellt, mit denen die hier genannten Nutzen nachgewiesen wurden.

11 Tabelle 1 gibt einen Überblick über fünf abgeschlossene prospektive randomisierte kontrollierte klinische Studien (Randomized Clinical Trial, RCT) zum BIOTRONIK Home Monitoring mit insgesamt 2760 Patienten. Die Studien wur-

den im Zeitraum von 2008 bis 2011 veröffentlicht und betreffen sowohl Herzschrittmacher als auch ICD-Patienten.

Tab. 1: Abgeschlossene randomisierte prospektive klinische Studien zum BIOTRONIK Home Monitoring

Quelle: 1 Varma et al.: Circulation 122(4). 2010, S. 325-32; 2 Wetzel et al.: Eur Heart J 30. 2009, S. 418 (abstract supplement); 3 Mabo: Cardiostim. 2010, S. 16-19; 4 Halimi et al.: Europace 10(12). 2008, S. 1392-9; 5 Kacet: ESC congress. 2011.

Studie	Patienten (n)	Indikation	Studiendauer	Publikationen
TRUST[1]	1.339	ICD	15 Monate	Circulation 2012
REFORM[2]	115	ICD	27 Monate	Eur Heart J 2009
COMPAS[3]	494	SM	18 Monate	Cardiostim 2010
OEDIPE[4]	379	SM	4 Wochen	Europace 2008
ECOST[5]	433	ICD	27 Monate	ESC 2011

ICD = Implantierbarer Cardioverter Defibrillator
SM = Herzschrittmacher

In allen klinischen Studien wurde im Therapiearm Home Monitoring eingesetzt und im Kontrollarm mit der konventionellen Behandlung ohne Home Monitoring verglichen. Dabei wurden im Home-Monitoring-Arm die periodischen Nachsorgen „aus der Ferne" durchgeführt und der Patient nur einmal jährlich einbestellt. Im Kontrollarm fanden alle Nachsorgen in der Klinik statt.

3.1 Gleiche Patientensicherheit bei Home-Monitoring-Fernnachsorgen

Die geringere Anzahl von Arztkontakten beim Home Monitoring könnte zu höheren Raten von adversen Effekten führen. Die TRUST Studie kommt zu dem Ergebnis, dass die Rate von adversen Effekten in beiden Gruppen gleich ist. Mit BIOTRONIK Home Monitoring® (N = 908) 10,4 % p. a. vs. Kontrollarm (N = 413) ebenfalls 10,4 % p. a. Die Studien COMPAS, REFORM und ECOST bestätigen dieses Ergebnis. Damit wurde gezeigt, dass die Patientensicherheit beim Home Monitoring der konventionellen Behandlung mit häufigeren Arztkontakten nicht unterlegen ist.

3.2 Tatsächliche Reduktion der Kliniknachsorgen durch Home Monitoring

Für den Home-Monitoring-Arm wurden in den Studienprotokollen lediglich jährliche Nachsorgen in der Klinik vorgegeben und dazwischen liegende Nachsorgen mit Home Monitoring aus der Ferne durchgeführt. Es könnte dennoch sein, dass die Patienten häufiger in die Klinik kommen, weil Symptome auftreten, sie einfach ihren Arzt sehen wollen, oder weil das Home Monitoring häufig über Auffälligkeiten berichtet, die den Arzt zur Einbestellung des Patienten veranlassen. Dieser Frage wurde in den Studien TRUST, COMPAS und REFORM nachgegangen. In allen drei Studien wurde die Anzahl der tatsächlich durchgeführten Nachsorgen in der Klinik signifikant gesenkt. Im Mittel waren Patienten mit BIOTRONIK Home Monitoring® um mehr als die Hälfte seltener zur Nachsorge in der Klinik (TRUST: 45 % Reduktion, COMPAS: 55 % Reduktion, REFORM: 63 % Reduktion).

3.3 Patienten verhalten sich zuverlässiger in der Nachbetreuung mit Home Monitoring

15 Selbst in sehr gut geführten Studien halten Patienten sich nicht immer an die vorgeschriebenen Termine für die Durchführung von Nachsorgen. Dies bedeutet einen höheren Aufwand für die Kliniken, wenn es darum geht, die Patienten ausfindig zu machen und erneut einzuladen. Die Nichtbeachtung von Terminabsprachen spielt in der klinischen Routine sogar eine noch größere Rolle als in klinischen Studien. Die TRUST Studie hat gezeigt, dass die Patientenzuverlässigkeit, Nachsorgetermine auch wie vereinbart zu befolgen, durch Home Monitoring wesentlich erhöht wird.[1] Im Home-Monitoring-Arm lag die Zuverlässigkeit mit 84 % vs. 65 % im Kontrollarm um 19 % nach einem Jahr höher. Für die Kliniken bedeutet dies einen wesentlich verringerten Aufwand für das Patientenmanagement durch Home Monitoring.

3.4 Mit Home Monitoring werden Ereignisse früher erkannt

16 Beim konventionellen Patientenmanagement kommen die Patienten in Intervallen von drei bis zwölf Monaten zum Arzt oder wenn sie Symptome verspüren. Die tagesaktuelle kontinuierliche Übertragung von Daten aus dem Implantat mit Home Monitoring erlaubt eine fortlaufende Kontrolle. Im ersten Schritt ist die Frage zu stellen, ob die Informationen über Ereignisse den Arzt beim Home Monitoring tatsächlich schneller erreichen als in der konventionellen Nachsorge. Sowohl die TRUST Studie als auch die COMPAS Studie haben diese Frage untersucht und eindeutig und hoch signifikant zu Gunsten von Home Monitoring beantwortet. Für die in der TRUST Studie untersuchten ICD-Patienten wurden Ereignisse etwa einen Monat früher durch Home Monitoring erkannt. Bei den Herzschrittmacherpatienten in der COMPAS Studie lag der Vorteil der Früherkennung sogar bei ca. vier Monaten, da diese Patienten regulär seltener zum Arzt gehen. Einzelheiten zu den Früherkennungszeiten sind in Abbildungen 5 und 6 dargestellt.

---

1 Varma et al.: Eur Heart J. 2009.

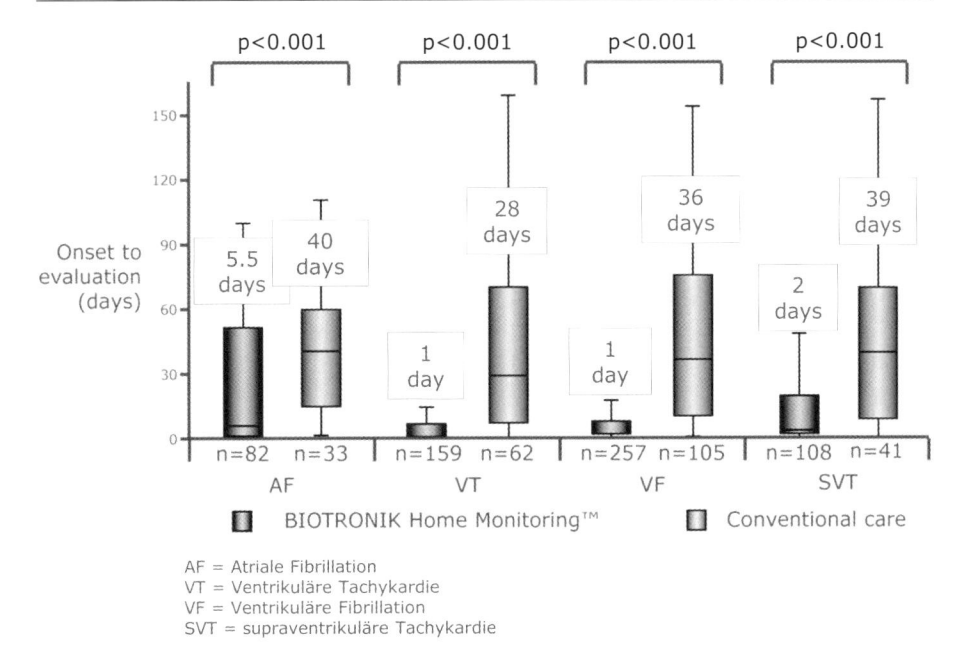

Nachweis des Nutzens für Patienten, Ärzte und Kostenträger

Abb. 5: Dauer von Beginn der Arrhythmie bis zur Evaluation durch den Arzt. Daten aus der TRUST Studie für Patienten mit ICD; die Ergebnisse beinhalten den Mittelwert der Tage aller symptomatischen und asymptomatischen Ereignisse.

Quelle: Eigene Darstellung

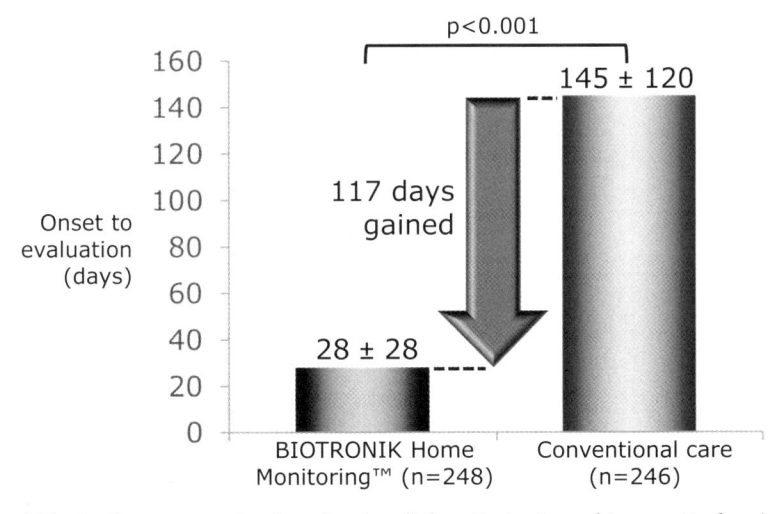

Abb. 6: Dauer von Beginn des kardialen Ereignisses bis zur Evaluation durch den Arzt. Daten aus der COMPAS Studie für Patienten mit Herzschrittmacher

Quelle: Eigene Darstellung

3.5 Home-Monitoring-Patienten zeigen einen Trend zur verringerten Häufigkeit von adversen Effekten

17 Die TRUST Studie und die COMPAS Studie waren von der Fallzahl her nicht dafür ausgelegt, die Überlegenheit von Home Monitoring bezüglich der Häufigkeit von schweren adversen Effekten nachzuweisen. Dennoch ergab die Analyse von schweren adversen Effekten aufgrund von atrialen Arrhythmien und assoziierten Schlaganfällen über 18 Monate in der COMPAS Studie im Home-Monitoring-Arm (N = 248) eine Rate von 2,4 % vs. Kontrollarm (N = 246) von 7,3 %. Die Verringerung ist mit $p < 0.01$ signifikant. Die Auswertung der TRUST Studie ergab für die Häufigkeit von Schlaganfallereignissen im Home-Monitoring-Arm 0,3 % über 1 Jahr vs. 1,2 % im Kontrollarm. Dieses um den Faktor 4 geringere Risiko war allerdings aufgrund der kleinen Fallzahlen nicht signifikant.

18 Hinzuweisen ist in diesem Zusammenhang auf Simulationsrechnung zur Häufigkeit von Schlaganfällen durch Ricci et al.[2] Danach wird davon ausgegangen, die Schlaganfallhäufigkeit durch Home Monitoring von 2,9 % p. a. auf 2,3 % p. a. zu reduzieren.

19 Darüber hinaus hat die ECOST Studie (N = 433) gezeigt, dass die Zahl der Patienten, die inadäquate Schocks erhielten, um 52 % gesenkt und die Zahl der Krankenhauseinweisungen aufgrund inadäquater Schocks um 72 % im Home-Monitoring-Arm reduziert werden konnte. Ferner zeigte die ECOST Studie, dass das Risiko, Schocks überhaupt auszulösen, um 76 % gesenkt werden konnte – mit positivem Effekt auf die Batterielaufzeit.

3.6 Kürzere oder seltenere Krankenhausaufenthalte durch Home Monitoring

20 In der der OEDIPE Studie (N = 379) wurde untersucht, ob die Aufenthaltsdauer nach einer Implantation durch die tägliche Home-Monitoring-Datenübertragung für den Patienten im Vergleich zur konventionellen Verweildauer verkürzt werden kann. Die Studie kommt zu dem Ergebnis, dass eine signifikante Reduktion um 34 % erreicht werden kann, ohne die Patientensicherheit zu verschlechtern. Unter Home-Monitoring-Beobachtung konnten 87 % der Patienten das Krankenhaus noch am selben Tag oder am Tag nach der Implantation wieder verlassen. Im Kontrollarm waren dies nur 29 %.

21 Hinzuweisen ist noch auf einen Trend zu verringerten Hospitalisierungsraten aufgrund von Arrhythmien oder Schlaganfällen in der COMPAS Studie. Im Home-Monitoring-Arm waren es sechs Ereignisse vs. 18 im Kontrollarm, aufgrund der kleinen Fallzahl ist dieses Ergebnis aber nicht signifikant.

---

2 Ricci, et al.: J Cardiovasc Electrophysiol. 2009.

3.7 Home Monitoring senkt die Kosten

Elsner et al. haben in einer Simulationsrechnung auf Basis der REFORM Studie die Auswirkungen des Einsatzes von BIOTRONIK Home Monitoring auf die Behandlungskosten ermittelt.[3] Danach liegen die potenziellen Einsparungen pro Patientenjahr auf Seiten der Krankenhäuser bei 712,31 EUR (61 % Reduktion), für reduzierte Transportkosten bei 109,99 EUR (63 % Reduktion) und durch weniger erforderliche Arztarbeitszeit bei 48 Minuten (41 % Reduktion).

Eine andere Simulationsrechnung von Fauchier et al. betrachtete für französische Patienten die Einsparungspotenziale in Abhängigkeit von der Entfernung zur nachsorgenden Klinik.[4] Im Vergleich zur konventionellen Nachsorge liegen die Einsparungen beim Patienten mit einer Entfernung von 50 km zur Klinik bei 177 USD, bei einer Entfernung von > 150 km bei 2,913 USD. Weitere kostensenkende Effekte wurden in dieser Studie nicht einbezogen.

3.8 Die Lebensqualität der Patienten wird durch Home Monitoring nicht negativ beeinflusst

Zu Beginn der Einführung der Home-Monitoring-Technologie stellte sich die Frage, ob die selteneren Arztkontakte oder der auf dem Nachttisch stehende Transmitter die wahrgenommene Lebensqualität der Patienten negativ beeinflussen würden. Zahlreiche Studien haben belegt, dass die Lebensqualität nicht verringert wird. Stellvertretend wird auf die COMPAS Studie verwiesen, wo der mittlere Wert für die Lebensqualität im SF-36 für den Home-Monitoring-Arm bei 68 vs. im Kontroll-Arm bei 71, p = ns lag. Ricci et al. knüpfen die Zufriedenheit der Patienten mit Home Monitoring an die Frage, ob die Patienten das Home Monitoring System behalten wollen.[5] In 97 % der Fälle haben die Patienten diese Frage nach einem Jahr Nutzung mit „Ja" beantwortet.

3.9 Home Monitoring kann effizient in vernetzten Versorgungsstrukturen eingesetzt werden

In der MoniC Studie mit 121 Patienten haben neun Zentren die Vernetzung zwischen einem zentralen Fernnachsorgezentrum und Satellitenkliniken erprobt.[6] Die Grundauswertung und Information über relevante Rhythmusstörungen sowie technische Ereignisse erforderte pro 100 Patienten und pro Tag insgesamt nur 1,1 Minuten für den Arzt und 30 Minuten bei einer geschulten Fachkraft. Unterstützt durch die zuverlässige automatische Übertragung von Implantatda-

---
3 Elsner et al.: Computer Cardiol. 2006.
4 Fauchier et al.: Pacing Clin Electrophysiol. 2005.
5 Ricci. et al.: Europace. 2010.
6 Vogtmann et al.: EP Europace, Beitrag im Juni 2012 eingereicht.

ten, bewerteten die Satellitenkliniken 73,7 % der empfangenen Grundauswertungen als „wertvoll". 37,4 % der Fälle hatten eine Reaktion zur Folge (Anruf beim Patienten, Einbestellung in die Klinik oder Praxis), und 15,8 % der Fälle führten zu einer Therapieanpassung. Darüber hinaus wurden 67,4 % der erweiterten Auswertungsnachrichten als „wertvoll" beurteilt. Hier lag die Reaktionsrate bei 27,2 %, und in 7,6 % der Fälle kam es zu einer Auswirkung auf die Behandlung.

4 Der Nutzen ist nachgewiesen, wie soll die Effizienz gezeigt werden?

26 Die vorgestellten Studien belegen den Nutzen des BIOTRONIK Home Monitoring® hinsichtlich der verringerten Nachsorgehäufigkeit in der Klinik bei gleicher Patientensicherheit, der Früherkennung von Ereignissen, der besseren Therapiequalität und bis hin zu Trendaussagen zu weniger oder kürzeren Krankenhausaufenthalten.

4.1 Das Dilemma der richtigen Studie

27 Für die Beurteilung einer neuen Methode, wie in diesem Beispiel des Telemonitoring von Patienten mit Herzschrittmacher- bzw. ICD-Implantaten, ist der erste Schritt die Durchführung von randomisierten kontrollierten klinischen Studien zur Sicherheit und Wirksamkeit. Diese Studien werden im Hinblick auf die primären und sekundären Endpunkte auf den Nachweis der Untersuchungsziele ausgelegt. In dieser Phase auch gleich noch den Effizienzvergleich mit zu berücksichtigen, ist nicht möglich. Ein einfaches Beispiel ist die Berechnung der Fallzahl, die sich auf einen einzigen Endpunkt beziehen muss. Zudem stößt die qualitativ belastbare Erhebung von Ressourcenverbräuchen an praktische Grenzen und ist in einem Umfeld, wo es um die medizinische und nicht ökonomische Untersuchung einer neuen Methode geht, fehl am Platze. Besonders erschwerend kommt hinzu, dass die Beurteilung der Effizienz naturgemäß von der Perspektive des Betrachters abhängt. Patient, Arzt, Klinik, niedergelassener Arzt, Kostenträger, Sozialversicherung, Industrie usw. können sich für unterschiedliche Kennzahlen interessieren und bei der Bewertung zu unterschiedlichen Ergebnissen gelangen. Während für die medizinische Beurteilung einer neuen Methode die möglichst multizentrische internationale Beteiligung an einer Studie wünschenswert ist, um ein breites Bild der medizinischen Praxis zu erhalten und die Einschlussphase zügig abzuschließen, erschwert dies die Erhebung von Effizienzdaten. Die Strukturen der Gesundheitssysteme und Kostenerstattungssysteme sind international sehr heterogen, und die Datenerhebung ist äußerst komplex bis unmöglich, so dass Effizienzdaten aus Studien zur Sicherheit und Effektivität im Sinne von wissenschaftlich belastbaren Signifikanzaussagen für die Effizienz nur in seltensten Fällen erlangt werden können. Schon allein aufgrund der erforderli-

chen Fallzahlen kann aber nicht in jedem Land eine randomisierte kontrollierte Kostenvergleichsstudie aufgesetzt werden.

Wenn die medizinische Überlegenheit einer Methode bereits gezeigt wurde, wäre es ethisch nicht zu vertreten, erneute Studien zur Erhebung von Kostendaten durchzuführen. Schließlich sei noch erwähnt, dass bei gängigen Studiendauern von zwei bis vier Jahren und den nachfolgenden Entscheidungsprozessen zunehmend mehr über einen überholten Technologiestand beraten wird, sobald die Ergebnisse vorgelegt werden. Wenn dann noch Effizienz- und Kostenstudien an die klinische Untersuchung von Sicherheit und Wirksamkeit angeschlossen werden, vergrößert sich der Abstand weiter. Die Prozesse müssen eher verkürzt als durch weitere Anforderungen verlängert werden.

4.2 Ein möglicher Ausweg

Nach Auffassung des Autors besteht ein Ausweg zur Beurteilung der Effizienz in Simulationsrechnungen und Abschätzungen auf Basis von Indikatoren, ohne den Nachweis von wissenschaftlich erhobenen Euro-Beträgen aus klinischen Studien zu fordern. Letztendlich basieren alle Investitionsentscheidungen in Effizienzsteigerung auf Annahmen und beinhalten ein verbleibendes Risiko, das Effizienzpotenzial nicht zu heben. Wenn ein Konzern ein neues Produktionswerk baut, gibt es Annahmen und Schätzungen zu den Kostenfaktoren und Abläufen in dem neuen Werk, die Anlass dazu geben, eine höhere Effizienz zu erwarten. Niemand wird aber erst ein Werk für Testzwecke bauen, die Abläufe studieren, die Kostendaten genau erheben und dann erst entscheiden können, ob das neue Werk nicht gleich wieder abzureißen ist. Wenn neue Methoden der Gesundheitsversorgung eingeführt werden, die Behandlungsprozesse effizienter gestalten sollen, so müssen die Entscheidungen über die Einführung ein Restrisiko über den Ausgang der Investition zulassen. Nach einer längeren Phase der praktischen Anwendung der neuen Methode wäre es dann leichter möglich, weitere Indikatoren über die Effizienz zu erhalten und auszuwerten, um anschließend über eine Fortführung oder Modifikation zu entscheiden.

5 Ausblick auf die Behandlung chronischer Volkskrankheiten unter Einsatz von Implantaten mit Telemonitoring

Die Entwicklung der Sensorik in den Implantaten zur Verbesserung der Diagnose und Therapie geht weiter. Es sind bereits Studien gestartet, die die Reduktion von Schlaganfällen durch die Früherkennung und Behandlung von Vorhofflimmern mit Home Monitoring untersuchen. Spezielle Implantate für die durch Home Monitoring unterstützte Diagnostik von Patienten mit unklaren Rhythmusstörungen und Verdacht auf Vorhofflimmern stehen kurz vor der Markteinührung. Für neue Verfahren zur Messung der Herzpumpleistung durch die Implantate sind bereits erste klinische Studien im Gange, was der Vorhersage von kardialer Dekompensation und der letztendlichen Vermeidung von Krankenhausaufenthalten dient. Für die Weiterverarbeitung der Daten in EHR-Systemen (Electronic Health Record) der Kliniken sind in den letzten Jahren in internationalen Gremien Datenformat- und Übertragungsstandards erarbeitet und verabschiedet worden, die einen Zugriff auf die Home-Monitoring-Daten aus den klassischen Klinikinformationssystemen heraus erlauben. Erste Kliniken sind bereits angebunden.

Literatur

Elsner, Ch. et al.: Computer Cardiol 33. 2006, S. 241-244.
Fauchier, L. et al.: Pacing Clin Electrophysiol 28(Suppl 1). 2005, S. 255-259.
Halimi, F. et al.: Europace 10(12). 2008, S. 1392-1399.
Kacet P.: Results of the ECOST study, presented at ESC congress. Aug 2011, S. 27-31.
Mabo P.: Results of the COMPAS study, presented at Cardiostim. Jun 2010, S. 16-19.
Ricci, R. P. et al.: J Cardiovasc Electrophysiol 20(11). 2009, S. 1244-1251.
Ricci, R. P. et al.: Europace 12(5). 2010, S. 674-679.
Varma, N. et al.: Eur Heart J 30. 2009, S. 278 (abstract supplement). Online: http://spo.escardio.org/abstract-book/presentation.aspx?id=67474 (abgerufen im Sept. 2010).
Varma, N. et al.: Circulation 122(4). 2010, S. 325-332.
Vogtmann, Th. et al.: To be published in EP Europace, article submitted in June 2012.
Wetzel, U. et al.: Eur Heart J 30. 2009, S. 418 (abstract supplement). Online: http://spo.escardio.org/abstract-book/presentation.aspx?id=68016 (abgerufen im Okt. 2010).

Effizienzsuche in der Praxis der Unternehmensberatung

Beitrag 22

Effizienz in Krankenkassen als soziale Herausforderung

Michael Ollmann/Florian Schaudel

		Rn.
1	Einleitung	1 – 3
2	**Effiziente Maßnahmen zur Verbesserung des Gesundheitszustandes**	4 – 19
2.1	Kosteneffizienz im Leistungsfall	6 – 12
2.1.1	Reduktion der Leistungsstückkosten	7 – 9
2.1.2	Vermeidung unnötiger Leistungen	10
2.1.3	Soziale Herausforderungen	11, 12
2.2	Förderung der Gesundheit	13 – 15
2.3	Betreuung der Versicherten	16 – 19
3	**Maßnahmenumsetzung**	20 – 33
3.1	Effizienzsteuerung	21 – 23
3.2	Effizienz als Teil der Unternehmenskultur	24 – 33
3.2.1	Mythos Nr. 1: Unternehmenskultur lässt sich nicht klar definieren	25 – 29
3.2.2	Mythos Nr. 2: Unternehmenskultur lässt sich nicht beeinflussen	30 – 33

Autoren

Dr. Michael Ollmann

Jahrgang 1958, Senior Director im Hamburger Büro von McKinsey & Company und mittlerweile seit über 26 Jahren im Unternehmen tätig, ist vor allem in Europa in Versicherungen, einschließlich Krankenversicherungen und Krankenkassen, sowie in Krankenhäusern tätig. Michael Ollmann gehört zu den europäischen Führungsgremien von McKinsey im Versicherungssektor und leitet außerdem McKinseys europäische Risk Management Practice. Vor seinem Eintritt bei McKinsey hat Michael Ollmann 1981 seinen Diplom-Kaufmann und 1983 die Promotion zum Dr. rer. Pol. an der Universität Hamburg abgelegt.

Dr. Florian Schaudel

Jahrgang 1974, arbeitet seit dem Jahr 2000 bei McKinsey & Company und ist Partner im globalen Business Technology Office. Florian Schaudels Beratungsschwerpunkt liegt im Bereich Informationsmanagement, IT und Prozessoptimierung im Gesundheitswesen sowie bei Banken und Versicherungen. Er ist Führungsmitglied des Sektors Europäisches Gesundheitswesen und der Healthcare-IT-Initiative von McKinsey. Der diplomierte Mathematiker mit Abschluss an der Albert-Ludwigs-Universität Freiburg promovierte zum Dr. der Ingenieurswissenschaften an der Technischen Universität Karlsruhe.

> **Abstract:** Zu den wesentlichen Aufgaben einer Krankenkasse gehört es, größtmögliche Effizienz sicherzustellen. Die Senkung der Leistungsstückkosten und des Verwaltungsaufwandes kann dazu genauso einen Beitrag leisten wie die Steuerung der Leistungsinanspruchnahme. Die Erhöhung der Effizienz darf allerdings nicht zur Vernachlässigung sozialer Verantwortung führen. Anderseits sollte der soziale Aspekt nicht als Ausrede dienen, um Anstrengungen für mehr Effizienz von vornherein zu unterlassen – dies würde die Leistungsfähigkeit einer Krankenkasse gegenüber ihren Versicherten und damit ihre Wettbewerbsfähigkeit langfristig gefährden. Maßnahmen zur Effizienzsteigerung sollten ganzheitlich über ein einheitliches Kennzahlensystem geplant und gesteuert werden. Wesentliche Voraussetzung für den nachhaltigen Erfolg ist zudem die Etablierung einer Unternehmenskultur, in der Effizienz explizit Berücksichtigung findet.

1 Einleitung

Laut § 1 SGB V hat die Krankenversicherung als Solidargemeinschaft „die Aufgabe, die Gesundheit der Versicherten zu erhalten, wiederherzustellen oder ihren Gesundheitszustand zu bessern". Sie macht dies effizient, wenn sie die Aufgabe mit einem möglichst geringen Aufwand an Mitteln erfüllt, oder, wie es das SGB V ausdrückt: „Die Krankenkassen haben bei der Durchführung ihrer Aufgaben und in ihren Verwaltungsangelegenheiten sparsam und wirtschaftlich zu verfahren."

Für eine Krankenkasse ergeben sich aus diesem Auftrag drei wesentliche Fragen:

- Welche effizienten Maßnahmen stehen zur Verfügung, um den Zielen nach SGB V am besten gerecht zu werden?
- Wie lässt sich in der täglichen Arbeit sicherstellen, dass nur effiziente Maßnahmen umgesetzt werden?
- Wie werden solche Maßnahmen selbst möglichst effizient realisiert?

Am leichtesten lässt sich die letzte Frage beantworten, denn in diesem Punkt unterscheidet sich eine Krankenkasse kaum von einem anderen Unternehmen: Es geht darum, den Einsatz von Mitarbeitern und Ressourcen möglichst effizient zu organisieren und dazu Prozesse und Abläufe in geeigneter Art und Weise zu gestalten; gleichzeitig gilt es, Nacharbeit infolge von Minderqualität zu vermeiden. Hierfür stehen heute auch Dienstleistern wie Krankenkassen sehr leistungsfähige Werkzeuge zur Verfügung. Der vorliegende Beitrag beschäftigt sich daher primär mit der Frage, wie sich effiziente Maßnahmen identifizieren und umsetzen lassen. Dabei stützen wir uns auf vielfältige Erfahrungen in Klientenprojekten.

2 Effiziente Maßnahmen zur Verbesserung des Gesundheitszustandes

Das Ziel „Verbesserung des Gesundheitszustandes" ist in seinem Umfang nicht eindeutig abgegrenzt. So können zwar viele Maßnahmen zu einer graduellen Verbesserung des Gesundheitszustandes führen, ihr tatsächlicher Nutzen lässt sich aber oft nur schwer nachweisen. Dies gilt z. B. für präventive Kuren oder Wellnessangebote. Daher hat die Krankenkasse als einzigen Anhaltspunkt die Höhe der Zuweisungen aus dem Gesundheitsfonds – sie dient ihr als Richtschnur für das Gesamtausgabenniveau. Die Frage nach der Effizienz wird damit zu einem Allokationsproblem: Für welche Maßnahmen kann eine Krankenkasse das ihr zur Verfügung stehende Geld im Sinne ihres Auftrages optimal ausgeben? Um die Frage beantworten zu können, muss die Krankenkasse zunächst die möglichen Handlungsoptionen kennen und diese dann einzeln im Hinblick auf ihre Wirkung bewerten.

5 Grundsätzlich verfügt eine Krankenkasse über drei Hebel, mit denen sie eine effiziente Verbesserung des Gesundheitszustandes ihrer Versicherten sicherstellen kann:

- Die Kasse hält die notwendigen Kosten für Heilbehandlungen so gering wie möglich, indem sie die Preise dafür optimal verhandelt und/oder nur die Kosten solcher Behandlungen trägt, die tatsächlich medizinisch notwendig sind.
- Die Kasse bemüht sich, die Gesundheit der Versicherten schon im Vorfeld von Erkrankungen positiv zu beeinflussen, so dass (teure) Heilbehandlungen gar nicht erst notwendig werden.
- Die Kasse minimiert den Aufwand für administrative und andere Tätigkeiten, die nicht direkt der Gesundheit der Versicherten zugutekommen.

2.1 Kosteneffizienz im Leistungsfall

6 Damit die Krankenkasse das ihr zur Verfügung stehende Geld optimal einsetzen kann, muss sie zunächst ein Bild davon gewinnen, welchen Nutzen mögliche Maßnahmen haben. Dabei empfiehlt es sich, zwischen verschiedenen Maßnahmentypen zu unterscheiden.

2.1.1 Reduktion der Leistungsstückkosten

7 Leistungsstückkosten lassen sich z. B. reduzieren durch Abschluss von Rabattverträgen, Initiativen zur Prüfung von Abrechnungen oder systematisches Regressmanagement. Charakteristisch für diese Maßnahmen ist, dass sie keinen (direkten) Einfluss auf die für den Versicherten erbrachte Leistung haben.

8 Der Einsatz solcher Maßnahmen ist relativ einfach zu bewerten – sie finanzieren sich in der Regel selbst, da die Kasse durch die Umsetzung netto Geld einspart. Ein interner Faktor sollte aber festlegen, in welcher Höhe die zu erzielenden Einsparungen die Kosten übertreffen müssen. So könnte z. B. gelten, dass eine Maßnahme dann effizient ist, wenn die (erwarteten) Einsparungen die Kosten um den Faktor 2 bis 3 übertreffen. Auf diese Weise wird sichergestellt, dass die Leistungskosten nicht einfach in Verwaltungskosten „umgetauscht" werden und sich

der Aufwand für den Aufbau entsprechender Fähigkeiten bei den Mitarbeitern lohnt.

So wichtig Maßnahmen zur Reduktion der Leistungsstückkosten auch sind – ihr Wirkungsgrad bleibt begrenzt. Zum einen greifen die Maßnahmen erst, wenn die Leistung bereits erbracht ist und der Leistungserbringer bezahlt werden muss. Damit kann die Krankenkasse zwar Geld zum Wohl ihrer Versicherten einsparen. Das Gesundheitssystem als Ganzes verzeichnet aber keinen spürbaren Effizienzgewinn, da der Gesamtleistungsaufwand nicht zurückgeht (es sei denn, Ärzte und andere Leistungserbringer führen auf Grund der gesunkenen Stückpreise künftig weniger solcher Leistungen durch). Zum anderen hat die Krankenkasse zu diesem späten Zeitpunkt nur noch begrenzte Verhandlungsmacht, da „lediglich" der Lohn für eine bereits erbrachte Leistung eingefordert wird.

2.1.2 Vermeidung unnötiger Leistungen

Viel zielführender ist es aus Sicht der Krankenkasse – wie auch des Gesamtsystems – die Durchführung nicht oder nur schlecht wirkender Behandlungen zu verhindern. Über Genehmigung und Beratung kann eine Krankenkasse hier Einfluss nehmen.

- **Genehmigung.** In den meisten Gesundheitssystemen weltweit steuern Krankenkassen Leistungsausgaben durch Genehmigung: Alle Leistungen, die nicht der unmittelbaren Behandlung von akuten, lebensbedrohlichen Erkrankungen oder Verletzungen oder der akuten Schmerztherapie dienen, obliegen dem Vorbehalt der Genehmigung durch den Kostenträger vor Beginn der Behandlung bzw. Versorgung des Versicherten.
  Der Zwang zur Genehmigung von Leistungen wirkt dabei in doppelter Hinsicht kostenmindernd: Zum einen kann eine Krankenkasse durch Betrachtung des Einzelfalls unnötige Leistungen schon vor der Erbringung erkennen und damit vermeiden. In der Praxis kommen dafür allerdings nur wenige offensichtliche Situationen in Betracht, da der Leistungserbringer vor Ort meist nicht nur den Einzelfall deutlich besser kennt, sondern auch über mehr Fachwissen für eine Beurteilung verfügt. Zum anderen – und hier ist die Wirkung deutlich größer – stellt eine solche Genehmigung eine Hürde für den Antragsteller dar; sie hält ihn möglicherweise sogar davon ab, eine bestimmte Leistung zu beantragen. Darüber hinaus erledigt sich unserer Erfahrung nach jeder zweite Kurantrag von selbst, wenn er nicht bzw. erst auf Nachfrage bearbeitet wird, da die Antragsteller das Ausbleiben der Genehmigung nicht monieren. Selbstverständlich ist das „Liegenlassen" von Kurantragen oder die regelmäßige Ablehnung bei Erstantrag keine akzeptable Lösung. Ein solches Vorgehen würde nicht nur dem Auftrag der Krankenkasse widersprechen, sondern – genau im Gegensatz zum Solidaritätsprinzip – vor allem diejenigen Versicherten treffen, die sich nicht gegen ein solches Vorgehen wehren können oder wollen. Für die Krankenkassen kommt es daher darauf an, effizient

diejenigen Anträge herauszufiltern, bei denen kein oder kein ausreichender Nutzen für den Versicherten gegeben ist.

Insgesamt räumen die Bestimmungen des deutschen Gesundheitswesens den Krankenkassen nur wenige Möglichkeiten ein, das Instrument der Genehmigung wirkungsvoll einzusetzen. Umso mehr verwundert es, dass einige Kassen den wenigen Spielraum, den ihnen das System bietet, nicht nutzen. Zwar kann es sich in Einzelfällen lohnen, bei Abschluss von Verträgen zur integrierten Versorgung oder Rabattverträgen auf Genehmigungen zu verzichten, wenn sich dadurch ein deutlich besserer Preis aushandeln lässt. Dies erfordert aber ein extrem enges Vertragscontrolling, damit nicht der Preiseffekt durch nachträgliche Mengenausweitung überkompensiert wird.

- **Beratung.** Die proaktive Beratung von Versicherten ist eine zweite Möglichkeit, die Leistungsinanspruchnahme zu steuern. Auch bei diesem Ansatzpunkt sind ausländische Kostenträger den meisten deutschen Krankenkassen voraus. Viele Versicherte nehmen Leistungen etwa in der Diagnostik oder bei Notfällen und an Wochenenden nicht aus zwingender Notwendigkeit in Anspruch; sie sind vielmehr unsicher und wissen nicht genug über angemessene und erforderliche Behandlungen. Die Leistungserbringer wiederum lehnen solche Leistungen auf Grund der geltenden Anreizsysteme nur selten ab – etwa wenn die gewünschte Behandlung dem Patienten schaden könnte oder der Leistungserbringer Gefahr läuft, auf den Kosten sitzen zu bleiben.

Für die Krankenkassen könnte es sich daher lohnen, ihre Versicherten noch besser darüber zu informieren, welche Leistungen notwendig sind und welche nicht. Allerdings stehen Krankenkassen in Deutschland zum Teil im Ruf, sich nicht am Wohl des Versicherten, sondern allein an den Kosten zu orientieren und daher im Zweifelsfall auch von sinnvollen Untersuchungen, Behandlungen und Hilfsmitteln abzuraten. Ein Blick ins Ausland macht aber deutlich, wie effektiv eine Beratung der Versicherten sein kann: Medis in Portugal betreibt z. B. eine Telefonhotline, an der über 40 Ärzte und Krankenschwestern Versicherten dabei helfen, die richtige Behandlung zu finden; eine medizinische Entscheidungssoftware unterstützt die Ableitung von Empfehlungen. Die Erfahrung zeigt, dass sich auf diese Weise bis zu 5 % der Behandlungskosten einsparen lassen. Interessanterweise ergibt sich das größte Potenzial nicht durch vermiedene Behandlungen. Wichtigster Effekt ist vielmehr, dass die Versicherten durch die Beratung gleich beim ersten Arztbesuch – und nicht erst beim zweiten oder dritten – den richtigen Spezialisten finden (bzw. den Hausarzt aufsuchen statt die Notaufnahme im Krankenhaus).

2.1.3 Soziale Herausforderungen

11 Maßnahmen zur Leistungssteuerung sind für sich genommen zwar kosteneffizient. Unter sozialen Gesichtspunkten ist aber zu berücksichtigen, dass sie bei den Versicherten möglicherweise unterschiedliche Wirkung zeigen. So kann eine Steuerungsmaßnahme bei dem einen Versicherten zu einer maßvollen Leistungs-

inanspruchnahme führen, den anderen dagegen abschrecken, überhaupt nach Leistungen zu fragen. Unter Umständen werden einige Versicherte durch Steuerungsmaßnahmen geradezu motiviert, eine Vielzahl (unnötiger) Leistungen zu beantragen, um dann aus ihrer Sicht hinreichend viele genehmigt zu bekommen.

Die Genehmigungspraxis ist daher versichertenindividuell auszugestalten. Krankenversicherer können dies beispielsweise über einen „Inanspruchnahme-Score" sicherstellen: Dieser setzt die von einem Versicherten in den vergangenen zwei Jahren beantragten, genehmigungspflichtigen Leistungen ins Verhältnis zu dessen Krankheitsgeschichte. Die Verhältnisbildung stellt sicher, dass chronisch Kranke, die mehr Leistungen brauchen als andere, nicht benachteiligt werden. Je besser ein Versicherter bei diesem Score abschneidet, umso einfacher ist es für ihn, eine genehmigungspflichtige Leistung bewilligt zu bekommen – und sei es nur, dass Anträge von Versicherten mit besonders gutem Score schneller bearbeitet werden.

2.2 Förderung der Gesundheit

Wie sich die Gesundheit der Versicherten jenseits akuter Erkrankungen verbessern lässt, wird seit langem kontrovers diskutiert. So dienten viele sogenannte präventive Maßnahmen in der Vergangenheit primär der (frühzeitigen) Diagnostik und, wenn überhaupt, nur sekundär der Vermeidung von Krankheiten. Auch ist es für die einzelnen Kassen nicht immer leicht, den Nutzen tatsächlich präventiver Maßnahmen zu verfolgen und ihren Erfolg auch quantitativ nachzuweisen – die Wirkung tritt zum Teil oft erst nach Jahren, wenn nicht sogar Jahrzehnten ein.

Dennoch gibt es einige präventive Maßnahmen, die relativ unbestritten die Gesundheit der Versicherten nachhaltig fördern können.[1] Dazu gehören z. B. Ernährungs- und Sportförderprogramme, die Raucherentwöhnung sowie verschiedene Initiativen zum Versorgungsmanagement. Das vorhandene Budget der Krankenkassen reicht allerdings nicht für alle denkbaren Maßnahmen aus. Um es möglichst effizient verteilen zu können, müssen die Krankenkassen die einzelnen Maßnahmen bewerten. Dabei hilft eine Nutzen-Kosten-Kurve, wie sie üblicherweise als Industriekostenkurve von produzierenden Industrien verwendet wird (Abb. 1).

Die Kurve trägt zum einen die verschiedenen möglichen Maßnahmen geordnet nach ihren Kosten auf, zum anderen die Anzahl Lebensjahre der Versicherten, die sich statistisch gesehen durch die jeweiligen Maßnahmen gewinnen lassen. Dabei zeigt sich meist, dass weder die scheinbar günstigsten noch die intensivsten Maßnahmen hinreichend effizient sind: Die Sportförderprogramme im darge-

---

[1] Unsere Projekte für verschiedene Kassen gehen nicht auf die ethisch schwierige Diskussion ein, ob solche Präventionsmaßnahmen in Wirklichkeit kostensteigernd für das System sind, weil sie bewirken, dass in Zukunft viele teure Pflegefälle zu versorgen sind.

stellten Beispiel kosten je Versicherten relativ wenig – auf Grund der breiten Streuwirkung und der Größe der betroffenen Kundengruppe erweist sich die Maßnahme in Summe aber als teuer und auf Grund niedriger Compliance der Versicherten als wenig effektiv.

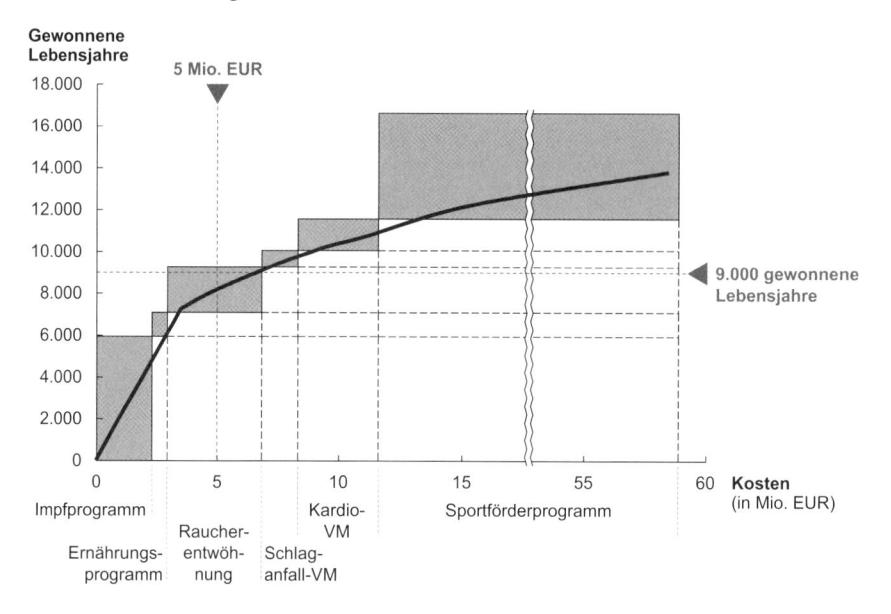

Abb. 1: Anonymisiertes Projektbeispiel
Quelle: Eigene Darstellung

2.3 Betreuung der Versicherten

16 Die Leistungsgewährung macht bei Krankenkassen zwar den größten Kostenblock aus. Dennoch kann es sich lohnen, auch die Effizienz in der Verwaltung zu steigern. Wie in allen Unternehmen lassen sich in den typischen Verwaltungsbereichen meist Prozesse und Abläufe optimieren. Der größte Teil der nicht leistungsbezogenen Kosten entfällt in der Regel auf die Bereiche Kundenbetreuung und Beratung.

17 Effizienz in der Kundenbetreuung ist ein heikles Thema. Denn an der Schnittstelle zum Kunden erfüllen Krankenkassen auch eine wichtige soziale Aufgabe, die sich nicht ausschließlich mit herkömmlichen Effizienzkennzahlen bewerten lässt: Gerade für viele ältere Versicherte ist die Kundenbetreuung der Krankenkasse zusammen mit der Rentenberatung eine wichtige – und zumal eine persönliche – Anlaufstelle im Sozialsystem. Diese besondere Verantwortung muss eine Kran-

kenkasse in ihre Überlegungen mit einbeziehen. Allerdings zeigt die Praxis auch, dass soziale Verantwortung gern als Argument dafür dient, auf Effizienzmanagement in diesem Bereich zu verzichten und Mittel ungesteuert einzusetzen.

Prinzipiell lässt sich Effizienz in der Kundenbetreuung ähnlich beurteilen wie die Effizienz von Maßnahmen zur Förderung der Gesundheit: Zunächst muss klar sein, welche Betreuungsmöglichkeiten im Einzelnen zur Verfügung stehen und für welche Fallgruppen sie jeweils geeignet sind. Darauf aufbauend lässt sich eine Betreuungskostenkurve ableiten (Abb. 2).

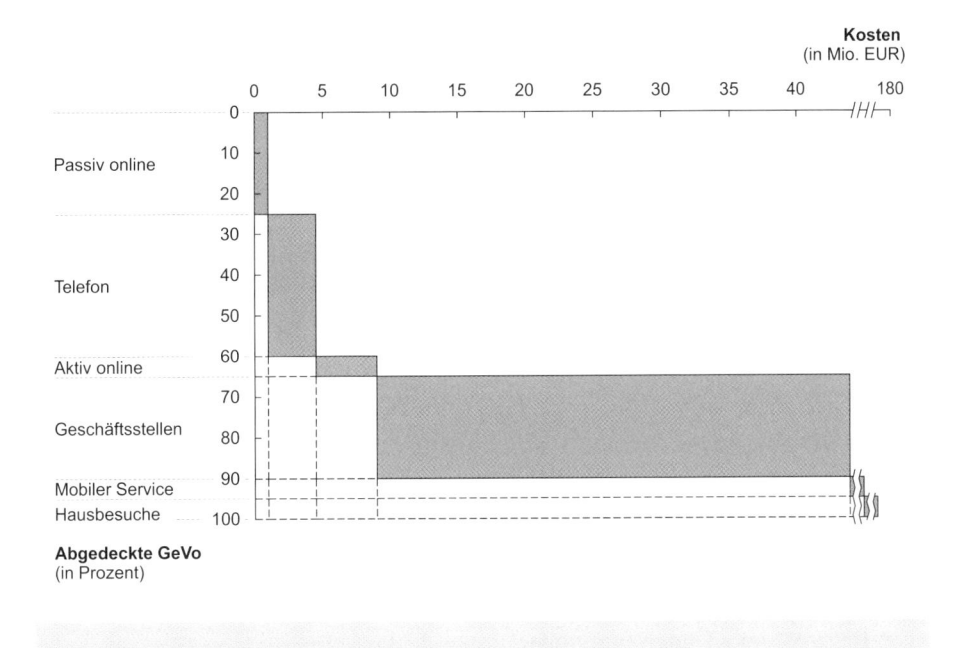

Abb. 2: Anonymisiertes Projektbeispiel
Quelle: Eigene Darstellung

Sie zeigt auf, welche Maßnahmen in welchem Umfang Geschäftsvorfälle (GeVo) mit den Kunden zu welchen Kosten abdecken. Erfahrungsgemäß lassen sich mehr Transaktionen über Internet oder Telefon abwickeln als Krankenkassen in der Regel vermuten – der Umfang hängt dabei natürlich stark von der Zusammensetzung des Versichertenkollektivs der jeweiligen Krankenkasse ab. Im ersten Schritt könnten Präsenzkanäle nur noch für solche Geschäftsvorfälle genutzt werden, bei denen der direkte Kontakt einen echten Vorteil bringt. Für primär soziale Kontakte sind verstärkt Telefonate und das Internet zu nutzen, allerdings unter Beibehaltung einer gewissen Anzahl physischer Kontaktpunkte. In jedem Fall macht eine solche Analyse auch transparent, wie viel Geld die Krankenkasse für die soziale Betreuung von Versicherten aufwendet. Diesen Mitteleinsatz kann sie dann je nach wirtschaftlicher Lage bewusst steuern.

3 Maßnahmenumsetzung

20 „Was man nicht misst, kann man auch nicht regeln", sagen Ingenieure. Dies gilt auch für die Umsetzung von Effizienzmaßnahmen in Krankenkassen. Denn nur wer alle relevanten Parameter regelmäßig erfasst und verfolgt, kann Maßnahmen entsprechend steuern – sei es, dass eine Kasse in finanziell schwieriger Situation ihre Leistungs- und Verwaltungsausgaben eng kontrollieren muss, sei es, dass sie ihrer Philosophie folgen will, durch besonders gute Betreuung vor Ort auch sozial benachteiligte Versicherte optimal mitzunehmen. Steuerung und Führung allein reichen allerdings nicht aus, ein jederzeit effizientes Handeln der Mitarbeiter sicherzustellen. Dazu muss der Effizienzgedanke fest in der Unternehmenskultur verankert sein.

3.1 Effizienzsteuerung

21 Inwieweit Leistungssteuerungs- und Betreuungsmaßnahmen im Gesundheitswesen letztlich Wirkung zeigen, wird erst nach relativ langer Zeit sichtbar. Bei der Effizienzmessung und -steuerung ist daher nach drei Ebenen zu differenzieren:

- **Aktivitätsmessung.** Zunächst gilt konsequent zu messen, inwieweit geplante Maßnahmen tatsächlich umgesetzt wurden. Wie viele Rechnungen wurden z. B. geprüft und wie viele Anträge auf Hilfsmittel bearbeitet? Nach welchen Prozessen und Entscheidungsrichtlinien wurde dabei vorgegangen?
- **Erfolgsmessung.** Danach ist der unmittelbare Erfolg dieser Maßnahmen zu messen: Wie hoch war z. B. die Rechnungsprüfungsquote oder die Ablehnungsquote bei Genehmigungen?
- **Ergebnismessung.** Liegen die entsprechenden Daten vor, ist schließlich zu prüfen, inwieweit der gemessene Erfolg tatsächlich zu Minderausgaben in den entsprechenden Konten geführt hat.

22 Voraussetzung für eine sinnvolle Messung ist die genaue Planung von Maßnahmen entlang dieser drei Stufen. Kommt es zu Planabweichungen, lässt sich so schnell die Ursache identifizieren und entsprechend Abhilfe schaffen. Bei der Einführung der Aktivitätsmessung ist eng mit Sozialpartnern und Personalvertretung zusammenzuarbeiten – ohne entsprechende kommunikative Begleitung werden solche Messungen häufig als Methoden zur Erfassung der Mitarbeiterleistung missverstanden.

23 Schließlich gilt es bei der Entwicklung eines Controllingkonzeptes, die Komplexität im Auge zu behalten. Selbst für relativ überschaubare Leistungsbereiche lassen sich leicht dutzende, wenn nicht gar hunderte von Kennzahlen entwickeln. Füh-

rungskräfte können in der Regel jedoch nur eine Handvoll Steuerungskennzahlen gleichzeitig verfolgen und ihr Handeln danach ausrichten. Bei zu vielen Kennzahlen wächst zudem die Gefahr, dass sich Verantwortliche auf einzelne (zufällig) gute Werte berufen, wenn sie bei anderen Werten weniger erfolgreich waren. Ziel sollte in jedem Fall ein kompaktes System von Steuerungskennzahlen sein, mit dem alle Maßnahmen einheitlich beurteilt werden können.

3.2 Effizienz als Teil der Unternehmenskultur

Nicht jedes Handeln der Mitarbeiter einer Kasse lässt sich zu jedem Zeitpunkt steuern. Daher sollte der Effizienzgedanke gleichzeitig als wichtiges Element fest in der Unternehmenskultur verankert sein. Die Realität sieht allerdings oft anders aus: Unternehmenskultur gilt generell als weiches Managementthema – eher hinzunehmen als zu beeinflussen, mehr Sache des „Klimas" als harter Wettbewerbsfaktor. In Diskussionen über Unternehmenskultur halten sich zudem auch in Krankenkassen hartnäckig zwei Mythen, die einer Weiterentwicklung in Richtung mehr Effizienz entgegenstehen. 24

3.2.1 Mythos Nr. 1: Unternehmenskultur lässt sich nicht klar definieren

Von Managern hören wir oft, dass sie intuitiv wüssten, was Unternehmenskultur und Ausrichtung auf Effizienz bedeuten. Meist sind sie dann aber nicht in der Lage, eine derartige Kultur präzise zu beschreiben. 25

Als Erstes bedarf es daher einer genauen Definition: Gemeint sind jene Verhaltensnormen einer Organisation, die Management und Mitarbeiter befähigen, die Auswirkungen unterschiedlicher Handlungsmöglichkeiten auch auf die Effizienz zu erkennen, zu verstehen und offen zu diskutieren sowie die passenden Optionen auszuwählen. Für Krankenkassen bedeutet das die stetige Beantwortung der Fragen: Wie wirkt sich mein Handeln auf die Zufriedenheit der Mitglieder und gleichermaßen auf die vom Gesetzgeber im SGB V geforderte Wirtschaftlichkeit aus? Wie kann ich beide Anforderungen immer wieder in Einklang bringen? 26

In einer starken Unternehmenskultur bilden die Verhaltensnormen gemeinsame Standards; sie haben prägende und disziplinierende Wirkung darauf, wie eine Krankenkasse mit dem Thema Effizienz umgeht und den unterschiedlichen Anforderungen an ihr Handeln gerecht wird. 27

Eine starke, auch auf Effizienz ausgerichtete Unternehmenskultur weist mehrere typische Elemente auf, die sich gegenseitig verstärken: 28

- Eine klar formulierte Unternehmensstrategie, welche die Bedeutung von Effizienz hervorhebt

- Hohe analytische Stringenz und umfassende Kommunikation, damit alle Mitarbeiter jederzeit die Informationen haben, die sie brauchen, um die Strategie umsetzen und der erwünschten Kultur entsprechen zu können
- Schnelle Eskalation von Handlungen, die gegen die Unternehmenskultur und damit auch den Effizienzgedanken verstoßen
- Sichtbares und einheitliches Vorleben der gewünschten Verhaltensweisen und Standards durch die oberen Führungsebenen
- Anreize, die Mitarbeiter ermutigen, auch im Hinblick auf effizientes Handeln „das Richtige zu tun" und sich Gedanken über die nachhaltige Leistungsfähigkeit des Unternehmens zu machen
- Kontinuierliches und konstruktives Hinterfragen von Handlungen und vorgefassten Meinungen auf allen Unternehmensebenen.

29 Die Unternehmenskultur ist damit als integraler Bestandteil des breiteren Managementsystems einer Krankenkasse zu verstehen.

3.2.2 Mythos Nr. 2: Unternehmenskultur lässt sich nicht beeinflussen

30 Das Verhalten von Mitarbeitern – ihre Motive, Urteile und Entscheidungen – orientiert sich an den Abläufen in ihrem Unternehmen, einem komplexen Mechanismus aus Systemen, Prozessen und Strukturen. Dieser formale Kontext legt fest, welches Verhalten akzeptabel ist. Aber auch Denkweisen und Einstellungen prägen das Verhalten der Mitarbeiter entscheidend mit. Soll der Effizienzgedanke nun in der täglichen Arbeit dauerhaft gelebt werden, ist zunächst zu klären, welche Systeme, Prozesse und Strukturen effizientes Handeln gefährden und welche Einstellungen verändert werden müssen, um Fehlverhalten von Mitarbeitern zu verhindern.

31 Natürlich lassen sich nicht sämtliche Verhaltensweisen aller Mitarbeiter jederzeit aufeinander abstimmen. Bei der Umsetzung einer als richtig erkannten Unternehmenskultur kommt es vielmehr darauf an, die entscheidenden Einstellungsänderungen zu identifizieren und zu adressieren. Eine solche Priorisierung hilft nicht zuletzt, potenzielle Widerstände abzubauen. Denn konkrete und mit Nachdruck verfolgte Veränderungen sind leichter zu vermitteln und finden eher Akzeptanz als allumfassender Wandel. Andererseits darf die Fokussierung nicht so weit gehen, dass letztlich ein einziger Hebel als vermeintliches Patentrezept übrigbleibt. Ein dauerhafter Effekt setzt eine Interventionsstrategie voraus – stärker nuanciert und komplexer als das, was ein einzelner Hebel zu leisten vermag.

32 Ein wirksames Programm zur Veränderung der Unternehmenskultur und Verankerung des Effizienzgedankens sollte in Krankenkassen vor allem in sechs Bereichen ansetzen:

- Personalprozesse: Recruiting, Training, Beförderung und Vergütung
- Managementpraktiken: Planung, Budgetierung, Leistungsbeurteilung

- Struktur und Steuerung: Berichtswege, Ausschüsse, Entscheidungsprozesse
- Richtlinien: Effizienzbereitschaft, übergeordnete Grundsätze zur Austarierung von Effizienz und sozialer Verantwortung
- Prozesse: tägliche Abläufe
- Normen: Einstellungen und Verhaltensgrundsätze.

Der Aufbau einer neuen Unternehmenskultur ist ein langfristiges Unterfangen. Dazu bedarf es neben einem klassischen Projektmanagement und stringenter Umsetzung gerade in Krankenkassen mit ihrem gesellschaftlichen Auftrag auch eines starken sozialen Verantwortungsbewusstseins. Führungskräfte stehen in der Pflicht, ihre Mitarbeiter kontinuierlich für das Thema zu sensibilisieren und die langfristig angestrebte Kultur selbst vorzuleben. Nur dann kann der Wandel gelingen.

Beitrag 23

Effizienz durch Prävention und in der Prävention – ein Beitrag zur Steigerung der Qualität und Senkung der Kosten?

Karsten Neumann

		Rn.
1	Einleitung	1 – 3
2	Begriffsbestimmung: Formen, Strukturen und Akteure der Prävention	4 – 7
3	Effizienz durch Prävention	8 – 16
3.1	Prävention als Beitrag zur Zielerreichung im Gesundheitswesen: Verbesserung der Gesundheit und Senkung der Kosten?	8 – 11
3.2	Definition der Effizienz in der globalen Betrachtung von Prävention	12 – 14
3.3	Wirkung der Prävention über die Lebenszeit – Rektangularisierung der Lebenskurve oder Expansion der Morbidität?	15, 16
4	Effizienz in der Prävention	17 – 48
4.1	Definition der Effizienz in der Betrachtung von Einzelmaßnahmen der Prävention	17 – 21
4.2	Bisherige Erfahrungen – Erfolge und Zweifel	22 – 31
4.3	Schwierigkeiten und Erfolgsfaktoren für Effizienz in der Prävention	32 – 45
4.3.1	Streuverluste vermeiden, Zielgruppen richtig auswählen	37, 38
4.3.2	Medizinische, psychologische und organisatorische Maßnahmen kombinieren	39 – 41
4.3.3	Individuell ansprechen, unterschiedliche Interessen berücksichtigen	42, 43
4.3.4	Verschiedene Akteure im Gesundheitswesen optimal einbinden	44
4.3.5	Angemessene Intensität der Programme sicherstellen	45

		Rn.
4.4	Priorisierung der Maßnahmen – wo sollte die Prävention anfangen und wie viel Prävention darf sein?	46 – 48
5	**Ausblick: Forschungs- und Handlungsbedarfe für die Akteure im Gesundheitswesen**	49 – 52

Literatur

Autor

Dr. Karsten Neumann

Jahrgang 1969, berät Krankenversicherungen, Verbände und Politik zu Fragen des Gesundheitswesens und der Gesundheitswirtschaft. Zu seinen Schwerpunkten zählen Strategieentwicklung, Versorgungsmanagement, Marketing und Vertrieb, Gesundheitswirtschaft und Prävention. Nach seinem Studium der Geschichte und Philosophie war Dr. Neumann elf Jahre bei Roland Berger Strategy Consultants tätig, wo er zuletzt die Practice Group „Payors&Politics" leitete. Seit kurzem ist Dr. Neumann beim IGES Institut in Berlin Geschäftsführer für Krankenversicherung und für Beratung.

Abstract: Die Frage der Effizienz ist eine Schlüsselfrage für die Weiterentwicklung der Prävention. Denn vermutete Ineffizienz verhindert viele denkbare Aktivitäten. Um diese Hürde zu überwinden, sind drei Schritte nötig: Erstens ist klar zu definieren, welches Ziel mit der Prävention auf effiziente Weise erreicht werden soll. Hier gehen oft verschiedene Zielvorstellungen durcheinander. Zweitens muss man sich auf die besonders effizienten Teilbereiche der Prävention konzentrieren. Hier kommt unter den gegebenen Anreizbedingungen insbesondere die Tertiärprävention in Frage. Und drittens ist dann innerhalb dieser Präventionsform durch eine gute Zielgruppenauswahl, differenzierten Umgang mit Patientengruppen und andere Maßnahmen für eine besonders große Effizienz zu sorgen.

Neben diesen Maßnahmen ist die gesundheitspolitische Frage zu stellen, ob eine Präventionsmaßnahme, deren Wirksamkeit nachgewiesen werden kann, nicht genauso behandelt werden sollte, wie eine wirksame Therapie; d. h. sie sollte im Gesundheitswesen finanziert werden, selbst wenn sie nur einen medizinischen und keinen wirtschaftlichen Vorteil bringt.

1 Einleitung

Prävention und Effizienz im Gesundheitswesen hängen auf mehrere Arten zusammen. Zum einen wird Prävention immer wieder mit dem Ziel in Verbindung gebracht, den Anstieg der Gesundheitsausgaben insgesamt zu dämpfen. Diese Hypothese ist allerdings umstritten. Zum anderen beschäftigen sich viele Akteure im Gesundheitswesen mit der effizienten Durchführung von Prävention, also mit der Frage, welche Präventionsmaßnahmen sich „lohnen", einen positiven „Return on investment" erzeugen und ob sie unter dem Gesichtspunkt der Wirtschaftlichkeit überhaupt durchgeführt werden können. Auch hier werden viele Vorschläge für Präventionsmaßnahmen skeptisch betrachtet. Die Unsicherheit über die Effizienz von Präventionsmaßnahmen ist ein wesentlicher Grund dafür, dass nicht schon lange viel mehr getan wird. Es lohnt sich also, über diese Fragestellung nachzudenken.

Der folgende Beitrag ist in vier Teile gegliedert:

1. Eine kurze Vorbemerkung zur Begriffsbestimmung und Gliederung der Prävention
2. Eine Diskussion der gesundheitsökonomischen Fragestellung, ob auf globaler Ebene *durch* Prävention mehr Effizienz im Gesundheitswesen erreicht werden kann
3. Die Vorstellung und Diskussion von Ansätzen, um *innerhalb* der Prävention größere Effizienz – und damit auch größere Umsetzungschancen – zu erreichen.
4. Ein kurzes Fazit verbunden mit einem Ausblick auf Handlungsansätze und auf Fragestellungen für die Forschung.

Der dritte Teil als Inhalt der Beratungspraxis bildet den Schwerpunkt und innerhalb dieses Schwerpunkts konzentrieren wir uns in exemplarischer Form auf das Versorgungsmanagement für chronisch Kranke aus der Sicht von Krankenversicherungen. Die geschilderten Ansätze sind gleichwohl auf andere Formen der Prävention übertragbar.

2 Begriffsbestimmung: Formen, Strukturen und Akteure der Prävention

4 Prävention umfasst Maßnahmen, die dazu dienen, eine Krankheit zu vermeiden, rechtzeitig zu erkennen oder bei bereits eingetretenen Krankheiten eine Verschlechterung bzw. die Entstehung von Folgeerkrankungen zu vermeiden. Dies entspricht der klassischen Dreiteilung in Primärprävention (Krankheitsvermeidung durch gesunden Lebensstil), Sekundärprävention (Früherkennung) und Tertiärprävention (Vermeidung von Verschlechterung bzw. Folgeerkrankungen).[1]

5 Daneben lässt sich Prävention auch danach unterteilen, wer sie durchführt (Angebot) und wer sie finanziert (Nachfrage). Die Finanzierung erfolgt durch die Krankenversicherung (bspw. Vorsorgeuntersuchungen nach SGB V, DMP-Programme in der GKV, Versorgungsmanagment), staatliche Stellen (bspw. bei Präventionskampagnen) oder privat (bspw. privat finanzierte Vorsorgeuntersuchungen, Arbeitgeber, PKV). Angeboten wird sie von Kostenträgern, Leistungserbringern, privaten Dienstleistern und Arbeitgebern (Betriebliches Gesundheitsmanagement).

6 Damit ergibt sich ein komplexes Bild möglicher Formen der Prävention.

Gesamtüberblick über den „Markt" für Prävention

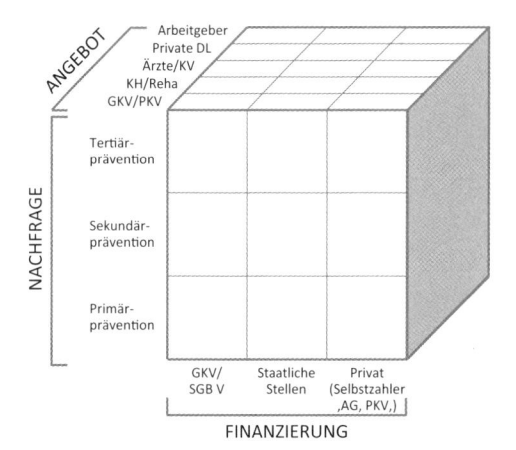

ECKPUNKTE

> Durch Angebote zur Betrieblichen Prävention kann die Ärzteschaft eine weitere wichtige gesellschaftliche Rolle übernehmen

> Umfassendes Angebot von Primär-, Sekundär-, und Tertiärprävention

> Es entstehen Möglichkeiten für zusätzliche Einnahmen

KH = Krankenhaus, KV = Kassenärztliche Vereinigung, DL = Dienstleister, AG = Arbeitgeber)

Abb. 1: Formen, Anbieter und Nachfrager von Prävention
Quelle: Roland Berger

7 Einzelne Akteure konzentrieren sich auf einzelne Felder. Die Hindernisse und die Mechanismen zu ihrer Überwindung sind aber ähnlich. Unter einem gesundheitspolitischen Gesamtkonzept sind alle diese Formen zu betrachten und in op-

---

1 Vgl. bspw. auf den Seiten des Bundesgesundheitsministeriums: www.bmg.bund.de, Suchbegriff „Prävention".

timaler Form zu kombinieren. Wir konzentrieren uns im Folgenden exemplarisch auf die Tertiärprävention in der GKV.²

3 Effizienz durch Prävention

3.1 Prävention als Beitrag zur Zielerreichung im Gesundheitswesen: Verbesserung der Gesundheit und Senkung der Kosten?

Bei der öffentlichen Diskussion um Prävention und Kosteneinsparungen kommt fast unvermeidlich die Frage auf, ob Prävention insgesamt nicht zu einer Kostensteigerung im Gesundheitswesen führe. Polemisch verkürzt wird diese These oft so formuliert, dass bspw. Raucher in der Summe des Lebens geringere Gesamtkosten erzeugten als Menschen die gesund leben, dadurch die Leistungen des Gesundheitswesens länger in Anspruch nehmen und am Ende des Lebens durch teure Krankheiten doch hohe Kosten verursachen würden.

Scheinbar gibt es dafür sogar wissenschaftliche Belege. Eine niederländische Studie³ errechnete folgende „Gesamtkosten" über das Leben dreier Gruppen:

Tab. 1: Lebenserwartung und Gesundheitskosten nach Lebensstil

Quelle: van Baal et al., eigene Darstellung

Gruppe	Lebenserwartung (gemessen im Alter von 20 Jahren)	Summe der Gesundheitskosten (ab Alter 20 bis zum Tod, Tsd. EUR)
Raucher	77,4	220
Übergewichtige	79,9	250
Schlanke Nichtraucher	84,4	281

Die gesund Lebenden verbrauchen in Summe am Meisten. Jedes zusätzliche Lebensjahr, das der Nichtraucher gegenüber dem Raucher gewinnt, schlägt mit rund 9000 EUR zu Buche.

Gegen diese Argumentation ist jedoch mehreres einzuwenden. Erstens beruhen die Ergebnisse auf Szenarioberechnungen – es existieren auch zahlreiche anders lautende Ergebnisse in der Literatur.⁴ Zweitens kann man einwenden, dass auch

---
2 Vgl. zu allgemeinen Betrachtungen zur Prävention auch Kartte/Neumann: Strukturen der Prävention. Roland Berger Studie. 2009; und zum Betrieblichen Gesundheitsmanagement Neumann/Hauptmann: Betriebliches Gesundheitsmanagement. Roland Berger Studie. 2012.
3 van Baal et al.: Lifetime Medical Costs of Obesity: Prevention No Cure for Increasing Health Expenditure. In: PLoS Med 5(2): e29. doi:10.1371/journal.pmed.0050029. 2008.
4 Siehe Fußnote 9. Die Berechnung widerspricht auch der häufig gemachten Beobachtung, dass die Kosten des letzten Lebensjahres sinken, wenn dieses Jahr in höherem Alter liegt.

die höhere Arbeitsproduktivität der Gesunden zu berücksichtigen ist.[5] Der wichtigste Einwand lautet jedoch: hier gehen die Ziele durcheinander. Es wird ein falscher Effizienzbegriff zu Grunde gelegt, und dieser ist nun für die Betrachtung der Prävention zunächst einmal zu definieren.

3.2 Definition der Effizienz in der globalen Betrachtung von Prävention

12 „Effizienz" bedeutet, das Verhältnis von Zielerreichung und Mitteleinsatz zu optimieren. Dies geht auf verschiedenen Wegen, je nach Definition des Ziels. So heißt etwa effizientes Autofahren entweder, mit einer gegeben Tankfüllung möglichst weit zu kommen, oder, eine gegebene Strecke mit möglichst wenig Benzin zu fahren. Selbst wenn die eingesetzten Maßnahmen in beiden Fällen ähnlich sind, endet die Fahrt an verschiedenen Orten.

13 Der Einwand, dass Prävention höhere Gesamtkosten erzeugt, wäre richtig, wenn es das Ziel des Gesundheitswesens wäre, möglichst geringe Gesamtkosten über die Lebenszeit zu erzeugen. Dieses Ziel ist jedoch offensichtlich absurd und mit den Werten unserer Gesellschaft gar nicht vereinbar.[6]

14 Das Ziel des Gesundheitswesens ist es vielmehr, dass wir möglichst lange und möglichst gesund leben. Dies ergibt sich aus dem Primat des Lebens vor den anderen Werten in der Gesellschaft. Unter diesem Betrachtungswinkel sieht das Beispiel anders aus: Die schlanken Nichtraucher erreichen das höchstmögliche Alter von durchschnittlich 84 Jahren. Wie viel würde es kosten, die übrigen Gruppen auf diese Lebenserwartung zu bringen? Sicher wesentlich mehr als bei den gesund Lebenden.[7] Durch Prävention besteht die Chance, vorzeitige Todesfälle zu vermeiden.[8] Daher ist Prävention hier durchaus in Blick auf das Ziel effizient. Dies zeigt auch die folgende Betrachtung über die Frage der Kompression der Morbidität.

---

5 Bspw. Martin/Henke: Gesundheitsökonomische Szenarien zur Prävention. 2008, S. 74. Die möglicherweise längere Arbeitsfähigkeit der Gesunden ist allerdings schwer zu quantifizieren. Hinzu kommt, dass man bei einer Ausweitung des Betrachtungsfokus auf Bereiche außerhalb des Gesundheitswesens auch andere gesamtgesellschaftliche Effekte berücksichtigen müsste, bspw. die längere Inanspruchnahme von Rente oder anderen Leistungen bei längerem Leben.
6 In diesem Fall müssten sogar Maßnahmen ergriffen werden, um die Gesamtkosten weiter zu verringern – die Leserinnen und Leser können sich die absurden Konsequenzen einer solchen Zielsetzung leicht ausmalen.
7 Die Gesundheitsökonomie hat sogar errechnet, wie viel den westlichen Gesellschaften ein zusätzliches Lebensjahr wert ist: Demnach ist man bereit, für ein gewonnenes Jahr Werte um 100.000 USD auszugeben (Felder: Lebenserwartung, medizinischer Fortschritt und Gesundheitsausgaben. 2005, S. 10.) Demgegenüber wären selbst die oben gezeigten Mehrkosten für den schlanken Nichtraucher sehr gering.
8 Vgl. die jüngste Studie mit DAK-Daten zu den Wirkungen des Rauchverbots auf die Reduzierung von Herzinfarkten und Schlaganfällen (Sargent et al.: Nichtraucherschutzgesetze in Deutschland und Krankenhausaufnahmen aufgrund von Angina Pectoris und akutem Herzinfarkt. 2012.) sowie eine Studie aus der Schweiz (Wieser et al.: Synthesebericht. 2010.)

3.3 Wirkung der Prävention über die Lebenszeit – Rektangularisierung der Lebenskurve oder Expansion der Morbidität?

Die Mehrzahl der Publikationen in den letzten Jahren scheint davon auszugehen, dass wir mit dem Anstieg der Lebenserwartung auch gesund altern.[9] Die Zeit der Krankheit dehnt sich nicht aus. Sie komprimiert sich auch nicht, sondern bleibt in Summe konstant.[10] Die Vision von der „Rektangularisierung" der Lebenskurve, also Gesundheit bis ins höchste Alter, ist vielleicht nicht zu erreichen.[11] Aber die Effizienz steigt: nämlich: Das Ziel, ein möglichst hohes Alter mit möglichst geringen Kosten zu erreichen. Das geht durch Prävention wesentlich günstiger als durch Medikalisierung.[12] Auch die gesund Lebenden werden vermutlich in den letzten Lebensjahren an einer oder mehreren Krankheiten leiden, aber die ungesund Lebenden müssten mit sehr viel höherem medizinischen Aufwand in das gleiche Alter gebracht werden.

So können wir uns nun der Frage zuwenden, wie man die Präventionsmaßnahmen selbst möglichst effizient ausgestalten kann.

4 Effizienz in der Prävention

4.1 Definition der Effizienz in der Betrachtung von Einzelmaßnahmen der Prävention

Auch in diesem Abschnitt ist zunächst zu definieren, was Effizienz bei einzelnen Präventionsmaßnahmen sein soll, damit klar wird, wie die Effizienz zu bestimmen und zu steigern ist.

Das Ziel in der Primärprävention ist es, den Eintritt verhaltensabhängiger Erkrankungen zu vermeiden oder zu verzögern. Dies geschieht, indem durch Kommunikation oder andere Maßnahmen Menschen dazu bewegt werden, sich ge-

---

9 Vgl. bspw. Felder/Werblow: Do the Age Profiles of Health Care Expenditure Really Steepen over Time. In: Dresden Discussion Paper in Economics No. 05. 2008; Christensen et al.: Ageing populations: the challenges ahead. In: Lancet. Oct 3; 374 (9696). 2009, S. 1196-1208; Werblow et al.: Population ageing and health care expenditure: a school of 'red herrings'? In: Health Economy 16(10):1109-26. Oct 2007; Felder: Do the Age Profiles of Health Care Expenditure Really Steepen over Time? In: Dresden Discussion Paper in Economics No. 05. 2008. S. 16.
10 Vgl. zu den unterschiedlichen theoretischen Ansätzen Martin/Henke: Gesundheitsökonomische Szenarien zur Prävention. Nomos, Baden-Baden 2008.
11 Mit Rektangularisierung ist der Erhalt der Lebensqualität bis kurz vor dem Tod gemeint. In einer Grafik mit der Lebensqualität als Y-Achse und dem Alter als X-Achse, sinkt der Verlauf der Lebensqualität nicht allmählich ab, sondern bleibt lange auf hohem Niveau, um dann mit dem Tod abrupt abzufallen. (Nicht zu verwechseln mit der Rektangularisierung der Lebenserwartung bezogen auf unterschiedliche Mitglieder der Gesellschaft. Vgl. Felder: Lebenserwartung, medizinischer Fortschritt und Gesundheitsausgaben. 2005.)
12 Vgl. Fußnote 7.

sund zu verhalten (Ernährung, Suchtmittel, Bewegung, psychische Gesundheit). Hohe Effizienz heißt, eine verringerte Morbidität – mit der Verhaltensänderung als Surrogatparameter – mit einem möglichst geringen Aufwand an Maßnahmen zu erreichen. Meist wird angestrebt, dass die direkt verhaltensbezogene Morbidität soweit verringert wird, dass die entstehenden Kosteneinsparungen die Kosten der Maßnahmen aufwiegen.

19 In der Tertiärprävention gilt das Ziel, Folgeerkrankungen und eine Verschlechterung bei der Grunderkrankung zu vermeiden. Auch dies geschieht durch Verhaltensänderung, wobei hier als Ziel im Verhalten eine hohe Therapietreue (Adhärenz) hinzukommt, die sich bspw. auch die Medikamenteneinnahme oder die Wahrnehmung von Kontrollterminen bezieht.

20 Die Effizienz besteht auch hier darin, diese Ziele mit möglichst geringem Aufwand zu erreichen. Faktisch wird als Mindestanforderung an die Effizienz erwartet, dass der Aufwand geringer ist als die Kosten – dies ergibt sich aus dem Anreizsystem wesentlicher Finanziers der Prävention, wie der Krankenversicherung oder der Arbeitgeber. Daher werden wir auch dies zunächst als Voraussetzung verwenden – am Ende dieses Abschnitts 4 jedoch noch einmal problematisieren.

21 Überraschenderweise wird die Frage der Effizienz bei der Sekundärprävention nicht in dieser Weise gestellt. Hier wird üblicherweise nach medizinischen Kriterien gemessen: In umstrittenen Fragen wie bspw. dem Mammographiescreening oder dem PSA-Text für Prostata-Kreibs geht es um die Frage, ob eine Vorsorgeuntersuchung Erkrankungen vermeidet.[13] Falls ja, gilt sie als sinnvoll. Auch dies greifen wir am Ende von Abschnitt 3 noch einmal auf.

4.2 Bisherige Erfahrungen – Erfolge und Zweifel

22 Da wir uns wie gesagt auf die in der Beraterpraxis häufigere Tertiärprävention konzentrieren wollen, seien hier nur zwei kurze Bemerkungen zu den übrigen Formen der Prävention vorangestellt:

23 In der Primärprävention gibt es zwar Messungen zu einzelnen Maßnahmen, die auch positive Ergebnisse zeigen.[14] Weit häufiger jedoch verpuffen Kampagnen und Maßnahmen, ohne dass es eine klare Messung gäbe, was durch den langen Zeitabstand zwischen Maßnahme und Wirkung auch kaum möglich ist. Daher wird nur ein sehr kleiner Teil der Gesundheitsausgaben für diese Maßnahmen aufgewendet. Die Mittel der GKV nach § 20 SGBV umfassen weniger als zwei Promille der Gesundheitsausgaben, was das geringe Vertrauen in die Primärprävention widerspiegelt.

---

13 Vgl. Ärzteblatt: 22.3.2012 mit positiven Ergebnissen zum Mammographie-Screening, www.igel-monitor.de Suchbegriff „PSA-Test" mit negativen Ergebnissen zum PSA-Test.
14 Vgl. nochmals Sargent et al.: Nichtraucherschutzgesetze in Deutschland und Krankenhausaufnahmen aufgrund von Angina Pectoris und akutem Herzinfarkt. 2012; Wieser et al.: Synthesebericht. 2010.

In der Sekundärprävention sind eine Reihe von Maßnahmen bezüglich Ihrer Effizienz umstritten[15]. Problem sind hier vor allem die geringen Teilnehmerzahlen insbesondere beim Check-up 35 oder beim Darmkrebsscreening.[16]

Das Betriebliche Gesundheitsmanagement (BGM) umfasst vorwiegend Maßnahmen der Primär- und Sekundärprävention. Zu den Ergebnissen werden häufig gute Zahlen veröffentlicht[17] – nicht veröffentlicht werden die Erfahrungen der Unternehmen, die trotz lehrbuchhafter Maßnahmen die richtigen Zielgruppen nicht erreichen, so dass die Wirkung des BGM verpufft. Nicht umsonst hat die überwiegende Mehrzahl der Unternehmen in Deutschland noch kein BGM.[18]

In der Tertiärprävention sind zunächst die DMPs zu erwähnen.[19] Diese haben eine große Teilnehmerzahl erreicht, die Wirkung ist aber immer noch umstritten.[20] Nicht zuletzt wird eingewendet, dass die DMPs zu unterschiedslos alle Erkrankten gleich behandeln und letztlich auf medizinisch-strukturelle Prozesse konzentriert sind (bspw. die Durchführung aller notwendigen Untersuchungen, regelmäßige Kontrollen), aber zu wenige Elemente enthalten, um das Grundproblem, nämlich den Lebensstil zu verändern.

Unter anderem an diesem Punkt setzt das Versorgungsmanagement an, das in den letzten Jahren zunehmendes Interesse genießt. Versorgungsmanagement fokussiert stärker auf den Versicherten selbst und sein Verhalten. Die meisten großen Krankenversicherungen haben Programme des Versorgungsmanagements eingeführt, die sich meist den sogenannten Volkskrankheiten widmen, also bspw. Herzinsuffizienz, Depression und andere psychische Erkrankungen, Rückenschmerzen. Teilweise stehen auch schon deren Folgeerkrankungen im Fokus, bspw. die Niereninsuffizienz als Folge von Diabetes.

Die Durchführung der Programme geschieht häufig über ein telefonisches Coaching (als Eigenleistung oder von Dienstleistern zugekauft), in dem die Versi-

---

15 Ärzteblatt: 22.3.2012 mit positiven Ergebnissen zum Mammographie-Screening, www.igel-monitor.de Suchbegriff „PSA-Test" mit negativen Ergebnissen zum PSA-Test.
16 Zahlen bspw. bei Kartte/Neumann: Strukturen der Prävention. Roland Berger Studie. 2009.
17 Vgl. bspw. Kebbekus: Effizienz und Effektivität in der Prävention. In: Clin Res Cariol Suppl 4:95-98 DOI 10.1007/s11789-009-0052-5. 2009. S. 97. Bundesgesundheitsminister Bahr zitierte in einer Rede vor der 8. Nationalen Branchenkonferenz Gesundheitswirtschaft in Rostock am 5. Juli 2012 einen ROI von durchschnittlich 2,2. Dies gibt den Querschnitt der veröffentlichten Literatur gut wieder.
18 Nach Zahlen der IGA geben erst 36 % der Unternehmen bis 500 Beschäftigte an, BGM-Programme einzusetzen.
19 Eine Reihe medizinischer Maßnahmen könnte ebenfalls zur Tertiärprävention gezählt werden, bspw. alle Medikamente, die bei Vorliegen eines chronischen Krankheitsbildes verordnet werden. Diese werden wir hier nicht weiter betrachten.
20 Vgl. kritisch zu den DMPs Berthold et al.: Disease Management Programs in Type 2 Diabetes: Quality of Care. In: American Journal of Managed Care 17(6). 2011, S. 393-403. Positiver: Stock et al.: German Diabetes Management Programs Improve Quality Of Care And Curb Costs. In: Health Affairs, December 2010 vol. 29 no. 12 2197-2205.

cherten zum Umgang mit ihrer Erkrankung beraten werden und bezüglich Lebensstil und Therapietreue in die richtige Richtung gelenkt werden sollen.

29 Zum Umfang und zu den bisherigen Ergebnissen dieser Bestrebungen ergibt sich aus eigenen Projekten, Analysen und zahlreichen Gesprächen mit Kunden und Experten das folgende Bild:

- Es gibt einzelne Programme, die oft auch durchaus Erfolge vorweisen können.[21]
- Die Teilnehmerzahlen bewegen sich meistens im Bereich von deutlich unter einem Prozent der Versicherten[22], so dass auch positive Effekte einzelner Programme kaum einen Einfluss auf das Gesamtergebnis der Unternehmen haben – obwohl die Grundgesamtheit der Chroniker deutlich höher liegt und jede einzelne der relevanten Krankheiten eine Prävalenz von mehreren Prozent hat.
- Es herrscht große Vorsicht, wenn es um die Einführung weiterer Programme geht – die Anfangsinvestitionen in die Programme sollen keinesfalls zu einem Zusatzbeitrag führen
- Insgesamt wird das Versorgungsmanagement noch nicht als ein Hauptthema im Wettbewerb der Krankenversicherung gesehen.

30 Bei allen von Krankenversicherungen initiierten Projekten kommt als Schwierigkeit hinzu, dass neben den eigentlichen Programmkosten auch die Kosten in Verwaltung und Management hinzuzurechnen sind.[23] Oft führen erst diese Kosten dazu, dass sich das Programm nicht lohnt oder dass eine Organisation keine Projekte aufsetzt, weil die benötigte Managementkapazität zur Entwicklung nicht vorhanden ist.

31 Der folgende Abschnitt illustriert, vor welchen Herausforderungen eine Krankenversicherung steht und warum der Umfang der Projekte noch gering ist.

4.3 Schwierigkeiten und Erfolgsfaktoren für Effizienz in der Prävention

32 Typische Herausforderungen des Versorgungsmanagements werden anhand einer Modellrechnung deutlich:

- Nehmen wir an, ein VM-Programm solle dazu dienen, Verschlechterungen und damit Krankenhausaufenthalte bei einer Volkskrankheit zu vermeiden.[24]

---

21 Vgl. bspw. die Veröffentlichung der Debeka: Telefonische Betreuung bei Depressionen führt zu deutlich höherer Lebensqualität. 2011; im Literaturverzeichnis.
22 Vgl. Böttcher: Prävention und Versorgung aus Krankenkassensicht. 2011, der für die KKH-Allianz 5500 Versicherte im Coaching nennt, was ca. drei Promille der Versicherten entspricht. Außerdem den Vortrag von Gersch: Quo Vadis IV? 2011, der für alle „besonderen Versorgungsformen" ein Volumen von unter 0,5 % des GKV-Budgets ermittelt hat.
23 So schon Häussler: Bedingungen für effektive Disease-Management-Programme. 2004.
24 Dies ist das typische Ziel, da bei vielen Erkrankungen die KH-Aufenthalte den größten Teil der vermeidbaren Kosten erzeugen.

- 1000 Versicherte werden identifiziert, die nach statistischen Analysen ein Risiko von 30 % haben, im kommenden Jahr durch ihre Krankheit einen Krankenhausaufenthalt (KH-Aufenthalt) zu benötigen.[25]
- Sie werden angesprochen, ob sie Interesse am Versorgungsmanagement haben. 25 %, also 250 Versicherte nehmen teil
- 75 Versicherten droht also ein KH-Aufenthalt, nämlich 30 % der 250 Teilnehmer.[26]
- Nehmen wir weiter recht optimistisch an, bei der Hälfte der Personen könne er vermieden werden. Man spart die KH-Kosten also bei 37,5 Personen.[27]
- 250 Personen, also genau sechs Mal so viele sind aber im Programm. D. h. die ersparten KH-Kosten einer Person müssen die Programmkosten von sechs Personen aufwiegen – und zusätzlich noch die Kosten für die Ansprache von jeweils 20 (750/37,5) weiteren Personen. Diese Quote dürfte noch zu erreichen sein.[28] Wenn aber bspw. nur 25 % der Fälle vermieden werden, müssen die gesparten Kosten schon den Programmkosten für 12 Personen entsprechen. Hier kann der ROI des Programmes schon leicht ins Negative kippen.

Hieran wird deutlich, warum VM zögerlich angegangen wird. Man fürchtet, dass die Programmkosten nicht gedeckt werden könnten.[29] Hinzu kommt die Vermutung, dass Scheineffekte entstehen, weil sich Personen mit ohnehin höherer Adhärenz in die Programme einschreiben. Bei der Auswertung wird sich ergeben, dass die Programmteilnehmer günstigere Kosten haben als die Nichtteilnehmer, aber dieser Effekt wäre zumindest teilweise auch ohne die Durchführung des Programms aufgetreten.

Aus den Zahlen im Beispiel wird klar, welches die Erfolgsfaktoren sind, um ein Programm profitabel zu machen:

1. Vorauswahl von Personen mit möglichst hohen Kostenrisiken
2. Erfolgreiche Ansprache und Gewinnung von Teilnehmern
3. Hohe Erfolgsquote in der Vermeidung der Folgeerkrankungen/Verschlechterungen
4. Geringe Programmkosten

---

25 Für Patienten mit einer oder mehreren chronischen „Volkskrankheiten", die bisher noch keinen Krankenhausaufenthalt durch ihre Erkrankung hatten, liegt das Krankenhausrisiko häufig in dieser Größenordnung (Erfahrungswerte aus RB-Projektanalysen).
26 Wahrscheinlich ist die Zahl noch geringer, weil die Personen, die an solchen Programmen teilnehmen, eher einen aktiven Umgang mit ihrer Erkrankung pflegen.
27 Die KKH-Allianz berichtet von Verbesserungen im Lebensstil bei etwa der Hälfte der gecoachten Versicherten (Böttcher: Prävention und Versorgung aus Krankenkassensicht. 2011, S. 18; vgl. zur Gewichtsreduktion bei Diabetikern auch: Deutsche Diabetes-Stiftung: Leitfaden Prävention Diabetes. 2011, S. 97). Dies dürfte noch nicht reichen, um bei allen auch einen KH-Aufenthalt zu vermeiden. Die hier getroffene Annahme ist also sehr optimistisch.
28 Bei 500 EUR Programmkosten und 20 EUR Anspachekosten entstehen für jeden vermiedenen KH-Aufenthalt Kosten von 3400 EUR.
29 Hinzu kommt der negative Anreiz durch die Kameralistik: Die Investitionen können nicht auf mehrere Jahre verteilt werden, sondern belasten sofort den Haushalt, während Effekte möglicherweise erst im Folgejahr auftreten.

35 Diesen Erfolgsfaktoren entsprechen vier Hebel, die teilweise auf mehrere Erfolgsfaktoren wirken: Dies sind:

- Verringerung von Streuverlusten durch verbesserte Auswahl der Zielgruppe (zu Erfolgsfaktor 1)
- Berücksichtigung psychologischer Faktoren in Ansprache und Steuerung (zu Erfolgsfaktor 1 bis 3)
- Individuelle Ansprache und Steuerung (Erfolgsfaktor 2-3)
- Klar strukturierte Prozesse unter Einbindung verschiedener Akteure im Gesundheitswesen (Erfolgsfaktor 1 bis 4)

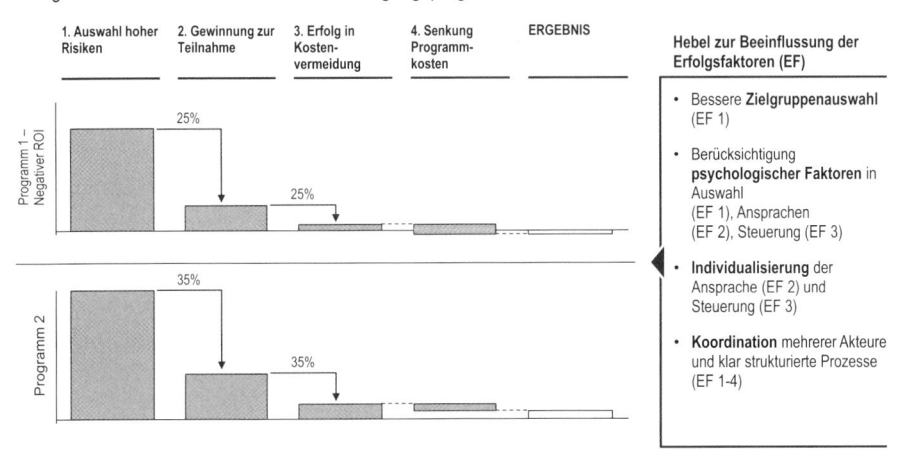

Abb. 2: Erfolgsfaktoren und Hebel im Versorgungsmanagement
Quelle: Roland Berger, weltweite Studie zu Erfolgsfaktoren des VM

36 Wir beschreiben diese Punkte in den folgenden Absätzen beispielhaft für das Versorgungsmanagement aus Sicht einer Krankenversicherung. Die Ansätze lassen sich aber ebenso gut auf andere Ansätze der Prävention übertragen – ob das Betriebliche Gesundheitsmanagement oder die Ansprache sozial schwächerer Gruppen in ihrem Wohnumfeld.

4.3.1 Streuverluste vermeiden, Zielgruppen richtig auswählen

37 Der größte Erfolgsfaktor ist nach unserer Projekterfahrung die Auswahl der Zielgruppen. Die Risikoverteilung ist anhand reiner Kassendaten schwer festzustellen. Vor einem ersten Krankenhausaufenthalt ist die Streubreite hoch, und selbst nach dem ersten Krankenhausaufenthalt gehen die weiteren Krankheitsverläufe noch weit auseinander. Man benötigt daher weitere Daten. Personen, die alleine leben, eine geringe Motivation haben, wenig über ihre Krankheit informiert sind, soziale Belastungen haben, etc. haben ein höheres Risiko zur Verschlechterung

als andere. Durch eine Analyse dieser Risikofaktoren und Berücksichtigung in der Prädiktion lässt sich die Zielgruppenauswahl wesentlich verfeinern. Die Grafik zeigt dies beispielhaft.

Verbesserung der Datenbasis durch tiefere und breitere Analyse der Patientendaten

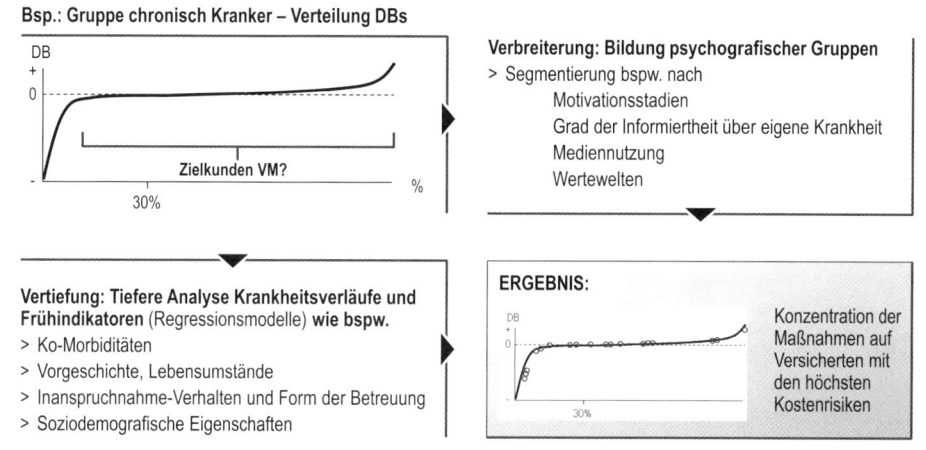

Bsp.: Gruppe chronisch Kranker – Verteilung DBs

Verbreiterung: Bildung psychografischer Gruppen
> Segmentierung bspw. nach
 Motivationsstadien
 Grad der Informiertheit über eigene Krankheit
 Mediennutzung
 Wertewelten

Vertiefung: Tiefere Analyse Krankheitsverläufe und Frühindikatoren (Regressionsmodelle) wie bspw.
> Ko-Morbiditäten
> Vorgeschichte, Lebensumstände
> Inanspruchnahme-Verhalten und Form der Betreuung
> Soziodemografische Eigenschaften

ERGEBNIS: Konzentration der Maßnahmen auf Versicherten mit den höchsten Kostenrisiken

Abb. 3: Verfeinerung der Zielgruppenauswahl
   Quelle: Roland Berger

Diese Daten wären übrigens durch Marktforschung für große Akteure durchaus mit vertretbarem Aufwand zu gewinnen. Es genügt, pseudonymisierte Gruppen von Chronikern aus dem Bestand durch ein neutrales Institut zu befragen, aus den Ergebnissen in Kombination mit internen Daten eine Segmentierung zu bilden und diese anschließend über den Bestand zu legen. Zur Einordnung neuer VM-Teilnehmer in eine Risikoklasse genügen dann einige Schlüsselfragen im persönlichen Gespräch im Rahmen der Ansprache. 38

4.3.2 Medizinische, psychologische und organisatorische Maßnahmen kombinieren

Eine Untersuchung erfolgreicher Projekte ergibt, dass psychologisch-motivatorische Faktoren im Versorgungsmanagement eine größere Rolle spielen müssen. Im Rahmen von Projekten haben wir erfolgreiche VM-Programme auf weltweiter Basis analysiert und die Maßnahmen kategorisiert. Es ergab sich, dass alle erfolgreichen Programme Maßnahmen aus verschiedenen Dimensionen kombinieren. Neben den medizinischen Inhalten enthalten erfolgreiche Programme immer psychologische Komponenten zur Motivation der Patienten, organisatorische Neuerungen wie bspw. eine Study Nurse und IKT-Komponenten, die von komplexen Patientenakten bis zu einfachen Remindersystemen reihen können. Die Dimensionen werden auf dem folgenden Bild deutlich: 39

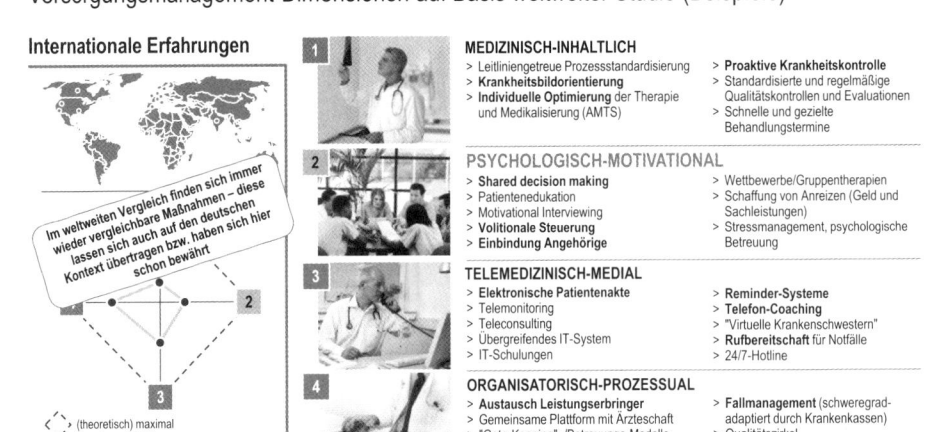

Versorgungsmanagement-Dimensionen auf Basis weltweiter Studie (Beispiele)

Internationale Erfahrungen

Im weltweiten Vergleich finden sich immer wieder vergleichbare Maßnahmen – diese lassen sich auch auf den deutschen Kontext übertragen bzw. haben sich hier schon bewährt

- (theoretisch) maximal komplexes VM-Programm
- beispielhaftes VM-Programm

1 MEDIZINISCH-INHALTLICH
> Leitliniengetreue Prozessstandardisierung
> Krankheitsbildorientierung
> Individuelle Optimierung der Therapie und Medikalisierung (AMTS)
> Proaktive Krankheitskontrolle
> Standardisierte und regelmäßige Qualitätskontrollen und Evaluationen
> Schnelle und gezielte Behandlungstermine

2 PSYCHOLOGISCH-MOTIVATIONAL
> Shared decision making
> Patientenedukation
> Motivational Interviewing
> Volitionale Steuerung
> Einbindung Angehörige
> Wettbewerbe/Gruppentherapien
> Schaffung von Anreizen (Geld und Sachleistungen)
> Stressmanagement, psychologische Betreuung

3 TELEMEDIZINISCH-MEDIAL
> Elektronische Patientenakte
> Telemonitoring
> Teleconsulting
> Übergreifendes IT-System
> IT-Schulungen
> Reminder-Systeme
> Telefon-Coaching
> "Virtuelle Krankenschwestern"
> Rufbereitschaft für Notfälle
> 24/7-Hotline

4 ORGANISATORISCH-PROZESSUAL
> Austausch Leistungserbringer
> Gemeinsame Plattform mit Ärzteschaft
> "Gate-Keeping"-/Betreuungs-Modelle
> Organisatorische Einbindung von Pflegekräften/"Nurses"
> Fallmanagement (schweregrad-adaptiert durch Krankenkassen)
> Qualitätszirkel
> Einbindung Patientenumfeld (Angehörige etc.)

Abb. 4: Versorgungsmanagement-Dimensionen auf Basis weltweiter Studie
Quelle: Roland Berger

40 Gute Programme enthalten alle Dimensionen, aber jeweils nur wenige Maßnahmen pro Dimension, so dass das Programm nicht zu komplex wird.

41 Besonderes Augenmerk möchten wir auf die psychologische Komponente legen, die nach unserer Einschätzung noch häufig vernachlässigt wird. Wenn die Teilnehmer stärker „mitgenommen" werden, wird die Erfolgsquote der Programme steigen.[30]

4.3.3 Individuell ansprechen, unterschiedliche Interessen berücksichtigen

42 Menschen sind verschieden und reagieren auf unterschiedliche Formen der Ansprache und auf unterschiedliche Argumente. Diese an sich banale Feststellung ist in der Welt der Werbung und des Marketing eine Selbstverständlichkeit. Entsprechend ausgefeilt sind die Strategien, um alle Kundengruppen möglichst genau an ihren Interessen und Bedürfnissen anzusprechen – bis hin zum „One-to-one-Marketing", also der individuellen Ansprache von Kunden, die meist auf online generierten Erfahrungswerten beruht. – Im Gesundheitswesen fehlt diese Art der Ansprache noch zum allergrößten Teil. Dabei ist es auch hier banal, dass Menschen je nach Typus vielleicht eine eher rationale oder eine eher emotionale Ansprache vorziehen, dass je nach Alter, Geschlecht, Bildungsstand, Lebenssitua-

---

30 Vgl. Deutsche Diabetes-Stiftung: Leitfaden Prävention Diabetes. 2011, S. 97-113; zu Metastudien, die belegen, dass Programme erfolgreicher sind, wenn sie Komponenten der Verhaltensänderung mit einschließen.

tion, ärztlicher Betreuung und Krankheitsbild unterschiedliche Einstellungen und Verhaltensweisen vorherrschen, die berücksichtigt werden sollten.[31]

Und auch dies kann heute schon umgesetzt werden. Die oben dargestellte Methode der Marktforschung funktioniert auch hier: Nach der Bildung von Segmenten werden die Erkennungsmerkmale für diese Segmente definiert und beim Erstkontakt abgefragt. Anschließend greifen die unterschiedlichen Ansprache-programme für jedes Segment.

4.3.4 Verschiedene Akteure im Gesundheitswesen optimal einbinden

Erfolgreiche Programme binden verschiedene Akteure im Gesundheitswesen ein. In VM-Programmen sollte der niedergelassene Arzt eine Rolle spielen, da er für die Patienten der primäre Ansprechpartner ist und das größte Vertrauen genießt.[32] Versuche, den Patienten am Arzt vorbei über eine schriftlich/telefonische Ansprache direkt zu erreichen, werden immer eine geringere Wirksamkeit haben. Die Durchführung der laufenden Betreuung sollte dagegen nicht in den Händen des Arztes liegen. Hier sollten spezialisierte Coaches tätig werden, die je nach Träger oder je nach Vereinbarung an unterschiedlichen Stellen sitzen und angestellt sein können. In der Arztpraxis, bei einer Ärzteorganisation, bei einer Krankenkasse oder bei einem Dienstleister. Entscheidend ist das Wechselspiel Arzt-Coach-Kasse: nach einer Phase des Coaching muss regelmäßig eine Kontrolle durch den Arzt stattfinden. Arzt und Kasse müssen sich in angemessener Weise über Daten austauschen, und die Kasse als Kostenträger muss letztlich den Gesamtüberblick über den Prozess behalten.[33]

4.3.5 Angemessene Intensität der Programme sicherstellen

Die Intensität der Betreuung ist ein Kostentreiber. Daher dürfen die Programme nur so umfangreich sein wie es zur Erreichung der Ziele nötig ist. Eine konse-

---

31 In mehreren Projekten konnten wir anhand von Marktforschungsdaten feststellen, dass sich die Wertewelten und Präferenzen von Chronikern sowohl zwischen den Krankheitsbildern als auch nach soziodemografischen Gruppen innerhalb eines Krankheitsbildes unterscheiden. Dementsprechend kann eine einheitliche Ansprache nicht funktionieren.
32 Vgl. unsere Studien „Der zweite Gesundheitsmarkt" und „Strukturen der Prävention". Im gfk-Vertrauensindex stehen die Ärzte direkt hinter Feuerwehrleuten mit rund 90% an zweiter Stelle der Berufe, die das größte Vertrauen genießen. (www.gfk.com, Suchbegriff „Vertrauensindex".) Auch die Typologie der Wünsche zeigt: Für 89 % der Diabetiker ist der Arzt der erste Ansprechpartner für Gesundheitsfragen. Ähnliche Werte ergeben sich bei anderen Krankheitsbildern.
33 Solche Modelle sind bisher praktisch nicht umgesetzt, weil sie durch die Transaktionskosten an Grenzen stoßen: Selbst mit den größten Kassen kommen nur relativ geringe Fallzahlen zustande, so dass sich Verträge für die Ärzte nicht lohnen. In der einen oder anderen Form muss daher gebündelt werden: Durch Zusammenarbeit von Kassen, durch Bündelung der Ärzteinteressen in einer Ärzteorganisation oder in Bezug auf Krankheitsbilder (gleiche Prozesse für ähnliche Krankheitsbilder, nur die Inhalte des Coaching unterscheiden sich.)

quente und vor allem wiederholte Stratifizierung der Teilnehmer ist erforderlich. Schon bei Start eines Programms sind Art, Kommunikationskanäle und Intensität je nach Risikogruppe festzulegen. Bei den regelmäßigen ärztlichen Kontrollen wird die Intensität angepasst, also bei erfolgreichem Programmverlauf reduziert oder bei einer Verschlechterung von Adhärenz und Zustand erhöht. Die Summe der Maßnahmen führt zur Erreichung eines positiven ROI, wie in Abbildung 2 gezeigt.

4.4 Priorisierung der Maßnahmen – wo sollte die Prävention anfangen und wie viel Prävention darf sein?

46 Wenn die Prävention durch diese Maßnahmen effizienter wird, wird es auch mehr Prävention geben, die sich durch einen positiven ROI selbst trägt.

47 Trotzdem sollte diese Zielvorstellung einmal daraufhin überprüft werden, ob sie nicht zu streng ist: Warum sollen Präventionsmaßnahmen einen wirtschaftlichen Nutzen haben müssen, während diese Frage bei Therapiemaßnahmen zu Recht nicht gestellt wird? Müsste nicht eine ganz andere Betrachtungsweise wie folgt lauten: Wenn eine Therapiemaßnahme, wie bspw. ein Arzneimittel eine Lebensverlängerung um eine gewisse Zeit erreicht und daher zum Leistungskatalog der Krankenversichert zählt, und wenn eine Präventionsmaßnahme zu geringeren Kosten die gleiche Lebenszeitverlängerung erreicht, müsste die Präventionsmaßnahme dann nicht auch in den Leistungskatalog aufgenommen werden? Dabei sollten selbstverständlich für Präventionsmaßnahmen dieselben strengen Nutzenkriterien und Qualitätskontrollen gelten wie bspw. für Arzneimittel. Dann würden die Primär- und die Tertiärprävention auch nach denselben Maßstäben beurteilt wie es in der Sekundärprävention schon heute der Fall ist.

48 Rationierung in der Gesundheitsversorgung wird zu Recht abgelehnt. Doch die Prävention ist durch die ROI-Anforderung schon lange in unsichtbarer Weise rationiert. Es ist zu hoffen, dass sich dies in den kommenden Jahren ändern wird.

5 Ausblick: Forschungs- und Handlungsbedarfe für die Akteure im Gesundheitswesen

49 Die Prävention sollte im Sinne des langen, gesunden Lebens ausgebaut werden und dieser Ausbau kann durch vorbereitende Forschungen und die richtigen Anreizsysteme unterstützt werden.

50 Krankenversicherungen, Arbeitgeber und andere Akteure können die Präventionsmaßnahmen effizienter machen und dadurch ausweiten, wenn sie sich in die oben skizzierte Richtung bewegen.

Staatliche Unterstützung ist in der Forschung nötig. Zusätzliche Erkenntnisse zur Motivation unterschiedlicher Gruppen und zur wirksamen Verhaltensbeeinflussung wären ein wichtige Basis, damit sich nicht jede Organisation diese selbst erarbeiten muss. Daneben ist auf Seiten des Gesetzgebers zu prüfen, ob die Anreize für gute Programme gestärkt werden können. Die Investition in ein sinnvolles Versorgungsmanagementprogramm sollte keine Kasse fürchten lassen, dass sie deswegen einen Zusatzbeitrag erheben muss. Ob man das gelegentlich geforderte Investitionsbudget so ausgestalten kann, dass die richtigen Anreize entstehen, bleibt zu prüfen. Fehlsteuerungen der Vergangenheit sollten sich nicht wiederholen. 51

Schließlich sollte sich der Gesetzgeber überlegen, ob lebensverlängernde Präventionsmaßnahmen nicht in gleicher Weise zu finanzieren wären wie dies bei lebensverlängernden Therapiemaßnahmen zum Glück selbstverständlich ist. Dabei müsste dann auch für die Prävention eine Nutzenbewertung stattfinden, um die knappen Ressourcen sinnvoll einzusetzen. 52

Literatur

Böttcher, K.: Prävention und Versorgung aus Krankenkassensicht. Vortrag auf dem 6. Leipziger Forum Gesundheitswirtschaft am 1. November 2011.
Berthold, H./Bestehorn, K./Jannowitz, C./Krone, K./Gouni-Berthold, I.: Disease Management Programs in Type 2 Diabetes: Quality of Care. In: American Journal of Managed Care 17(6). 2011, S. 393-403.
Christensen, K./Doblhammer, G./Rau, R./Vaupel, J. W.: Ageing populations: the challenges ahead. In: Lancet. Oct 3; 374 (9696). 2009, S. 1196-1208.
Debeka: Studie belegt: Telefonische Betreuung bei Depressionen führt zu deutlich höherer Lebensqualität. Pressemitteilung vom 1.12.2011. Online: www.debeka.de, Suchbegriff „Depression" (abgerufen am 1.7.2012).
Deutsche Diabetes-Stiftung (Hrsg.): Leitfaden Prävention Diabetes. Edition Lipp, München 2011.
Felder, S.: Lebenserwartung, medizinischer Fortschritt und Gesundheitsausgaben: Die Empirie (Plenumsvortrag auf der Jahrestagung des Vereins für Sozialpolitik, Bonn 28. September 2005). Online: www.socialpolitik.org, Suchbegriff „Felder Lebenserwartung" (abgerufen am 29.6.2012).
Felder, S./Werblow, A.: Do the Age Profiles of Health Care Expenditure Really Steepen over Time? New Evidence from Swiss Cantons. In: Dresden Discussion Paper in Economics No. 05. 2008.
Gersch, M.: Quo Vadis IV? – Monitoring Integrierte Versorgung. Ergebnisse einer Vollerhebung zu den besonderen Gesetzlichen Krankenversicherungen, Vortrag beim DGIV Hauptstadtkongress-Gespräch. 12. Mai 2011.
Häussler, B./Berger, U.: Bedingungen für effektive Disease-Management-Programme. Nomos, Baden-Baden 2004.
Kartte, J./Neumann, K.: Der Zweite Gesundheitsmarkt. Roland Berger Studie. 2007. Zu beziehen über Roland Berger: Online: www.rolandberger.com/expertise/industries/healthcare oder birgit_hartisch@de.rolandberger.com.
Kartte, J./Neumann, K.: Der Gesundheitsmarkt. Der Bürger und die Strategien der Akteure. Roland Berger Studie. 2008. Zu beziehen über Roland Berger.
Kartte, J./Neumann, K.: Strukturen der Prävention. Roland Berger Studie. 2009. Zu beziehen über Roland Berger.

Kebbekus, F.: Effizienz und Effektivität in der Prävention. In: Clin Res Cariol Suppl 4:95-98 DOI 10.1007/s11789-009-0052-5. 2009.

Martin, K./Henke, K.-D.: Gesundheitsökonomische Szenarien zur Prävention. Nomos, Baden-Baden 2008.

Neumann, K./Hauptmann, M.: Betriebliches Gesundheitsmanagement. Roland Berger Studie. 2012. Zu beziehen über Roland Berger.

Olshansky, S./Carnes, B.: Ageing and health, The Lancet – 2. January 2010 (Vol. 375, Issue 9708, Page 25, DOI: 10.1016/S0140-6736(09)62177-2. 2010.

Sargent, J./Demidenko, E./Malenka, D./Li, Z./Gohlke, H./Hanewinkel, R.: Nichtraucherschutzgesetze in Deutschland und Krankenhausaufnahmen aufgrund von Angina Pectoris und akutem Herzinfarkt. 2012. Online: www.dak-gesundheit.de, Suchbegriff „Nichtraucherschutzgesetze" (abgerufen am 25.6.2012).

Ståhl, T./Wismar, M./Ollila, E./Lahtinen, E./Leppo, K.: Health in all policies: Porespects and potentials. 2007. Online: ec.europa.eu, Suchbegriff: „Health in all policies" (abgerufen am 25.6.2012).

Stock, S./Drabik, A./Büscher, G./Graf, C./Ullrich, W./Gerber, A./Lauterbach, K./Lüngen, M.: German Diabetes Management Programs Improve Quality Of Care And Curb Costs. In: Health Affairs, December 2010 vol. 29 no. 12 2197-2205.

van Baal, P. H. M./Polder, J. J./de Wit, G. A/Hoogenveen, R. T./Feenstra, T. L. et al.: Lifetime Medical Costs of Obesity: Prevention No Cure for Increasing Health Expenditure. In: PLoS Med 5(2): e29. doi:10.1371/journal.pmed.0050029. 2008.

Werblow, A./Felder, S./Zweifel, P.: Population ageing and health care expenditure: a school of 'red herrings'? In: Health Economy 16(10):1109-26. Oct 2007.

Wieser, S./Kauer, L./Schmidhauser, S./Pletscher, M./Brügger, U.: Synthesebericht – Ökonomische Evaluation von Präventionsmassnahmen in der Schweiz. Winterthur 2010. Online: www.bag.admin.ch, Suchbegriff: „Synthesebericht" (abgerufen am 1.7.2012).

Beitrag 24

Effizienz im Gesundheitswesen – Herausforderungen einer sektorübergreifenden Betrachtungsweise

Michael Krupp/Markus Peterseim/Christian Zischek

		Rn.
1	Was ist Effizienz? – Definitorische Abgrenzung	1 – 4
2	Herausforderungen und Lösungsansätze zur Messung von Effizienz im Gesundheitswesen	5 – 10
3	Konzeptionelles Vorgehen bei einer ganzheitlichen Messung	11 – 14
4	Konkrete Beispiele einer Leistungsmessung und Ansatzpunkte zur Effizienzverbesserung	15 – 25
4.1	Beispiel 1: Ambulante Betreuung psychiatrischer Patienten	16 – 20
4.2	Beispiel 2: Ambulantes Operieren	21 – 25
5	Schlussfolgerungen: Potenziale einer systematischen Effizienzmessung	26 – 29

Autoren

Michael Krupp

Jahrgang 1964, Senior Partner und Geschäftsführer der Boston Consulting Group und Leiter der Frankfurter BCG-Niederlassung. Seit 1991 ist der Diplom Kaufmann mit Abschluss an der European Business School bei der Boston Consulting Group beschäftigt. Im Jahr 1999 wurde er Mitglied der Partnergruppe. Herr Krupp hat sich auf die Beratung von Kunden bei Geschäftsbanken und bei gesetzlichen Krankenkassen spezialisiert.

Dr. Markus Peterseim

Jahrgang 1964, Chemiker mit Abschluss an der Universität Dortmund und Fellow der Texas A&M University; ist seit 2006 Partner und Geschäftsführer der Boston Consulting Group. Dr. Peterseim leitet den Beratungsbereich gesetzliche Krankenversicherungen sowie Leistungserbringer. Vor seiner Zeit bei BCG hielt er Senior-Management Positionen in Unternehmen des Gesundheitswesens wie IMS Health sowie ASTA Medica/Viatris.

Dr. Christian Zischek

Jahrgang 1976, Principal im Münchener Büro der Boston Consulting Group. Vor seinem Einstieg bei BCG im Jahr 2002 studierte er Medizin an der LMU München sowie der Harvard Medical School in Boston und ergänzte seine Ausbildung in den Jahren 2006/07 mit einem MBA-Studium am INSEAD in Fontainebleau. Dr. Zischek hat als Kernmitglied der Praxisgruppe Gesundheit seinen Fokus auf der Beratung von gesetzlichen Krankenkassen, Leistungserbringern im Gesundheitswesen und Finanzinvestoren gelegt.

> **Abstract:** Messung und Verbesserung der Effizienz im Versorgungsgeschehen gewinnen zunehmend an Relevanz für die nachhaltige Finanzierbarkeit des Gesundheitssystems. Die hier vorgestellte Systematik misst und vergleicht die Effizienz verschiedener Behandlungs- bzw. Versorgungsansätze basierend auf Routine-Abrechnungsdaten. Durch Bildung zweier Gruppen von Patienten mit gleicher medizinischer Ausgangssituation, aber in der Folge unterschiedlichen Behandlungspfaden lassen sich medizinische Qualität und Kosten der beiden Behandlungsansätze vergleichen und Hinweise auf Möglichkeiten zur Steigerung der Versorgungseffizienz ableiten. An zwei Beispielen zeigen wir Effizienzreserven im Gesundheitssystem auf und leiten Schlussfolgerungen für die Gesundheitspolitik ab.

1 Was ist Effizienz? – Definitorische Abgrenzung

Weltweit stehen nahezu alle Gesundheitssysteme vor großen Herausforderungen, um ihre Finanzierbarkeit und Nachhaltigkeit sicherzustellen. Neben Kostensteigerungen durch neue, innovative (und oft teure) Behandlungsmöglichkeiten wird vor allem der anhaltende demographische Wandel den finanziellen Spielraum stetig einschränken. Durch die Alterung der Gesellschaft nimmt auf der einen Seite der Anteil der Kranken und damit Versorgungsbedürftigen zu, während auf der anderen Seite der Anteil der im Erwerbsleben stehenden (und damit einen Großteil der Einnahmen des Gesundheitssystems erwirtschaftenden) Menschen zurückgeht.

In den meisten Ländern reagiert der Gesetzgeber auf den zunehmenden Kostendruck mit einer erhöhten Frequenz kleiner und größerer Gesundheitsreformen. Diese beinhalten indessen selten signifikante strukturelle Elemente, sondern in der Regel lediglich einzelne kostensenkende Maßnahmen (z. B. Zwangsrabatte für Arzneimittel).

Zukünftig werden solche isolierten Maßnahmen jedoch nicht mehr ausreichen, um angesichts des zunehmenden Versorgungsbedarfs in der Bevölkerung eine adäquate medizinische Versorgung und zugleich die nachhaltige Finanzierbarkeit des Gesundheitssystems sicherzustellen. Als Reaktion auf den Kostendruck rückt die Steigerung der Effizienz der medizinischen Versorgung zunehmend in den Fokus der Gesundheitspolitik. Bei begrenzten finanziellen Mitteln ist eine effiziente Versorgung zwingende Voraussetzung, um für alle Patienten ein hohes Versorgungsniveau zu gewährleisten.

Im Unterschied zur reinen Effektivität, die sich lediglich auf das Erreichen des medizinischen Ergebnisses in der geforderten Qualität bezieht, nimmt die *Effizienz*betrachtung auch die zur Erreichung dieses Ziels aufgewendeten Mittel in den Blick. Effizient ist aus dieser Perspektive derjenige Behandlungspfad, der das geforderte medizinische Ergebnis mit dem geringstmöglichen Einsatz von Ressourcen erreicht.

2 Herausforderungen und Lösungsansätze zur Messung von Effizienz im Gesundheitswesen

5   Ein zentrales Problem bei der Sicherstellung einer hochqualitativen und zugleich effizienten Versorgung ist die Frage, welcher von mehreren Versorgungsansätzen im Einzelfall bzw. für eine definierte Patientenpopulation der effizienteste (und damit überlegene) ist. Für fast alle medizinischen Probleme gibt es unterschiedliche Behandlungsansätze, die in unterschiedlichen Situationen ihre Berechtigung haben können:

- Konservative versus operative Behandlung
- Unterschiedliche Medikamente bei konservativer Behandlung
- Unterschiedliche Operationsmethoden innerhalb der chirurgischen Therapie

6   Nur in wenigen Fällen ist eine bestimmte Vorgehensweise für alle Patienten und alle Situationen gleichermaßen überlegen. In der Regel hängt es von vielfältigen Faktoren ab, welche Methodik zu bevorzugen ist. So mag eine operative Therapie bei einem älteren, multimorbiden Patienten ein zu hohes Risiko beinhalten, während die Operation bei einem jungen, im Übrigen gesunden Patienten mit derselben Diagnose die Methode der Wahl darstellt.

7   In den letzten Jahren hat diese Komplexität durch Einführung neuer Versorgungsformen und -modelle, die sich oftmals nur auf eine bestimmte Region, Population und/oder Indikation beziehen, weiter zugenommen. Typische Modelle in Deutschland sind die DMPs (Disease-Management-Programme) oder die zahlreichen Verträge zur Integrierten Versorgung. Prioritäten und Ansatzpunkte der Modelle unterscheiden sich deutlich; im Kern zielen jedoch alle diese Programme auf eine Verbesserung der Versorgung und/oder Steigerung der Effizienz ab. Viele der Ansätze führen zu einer stärkeren Vernetzung der klassischen sektoralen Strukturen im Gesundheitssystem. Beispielsweise sind manche Operationen, die noch vor zehn Jahren fast ausschließlich stationär durchgeführt wurden, heute ambulante Routine. Jede Betrachtung der Effizienz muss daher auf einem sektorübergreifenden Gesamtbild des Versorgungsgeschehens fußen. Dabei ist die Effizienz einer bestimmten Therapieform nicht isoliert bestimmbar, sondern – wie oben beschrieben – nur im Verhältnis zu alternativen Vorgehensweisen.

8   Welcher Versorgungsansatz in einer spezifischen Situation der effizienteste ist, lässt sich in der Theorie durch den Vergleich von zwei Patienten mit identischen Ausgangsbedingungen ermitteln. Werden diese Patienten unterschiedlich behandelt, kann man sowohl die Effektivität (Welcher Behandlungspfad führte zu dem besseren bzw. qualitativ hochwertigeren medizinischen Ergebnis?) als auch die Effizienz (Welcher Behandlungspfad erreichte die geforderte medizinische Qualität mit dem geringeren Ressourceneinsatz?) messen.

In der Realität sind derartige Vergleiche für ein einzelnes Patientenpaar nicht sinnvoll durchführbar. Zum einen ist es in der Regel unmöglich, zwei Patienten mit vollständig identischen Ausgangsbedingungen zu finden; zum anderen verzerren akzidentielle Ereignisse ohne kausalen Zusammenhang mit der Therapie (wie z. B. eine zufällig auftretende Appendizitis) die beobachteten Ergebnisse.

Diese im Gesundheitswesen üblichen Zufälligkeiten werden erst durch Betrachtung ausreichend großer Gruppen mit statistischer Signifikanz aufgehoben. Beim Vergleich zweier Patientenkohorten mit gleichen Ausgangsbedingungen sorgt das Gesetz der großen Zahl dafür, dass auch zufällige Ereignisse in beiden Kohorten annähernd gleich häufig auftreten und somit den Vergleich der beiden Behandlungspfade nicht verzerren. Zur Bildung solcher „gleichen" Ausgangsgruppen kann das Konzept des „statistischen Zwillings" genutzt werden. Dabei werden Paare von Patienten gebildet, die jeweils in den wesentlichen Risikomerkmalen übereinstimmen und die gemäß den beiden zu vergleichenden alternativen Therapiepfaden behandelt wurden. Durch Gegenüberstellung der erreichten medizinischen Qualität sowie der aufgewendeten Ressourcen kann die Effizenz der Behandlungsansätze gemessen werden.

3 Konzeptionelles Vorgehen bei einer ganzheitlichen Messung

Das im Folgenden vorgestellte Verfahren führt einen rückblickenden Vergleich zwischen zwei Behandlungsmethoden (etwa zweier unterschiedlicher Medikamente oder einer ambulanten mit einer stationären Operation) durch. Es wurde von uns gemeinsam mit der DAK im Routineeinsatz implementiert. Anders als beispielsweise bei klinischen Studien der Pharmaindustrie wird dabei nicht aktiv in die Versorgung von Patienten eingegriffen, sondern es werden lediglich in der Rückschau verschiedene Therapieformen verglichen und bewertet, um Behandlungspfade und Versorgungsmodelle zu optimieren.

Zur Abbildung von Leistungsgeschehen, Morbidität und Kosten der Versorgung nutzt dieses Verfahren die routinemäßig bei der Krankenkasse oder den Leistungserbringern vorhandenen Abrechnungs- und Diagnosedaten, die in anonymisierter Form sektorübergreifend in einem Data-Warehouse eingestellt werden und ein gesamthaftes Bild vom Versorgungsgeschehen in der Patientenpopulation wiedergeben. Sämtliche medizinisch relevanten Ereignisse können so abgerufen werden – lediglich „Surrogatparameter" wie Blutdruck, HbA1c oder Cholesterinwerte sind nicht verfügbar. Für eine Betrachtung der Versorgungsqualität und -effizienz können aber jederzeit entsprechende „harte" Endpunkte, wie z. B. kardiovaskuläre Ereignisse, genutzt werden; in manchen Fällen ist ein ausreichend langer Betrachtungszeitraum (nach Abschluss der Behandlung) erforderlich, um Unterschiede im Hinblick auf diese harten Endpunkte messen zu können.

13 Um die Auswirkung von statistischen Schwankungen sowie „Ausreißern" zu minimieren, betrachtet das Verfahren keine Einzelfälle, sondern ausreichend große Kohorten von Patienten. Abhängig von der zugrunde liegenden Erkrankung, dem Ausmaß der erwarteten Effekte und dem gewünschten Signifikanzniveau der Analyse wird die Mindestgröße der zu untersuchenden Population bestimmt. Diese kann bei unter 100 bis zu mehreren tausend Patienten liegen. Über den oben beschriebenen Ansatz der „statistischen Zwillinge" werden durch ein geeignetes statistisches Verfahren (z. B. Propensity Score Matching) zwei Gruppen von Patienten mit gleicher Ausgangslage gebildet, die im weiteren Verlauf unterschiedlich behandelt wurden. Auf Basis der verfügbaren Daten erfolgt dann eine vergleichende Beurteilung der medizinischen Qualität des Behandlungsergebnisses sowie des Kostenverlaufs.

14 Am Ende dieser Betrachtung stehen drei grundsätzlich mögliche Ergebnisse mit jeweils unterschiedlichen Impulsen für die spezifische Ausgestaltung des Versorgungsgeschehens:

1. Der alternative Behandlungspfad erreicht nicht die erforderliche medizinische Qualität, die in der Regel durch die Qualität der Standardbehandlung definiert ist. In dieser Situation sollte die alternative Behandlung aufgrund fehlender Effektivität nicht weiter forciert werden.
2. Der alternative Behandlungspfad erzielt ein vergleichbares medizinisches Resultat bei geringeren Kosten. In diesem Fall ist die alternative Behandlung effizienter und sollte bei möglichst vielen geeigneten Patienten eingesetzt werden.
3. Der alternative Behandlungspfad erreicht eine höhere Behandlungsqualität bei höheren Kosten. In diesen Fällen ist eine differenzierte Diskussion und Entscheidung erforderlich, die auf dem Verhältnis von Mehrkosten zu medizinischem Mehrnutzen basiert.

4 Konkrete Beispiele einer Leistungsmessung und Ansatzpunkte zur Effizienzverbesserung

15 Um die Potenziale der vergleichenden Messung der Versorgungseffizienz zu illustrieren, stellen wir im Folgenden zwei Beispiele vor. Bei beiden handelt es sich um Integrierte Versorgungsmodelle, die existierende Probleme in der Routineversorgung aufgreifen und durch ein gezieltes Angebot eine adäquate Lösung bieten wollen. Während beide Modelle konzeptionell plausibel erscheinen, zeigt eine Messung der tatsächlichen Kosten und Nutzen, dass nicht alle gesetzten Ziele erreicht werden und Bedarf zur Nachsteuerung besteht.

4.1 Beispiel 1: Ambulante Betreuung psychiatrischer Patienten

Ein großes Problem bei der psychiatrischen Versorgung in Deutschland liegt im Mangel an ambulanten Therapieplätzen. Eine Wartezeit von drei bis sechs Monaten nach der Genehmigung einer ambulanten Psychotherapie ist die Regel. Gleichzeitig können einige teilstationäre Einrichtungen ihre Kapazitäten nicht voll auslasten.

Im Rahmen der Integrierten Versorgung wurde in einer Region Deutschlands für verschiedene psychiatrische Indikationen ein Modell gestartet, das einerseits eine adäquate Betreuung der Patienten sofort nach Genehmigung einer ambulanten Psychotherapie gewährleisten und andererseits für eine bessere Auslastung der vorhandenen teilstationären Kapazitäten sorgen sollte. Konkret wurde den Patienten nach Bewilligung einer ambulanten Psychotherapie ermöglicht, während der drei- bis sechsmonatigen Wartezeit teilstationäre Betreuungsangebote wahrzunehmen. Ziel war es, eine akute „Entgleisung" der Patienten zu verhindern sowie die Dauer der anschließenden ambulanten Psychotherapie zu verkürzen. Das Programm wurde in der ausgewählten Region sehr gut angenommen; nahezu 100 % der in Frage kommenden Patienten nahmen daran teil.

Die Messung der tatsächlichen Effizienz dieser Behandlung im Vergleich zur „Routineversorgung" (d. h. keine Betreuung während der Wartezeit) ergab, dass das Programm seine Ziele nur teilweise erreichte: Während der betreuten Wartezeit trat keine signifikante Veränderung der sogenannten Entgleisungsrate auf; auch verkürzte sich die anschließende ambulante Psychotherapie nicht. Allerdings wurden „betreute" Patienten deutlich häufiger krankgeschrieben – mit entsprechenden Auswirkungen auf der Kostenseite nicht nur für das Gesundheitssystem, sondern auch für den jeweiligen Arbeitgeber, ohne dass dies mit einer messbaren Veränderung des Gesundheitszustands korrelierte.

Einige dieser Effekte haben leicht feststellbare Ursachen, die sich bei einer Weiterentwicklung des Programms ggf. abstellen ließen. Dass sich die Dauer der ambulanten Therapie nicht verringerte, könnte in zum Teil relativ starren Therapieschemata begründet sein. Zudem fehlte eine angemessene Beteiligung der Therapeuten am Erfolg einer Therapieverkürzung; sie hatten daher kein ausreichendes Interesse daran, von eingeübten und erprobten Standards abzuweichen. Es sind gerade derartige Problemfelder, die sich oft nicht a priori erschließen und die eine objektive Messung der Effizienz von Versorgungsmodellen erforderlich machen.

Auf Basis der genannten Resultate fand eine offene und konstruktive Diskussion zwischen Kostenträgern und Leistungserbringern statt. Möglichkeiten zur Verbesserung des Programms, zu einer klareren Strukturierung von Behandlungspfaden und strengeren Auswahl der in Frage kommenden Patienten wurden erörtert. Im Ergebnis zeichnete sich ab, dass es nicht möglich sein würde, die genannten Probleme mit vertretbarem Aufwand zu lösen. Die Übergangsbetreuung konnte daher nicht als effizientes Modell der Patientenversorgung etabliert werden.

4.2 Beispiel 2: Ambulantes Operieren

21 Die Aufgliederung in Leistungssektoren ist ein zentrales Bauprinzip unseres Gesundheitssystems, das einen effizienten Betrieb innerhalb der Sektoren sicherstellt. Es gibt jedoch zunehmend Situationen, in denen ein vereinfachter Übergang zwischen den Sektoren sinnvoll ist. Ein typisches Beispiel sind einfache und mittelschwere Operationen, die heute häufig ambulant durchgeführt werden könnten. In etlichen Fällen scheitert dies jedoch an der mangelnden Verfügbarkeit einer geeigneten sektorübergreifenden Infrastruktur.

22 In unserem Beispiel arbeitet eine Gruppe von chirurgisch tätigen Orthopäden fachübergreifend mit Physiotherapeuten zusammen, um für eine Reihe von Operationen eine Infrastruktur für ambulantes Operieren bereitzustellen. Der Fokus liegt dabei auf der Vermeidung stationärer Kosten und einer teilweisen „Reinvestition" dieser Gelder in ambulante Rehabilitationsmaßnahmen.

23 Auch in diesem Beispiel wurden für eine Reihe von Eingriffen das medizinische Ergebnis und der Kostenverlauf im Vergleich zur stationären Routineversorgung betrachtet. Das Modell führte nicht nur zu einer Verringerung der Behandlungskosten durch Vermeidung des stationären Krankenhausaufenthalts, sondern erbrachte auch ein gleichwertiges medizinisches Ergebnis (gemessen an der Anzahl von Folgeoperationen, dem Bedarf an Hilfsmitteln und längerfristiger Physiotherapie etc.) – in einigen Bereichen (z. B. bei der Dauer der erforderlichen Krankschreibung) war das Resultat sogar tendenziell besser als bei der Routinebehandlung.

24 Basierend auf einer gleichwertigen Behandlung zu geringeren Kosten erreicht dieses Modell eine klare Verbesserung der Effizienz in der Versorgung. Ein Ausrollen auf andere Indikationen und weitere Regionen in Deutschland hängt allerdings nicht nur von der entsprechenden Bereitschaft der Vertragspartner ab, sondern wesentlich auch von den Rahmenbedingungen und der regional vorhandenen Versorgungsinfrastruktur.

25 Bei Betrachtung nicht nur des Einzelfalls, sondern des Gesundheitssystems insgesamt muss berücksichtigt werden, dass durch eine derartige Verschiebung in den ambulanten Sektor nicht automatisch Kosten eingespart werden. Die durch Infrastruktur und Personal im stationären Sektor verursachten Fixkosten bleiben zunächst bestehen und können bei ungünstigen Rahmenbedingungen sogar zu einer angebotsinduzierten Nachfrage und damit verbundenen Mehrkosten führen.

5 Schlussfolgerungen: Potenziale einer systematischen Effizienzmessung

Bereits diese beiden kurz vorgestellten Praxisbeispiele zeigen das vorhandene Optimierungspotenzial in der Effizienz des Versorgungsgeschehens auf. Hochentwickelte Analyseverfahren für Routinedaten bieten ein Instrumentarium, das eine nachhaltige und dauerhafte Verbesserung der Versorgungseffizienz ermöglicht. Die Entwicklung der Analytik stellt dabei nur den ersten Schritt dar; eine echte Optimierung erfordert, dass alle Versorgungsangebote systematisch evaluiert, Ansatzpunkte konsequent aufgezeigt und Lösungen entwickelt werden, um die vorhandenen Potenziale zu heben.

Auf längere Sicht werden weitere Anwendungsfelder für die Leistungsdatenanalytik an Relevanz gewinnen. Die für die Analytik aufbereiteten Daten können bei entsprechend intelligenter Verknüpfung genutzt werden, um die Wirkung zukünftig geplanter Versorgungsmodelle virtuell zu simulieren. Dadurch wird es möglich sein, bereits vor einer Pilotierung in der Realität durch Feinsteuerung und Schärfen von Versorgungsrichtlinien Modelle zu optimieren und so die Erfolgschancen für aufwendige und teure Projekte deutlich zu erhöhen.

Vor dem Hintergrund dieser Entwicklungen wird sich der Wettbewerb im Gesundheitssystem langfristig verschieben: von der Erbringung qualitativ hochwertiger sektoraler Leistungen zum effizienten und gesamthaften Management der Versorgung. Neben der Fähigkeit zu einer hervorragenden medizinischen Leistungserbringung erfordert dies insbesondere Kompetenz im Management von Versorgung:

- gute Versorgungskonzepte,
- die konsequente Umsetzung dieser Konzepte bei geeigneten Patienten,
- die zeitnahe und hochqualitative Erhebung relevanter Daten,
- die Auswertung dieser Daten und Bewertung der Versorgungskonzepte in der Realität und
- die konsequente Verbesserung der Versorgungskonzepte auf Basis der durchgeführten Messungen.

Große Potenziale gibt es aus heutiger Sicht insbesondere beim Zusammenspiel der Sektoren. Derzeit verfügt kaum ein Leistungserbringer im Gesundheitssystem über die dafür erforderliche sektorübergreifende Gesamtsicht. Wesentliche Anreizsysteme und Steuerungslogiken im System sind sektorspezifisch aufgestellt. Eine übergreifende Optimierung des Gesamtsystems bedarf daher einer Veränderung der Rahmenbedingungen. Bei der Schaffung der Grundlagen für eine weitere Erhöhung der Effizienz im Versorgungsgeschehen ist insbesondere der Gesetzgeber gefordert: Die bereits in Ansätzen vorhandenen Rahmenbedingungen für die sektorübergreifende Zusammenarbeit müssen deutlich verbessert werden – nur dann lassen sich die hier liegenden Effizienzreserven mobilisieren.

Beitrag 25

Alle Möglichkeiten nutzen – Effizienzsteigerungsprogramme für Krankenkassen

Bent Lüngen/Niels Maderlechner

		Rn.
1	**Erst die Strategie festlegen, dann die Effizienzen heben**	1 – 4
2	**Effizienzpotenziale sind bei Krankenkassen über zehn Hebel realisierbar**	5 – 46
2.1	Beispiel: Durch Bündelung und Spezialisierung hohe Potenziale bei den Verwaltungskosten möglich	10 – 19
2.2	Leistungsausgaben: Auch hier sind kurzfristig wirksame Potenziale realistisch	20 – 38
2.2.1	Beispiel: Effizienz im Management versorgungsintensiver Versicherter – Ausgabendämpfung und Qualitätssicherung möglich	25 – 32
2.2.2	Beispiel: Realisierung von Potenzialen im Arzneimittelbereich zusätzlich zu den Rabattverträgen	33 – 38
2.3	Beispiel: Service- und Kundenorientierung als wichtiges Differenzierungsmerkmal nutzen	39 – 46
3	**Schlussbemerkung: Potenziale werden von Menschen realisiert**	47

Literatur

Dr. Bent Lüngen

Studium der Wirtschaftswissenschaften an der Universität Hamburg und der Harvard Business School, Promotion zum Dr. rer. pol. am Institut für Außenhandel- und Überseewirtschaft an der Universität Hamburg, Manager bei der Boston Consulting Group, Gründer, Geschäftsführer und CEO der B-LUE Management Consulting GmbH.

Dr. Niels Maderlechner

Studium der Humanmedizin an der Ludwig-Maximilian-Universität München und University of Natal, Durban. Promotion zum Dr. med. und Facharzt für Anästhesiologie. Vor seiner Tätigkeit bei B-LUE Management Consulting GmbH arbeitete er als Facharzt für Anästhesiologie u. a. an der Charité in Berlin. Manager bei der B-LUE Management Consulting GmbH.

Abstract: Krankenkassen haben in den vergangenen Jahren bereits verschiedene Maßnahmen mit unterschiedlicher Wirksamkeit zur Effizienzsteigerung ihrer Organisationen ergriffen. Es bestehen dennoch viele weitere Möglichkeiten, Effizienzen systematisch zu identifizieren und zu realisieren. Dieser Beitrag zeigt die zentralen Hebel, mit denen die Optimierung ansetzen kann. Für die wesentlichen Hebel Verwaltungskosten senken, Leistungsausgaben reduzieren und Service optimieren werden anhand von Projektbeispielen konkrete Möglichkeiten, Vorgehensweisen und Ergebnisse von Effizienzsteigerungsprogrammen in der gesetzlichen Krankenversicherung dargestellt. Es wird gezeigt, dass sich Kassen dadurch auch unter den aktuellen Rahmenbedingungen von Zusatzbeitrag und m-RSA individuelle Wettbewerbsvorteile erarbeiten können.

1 Erst die Strategie festlegen, dann die Effizienzen heben

In der gesundheitspolitischen Diskussion gibt es wiederholt die Forderung nach Erschließung von Effizienzpotenzialen, um den steigenden Bedarf an Mitteln zu begrenzen. Dieser Appell richtet sich bevorzugt an Leistungserbringer oder Arzneimittelhersteller und das sicher nicht zu Unrecht. Aber auch auf Seiten der Kostenträger bestehen – trotz bereits vielfältiger eingeleiteter Maßnahmen – noch viele Möglichkeiten Potenziale zu heben und somit die Wettbewerbsposition zu verbessern.

Bevor aber innerhalb der Krankenkasse der Fokus auf das Thema Effizienz gelegt wird, muss zunächst Klarheit über das zu erreichende Ziel und die sich daraus ableitende Strategie herrschen. Mit anderen Worten: Vor dem Versuch, eine Leiter schnell zu erklimmen, sollte sichergestellt sein, dass diese an der richtigen Wand steht. Das gilt umso mehr, als dass sich die Rahmenbedingungen in den vergangenen Jahren für die Kassen in Deutschland insbesondere durch Gesundheitsfonds, m-RSA und Zusatzbeitrag deutlich verändert haben. Je nachdem wie sich eine Kasse in dem Umfeld positioniert (s. Abb. 1), wird dies auch Auswirkungen auf mögliche zu realisierende Effizienzpotenziale haben.

Zum Beispiel finden sich Kassen, die vor 2009 Preisführer bei einem begrenzten Leistungs- und Serviceangebot waren (etwa gemessen an Versorgungsangeboten, Satzungsleistungen, Betreuungskanälen u. a.) in einer Welt wieder, in der plötzlich fast alle Wettbewerber – durch Einheitsbeitrag und Verzicht auf den Zusatzbeitrag – den gleichen Preis veranschlagen. Hier stellte und stellt sich die Frage, wie zukünftig eigentlich die Strategie aussehen soll. Je nachdem, ob man sich eher für Preis- und damit Kostenführerschaft oder Leistungs- beziehungsweise Qualitätsführerschaft entscheidet, werden die Spielräume für Effizienzsteigerungsmaßnahmen festgelegt.

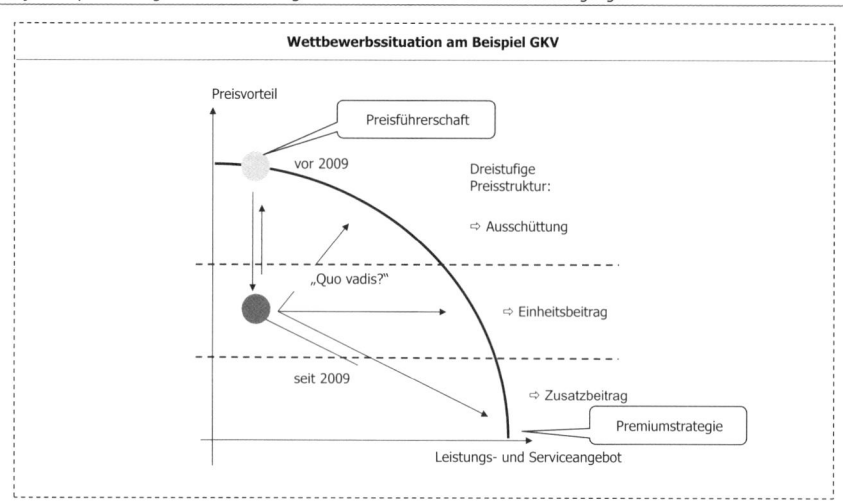

Alle Möglichkeiten nutzen – Effizienzsteigerungsprogramme für Krankenkassen

Projektbeispiel: strategische Reaktionsmöglichkeiten auf veränderte Rahmenbedingungen

Abb. 1: Strategische Positionierung hat Einfluss auf Bandbreite der Effizienzsteigerungsmöglichkeiten
Quelle: B-LUE Management Consulting

4   Nach der Qualitätsmanagement-Norm DIN ISO 9000 ist Effizienz definiert als „das Verhältnis zwischen dem erzielten Ergebnis und den eingesetzten Mitteln."[1] Die an anderer Stelle in diesem Buch ausgeführten Beiträge beschäftigen sich intensiv mit der Definition und der im jeweiligen Kontext unterschiedlich zu verstehenden Begriffsbedeutung. Hinsichtlich der Effizienz im Gesundheitswesen lässt sich eine Unterscheidung zwischen makroökonomischer und mikroökonomischer Betrachtungsweise treffen. Erstere beschreibt Qualität und Effizienz in der Gesundheitsversorgung und in den Gesundheitssystemen – wie im Detail in den vorangegangenen Beiträgen erörtert. Für das in diesem Beitrag betrachtete praktische Umfeld liegt die mikroökonomische Effizienz innerhalb der Krankenkasse im primären Fokus der Betrachtung. Das grundsätzliche Prinzip der Effizienzbewertung nach Mitteleinsatz (Inputeffizienz) und Ergebnis (Outputeffizienz) ist jedoch identisch.[2] Die Einflussmöglichkeit der Kassen auf die Ausgaben und die Qualität der Gesundheitsversorgung ihrer Versicherten ist in einem System, das überwiegend kollektivvertraglich organisiert ist, entsprechend beschränkt. Umso mehr gilt es, kreative Lösungen zu entwickeln und bestehende Einflussmöglichkeiten zu nutzen.

---

1   DIN EN ISO 9000: Qualitätsmanagementsysteme – Grundlagen und Begriffe (ISO 9000:2005). 2005.
2   Für eine Kosten-Nutzung-Bewertung der medizinischen Effizienz vgl. Rebscher/Kaufmann: Qualitätsmanagement in Gesundheitssystemen. 2011.

2 Effizienzpotenziale sind bei Krankenkassen über zehn Hebel realisierbar

Wenn Positionierung und Strategie der Kasse feststehen, lassen sich dadurch bestimmte, wenn auch systembedingt beschränkte, Outputniveaus hinsichtlich Betreuungsdichte, Versorgungsangeboten etc. ableiten. Diese gilt es, so effizient, das heißt, mit so wenig Mitteleinsatz als möglich, zu erreichen. Solch eine Orientierung an einer Outputeffizienz setzt natürlich voraus, dass überhaupt strategische und ressourcengemäße Handlungsmöglichkeiten bestehen. Dies ist, wie die jüngste Vergangenheit zum Beispiel in Form von Schließungen gezeigt hat, nicht mehr bei allen Kassen selbstverständlich. Andererseits ist das Ziel der Kostenführerschaft bei diesen Kassen häufig aufgrund interner (z. B. Tarifverträge, Ruhestandsregelungen etc.) und externer Rahmenbedingungen (z. B. Versichertenstruktur, regionale Besonderheiten) nicht (mehr) realisierbar.

Will oder muss man die noch vorhandenen Effizienzpotenziale identifizieren und in allen Bereichen einer Kasse Verbesserungen erzielen, empfiehlt sich ein Gesamteffizienzsteigerungsprogramm, das die Analyse und Optimierung aller Haupthebel zur Verbesserung der Wettbewerbsposition zum Ziel hat. In Abb. 2 sind diese Haupthebel mit beispielhaft genannten Ansatzpunkten im Überblick dargestellt.

In der Regel sind interne Ressourcen selten ausreichend vorhanden, um alle Baustellen gleichzeitig in Angriff zu nehmen, zuweilen sind einige auch aktuell bereits abgedeckt. Dann macht es Sinn, in einem „Quick-Check" die Bereiche mit dem größten Handlungsbedarf zu identifizieren.

Aus Platzgründen ist es hier nicht möglich auf die bewährten aber durchaus sehr unterschiedlichen Tools, Methoden und Ansatzpunkte zur Optimierung aller dieser Hebel im Detail einzugehen. Allein im Bereich des Leistungs- und Versorgungsmanagements ließen sich eine Vielzahl geeigneter Wege und Verfahren aufzeigen, wie signifikante Effizienzpotenziale identifiziert und realisiert werden können.

Hier konzentrieren wir uns in der Darstellung beispielhaft auf die Optimierung der folgenden drei Haupthebel mit entsprechenden Beispielen, in denen trotz aller bisheriger Maßnahmen der Kassen immer noch Effizienzpotenziale zu erwarten sind:

- Verwaltungskosten senken:
    - Beispiel: Durch Bündelung und Spezialisierung hohe Potenziale bei den Verwaltungskosten heben

Alle Möglichkeiten nutzen – Effizienzsteigerungsprogramme für Krankenkassen

Hebel zur Stärkung der Wettbewerbsposition von Kassen

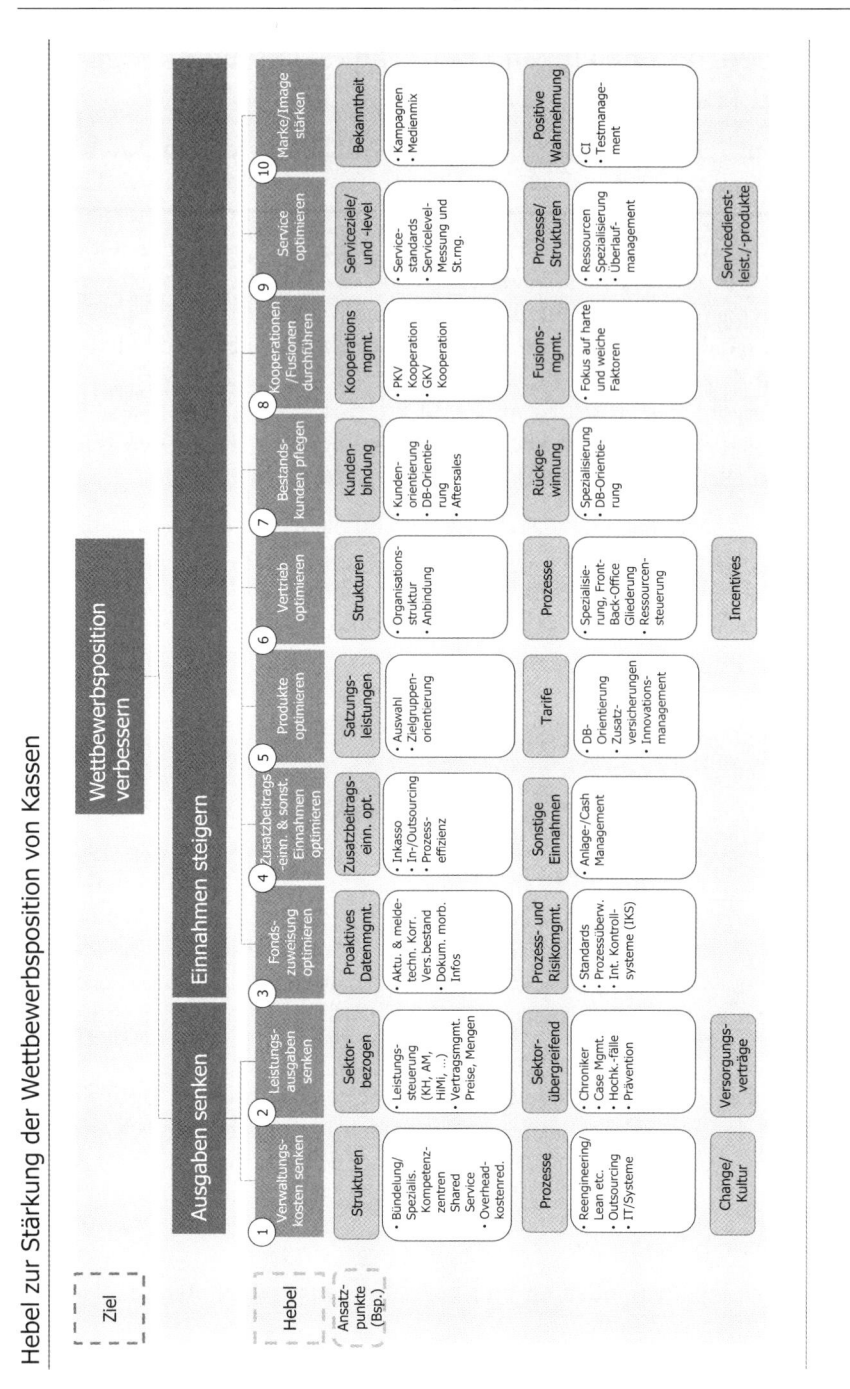

	Ausgaben senken			Einnahmen steigern			Wettbewerbsposition verbessern			
Ziel										
Hebel	① Verwaltungskosten senken	② Leistungsausgaben senken	③ Fondszuweisung optimieren	④ Zusatzbeiträge -einn. & sonst. Einnahmen optimieren	⑤ Produkte optimieren	⑥ Vertrieb optimieren	⑦ Bestandskunden pflegen	⑧ Kooperationen/Fusionen durchführen	⑨ Service optimieren	⑩ Marke/Image stärken
Ansatzpunkte (Bsp.)	Strukturen: • Bündelung/ Spezialis. Kompetenzzentren • Shared Service • Overheadkostenred.	Sektorbezogen: • Leistungssteuerung (KH, AM, HiM, ...) • Vertragsmgmt. Preise, Mengen	Proaktives Datenmgmt.: • Aktu. & meldetechn. Korr. Vers.bestand • Dokum. morb. Infos	Zusatzbeitrags einn. opt.: • Inkasso • In-/Outsourcing • Prozesseffizienz	Satzungsleistungen: • Auswahl • Zielgruppenorientierung	Strukturen: • Organisationsstruktur • Anbindung	Kundenbindung: • Kundenorientierung • DB-Orientierung • Aftersales	Kooperations mgmt.: • PKV Kooperation • GKV Kooperation	Serviceziele/ und -level: • Servicestandards • Servicelevel-Messung und St.rng.	Bekanntheit: • Kampagnen • Medienmix
	Prozesse: • Reengineering/ Lean etc. • Outsourcing • IT/Systeme	Sektorübergreifend: • Chroniker • Case Mgmt. • Hochk.-fälle • Prävention	Prozess- und Risikomgmt.: • Standards • Prozessüberw. • Int. Kontrollsysteme (IKS)	Sonstige Einnahmen: • Anlage-/Cash Management	Tarife: • DB-Orientierung • Zusatzversicherungen • Innovationsmanagement	Prozesse: • Spezialisierung, Front-Back-Office Gliederung • Ressourcensteuerung	Rückgewinnung: • Spezialisierung • DB-Orientierung	Fusionsmgmt.: • Fokus auf harte und weiche Faktoren	Prozesse/ Strukturen: • Ressourcen • Spezialisierung • Überlaufmanagement	Positive Wahrnehmung: • CI • Testmanagement
	Change/ Kultur	Versorgungsverträge				Incentives			Servicedienstleist./-produkte	

Abb. 2: Effizienzpotenziale sind bei Kassen über zehn Haupthebel realisierbar
Quelle: B-LUE Management Consulting

- Leistungsausgaben senken:
  - Beispiel: Effizienz im Management versorgungsintensiver Versicherter – Ausgabendämpfung und Qualitätssicherung möglich
  - Beispiel: Realisierung von Potenzialen im Arzneimittelbereich zusätzlich zu den Rabattverträgen
- Service optimieren:
  - Beispiel: Service- und Kundenorientierung als wichtiges Differenzierungsmerkmal nutzen

2.1 Beispiel: Durch Bündelung und Spezialisierung hohe Potenziale bei den Verwaltungskosten möglich

Verwaltungskosten, und damit zum größten Teil Personalkosten, entstehen naturgemäß sowohl in der jeweiligen Zentrale beziehungsweise in der entsprechenden Flächenorganisation. Innerhalb der Zentralen finden sich diese in erheblichem Umfang in Unterstützungsfunktionen wie Personal, Controlling, Finanzen etc. Hier greifen bei der Optimierung die bekannten Ansätze der Overhead-Kostenreduktion, auf die an dieser Stelle nicht näher eingegangen werden soll. In der Fläche entstehen hohe Verwaltungskosten dagegen typischerweise bei kassenspezifischen Prozessen wie Leistungsgewährung und Leistungsmanagement, Mitgliedschafts- und Beitragsbearbeitung etc.[3]

Obwohl bereits viele Kassen verschiedene dieser Prozesse gebündelt haben, existieren bei genauer Betrachtung noch erhebliche Unterschiede in den jeweiligen Bündelungsgraden. Während zum Beispiel eine Kasse ihre Krankengeldbearbeitung von 300 auf 80 Standorte konzentriert hat, wird dies bei einer anderen ähnlich großen Kasse mittlerweile ausschließlich von Spezialisten an vier oder weniger Standorten zentral für das gesamte Bundesgebiet durchgeführt.

Am folgenden Projektbeispiel einer bundesweit agierenden Kasse mit mehr als fünf Millionen Versicherten sollen die Vorteile, die sich mit der Effizienzsteigerung durch Bündelung und Spezialisierung ergeben, verdeutlicht werden. Ziel des Projekts war es, sämtliche Kernprozesse zu optimieren und die Organisation entsprechend neu auszurichten.

Ein Vergleich der unterschiedlichen Effizienzgrade bei der Sachbearbeitung in den regionalen Geschäftsstellen (s. Abb. 3) innerhalb ein und derselben Kasse machte dabei das Ausmaß möglicher Effizienzpotenziale bereits sehr deutlich.

---

3 Rebscher/Hessabi: Wendemanöver. In: Die GesundheitsWirtschaft, 04/2011, S. 29-31.

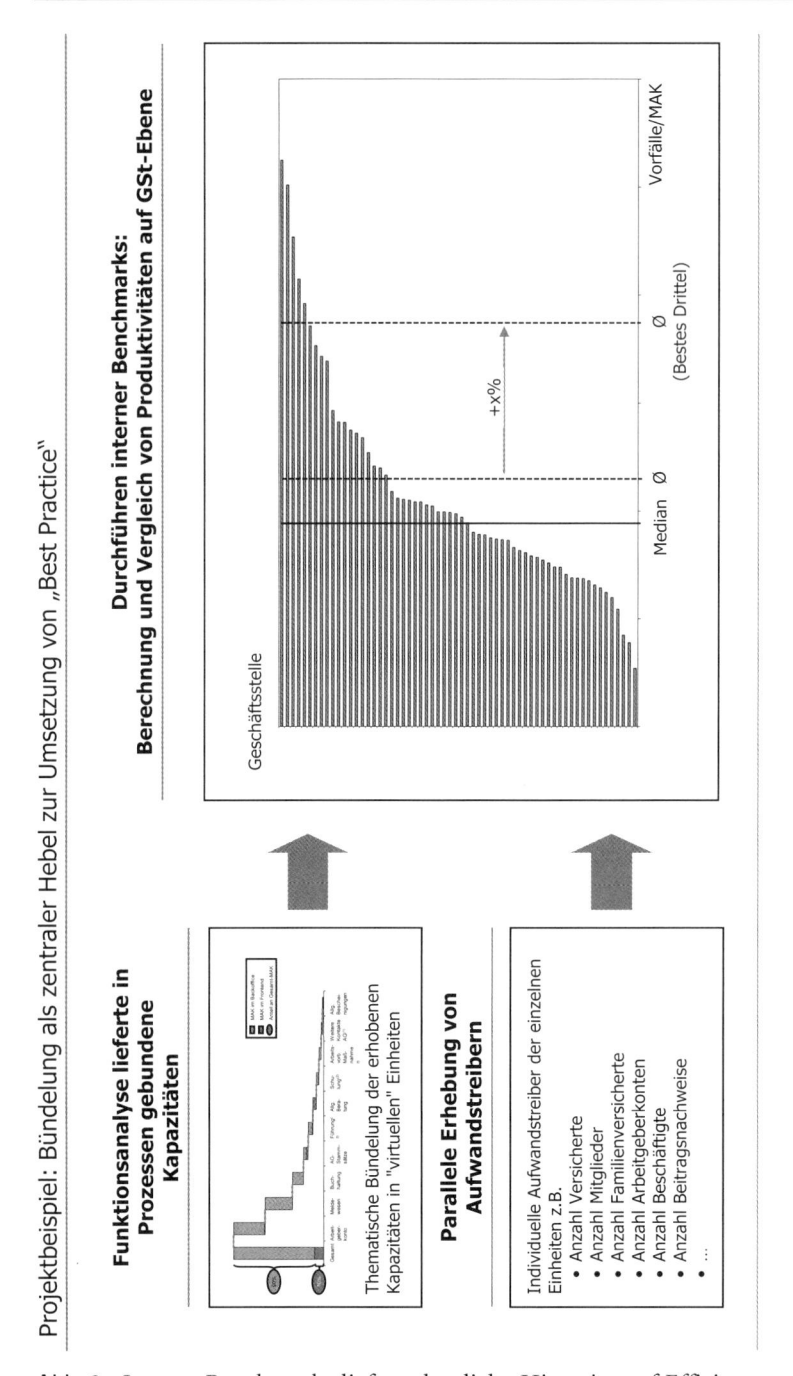

Abb. 3: Interne Benchmarks liefern deutliche Hinweise auf Effizienzpotenziale
Quelle: B-LUE Management Consulting

Als Maß für die Effizienzbewertung wurde hier das Verhältnis von Anzahl definierter Vorgänge zu Vollzeitarbeitskraft definiert. Natürlich sind auch innerhalb derselben Kasse die jeweiligen Situationen vor Ort nicht vollständig vergleichbar. Die Analyse der entsprechenden Aufwandstreiber lieferte allerdings keine ausreichenden Erklärungen für die teilweise sehr großen örtlichen Unterschiede in den entsprechenden Kennzahlen. Grundsätzlich hatten alle Geschäftsstellen die gleiche offizielle Vorgabe ein jeweils identisches und damit sehr breit gefächertes Aufgabenspektrum zu erfüllen. Bei genauerer Betrachtung wurde allerdings deutlich, dass die regionalen Einheiten jeweils bestimmte Aufgaben spezialisiert bearbeitet haben und diese daher besonders effizient durchführten, aber bei anderen Aufgaben im internen Vergleich schlechter abschnitten. Viele Geschäftsstellen hatten demnach für bestimmte Aufgaben quasi selbstständig eine Art Kompetenzteam entwickelt, was sich positiv auf die Resultate auswirkte. Dass aber eine Geschäftsstelle bei der Komplexität des SGB V und Breite der Zuständigkeiten überall unter den Besten war, konnte nicht festgestellt werden. Die Logik hinter dem Beispiel ist deutlich: Je größer der Bündelungs- und damit Spezialisierungsgrad einer Tätigkeit, desto

- fokussierter der Wissenserwerb beziehungsweise die Wissensaktualisierung,
- größer die Routine und damit Schnelligkeit in der Bearbeitung auch bei Sonderfällen,
- geringer die Vertretungsprobleme,
- kompetenter die Antworten bei direkten Kundenanfragen,
- höher die insgesamt realisierten Schlagzahlen.

Dieser Effekt ist allerdings nicht unbegrenzt steigerbar. Die Antwort heißt auch nicht, dass jede Organisation für jedes Thema grundsätzlich nur einen Standort benötigt. Die idealen Größen der Einheiten lassen sich abhängig von Führungsspanne, Mitarbeiterverfügbarkeit, abnehmendem Grenznutzen, Benchmarkerfordernissen etc. sehr genau ermitteln. Oftmals sind am Ende deutlich weniger Einheiten notwendig als heute vorhanden – mit den entsprechenden noch unerschlossenen Effizienzpotenzialen!

Die Vorgehensweise bei der Identifikation und Erschließung dieser Potenziale orientiert sich dabei entlang der Wertschöpfungskette der Kasse. Das heißt, zunächst werden u. a. die relevanten Prozesse sowie Kapazitäts-, Mengen- und Kostengerüste erhoben und insbesondere die jeweiligen Stärken, Schwächen und Erfolgsfaktoren ermittelt. Danach folgt die Festlegung der jeweiligen Bündelungsgrade, indem nach detaillierter Prüfung schlüssig festgelegt wird, welche Aktivitäten in Kundennähe, welche regional und welche stark zentralisiert durchgeführt werden können. Nach dieser Festlegung erfolgt die Definition der entsprechenden Sollprozesse und -strukturen etc., wobei die entsprechenden Vorgehensweisen des Lean Management, Reengineerings, etc. die Basis der Gestaltung bilden.[4]

---

4 Womack/Jones: Lean Solutions. 2006.

17 Im Ergebnis sind die für die Versicherten relevanten Leistungen/Services immer noch vor Ort verfügbar. In diesem Beispiel ist nicht ein einziger Standort geschlossen worden. Die Kunden bekommen nun kompetentere Antworten und auch die Mitarbeiter sind deutlich zufriedener – gelten sie nun als Kompetenzträger im Vergleich zur vorherigen wenig bestimmten „Jeder macht alles"-Struktur. Im Bereich der Leistungsprozesse wurden durch die höhere Spezialisierung und die Möglichkeit, auf diese Art Steuerungsansätze professioneller umzusetzen, jährliche Einsparungen von ca. 225 Mio. EUR bei den Leistungsausgaben realisiert. Das definierte Effizienzziel „Erhöhung der Produktivität" gemessen in Versicherten zu Mitarbeiterkapazitäten wurde von 674 auf 800 (+19 %) mit Steigerungen um unternehmensweit 23 % und in einzelnen Bereichen (Mitgliedschaft und Beitrag) um sogar 50 % deutlich übertroffen[5] (s. Abb. 4). Insgesamt wurden jährlich 75 Mio. EUR Verwaltungskosten eingespart.

Projektbeispiel: Überblick Produktivität Kompetenzzentrum Mitgliedschaft und Beitrag

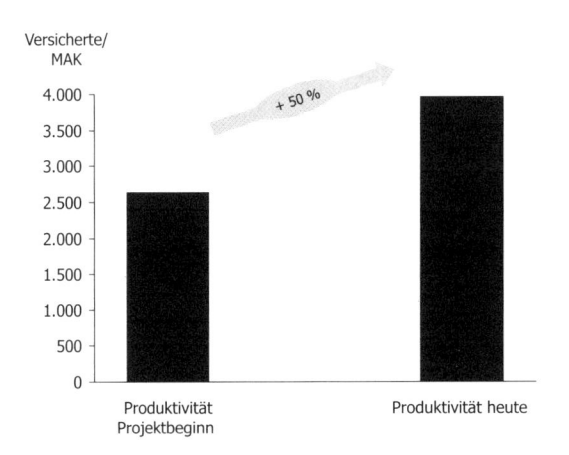

Abb. 4: Projektbeispiel: Überblick Produktivität Kompetenzzentrum Mitgliedschaft und Beitrag
Quelle: B-LUE Management Consulting

18 Wie in Abb. 3 am Beispiel von möglichen Bündelungseffekten verdeutlicht, lassen sich insbesondere interne Benchmarkwerte gut für die Aufdeckung ineffizienter Ressourcennutzung heranziehen, sofern eine ausreichend große Zahl von Vergleichseinheiten vorliegt.

19 An dieser Stelle sei der bildliche Hinweis gestattet, hierbei Äpfel auch wirklich mit Äpfeln zu vergleichen. Externes Benchmarking führt häufig zur Birne im Apfelkorb des Kennzahlenportfolios. Nicht nur die unterschiedliche Morbiditäts-

---

5 Klusen/Lüngen: Operation am offenen Herzen – Fallstudie einer Reorganisation. . In: Die Krankenversicherung, 01/2011, S. 18-21.

struktur der verschiedenen Kassen wirkt dabei verzerrend, es gilt auch andere Variablen zu berücksichtigen. So stellte bei der Prüfung der Produktivität im Beitragsbereich beispielsweise die hohe Anzahl von Arbeitgeberkonten einer kleineren Betriebskrankenkasse eine Hürde beim Erreichen marktüblicher Produktivitätskennzahlen dar. Relativ unabhängig von der Versichertenzahl ist dies ein wichtiger Treiber des Arbeitsaufwandes in wesentlichen Bereichen. Ähnlich verzerrend kann auch die Definition der einzelnen Kennzahlwerte selber wirken. Zum Beispiel verändert sich der Wert „Anzahl Mitarbeiterkapazitäten" in Abhängigkeit dessen, welche Parameter jeweils einbezogen wurden – von Auszubildenden, Aushilfen, langzeitarbeitsunfähigen Mitarbeitern, der durchschnittlichen Jahresarbeitszeit, dem Outsourcinggrad und vielem mehr. Manche Vergleiche zwischen Unternehmen sind daher bestenfalls als Näherungen zu betrachten.

2.2 Leistungsausgaben: Auch hier sind kurzfristig wirksame Potenziale realistisch

Die Steigerung der Leistungsausgaben, die fast 95 % der Gesamtausgaben einer Krankenkasse ausmachen, stellt die größte Herausforderung in der gesetzlichen Krankenversicherung für die nächsten Jahre dar. Zwar konnte durch Beibehaltung steuerlicher Zuschüsse bei gleichzeitiger Anhebung des Beitragssatzes auf 15,5 % 2011 ein Überschuss in der GKV erzielt werden, die Wachstumsraten insbesondere im Bereich der Krankenhaus- und Krankengeldausgaben bleiben jedoch weiterhin deutlich zu hoch für eine nachhaltige Finanzplanung in der GKV. Eine deutliche Dämpfung der Leistungsausgaben konnte lediglich im Arzneimittel- sowie im Reha- bzw. Kurbereich festgestellt werden. Dabei ist der Hebel „Preis" zwar nach wie vor im Fokus der Steuerungsmaßnahmen, jedoch spielen gegenüber dem Einfluss der Kassen weniger zugängliche Mengenausweitungseffekte der anderen Akteure häufig die größere Rolle.

Im Zuge der Gesundheitsreformen der vergangenen zehn Jahre beabsichtigte der Gesetzgeber, den Krankenkassen mehr Gestaltungsspielräume zum Einkauf der Gesundheitsleistungen für ihre Versicherten einzuräumen und dadurch Wettbewerbseffekte zwischen Leistungserbringern und den Kassen untereinander zu nutzen.

Vor allem im Bereich der Selektivverträge sind die Maßnahmen jedoch auch aufgrund unzureichender Evaluation und Messmethodik bislang meist hinter den Erwartungen zurückgeblieben.[6] Die Krankenkassen haben hier deutliches Potenzial, mit Hilfe ihrer umfangreichen Datenbestände mit zunehmend besserer Qualität und technisch ausgereiften Auswertungsmöglichkeiten weitreichende Wertschöpfung für ihre Versicherten zu erreichen.

---

6 Dintsios/Gerber: Gesundheitsökonomische Evaluation der Integrierten Versorgung. In: Amelung/Eble/Hildebrandt (Hrsg.): Innovatives Versorgungsmanagement. 2011.

23 Bei der Etablierung primär- wie sekundärpräventiver Versorgungsprogramme bedarf es in den meisten Fällen aber einer mittel- bis langfristigen Perspektive, bis sich die Investitionen in diesem Bereich auszahlen.

24 In den Zeiten des Zusatzbeitrags liegt der Fokus jedoch erfahrungsgemäß auf schnell wirksamen Maßnahmen. Hier bieten sich sowohl im klassischen sektoralen Leistungsmanagement als auch in der Steuerung von versorgungsintensiven Fällen noch kurzfristig erreichbare Potenziale, die dann zum Beispiel in längerfristig angelegte Programme investiert werden können.

2.2.1 Beispiel: Effizienz im Management versorgungsintensiver Versicherter – Ausgabendämpfung und Qualitätssicherung möglich

25 Weniger als 1 % der Versicherten beanspruchen 10 % der Leistungsausgaben einer typischen Krankenkasse. Diese besonders versorgungsintensiven Fälle schließen ein sehr heterogenes Spektrum an komplizierten Einzelfällen ein, die in der pauschalisierten Zuweisungslogik des morbi-RSA nicht adäquat abgebildet sind. Der Wegfall des Risikopools macht diese teuren Einzelfälle zu einem Risiko gerade für kleinere Kassen. Durch gezielte Programme zum Management versorgungsintensiver Versicherter mit individuellem Case Management Ansatz kann die Effizienz der Leistungen gerade in Hochkostenbereichen verbessert werden.

26 Der Aufbau eines Case Managements zur Steuerung der versorgungsintensiven Versicherten setzt eine sinnvolle Segmentierung der Versicherten in steuerbare Cluster voraus. In den jeweilgen Clustern werden über die Analyse des Inanspruchnahmeverhaltens der Versicherten, in allen Leistungsarten ein Risikoprofil ermittelt und mögliche Versorgungsdefizite aufgezeigt (s. Abb. 5). Nach entsprechender Prüfung anhand definierter Kriterien werden die erfolgversprechendsten Ergebniscluster festgelegt.

27 Die tatsächlichen Maßnahmen zur Steuerung der Versicherten werden entlang des Versorgungspfades entwickelt und fokussieren sich auf die wesentlichsten Erfolgshebel in den jeweiligen Ergebnisclustern.

28 Das Cluster der Intensivpflegefälle kann als gutes Beispiel für eine erfolgreiche Implementierung des Case Management Ansatzes dienen. Intensivpflegefälle sind aufwändige Behandlungsfälle mit häufig dauerhafter Beatmungsnotwendigkeit aufgrund schwerwiegender Erkrankungen. Die Patienten werden nach einem langen Aufenthalt auf der Intensivstation überwiegend direkt in die häusliche Umgebung entlassen. Es entstehen dabei besonders hohe Ausgaben im Bereich der Häuslichen Krankenpflege, da eine ständige Überwachung in den meisten Fällen zwingend erforderlich ist.

Projektbeispiel: Auswahl Versichertencluster - schematisch

Analyse Kostencluster

Ausgaben je Kostenart

(Diagramm: Balken für Diagnosecluster 1–10, Werte von 0 bis 200)

Definition grober Diagnosecluster
Analyse der Ausgabenverteilung
Identifikation der relevanten Handlungsfelder
Ermittlung Erfolgsfaktoren der Steuerung

Prüfkriterien

Steuerbarkeit

Potenzial

Kritische Menge

Kalkulierbares Risiko/ Prädiktion (auf Kosten-Diagnosebasis)

Öffentlichkeitswirkung

Umsetzbarkeit mit
- Leistungserbringern
- Angehörigen
- eigener Organisation
- externen Dienstleistern

Latenz

Aufwandsschätzung

Ergebniscluster

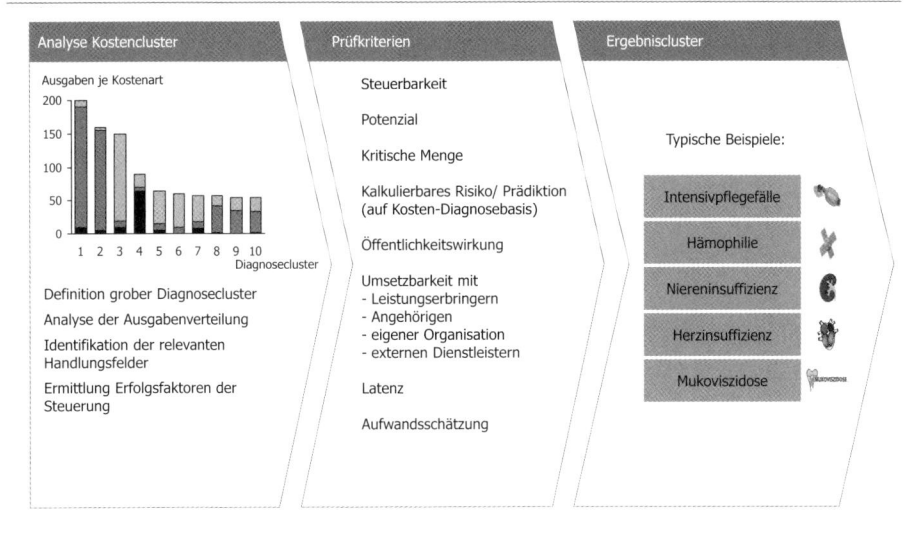

Typische Beispiele:

- Intensivpflegefälle
- Hämophilie
- Niereninsuffizienz
- Herzinsuffizienz
- Mukoviszidose

Abb. 5: Anhand adäquater Prüfkriterien werden die ersten zu steuernden Versicherten-Cluster ermittelt
Quelle: B-LUE Management Consulting

In diesem Projektbeispiel bei einer Kasse mit regionalen Schwerpunkten haben sich die folgenden Steuerungselemente und daraus abgeleitete Maßnahmen als am meisten erfolgversprechend für das Case Management erwiesen:

- frühzeitige Identifikation der Fälle im Krankenhaus und Steuerung in optimale Versorgung
- Festlegung und Überprüfung von Qualitätsstandards für Pflegedienste
- Vor-Ort Fallprüfungen durch medizinisch geschulte Case Manager
- Einbindung der Angehörigen
- Verhandlung mit Pflegediensten
- Kontinuierliches Re-Assessment und Umsteuerung bei Bedarf

Aus diesen Steuerungselementen leiten sich spezifische Qualifikationen für die Case Manager ab. Am Beispiel dauerhaft beatmungspflichtiger Patienten sind intensivmedizinische Kenntnisse bei den zuständigen Bearbeitern unerlässlich. Mobilität, sektorenübergreifendes Verständnis, empathisches Auftreten gegenüber den Betroffenen und deren Angehörigen und nicht zuletzt Beratungskompetenz im direkten Kundenkontakt sind weitere wichtige Kompetenzen, die ein Case Manager für den Erfolg dieser Steuerungsmaßnahme benötigt.

Der insgesamt vergleichsweise hohe Aufwand für eine Einzelfallsteuerung kann durch die hohen Kosten der Einzelfälle und die hohen erwarteten Potenziale gerechtfertigt werden.

32 So wurden in diesem Projektbeispiel durch ein optimal ausgerichtetes Case Management von ausgewählten Hochkostenfällen, Einsparungen von bis zu 21 % in der Häuslichen Krankenpflege und von 5-6 % in der Gesamtkostenbetrachtung erzielt.[7] Über eine parallele Messung der Versorgungsqualität anhand von Komplikationsraten und einer Zufriedenheitsmessung kombiniert mit der Gegenüberstellung der eingesetzten Ressourcen, konnte ein Monitoring der Versorgungseffizienz etabliert werden. In diesem Beispiel wurde eine wesentlich effizientere Versorgung durch das koordinierte Case Management[8] festgestellt: Deutlich reduzierter Mitteleinsatz bei gleicher oder sogar verbesserter Qualität.

2.2.2 Beispiel: Realisierung von Potenzialen im Arzneimittelbereich zusätzlich zu den Rabattverträgen

33 Gerade die klassischen sektoralen Leistungsmanagementansätze leisten einen Beitrag zur Erhöhung der Effizienz in der Gesundheitsversorgung – häufig durch Senkung der Preise für die Krankenkasse. Im Arzneimittelbereich konnte durch die Möglichkeit von einzelvertraglichen Vereinbarungen mit Arzneimittelherstellern und durch das Arzneimittelneuordnungsgesetz allgemein bereits eine Reduzierung des Ausgabenanstiegs beobachtet werden.[9]

34 Auf Ebene einer einzelnen Krankenkasse bietet der Arzneimittelbereich in Ergänzung zu den Rabattverträgen auch weiterhin Steuerungsmöglichkeiten, vorausgesetzt die Ausgabenvolumina und Fehlversorgungstendenzen sind detailliert bis auf Präparate-Ebene transparent.

35 Im Projektauftrag zur Optimierung des Arzneimittelmanagements für eine Krankenkasse mit über 1,5 Mio. Versicherten und einem Wachstum der Arzneimittelausgaben um über 5 % pro Jahr wurden zunächst die Arzneimitteldaten detailliert ausgewertet und bisherige Steuerungsmaßnahmen evaluiert. Eine erste Analyse auf Ebene der ATC-3 und -5 steller war der Ausgangspunkt für die erweiterte Treiberanalyse auf der höchsten Detailebene (ATC-7 steller). Eine beispielhafte Erläuterung dazu ist Abb. 6: zu entnehmen. Zur Aufdeckung von möglichen Fehlversorgungstendenzen wurden entsprechende Benchmark-Analysen durchgeführt.

36 Aus den Ergebnissen der Ist-Analyse wurden in dem Projekt konkrete Maßnahmen für die jeweiligen Indikationsbereiche beziehungsweise Präparate definiert, die entweder neue Steuerungsansätze darstellten, oder bestehende Ansätze optimieren konnten, wie zum Beispiel: beschleunigte Umsetzung Generikasubstitution, Optimierung Vertragsstrukturen Originalpräparate, Neuausrichtung Kommunikationsstrategie, Aufbau Krankenhausstrategie für Arzneimitteltherapie etc.

---

7 Lüngen/Liese: Innovation im Versorgungsmanagement am Beispiel der Hochkostenfälle. In: Rebscher/Kaufmann (Hrsg.): Innovationsmanagement in Gesundheitssystemen. 2010.
8 Für weitere Information, vgl. Schmid et al.: Patientencoaching, Gesundheitscoaching, Case Management. 2008.
9 Schwabe/Paffrath: Arzneiverordnungs-Report 2011. 2011.

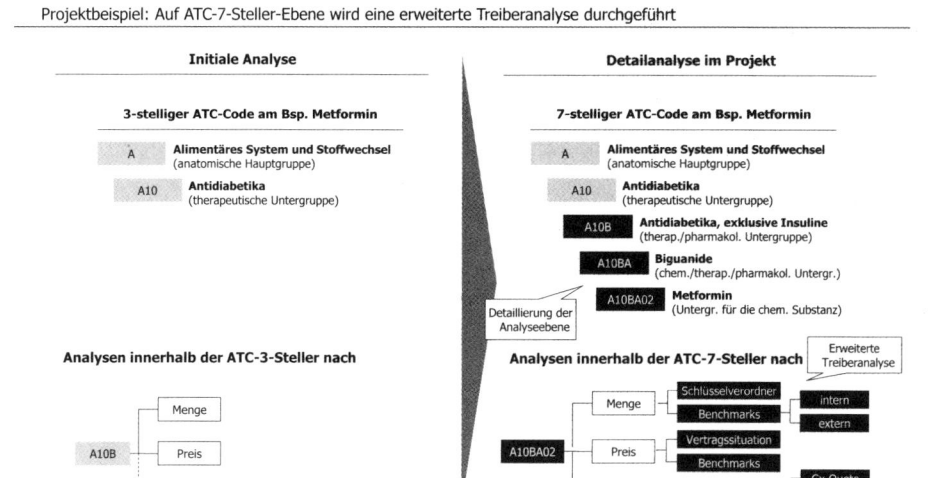

Effizienzpotenziale sind bei Krankenkassen über zehn Hebel realisierbar

Abb. 6: Analyse der ATC-Codes zur Ermittlung von weiteren Potenzialen im Arzneimittelbereich

Quelle: B-LUE Management Consulting

Die Maßnahmen wurden in einer Wirkstoffgruppen-Maßnahmenmatrix (s. Abb. 7) zusammengefasst und entsprechend des jeweiligen Potenzials priorisiert.

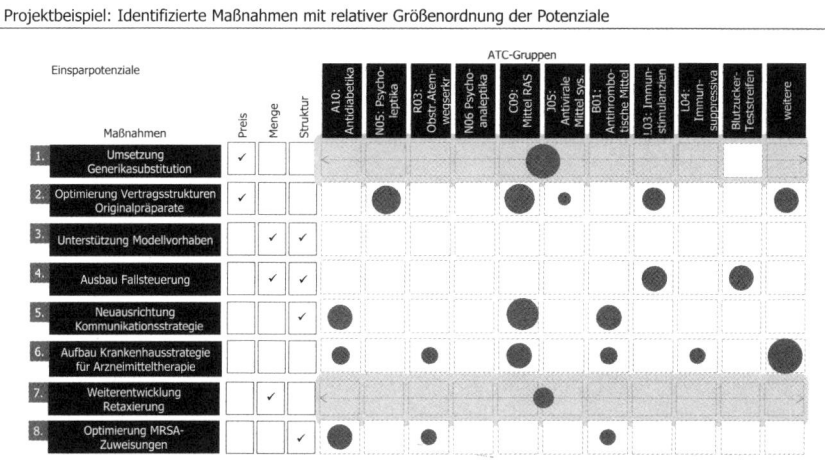

Abb. 7: Identifizierte Maßnahmen mit zusätzlichem Einsparpotenzial von 1-2 % der Arzneimittelausgaben

Quelle: B-LUE Management Consulting

38 Im Ergebnis konnten in diesem Projektbeispiel 1-2 % der gesamten Arzneimittelausgaben, was einem zweistelligen Millionenbetrag entspricht, als zusätzliches Potenzial identifiziert werden. Die ersten Maßnahmen (zum Beispiel Optimierung Vertragsstruktur) wurden bereits teilweise während der Konzeption als „Quick Win" umgesetzt. Alle Maßnahmen wurden einem stringenten Controlling unterworfen und die realisierten Potenziale in regelmäßigen Abständen evaluiert. Nach sechs Monaten wurden bereits 70 % der ermittelten Potenziale für die umgesetzten Maßnahmen realisiert. Dabei ist gerade bei den Maßnahmen zur Arzneimittelsteuerung sogar von einem Zugewinn an Versorgungsqualität durch vermehrt leitlinienorientiertes Verordnungsverhalten auszugehen. In einer weiteren Evaluation des Verordnungsverhaltens lässt sich der Effizienzgewinn der Maßnahmen durch Gegenüberstellung geringerer Fehlversorgung mit gleichzeitig geringerem Mitteleinsatz ableiten.

2.3 Beispiel: Service- und Kundenorientierung als wichtiges Differenzierungsmerkmal nutzen

39 Effizienz bedeutet nicht nur definierte Qualitäts- beziehungsweise Outputniveaus mit möglichst wenigen Ressourcen zu erreichen, sondern kann auch bedeuten, mit bestehenden Mitteln ein deutlich höheres Output- beziehungsweise Qualitätsniveau zu realisieren. Besonders relevant ist dies im Themenfeld Service. Hier gibt es bereits vielfältige Versuche „besser" zu werden, die allerdings häufig nur an der Oberfläche bleiben und sich auf wenige Parameter beschränken. Zu einem Zeitpunkt, an dem sowohl Versorgungsqualität als auch Preis als Erfolgsfaktor eine geringere Rolle spielen als ihnen gemeinhin gebührt, wird der Service zunehmend zum entscheidenden Wettbewerbsfaktor.

40 Aus unserer Sicht darf das Thema Service allerdings nicht nur von Seiten der Kundenberatung oder anderer einzelner Funktionen des Unternehmens her gesehen werden, sondern es verlangt eine ganzheitliche, sprich unternehmensweite Betrachtung. Nur so lassen sich alle Potenziale und Möglichkeiten zur Verbesserung der Wettbewerbsposition erschließen.

41 Im vorliegenden Projektbeispiel orientierte sich der Ansatz zur Schaffung einer serviceorientierten Krankenkasse an einer Folge von neun Schritten auf (s. Abb. 8).

42 Zunächst wurde Transparenz über die aktuelle Ausgangssituation hergestellt. Betrachtet wurden zum Beispiel Servicekultur und -ziele, Serviceprodukte und -Dienstleistungen, organisatorische Stärken und Schwächen sowie insbesondere Kundenstruktur und Kundenerwartungen. Übergreifende Bedürfnisse der Versicherten wie Erreichbarkeit, Transparenz oder Partnerschaftlichkeit sowie spezifische Erwartungen nach lokaler Präsenz, persönlichem Kontakt, Fachwissen oder aktiver Unterstützung in konkreten Anliegen wurden priorisiert und den einzel-

nen Kundensegmenten zugeordnet. Hieraus wurde dann eine „Service Roadmap" entwickelt, die zunächst grob die Richtung und die wesentlichen Eckpunkte sowie Meilensteine vorgab. Daran schloss sich die konkrete Entwicklung von Soll-Servicezielen und Serviceprodukten sowie -Dienstleistungen an. Wichtig bei diesem Vorgehen ist, Serviceziele und das Serviceportfolio auf die relevanten Kundensegmente optimal auszurichten, um so Spielräume für Differenzierungsmöglichkeiten sowohl zwischen Segmenten als auch gegenüber den Wettbewerbern zu bieten.

Doch damit war es nicht getan. Als nächstes musste die Organisation auf die Servicestrategie und die Serviceziele konsequent ausgerichtet werden. Berücksichtigt werden müssen beispielsweise nicht nur Betreuungs- und Beratungskanäle für bestimmte Kundensegmente sondern auch organisatorische Regelungen für Lastspitzen, beispielsweise durch die Einrichtung von „Überlaufkaskaden", die eine effizientere Verteilung der eingehenden Anfragen ermöglichen (s. Abb. 9). 43

Hierfür wurden die notwendigen Anpassungen und Veränderungen sowohl bei der Aufbau- als auch Ablauforganisation, bei Prozessschnittstellen und IT Systemen identifiziert und umgesetzt. Das erforderte ein in Teilen oft schmerzhaftes Abschneiden alter Zöpfe in Form von lang gelebten aber mittlerweile überholten Arbeitsweisen. 44

Die angepasste und entsprechend ausgerichtete IT unterstützt nun u. a. durch Verbesserungen bei der Auskunftsfähigkeit und der Virtualisierung der Aufgabenbearbeitung mit Hilfe von Dokumentenmanagementsystemen, Telefon-Routing etc. Dennoch bleibt die konsequente Kundenorientierung bei allen Mitarbeitern einer der wichtigsten Erfolgsfaktoren. Regelmäßige Trainings und 360°-Feedbackrunden inkl. Kundenfeedbacks halfen hier, das Grundverständnis für die Kundenerwartungen und eingesetzten Kommunikationsstrategien zu vermitteln. Gerade dieser Aspekt der Entwicklung der Servicekultur ist natürlich nicht über Nacht abgeschlossen. Nicht zuletzt wird aber durch den Aufbau eines kontinuierlichen Verbesserungsprozesses sichergestellt, dass eine permanente Weiterentwicklung der Serviceleistung stattfindet. 45

Im Ergebnis wurde so auch durch Effizienzsteigerungsmaßnahmen der Weg bereitet eine durchgängige Serviceorientierung in die gesamte Organisation bis auf die Mitarbeiterebene zu tragen, dauerhaft zu verankern und fortlaufend weiterzuentwickeln, um die gewonnenen Wettbewerbsvorteile auszubauen. 46

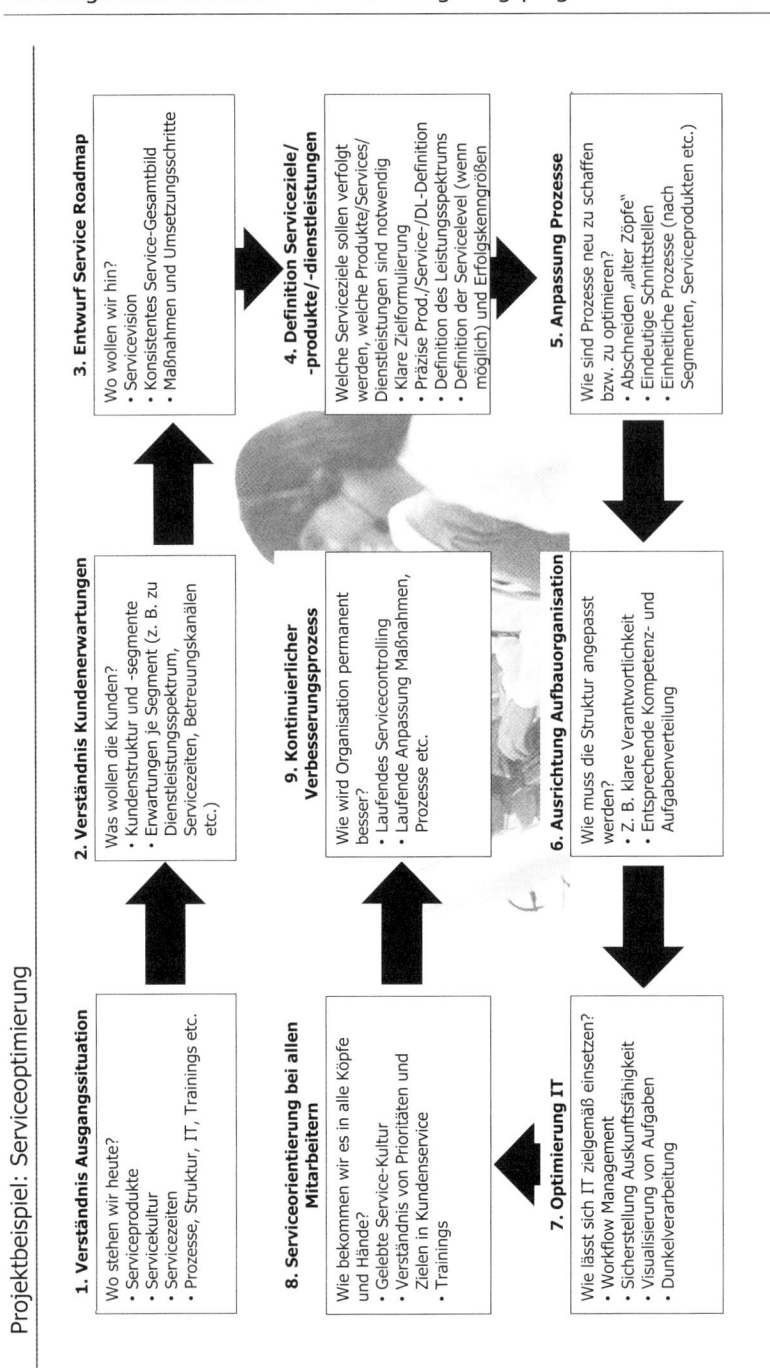

Alle Möglichkeiten nutzen – Effizienzsteigerungsprogramme für Krankenkassen

Projektbeispiel: Serviceoptimierung

1. Verständnis Ausgangssituation
Wo stehen wir heute?
- Serviceprodukte
- Servicekultur
- Servicezeiten
- Prozesse, Struktur, IT, Trainings etc.

2. Verständnis Kundenerwartungen
Was wollen die Kunden?
- Kundenstruktur und -segmente
- Erwartungen je Segment (z. B. zu Dienstleistungsspektrum, Servicezeiten, Betreuungskanälen etc.)

3. Entwurf Service Roadmap
Wo wollen wir hin?
- Servicevision
- Konsistentes Service-Gesamtbild
- Maßnahmen und Umsetzungsschritte

4. Definition Serviceziele/ -produkte/-dienstleistungen
Welche Serviceziele sollen verfolgt werden, welche Produkte/Services/Dienstleistungen sind notwendig
- Klare Zielformulierung
- Präzise Prod./Service-/DL-Definition
- Definition des Leistungsspektrums
- Definition der Servicelevel (wenn möglich) und Erfolgskenngrößen

5. Anpassung Prozesse
Wie sind Prozesse neu zu schaffen bzw. zu optimieren?
- Abschneiden „alter Zöpfe"
- Eindeutige Schnittstellen
- Einheitliche Prozesse (nach Segmenten, Serviceprodukten etc.)

6. Ausrichtung Aufbauorganisation
Wie muss die Struktur angepasst werden?
- Z. B. klare Verantwortlichkeit
- Entsprechende Kompetenz- und Aufgabenverteilung

7. Optimierung IT
Wie lässt sich IT zielgemäß einsetzen?
- Workflow Management
- Sicherstellung Auskunftsfähigkeit
- Visualisierung von Aufgaben
- Dunkelverarbeitung

8. Serviceorientierung bei allen Mitarbeitern
Wie bekommen wir es in alle Köpfe und Hände?
- Gelebte Service-Kultur
- Verständnis von Prioritäten und Zielen in Kundenservice
- Trainings

9. Kontinuierlicher Verbesserungsprozess
Wie wird Organisation permanent besser?
- Laufendes Servicecontrolling
- Laufende Anpassung Maßnahmen, Prozesse etc.

Abb. 8: In neun Schritten zum serviceorientierten Unternehmen
Quelle: B-LUE Management Consulting

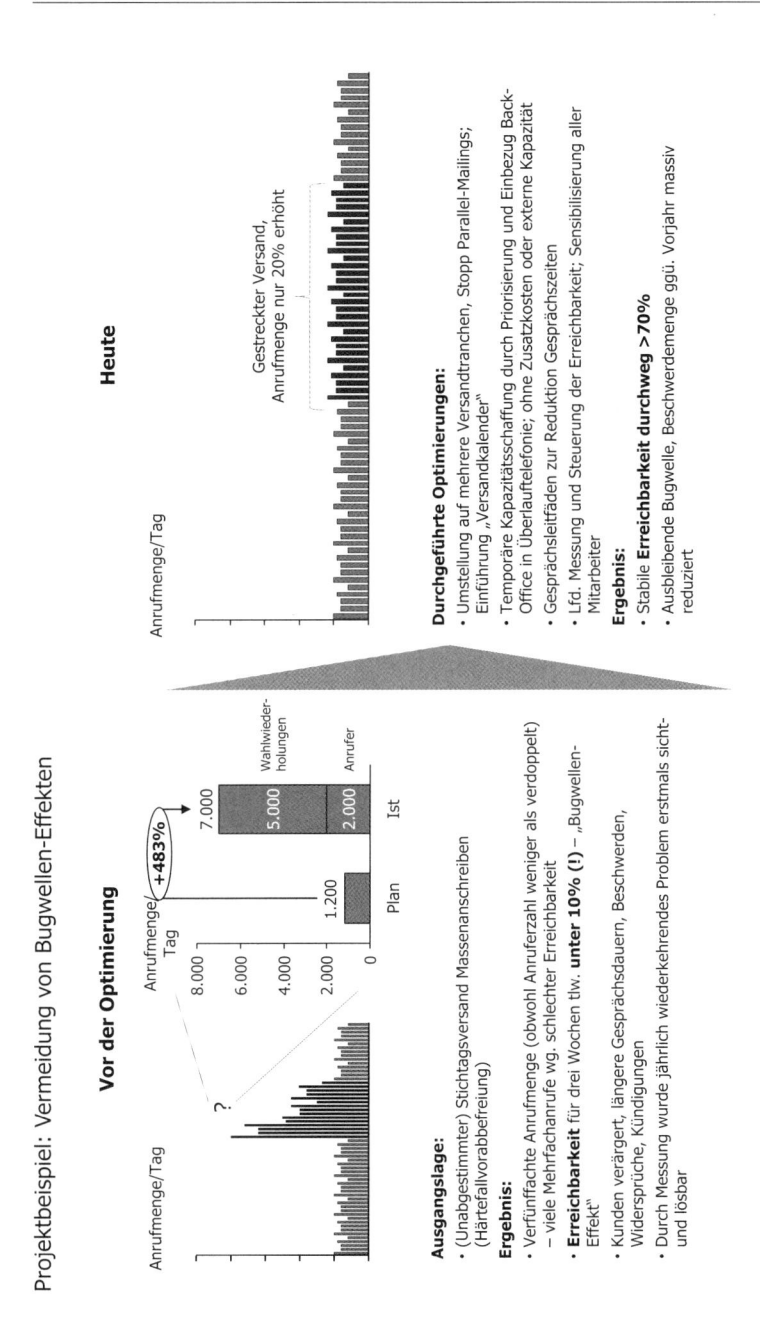

Projektbeispiel: Vermeidung von Bugwellen-Effekten

Vor der Optimierung

Ausgangslage:
- (Unabgestimmter) Stichtagsversand Massenanschreiben (Härtefallvorabbefreiung)

Ergebnis:
- Verfünffachte Anrufmenge (obwohl Anruferzahl weniger als verdoppelt) – viele Mehrfachanrufe wg. schlechter Erreichbarkeit
- **Erreichbarkeit** für drei Wochen tlw. **unter 10% (!)** – „Bugwellen-Effekt"
- Kunden verärgert, längere Gesprächsdauern, Beschwerden, Widersprüche, Kündigungen
- Durch Messung wurde jährlich wiederkehrendes Problem erstmals sichtbar und lösbar

Heute

Gestreckter Versand, Anrufmenge nur 20% erhöht

Durchgeführte Optimierungen:
- Umstellung auf mehrere Versandtranchen, Stopp Parallel-Mailings; Einführung „Versandkalender"
- Temporäre Kapazitätsschaffung durch Priorisierung und Einbezug Back-Office in Überlauftelefonie; ohne Zusatzkosten oder externe Kapazität
- Gesprächsleitfäden zur Reduktion Gesprächszeiten
- Lfd. Messung und Steuerung der Erreichbarkeit; Sensibilisierung aller Mitarbeiter

Ergebnis:
- Stabile **Erreichbarkeit durchweg >70%**
- Ausbleibende Bugwelle, Beschwerdemenge ggü. Vorjahr massiv reduziert

Abb. 9: Vorteile einer serviceorientierten Gesamtorganisation – Optimierung des Service ist immer Thema des Gesamtunternehmens
Quelle: B-LUE Management Consulting

3 Schlussbemerkung: Potenziale werden von Menschen realisiert

47 Kassen haben in den vergangenen Jahren schon verschiedene wirksame Maßnahmen zur Effizienzsteigerung ihrer Organisationen ergriffen. Dennoch bestehen weiterhin noch vielfältige Möglichkeiten, Effizienzen systematisch zu identifizieren und zu realisieren. Die klare Definition von Effizienzzielen als Ausgangspunkt und die nachhaltige Messung und das Nachhalten der Ergebnisse sind zentrale Erfolgsfaktoren. Für die tatsächliche Umsetzung ist darüber hinaus ein Aspekt besonders wichtig: der Mitarbeiter als Mensch. Fast alle Effizienzsteigerungsprogramme haben größere organisatorische Auswirkungen. Mit dem Konzeptentwurf und der Top-down Vorgabe von neuen Arbeitsweisen ist es daher nicht getan. Um die Potenziale wirklich realisieren zu können sind neben einem dezidierten Umsetzungsmanagement und wirksamen Steuerungsmaßnahmen insbesondere die Mitarbeiter in geeigneter Form (Stichwort Change Management) einzubinden. Das erfordert in der Regel mehr Kraft am Anfang und in der Durchführung. Das Ergebnis kann aber den entscheidenden Unterschied im Wettbewerb bringen.

Literatur

DIN EN ISO 9000: Qualitätsmanagementsysteme – Grundlagen und Begriffe (ISO 9000:2005). 2005.

Dintsios, C.-M./Gerber, A.: Gesundheitsökonomische Evaluation der Integrierten Versorgung: Stößt die Gesundheitsökonomie an ihre Grenzen? In: Amelung, V. A./Eble S./Hildebrandt, H. (Hrsg.): Innovatives Versorgungsmanagement. Neue Versorgungsformen auf dem Prüfstand. Medizinisch Wissenschaftliche Verlagsgesellschaft, Berlin 2011.

Klusen, N./Lüngen, B.: Operation am offenen Herzen – Fallstudie einer Reorganisation. In: Die Krankenversicherung, 01/2011, S. 18-21.

Lüngen, B./Liese, K.: Innovation im Versorgungsmanagement am Beispiel der Hochkostenfälle. In: Rebscher, H./Kaufmann, S. (Hrsg.): Innovationsmanagement in Gesundheitssystemen. medhochzwei Verlag, Heidelberg 2010.

Rebscher, H./Hessabi, H. K.: Wendemanöver. In: Die GesundheitsWirtschaft, 04/2011, S. 29-31.

Rebscher, H./Kaufmann, S.: Qualitätsmanagement in Gesundheitssystemen. medhochzwei Verlag, Heidelberg 2011.

Schmid, E./Weatherly, J.N./Meyer-Iutterloh, R./Seiler, R./Lagel, R.: Patientencoaching, Gesundheitscoaching, Case Management. Methoden im Gesundheitsmanagement von Morgen. Medizinisch Wissenschaftliche Verlagsgesellschaft, Berlin 2008.

Schwabe, U./Paffrath, D.: Arzneiverordnungs-Report 2011. Springer Verlag, Berlin 2011.

Womack, J. P./Jones, D. T.: Lean Solutions: Wie Unternehmen und Kunden gemeinsam Probleme lösen. Campus Verlag, Frankfurt a.M. 2006.

Zwischenfazit der Effizienzsuche

Beitrag 26

Auf dem Wege zu mehr Effizienz? Fazit bisheriger Effizienzorientierung in der Versorgungspraxis

Rolf Stuppardt

		Rn.
1	Einleitende Verortung	1 – 4
2	Anmerkungen zu definitorischen und systematischen Bestimmungen	5 – 13
3	Von der Systemebene zur praktischen Versorgungsebene – der mühevolle Weg zu mehr Effizienz	14 – 56
3.1	Aspekte mit Blick auf die Systemebenen-Effizienz	14 – 20
3.2	Mehr Effizienzorientierung durch die Praxis neuer Versorgungsformen und individueller Handlungsoptionen der Krankenkassen? – Einige Beispiele	21 – 28
3.3	Disease-Management-Programme (DMP)	29 – 38
3.4	Hausarztzentrierte Versorgung	39 – 44
3.5	Integrierte Versorgung (IV)	45 – 51
3.6	Bonusprogramme	52 – 56
4	Diskussion und Zwischenfazit	57 – 61

Literatur

Rolf Stuppardt

Jahrgang 1948; abgeschlossene Studien der Betriebswirtschaft und Sozialwissenschaften an der Ruhr-Universität Bochum, 1977-1992 verschiedene Aufgabenfelder beim Bundesverband der Betriebskrankenkassen in Essen u. a. Leitung der Abteilung Wirtschaft und Statistik, 1992-1995 Geschäftsführer des Bundesverbandes der Innungskrankenkassen in Bergisch Gladbach, 1996-2008 Vorstandsvorsitzender des IKK-Bundesverbandes in Bergisch Gladbach, 2008-2011 Geschäftsführer des IKK e.V., der Interessengemeinschaft der Innungskrankenkassen auf Bundesebene in Berlin (funktionaler Nachfolger des IKK Bundesverbandes), seit 2009 Inhaber des Beratungsunternehmens StuppardtPartner mit Sitz in Overath und Berlin, von 2009-2011 Herausgeber der unabhängigen Monatszeitschrift DIE KRANKENVERSICHERUNG mit Sitz in Berlin, Gründungsmitglied der Deutsch-Schweizerischen Gesellschaft für Gesundheitspolitik, Mitgliedschaft in weiteren nationalen und internationalen Institutionen und Gremien der Gesundheitswirtschaft und des Gesundheitswesen, ab 2012 Herausgeber der unabhängigen Monatszeitschrift WELT DER KRANKENVERSICHERUNG im medhochzwei-Verlag.

Einleitende Verortung

*Was mit Wenigem getan werden kann,
muss nicht mit Vielem getan werden.*

Matthias Claudius

Abstract: Im Kontext der Rahmenbedingungen des Gesundheitswesens stellt sich immer wieder neu die Frage, wie mit begrenzten (finanziellen) Ressourcen der optimale Nutzen für die Gesundheit der Menschen erzielt werden kann. In Beantwortung dieser Frage wird Effizienz abgebildet. Sowohl die reformpolitischen Debatten als auch die operativ-strategischen Bemühungen um Versorgungsverbesserungen sind davon geprägt. Dabei ist festzustellen, dass es einen ungewöhnlichen Widerspruch zwischen der wissenschaftlich begründeten Feststellung von allgemeinen Effizienzdefiziten auf der Systemebene und den zunehmenden Effizienzvergleichen wie der daraus resultierenden Behauptung von Effizienzgewinnen auf der Mikroebene in Folge von Evaluationen der Versorgungspraxis gibt. Dies ist einerseits der Anwendung eines verengten, oberflächlichen und auch falschen, z. T. Marketing gesteuerten Effizienzbegriffes zuzuschreiben, andererseits aber auch der nachvollziehbaren Perspektivenvielfalt der Erkenntnisinteressen in Gesundheitswesen und Gesundheitswirtschaft. Dabei kommt der Inanspruchnahme des positiven Attributes „effizient" im Wettbewerb auch durchaus propagandistische Bedeutung zu.

Grundlegend bedeutsam scheint aber auch die Beobachtung zu sein, dass es immer noch eine generell gering ausgeprägte, konsequente Ergebnisorientierung gibt und daher kommen in logischer Konsequenz auch wirkliche Effizienznachweise zu kurz. Es wird in Zukunft auf die nachhaltige Verbreitung der Selbstverständlichkeit ankommen, Ziele, Vorgehensweise, Methoden und Ergebnisse der zahlreicher werdenden Effizienzstudien und Evaluationen im Gesundheitswesen offen zu legen und transparent zu machen, um jeden Diskurs zur Weiterentwicklung einer effizienten gesundheitlichen und medizinischen Versorgung produktiv zu befruchten. Ziel der nachfolgenden Ausführungen ist es, eine verdichtete Übersicht über den Stand der bisherigen Effizienzorientierungen zu geben, um im Sinne eines Zwischenfazits hierzu Feststellungen zu treffen. Als ein vorläufiges Zwischenfazit scheint es erforderlich zu sein, in alle Umsetzungsbemühungen für gesundheitliche und medizinische Versorgung verbreiteter als bislang üblich die Berücksichtigung von „Leitlinien zum Nachweis von Effizienzgewinn" zum Standard zu erheben, wohlwissend, dass dieser Anspruch natürlich eines ausreichenden daten- und methodentechnischen Inputs bedarf, der selbst auch Effizienz generieren muss. Die Studienlage muss dringend verbessert werden.

1 Einleitende Verortung

Der heutige Sachverständigenrat zur Begutachtung der Entwicklung im Gesundheitswesen (SVR), der vor dem GKV-Modernisierungsgesetz (GMG) Anfang 2004 noch Sachverständigenrat für die Konzertierte Aktion im Gesundheitswesen hieß, erhielt 1999 den Auftrag, in einem Sondergutachten zu untersuchen, wie die Leistungssteuerung im Gesundheitswesen verbessert werden kann. 2001 wurde das Gutachten in drei Bänden vorgestellt. Es ist interessant, sich gut elf Jahre später einige der zentralen Feststellungen unter dem Titel „Bedarfsgerechtigkeit und Wirtschaftlichkeit"[1] noch einmal anzusehen, um festzustellen, dass auch heute viele der Aussagen nach wie vor Gültigkeit haben. Insbesondere in seinem dritten Band wird auf Effizienz-, Effektivitäts- und Qualitätsreserven im

---
1 Sachverständigenrat für die Konzertierte Aktion im Gesundheitswesen: Gutachten 2000/2001. 2001.

Gesundheitswesen hingewiesen, die in anderen Erscheinungsformen auch heute noch zu erschließen sind. Schon damals wurde erörtert und nachgewiesen, dass sowohl die sektorale Struktur und ihre Budgets als auch die kollektivvertragliche Steuerung nur geringe Spielräume für die Generierung von Effizienzreserven lassen. In seinem Sondergutachten[2] elf Jahre später greift der SVR relevante Aspekte unter der besonderen Betrachtung der Schnittstellen zwischen ambulanter und stationärer Versorgung wieder auf, benennt die Ebenen von Effizienz- und Effektivitätspotentialen und erörtert schließlich in einem gesonderten Kapitel die Effizienz- und Effektivitätsverbesserungen durch selektive Verträge.[3] Das Thema Effizienz in der Versorgungspraxis bewegt die Protagonisten im Gesundheitswesen seit längerer Zeit.

2 Insbesondere seit den neuen wettbewerblichen Rahmenbedingungen, die das GKV-Wettbewerbsstärkungsgesetz (GKV-WSG) von 2007 normierte und der dadurch veranlassten Einführung des Gesundheitsfonds zum 1.1.2009 als Kompromiss zwischen den Modellen der Bürgerversicherung und der Gesundheitsprämie ist evident, dass Wettbewerbsvorteile auf Dauer nur durch die Hebung von „echten" Effizienzreserven generierbar sind. Von daher ist es sicher reizvoll im Sinne einer Art Zwischenbilanz nachzuhalten, ob die Marktteilnehmer im Gesundheitswesen sich tatsächlich auf den Weg zu mehr Effizienz in der Versorgungspraxis gemacht haben. Dies soll im Rahmen dieser Abhandlung zunächst nur summarisch – orientiert an den maßgeblichen Versorgungsprogrammen und -Strategien – erfolgen. Zu umfangreich und zu heterogen sind die unterschiedlichen Praxisansätze und Maßnahmen zur Gewinnung von Effizienz, die es letztendlich verdient hätten, intensiver diskutiert und durchleuchtet zu werden. Es geht uns im ersten Schritt aber in erster Linie darum, ob der „Mainstream" zu mehr Effizienz konsequent beschritten wird oder ob hier verkürzte Ansätze zum Tragen kommen, z. B. die der partiellen Kostenorientierungs-Dominanz, die als Effizienzgewinn möglicherweise verkauft werden. Schließlich ist der Gesetzgeber in seinen Reformbemühungen seit geraumer Zeit nicht mehr nur auf Kostendämpfung und Beitragssatzstabilität fixiert, obwohl dies in allen Reformmaßnahmen im Fokus stand, sondern es geht ihm mit einer Reihe von Maßnahmen durchaus auch um die Verbesserung der Versorgungsqualität, um die Überwindung der Sektorengrenzen und um die Schaffung selektivvertraglicher Optionen zur Etablierung innovativer Versorgungsformen. Besonders hervorzuheben wären hier die Anreize zur Schaffung von Disease-Management-Programmen und zur integrierten Versorgung. Wie aber durch den SVR nachvollziehbar feststellbar ist, scheinen all diese Maßnahmen bislang nur einen Bruchteil der Effizienz-, Effektivitäts- und Qualitätsreserven im Gesundheitswesen in Angriff genommen

---

2 Sachverständigenrat zur Begutachtung der Entwicklung im Gesundheitswesen: Wettbewerb an der Schnittstelle zwischen ambulanter und stationäre Gesundheitsversorgung. 2012, S. 22 f.
3 Sachverständigenrat zur Begutachtung der Entwicklung im Gesundheitswesen: Wettbewerb an der Schnittstelle zwischen ambulanter und stationäre Gesundheitsversorgung. 2012, S. 99 ff.

zu haben, wobei es symptomatisch für die Branche ist, dass von interessierter Seite das Vorhandensein dieser Reserven noch vor einiger Zeit vehement negiert worden ist. Inzwischen gehört die Effizienzorientierung als wohlverstandene Absicht, mit den eingesetzten Ressourcen höheren Nutzen in der Versorgung zu erzielen aber durchaus zum Hausaufgaben-Repertoire aller verantwortlich Aktiven im Gesundheitswesen. Es besteht weitgehender Konsens in der Einschätzung, das im Gesundheitswesen erhebliche Effizienzreserven schlummern. Bei dieser Annäherung an den Gegenstand fällt zunächst auf, dass die Inanspruchnahme des Begriffes Effizienz geradezu inflationäre Ausmaße angenommen hat. Mit Blick darauf müsste der Sachverständigenrat oder andere Experten eigentlich weniger von Effizienzdefiziten als vielmehr von Effizienzgewinnen sprechen. Es entsteht der Eindruck, dass in den mikroökonomischen Praxisfeldern die disziplinierte Übereinkunft, was wir eigentlich meinen, wenn wir von Effizienz sprechen, gering ausgeprägt ist. Der Begriff wird ebenso beansprucht von Deskriptoren für solide Paar- und Kontrollgruppenvergleiche wie von randomisiert und risikoadjustiert ausgerichteten Gesundheitsökonomen als aber auch von Marketing-Empiristen, die alles statistisch machbare für ihr herausgehobenes „Ranking" z. T. mit Flankenschutz von Instituten designen.[4] Dafür gibt es angefangen von Systemvergleichen bis hin zu „Nachweisen" von Verwaltungskosteneffizienz eine Reihe von Beispielen.

Die Deutsch-Schweizerische Gesellschaft hat daher ja auch die dringende Notwendigkeit gesehen, sich mit dem Thema Effizienz zu dem Zeitpunkt genauer zu beschäftigen, an dem die Ansätze für Reformimplikationen der Systeme (welche Präferenzen mit welchen Wirkungen und Perspektiven liegen hier vor?), die inhaltlichen Versorgungsgegenstände (insbesondere wie gehen wir mit Innovationen um?) und die Qualitätsfragen (wie wird Qualität erreicht und gesichert und wie wird sie gemessen?) verhandelt waren. Denn diese bestimmen ja die Input-, Throughput-, Output- und Outcome- Bedingungen für sinnvolle Effizienzaussagen. Es kommt nun darauf an, sie im Bestimmungsfall so „vergleichbar" zu justieren, dass man sich des tatsächlichen Effizienzunterschiedes (-maßes) sicher sein kann. Das ist auch deswegen bedeutsam, weil im Gesundheitswesen zwar grundsätzlich auch Verhalten, Prozesse und Strukturen effizient sind, wenn entweder bei gegebenem Mitteleinsatz ein maximaler Erfolgsgrad erzielt wird oder wenn dieser mit minimalem Aufwand erbracht wird – also das Verhältnis zwischen dem erreichten Ergebnis und den eingesetzten Ressourcen bewertet werden. Zentral bedeutsam wird Effizienz im Gesundheitswesen aber erst durch die besondere Stellung des Gutes Gesundheit, die letztlich keine Ware ist. Da Ge-

---

4   Ein recht plastisches Beispiel für die Okkupation des Begriffes Effizienz begegnet uns in einer PR-stark platzierten Expertise durch das Rheinisch-Westfälische Institut für Wirtschaftsforschung (RWI) im Auftrag der BIG. Sie ist in der Webwelt auch als „Die Effizienzstudie" bekannt geworden. Es werden die Verwaltungskosten-Unterschiede beschrieben und der bereinigte Wert der BIG wurde als Benchmark fixiert. Daraus wurden vermeintliche Einsparvolumina abgeleitet und Effizienzgrenzen eingezogen. Ein suspektes Unterfangen.

sundheit maßgeblich unter solidarischen Grundbedingungen im Wettbewerb „produziert" wird, ist letztlich der effiziente Umgang mit den vorhandenen Ressourcen bei Knappheitsbedingungen aus der Perspektive der Solidargemeinschaft und der Ethik auch eine Anforderung an „soziale Gerechtigkeit". Aus der Perspektive einer Solidargemeinschaft insgesamt könnte somit jedes ineffiziente (Teil-) Verhalten und Handeln im Umgang mit meritorischen Gütern wie Gesundheit als unsolidarisch eingestuft werden. Ineffizienz und Unwirtschaftlichkeit gewinnt in einem solchen Kontext deswegen auch eine nicht-ethische Dimension. In diesem Sinne ist jede Abgrenzung zwischen medizinischem Versorgungsauftrag und dessen gesundheitsökonomischer Wirkung eine Künstliche.

4   Mit Blick auf die Anwendung eines solchen Effizienzbegriffs wird zudem erkennbar, dass es sich bei Effizienz um einen vormoralischen Begriff handelt, denn „er bekommt ein moralisches Profil erst durch die Verbindung mit dem normativ gehaltvollen Gut der Gesundheit."[5] Das Effizienzkriterium im Gesundheitswesen ist immer dann sinnvoll bestimmt, wenn es im Sinne einer Verengung nicht nur auf Rendite- und Kostengrößen (Kosteneffizienz) orientiert ist. Und hier scheint sich u. a. ein wenig der Widerspruch zwischen der zunehmenden Inanspruchnahme von Effizienzwirkungen in der Praxis und den im wissenschaftlichen Kontext konstatierten Effizienzdefiziten zu lösen: Die ersteren verwenden nicht selten einen verengten Effizienzbegriff (z. B. rein auf Kosten orientiert), letztere betrachten unter Berücksichtigung maßgeblicher gesundheitsökonomischer Anforderungen auch Qualitätsdimensionen (z. B. hinsichtlich der Feststellung, ob bei gleichbleibendem Mittelaufwand eine höhere Qualität der gesundheitlichen Versorgung erzielt wird).

2   Anmerkungen zu definitorischen und systematischen Bestimmungen

5   Als erste Anmerkung sei auf das Verhältnis von Effektivität und Effizienz hingewiesen. Dies auch deshalb, weil hier in der Praxis für die zuvor schon diskutierten Erscheinungen und Widersprüche durchaus ein Anlass gegeben ist. So wird man allen Beteiligten unterstellen können, dass sie im medizinischen Versorgungsprozess danach streben, sich effektiv auszurichten, also Verhalten und Maßnahmen an Ihren wirksamen Effekten – z. B. gute Bewältigung einer Erkrankung, erfolgreiche Operation etc. – auszurichten. Ein Arzt, der wirksam operiert, agiert effektiv. Das interessiert ihn aus seiner Berufssozialisation und ethischen Helferdisposition naheliegender Weise am meisten. Die richtigen Dinge zu tun, ist sicher der Grundlagenanspruch jeder Profession. Effektivität kennzeichnet das Verhältnis von erreichtem zu definiertem Ziel und das Maß der Zielerreichung, das Ausmaß der beabsichtigten Wirkung. Dies muss aber nicht per se effizient er-

---

5   Bohmeyer: Jenseits von Rationierung und Priorisierung. In: ICEP Argumente, 2. Jg, 2. Ausgabe. 2006, S. 1.

reicht werden. Und hier scheiden sich im Kleinen wie im Großen bereits die Geister. Jeder, der etwa mit höherem Ressourcenaufwand effektiv agiert, wird – konfrontiert mit dem Effizienzziel seines Tuns – Gründe dafür finden wollen, warum der höhere Aufwand gerechtfertigt ist, seien es z. B. abgefragte Zufriedenheitsaspekte.

Effizienz klassifiziert die optimale Nutzung knapper Ressourcen. Es ist somit ein spezifisches Maß der Wirtschaftlichkeit, bezeichnet Kosten-Nutzen-Relationen und will eine Antwort darauf geben, ob und in wie weit die Maßnahmen und Interventionen in der Versorgung im Sinne einer guten Wirtschaftlichkeit richtig getan sind. In der medizinischen Versorgungspraxis haben beide Aspekte oft eine Interdependenz-Relevanz. **6**

Der Sachverständigenrat hatte in seinem bereits erwähnten Sondergutachten aus systematischen Gründen noch einmal auf die Aufspaltung der allokativen Effizienz in Produktionseffizienz und Wirkungseffizienz hingewiesen.[6] Mit der Differenzierung dieser Ebenen von Effizienz- und Effektivitätspotentialen wird die mögliche Richtung des Suchens der Stellen differenziert, in denen sich möglicherweise entsprechende Potentiale generieren lassen. Abb. 1 greift diesen Zusammenhang schematisch auf und verdeutlicht, dass Produktionseffizienz nicht unbedingt auch Wirkungseffizienz mit sich bringen muss. Im Herunterbrechen der Produktionseffizienz, die das Verhältnis zwischen (volkswirtschaftlichen) Kosten und damit erstelltem Leistungsangebot bezeichnet, ergibt sich u. a. auch die Kosteneffizienz, die häufig Gegenstand der Betrachtungen ist. Sie ist aber eben auch nur **ein** Effizienzziel. Wenn man auf die Outcome-Seite abhebt – und das dürfte im finalen Ergebnis alle tangieren – kommen die Nutzeneffizienzen zum Tragen, wobei dann auch zugleich Effektivitätspotentiale bedeutsam sind. Effektivität geht der Effizienz immer voraus, nicht umgekehrt. **7**

Diese vier, sich aus Produktion und Wirkung ergebenen Effizienzkategorien eröffnen eine differenzierte Sicht auf verschiedenartige Ineffizienzen an unterschiedlichen Stellen im Versorgungsprozesszusammenhang, um damit Anlässe dafür zu schaffen, detailliertere Analysen in den jeweiligen auffälligen Feldern anzustellen. Von einer produktionseffizient erstellten medizinischen Leistung kann ggf. kein oder sogar ein negativer Effekt auf die gesundheitlichen Outcomes erfolgen, „während eine mit zu hohen Kosten produzierte Behandlung die gesundheitlichen Outcomes und damit die Wohlfahrt ihrer Nutzer in erheblichen Umfang zu steigern vermag."[7] **8**

---

6 Vgl. Sachverständigenrat zur Begutachtung der Entwicklung im Gesundheitswesen: Wettbewerb an der Schnittstelle zwischen ambulanter und stationärer Gesundheitsversorgung. 2012, S. 23.
7 Sachverständigenrat zur Begutachtung der Entwicklung im Gesundheitswesen: Wettbewerb an der Schnittstelle zwischen ambulanter und stationärer Gesundheitsversorgung. 2012, S. 24.

Aufspaltung der allokativen Effizienz

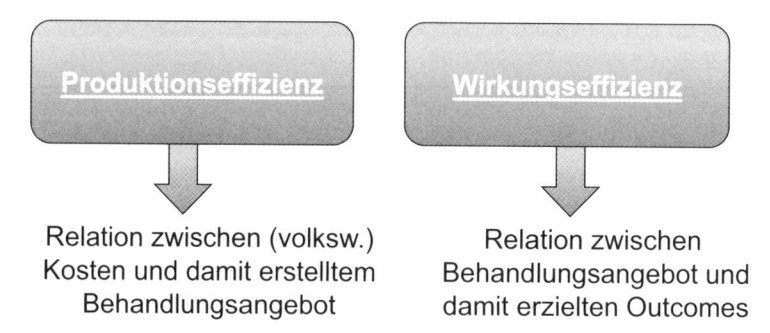

Produktionseffizienz
Relation zwischen (volksw.) Kosten und damit erstelltem Behandlungsangebot

Wirkungseffizienz
Relation zwischen Behandlungsangebot und damit erzielten Outcomes

Produktionseffizienz muss nicht zwangsläufig Wirkungseffizienz mit sich bringen

Kosteneffizienz — Produktionsfaktoreneffizienz — Nutzungseffizienz — Nutzeneffizienz

Abb. 1: Schema der allokativen Effizienz
Quelle: Eigene Darstellung in Anlehnung an: Sachverständigenrat zur Begutachtung der Entwicklung im Gesundheitswesen: Sondergutachten 2012.

9 Für die Systematik der Effizienzbestimmung sei an dieser Stelle auf die Vergegenwärtigung der Abschnittsgrundlagen zur Betrachtung finaler Ergebnisperspektiven hingewiesen, die in Abb. 2 „Module der Effizienzbestimmung" genannt werden sollen, deren sowohl z. T. eigenständige Bedeutung als auch deren Interdependenz die Komplexität im Design von inhaltlichem und methodischen Vorgehen bei entsprechenden Evaluationen unterstreichen. So sind eben nicht nur die Input- und Outputfaktoren wie Bedarf und Leistungen, sondern auch die Prozesse und Strukturen abbildenden Throughoutfaktoren und mit Blick auf Gesamtergebnisse und Zugewinn die Outcome-Größen von Bedeutung. Sie bilden sozusagen gemeinsam das Grundgerüst für die Effizienzbestimmung.

10 Abrunden soll diesen Abschnitt zu definitorischen und systematischen Bestimmungen eine zusammenfassende Betrachtung von Vorschlägen zur standardmäßigen Vorgehensweise bei Anlässen zur gesundheitsökonomischen Evaluation. Dies charakterisiert sozusagen das Handwerkszeug auch für Erkenntnisgewinne hinsichtlich der Effizienz medizinischer und gesundheitlicher Versorgung. Klar machen sollte man sich dabei, dass im Ergebnis über Effizienz nur sinnvoll diskutiert werden kann, „wenn zuvor Einigkeit über das anzustrebende Zielkriteri-

um und den Zielerreichungsgrad (die Effektivität) hergestellt worden ist."[8] Und daran mangelt es in der Praxis häufig, so dass die Verständigung über die Effizienz des erzielbaren Gesamtnutzens im Gesundheitswesen nur dann gelingen kann, wenn einerseits die Perspektiven-Rationale und ihre Zielimplikationen klar sind und andererseits deren methodische Aneignung nach bestimmten Regeln erfolgt, sie offengelegt und transparent nachvollziehbar macht.

Module Effizienzbestimmung

Bedarf ⇒ Input   Through-out ⇐ Prozesse/Strukturen

Leistungen ⇒ Output   Outcome ⇐ Zugewinn Ergebnis

Effizienz

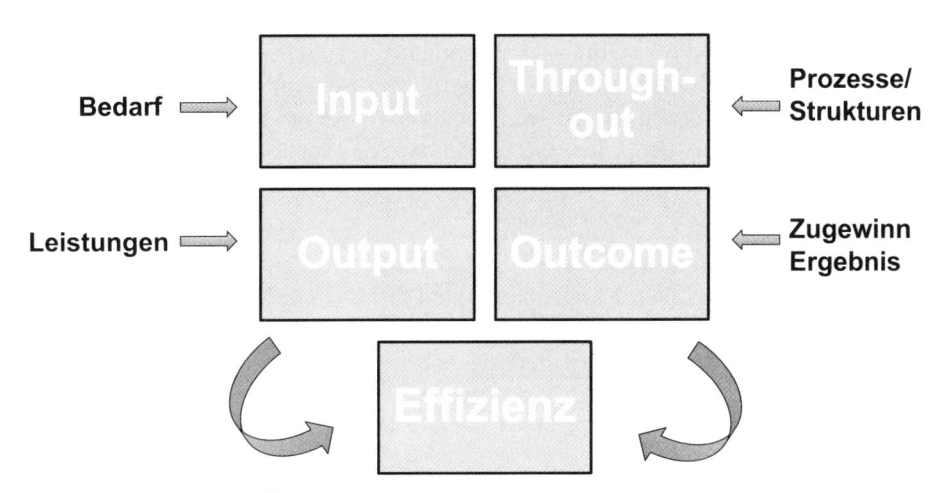

Abb. 2: Module der Effizienzbestimmung
Quelle: Eigene Darstellung

Gleichwohl ist der Diskussionsprozess über die unter den spezifischen Bedingungen eines sozialrechtlich verankerten Gesundheitssystems agierenden Teilnehmer nicht abgeschlossen, wie ja zuletzt auch die Kontroverse über die Einführung von Kosten-Nutzen-Bewertungen medizinischer Maßnahmen gezeigt hat, wo das vom IQWIG entwickelte Methodenpapier für die Berücksichtigung internationaler Standards der Gesundheitsökonomie kritisch beleuchtet wurde, weil hier Beschränkungen auf Elemente der technischen Effizienz und nicht z. B. Anforderungen der Berücksichtigung von QALYS für Allokationsentscheidungen erfolgten, obwohl diese in der internationalen Gesundheitsökonomie schon eine wachsende Bedeutung haben und in den USA Standard sind.

Dennoch wäre es wünschenswert über so etwas wie ein „Handbuch" oder Leitlinien für Effizienzstudien zu verfügen. Ein breit konsentiertes Muster hierfür sind die Deutschen Empfehlungen zur gesundheitsökonomischen Evaluation in ihrer

---

8 Schander: Gesundheitsökonomie. In: Z. Evid Fortbild. Qual. Gesundh.wesen (ZEFQ), 103. 2009, S. 118; Der Beitrag referiert einen guten Überblick über die theoretischen und Anwendungsgrundlagen des Effizienzbegriffes.

aktuellen Fassung (der sogenannte Hannoveraner Konsens).[9] Damit wird ein wissenschaftlicher Beitrag zur Methodendiskussion hinsichtlich der Studiendesigns, Studienformen, zu Validität und Datenquellen, zur Ermittlung von Kosten, zur Erhebung von Ergebnisparametern, zur Diskontierung von Ergebnissen, zu Sensitivitätsanalysen u. e. m. geliefert sowie entsprechende Empfehlungen ausgesprochen. Auch werden hinsichtlich der Ergebnisdarstellung und der Publikation der Ergebnisse Empfehlungen und Hinweise gegeben, die aus der politischen Verwertungssicht und der bisherigen, heterogenen, nicht selten marketinggesteuerten Verdichtungen der Ergebnisse und ihrer unterentwickelten Nachvollziehbarkeit nützlich sind und es verdient hätten, konsequente Beachtung zu erlangen. So sollen die Ergebnisse hinsichtlich ihrer Generalisierbarkeit außerhalb der Studiensettings diskutiert werden und mit ggf. zuvor bekannten und publizierten Daten in Bezug gesetzt werden. Eine Würdigung sollte möglichst vor dem Hintergrund des deutschen Gesundheitswesens sowie der eingenommenen Perspektive vorgenommen werden und die für die Entscheidungsträger relevanten Schlussfolgerungen angegeben sein.[10]

13   Im Lichte der Hinweise dieses zweiten Abschnitts können wir uns im Schwerpunkt der folgenden Ausführungen konkreten Effizienzstudien bzw. Evaluationsstudien zuwenden, um zu diskutieren, wie vor deren Hintergrund die in der Überschrift dieses Beitrages gestellte Frage, ob wir auf dem Wege zu mehr Effizienz sind, beantwortet werden kann. Auch dies soll eingangs vor dem Hintergrund einiger gesundheitspolitischer Aspekte verortet werden.

3   Von der Systemebene zur praktischen Versorgungsebene – der mühevolle Weg zu mehr Effizienz

3.1   Aspekte mit Blick auf die Systemebenen-Effizienz

14   Der Fokus bisheriger Gesundheitsreformen lag eindeutig auf Kosten und Finanzierbarkeit des Systems.[11] Das ist mit Blick auf unser Thema deswegen erwähnenswert, weil diese Perspektive natürlich Auswirkungen hat auf die Richtung der Orientierung auf mehr Effizienz, sozusagen auf die Effizienzsozialisation. Da kann es nicht verwunderlich sein, dass Kosteneffizienz als technisch-funktionales Effizienzkriterium so häufig im Vordergrund steht. Dies konfligiert in aller Regel mit den wohlfahrtsökonomischen Anforderungen eines öffentlich-rechtlichen

---

9   Schulenburg et al.: Deutsche Empfehlungen zur gesundheitsökonomischen Evaluation. In: Gesundheitsökonomie und Qualitätsmanagement 12. 2007, S. 285-290.
10 Schulenburg et al.: Deutsche Empfehlungen zur gesundheitsökonomischen Evaluation. In: Gesundheitsökonomie und Qualitätsmanagement 12. 2007, S. 287.
11 Stuppardt: Innovationsförderung durch politische Reformprozesse. In: Rebscher/Kaufmann: Innovationsmanagement in Gesundheitssystemen. 2010, S. 95-122, insbesondere S. 103 f.

Solidarsystems und ihrer Nutzer und Anwender, die natürlich andere Nutzen-Perspektiven haben. Und das hat insoweit weiterführende Folgen, als dass die aus einer solchen einschränkend prioritären Perspektive erwachsenen Normen durch Gesetzgebung und Reformprogramme dazu geeignet sind, ihrerseits wieder neue Ineffizienzen zu erzeugen. Ein System, dessen zentrifugale Kräfte sich um Sektorenmauern scharen, kann schon logisch keine höchstmögliche Effizienz erzielen. In über drei Jahrzehnten mehr oder weniger andauernden Debatten werden in erster Linie immer drei große Ursachenblöcke für die Reformbedürftigkeit des deutschen Gesundheitssystems genannt: Die demografische Entwicklung, der technologische Fortschritt und die Ineffizienz des bestehenden Systems. Alles Bereiche, die einer Beeinflussung in unterschiedlicher Eindringtiefe zugänglich sind.

Auf der anderen Seite findet man bei internationalen Vergleichen auch immer wieder die Aussage, das deutsche Gesundheitssystem sei hoch effizient. In dem Zusammenhang hat das Fritz-Beske-Institut im Jahre 2005 den Versuch unternommen, die Effizienz der nationalen Gesundheitssysteme mit Hilfe eines eigens entwickelten Effizienzindex zu vergleichen.[12] Mit Blick auf die im Abschnitt zuvor diskutierten Anforderungen muss dieses Unterfangen, mit Hilfe eines Effizienzindex – zusammengestellt aus anderen Indizes – systemvergleichende Aussagen zu machen, für nicht unproblematisch gehalten werden. So werden in erster Linie nur Faktoren der Leistungsdichte und deren Kosten einbezogen. Qualität dagegen bleibt gänzlich unterbelichtet. Zwar gibt es im Allgemeinen einen schwachen statistischen Zusammenhang zwischen der Ausgabenhöhe und der besseren Qualität als Indikator für höhere Effizienz, dies generell aber als Effizienzvorteile bei derartigen Betrachtungen zu deklarieren, ist problematisch.

Dennoch machen derartige Übersichten intelligente deskriptive Vergleiche anschaulich, sind aber zugleich Beispiel dafür, dass man mit dem Begriff der Effizienz sorgsamer umgehen sollte, zumal sich Systemvergleiche auf einem hohen Komplexniveau bewegen. Da reicht es gar nicht aus, z. B. den angebotenen Leistungskatalogen nur die Kosten gegenüberzustellen. In Abb. 3 sind anhand von 14 europäischen Ländern derartige Effizienzindizes vergleichend dargestellt:

---

[12] Beske: Leistungskatalog des Gesundheitswesens im internationalen Vergleich, Band 104 des Fritz-Beske-Institutes für Gesundheitssystem-Forschung. Kiel 2005.

**Gesundheitswesen von Industrienationen im Vergleich:
Deutschlands Gesundheitswesen hoch effizient**

Tabelle G Effizienzindex der 14 Länder

Land	Effizienz
Italien	62
Belgien	70
Kanada	83
Deutschland	86
Großbritannien	86
Frankreich	89
Australien	91
Schweden	95
Japan	95
Österreich	99
Durchschnitt	**102**
Niederlande	105
Dänemark	118
Schweiz	122
USA	228

Kursiv: Länder mit unzureichenden Daten

Abb. 3: Gesundheitswesen von Industrienationen im Vergleich
Quelle: Beske: Leistungskatalog des Gesundheitswesens im internationalen Vergleich, Band 104 des Fritz-Beske-Institutes für Gesundheitssystem-Forschung. 2005.

17 In einer anderen Arbeit von Augurzky et al. aus 2008 werden ebenfalls Effizienzreserven im Gesundheitssystem identifiziert und die daraus resultierenden Einsparpotentiale quantifiziert.[13] Diese Autoren wiederum vermuten auf Basis der Ergebnisse ihrer internationalen Vergleiche Hinweise (!) darauf – sind also viel vorsichtiger –, dass im deutschen Gesundheitssystem erhebliche Effizienzreserven verborgen sein könnten. Bei der Abschätzung der Potentiale hat man bei Bereinigung der unterschiedlichen Bevölkerungsstruktur nicht mehr auf internationale, sondern auf innerdeutsche Unterschiede in der medizinischen Versorgung der Länder abgestellt und insbesondere die Einsparpotentiale für den stationären, den ambulanten und den Pharmazie-Sektor ins Visier genommen.

18 In diesen Systembetrachtungen mit all ihren Stärken und Schwächen werden immerhin Hinweise gegeben auf prioritäre Felder der zukünftigen Effizienzgewinnung. Und in der Tat besteht sicher zwischen den maßgeblich Verantwortlichen im System ein weitgehender Konsens in der Einschätzung, dass im Gesundheitswesen nicht ausgeschöpfte Effizienzreserven vorhanden sind. Im Durchschnitt

---

13 Augurzky/Tauchmann/Werblow/Felder: Effizienzreserven im Gesundheitswesen. In: RWI Materialien Heft 49. 2009.

der bekannten Schätzungen liegen diese bei etwa 10 % des Ausgabenvolumens. Die Schätzungen schwanken in der konservativen Variante zwischen 5 %, in der moderaten bei 9 und 10 %[14] und in der optimistischeren Schätzung bei etwa 12-14 %. All diese Anteilsgrößen sind sicher eine lohnenswerte Herausforderung für die Schaffung von mehr Effizienz. Wie schwer es jedoch ist, die Effizienzorientierung im Gesundheitswesen flächendeckend zu etablieren, mag man daran festmachen, dass insbesondere seitens der Ärzteschaft und der Krankenhäuser regelmäßig derartige Schätzungen als fragwürdig deklariert werden, weil ihnen fast immer die Berücksichtigung der Versorgungsqualität in den Systemvergleichen fehlt. So sehr diese Einwände in der Tat an manchen Stellen ihre Berechtigung haben, so interessenpolitisch durchsichtig ist es, Unterschiede so zu individualisieren, um von vorneherein eine vergleichende Betrachtung zu verhindern.

19 Zahlreiche gesundheitspolitische Weiterentwicklungs-Vorschläge leiten sich aus unterschiedlichen Effizienzhypothesen ab, die in Expertisen, Studien und Gutachten begründet werden. Letztlich sind verschiedene gesundheitspolitische Reformmaßnahmen auf derartige Annahmen zurückzuführen. Einmal Gesetzeskraft gewonnen und entsprechend legislativ normiert, käme es auch hier darauf an, in der Versorgungspraxis systematisch die Effizienzpotentiale zu verifizieren und zu heben. Und tatsächlich sind die Beteiligten auch auf diesem Wege, wie wir im weiteren Gang der Diskussionen noch sehen werden. Da es aber immer noch eine gering ausgeprägte Ergebnisorientierung im Gesundheitswesen gibt, kommen auch die realen und fundierten Effizienznachweise zu kurz.

20 Wenn wir uns einmal maßgebliche Vorschläge in den letzten 6 Jahren vergleichend ansehen, die auf Basis von nachvollziehbar abgeleiteten Effizienzhypothesen begründet sind, so ergeben sich eine Fülle, der jeweiligen Schwerpunktsetzung geschuldeter Gestaltungsvorschläge struktureller, prozessualer und ordnungspolitischer Art. Abb. 4 stellt hier stellvertretend die Hauptanliegen der Gutachten/Expertisen von Greß/Maas/Wasem im Auftrag der Hans-Böckler-Stiftung (2006), von Rürup/IGES/DIW/Wille im Auftrag des Bundesfinanzministeriums (2009) und das aktuelle Sondergutachten des Sachverständigenrates (2012) in ihren Kernoptionen gegenüber. Einiges davon ist normative Realität geworden und wäre somit systematischer Effizienznachweise zugänglich. Doch dieses systematische Herangehen lässt – wenn auch auf dem Weg – noch sehr zu wünschen übrig.

---

14 Augurzky/Tauchmann/Werblow/Felder: Effizienzreserven im Gesundheitswesen. In: RWI Materialien Heft 49. 2009, S. 51 ff.

Vorschläge auf Basis von Effizienzhypothesen

Rürup IGES/DIW Wille (2009)	SVR (2012)	Greß, Maas Wasem (2006)
Mehr Preiswettbewerb im Krankenhaus	Preis- und Qualitätswettbewerb	Morbi-RSA
Leistungsorientierte Investitionsfinanzierung der Krankenhäuser	Schnittstellenübergreifende Leistungsproduktion	Überwindung sektorspezifischer Regelungen
Stärkung Vertragswettbewerb	Erweiterung selektiver Vertrags-Optionen	Markttransparenz durch Qualitätsindikatoren
Sektorübergreifende Versorgungsstrukturen	Förderung von Versorgungsinnovationen u. Versorgungsforschung	Organisationsreform
Wettbewerbsrecht konsequent anwenden	Stärkung der Nutzerkompetenz	Vertragswettbewerb in der Arzneimittel-Versorgung
		Nebeneinander von Selektiv- und Kollektivverträgen

Abb. 4: Gegenüberstellung der Kernforderungen aus drei Gutachten
Quellen: genannte Gutachten, siehe Literaturverzeichnis, eigene Darstellung

3.2 Mehr Effizienzorientierung durch die Praxis neuer Versorgungsformen und individueller Handlungsoptionen der Krankenkassen? – Einige Beispiele

21 Wie wirken sich die Diskussionen, Expertisen und die Schaffung neuer Instrumente im gesundheitspolitischen Reformprozess auf die praktische Effizienzorientierung im täglichen Versorgungsgeschäft aus? Nimmt hier ein wirkliches Erkenntnisinteresse zu oder überwiegend eher andere Markt- und unternehmensstrategische Aspekte, etwa Kundenbindung und -gewinnung? Seit dem Verlust der Finanzhoheit und dem Gewinn von satzungsrechtlichen und selektiven Spielräumen der Krankenkassen finden diese mit einheitlichem Beitragssatz, der Mittelzuweisungslogik des Gesundheitsfonds und der Gefahr von bei den Versicherten zu erhebenden Zusatzbeiträgen, wenn man mit der Zuweisung nicht aus-

kommt, Rahmenbedingungen vor, die es eigentlich nahe legen, sich effizient im Versorgungsgeschäft zu bewegen. Darin muss aber auf mittlere Sicht investiert werden. Gleichzeitig sind unter den genannten Rahmenbedingungen aber auch insoweit Risiken für die offensive Anwendung neuer innovativer Verfahren gegeben, weil hier in der Regel auf mittlere Sicht ein investiver Kredit auf bessere Zukunft in Anspruch genommen werden muss. Da die Zuweisungslogik der zentral verteilten Gelder derartige finanzökonomische Ausrichtungen aber in der Gegenwart nicht bedient, herrscht durchweg eine eher kurzfristig ausgerichtete Kostenmanagementsicht, insbesondere im Hochkostenmanagement. Das sind sicher limitierende Größen bei der stringenten Orientierung bezüglich des Anfangsaufwands zur Schaffung von mehr Effizienzgewinn. Auf der anderen Seite wird dies c. p. unausweichlich notwendig sein, von daher sind umso sorgfältiger intelligente Lösungen für die verkraftbare Finanzierung und die fundierte Hypothesengenerierung derartiger Orientierung gefragt.

In unseren Bemühungen, ein summarisches Zwischenfazit bisheriger Effizienzorientierung anhand konkreter nennenswerter Reformmaßnahmen und damit verbundener Projektevaluationen in Deutschland zu treffen, sollen im Folgenden in erster Linie die wichtigsten Arten der vom Gesetzgeber mit hohen Erwartungen auf den Weg gebrachten besonderen Versorgungsformen betrachtet werden.

Zum einen sind dies die seit nunmehr im elften Jahr mittlerweile etabliert eingeführten *Disease-Management-Programme (DMP) (§§ 137 f-g SGB V)*. Von der versorgungspolitischen Zielbestimmung her gehören DMPs zur strukturierten und z. T. vernetzten Versorgungssteuerung, in die große Hoffnungen im Kampf gegen Chronifizierung und Zivilisationskrankheiten gesetzt wurden.

Betrachtungsrelevant sind auch die politisch kontrovers diskutierten *Hausarztzentrierten Versorgungsprogramme (§ 73b SGB V)*, deren heiße Beginn-Phase auf das Jahr 2007 zurückgeht. Bringt die Einbindung des intelligenten Gate-Keepers unterm Strich Effizienzvorteile? Das Pro und Contra in der Diskussion um die Hausarztzentrierte Versorgung und die Hausarztverträge kommt im Grunde seit ihrem Bestehen nicht zum Stillstand.

Schließlich haben wir uns gefragt, ob es mit den *Integrierten Versorgungsverträgen (§§ 140a-d SGB V, 92b SGB XI)* gelungen ist, Effizienzpotentiale zu erschließen. Das Thema der integrierten Versorgung ist eines der ältesten Reformwünsche in der Entwicklung der gesundheitlichen Versorgung.

Abschließend betrachten wir dann noch sozusagen als Spezialfeld der Förderung gesundheitlichen Verhaltens die Auswirkungen der **Bonusprogramme** mit Blick auf Effizienzgewinn. Wenn man bedenkt, dass rund 80 % der Kosten von 20 % oft multimorbider Versicherter in Anspruch genommen werden, dann dürften Bonusleistungen i. d. R. Zuwendungen an die 80 % gegenwärtig relativ gesunder Versicherter sein, die ihrerseits nur etwa 20 % der Kosten in Anspruch nehmen. Diese Mittel dürften der Solidargemeinschaft im Grunde erst recht nicht fehlen, wenn den entsprechenden Förderungsmaßnahmen kein Effizienzgewinn zugeschrieben werden kann.

27 Wünschenswert wäre darüber hinaus auch eine Effizienzeinschätzung zu den besonderen ambulanten ärztlichen Versorgungsprogrammen nach § 73c SGB V, zu den Modellvorhaben nach §§ 63-65 SGB V, zu den Arzneimittel-Rabattverträgen nach § 130a SGB V sowie zu Medizinischen Versorgungszentren als Spezialgebiet der besonderen Versorgung. Dies würde jedoch den Rahmen dieser Arbeit sprengen und im Übrigen liegen hier bislang auch nur partielle und sehr heterogene Evaluationen vor.

28 Eines kann vorab als Zwischenfazit mit Blick auf Nachvollziehbarkeit und Transparenz bei der Verifizierung von Effizienzorientierung an dieser Stelle schon festgehalten werden: Krankenkassen, die ja zugleich den Status öffentlich-rechtlicher Körperschaften genießen und darüber hinaus im Wettbewerb untereinander stehen, halten sich zunehmend mit der öffentlichen Präsenz relevanter Erkenntnisse zurück. Sie bieten zwar eine zunehmende Fülle an Informationen über ihre Internetportale an, doch deren dichte Präsenz kann nicht darüber hinwegtäuschen, dass tiefergehende und substantielle Informationen, die z. B. die Eindringtiefe unseres Themenfeldes restlos befriedigen, Mangelware werden.

3.3 Disease-Management-Programme (DMP)

29 Die größte Anzahl von zugänglichen Evaluationsstudien gibt es zur DMP-Versorgung. Sie gehören zu den strukturierten Behandlungsprogrammen und sollen chronisch Kranke leitliniengerecht und evidenzbasiert versorgen. Mit dem Gesetz zur Reform des RSA von 2001 wurden sie eingeführt. Die Programme werden obligatorisch evaluiert. Derzeit gibt es 10.618 Programme mit nahezu sechs Millionen eingeschriebenen Versicherten.[15] Diese große Anzahl der Programme teilt sich auf die Indikationsgebiete wie folgt auf:

Tab. 1: DMP-Programme, aufgeteilt auf Indikationsgebiete
Quelle: Bundesversicherungsamt, grundlegende Informationen, Stand: Januar 2012

Indikation	Laufende Programme	Teilnahme am DMP	Versicherte, die in einem (oder mehreren) DMP eingeschrieben sind
Asthma bronchiale	1.817	765.828	
Brustkrebs	1.705	128.927	
Chronisch obstruktive Lungenerkrankung	1.823	604.051	
Diabetes mellitus Typ 1	1.657	146.919	

---

15 Quelle: BVA; siehe www.buundesversicherungsamt.de, DMP-Programme.

Diabetes mellitus Typ 2	1.832	3.600.092	
Koronare Herzkrankheit	1.784	1.670.448	
Insgesamt	10.618	6.916.265	5.998.886

Das BVA veröffentlicht die zentralen DMP-Evaluationsergebnisse. Was können diese aussagen? Möglich ist eine fundierte Qualitätsbeurteilung der einzelnen Programme im Vergleich zu anderen Programmen mittels geeigneter statistischer Verfahren (Strukturadjustierungen) im Vergleich zu allen anderen Programmen. Ferner gewinnt man eine umfassende Darstellung des Versorgungsstandards von DMP-Teilnehmern in Deutschland. **Ganz entscheidend ist aber die Feststellung, dass mit diesen Evaluationen nicht die Frage beantwortet werden kann, ob die DMPs die Versorgungslage in Deutschland verbessert haben.** Bezogen auf verdichtete Evaluationsergebnisse im Bereich des Diabetes mellitus Typ 2, in dem immerhin mit mehr als 3,6 Mio. die meisten Versicherten eingeschrieben sind, lässt sich summarisch folgendes feststellen:

Verbesserung der Blutdruckkontrolle und des Raucherstatus; die Blutzucker-Einstellung ist mindestens gehalten, vielfach verbessert; der Vergleich risikoadjustierter Mittelwerte einzelner Zielgrößen mit epidemiologischen Studien zeigt für DMP eine Reihe von positiveren Werten.

Daraus leitet das Bundesversicherungsamt die Hypothese ab, dass die DMP-Patienten deutlich profitieren. Diese besseren DMP-Ergebnisse sollen auf die strikte Beachtung der Regeln der evidenzbasierten Medizin und auf die Koordination der Behandlungsebenen zurückzuführen sein. Des Weiteren soll ein unterschiedliches Engagement der Krankenkassen bei der Qualitäts-Sicherung die medizinischen Ergebnisse beeinflussen. Einfluss auf die Wirksamkeit der Qualitätssicherungsmaßnahmen hat auch der sozioökonomische Status der Patienten. Auch Behandlungsdauer und Regionalstruktur haben Auswirkungen auf die medizinischen Ergebnisse, was alles insgesamt nicht verwundern dürfte.

Mit dem ab Anfang 2012 in Kraft getretenen Versorgungsstrukturgesetz erhält der Gemeinsame Bundesausschuss im Bereich der DMP eine Richtlinienkompetenz, was sich auf eine künftige Neuausrichtung der Evaluation auswirken wird. Insgesamt charakterisieren die DMP-Evaluationen des BVA eine saubere empirische Dokumentation, der immerhin ein Kriterienkatalog von mehr als 100 Seiten zugrunde liegt. Dennoch kann aus diesem Aufwand in keiner Weise auf Effizienz geschlossen werden.

Eine empirische Untersuchung vom Wissenschaftlichen Institut der TK (WINEG) mittels Routinedaten für die Jahre 2006-2008, die mit harten Endpunkten und der Methode des Propensity Score Interval Matching (PSIM) für das Kontrollgruppen-Design durchgeführt wurde, weist keine deutlichen Unterschiede zwischen den DMP-Teilnehmern und der Kontrollgruppe auf. DMP löste mehr Arzneimittel-Verordnungen aus, die Patienten waren häufiger beim Arzt und es wurden mehr EBM-Leistungen dokumentiert. Kosteneinsparungen seien durch DMP nicht erkennbar gewesen. Insgesamt sei der Nutzen des wichtigsten DMP „Diabetes Mellitus Typ 2" nicht belegt.[16]

35 Zu anderen Ergebnissen kommt die vom AOK Bundesverband finanzierte und vom Universitätsklinikum Heidelberg initiierte ELSID-Studie.[17] Hier zeigte sich u. a. ein deutlicher Überlebensvorteil für die Diabetiker im DMP. Insgesamt wurden Verbesserungen in der Qualität der Versorgung festgestellt, die mit etwas niedrigeren Leistungsausgaben einhergingen. In die mehrdimensionale Studie wurden neben medizinischen Daten auch Ergebnisse von Patientenbefragungen berücksichtigt. Ein Effizienzgewinn-Nachweis ist aber auch hier nicht erbracht.

36 Auch die Barmer GEK hat in einer Diabetiker-Studie die medizinische Versorgung im DMP als nachweislich besser als bei nicht teilnehmenden Diabetikern bezeichnet. Gemeinsam mit dem Institut für Gesundheitsökonomie und Klinische Epidemiologie der Uni Köln wurde dies im Journal „health affaires" veröffentlicht.[18] Für die DMP-Gruppe wurde nicht nur eine erheblich geringere Sterblichkeitsrate verzeichnet. Auch traten diabetische Folgeerkrankungen wie Herzinfarkt, Nierenversagen oder Amputationen nach vier Jahren seltener auf. Die Gesamtausgaben für Krankenhaus und Arzneimittelverordnungen haben sich binnen vier Jahren um rund 330 EUR günstiger entwickelt als in der Kontrollgruppe der nicht eingeschriebenen Diabetiker. Graf differenziert in seinem Potsdamer Vortrag aus November 2011 dahingehend, dass Einigkeit in der GKV bestehe, dass das DMP Diabetes zumindest bei Patienten **mit hohem Risiko** effektiv und effizient ist, bleibt den Nachweis der Effizienz aber schuldig und fordert zu Recht die Verbesserung der Studienlage.[19]

37 Eine andere Längsschnittbetrachtung mit über 200.000 Patienten zeigt Ergebnisse der AOK Bundesauswertungen zur gesetzlichen Evaluation des DMP Diabetes mellitus Typ 2 (KORA-Studie), die im Grunde die empirischen Ergebnisse des BVA bestätigen und keinen Effizienznachweis erbringen.[20]

38 **Fazit:** Auch zu anderen DMP gibt es eine Reihe von kontrollierten Studien mittels der Dokumentations- und Routinedaten sowie ergänzender Befragungen als auch zahlreiche Dokumentationen der Krankenkassen. Für DMP und ihren Dokumentationsaufwand sind seit 2003 mehrere Milliarden Euro aufgewendet wor-

---

16 Linder et al.: Nutzen und Effizienz des Disease-Management-Programms Diabetes mellitus Typ 2. In: Deutsches Ärzteblatt, Jg 108, Heft 10, März 2011, S. 155-162.
17 Evaluation des DMP Diabetes mellitus Typ 2 im Rahmen der ELSID-Studie, Abschlussbericht für den AOK Bundesverband, Projektleitung: Prof. Dr. Joachim Szecsenyi, Heidelberg 2011.
18 Strock et al.: German Diabetes Management Programs Improve Quality Of Care And Curb Costs. In: Health Affairs, Vol. 29, No 12. o. O., o. J., 2197-2205.
19 Graf: Nutzen von DMPs – Analysen und Erfahrungen der BARMER GEK. 5.11.2011.
20 Köhler/Leinert/Südhof: Ergebnisse der AOK-Bundesauswertungen zur gesetzlichen Evaluation der DMP für die Indikation Diabetes mellitus Typ 2. In: Monitor Versorgungsforschung 01/2012, S. 34-37.

den. Bis dato fehlt der wissenschaftlich fundierte Effizienznachweis. Der wäre aber schon deswegen wünschenswert, weil eine Reihe von wichtigen Endpunkten erfolgversprechend, andere Ergebnisse indifferent und z. T. negativer als die Kontrollgruppenversorgung sind und vor allem auch deswegen, weil die Akzeptanz der Patienten nicht zuletzt mit Blick auf ihre Compliance durchweg positiv einzustufen ist.

3.4 Hausarztzentrierte Versorgung

Das Thema der hausarztzentrierten Versorgung gehört zu den gesundheitspolitisch umstrittenen medizinischen Versorgungsstrategien. So ist es umstritten, in wie weit damit nicht der freie Zugang zur ambulanten Versorgung unnötig eingeschränkt wird und ob die an sich begrüßenswerte Lotsenfunktion im sektoral strukturierten Gesundheitswesen praktisch so funktioniert, dass sie im Ergebnis als effizienter bezeichnet werden kann. Gleichwohl hat der Gesetzgeber im § 73b SGB V den Kassen die Verpflichtung auferlegt, flächendeckend Hausarztverträge anzubieten. Dies ist bis heute noch nicht der Fall. Flächendeckende Versorgungen gibt es in Bayern, Baden-Württemberg, Bremen und Schleswig-Holstein. Rund 45 Krankenkassen haben derartige Verträge in den unterschiedlichen Regionen abgeschlossen (siehe Doku Hausärzteverband, zugänglich über deren Website).

Die jüngsten Evaluationsergebnisse aus Baden-Württemberg, wo die Hausarztverträge am längsten etabliert sind, wurden im Juni 2012 der Öffentlichkeit vorgestellt.[21] Die Ausgangsbasis für die Analysen bildeten die Routinedaten für alle AOK Versicherten, die im Betrachtungszeitraum (1.7.2008-31.12.2010) dort versichert waren. Es wurde ein Vorher-Nachher-Vergleich der Quartale 3 und 4 im Jahre 2010 mit einem Vergleich HZV vs. Nicht-HZV auf Basis einer Mehrebenen-Analyse durchgeführt. Die Studienpopulation bezog sich auf 3,5 Mio Versicherte mit einem Evaluationseinschluss von 1,44 Mio. Versicherten, davon 580.924 HZV-Versicherte und 862.237 Nicht-HZV-Versicherte. Ergebnisse: Die Kontakte zur Hausarztpraxis steigen bei HZV-Versicherten deutlich an, bei den Überweisungen sinkt die unkoordinierte Facharzt-Inanspruchnahme bei den HZV-Versicherten, im stationären Bereich gibt es keine signifikanten Unterschiede bei der Zahl und Dauer der stationären Aufenthalte sowie den Wiedereinweisungen, Hausärzte übernehmen mehr Versorgungsverantwortung für die überwiegend älteren und chronisch kranken HZV-Versicherten, keine Ausweitung von Überweisungen und Einweisungen, geringerer Anstieg der Arzneimittelausgaben bei HZV-Versicherten und günstigere Entwicklung durch Vermeidung von Polymedikation und Me-Too-Präparaten.

In einem zweiten Arbeitspaket wurden Hausärzte und Patienten hinsichtlich der Veränderungen in der Versorgungsbeziehung und Einstellung/Akzeptanz bei

---

21 Gerlach/Szecsenyi: Evaluation der Hausarztzentrierten Versorgung (HzV) nach § 73b SGB V in Baden-Württemberg. 2012.

HZV und Nicht-HZV untersucht. Ergebnisse: Mittlere bis hohe Arbeitszufriedenheit bei beiden Hausarztgruppen, in der HZV-Gruppe ist die Zufriedenheit mit dem Einkommen höher bei z. T. höherer Arbeitsbelastung, weniger Stressempfinden und mehr Veränderungsbereitschaft in der Praxisorganisation bei der HZV-Gruppe; HZV stärkt Kooperation, Koordination, Kommunikation mit Patienten, Anforderungen an HZV werden als sinnvoll erachtet. Bei den Patienten gibt es insgesamt eine positive Bewertung der Versorgung in beiden untersuchten Gruppen, eingeschriebene Patienten in HZV-Praxen erhalten mehr Angebote zur Krankheitsvorbeugung und fühlen sich (körperlich) besser untersucht.

42 Anfang 2008 ergab eine VdAK-Studie in Kooperation mit dem AQUA-Institut ein uneinheitliches Bild zur hausarztzentrierten Versorgung. Das AQUA-Institut hat dabei für fünf Ersatzkassen im November 2007 eine Evaluation von Hausarztmodellen in Hessen, Niedersachsen, Nordrhein, Nordwürttemberg und Westfalen-Lippe durchgeführt. Ausgewertet wurden die Daten aus den Jahren 2005 und 2006. Um zu berücksichtigen, dass in Modellen zur hausarztzentrierten Versorgung eingeschriebene Versicherte verglichen mit anderen Versicherten im Durchschnitt fast vier Jahre älter und häufiger chronisch krank sind, wurde für die Evaluation eine Kontrollgruppe von Patienten mit gleicher Morbiditäts-, Geschlechts- und Altersstruktur gebildet. Von insgesamt 57 Kennzahlen wurden zehn als besonders aussagekräftige Indikationen bestimmt, mit denen Aussagen zu den Themenbereichen „Koordinierung der Versorgung", „Qualität der Versorgung" und „Kostenentwicklung/Wirtschaftlichkeit" gemacht werden konnten. Insgesamt hatten sich in allen fünf Bundesländern 613.645 Versicherte in einen Hausarztvertrag eingeschrieben, das ist ein Anteil von 11,5 % bezogen auf alle Einschreibeberechtigten. Der Anteil der eingeschriebenen Ärzte lag bei 36,4 % (7168 Ärzte). Dies war in Deutschland die erste Regionen übergreifende Evaluation zu den Hausarzt-Verträgen. Grundlage waren auch hier die Routinedaten der beteiligten Krankenkassen. **Ergebnisse:** Die gewünschte Lotsenfunktion durch den Hausarzt entwickelt sich bei beiden Versichertengruppen unterschiedlich: Während der Anteil der Facharztkonsultationen mit Überweisungen zwischen 2005 und 2006 bei den Versicherten in Hausarztmodellen mit 46,3 % gleich geblieben ist, verringerte sich dieser Anteil in der Kontrollgruppe von 39,1 % auf 36,1 %. Vor dem Hintergrund der vertraglichen Verpflichtung für die Versicherten, Leistungen der Fachärzte nicht direkt in Anspruch zu nehmen, ist dieser Wert jedoch nicht zufriedenstellend. Der Anteil der Versicherten, die an den Gesundheitsvorsorgeuntersuchungen (Früherkennung) teilnehmen, ist bei den Teilnehmern an Hausarztmodellen von 14,7 % auf 23,2 % gestiegen, in der Kontrollgruppe stieg er von 10,4 % auf 18,3 %. Bei weiteren Indikatoren, welche z. B. die Qualität der Arzneiverordnungen bzw. die leitliniengerechte Versorgung beurteilen, gibt es uneinheitliche Entwicklungen.

43 Die Leistungsausgaben (stationäre Versorgung, Heil- und Hilfsmittel, Arzneimittel) waren bei Teilnehmern an Hausarztmodellen pro Versicherten im Jahr 2005 um 28,47 EUR und im Jahr 2006 um 14,05 EUR geringer als bei der Kontroll-

gruppe. Für eine Gesamtbeurteilung der Wirtschaftlichkeit müssen diese Einsparungen jedoch mit den Mehrausgaben für ärztliche Betreuungspauschalen nach den HZV-Verträgen (je Versicherten 12,72 EUR in 2005 und 24,79 EUR in 2006) und ggf. dem Erlass der Praxisgebühr, je nach den Satzungen der jeweiligen Ersatzkassen (10 EUR pro Quartal), verrechnet werden. Insgesamt wurde seinerzeit kein deutliches Zeichen für mehr Wirtschaftlichkeit ausgemacht.

Fazit: Auch hier ist auf Effizienzgewinne nicht zu schließen.

3.5 Integrierte Versorgung (IV)

Die sektorale Trennung in der Versorgungsrealität des deutschen Gesundheitswesens zu überwinden ist seit langem ein gesundheitspolitisches Anliegen von hoher Bedeutung. Kaum Wirkung zeigte der erste Versuch mit der Gesundheitsreform im Jahre 2000, Integrationsverträge zwischen Leistungserbringern und Krankenkassen mit Zustimmung der KBV abzuschließen. Anfang 2004 wurde daher im GKV-Modernisierungsgesetz die rechtliche Grundlage mit dem § 140a-d SGB V neu bestimmt. Hier wurden die Grundlagen für Einzelverträge gelegt. Zugleich wurde eine Anschubfinanzierung in Höhe von 1 % der Gesamtvergütung zur Verfügung gestellt, wonach jährlich bis 2006 etwa 680 Mio. EUR verfügbar waren. Während es Ende 2004 etwa 300 IV-Verträge gab, waren es Ende 2005 bereits über 1000. Zum Abschluss seiner Tätigkeit dokumentierte das BQS-Institut Ende 2008 über 6400 IV-Verträge. Bis zu 75 % der Krankenkassen hatten ihre Verträge gemeldet und diese repräsentieren einen Marktanteil von 95 % der Versicherten.

Tab. 2: Gemeldete Verträge zur integrierten Versorgung 2004-2008
Quelle: BQS Datenbankbestand 2009

	2004	2005	2006	2007	2008
vorliegende Meldungen zu Verträgen zur integrierten Versorgung[5]	1.477	3.454	4.875	6.074	6.407
davon Meldungen zu Verträgen mit Beginn ab dem 01.04.2007				756	1424
davon im jeweiligen Kalenderjahr gemeldet		1.913	3.309	5.069	6.183
davon im Kalenderjahr neu abgeschlossene Verträge[7]	1.374	1.995	1.597	1.652	756

Hinsichtlich der Vertragsgegenstände dominieren Verträge zur indikationsübergreifenden Versorgung oder des ambulanten Operierens. Bezogen auf das Vergütungsvolumen dominieren hingegen Versorgungsangebote zur Durchführung kardiologischer, neurochirurgischer sowie orthopädisch-unfallchirurgischer Leistungen. Die größte Bedeutung sowohl hinsichtlich der Anzahl der Verträge als auch mit Bezug auf das geschätzte Vergütungsvolumen und die geschätzte Anzahl teilnehmender Versicherter haben Verträge zur Behandlung der Erkrankungen von Muskeln, Skelett u. Bindegewebe. Ebenfalls von großer Bedeutung sind Leistungen zur Behandlung der Erkrankungen des Kreislaufsystems sowie des Nervensystems. Dies gilt für Deutschland insgesamt ebenso wie für die einzelnen Versorgungsregionen. Zwei Drittel der Verträge sind im niedergelassenen Bereich angesiedelt und bei etwa 50 % der Verträge ist der stationäre Bereich direkter Vertragspartner. Immerhin werden 60 % der Verträge von Krankenkassen-Gemeinschaften abgeschlossen und 40 % von Krankenkassen allein. Die meisten Krankenkassen orientieren sich bei IV naheliegender Weise auf Versorgungsschwerpunkte wie Kardiologie, Psychische Krankheiten (ein in letzter Zeit sehr gewachsener Bereich mit IV Verträgen), Rückenerkrankungen und ambulante Operationen.

47 Es gibt also eine unüberschaubare Menge an Integrationsverträgen. Seit dem Auslaufen der Anschubfinanzierung ist es zwar erwartungsgemäß ruhiger geworden, aber es existiert nach wie vor eine hohe Anzahl IV-Verträge. Dementsprechend gibt es zahlreiche kleine und größere Evaluationen, die den IV-Modellen eine hohe Akzeptanz, Qualitäts- und Prozess- sowie auch Kostenvorteile attestieren. Die Ziele der IV sind vielfältig: Es sollen die Versorgungsqualität verbessert und die Wirtschaftlichkeit erhöht werden. Ein spürbarer Mehrwert für die Nutzer soll erreicht und vor allem innovative Versorgungsmodelle gefördert werden. Hinsichtlich der IV ist generell eine hohe Erwartungshaltung auf der Anbieterseite und nicht nur bei Ärzten und Kliniken, sondern auch bei anderen Partnern bis hin zur Industrie feststellbar. Häufig haben die Projekte geringere Teilnehmerzahlen eingeschlossen als dies von den Vertragspartnern erwartet wurde. Zumeist handelt es sich um kleinteilige Projekte, die kaum maßgeblichen Einfluss auf die Versorgung in der Fläche haben. Die Projekte haben hohe Transaktionskosten und die Erfolge sind aufgrund der hohen Interdependenzen schwer messbar. Es ist zwar eine große Anzahl an (schlecht dokumentierten) Evaluationen feststellbar, die der IV Versorgungsqualitäts- und Kostenvorteile bescheinigen, aber alles in allem gibt es kaum harte Nachweise über die Verbesserung der Qualität bzw. der Wirtschaftlichkeit.

48 Im Kinzigtal (Baden-Württemberg) gibt es eine integrierte Vollversorgung. Hierzu wurde für den Zeitraum 2005-2010 kürzlich eine Studie vorgestellt, in der die Versorgung von 2000 LKK Versicherten im Kinzigtal mit einer Kontrollgruppe von 1600 Versicherten aus Baden-Württemberg morbiditätsadjustiert verglichen wurde. Im Ergebnis werden mehr Qualität und mehr Nettoeinsparungen bei den Kinzigtal-Versicherten aus dem IV festgestellt. Die wesentliche Kosteneffizienz ergibt sich aus der Vermeidung von stationären Aufenthalten. Diese Studie sagt hinsichtlich der Effizienzmessung einiges zur Kosteneffizienz aus. Eine Gesamteffizienz ist aber auch hier nicht ermittelbar. [22]

---

22 Vgl. Hildebrandt/Knittel/Stunder/Schnaiter: Mehr Qualität, mehr Nettoeinsparungen. In: Welt der Krankenversicherung Nr. 2012. 2012, S. 87- 92.

Die DAK in NRW zog kürzlich eine positive Bilanz ihres IV-Vertrages bei Patienten mit künstlichen Hüft- oder Kniegelenken und bezieht sich dabei auf eine Studie des Wittener Instituts für Strategie und Management (wisum). Basis der Studie sind Daten von über 5000 behandelten Patienten. Danach beurteilen 85 % der Patienten ihre Behandlung im Rahmen der IV als gut, in der Regelversorgung lag die Quote nur bei 63 %. Dabei wurden durchweg deutlich kürzere Verweildauern in akutstationären und rehabilitativen Bereichen ermittelt. Inwieweit sich auch hier ein mehr an Effizienz erschließt, lässt sich nicht feststellen. 49

Abschließend sei stellvertretend noch für kleinere Projekte ein IV-Gesundheitsprojekt des Ärztenetzes MuM (Medizin und Mehr) in der Region Bünde (Westfalen) kurz referiert. Ziel dabei ist, den Versorgungsprozess entlang der Kette Arzt-Klinik-Reha-Pflege durch eine besondere Steuerung, Koordination und Kommunikation unter Anwendung neuer Behandlungsstrategien bei Diabetes, Übergewicht, Rückenschmerzen, Herzinsuffizienz und Osteoporose zu verbessern. Evaluiert wurde das Projekt bei Prof. Greiner, Universität Bielefeld mit Hilfe der Methoden des Prä-Post-Vergleichs für eine finanzielle Erfolgsmessung der Jahre 2004-2007. Unter Anwendung des Propensity Score Matching (PSM) als Alternative zu einem nicht möglichen RCT wurden 2 Kohorten gegen Nichtteilnehmer verglichen. Ausgeschlossen wurden individuelle Versichertengesamtkosten über 20.000 EUR. Die Ergebnisse erbrachten für beide Projektkohorten niedrigere Durchschnittskosten als für nicht Teilnehmer, so dass man hier von einem Kosteneffizienzgewinn sprechen kann. 50

Fazit insgesamt: Auch für IV sollte durch Erweiterung und Verbesserung der Studienlage der Effizienznachweis noch erbracht werden. 51

3.6 Bonusprogramme

Mit den Bonusprogrammen nach § 65a SGB V haben die Krankenkassen seit dem 1.1.2004 die Möglichkeit, gesundheitsbewusstes Verhalten der Versicherten zu belohnen, in dem sie in ihren Satzungen bestimmen, unter welchen Voraussetzungen Versicherte, die regelmäßig Früherkennung, Leistungen zur primären Prävention oder der betrieblichen Gesundheitsförderung in Anspruch nehmen, in den Genuss von Bonusleistungen (Geld- oder Sachprämien) gelangen können. Die Aufwendungen müssen allerdings mittelfristig aus Einsparungen und Effizienzsteigerungen finanziert werden, denn im Grunde handelt es sich ja hierbei um eine Umkehrung des Solidarprinzips, in dem nämlich zunächst die Kranken für die Gesunden zahlen. Auch ist die Forderung nach Evaluation und Effizienznachweis – spätestens nach drei Jahren eines Bonusprogramms – die erstmalige Normierung des Gesetzgebers, mit Prävention messbaren Erfolg zu verbinden, das Gebot der Wirtschaftlichkeit auch für Prävention anzuwenden. Soweit zur Norm und zur Theorie. 52

In der öffentlichen Wahrnehmung und auch in der Wahrnehmung der verschiedenen Maßnahmen der Krankenkassen stellen Bonusprogramme ein besonderes 53

Spannungsfeld zwischen Prävention und Marketing dar. Tatsächlich eignen sie sich nicht nur als gesundheitspolitisch intendiertes, Nutzen stiftendes Instrument sondern auch in besonderer Weise zur Kundengewinnung und Kundenbindung wie aber auch zur Risikoselektion. Dementsprechend buntscheckig ist auch die Angebotswelt der Bonusprogramme. Aus der Tabelle 3 geht eine systematische Übersicht mit dem Stand von 2010 hervor. Daran mag man ersehen, dass Bonusprogramme nicht nur weit verbreitet sind, sondern auch sehr unterschiedliche Wertigkeiten beinhalten. Bonus der Kassen gibt es darüber hinaus für Nichtraucher, aktive Mitgliedschaften in Sportvereinen, Fitnessstudios, Normalgewicht und vieles andere mehr.

54 Wenn man nun danach fragt, welche gesicherten Evaluationsergebnisse mit Hinweisen auf Effizienzgewinn – und im Gesetz wird ja der Begriff der Effizienz auch verwendet – denn vorliegen, wird es jedenfalls in der Recherche (mag ja sein, das einiges in den Schubladen liegt) sehr dünn. Gemessen an den bisher besprochenen Maßnahmen ist jedenfalls kaum Substantielles zu finden. Der BKK Bundesverband bemüht sich darum, die Evaluation seiner Bonusprogramme auf statistisch gesicherte Füße zu stellen. Er ist – jedenfalls öffentlich wahrnehmbar – ein Vorreiter für ein ernsthaftes, öffentlich transparent zu machenden Evaluieren.[23] Mit der Anwendung geeigneter statistischer Verfahren wird es dort ermöglicht, die Leistungsausgaben der Bonus-Versicherten und der Kontrollgruppen unter Ausschaltung sonstiger Einflussfaktoren miteinander zu vergleichen. Die statistischen Standardverfahren für Kontrollgruppenvergleiche konnten aufgrund der retrospektiven Betrachtung anhand von Sekundärdaten sowie der Selbstselektion der Versicherten in das Bonusprogramm nicht verwendet werden. Man legte eine kontrollierte Beobachtungsstudie an, bei der man sich der Kovarianzanalyse bediente. Neben der Berechnung des kruden (unbereinigten) Nutzens der Bonusprogramme erfolgte die statistische Auswertung mittels zweier kovarianz-analytischer Modelle. Letztlich konnten in die Evaluation 170.000 Versicherte einbezogen werden, die im Untersuchungszeitraum ca. 280.000 mal einen Bonus von einer der 40 beteiligten Betriebskrankenkassen erhielten. Die Inanspruchnahmequote lag bei Frauen mit 8,4 % deutlich höher als bei Männern mit 3,3 %. Der Vergleich der Leistungsausgaben ergibt einen kruden jährlichen Nutzen von 269 EUR pro Versichertem mit erfolgreicher Teilnahme am Bonusprogramm. Der statistisch bereinigte und somit dem Bonusprogramm zuzuschreibende Nutzen errechnet sich mit Verfahrensmodell 1 auf 143 EUR mit einem Vertrauensintervall von 114 bis 172 EUR. Das höher adjustierende Verfahrensmodell 2 führt zu einem zuzuschreibenden Nutzen von 82 EUR (Intervall: 42-120).[24]

---

23 Boedeker/Friedel/Friedrichs: Evaluation der BKK-Bonusprogramme – Ergebnisse der ersten Evaluationswelle, Internetmanuskript. o. O., o. J. Online: www.bkk-gesundheit.de.
24 Boedeker/Friedel/Friedrichs: Evaluation der BKK-Bonusprogramme – Ergebnisse der ersten Evaluationswelle, Internetmanuskript. o. O., o. J. Online: www.bkk-gesundheit.de, S. 5-6.

Vor dem Hintergrund der verbreiteten Erkenntnis, dass qualifizierte Maßnahmen der Prävention in einer Gesamtschau der einschlägigen wissenschaftlichen Literatur eher mittel- bis langfristige Einsparpotentiale mit sich bringen, sind diese ersten Ergebnisse eines Nutzens der Bonusprogramme bemerkenswert, zeigen sich hier doch bereits nach drei Jahren offenbar deutliche Kosteneffizienz. Es werden aber auch richtiger Weise Hinweise auf mögliche Verzerrungen wegen der z. T. geringen Zahl der Bonus-Versicherten in der Anfangsphase oder zufällige, ausgabenintensive Ereignisse aufgeführt, die aber nicht bewertet werden können, so dass abzuwarten bleibt, wie sich zukünftig die Werte bestätigen.

Fazit: Alles in allem liegen bislang enttäuschend wenig gesicherte Erkenntnisse zu Bonusprogrammen vor.[25]

Den Effizienzbeleg konnten sie bislang nicht liefern, sieht man einmal von spärlichen Kosteneffizienzen, die sich aber noch stabilisieren müssen, ab.

---

25 Scherenberg/Glaeske: Anreizkomponenten von Bonusprogrammen der gesetzlichen Krankenversicherungen. In: Zeitschrift für Nachwuchswissenschaftler 2009/1 (1), S. 45-61.

Tab. 3: Lukrative Bonus-Programme bei Krankenkassen
Quelle: Focus Money 2010

Kasse	Bonusart	Bereiche	Prävention	Bewegung	Zahnreinigung	Vorsorge-Programm...	Impfung...	Andere...	Vorteile in Euro.*	Ergebnis gewichtet
Securvita	Geld- oder Sachpr.	6	ja	ja	ja	ja	ja	ja	720	17,144
DAK	Geld- oder Sachpr.	6	ja	ja	ja	ja	ja	ja	135	12,782
IKK classic	Geldprämie	5	ja	ja	ja	ja	nein	ja	300	12,386
IKK gesund plus	Geldprämie	5	nein	ja	ja	ja	ja	ja	300	12,386
SBK	Geldprämie	5	ja	ja	ja	ja	nein	ja	300	12,386
BARMER GEK	Geld- oder Sachpr.	6	ja	ja	ja	ja	ja	ja	100	12,000
Continentale BKK	Geldprämie	6	ja	ja	ja	ja	ja	ja	100	12,000
TKK	Geldprämie	6	ja	ja	ja	ja	ja	ja	90	11,725
BKK ALP plus	Geld- oder Sachpr.	5	ja	ja	ja	ja	ja	nein	200	11,505
BKK Gesundheit	Geldprämie	5	ja	ja	ja	ja	nein	ja	150	10,880
SKD BKK	Geldprämie	6	ja	ja	ja	ja	ja	ja	320	15,031
BKK Dürkopp Adler	Geldprämie	6	ja	ja	ja	ja	ja	ja	300	14,863
Brandenburgische BKK	Geldprämie	6	ja	ja	ja	ja	ja	ja	220	14,055
BKK Herford Minden Ravensberg	Geld- oder Sachpr.	6	ja	ja	ja	ja	ja	ja	150	13,057
salvina	Geldprämie	6	ja	ja	ja	ja	ja	ja	145	12,968
BKK Wirtschaft & Finanzen	Geldprämie	6	ja	ja	ja	ja	ja	ja	120	12,475
AOK Hessen	Geldprämie	6	ja	ja	ja	ja	ja	ja	100	12,000
BKK Demag Krauss-Maffei	Geld- oder Sachpr.	6	ja	ja	ja	ja	ja	ja	100	12,000
AOK Bayern	Sachpr.	5	ja	ja	nein	ja	ja	ja	250	11,990
AOK Rheinl./HH	Geld- oder Sachpr.	5	ja	ja	nein	ja	ja	ja	250	11,990

4 Diskussion und Zwischenfazit

Gemessen an den seit Jahren vielfach abgeleiteten und plausiblen Effizienzhypothesen für die medizinische und gesundheitliche Versorgungssituation in Deutschland ist die Evaluationsbasis maßgeblicher Programme quantitativ z. T. weit entwickelt. Den Nachweis umfassender Effizienzgewinne – und damit auch qualitative, substantielle Antworten – bleiben sie aber weitgehend schuldig.

Dennoch nimmt die Effizienzorientierung spürbar zu, wie das an verschiedenen Beispielen der Ermittlung von Kosteneffizienz belegt werden kann, auch wenn hier im Einzelnen noch Diskussionswürdigkeit besteht. Aber das wird nicht ausreichen. Denn im Zusammenhang der gesundheitspolitischen Rahmenbedingungen wird es in Zukunft darauf ankommen, Wettbewerbsvorteile über wirkliche Effizienzgewinne (-vorteile) zu generieren. Selbstverständlich ist hier Effektivität impliziert.

Es kann also davon ausgegangen werden, dass sich parallel zur Evidenzorientierung auch die Effizienzorientierung stark weiter entwickeln wird. Hier wird es darauf ankommen, das Methodenrepertoire intelligent zu verfeinern – z. B. nicht mögliche RCTs statistisch zu kompensieren, die „guidelines" für gesundheitsökonomische Studien auf hohem Niveau zu beachten und vor allem Transparenz für einen fruchtbaren Diskurs herzustellen. So etwas wie ein Handbuch „Richtiges Vorgehen für den Gewinn von Effektivität und Effizienz und deren Messung" wäre wünschenswert.

Gemessen an den vorgenannten Notwendigkeiten und in den zuvor beschriebenen Bereichen lassen Effizienzstudien auf sich warten. Getrieben vom kurzfristig wirksamen Kostenmanagement stehen bei Krankenkassen durchweg derzeit Kostenanalyse- (Kosten-Nutzen-) Aspekte stark im Vordergrund.

Nicht zu unterschätzen ist aber auch die Methodeneffizienz selbst, denn die Komplexität durchlässiger Versorgungsprozesse (siehe IV) stellt hohe Anforderungen an Daten- und methodenlogistische Verfahren. Auffällig ist auch, dass in den Evaluationen die Versicherten- und Patientenperspektive in der Regel zu kurz kommt. Die Studienlage muss also deutlich verbessert werden und Versorgungsforschungsstrategien sollten Effizienzmessungen von vorneherein einbeziehen.

Literatur

Augurzky, B./Tauchmann, H./Werblow, A./Felder, S.: Effizienzreserven im Gesundheitswesen. In: RWI Materialien Heft 49. Essen 2009.
Bartels, J.: Medizinische Versorgungszentren – ein Weg zu mehr Versorgungseffizienz? Vortrag Homecare Forum BVmed. Leipzig 30. September 2009. Online: www.tk.de.
Bericht des Bundesversicherungsamtes zur vergleichenden Evaluation von strukturierten Behandlungsprogrammen bei Diabetes mellitus Typ 2. Bonn 2009. Online: www.bundesversicherungsamt.de/.../DMP/.../Evaluationsergebnisse.

Beske, F.: Leistungskatalog des Gesundheitswesens im internationalen Vergleich. Schriftenreihe Bd. 104. Kiel 2005; sowie entsprechende Pressemitteilung vom 31. August 2005 in Berlin mit Effizienzindex.

Birnbaum, D. S./Braun, S.: Evaluation von Disease Management Programmen – Bewertung der Methodik und der ersten Ergebnisse aus gesundheitsökonomischer Sicht. In: Zeitschrift für Evidenz, Fortbildung und Qualität im Gesundheitswesen 104. 2010, S. 85-91.

Boedeker, W./Friedel, H./Friedrichs, M.: Evaluation der BKK-Bonusprogramme – Ergebnisse der ersten Evaluationswelle, Internetmanuskript, o. O., o. J. Online: www.bkk-bv-gesundheit.de/redaktion_intern/dokumente/11515.pdf (abgerufen am 14.9.2012).

Bohmeyer, A.: Jenseits von Rationierung und Priorisierung – Effizienz im Gesundheitswesen. In: ICEP Argumente, Berliner Institut für christliche Ethik und Politik, 2. Jg, 2. Ausgabe. Berllin 2006.

Braun, S./Prenzler, A./Mittendorf, T./Graf von der Schulenburg, J. M.: Bewertung von Ressourcenverbräuchen im deutschen Gesundheitswesen aus Sicht der Gesetzlichen Krankenversicherung. In: Das Gesundheitswesen 71. 2009, S. 19-23.

Dintsios, C.-M./Gerber, A.: Gesundheitsökonomische Evaluation neuer Versorgungsformen. Institut für Qualität und Wirtschaftlichkeit im Gesundheitswesen (IQWIG), Berlin 28.2.2011.

Gawlik, C.: DMP: Vergleichende Evaluation, Vortrag 10 Jahre DMP, BVA 2011. Vortragsfolien zugänglich über www.bundesversicherungsamt.de, DMP-Dokumentation.

Gerlach, F./Szecsenyi, J.: Evaluation der Hausarztzentrierten Versorgung (HzV) nach § 73b SGB V in Baden-Württemberg. Folienvortrag. Berlin Juni 2012.

Glaeske, G. (Fachliche Leitung) et al.: Sicherstellung einer effizienten Arzneimittelversorgung, Gutachten im Auftrag des Bundesministerium für Gesundheit, unter Hinzuziehung der Experten Höffken, K./Ludwig, W.-D./Schrappe, M./Weißbach, L./Wille, E. Bremen 2010.

Graf, C./Ullrich, W./Marschall, U.: Nutzenbewertung der DMP Diabetes Mellitus. In: Gesundheits- und Sozialpolitik, 1-2/2008, S. 73-84.

Graf, C.: Nutzen von DMPs – Analysen und Erfahrungen der Barmer GEK, Vortrag. Potsdam 2011.

Greiling, M.: Strukturmerkmale und Qualitätsmanagement in der Integrierten Versorgung. In: Medizintechnik 2. 2010, S. 66-72.

Greß, S./Maas, S./Wasem, J.: Effektivitäts-, Effizienz- und Qualitätsreserven im deutschen Gesundheitssystem, Expertise für die Hans-Böckler-Stiftung. Duisburg-Essen 2006.

Hildebrandt, H./Knittel, R./Stunder, B. H./Schnaiter, M.: Mehr Qualität, mehr Nettoeinsparungen – doppelter Nutzen für LKK-Versicherte durch Integrierte Versorgung im Kinzigtal. In: Welt der Krankenversicherung Nr. 2012. Heidelberg 2012, S. 87- 92.

Köhler, T./Leinert, J./Südhof, S.: Ergebnisse der AOK-Bundesauswertungen zur gesetzlichen Evaluation der DMP für die Indikation Diabetes mellitus Typ 2. In: Monitor Versorgungsforschung 01/2012, S. 34-37.

Last, A.-K./Wetzel, H.: Effizienzmessverfahren – eine Einführung, Working Paper Series in Economics No. 145. Universität Lüneburg 2009.

Lauterbach, K. W./Lüngen, M./Schrappe, M.: Gesundheitsökonomie, Management und Evidence-based Medicine. Stuttgart 2010.

Linder, R./Ahrens, S./Köppel, D./Heilmann, T./Verheyen, F.: Nutzen und Effizienz des Disease-Management-Programms Diabetes mellitus Typ 2. In: Deutsches Ärzteblatt, Jg 108, Heft 10, März 2011, S. 155-162.

Linder, R.: Wirkt DMP qualitätsverbessernd? Eine empirische Untersuchung mittels Routinedaten, Vortrag. Potsdam September 2011.

Manouguian, M.-S./Stöver, J./Verheyen, F./Vöpel, H.: Qualität und Effizienz der Gesundheitsversorgung im internationalen Vergleich, Hamburgisches Weltwirtschaftsinstitut, HWWI Policy Paper 55. Hamburg 2010.

Mieth, D.: Effizienz – Bedeutung und Nutzen für die Reform des Gesundheitswesens, ICEP Arbeitspapier, Ausgabe 2. Berliner Institut für christliche Ethik und Politik, Berlin 2006.

Müller-Mielitz, S.: Mikro-Ebene: Wirtschaftlichkeit bei Werkzeugen, Methoden und Verfahren, Institut für effiziente klinische Forschung (IEKF), Ibbenbüren 2011. GMDS Workshop, zugänglich unter www.iekf.de.

Prenzler, A./Reddemann, S./Graf von der Schulenburg, J. M.: Die Wahl der Perspektive bei gesundheitsökonomischen Evaluationen – eine interdisziplinäre Analyse. In: Gesundheits- und Sozialpolitik 64. 2010, S. 30-37.

Roski, R./Stegmeier, P./Kleinfeld, A.: Disease Management Programme, Statusbericht 2012, Schriftenreihe Monitor Versorgungsforschung. Bonn 2012.

Rürup, B./IGES/DIW/Wille, E.: Effizientere und leistungsfähigere Gesundheitsversorgung als Beitrag für eine tragfähige Finanzpolitik in Deutschland, Forschungsvorhaben für das BMF. Berlin 2009.

Sachverständigenrat für die Konzertierte Aktion im Gesundheitswesen: Gutachten 2000/2001, Bedarfsgerechtigkeit und Wirtschaftlichkeit. Band 1: Zielbildung, Prävention, Nutzerorientierung und Partizipation. Band 2: Qualitätsentwicklung in Medizin und Pflege. Band 3: Über-, Unter-, Fehlversorgung. Berlin 2001.

Sachverständigenrat zur Begutachtung der Entwicklung im Gesundheitswesen: Wettbewerb an der Schnittstelle zwischen ambulanter und stationärer Gesundheitsversorgung. Sondergutachten. Bonn 2012, insbesondere S. 22-24 und 99-118.

Scherenberg, V./Glaeske, G.: Anreizkomponenten von Bonusprogrammen der gesetzlichen Krankenversicherungen. In: Zeitschrift für Nachwuchswissenschaftler 2009/1 (1), S. 45-61.

Schlander, M.: Gesundheitsökonomie: Der Effizienz auf der Spur. In: Zeitschrift Evidenz Fortbildung Qualität im Gesundheitswesen (ZEFQ), 103. 2009, S. 117-125.

Schöffski, O./Schulenburg, J.-M./Graf v. d. (Hrsg.): Gesundheitsökonomische Evaluationen. 4. vollst. überarb. Aufl. Springer, Berlin 2012.

Strock, S./Drabik, A./Büscher, G./Graf, C./Ullrich, W./Gerber, A./Lauterbach, K. W./Lüngen, M.: German Diabetes Management Programs Improve Quality Of Care And Curb Costs. In: Health Affairs, Vol. 29, No 12. o. O., o. J., S. 2197-2205.

Szecsenyi, J. et al.: Evaluation des DMP Diabetes mellitus Typ 2 im Rahmen der ELSID-Studie, Abschlussbericht für den AOK-Bundesverband, Abteilung Allgemeinmedizin und Versorgungsforschung. Universitätsklinikum Heidelberg 2011.

von der Schulenburg, J.-M./Greiner, W. et al.: Deutsche Empfehlungen zur ökonomischen Evaluation – dritte und aktualisierte Fassung des Hannoveraner Konsens. In: Gesundheitsökonomie und Qualitätsmanagement 12. Stuttgart 2007, S. 285-290.

Wübker, A.: Effizienzreserven, Wettbewerbspotentiale und Selektionsaktivitäten im deutsche Gesundheitswesen – neue empirische Erkenntnisse, Schriftenreihe: Gesundheitswirtschaft Band 7, Westfälische Wilhems-Universität Münster, Wegscheid 2009.

Qualität – als Zielkriterium des Gesundheitssystems

Die Deutsch-Schweizerische Gesellschaft für Gesundheitspolitik legt mit Band 3 ihrer Schriftenreihe den Themenschwerpunkt auf das Qualitätsmanagement in Gesundheitssystemen.

Qualität als Zielkriterium zu fordern ist unumstritten, Qualitätssicherung und Qualitätsmanagement zu etablieren schon schwieriger; die richtigen Qualitätskriterien zu entwickeln, im Versorgungsprozess zu messen und im Versorgungszusammenhang zu beurteilen, die hohe Kunst.

Qualitätsmanagement ist eingebettet in einen politischen Prozess, der den rechtlichen und institutionellen Rahmen definiert, in dem die Beteiligten agieren können.

Das Problem selbst, die methodischen und ökonomischen Grundsatzfragen sind dabei länderübergreifend vergleichbar. Deshalb haben sich auch länder-übergreifende Initiativen zum indikationsspezifischen Qualitätsmanagement etabliert.

Die unterschiedlichen Ansätze sektoralen und sektorübergreifenden Qualitätsmanagements werden in dem vorliegenden Band gründlich erörtert und von Spezialisten beider Länder vorgestellt. Erstmals wird das Konzept der frühen Nutzenbewertung im Arzneimittelsektor am ersten praktischen Anwendungsfall aus Sicht der Industrie und des GBA nachgezeichnet.

Schließlich stellen sich die Institutionen der Qualitätssicherung beider Länder mit ihrem spezifischen Auftrag und methodischen Vorgehen vor.

Ein Band, der einen systematischen und umfassenden Überblick zum Problem Qualität, Qualitätsmessung und Qualitätsmanagement bietet und an konkreten Anwendungsfällen vertieft.

Qualitätsmanagement
in Gesundheitssystemen

Herausgegeben von Prof. Dr. h.c. Herbert Rebscher und Stefan Kaufmann.
2011. X, 577 Seiten. Hardcover. € 54,95
ISBN 978-3-86216-061-7

medhochzwei Verlag GmbH, Alte Eppelheimer Str. 42/1, 69115 Heidelberg
www.medhochzwei-verlag.de, Bestell-Tel. 06221/489-555, Bestell-Fax 06221/489-410
E-Mail: kundenbetreuung-mhz@hjr-verlag.de

medhochzwei

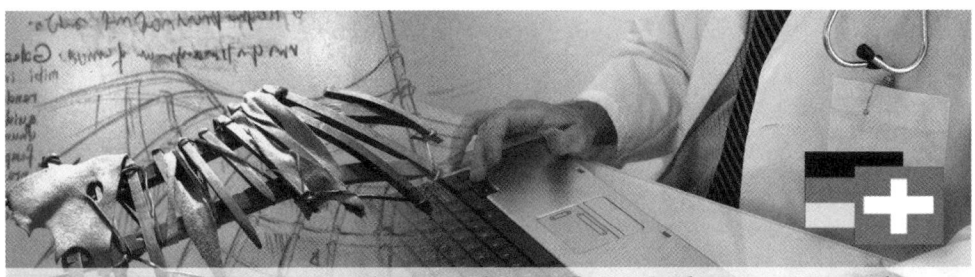

Innovationen als Zukunftssicherung des Gesundheitssystems

Die Deutsch-Schweizerische Gesellschaft für Gesundheitspolitik legt mit Band 2 Ihrer Schriftenreihe den Themenschwerpunkt auf das Innovationsmanagement in Gesundheitssystemen.

Gesundheitssysteme brauchen eine Innovationskultur um mittelfristig sowohl Organisationseffizienz als auch Versorgungsqualität zu schaffen. Diese Innovationskultur ist durch politische Rahmenvorgaben zu ermöglichen, die zuvorderst eine Investitionsfähigkeit und Investitionsbereitschaft der beteiligten Akteure fördern muss.

Diese Innovationskultur muss auf einer methodisch gesicherten Bewertungsgrundlage des Nutzens von Innovationen

- neue Produkte und therapeutische Arrangements für die betroffenen Patienten zügig verfügbar machen,
- die extrem arbeitsteiligen Prozesse innerhalb und zwischen den Sektoren optimieren,
- Organisationsalternativen gesellschaftsrechtlich ermöglichen und faktisch wie ökonomisch implementierbar machen,
- lokale und regionale Versorgungsstrukturen mit der jeweiligen politischen Verantwortung harmonisieren und dafür Akzeptanz schaffen und
- die dazu notwendige technische, funktionelle und informatorische Infrastruktur bereitstellen.

Das Werk konkretisiert diese Fragestellungen mit renommierten Autoren aus Wissenschaft, Politik und Versorgungspraxis Deutschlands und der Schweiz.

Die Herausgeber: Prof. Dr. h.c. **Herbert Rebscher** ist Vorsitzender des Vorstandes der DAK, Prof. für Gesundheitsökonomie an der Uni Bayreuth und Hauptgeschäftsführer der Deutsch-Schweizerischen Gesellschaft für Gesundheitspolitik. **Stefan Kaufmann** ist Direktor santésuisse, des Verbandes der schweizerischen Krankenversicherer.

Innovationsmanagement
in Gesundheitssystemen

Herausgegeben von Prof. Dr. h.c. Herbert Rebscher und Stefan Kaufmann.
XX, 471 Seiten. Hardcover. € 54,95
ISBN 978-3-86216-047-1
Oktober 2010

medhochzwei Verlag GmbH, Alte Eppelheimer Str. 42/1, 69115 Heidelberg
www.medhochzwei-verlag.de, Bestell-Tel. 06221/489-555, Bestell-Fax 06221/489-410
E-Mail: kundenbetreuung-mhz@hjr-verlag.de
Kundenbetreuung und Auslieferung über die Verlagsgruppe Hüthig Jehle Rehm

medhochzwei